돈황변문교주 1

敦煌變文校注

교주자 **황정**(黃征)은 1958년생. 강소(江蘇) 회음(淮陰)인. 1993년 항주대학(杭州大學)에서 박사학위 취득. 현재 남경사범대학(南京師範大學) 중문과 교수 겸 돈황학연구소 소장을 맡고 있다. 주요 논문과 저서로는 「돈황사본 정리 때 지켜야 할 원칙(敦煌寫本整理應遵循的原則)」, 『돈황 속자 사전(敦煌俗字典)』(黃征 著), 『돈황변문집교의(敦煌變文集校議)』(郭在貽 · 張涌泉 · 黃征 공저) 등이 있다.

교주자 **장용천**(張涌泉)은 1956년생. 절강(浙江) 의오(義烏)인. 항주대학 중문과를 졸업 후 동대학원에서 석사학위를 받았으며, 1994년 사천대학(四川大學)에서 박사학위 취득. 현재 절강사범대학(浙江師範大學) 교수로 재직 중이다. 주요 논문과 저서로는 「돈황변문 속자의 유형과 고증 방법(敦煌變文俗字的類型及其考辨方法)」, 『돈황소설합집(敦煌小說合集)』(張涌泉 主編), 『돈황변문집교의(敦煌變文集校議)』(郭在貽 · 張涌泉 · 黃征 공저) 등이 있다.

옮긴이 **전홍철**(全弘哲)은 1960년 서울 출생. 한국외대 중국어과를 졸업하고, 동 대학원에서 敦煌變文 연구로 박사학위를 받았으며, 현재 又石大學 SILKROAD 映像研究院 院長 겸 유통통상학부(중국학) 교수로 재직 중이다. 현재 溫州大學 東亞民俗文化研究所 兼職教授를 맡고 있으며, 돈황학과 SILKROAD 文明交流에 관한 글쓰기와 영상 제작을 하고 있다. 주요 저서와 영상물로 『敦煌 講唱文學의 理解』 · 『敦煌 民間文學 談論』(著書), 〈韓國과 실크로드(Korea and Silkroad)〉 · 〈全北 속의 中國(全北裏的中國)〉 · 〈Pansori Road(板聲之路)〉(Video) 등이 있다.

옮긴이 **정병윤**(鄭炳潤)은 1966년생. 한국외국어대학교 중국어과를 졸업하고, 중국 남경대학교에서 「돈황강창문학 중 불교고사류 작품연구」로 박사학위를 받았다. 현재 한국외국어대학교와 우석대학교에서 중국 고전시와 중국문화 관련 강의를 하고 있다. 주요 논저로는 『돈황의 전설』, 「韓人과 고대 돈황인과의 접촉에 관한 고찰」, 「돈황석굴과 유불도 삼교의 만남」, 「돈황변문과 불교의 중국화과정」 등이 있다.

옮긴이 **정광훈**(鄭廣薰)은 1973년생. 한국외국어대학교 중국어과를 졸업하고 같은 학교에서 敦煌 變文에 관한 논문으로 석사 과정을 마쳤으며, 북경대 중문과에서 『스토리텔링 전통과 당대 중후기 문학 변혁』으로 박사학위를 받았다. 지금은 고려대 민족문화연구원의 HK연구교수로 재직 중이다. 주요 논문과 역서로 「敦煌 사본의 圖文 배치 방식과 圖書史的 의의」, 「敦煌 變文의 우리말 번역에 대한 고찰」, 『당대 변문』(공역), 『그림과 공연』(공역), 『중국문화사전』 등이 있다.

돈황변문교주敦煌變文校注 1

1판 1쇄 인쇄 2015년 9월 30일 **1판 1쇄 발행** 2015년 10월 15일

교주자 황정 · 장용천 **옮긴이** 전홍철 · 정병윤 · 정광훈 **펴낸이** 박성모 **펴낸곳** 소명출판
등록 제13-522호 **주소** 06643 서울시 서초구 서초중앙로6길 15, 1층
대표전화 (02) 585-7840 **팩시밀리** (02) 585-7848
이메일 somyong@korea.com **홈페이지** www.somyong.co.kr

ISBN 979-11-86356-68-5 94820 값 33,000원
ISBN 979-11-86356-67-8 (전6권)

이 번역도서는 2003년도 정부재원(교육인적자원부 학술연구조성사업비)으로 한국연구재단의 지원에 의하여 연구되었음.

이 번역도서는 중화사회과학기금의 지원으로 연구되었음.(中華社會科學基金Chinese Fund for the Humanities and Social Sciences資助)

敦煌 莫高窟 第17窟 入口

敦煌 莫高窟 第17窟(藏經洞)
에서 發見된 寫券

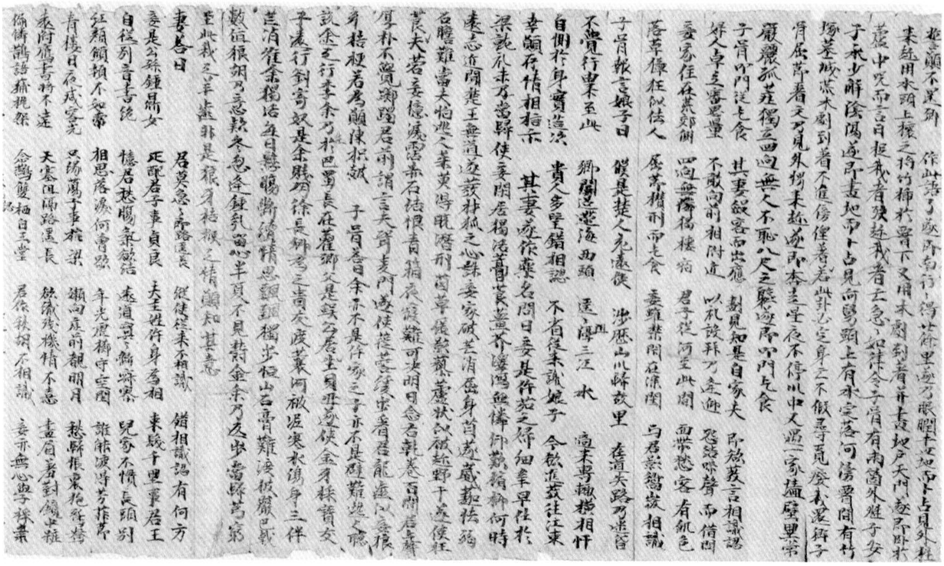

敦煌本 伍子胥變文(S.328)

敦煌本 孟姜女變文(P.5039)

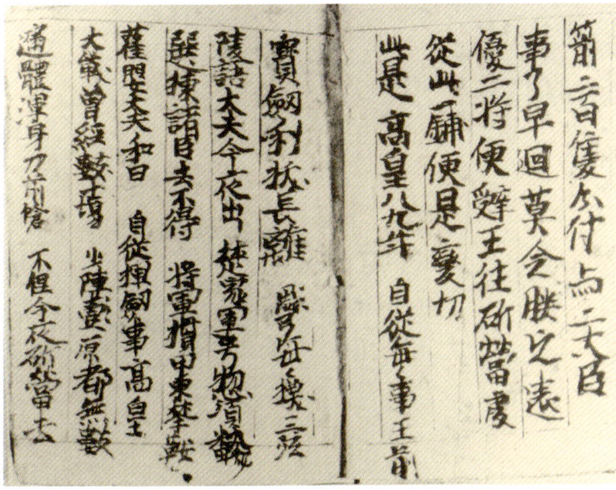

敦煌本 漢將王陵變(北大 D188)

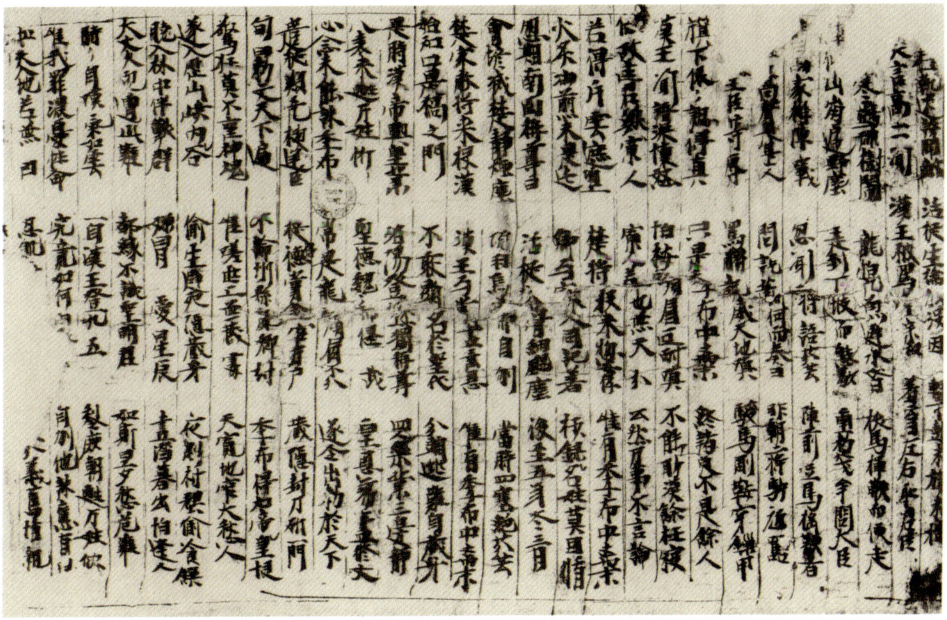

敦煌本 捉季布傳文(P.2747)

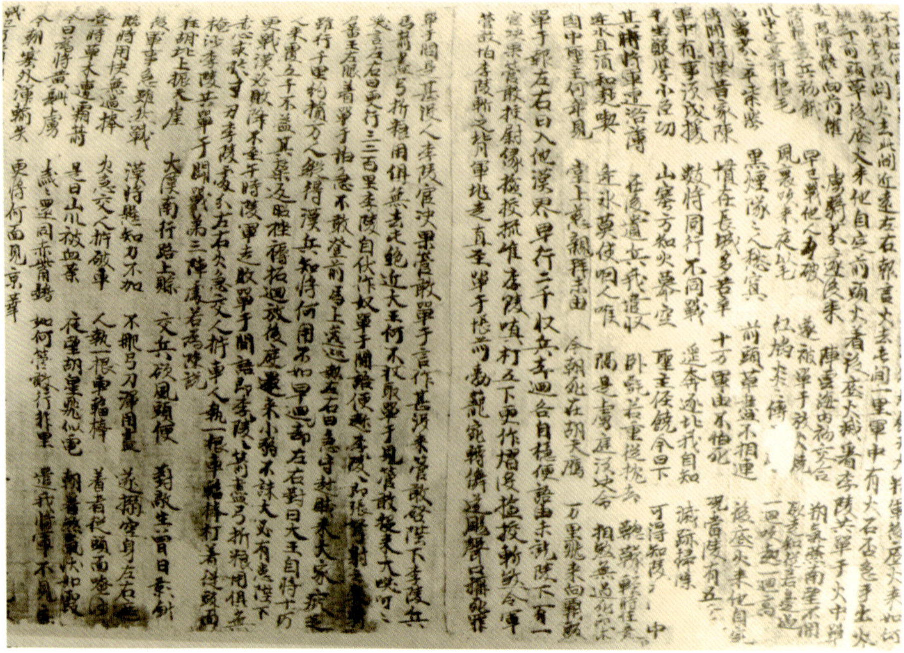

敦煌本 李陵變文(BD14666)

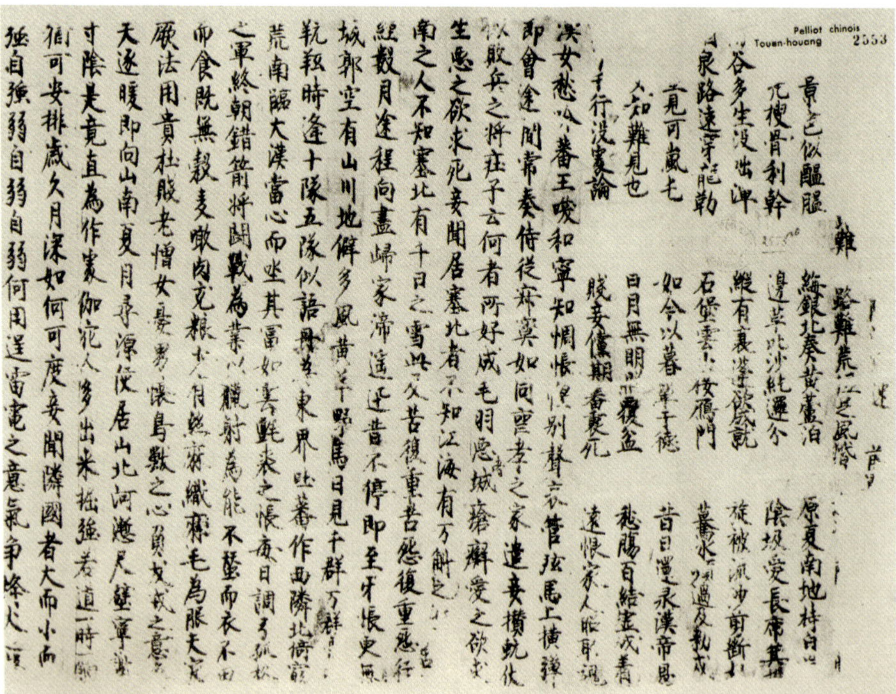

敦煌本 王昭君變文(P.2553)

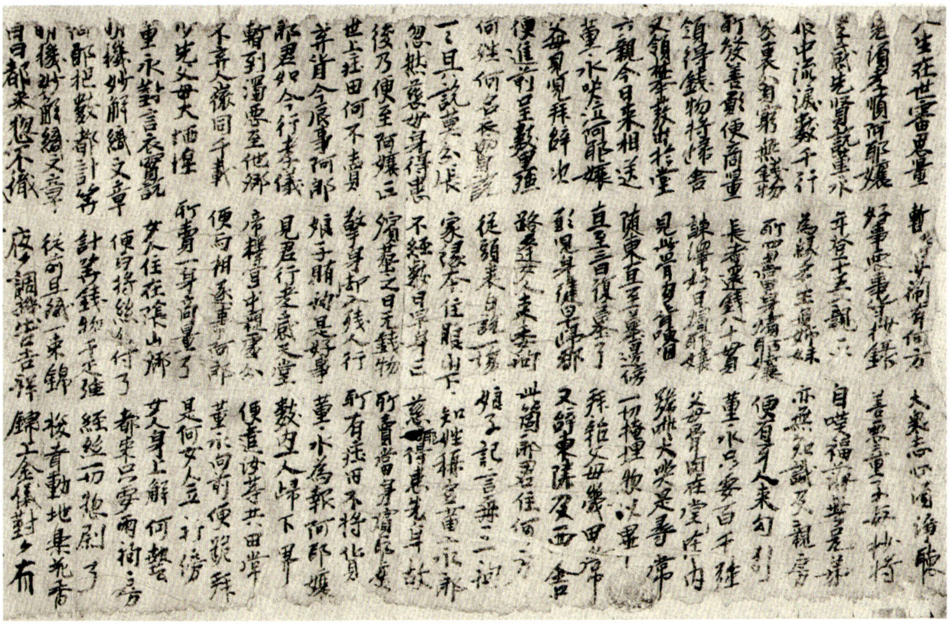

敦煌本 董永變文(S.2204)

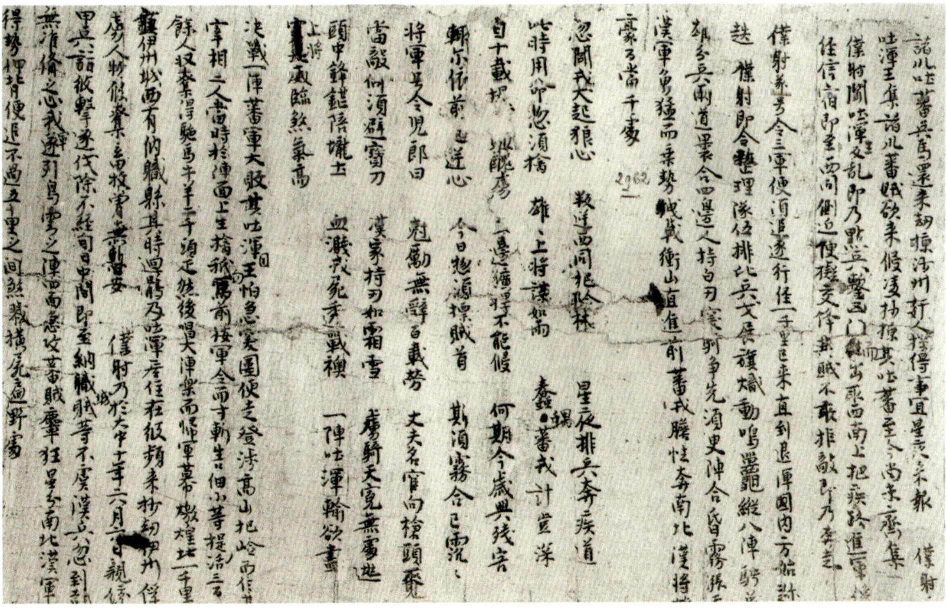

敦煌本 張議潮變文(P.2962)

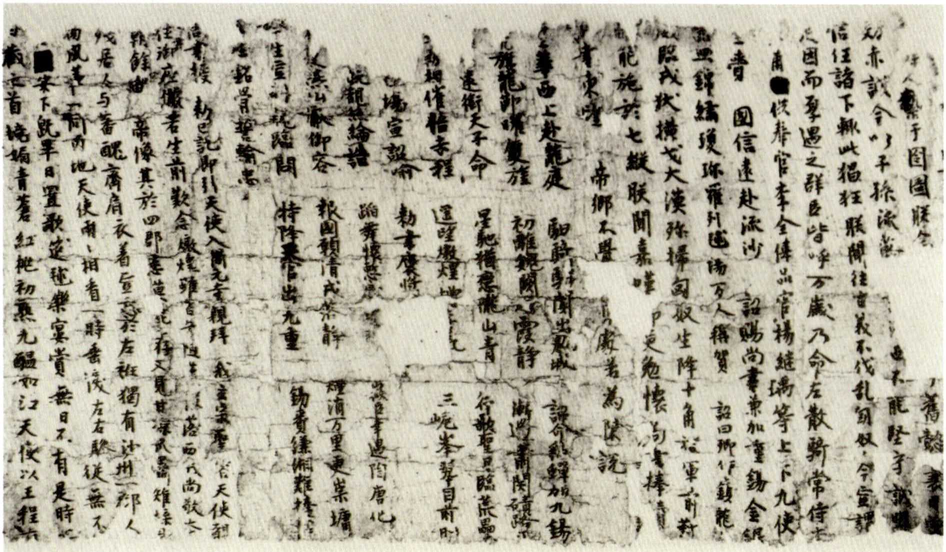

敦煌本 張淮深變文(P.3451)

제16굴에서 본 천불동 풍경

제17굴에서 돈황 문서를 조사 중인 폴 펠리오(Paul Pelliot)

제17굴에서 발견된 敦煌文書

돈황변문교주 1

敦煌變文校注

황정 · 장용천 교주
전홍철 · 정병윤 · 정광훈 옮김

소명출판

일러두기

본서의 교주 체제는 『돈황변문집』의 방법을 따르되, 일부 변경된 부분이 있어 아래에 그 내용을 명시해둔다.

1. 본서에 수록된 변문은 『돈황변문집』에 실린 작품 대부분을 포함하며, 여기에다 러시아・대만・일본 등지에 소장되어 있는 변문 필사본을 더하여 총86종이다. (『돈황변문집』에는 78종이 실려 있는데, 그 가운데 「하녀부사(下女夫詞)」・「추음(秋吟)」・「수신기(搜神記)」・「효자전(孝子傳)」 4종은 변문이 아니기에 제외시켰다. 또 P.2121 「유마힐경강경문」 1종은 사실 「유마경압좌문」의 일부이므로 본서에서는 이들을 하나로 합쳤고, S2440 「해좌문(解座文)」 1종은 『돈황변문집』에서는 「삼신압좌문(三身押座文)」 끝부분에 수록해놓았는데, 연구 결과 '해좌문'에 해당되는 까닭에 한 편의 독립된 작품으로 삼았다. 결과적으로 12종이 늘어난 셈이다.)
2. 본서의 작품 배열은 『돈황변문집』에서처럼 역사고사와 불교고사 두 부류로 대별하여 이루어졌다. 역사고사는 문체에 의거하여 유설유창(有說有唱)・유설무창(有說無唱)・대화체로 세분하여 3권으로 나눴으며, 각 권의 배열순서는 역사 시대순에 따랐다. 불교고사는 부처(석가모니) 고사・불경의 강설・불가(佛家) 고사 순서로 분류하여 3권으로 나눴다. 압좌문(押座文) 및 기타 단문(短文)은 그 뒤에 실어 한 권으로 삼았다.
3. 본문은 『돈황변문집』 및 관련 집록본(輯錄本)을 기초로 하고, 돈황 필사본 원권(대부분 마이크로필름)을 대조하였다. 필사본 정황과 이록(迻錄)에 참고한 저본, 교주(校注)에 참고한 주석본은 각 편의 주석 1번에 설명해두었다. 작품의 제목은, 편자가 임의로 정한 것은 '[ ]' 표시로 제목에 괄호를 쳐두고 마찬가지로 주석 1번에 설명을 달았다. 본 번역본에서는 '[ ]' 표시를 생략하고 주석의 설명으로 대신했다. 본문은 가능한 한 저본의 원형을 따르되, 다른 주석본을 참고하여 보충한 것이나 문맥에 비춰 바로잡은 몇몇 부분은 모두 교주에 그 사실을 밝혔다. 그리고 저본에는 오류가 없으나 다른 주석본에 오류가 있는 경우는 별도로 주(注)를 달지 않았고, 일반적인 이체자에도 주를 달지 않았다. 또 저본에는 오류가 있고 다른 주석본에는 오류가 없는 것은 직접 정문(正文)으로 바로잡고 교주에 그 근거를 밝혔다. 또 저본의 문자가 해독이 어려운 경우(예를 들면 속어나 판별이 힘든 속자 등)는 그 가차자나 이체자를 기록하였으며, 두 판본에 적힌 문자가 서로 다른 경우는 교주에다 상이한 내용을 기록해두었다. 저본에 글자가 빠져 있는 경우는 '□'로 표시했고, 빠진 글자 수를 정확히 알 수 없을 경우는 '▭'(좀 더 긴 직사각형 모양)로 표시했다. 빠진 글자는 다른 판본, 혹은 앞뒤 문맥에 의거하여 보충해 넣었을 때는 보완해 넣은 글자를 '[ ]'로 괄호를 쳐두었고, 저본에 본래 빠져 있는 글자는 먼저 '[□]'로 표시를 하고 그 옆에다 보완해 넣은 글자를 '( )' 표시 안에 넣어 두었다.
4. 일반적인 속자(俗字)는 별도의 주석 없이 곧바로 통용되는 번체자로 고쳐 적었다. 『돈황변문집』의 본문 기록에 의문이 들거나 오해하기 쉬운 속자들이 사용된 경우는 통용되는 번체자로 수정하고 주석을 달아 시비를 바로잡았다. 자형(字形)의 유사(類似)로 생긴 오자는 직접 정자(正字)로 바로잡았고 주석에 그 이유를 설명하였고, 자음(字音)의 유사로 생긴 오자와 가차자(假借字)는 원래의 글자로 표기하고 주를 달아 본자(本字)를 밝혔다. 그리고 일반적으로 통용되거나 알아보기 쉬운 가차자들, 이를 테면 '유(猶)'와 '유(由)', '교(教)'와 '교(交)', '이(已)'와 '이(以)'등은 '( )' 안에다 본자를 적어두고 별도로 주를 달지 않았다. ('혜(慧)'와 '혜(惠)'처럼 음과 뜻이 서로 통용되는 부류는 주석을 달지 않았다.) 그리고 고금(古今)의 용법이 서로 다른 글자들, 예컨대 '원(元)'과 '원(原)', '제(弟)'와 '제(第)', '양(孃)'과 '낭(娘)', '봉(奉)'과 '봉(捧)', '민(閔)'과 '민(憫)', '좌(坐)'와 '좌(座)', '은(隱)'과 '온(穩)', '배(陪)'와 '배(賠)'등은 저본의 글자를 택함으로써 고서(古書)의 본모습을 남겨두었다.
5. 본서는 『돈황변문집』에 있는 모든 주석 내용을 그대로 남겨두었다. 『돈황변문집』의 본문 기록은 '원록(原錄)', 그 교주는 '원교(原校)'라 칭하였다. 반중규의 『돈황변문집신서』는 '반서(潘書)'(본 번역본에서는 '신서(新書)'라 표기함), 그 교주는 '반교(潘校)'(본 번역본에서는 '반중규(潘重規)'라 표기함)라 약칭하였다. 서진악(徐震堮)의 『돈황변문집교기보정(敦煌變文集校記補正)』과 그 『재보(再補)』는 '서교(徐校)'(본 번역본에서는 '서진악(徐震堮)'이라 표기함)라 칭한다. 장례홍(蔣禮鴻)의 『돈황변문자의통석(敦煌變文字義通釋)』은 '통석(通釋)'(본 번역본에서는 상황에 따라 '통석(通釋)'과 '장례홍'을 병용함)이라 칭하며, 기타 다른 학자들의 견해는 일률적으로 그 이름을 적되 선생이나 동지 같은 호칭은 붙이지 않았다. 여러 명의 견해가 똑같을 경우는 발행시기가 이른 학자의 견해를 인용하고, 그 나머지는 언급하지 않았다. 전문가들의 견해는 1989년 말까지로 한정하였고, 본서 끝부분에 첨부해둔 관련 논저의 목록을 본문에서는 일일이 주를 달아 밝히지는 않았다.
6. 한 지방에서의 글자와 어휘의 쓰임새에 대해 이전의 자전이나 사전에서는 언급할 가치가 없다고 여겨 다루어지지 않았다. 그런데 돈황변문은 민간에서 발생하여 구어와 속자로 기술되어 있으니 진실로 지방의 속자와 속어의 집합체인 셈이다. 이러한 글자와 어휘들은 그 뜻을 해독하기 어렵고 자전이나 사전에서도 언급되어 있지 않으니, 독자들은 그런 글자(어휘)를 접할 때마다 한숨이 나오게 마련이다. 그리하여 본서에서는 이처럼 난삽하고도 그 뜻이 애매한 글자들, 혹은 글자는 통용되나 그 의미가 다른 속어에 대해서는 부가 설명을 덧붙여 독자의 편의를 도모하였다. 그 밖의 널리 통용되는 글자나 어휘, 인명, 전고(典故)들은 번잡함을 피하기 위해 굳이 주를 달지 않았다.
7. 본서 말미에는 「참고문헌 : 본서에서 인용한 變文 補校 논저 목록」과 「찾아보기」를 첨부하였다.

한국어판 서문

2009년 3월 16일 나는 서울대학교 고려대장경연구소의 초청에 응하여 한국 인천공항에 도착하였다. 입국수속을 마치고 공항대합실로 나오니 한국 친구 정광훈 선생이 환영 팻말을 들고 나를 반갑게 맞아주었다. 그리고 그의 내동하에 나는 전라북도 전주로 가는 버스에 올랐고, 세 시간 후 목적지에 도착하였다. 이때 전홍철 교수는 버스터미널에 나와서 나를 기다리고 있었다. 가볍게 인사를 나눈 뒤 전 선생은 내게 아늑한 호텔을 잡아 주었고, 그런 다음 저녁을 먹게 되었는데 정병윤 선생도 이때 자리를 같이하게 되었다.

한국에 도착해서 수도 서울에 머물지 않고 나는 왜 전주로 내려왔던 것일까? 그것은 전홍철 등 3인의 선생들과 사전에 한 약속 때문이었다. 전주 구경도 하고, 또 나와 장용천 사형이 공저한 『돈황변문교주』의 한국어판 번역 문제에 대해서도 얘기를 나누기 위해서였다. 나는 당시 작업해오던 『돈황변문교주』의 컴퓨터 파일을 증정하였다. 여전히 많은 글자들이 제대로 입력되어 있지는 않았지만, 한국어판을 펴내는 데 있어서 일말의 도움은 될 것이었다. 그때까지 우리는 이 책의 워드 파일을 외부로 유출시킨 적이 없었다. 대만 반중규(潘重規) 선생의 『돈황변문집신서(敦煌變文集新書)』도 본문 부분만 파일화 되어 있다. 어느 누구도 『돈황변문교주』를 그 교주 부분까지 컴퓨터 파일로 만들 수는 없었다. 왜냐하면 그것은 글자수만도 169만 자가 넘고(판권 페이지에는 143만 자로 되어 있음), 교주 부분은 고증하기가 쉽지 않은 데다, 거의 모든 항목마다 특이한 글자들이 출현하고 있는데, 그 중 눈을 어지럽게 하는 초서(草書)와 보기 드문 속자(俗字)들 상당수는 아예 자전에도 나와 있지 않기 때문이다. 이 자료를 넘겨주면서 나는 또 "돈황은 중국에 있고, 돈황학은 세계에 있다(敦煌在中國, 敦煌學在世界)"는 계선림(季羨林) 선생의 명언을 직접 휘호하여 증정함으로써 한국 돈황학자들의 이 방면에서의 노력과 성과를 기리고자 했다. 나는 한국 친구들이 우리의 대표작인 『돈황변문교주』를 완역을 하고 있다는 얘기를 들었을 때 기쁨과 감격을 금치 못하는 한편, 일말의 우려도 없지 않았다. 기쁨과 감격은 당연한 일일 터이나, 우려는 무슨 말인가? 솔직히 말해, 나는 이들이 정말로 『돈황변문교주』 전체를 완역해 내리라는 게 믿어지지 않았다. 왜냐하면 『돈황변문교주』는 우리 중국인에게조차도 그것을 현대 백화문으로 옮기기에 어려움이 큰데, 한국 친구들이 한국어로 번역하겠다니 말이다. 난 그런 그들에게 무슨 말을 해줘야 할지 몰랐다. 그만큼 그것은 지난(至難)한 일이었다. 전에 나는 일본 학자들이 『돈황변문선(敦煌變文選)』 부류의 책들을 출간한 것을 본 적이 있는데, 그것은 몇 편만을 선별한 것인 데다, 대부분 변문의 본문만을 다루고 있어 『돈황변문교주』의 교주 부분과 같은 난해한 부분은 다루어지지 않았다. 한국어판 돈황변문은 아무도 시도한 적이 없었고 앞으로도 그럴 것이다. 때문에 그런 계획은 미친 짓으로만 들렸다. 아니나 다를까, 이들이 번역 작업에 착수했다는 소식을 들은 이후 내가 한국에 오기까지 적어도 5년의 세월이 흘렀는데, 당초 출간 예정날짜가 훌쩍 지났음에도 출간될 기미는 보이지 않았다. 그러나 이 세 선생의 두려움을 모르는 '대담함'은 결국 성과를 만들어냈다. 이 작업이 얼마나 많은 인내를 필요로 하는지 미리 알았더라면, 다른 방법으로 회피하였을 것이고 오늘의 이 성과도 없었을 것이다. 사람들은 흔히 이해득실을 따지지 않는 상황하에서만이 진정으로 비중 있는 성과물을 낼 수 있다. 이 세 선생들이 막 번역을 시작하였을 때, 전홍철 선생은 부교수, 정병윤 선생은 강사, 정광훈 선생은 나이로 보아 조교 쯤 되었을 것인데, 그들이 승진을 염두에 두었다면 이 책의 번역 출판으로는 분명 어림없을 것이었다. 그러나 지금쯤 그들은 전보다 더 나은 위치에 올라 있을 것이다. 나 역시 이와 비슷하다. 나는 그 당시 『돈황변문교주』의 저술 출판이 나의 승진을 가져다주기를 내심 바랐었는데, 이 책이 출판될 때 나는 이미 정교수가 돼 있었다. 『돈황변문교주』는 내가 승진하는데 별다른 도움을 주지 못했고, 벌어들인 원고료도 얼마 되지 않았으며(초반에는 오히려 4만 위안을 출판사에 보태야 했다), 다만 내게 마음의 병과 허영심만 가져다주었다. '마음의 병'이란, 백 만자가 넘는 분량을 만년필로 한 글자 한 글자씩 손수 적어나가야 했던 것 외에도, 조자(造字)와 조판, 한 번에 장장 한 달 보름이 꼬박 걸리는 교정을 여섯 차례에 걸쳐 해오는 동안 심장 스트레스의 급증으로 부정맥이 유발하여 20일 동안 병원에 입원해 '에너지'를 보충해줘야만 했던 일을 말한다. 이 '에너지'는 내가 너무 말라 살 좀 찌라고 놓아 준 포도당이었다고 담당의사한테 들었다. 이렇게 2년을 고생하다가 나중에 선문의 득신을 통해 알았는데, 내 심장에 새끼손가락만한 종양이 나 있지만 선천적인 것으로 보여 염려할 필요가 없다는 것이었다. 울지도 웃지도 못할 일이었다. 또 '허영심'이란, 『돈황변문교주』가 연속으로 각종 상을 수상한 것을 말한다. 즉 국가사회과학기금 3등상, 국가도서상 후보상, 중국 소장 언어학자상 1등상 등을 받았던 것인데, 이후로 언어학계와 문학계에서 돈황변문을 인용할 때면 우리가 쓴 교정본과 교주를 활용하기 시작했다.

『돈황변문교주』가 1997년 5월 출판된 후, 학술계에서는 여러 편의 호평을 실은 서평이 발표되었고, 수정 보완에 치중한 논문도 눈에 띄었다.

우리는 이 모두를 주시해 왔지만, 시간도 부족하고, 또 그 대부분이 지엽적인 문제들이고 시비를 가리기가 쉽지 않은 것들이라 아무런 응답도 내지 않았다. 『돈황변문교주』는 이미 절판되었는데, 다시 출판하게 된다면 그때는 지금에서 3분의 1의 내용을 증보하여 수정본으로 내게 될 것이다. 그러나 그것은 2년 뒤에나 가능할 것 같다. 아직 원고가 완성되지 않은 까닭이다.

"돈황은 중국에 있고, 돈황학은 세계에 있다." 계선림 선생은 세상을 떠났지만 선생의 박학하고 탁월한 견해는 지금도 우리를 더욱 심원한 미래로 이끌어주고 있다. 선생께서 생전에 보여주신 높은 식견의 가르침과 사심 없는 보살핌을 회고하는 의미에서 나는 선생의 이 말씀을 휘호하여 한국 친구에게 선물했던 것인데, 한국어판 『돈황변문교주』에도 이 말씀이 삽입되기를 희망한다. 아울러 한국어판 출간에 즈음하여 한국의 학자들에게 존경의 마음과 감격의 마음, 영원한 우호의 마음을 표한다.

2015년 8월

황정(黃征)

역자 서문

동아시아 문학사의 수수께끼를 푸는 열쇠, '변문'

'돈황(敦煌)'은 광활한 중국 대륙의 서쪽 끝에 위치한 오아시스 도시로 1,500년 전 서역으로 가는 관문이었다. '돈황'의 '돈(敦)'은 '크다(大也)', '황(煌)'은 '성대하다(盛也)'는 뜻으로, '엄청나게 크고 휘황찬란'한 도시라는 의미가 내포되어 있다. 동서양 각국 전문가들이 돈황을 칭찬하고 정의한 다음과 같은 말들 '광활한 중국이 끝나고 서역이 시작되는 곳', '문명 교류의 요지', '실크로드 교역의 오아시스', '동서무역의 중개지점이며 종교, 문화와 지식이 융합된 곳', '동서 문물이 오가던 교류의 장', '동양의 루브르박물관', '바깥 세계로부터 많은 것을 집어 삼키는 중국의 목구멍', '서양 문물을 받아들였던 천 년 전 홍콩' 등은 돈황이 어떤 곳인지를 잘 드러내주고 있다. 환지구적 문명 교류의 통로요 실크로드의 전략적 요지인 돈황의 보물 가운데 빼놓을 수 없는 것은 세계 최대의 불교 보고 '막고굴(莫高窟)'의 벽화와 미스터리 가득한 두루마리 필사본들이다.

미스터리가 가득한 '돈황 필사본'은 지금으로부터 100여 년 전 소위 막고굴 제17굴 장경동(藏經洞)에서 대량으로 발굴되었다. 전 세계 중국학 연구자들을 깜짝 놀라게 한 미스터리 필사본들은 발견 후 정리되는 과

정에서 '돈황문서(敦煌文書)'로 불렸으며, 이로부터 '돈황학(敦煌學)'이 탄생하게 된다. 돈황에서 우연히 발견된 문서들은 이후 고대 중국의 역사, 음악, 미술, 체육, 음식 등 각 분야에서 수수께끼로 남아 있던 수많은 의문들을 해결해주는 마법의 열쇠가 되었으며, 그 가운데 '변문(變文)'은 문학적 텍스트 가운데 가장 주목받는 자료이다.

돈황 문서는 한국과도 밀접한 관련이 있다. 먼저 신라의 구도승(求道僧) 혜초(慧超)가 지은 『왕오천축국전(往五天竺國傳)』의 필사본이 돈황 문서더미에서 발견되었으며, 원효 스님이 저술한 『대승기신론소(大乘起信論疏)』의 8~10세기 필사본도 발굴 공개되어 고대 한국과의 연관성을 다시금 확인시켜 주었다. 돈황 고문서 중 한국 고대문학과 가장 깊은 관련이 있는 것은 판소리(板聲)－현재 국내에서 판소리의 중국어 번역어로는 '鼓書', '盤騷里' 등이 쓰이고 있는데 '板聲'으로 표기함이 옳다고 본다－문체와 유사한 형식 즉 운문과 산문을 엇섞어 기술하고 있는 '변문(變文)'이다.

중국문학을 연구하는 역자들이 운-산문 서사 방식의 최초 사례를 보여주는 변문(變文) 자료를 번역하기로 결심한 것은, 변문으로 대표되는 돈황 민간문학이 중국소설사와 희곡사 뿐만 아니라 동아시아 문학사의 수수께끼를 푸는 중요한 고리라는 생각과 '민중연행의 현장예술', '창악적 구비서사시', '희곡적 구비율문' 등 다양하게 정의되고 있는 우리나라의 판소리문학 그리고 불교 강창문학과 밀접한 관련이 있어 반드시 국내에 소개될 필요가 있다고 여겼기 때문이다.

'변문' 개념과 범주의 혼란

장경동에서 발견된 운-산문 서사체 작품을 '변문'으로 명명한 이유는 해당 사본들 중 일부에 '변(變)' 혹은 '변문(變文)'이라는 생소한 제목이 달려있었던 것에서 연유한다. 이후 학자들은 '변문'이라는 작품 제목이 남아있지 않더라도 형식이 흡사하거나 변문 작품의 일부라고 판단되는 경우에는 이 용어를 그대로 써서 작품에 임시 제목을 부여하곤 했다. 문제는 이 관례적으로 불러온 소위 '변문' 작품군에 '변' 혹은 '변문'이라는 제목이 포함되어 있지도 않고 형식적으로도 변문의 전형적인 모습과는 거리가 있는 작품들도 다수 포함되었다는 것이다. 흔히 전형적인 변문이라 하면, 산문과 운문이 적절히 교차되고, 산문에서 운문으로 넘어갈 때 독특한 상용구가 쓰이고, 운문 부분을 창할 때는 그림이 쓰였을 것으로 추정되는 형식이다. 그런데 실제로 학자들이 변문의 범주에 넣은 작품들을 보면 후대의 화본(話本)과 흡사한 것, 희곡적 성격이 다분한 것, 산문과 운문이 섞인 것, 순전히 산문 혹은 운문으로만 된 것 등으로 그 형식이 일정하지 않으며, 내용 역시 역사고사, 불경고사, 영웅고사, 동물고사 등으로 매우 다양하다. 그렇기 때문에 이 문제는 당연히 변문의 정의와 분류의 문제로 이어질 수밖에 없었으며, '변문'에서 '변'이 과연 무슨 의미인지에 대한 논란과 함께 근 1세기가 넘는 연구사를 통해서도 이 문제는 확실한 결론을 내리지 못하고 있다. 결국 돈황변문을 두고 형식에 따른 분류, 내용에 따른 분류, 광의의 변문, 협의의 변문, 공연양식에 따른 분류 등 학자마다 여러 분류법이 나왔음에도 그 중 어느 것도 실제 작품의 형식이나 내용과 완전히 들어맞지는 않았던 것이다.

역자가 아닌 돈황학자의 입장에서 말한다면, 사실 『돈황변문교주(敦煌變文校注)』라는 이 책의 이름에는 문제가 있다. 그 이유는 '변문'이 아닌 작품들이 실려 있기 때문이다. 만약 역자가 이 책의 이름을 작품에 맞게 수정할 수 있었다면, 『돈황 강창문학 교주』, 『돈황 소설희곡 교주』, 『돈황 민간문학 교주』 등으로 정했을지도 모르겠다. 하지만 이번 번역에서는 저자의 의사를 존중하여 원본 서명(書名) 그대로 『돈황변문교주』라 했음을 밝혀둔다.

‘변문’은 당시 사람들에게 익숙했던 오락의 한 형식

변문의 분류와 개념에 대한 그동안의 고민들은 중국문학사에서 많은 성과를 이끌어냈다. 변문의 분류에 대한 고민은 형식과 문체에 대한 고민으로 이어지고, 이는 자연스레 중국문학사에 흔히 알려진 여타 장르와의 비교를 이끌어내면서 문학사의 빈 구석을 채워나갔던 것이다. 그러나 돌이켜보면 이 문제는 연구자들이 지나치게 형식적 분류나 개념 정립에 경도되어 접근한 게 아닌가 생각된다. 사실 ‘변’ 혹은 ‘변문’이 성행한 당시에는 그것을 창작하거나 접한 사람들이 오히려 이 장르의 정의에 대해 별다른 고민을 하지 않았던 것으로 보인다. 『태평광기(太平廣記)』 권251의 ‘장호(張祜)’ 편을 보면 「장한가(長恨歌)」의 한 구절을 두고 백거이(白居易)와 장호가 그것이 「목련변(目連變)」과 비슷한지 그렇지 않은지 농담을 주고받는 장면이 나온다. 문인들의 일상적인 담소 속에서 ‘변’이라는 용어가 실제로 등장한 것이다. ‘변’과 비슷하다는 장호의 말에 백거이가 발끈하는 모습을 보면 두 문인 모두 ‘변’에 대해 호의적인 입장은 아니었던 것 같다. 그러나 그들의 입장이 어떠하든, 이 장면은 변문이 유행했던 당시 문인들이 ‘변문’이라는 장르에 꽤 익숙했음을 보여주며, 다른 한편으로는 그들 역시 ‘변’이라는 것에 대해 명확한 이해가 없었음을 말해주기도 한다. 지금의 연구자들이 변문의 범주와 개념에 대해 곤혹스러워하는 건 어쩌면 변문 유행 당시의 애매모호함이 그대로 반영된 것일 수 있다. 다만 당시 사람들은 지금처럼 이 문제에 그다지 천착하지는 않았으며, ‘변문’은 흔히 접할 수 있는 글이나 오락의 한 형식일 뿐이었을 것이다.

번역 문제의 다양성

위에서 언급한 변문이라는 장르의 애매함은 우리 역자들이 실제 번역을 할 때도 문제가 되었다. 해당 작품을 어떤 성격으로 보느냐에 따라 번역 방식이나 어투 등이 달라질 수 있기 때문이다. 예를 들어 강경문(講經文)의 경우는 말 그대로 경문을 하나하나 강의해주는 글이라 전형적인 변문과 달리 서사성이 떨어진다. 그래서 강경문의 번역 어투를 두고 역자들 사이에 의견이 일치하지 않았던 것이다. 혹자는 강경문이 강경의 현장에서 청중에게 친절히 경문의 내용을 설명해주는 것인 만큼 경어의 강의체로 번역을 해야 한다고 주장하고, 혹자는 강경문도 이미 서면화된 성격이 강하므로 다른 변문들과 마찬가지로 평서형 문장을 유지하는 게 좋다고 했다. 이 문제에 대해서는 둘 다 일리가 있는 의견이었으므로 결국 두 가지 어투 모두를 사용해보기로 했다. 역자가 판단했을 때 존칭이 어울릴 경우는 번역을 존칭으로 하고, 평서문이 어울릴 경우는 존칭을 사용하지 않았다. 여전히 논란이 되고 있는 변문의 범주, 용도, 구술성, 기록성, 현장성 등의 문제를 고려하면 오히려 천편일률적인 번역보다는 다양한 번역 방식의 시도가 더 바람직하다고 볼 수도 있다.

전 세계 돈황학자들이 가장 정확한 교주로 인정하는 『돈황변문교주』

이 책의 원본은 1997년에 출판된 『돈황변문교주(敦煌變文校注)』(黃征, 張涌泉 校注, 中華書局)이다. 1997년과 1998년 이 때는 중국에서 돈황학과 관련한 두 가지 대규모 연구성과가 나온 중요한 시기로 『돈황변문교주(敦煌變文校注)』와 『돈황학대사전(敦煌學大辭典)』 – 중국, 대만, 러시아 학자 등 총 120여 명의 돈황학자가 각 분야의 저자로 참여한 대작이다. 기성, 신진을 막론한 많은 학자들이 거의 동시에 참여한 사실은 당시 중국 학술계에서 차지했던 돈황학의 위상을 보여준다—의 출간이 그것이다. 특히 역자들이 저본으로 삼은 『돈황변문교주』는 돈황학 중에서도 변문이라는 특정 문학 장르에 집중해서 황정(黃征), 장용천(張涌泉) 두 젊은 학자가 기존 연구 성과에 새로운 주석을 더하여 집대성한 역작으로 전 세계 돈황학자들이 이제까지 출간된 돈황변문집 가운데 가장 정확한 교주(校注)라고 인정하는 책이다.

역자 3인의 분담

역자들의 번역 작업은 한국학술진흥재단(현 한국연구재단)의 지원 하에 2003년 겨울부터 진행되었다. 돌이켜보면 여러 가지 상황이 유리하게 작용했던 것 같다. 우선 당시는 동서양명저번역 지원 사업이 막 시작될 무렵이었기 때문에 꽤 다양하고 많은 번역작업을 지원해 주었고, 우리 팀 역시 그 혜택을 받을 수 있었다. 그리고 같은 학교 출신으로서 중국 고대문학 중에서도 희소한 분야를 같이 전공하는 경우가 흔치 않은데, 우리 역자 셋은 적절한 나이차를 두고 돈황변문을 박사나 석사 과정에서 전공했다. 게다가 같은 변문 전공자이면서도 변문 내에서의 관심과 분야가 조금씩 달라 서로를 보완해줄 수도 있었다. 예를 들어, 전홍철은 부(賦)와 사문(詞文), 정병윤은 불교 고사와 강경문, 정광훈은 역사 고사를 더 집중적으로 연구해온 터였다. 변문을 번역하다보면 서로 다른 작품에서 같은 단어가 반복되거나 해석하기 힘든 구문과 이체자(異體字)가 쓰인 경우가 많은데, 바로 이때 각자 집중적으로 연구한 작품이 서로 달랐던 점이 오히려 유리하게 작용했다.

사권(寫卷) 원본 사진을 QR 코드화하여 수록

역자들이 한국연구재단에 신청한 번역 기간은 원래 2년이었다. 그러나 2년 작업으로 결과보고서 제출은 변문 전체의 분량과 난이도를 고려하면 사실상 불가능한 일이었다. 그래서 1년차, 2년차 보고서를 제출할 때도 항상 부족한 부분이 많은 것 같아 통과 여부에 마음을 졸이고 우리 스스로도 만족하지 못했다. 다행히 변문 번역의 어려움을 이해해주신 심사위원들의 아량과 격려 덕분에 3년 후 결과보고서를 제출하고 최종심사에도 통과했으나, 그때까지의 작업을 그대로 출판할 수는 없는 노릇이었다. 그리고 중간평가와 최종심사에서 나온 심사위원들의 소중한 의견 또한 최대한 반영해야 했다. 그런 면에서 최종심사의 통과는 우리 역자들에게 오히려 새로운 시작이었고, 사실 본격적인 작업은 그 이후였다고 해도 과언이 아닐 것이다. 세 역자는 최종심사 후에도 서로 다른 공간에서 연구와 학업을 진행하며 틈틈이 기존의 작업을 돌아보고 필요한 곳에 역주를 채워 넣고 번역문을 수정했다. 이 작업에 근 7년이 걸렸다. 물론 그 시간을 오롯이 변문 번역 작업에 쏟았다고 감히 말할 수는 없지만, 이 기간이 더 좋은 번역과 주석 작업을 위해 고민하던 시간이었음은 분명하다. 역자들이 개인 사정으로 한국에 있지 못하게 되었을 때는 인터넷에 카페를 만들어 번역에 대한 의견과 번역 방식을 공유했다. 아울러 이 기간 동안 세 역자가 힘을 합쳐 빅터 메이어의 『당대 변문(*Tang Transformation Texts*)』 한국어판을 출판한 건 매우 뜻 깊은 일이라 자부한다. 『당대 변문』은 돈황변문의 개설서이자 변문에 관한 여러 논란과 연구사까지 정리해 놓아, 번역과 주석 위주인 『돈황변문교주』를 보충해주는 책으로 손색이 없었다. 원래는 이 책과 『돈황변문교주』를 동시에 출판하는 것이 목표였으나, 세 역자들이 한국과 중국에서 두꺼운 교정 원고를 보며 빠진 글자를 확인하고 벽자와 이체자 등의 제작을 출판사에 의뢰하다보니 『돈황변문교주』의 출판은 그보다 더 늦어질 수

밖에 없었다. 게다가 독자들의 이해를 돕기 위해 원서에는 없는 사본의 사진 자료－각 작품의 원본 사진을 독자들이 YouTube에서 볼 수 있도록 QR 코드화하여 각 권 맨 뒤에 수록－와 작품 해제까지 준비하면서 또 어느 정도의 시간이 흘렀다.

세계 최초 돈황변문의 완역

짧지 않은 기간, 이런저런 곡절을 거쳐 나온 『돈황변문교주』의 한국어판은 세계에서 첫 번째 돈황변문의 완역이라는 점에 큰 의미를 두고 싶다. 사실 변문 자체의 난해함, 수많은 결자(缺字)와 이체자, 방대한 편폭 등으로 인해 변문의 번역은 쉽게 접근하기 힘든 작업이다. 또 변문집은 통일성이 있는 하나의 작품이라 할 수 없다. 내용상 그다지 관련이 없는 여러 작품들로 구성되어 있어 번역의 어려움을 더했다. 그럼에도 불구하고 지금까지 한국 학자들의 변문 연구는 적지 않은 성과를 냈다. 중국 문학 내에서의 연구 뿐 아니라 한국 문학, 나아가 동아시아 문학과의 관련 속에서도 연구가 진행되었고, 이 연구를 위해 일부 작품들이 한국어로 번역되기도 했다. 이러한 변문의 한국어 번역은 주로 스터디에서 일부 작품을 읽고 발표하거나 학위논문에 첨부하거나 특정 작품에 역주를 달아 발표하는 식으로 제공되었다. 『돈황변문교주』를 번역하는 과정에서 기존의 이러한 성과들이 큰 도움이 되었음은 물론이다. 한 분 한 분께 인사를 드리진 못하지만 우리 역자들은 이 소중한 성과들에 대해 항상 감사하는 마음을 갖고 있다.

오역에 대한 두려움과 복잡한 심경

『돈황변문교주』의 한국어판을 이제 세상에 내놓으면서도 우리의 걱정은 여전하다. 오역에 대한 두려움, 꼼꼼하지 못한 것에 대한 죄송함, 앞선 연구에 오히려 누가 될 지도 모른다는 우려로 복잡한 심경이다. 그럼에도 과감히 연구자와 독자들께 선보이는 이유는 이 책이 중국문학뿐 아니라 동아시아의 소설, 희곡과 공연예술, 불교 문학과 의례 등의 연구에 기초 자료가 될 것이라고 확신하기 때문이다. 우리는 번역의 과정에서 이처럼 다양한 분야의 연구자들이 번역 작업에 관심을 가지고 있음을 느낄 수 있었다. 쉽지 않은 작업의 동력이 되어준 그분들의 조언과 격려에도 우리는 감사를 드려야 한다. 그중에서도 특히 한국불교문학 연구자로서 기꺼이 '『돈황변문교주』 완역의 의미'를 써주신 사재동 교수님께 감사드린다. 사교수님의 돈황변문에 대한 이해와 관심은 늘 깊고 정확한 것이었기에 교수님의 글이 더 무겁게 느껴진다. 그리고 추천사를 통해 돈황변문 완역의 의의를 간명하게 되새겨주신 고려대 최용철 교수님께도 깊은 감사의 말씀을 드린다.

마지막으로 다른 책들보다 몇 배는 힘들었을 작업을 근 10년간 기꺼이 맡아주신 소명출판 편집진, 특히 이를 총괄하신 공홍 편집부장님께 깊은 감사의 뜻을 전하고 싶다.

2015년 9월
역자 일동

추천사(한국)

『돈황변문교주』, 그 완역의 의미

돈황(敦煌) 막고굴(莫高窟) 장경동(藏經洞)에서 발견된 이른바 돈황 문서는 실크로드권의 인문과학을 탐구하는 보물이다. 이 돈황 문서를 통하여 동방권의 인문과학을 중심으로 사회과학 내지 자연과학까지도 본격적으로 연구하여 커다란 성과를 내어 놓으니, 그것이 바로 유명한 '돈황학'이다. 이러한 돈황 문서 중에서 핵심 주류를 이루는 것은 돈황변문(變文)이다. 이 돈황변문을 통하여 중국을 비롯한 한국과 일본 등 동방권의 불투명하였던 그 시대의 문학, 예술 등 인문과학의 제반 실상과 그 문화사적 전개 과정을 올바르고 선명하게 파악하는 큰 길이 열렸으니, 이를 일러 '돈황변문학(敦煌變文學)'이라 해도 무방할 것이다. 그 중에서도 변문문예학이나 변문예술학이 더욱 발전하였으니, 그만큼 돈황변문은 무엇과도 바꿀 수 없는 사계의 보전(寶典)이라 아니할 수 없다.

이 돈황변문은 천년의 비장 끝에 발견되면서, 주로 중국의 왕국유(王國維)나 진인각(陳寅恪), 상달(向達), 정진탁(鄭振鐸), 왕중민(王重民) 같은 선학들이 그 서지, 문헌적 정리나 교정 작업으로부터 그 개념과 범위, 연원과 실상, 문화사적 위상까지 밝혀내는 가운데, 그 원전의 가치가 점차 높아졌다. 이러한 변문 연구는 돈황학의 범위 내에서 국제적으로 보편화되어 성황을 이루니, 그 성과가 연구사의 총목록으로 집성되고, 여러 가지 논문집으로 편간되기도 하였다. 그 중에 주소량(周紹良)과 백화문(白文化)의 『돈황변문논문록(敦煌變文論文錄)』 같은 것이 대표적인 업적이라고 볼만한 터다. 그런데 이런 과정에서 수많은 논문들이 다양한 견해를 제시하다 보니, 그 본지와 정도에서 벗어나는 주장들이 백출(百出)하여 옥석을 가리지 못하는 혼란상을 드러낸 것 또한 부인할 수 없는 사실이다.

이럴 때에 현명한 학자들은 숲 속에서 길을 잃으면 원점으로 돌아가듯이, 언제나 그 안전한 보고, 돈황변문의 원전을 찾아갔던 것이다. 이런 점에서 무엇보다 중요한 과업은 그 변문의 원전을 집대성하여 가장 정확하게 교주하는 작업이었다. 그러기에 1957년 상달과 왕중민 등 6인이 초창기에 알려진 변문들을 집성하여 『敦煌變文集』으로 펴낸 것은 개척의 공이 크고, 1977년 양가락(楊家駱)이 『敦煌變文』(2冊)을 편간한 것도 상당한 의미를 지니는 터다. 그리고 사계의 권위 반중규(潘重規)가 『敦煌變文集新書』(2冊)를 증보 간행한 것은 그 변문의 집대성, 교정본으로서는 압권(壓卷)이라 하겠다.

나아가 이보다 더 진일보하고 유용한 것은 이 난해한 변문 원문들을 모두 정밀하게 교정하고 자세하게 주석하는 작업이다. 그러기에 일부 학자들의 작품별 주석이 많았지만, 아무래도 그 전체의 올바른 주석을 망라하여 정리하고 새롭게 마무리한 교주본이 출현하기를 고대하였던 게 사실이다. 이에 부응해서 최근 황정(黃征), 장용천(張涌泉) 교수가 심혈을 기울여 마침내 『敦煌變文校注』를 완결해 내었으니, 이는 획기적인 업적으로 사계의 쾌사라 하겠다. 여기서는 새로 발견된 변문 자료를 증보하고, 그 필사 원본과 일일이 대조하여 기존의 오류를 바로 잡으며, 여러 학자들의 새로운 교정과 해석을 수용·취합하면서, 다시 자신들의 참신한 의견을 보태어 놓았으니, 이 교주본이야말로 돈황변문의 교감과 주석학적 집대성이라고 평가하지 않을 수 없다.

이러한 돈황변문의 교주본이 돈황학계나 변문학계, 동방권 한중일 전문학자들에게 크게 기여할 것은 의심할 여지가 없다. 그런데도 특히 이런 업적이 한국학계나 문화계, 예술계까지도 보급·활용되기를 기대해 온 데에는 그럴 만한 이유가 있었다. 한국에도 이러한 변문류의 문서들이 적어도 고려 말기와 조선 초기까지 상당히 유전되어, 일부 학자들이 이 원전들을 문학예술적으로 연구하고 있기 때문이다.

원래 이 변문류는 인도의 불경에 연원적 기반을 두고, 효율적 대중포교를 위하여 그 원본 중의 서사적 법화(法話)를 보다 흥미롭고 감명 깊은 대중적 이야기로 변형·부연해 낸 화본(話本)이었다. 따라서 많은 승려들이 이런 화본을 강설·가창하고 자연스런 연기까지 곁들여 설법하니, 이것이 이른바 속강(俗講)이요, 그 대본이 바로 변문으로 정립된 것이었다. 그러기에 이것은 원본적 불경으로부터 변형, 변성된 속강 대본이라는 점에서 '變' 또는 '變文'이라고 통칭하게 되었다. 한편 이러한 변문의 내용을 서사화로 그려내어 그 속강의 배경이나 보조 장치로 활용한 그림이 곧 '변상(變相)'이었다. 그래서 이 변상은 그 변문과 조응·상보하면서, 나아가 모든 불경의 전체와 일부를 그림으로 나타내는 독자적 불화로 보편화되었던 것이다. 그러기에 변문과 변상은 맞물려 있어, 변문이 있는 곳에 변상이 있고, 변상 있는 곳에 변문이 있다는 통념이 생길 수도 있었다. 이러한 변문은 불경과의 변화적 상관성 아래 그 원형적 전형으로 유통되다가, 후대적으로 역사서나 통속사 내지 설화 등속을 재미있게 강설하고 가창하는 속강에로 전이·계승되었다. 따라서 이 변문류는 강경(講經), 불교계 변문과 강사(講史), 세속계 변문 등으로 다양하게 전개되었다고 본다.

이와 같은 변문류는 동방권 한·중·일 사이에서 그 맥락을 같이 한다고 보아야 한다. 실제로 인도·서역의 불교문화가 실크로드를 타고 중국을 거쳐 한국과 일본 등지까지 전래·유통된 것이 확실하기 때문이다. 그래서 적어도 한국의 변문류 원전은 그 주제·내용이나 구조와 구성, 심지어 표현 문체까지도 돈황변문의 그것과 동궤라는 점이 실증되는 터다. 다만 돈황변문은 1000년 가까이 비장(秘藏)되어 온 필사본이요, 한국 변문은 적어도 신라 통일기 이래 고려를 거쳐 면면하게 유통·전래된 필사·판본이라는 점만이 다를 뿐이다. 지금 한국학계의 일각에서 『석가여래십지수행기(釋迦如來十地修行記)』 등이나 「목련경(目連經)」과 「안락국태자전(安樂國太子傳)」 같은 위경 등이 변문류의 작품으로 연구되고 있는 마당에, 이 작품들이 저 돈황변문과 긴밀한 관계에 놓였음을 적극 탐구하고 있는 실정이다.

그러기에 이 방면의 한국 학계에서는 그런 돈황변문의 원전 교주 집성본을 시급히 받아들일 필요성이 점차 절실해지는 추세였다. 이 양자를 비교 연구하여 폭넓고 올바른 성과를 올림으로써, 한·중 돈황학과 변문학의 발전에 크게 기여할 수가 있기 때문이다. 그런데 저 난해한 돈황변문의 교주본조차도 역시 난해한 것은 매한가지다. 그러기에 중국어와 한문에 능통한 주전공자 이외에는 그 방대하고 값진 교주본이 결국 그림의 떡이 될 수밖에 없는 안타까운 실정이었다. 따라서 뜻있는 학사들은 그런 교주본이 국역되어 나오기를 기다리게 되었고, 이런 사정을 아는 사계의 전공학자들은 그 번역을 여러 모로 모색하고 설계해 보았으리라 생각된다. 그러나 이 번역 작업은 실로 값지고 보람찬 일이지만 그만큼 어렵고 힘든 일이기에, 꿈같은 침묵이 오래 지속되어 왔던 것이다.

마침내 세계 돈황 문학문헌 연구자들이 최고 교주본으로 꼽는 『돈황변문교주(敦煌變文校注)』가 한국어로 완역되어 소명출판에서 총 6권으로 출간되었다. 그동안 바라고 기다리던 그 국역본이 때맞추어 나왔으니 우선 반갑고 기뻐할 일이다. 먼저 이 방대하고 소중한 국역작업이 사계의 전공학자 전홍철(全弘哲) 교수와 정병윤(鄭炳潤), 정광훈(鄭廣薰) 박사의 손에서 직접 이루어졌다는 점에 큰 의미가 있다. 그 번역자의 조예와 능력이 그 번역서의 성패를 좌우하기 때문이다. 한·중 학계에 잘 알려진 전홍철 교수는 중국고전문학을 전공하여 이미 상당한 업적을 내었거니와, 특히 돈황변문과 강창문학을 연구하면서 그 성실함과 해박한 권위를 공인 받아왔고, 『돈황 강창문학의 이해』, 『돈황과 동아시아 문학』, 『돈황문학사전』, 『당대(唐代) 변문(變文)』 등 중후한 논저를 출판한 바 있다. 그리고 정병윤, 정광훈 두 박사도 전 교수와 긴밀한 학연, 학풍을 같이 하면서 역시 돈황변문과 강창문학을 전공하여 값진 논문을 상당히 발표하고 이 방면의 전문가로 인정을 받고 있는 터다. 이렇게 탄탄하고 힘이 있는 번역자들이 그 변문 원전을 독파・분석해 본 경험을 살려, 그만한 사명감을 가지고 근 10년간 작업에 심혈을 기울이고 정성을 바쳐 왔으니, 그 성공적 번역은 이미 보장되어 있는 터다.

실제로 이 번역본을 보면, 그 원전에 충실하여 먼저 원문의 일부를 제시하고 그 아래 역문을 달았는데, 문맥과 내용을 정확히 파악한데다 명확한 표현과 간결한 문체로써, 그 원문의 핵심, 진수를 여실히 드러내고 있는 터다. 그 답답한 직역(直譯)에 얽매이지 않고, 미려한 의역(意譯)에 끌려가지 않는 중도적 문장이 그 원문의 특징까지 빛을 내서 더욱 실감이 난다. 더구나 여기서는 원문의 주기까지 세세히 번역한데다 번역자의 '역주'까지 정밀히 첨가하여, 그 신빙성이 돋보이고 있다. 그러기에 이 번역문을 통하여 그 원문 전체의 내용을 그대로 파악하는 데 어떠한 손색도 없는 터다.

이제 그다지 갈망하던 돈황변문의 역주본이 기대 이상의 모습으로 출간되니 찬탄할 만한 업적으로 높이 평가하며, 한중(韓中) 돈황학, 변문학에 크게 공헌하리라 확신한다. 이에 그 번역자들의 노고와 공적을 진심으로 치하하며, 사계 전공자들이나 인문학자들, 나아가 일반 문화예술인들까지도 일독(一讀)하기를 간절히 권한다.

2015년 9월

충남대 국문과 명예교수 史在東 謹識

추천사(한국)

한국어판 『돈황변문교주(敦煌變文校注)』의 출판을 진심으로 축하합니다. 돈황변문은 중국문학사에서 중요한 위상을 차지하고 불교 의식과 관련해서도 많은 정보를 제공해주는 귀중한 자료입니다. 일찍이 노신(魯迅)은 자신의 『중국소설사략(中國小說史略)』에서 소설사의 한 부문으로 변문 작품들을 언급하였고, 왕국유(王國維)를 비롯하여 주소량(周紹良), 반중규(潘重規) 등의 저명 학자들도 변문 작품들을 교감하여 학계에 널리 소개했습니다. 중국문학사 그중에서도 특히 서사문학의 발전사를 공부하려면 돈황변문에 관심을 가질 수밖에 없습니다. 중국은 송(宋)나라 때부터 일상적인 통속 언어를 사용하여 편폭을 길게 늘여 지은 소설들이 본격적으로 등장하였습니다. 이러한 소설 발전의 배경에는 당대(唐代) 변문이 중요한 역할을 하고 있습니다. 변문이 유행하던 당시의 다른 문학 장르와도 깊은 관련이 있고, 변문이 유행한 이후의 중국 통속서사문학에도 직접적인 영향을 준 것입니다. 이는 중국 고대소설의 연구자로서 『돈황변문교주』의 한국어 번역본 출판이 더욱 반갑게 느껴지는 이유이기도 합니다.

강경문(講經文), 압좌문(押座文) 등이 포함된 불교 변문은 내용 뿐 아니라 불교 의례의 측면에서도 집중적인 연구가 필요합니다. 강경문은 지금도 전해지는 『부모은중경(父母恩重經)』, 『유마힐경(維摩詰經)』 등의 불경 강의에 대한 현장의 기록으로서 마치 옆에서 강의를 들려주는 듯한 기록이 또 다른 흥미를 줍니다. 게다가 현대의 극본 지문처럼 마치 참고용으로 써놓은 것 같은 불교 의례 용어들은 천여 년 전의 강경 의식이 어떻게 진행되었는지를 짐작케 해줍니다. 이런 불교 변문들은 편의를 위해 하나하나 나누어 제작되고 유통되었을 것입니다. 그러나 이들을 순서에 맞게 다시 이어보면 당시 불교 의례의 모습이 전체적으로 보입니다. 그렇기 때문에 변문은 예전의 의식들이 거의 그대로 보존되어 있는 한국의 불교 의례와도 비교하며 연구할 가치가 있습니다.

『돈황변문교주』는 중국학계의 중견 학자들이 이전의 연구 성과들을 바탕으로 80여 편에 이르는 돈황변문 전체를 새롭게 교감한 대작입니다. 『돈황변문집(敦煌變文集)』, 『돈황변문집신서(敦煌變文集新書)』 등 중국 대륙과 대만에서 출판된 변문집의 성과들을 집대성한 것은 물론, 1930년대부터 최근까지의 주요 교감 작업들을 한 곳에 모아놓았다고 해도 과언이 아닙니다. 진정한 학문은 선행 연구성과를 바탕으로 새로운 연구자들에게 탄탄한 기반을 마련해주는 것이어야 합니다. 『돈황변문교주』는 바로 변문 연구의 집대성이면서도 새로운 연구를 위한 기본 자료가 되는 역작입니다.

돈황변문의 일부 작품들은 지금까지 영어와 일어를 비롯한 몇몇 언어로 번역이 되었습니다만, 변문 작품 전체를 완역한 것은 이번 한국어판이 처음인 것으로 알고 있습니다. 심지어 중국에서도 현대어로 옮겨놓은 변문 작품은 몇 편에 지나지 않습니다. 다시 말해 한국어판 『돈황변문교주』는 현대인들이 읽을 수 있도록 변문 전체를 번역한 세계 최초의 완역본이라는 점에서도 큰 의미가 있습니다. 이처럼 힘든 번역작업을 지난 수년에 걸쳐 완수해 낸 전홍철, 정병윤, 정광훈 역자에게 다시

한 번 경의와 감사의 뜻을 표합니다. 이 세 분의 역자는 오랫동안 한국에서 돈황문학 연구에 지대한 노력을 기울여 수많은 성과를 낸 바 있는 우수한 연구자들이기에 본 역서에 더욱 깊은 학문적 신뢰감을 느낄 수 있습니다. 끝으로 이 책이 중국학과 한국학은 물론 어문학, 종교학, 예술 등의 각 분야에서 훌륭한 기초 연구 자료가 될 수 있기를 기원합니다.

2015년 9월

(전)한국중국소설학회 회장 · 고려대 중문과 교수 최용철

추천사(중국)

중국인이라면 돈황속문학이 왕국유(王國維) 선생이 1920년에 발표한 「돈황에서 발견된 당대의 통속시와 통속소설(敦煌發現唐朝之通俗詩及通俗小說)」이라는 논문에서 대략 처음 시작되었음을 잘 알고 있다. 그 후 진인각(陳寅恪)・상달(向達)・정진탁(鄭振鐸)・왕중민(王重民) 등의 선생들이 저술을 남겼는데, 이는 연구자들의 수적인 증가를 의미할 뿐 아니라 연구 분야의 세분화를 가져왔다. 변문은 돈황 속문학 작품 가운데 양적으로 가장 우위를 차지할뿐더러 그 영향력에 있어서도 가장 독보적인 가치를 지닌다. 변문은 송・원 화본의 선구적 형태인 까닭에 소설사 연구자들의 관심을 끌지 않을 수 없고, 육조・당・송대 속어(俗語)의 온상인 까닭에 한어사 연구자들이 소홀히 다룰 수 없으며, 역사・종교・민속학 등 여러 학문과 연관된 소중한 문헌들을 포함하고 있기에 관련 연구자들이 염두에 두지 않을 수 없다. 변문의 체제는 설창류에 속하는데, 이것은 예로부터 전해져온 것이지 당대에 새롭게 생겨난 게 아니다. 어떤 이는 변문의 체제가 인도에서 들어온 것이라 하나, 나는 그렇게 생각하지 않는다. 왜냐하면 한대 대부(大賦) 중에 이러한 체제가 이미 존재하는 까닭이다.

변문 작품에 대한 교록은 나진옥(羅振玉) 선생의 『돈황영습(敦煌零拾)』에서 처음 시작되는데, 거기서 말한 이른바 「불곡삼종(佛曲三種)」이란 바로 변문의 한 형태를 가리킨다. 그 후 유복(劉復)의 『돈황철쇄(敦煌掇瑣)』, 상달(向達)의 『돈황총초(敦煌叢鈔)』, 허국림(許國霖)의 『돈황잡록(敦煌雜錄)』 등이 변문 작품을 교록하였다. 1954년 주소량(周紹良)의 『돈황변문휘록(敦煌變文彙錄)』은 변문 관련 최초의 전문 교록집이다. 1957년 상달・왕중민 등 6인의 선생들이 변문을 집대성하여 『돈황변문집(敦煌變文集)』을 펴냈다. 그러나 돈황변문은 민간에서 발생하고 구어로 기록되어 있으며 글자도 속체자와 이체자들이 흔히 사용되는 까닭에 교록하기에 많은 어려움이 따랐다. 이리하여 교록본마다 약간의 차이가 존재하였고, 이 때문에 독자들은 그에 대한 의구심을 떨쳐버릴 수 없었다. 그러던 중 1959년 장운종(蔣雲從) 선생의 『돈황변문자의통석(敦煌變文字義通釋)』이 출간되어 문자 판독과 어휘 해독에 대단한 성과를 거둠으로써 독자들의 심사숙고에도 풀리지 않던 의문점들이 얼음 녹듯이 풀리게 되었다. 그 후 30여 년 동안 수많은 관련 연구논문들이 발표되면서 문제점들이 제기되기도 하고, 오류가 바로잡히기도 하고, 또 의견 교환도 이루어짐으로써 변문의 문의(文義) 파악에 많은 도움이 되었다. 그러나 그러한 연구 논문들이 여러 간행물들에 흩어져 있어 독자들이 매번 그것들을 찾아 읽기에는 많은 어려움이 따랐다. 근년에 대만의 학자가 변문 신교주본을 펴내기도 했으나 변문의 교주에 관한 수십 년 동안의 새로운 연구 성과를 제대로 반영하지 못해 여전히 독자들에게 아쉬움을 남겼다.

친한 벗 곽재이(郭在貽)가 수년에 걸쳐 장용천(張涌泉), 황정(黃征) 두 학자들과 합심하여 '돈황학(敦煌學) 삼서(三書)'라는 연구 프로젝트를 추진해 왔는데, 『돈황변문교주』는 그 중의 하나다. 그런데 그 연구서들이 채 출간되기도 전에 곽군이 돌연 세상을 떠나니 그 안타까움 어찌 말로 다 표현할 수 있을까. 다행히도 장용천과 황정 두 선생이 그 유지를 이어받고 스승의 가르침을 받들어 수년 동안 온 힘을 다한 끝에 『돈황변문교주』를 완성해냈다. 이 책은 『돈황변문집』을 기초로 삼아 거기에 실리지 않은 작품을 보완하였고, 변문 필사본 원권(마이크로필름)과 일일이 대조하여 기존의 오류를 바로잡았다. 또한 여러 학자들의 새로운 교정과 해설을 취합하고, 거기다 다시 자신의 의견을 덧붙였다. 주석 부분에서는 속자와 속어의 설명에 중점을 두어 속자로 속자를 해독하고 있는데 그 이치가 자못 깊고 해박하다. 그러한 까닭에 이 연구서를 돈황변문의 교감학적 집대성이라 불러도 결코 지나친 말이 아닐 것이다.

1990년 11월

강량부(姜亮夫)

들어가는 말

1920년 4월 저명학자 왕국유(王國維)는 『동방잡지(東方雜誌)』에 「돈황에서 발견된 당대의 통속시와 통속소설(敦煌發現唐朝之通俗詩及通俗小說)」이라는 논문을 발표했다. 왕씨가 언급한 바의 '통속시', '통속소설'에는 「계포가(季布歌)」, 「효자동영전(孝子董永傳)」, 「목련구모(目連救母)」, 「이릉항로(李陵降虜)」, 「당태종입명소설(唐太宗入冥小說)」, 「오원입오소설(伍員入吳小說)」 등 수편이 포함되어 있다. 사람들은 나중에서야 이들 '통속시'나 '통속소설'의 대다수가 이미 오래전에 사라졌던 '변문(變文)'임을 깨달았다. 왕씨의 상술 논문은 돈황변문 연구의 서막을 정식으로 열었다.

그러나 당시 대다수의 돈황 필사본들은 공개가 안 되었던 까닭에 변문에 대한 인식은 여전히 초보 단계에 머물러 있었고, 사람들은 이미 오래전에 사라졌던 이 변문이라는 문체에 낯설어하지 않을 수 없었다. 1924년 나진옥(羅振玉)은 『돈황영습(敦煌零拾)』을 펴내 '불곡(佛曲)' 3편을 실었는데, 이들은 국내외를 막론하고 최초로 간행된 변문 작품이었다. 그런데 이 3편의 돈황 필사본은 모두 처음과 끝부분이 잔결되어 있었고, 이 때문에 원명(原名)을 찾을 수 없었던 나씨는 하는 수 없이 임의로 이들을 '불곡'이라 불렀다. 나씨는 발문(跋文)에서 다음과 같이 말했다.

> 세 편의 불곡은 모두 중당(中唐) 이후의 필사본이다. 두 번째 편은 『유마힐경』을 연역한 것이고, 나머지 두 편은 어떤 경전을 연역한 것인지 알 수가 없다. 『고항몽유록(古杭夢遊錄)』에는 네 부류의 설화(說話)가 실려 있다. 그 중 하나가 소설(小說)로 은자아(銀字兒)라고도 불리며 연분(煙粉) · 영괴(靈怪) · 전기(傳奇) · 공안(公案) 등이 있고, …… 설경(說經)은 연설불서(演說佛書)라고도 불리며, 설참(說參)은 참선(參禪)이라고도 불리고, 설사(說史)는 전대(前代)의 흥망이나 전쟁 관련 사건을 이야기한 것이다. 『무림구사(武林舊事)』에는 여러 기예들이 실려 있는데 설경(說經)도 그 안에 포함되어 있다. 지금 이 잔권들을 살펴보건대, 이들은 당대에 생겨 송대에 성행한 이후, 원 · 명대에 이르러서는 사라져버린 것으로 보인다.

나씨는 '불곡(佛曲)'을 송대 '설화(說話)'의 선구로 여겼다. 그가 말한 '불곡'이란 곧 '설화'류의 통속문학을 가리키는데, 이것은 나씨의 고명함을 보여준다 하겠다. 그러나 그 후 사람들은 나씨의 본뜻을 곡해하여, 일종의 악곡으로써 당대에 유행했던 종교적인 불곡과 혼동하여 그것을 논하기 시작했다. 그러다가 1929년 상달(向達)이 「당대불곡을 논함(論唐代佛曲)」[1] 이란 논문을 발표함에 이르러서야 겨우 이러한 오용은 시정될 수 있었다. 당시에는 '불곡'이란 용어 외에도 '곡(曲)' '연의(演義)' '속문(俗文)' '창문(唱文)'과 같은 호칭들도 출현했었다. 그러나 변문이 지속적으로 발견되고 그와 관련된 연구논문들이 꾸준히 발표됨에 따라 변문에 대한 사람들의 인식은 점차 명확해지기 시작했다. 1931년 3월 『소설월보(小說月報)』가 정진탁(鄭振鐸)의 『돈황 속문학(敦煌的俗文學)』이란 논문을 간행하였는데, 여기서 '변문'이란 용어가 처음 사용되었다. 그 후 정씨는 『삽도본

1 『小說月報』 20권 10호, 1929년.

중국문학사(插圖本中國文學史)』·『중국속문학사(中國俗文學史)』를 저술하면서 '변문'에 관한 서술에 상당히 많은 지면을 할애하였다. 정씨와 다른 몇몇 학자들의 적극적인 주장으로 '변문'이란 명칭은 점차 유포되어 오늘날까지 줄곧 사용되고 있다.

그러나 '변문'이란 명칭은 어떻게 해서 생겨난 것일까? 또 변문이라는 문학형식은 그 연원이 어떻게 되는 것일까? 이 문제는 학술계의 오랜 난제였음에도 불구하고 만족할만한 답안은 아직까지 찾아내지 못한 것 같다. 70년 동안 수많은 선배학자들이 이 문제를 두고 힘겨운 연구를 진행해왔다. 정진탁(鄭振鐸)의 『중국속문학사(中國俗文學史)』, 상달(向達)의 「당대속강고(唐代俗講考)」,[2] 부운자(傅芸子)의 「속강신고(俗講新考)」,[3] 관덕동(關德棟)의 「'변'자의 유래에 대한 약설(略說'變'字的來源)」,[4] 주일량(周一良)의 「당대속강고를 읽고(讀唐代俗講考)」,[5] 손해제(孫楷第)의 「독변문잡식(讀變文雜識)」,[6] 왕중민(王重民)의 「돈황변문연구」,[7] 왕경숙(王慶菽)의 「변문의 발생과 영향에 대한 시론(試談變文的產生和影響)」,[8] 정의중(程毅中)의 「변문에 관한 몇 가지 탐색(關於變文的幾點探索)」,[9] 주소량(周紹良)의 「당대 민간문학을 논함(談唐代民間文學)」[10] 등은 모두 이 방면의 대표적인 논문들이다. 현재 학술계에서는 변문에 대한 다음과 같은 인식이 보편적으로 받아들여지고 있다. 즉 '변문'은 '변상(變相)'이라 불리는 그림과 관련이 있고, '변문'의 '변'은 곧 '변상'의 '변'이며, 대체적으로 '변화(變化)' '변현(變現)' '변이(變異)'라는 의미를 지닌다. '변상'은 그림 이야기책의 삽화와 유사하며, '변

---

2 『唐代長安與西域文明』, 生活·讀書·新知三聯書店, 1957년 출판.
3 『新思潮』 1권 2기, 1946년.
4 上海 『大晚報』, 1947년 4월 14일.
5 天津 『大公報』, 1947년 2월 8일.
6 『現代佛學』 1권 10기.
7 『中華文史論叢』, 1981년 제2집.
8 『新建設』, 1957년 3기.
9 『文學遺產增刊』 10집, 1962년.
10 『新建設』, 1963년 1기.

문'은 본래 '변상'을 문자로 설명한 것이었는데, 점차 '변문'은 '변상'에서 이탈, 독립되어 일종의 통속문학체재로 변화되었다는 것이다. 정진탁의 『중국속문학사』 제6장 '변문'편에서는

> '변상'과 마찬가지로 '변문'의 '변'은 불경의 내용을 '변경'시켜 '속강'으로 만들었다는 뜻이다. (변상은 불경을 변화시켜 그림으로 만들었다는 뜻)

라고 하였고, 부운자의 「속강신고」에서는

> 변문은 본래 변상도(變相圖)를 보완하는 역할을 하는 까닭에 '변'자는 곧 부처의 '설법상의 신변(說法神變)'을 뜻한다. 변문과 변상도는 함의하는 바는 똑같으나 표현 방법이 서로 다르다. 하나는 문자이고, 다른 하나는 그림이다. 그림이라는 공간적 표현기법을 사용한 것은 변상도이고, 구어적인 문사(文辭)를 사용하여 시간적으로 전개해 나간 것은 변문이다.

라고 하였다. 또 주일량의 「당대속강고를 읽고(讀唐代俗講考)」에서는

> 변문은 '변상'을 문자로 표현한 것이다. …… 경변(經變)은 본래 이야기가 있는 그림이었는데, 후에 통속성을 위해 본래의 소의경전을 버리고 당시의 문체로 그림 속의 이야기를 재차 서술하게 되었고, 그리하여 변문이 형성되었다. …… 아마도 변문은 '변상'의 문자에서 생겨났을 터인데, 요란한 빈객이 주인을 내쫓듯이 문자가 점차 독립하게 되었고, 문자가 부수적으로 따르던 변(變)은 오히려 사라지게 된 것이다.

이러한 논의들은 논란의 여지가 없는 것은 아닐지라도 전반적으로 정확한 견해라 할 만하다.

변문이라는 문학형식의 연원에 대해서는 다음과 같은 몇 가지 대표

적인 견해들이 있다.

첫째, 청상구악(淸商舊樂) 기원설 : 상달은 「당대속강고」에서 "변문의 연원은 남조(南朝)의 청상구악에서 찾아야 할 것으로 생각된다. …… 남조의 청상악 중에는 변(變)이라는 이름을 지닌 것이 있는데, 그 구조는 매우 복잡하여 앞과 뒤의 이른바 송성(送聲)이라는 것은 아마도 후세의 설자(楔子)와 미성(尾聲)에 해당될 것이다. 그리고 「명군(明君)」에 속하는 것으로 긴 것은 수백 언(言), 삼백 농(弄)에 달할 정도로 그 규모가 거창하니, 이것은 보통의 악가(樂歌)들이 흉내낼 수 있는 것이 아닌 듯하다. 당대 변문 역시 여러 악기로…… 할 수 있으니, 그 연원은 청상구악 중의 하나인 변가(變歌)에서 찾아야 할 것 같다"라고 하였다.

둘째, 불전번역 기원설 : 정진탁은 『중국속문학사』에서 "변문의 연원은 절대 중국의 전적(典籍)에서는 찾을 수 없다. 우리는 인도의 전적이 아주 오래전부터 이미 운문과 산문이 조합된 문체를 사용해왔음을 알고 있다. 저 유명한 마명(馬鳴)의 「본생환론(本生鬘論)」 역시 본래의 모습 그대로 중국에 소개된 적이 있었다. 인도불교의 영향을 받은 일부 승려들은 자신들의 설법 중에 애써 이러한 새로운 문체를 모방하여 보다 많은 청중들의 관심을 끌어내고자 했을 것이다. …… 당대 이후 중국에서 발생한 여러 새로유 문체들은 운문과 산문의 조합이라는 패턴의 흔적을 언제까지나 간직하게 되었다. 변문을 강창하는 승려들은 이러한 새로운 문체의 전파에 기여한 공로가 누구보다도 컸던 것이다"라고 하였다.

셋째, 중국 고유의 부체(賦體) 및 서사가요가 불교문학의 영향을 받아 이루어졌다는 설 : 왕경숙은 「변문의 발생과 영향에 대한 시론(試談變文的産生和影響)」에서 "본래 중국의 문체 중에는 아름다운 어휘들을 늘어놓아 사물을 묘사하는 한부(漢賦)라든지 악부민가의 서사시가 있는데, 이들은 산문과 운문으로 사실을 묘사하는 기법의 견고한 바탕이 된다. 게다가 시가와 음악은 중국의 문학전통에 있어서 분리되는 경우가 별로 없었다. 그리하여 산문으로 경전 속의 고사를 이야기하고, 운문으로 범패를 부르고 찬미하는 체제를 마주하게 되자, 속강승과 민간의 예인들은 이들을 쉽사리 결합시켜 '변문'을 만들어냈던 것이다. 그러므로 '변문'은 당시 민간에서 속강의 기법을 받아들여 역사 속의 전설이나 고사들을 강설하던 일종의 화본이라고 생각한다. 그리고 속강 역시 당시 민간 형식의 노래와 설화 방식을 채택하여 사람들의 관심을 끌었던 것으로 생각된다"고 하였다.

이상 세 가지 학설 중에서 청상구악설은 "악부 안의 변가(變歌)와 곡명에 '변(變)'자가 들어 있는 몇몇 악곡을 제외하면 이 둘 사이에 아무런 연관성도 찾을 수 없을 듯"[11] 하며, 불전번역설 역시 문학발전의 내재적 요인을 등한시한 까닭에, 이 두 학설은 대다수의 연구자들로부터 인정받지 못했다. 반면에 세 번째 학설은 변문의 발생과 발전의 내·외적 요인을 모두 고려하고 있기에 비교적 이치에 맞아 보인다. 그 후 풍우(馮宇)·정의중(程毅中)·장홍훈(張鴻勳) 등은 이 학설을 일부 변화시키거나 확장시키긴 했으나 대체적으로 이 학설에 따라 논문을 집필했다.[12]

변문 필사본은 19세기 말 20세기 초, 돈황 막고굴의 장경동에서 잇따라 발견되었는데, 그 대부분은 스타인이나 펠리오 등에 의해 국외로 반출되었다. 이들 필사본들은 가지가지 원인들로 인해 대부분 표제가 없으며, 표제가 남아 있는 것들도 변문(變文)·변(變)·인연(因緣)·연기(緣起)·강경문(講經文)·부(賦)·화(話)·시(詩)·사문(詞文)·전(傳)처럼 서로 다른 제명을 사용하고 있다. 원래부터 '변문'이나 '변'을 제목으로 사용한 작품이 비록 8,9종 있긴 하지만, 이것들도 보통 전제(前題)와 후제(後題)가 일치하지 않거나 갑권과 을권의 제목이 서로 다르다. 이러한 복잡한 정황은 변문의 감정(鑑定)에 많은 어려움을 가져왔고, 변문의 체제 역시 오랫동안 학계의 논쟁거리가 되었다. 초기의 연구자들은 일반적으로 '변

11 周一良의 「讀唐代俗講考」를 볼 것.

12 馮宇, 「漫談'變文'的名稱, 形式, 淵源及影響」, 『哈爾濱師範學院學報』, 1960년 1기. 張鴻勳, 「敦煌講唱文學的體制及類型初探」, 『文學遺産』, 1982년 2기.

문'이라는 용어로 돈황에서 발견된 모든 강창문학 작품을 통칭하였다. 이를 테면 정진탁의 『중국속문학사』, 부운자의 「속강신고」, 관덕동의 「'변문'을 논함(談'變文')」[13] 등이 그것인데, 이들은 모두 '변문'을 크게 불교고사와 비불교고사 두 종류로 나누었고, 변문 아래에 강경문, 연기, 전 등의 몇몇 부류를 포함해 넣었다. 그 후 주소량(周紹良)의 『돈황변문휘록(敦煌變文彙錄)』,[14] 왕중민 · 왕경숙 등의 『돈황변문집』[15]은 당시 공개되었던 모든 설창류 작품들(성격이 다른 작품들까지도)을 그 속에 포함시켰다. 왕중민은 훗날 북경대학에서 「돈황변문연구」라는 논문을 발표할 때 다음과 같이 말했다.

> 『돈황변문집』은 변문을 그 형식과 내용에 따라 크게 두 가지로 나누었는데, 하나는 불경과 불가의 고사를 강창한 것, 또 하나는 우리나라의 역사고사를 강창한 것이 그것이다. 첫 번째 부류는 다시 세 종류로 세분되는데, 첫째, 불경의 경문에 의거하여 먼저 통속적인 강설이 있은 뒤 창사로 다시 한 번 더 그 내용을 읊는 것이고, 둘째, 석가모니의 출가와 성불 고사를 강창한 것이며, 셋째, 불제자와 불교의 고사를 강설한 것이다. 뒤의 두 가지는 모두 유설유창(有說有唱)이다. 두 번째 부류 역시 세 종류로 나눌 수 있는데, 이것은 고사의 내용에 따른 분류가 아니라 그 체재에 따라 나눈 것이다. 첫째는 유설유창, 둘째는 유설무창, 셋째는 대화체이다. 이 분류와 그 분류 순서는 공교롭게도 변문의 발생과 발전, 그리고 화본으로의 변화되는 모든 과정을 반영하고 있다. …… 강경문은 변문 가운데 최초의 형식으로, 강경문의 발생시기는 변문 중에서 가장 시기적으로 앞선다. …… 강경문은 불교고사를 강설한 것과 역사고사를 강설한 변문으로 변화되었고, 종국에 가서 변문은 화본으로 바뀌었다. 서로 다른 단계에서는 서로 다른 명칭을 사용하였고, 서로 다른 제재 내에서는 또 그 이전에 있던

13 『覺群周刊』, 1권 1기부터 9기, 11기, 1946년.
14 上海出版公司, 1954년판.
15 人民文學出版社, 1957년판.

명칭을 가져다 사용했다. 그러나 변문의 전성시기에서는 모두 변문이라는 명칭으로 이러한 부류의 문학작품을 총칭하게 되었고, 이 명칭은 당시의 공식명칭으로 사용되었던 것이다. 이는 오늘날 우리가 왜 '변문'이라는 명칭으로 돈황에서 발견된 이 부류의 문학작품 모두를 가리키는 용어로 사용하는 것이 그런대로 합당하고 또 정확한 것인지를 설명해준다.

왕중민 선생은 그의 발표문에서 매우 상세하게 언급을 하고 있는데 지면의 제한으로 여기서는 일일이 다 언급하지 않는다. 그러나 그러한 일종의 귀납적인 방법을 두고 당시 학계의 의견은 결코 일치된 것 같지는 않다. 왕 선생과 함께 『돈황변문집』의 편자였던 상달(向達)은 자신이 쓴 『돈황변문집』 서문에서 "이러한 류의 작품들 가운데 물론 일부는 제목에 변문이라는 명칭이 있긴 하나, 그렇다고 해서 일률적으로 그 모두를 변문이라 불러도 되는 것인가?"라고 의문을 표하였고, 마지막에 그는 "당대 사원에서 성행하던 설창류 작품은 속강의 화본이다. 변문 운운한 것은 다만 화본의 일개 명칭일 뿐이다"라고 결론지었다. 사실 상씨는 그보다 훨씬 앞선 3,40년대에 이미 이와 비슷한 견해를 밝힌 바 있다. 저명 논문 「당대속강고」에서 그는 다음과 같이 적고 있다.

> 속강의 화본을 일률적으로 변문이라 불러야한다는 사람도 있으나, 좀 더 살펴보면 사실은 그렇지 않음을 알 수 있다. 「목련변」, 「항마변」, 「왕릉변」, 「순자지효변」 등과 같이 다수의 작품이 변문이라는 명칭을 사용하고 있는 게 사실이나, 「계포매진사문」은 명백히 '사문(詞文)'이나 '전문(傳文)'이라는 표제를 달고 있다. 그리고 이른바 압좌문이나 연기, 그리고 제목이 붙어 있지 않는 다수의 불경 강술 작품들은 변문과는 전혀 다른 체재를 보이고 있다. 그럼에도 불구하고 변문이란 명칭으로 그 모두를 통괄한다는 것은 이치에 맞지 않는다.

상씨의 이러한 견해에 영향을 받아 주소량 선생은 1963년에 「당대 민간문학을 논함(談唐代民間文學)」이라는 논문을 발표하였는데, 여기서 그는 돈황 설창류 작품을 변문·속강문(俗講文)·사문(詞文)·시화(詩話)·화본(話本)·부(賦)로 분류하였다(주 선생은 나중에 「당대변문과 기타(唐代變文及其他)」[16]라는 논문에서 이 분류에 다소 수정을 가하였다. 즉 '속강문'을 '강경문'으로 고치고, '인연(因緣)'류를 덧붙였다) 같은 해 정의중 선생은 「변문에 관한 몇 가지 탐색(關於變文的幾點探索)」에서 '변문'과 '강경문'은 결코 같은 문체가 아님을 역설하였다. 그리고 최근 이러한 견해는 갈수록 우세를 보이는 듯하다. 백화문(白化文)의 「변문이란 무엇인가(什么是變文)」,[17] 장홍훈(張鴻勳)의 「돈황 강창문학의 체제 및 그 유형 초탐(敦煌講唱文學的體制及類型初探)」, 고국번(高國藩)의 「돈황민간문학을 논함(論敦煌民間文學)」[18]은 모두 이 방면의 대표적인 성과들이다. 그러나 '변문'이 본시 '변상'의 문자상의 기록임을 모두가 인정한 이상, "강경문은 변문 가운데 최초의 형식으로, 강경문의 발생 시기는 변문 중에서 가장 시기적으로 앞선다."는 왕중민의 주장은 근거가 없는 게 아니다. 『대당대자은사삼장법사전(大唐大慈恩寺三藏法師傳)』 권9에는 "(현경 원년 12월 5일) 법사는 불광왕의 탄생 만1개월을 거듭 축하하고, 아울러 법복(法服) 등을 바치며 '감히 불경 『반야심경』 1권과 서함(書函), 「보은경변」 1부를 바칩니다'라고 아뢰었다((顯慶元年十二月五日)法師又重慶佛光王滿月, 幷進法服等, 奏曰 : 輒敢進金字般若心經一卷幷函, 報恩經變一部)"는 문구가 있는데, 일부 학사들은 여기서 말하는 '보은경변(報恩經變)'이 『불보은경』 강경문을 가리킨다고 주장하였다(돈황 필사본에는 「쌍은기(雙恩記)」 1종이 있는데 이는 『불보은경』을 연역한 강경문이다).[19] 만일 이 추론이 사실이라면 이는 왕중민의 견해를 뒷받침해주는 하나의 증거가 될 것이다. 또 원제가 「순자지효변문(舜子至孝變文)」, 「유가태자변(劉家太子

---

16 『文史知識』, 1985년 12기, 1986년 1기.

17 『古典文學論叢』 제2집, 1980년.

18 『敦煌學論集』, 甘肅人民出版社, 1985년판.

19 『敦煌變文集新書』 말미에 실린 潘重規의 「敦煌變文新論」을 참고.

變)」(이것은 원권의 미제(尾題)이고, 수제(首題)는 「전한유가태자전(前漢劉家太子傳)」으로 되어 있음)으로 되어 있는 변문으로 판단해 보건대, 변문의 체재는 산운조합일수도 있고, 순 운문, 혹은 순 산문도 될 수 있다. '인연'은 또 그 명칭만 다를 뿐 실제는 '변문'과 똑같은데, 이것은 변문 필사본 그 자체만으로도 충분히 입증이 되는 바다.[20] 단지 필사본 제목상의 차이나 체재의 부동(不同)만으로 강경문·인연·사문·화(話) 등이 변문에 속하지 않는다는 견해는 적절치 못해 보인다. 대만의 저명학자 반중규 선생은 다음과 같이 지적하였다.

> 변문은 한 시대의 문체상의 통속 명칭으로, 그 본질은 고사이다. 강경문, 인연, 연기, 사문, 시, 부, 전, 기 등은 단지 변문의 외피일 뿐이다. …… 변문에 여러 가지 이칭이 존재하는 것은 변문이 고사를 강설할 때 여러 가지 서로 다른 문체의 외피를 이용하여 표현해내는 까닭이다.[21]

이것은 반씨가 심오한 연구 끝에 도출해낸 결론인 까닭에 중시할 필요가 있겠다.

변문의 명칭과 연원, 종류에 관한 연구 성과는 이상과 같다. 그렇다면 변문의 발견 및 변문 연구는 어떤 의의를 지니고 있는가? 이에 대해 정진탁 선생은 다음과 같은 대단히 적절한 말을 남겼다.

> 돈황에서 발견된 중국의 수많은 중요 문서 중에서 가장 중요한 것은 '변문'일 것이다. '변문'이 발견되기 전, 우리는 도대체 '평화(平話)'가 어떻게 송대에 돌

20 P.3048 「金剛醜女因緣」의 말미에는 '醜變'이라 쓰여 있고, 「頻婆娑羅王后宮綵女功德意供養塔生天因緣變」은 작품 제목에 '因緣'과 '變'을 함께 쓰고 작품 속에서는 간단히 「功德意供養塔生緣」이라 하여 역시 '緣'이라 칭했다. 그리고 P.2193 「目連緣起」는 체제가 「大目乾連冥間救母變文」이라는 사본과 흡사하다. 이러한 점들은 '緣', '緣起', '因緣'이 모두 '變文'과 이름만 다르고 실제로는 같은 것임을 증명해준다.

21 『敦煌變文集新書』의 後記 참고.

연 생겨나게 되었고, '제궁조(諸宮調)'의 유래는 무엇이며, 명·청대에 성행했던 보권(寶卷)·탄사(彈詞)·고사(鼓詞)는 근대의 산물인지 아니면 고대에 이미 존재했던 것인지 알 길이 없었다. 문학사상의 이 같은 중요한 문제들은 그 해답이 명확하지 않는 의문점들이었다. 그러나 30년 전 스타인이 돈황의 보물창고를 열고서 변문이라는 문체를 발견해낸 이후, 우리는 점차 이러한 의문점들을 해결할 수 있었다. 우리는 그제야 고대문학과 근대문학 사이를 연결해주는 하나의 연결고리를 찾을 수 있게 되었다. 송·원 화본과 육조소설 및 당대 전기(傳奇) 사이에 아무런 인과 관계도 없음을 이제야 알 수 있게 되었고, 천 년 넘게 민간의 사상을 지배했던 보권·고사·탄사와 같은 독서물의 유래가 무엇임을 이제야 이해할 수 있게 되었다. 이러한 발견으로 인해 우리의 중국문학사 연구는 그 면모가 완전 새로워졌다. 그 둘(변문과 중국문학사)은 중차대하게 연관되어 있다. ……'변문'의 발견은 수많은 위대한 명작의 발견임과 동시에 근대문학사에서 해결하기 어려운 수많은 난제들을 해결해주었다. 이것이 바로 최근 십여 년 동안 우리가 '변문'의 발견을 그토록 중요시하는 까닭이다.[22]

정진탁 선생의 이 평은 문학의 시각에서 바라본 것이다. 언어 방면에서 말하자면, 변문은 당시 구어에 가까운 문자를 채택하고 있어 다량의 구어 자료를 간직하고 있는 까닭에, 고금(古今)의 어음 변화의 궤적을 추적하고, 송·원대 백화의 연원 탐색에 변문은 지대한 가치를 지닌다.[23] 여숙상(呂叔湘) 선생은 돈황변문을 위시한 돈황 속문학작품을 근대한어와 고대한어의 경계선으로 보았는데,[24] 이는 돈황변문의 높은 가치를 대변한다. 이렇듯 변문은 문학적으로나 언어적으로 결코 과소평가될 수 없다.

---

22 『中國俗文學史』 上冊, 180~181쪽, 商務印書館, 1938년판.

23 변문은 당시 구어에 가까운 문자를 채택하고 있어 다량의 구어자료를 간직하고 있다. 그래서 고금(古今) 어음 변화의 궤적을 추적하고, 송·원대 백화의 연원 탐색에 있어 지대한 가치를 지닌다.

24 劉堅, 「近代漢語讀本序」를 볼 것.

돈황변문의 이같이 높고 다방면적인 가치로 인해 변문은 발견된 순간부터 국내외 학술계의 광범위한 주목을 받았다. 관련 연구논문이 날로 증가하고, 변문의 집본(輯本)이나 교본(校本), 주석본들이 잇따라 발표되었다. 나진옥의 『불곡삼종』이 출간된 지 얼마 안 되어, 유복(劉復)의 『돈황철쇄(敦煌掇瑣)』,[25] 상달(向達)의 『돈황총초(敦煌叢鈔)』,[26] 허국림(許國霖)의 『돈황석실사경제기여돈황잡록(敦煌石室寫經題記與敦煌雜錄)』[27]과 같은, 수편의 변문이 실린 돈황변문 작품집이 세사에 나왔다. 이 외에도 일부 간행물이나 잡지에서도 교정된 수편의 변문 작품들이 지속적으로 발표되었다. 이들은 비록 산발적이고 불완전한 작업들이었지만, 미래의 완정한 모습의 돈황변문 교록본을 위한 준비작업이었다. 1954년 주소량은 38편의 변문이 실린 『돈황변문휘록』을 펴냈는데, 이것은 어느 정도 규모를 갖춘 돈황변문 전집(專集)으로는 중국에서 가장 이른 성과물이었다. 1957년 왕중민 · 왕경숙 · 상달 · 주일량 · 계공(啓功) · 증의공(曾毅公) 등 6인의 선생이 『돈황변문집』을 펴냈는데, 이 책은 국내외의 정부나 민간이 소장하고 있던 187개의 필사본을 세밀히 교감하여 정리한 78편의 변문 작품을 싣고 있으니, 돈황학 발생 이후, 변문집으로는 가장 완정한 것이었다. 그리고 최근 몇 년 사이에는 돈황유서(주로 러시아 소장본)에서 「쌍은기(雙恩記)」 「유마힐경강경문」 「묘법연화경강경문」 「십길상(十吉祥)」 「싯다르타태자 수도인연(悉達太子修道因緣)」 「우란분경강경문(盂蘭盆經講經文)」 등 수편의 변문이 발표되었다. 그리고 1984년 대만의 반중규 선생은 『돈황변문집』을 토대로 하되, 『변문집』의 오류를 수정하고 작품 수량도 다소 늘린, 신세대 돈황변문집격인 『돈황변문집신서』[28]를 발간하였다. 이러한 변문집의 출판은 변문 연구자들에게 많은 편의를 가져다

25 中央研究院 歷史語言研究所 刻本, 1929년.
26 『北平圖書館館刊』, 5권 6호(1931년), 6권 2호와 6호(1932년).
27 上海 商務印書館, 1937년 鉛印本.
28 臺灣 中國文化大學中文研究所, 1984년 간행.

주었고, 변문 연구작업이 심도 있게 진행될 수 있는 발판을 마련해주었다. 그러나 돈황변문은 민간의 토양 위에서 생겨났기 때문에 당시 구어에 가까운 문자를 사용했고, 그 속에는 '글자 자체는 널리 통용되나 의미가 다른(字面普通而義別)' 방언과 속어들이 다량으로 사용되고 있다. 또 변문은 기본적으로 필사본 형태로 남아 있기 때문에 수많은 속자와 이체자가 들어 있을뿐더러, 오자(誤字)나 연자(衍字), 탈자(脫字)와 같은 오류가 도처에서 발견된다. 게다가 현재와 전혀 다른 필사적 특징들도 흔히 보인다. 이러한 복잡한 정황은 변문의 교정(校訂)을 어렵게 만들었다. 그 때문에 앞서의 작품집 편교자 모두가 국내외에서 명성이 자자한 돈황학 전문가들임에도 불구하고, 거기에는 교감 방면에서 적잖은 문제점들을 내포하고 있었다. 『돈황변문집』을 예로 들자면, 1957년 출판된 이후로 그 내용을 논의 검토하거나 보완 교정한 논문(논저)이 자그마치 140여 편에 달하는데, 이 사실만으로도 얼마나 많은 내용이 본문에서 누락되었는지 상상할 수 있다. 이 점을 염두에 둔 국내외의 일부 저명학자들은 돈황변문의 새로운 교주본의 필요성을 학계에 거듭 호소하였다. 저명 언어학자인 여숙상 선생은 『돈황변문자의통석』 서평에서 다음과 같이 지적한 바 있다.

> 변문의 필사자는 대부분 수준이 높지 않아 자형(字形)이 잘못된 경우가 매우 많다. 본서는 순전히 『돈황변문집』의 인쇄본에 의거하여 고정(考訂)한 것인데, 만일 마이크로필름을 참고하였다면 그 성과는 훨씬 좋았을 것이다. 사실 『돈황변문집』의 교정 작업은 매우 부족한데, 지금까지의 교감(校勘)상의 성과를 흡수하여 새로운 판본을 출판할 필요가 있다.[29]

그 후 여숙상(呂叔湘) 선생은 근대한어에 대한 연구를 언급하며 다시

29 「新版敦煌變文字義通釋讀後」, 『中國語文』, 1982년 3기.

한 번 이 문제를 지적하였다.

> 돈황 속문학작품은 만당・오대의 언어와 어법 연구에 매우 중요한 자료가 되는 까닭에 세밀한 교감을 거친 돈황 속문학 작품집은 대단히 필요하다.[30]

이외에도 임반당(任半塘), 서진악(徐震堮), 항초(項楚), 왕영(王鍈) 등 저명 학자들 역시 서로 다른 장소에서 각각 돈황변문 신교주본의 편집과 출판을 호소한 바 있다.

여숙상 선생을 비롯한 선배 학자들의 호소 아래, 1985년 무렵에 우리는 돈황변문 신교주본의 편집 작업을 준비하기 시작했다. 1987년 초 스승 곽재이(郭在貽) 교수와 우리는 '돈황학 삼서(三書)'라는 연구 계획을 마련하였다. '삼서' 가운데 첫 번째 성과물이 『돈황변문집교의(敦煌變文集校議)』[31]이고, 두 번째 것은 『돈황변문교주』(처음에는 『돈황변문회교(敦煌變文匯校)』라고 명명할 계획이었음)이며, 나머지 하나는 『돈황 투르판 속자전(敦煌吐魯番俗字典)』이다. 1989년 1월 '삼서' 가운데 첫 번째 성과물인 『돈황변문집교의』가 거의 완성되고 『돈황변문교주』 집필에 착수할 무렵, 극악한 암세포가 갑작스럽게 곽 스승님의 젊은 생명을 앗아 가버렸다. 곽 스승님은 우리에게 남긴 유서에서 다음과 같이 말씀하셨다.

> 용천과 황정에게:
>
> 총총 그대들과 작별하게 되니 슬프기 그지없네. 군들은 열심히 노력하여 우리들의 연구 계획을 완성시키고 삼서를 모두 출간하여 하늘에 있을 나의 혼령을 위로해주게.

존경하는 스승님을 여의고 우리는 끝 모를 비통함에 빠졌다. 우리가

30 劉堅, 「近代漢語讀本序」를 볼 것.

31 岳麓書社, 1990년판.

이렇게 어려움에 빠져 있을 때, 항초(項楚)·심석린(沈錫麟)·시검홍(柴劍虹) 선생은 우리에게 많은 격려와 지지를 보내주었고, 우리는 이에 힘입어 스승님이 못다 이룬 작업을 완성시키고야 말겠다는 자신감과 용기가 생겼다. 몇 차례의 겨울과 여름을 보내고, 마침내 백 만자가 넘는 역작 『돈황변문교주』를 완성하는 큰일을 이뤄냈다. 돌아가신 스승님도 하늘나라에서 이 사실에 기쁨과 위안을 느끼실 것이다.

본서의 체재는 일러두기에 모두 나와 있으니 여기서는 자세히 언급하지 않고, 다음 몇 가지만 특별히 밝혀두고자 한다.

첫째는 속자(俗字) 처리에 관한 문제이다. 앞서 얘기했듯이 변문은 필사본 형식으로 전해 내려온 속문학인 까닭에 그 속에는 여타의 전적에서는 찾아보기 어려운 속자들이 다량으로 사용되고 있다. 이러한 속자들을 어떻게 판별하고 처리하는지는 변문의 교감과 출판에 있어 커다란 난제였다. 『돈황변문집』의 교감 원칙은 "절대로 원문을 수정하지 않고", 속자나 이체자는 "원래의 자형을 가능한 한 유지"하는 것이었다. 그러나 실제로 그렇게 작업해나가기란 지극히 어려운 일이다. 그것은 돈황 필사본에서 속자의 사용이 매우 보편적이라서 그것들을 도저히 다 옮겨 적을 수 없을 뿐만 아니라, 설령 다 옮겨 적는다 하더라도 그 모두를 활자로 만든다는 것은 사실 불가능에 가깝기 때문이다. 『돈황변문집』에서는 일부 속자들은 원형 그대로 모방해 적기도 했으나 그냥 무시하고 넘어간 속자들도 있다. 「여산원공화(廬山遠公話)」를 예로 들어보면, 『돈황변문집』에서는 무슨 까닭에서인지 '覔(覓)' '趂(趁)' '腦(腦)' '叫(叫)' 등 수백 수천의 속자가 원형대로 옮겨지지 않았다. 이렇듯 일정치 못한 원칙은 독자들의 오해를 불러일으키기 십상이다. 이와 같은 돈황 필사본의 특수한 정황과, 또 변문을 연구하고 읽어보고자 하는 사람들에게 보급판 독서물을 제공한다는 본서의 주요 목적을 고려한 끝에, 우리는 연구 결과 속자임이 분명한 글자들은 그에 해당하는 번체자로 직접 고쳐 적는 방식을 채택하게 되었다. 문자학을 연구하는 사람들이나 속자에 흥미를 지닌 사람들은, 본서의 자매편으로 우리가 지금 편찬 중에 있는 『돈황투르판 속자전』을 이용하면 될 것이다.

둘째는 『돈황변문집신서』에 관한 문제다. 반중규 선생의 『돈황변문집신서』는 1984년에 대만 중국문화대학 중문연구소가 간행하였다. 그러나 바다와 하늘 길이 막힌 관계로 대륙의 학인들이 이 책을 구하기는 무척 어려웠고,(절강성내의 도서관에서는 아직까지 이 책을 구비해놓지 못했다.) 1988년 4월 말, 북경도서관이 그 복사본을 우리에게 제공해줌으로써 우리는 비로소 이 책을 접할 수 있었다. 그 당시 우리는 『돈황변문집교의』 작업을 반 넘게 해놓은 상태였고, 수편의 교주 보완 논문들은 크고 작은 간행물에 이미 등재되었거나 등재될 예정이었다. 그런데 이들 논문 중의 몇몇 견해들이 『돈황변문집신서』와 우연히도 서로 일치하고 있었고, 또 『돈황변문집신서』의 내용은 우리의 견해를 입증하는 데 도움이 될 것임을 알았다. 그리하여 반 선생의 연구 성과를 감히 가로챌 수 없어 『돈황변문교주』를 편집할 때 이전의 내용을 삭제하고 반 선생의 교주 내용을 삽입해 넣게 되었다.

셋째, 본서는 절강성 철학사회과학 제7차 5개년 계획의 중점 항목이자 국가사회과학기금 및 전국 고등교육기관 고적정리연구위원회(高校古委會)의 후원 항목이다. 그리고 국가고적정리 출판계획팀과 중국 돈황투르판학회는 본서의 저술과 출판에 적극적인 지지를 보냈으며, 여숙상(呂叔湘)・계선림(季羨林)・장례홍(張禮鴻)・부선종(傅璇琮)・구석규(裘錫圭)・조선탁(曹先擢)・왕영(王鍈)・장소우(蔣紹愚) 선생 역시 본서의 집필과 출판 작업에 깊은 관심을 보이셨다. 또한 『돈황변문집』의 원편자인 왕경숙(王慶菽)・주일량(周一良) 선생도 우리의 연구에 많은 지도와 격려를 보내셨으며, 유견(劉堅)・번유강(樊維綱) 선생은 초고 일부를 자세히 읽기도 하셨는데, 이 자리에서 이 모든 분들에게 깊은 감사를 드린다. 또 저명 서예가이신 사맹해(沙孟海) 선생은 90세 생신 무렵에 정성껏 본서의 제명(題名)을 휘호해주셨고, 강량부(姜亮夫) 선생은 본서의 서문을 적어주셨는데,

이분들에게도 역시 깊은 감사의 마음을 표한다. 이외에도 항초(項楚)·심석린(沈錫麟)·매계곤(梅季坤)·이해민(李解民)·유종한(劉宗漢)·변우건(駢宇騫)·시검홍(柴劍虹)·진항(陳抗) 선생, 그리고 책임편집 이아명(李亞明) 동지에게도 감사를 표한다. 이분들의 격려와 지지가 없었다면 본서의 완성과 출판은 불가능했을 것이다.

마지막으로 반중규 선생의 『돈황변문집신서』 서문의 한 단락을 소개하는 것으로 머리말을 맺는다.

> 중국의 학술전적은 중국 민족문화의 정신과 지혜의 결정판으로, 그 속에는 영원불멸의 생명력이 담겨 있다. 우리 모두는 단지 이들 전적(典籍)을 위해 일하는 일꾼에 불과하지만, 우리는 그것들에 숭고하고 친밀한 경애심을 간직하고 있다. 우리는 개인 하나 하나가 이들 전적에 기여하겠다는 마음가짐으로 가치 있는 작업을 계속해주기를 바란다.

돈황변문교주(敦煌變文校注) 1_ 차례

돈황변문교주 전체 차례

돈황변문교주 6

卷一

오자서변문(伍子胥變文)[1]

昔周國欲末, 六雄[2]競起, 八□[3]諍(爭)侵.

---

1 [原校] "총 네 권이며 모두 제목이 없다. 제목은 내용에 근거하여 임의로 지은 것이다. 原卷의 사권 번호는 아래와 같다
甲卷 : P.3213. 고사의 시작부분이 들어있다. [校注] 맨 앞부분은 상태가 온전하며 총 28행이다. 아직 초사가 끝나지 않은 상태에서 한 행을 비우고 두 칸을 앞으로 내어 계속해서 초사한 無題無尾의 죽은 비구니를 위한 제문 한 편, 다시 단락을 비워서 改抄한 無題無尾의 모 대부의 송찬문 한 편이 있다. 뒷면에는 제문 다섯 편이 있는데, 기록한 해가 甲子라고만 되어 있고 연호는 쓰지 않은 걸 보면 투르판이 沙州를 점령했을 때 초사된 것임을 알 수 있다. 뒷면과 앞면의 서법이 다르므로 한 사람이 일시에 쓴 것은 아니라고 봐야할 것이다.
乙卷 : S.6331. 총 12행인데 그 중 여섯 행은 끊어져 있다. 王慶菽의 校錄本에 근거한 것이다. [校注] 이 사본은 잔편이며 다른 내용은 없다. 실제로는 13행이고 첫 4행과 마지막 3행 모두 가운데가 끊어져 있다.
丙卷 : S.328. 고사의 주요부분이 들어있다. [校注] 首尾가 모두 잔결되어 있으며 총 374행에 다른 내용은 없다. 다만 두루마리 뒷면에 '[illegible]列國傳'이라는 제목이 쓰여 있는데, 榮新江 선생에 따르면, 선생이 영국에서 본 원본에서 이 제목은 만년필로 붉게 쓴 것일 뿐 原卷의 본래 제목은 아니며, 또 '列國傳' 위는 청대 사람이 숫자를 세기 위해 사용한 '蘇州 번호'인데, 돈황의 두루마리 중 스타인 소장 두루마리만 뒷면에 이 번호가 있다고 한다. 榮新江의 이 말은 向達이 「記倫敦所藏的敦煌俗文學」에서 "「伍子胥」 두루마리 한 권의 뒷면에 '列國傳'이라는 제목이 있다고 하여 이전에는 이것이 原題라고 보았다. 그러나 최근에 원본을 보고서 이는 스타인의 서기인 蔣

南有楚國平王, 安仁治化[4]者也. 王乃朝庭萬[5]國, 神威遠振, 統領諸邦. 外典明臺,[6] 內昇宮殿. 南與天門作鎭,[7] 北以淮海爲關; 東至日月

孝琬이 쓴 것이라 근거로 삼기에는 부족함을 알게 되었다"라고 한 말이 정확함을 증명해준다.

丁卷 : P.2794. 두 절이 있으며, 모두 丙卷 안에 있는 부분이다. 다만 文句에 약간의 차이가 있는데, 중요한 것은 校記에 넣었다.([校注] 앞면에는 「大乘四法經論及廣釋開決記」가 초사되어 있으며, 끝에 '癸丑年八月下旬九日於沙州永康寺集畢記'라는 제기가 있다. 본 편의 변문은 뒷면에 3단으로 나뉘어 초사되었다. 중간의 1단은 3행뿐이며, 1단과 2단 사이에 큰 공백이 있고 2단과 3단 사이에 작은 공백이 있다) 괄호 안의 말은 校注자가 더한 것이다.

2 [項楚] 六雄 : 전국시대 韓, 趙, 魏, 燕, 齊, 楚의 6국을 말하며, 秦나라와 함께 七雄이라 불렸다. 사서의 기록에 의하면 오자서가 초를 정벌할 때는 춘추 말기로 전국시대가 아니었다.

3 原卷의 '八' 아래에 비어있는 한 칸은 '方'이나 '表' 등의 글자로 채울 수 있다. 『陳書』 「高祖本紀上」 : "오호는 서로를 병탄하며 다투어 제후국을 도모하고, 8방은 서로 대치하며 바로잡아 구원할 줄 몰랐다(五胡薦食, 競謀諸夏; 八方棋跱, 莫有匡救)."

4 安仁治化 : 본 편 마지막의 '安化治人'과 의미가 같다. 『禮記』 「表記」 : "공자가 말하였다 : 인에는 세 가지가 있다. …… 어진 사람은 인에 편안하고, 지혜로운 사람은 인을 이롭게 하며, 죄를 두려워하는 사람은 인을 억지로 행하려 한다. …… 인이라는 것은 人이요, 도라는 것은 義이다(子曰 : 仁有三, …… 仁者安仁, 知者利仁, 畏罪者彊仁. …… 仁者人也, 道者義也)." 項楚는 '仁'이 '人'과 통한다고 했는데, 이는 옳은 의견이다. 그러나 '安人'이 곧 '安民'이라고 하면서 唐 太宗의 諱를 피한 것이라고 한 말은 분명치 않다.

5 '朝庭'은 '朝廷'과 같다. 이는 '朝'를 雙音化한 것이며, '~로 하여금 來朝하게 하다'의 의미이다. '萬'이 原卷에는 '万'으로 되어 있으며, 본권 내의 다른 '萬'자도 모두 마찬가지다. 그러나 돈황의 두루마리에서 번체와 간체는 병용되는 경우가 많으므로 여기서는 번체로 통일하였다. 『說文』 : "萬, 蟲也." 段玉裁 注 : "벌레의 이름을 말하는 것인데, 가차하여 천의 열 배라는 말로 쓰이게 되었다. 천의 열배에 해당되는 正字가 없어서 오래도록 빌려 쓰다가 본래 의미로 돌아가지 않은 것이나 학자들은 그 본뜻을 모른다! 당대 사람들은 천의 열 배를 '万'으로 썼으므로 『廣韻』에서는 '万'과 '萬'을 구별하였다(謂蟲名也, 假借爲十千數名, 而十千無正字, 遂久假不歸, 學者昧其本義竊! 唐人十千作万, 故廣韻万與萬別)."

6 [項楚] 外典明臺 : '정무의 처리'를 말한다. '典'은 '주관하다'이고, '明臺'는 황제가 정사를 듣는 장소로서 '정부'의 의미로 쓰일 수 있다. 『管子』 「桓公問」 : "황제가 명대를 세워 논의를 하는 건 누가 현인인지를 보기 위해서입니다(黃帝立明臺之議者, 上觀於賢也)."

7 [項楚] '與'는 '以'와 통하는데, 이는 변문에서 흔히 보이는 예이다. '天門'은 湖南省 大庸縣 남쪽의 천문산을 가리킨다. '鎭'은 어떤 한 방향에서 대표가 되는 主山을 말한다. 『書』 「舜典」 僞孔傳 : "각 주의 명산 중 특히 큰 산을 그 주의 鎭으로 삼는다

爲邊, 西與佛國爲境. 開山川而[□](迴)地軸,[8] 調律呂以辯(變)陰陽.[9] 駕紫極以定天闕,[10] 減(感)[11]黃龍而來負翼. 六龍降瑞, 地像嘉和(禾);[12] 風不鳴條, 雨不破塊. 街衢道路, 濟濟鏘鏘,[13] 蕩蕩坦坦,[14] 然[15]留名萬代.

(每州之名山殊大者以爲其州之鎭)." 원문은 초나라의 남쪽 영토가 멀리 호남 일대까지 미쳤음을 말하고 있다. 【校注】 S.6172 축원문: "삼가 상공을 생각하면, 하늘이 영령을 내리시고 땅이 빼어난 기운을 주셨으며, 큰 산을 주산으로 삼고 편히 앉아 계책을 세우셨다(伏惟相公, 天降英靈, 地資秀氣; 岳山作鎭, 謀略坐籌)." 여기서의 '鎭'도 같은 의미이다.

8 【徐震堮】 '地軸' 위에 한 글자가 빠진 듯하다. 【校注】 脫字는 '廻'가 되어야 할 것이다. 『陳書』「高祖本紀上」: "공은 이 지축을 돌리고 이 하늘의 그물에 맞서며, 조정을 숭앙하지 않으면 살아있지 못하게 했다(公廻玆地軸, 抗此天羅, 曾不崇朝, 俾無噍類)." 『唐律疏議』 長孫無忌의 「進律疏表」: "오루의 무리가 다투어 지축을 돌리고 십각의 군대가 다투어 천자의 밭으로 들게 하다(遂使五樓之群, 爭廻地軸; 十角之旅, 競入天田)." 『全唐詩外編』 褚遂良의 「春日侍宴望海應詔」: "굽이치는 물결이 지축을 돌리고 험한 파도가 은하수로 오르네(縈波廻地軸, 激浪上天潢)." 위의 예들이 본문의 빠진 글자가 '廻'임을 증명해 준다.

9 '辯'은 '變'과 통한다. 『莊子』「逍遙遊」: "만약 천지의 바름을 타고 육기(자연)의 변화에 순응하면(若夫乘天地之正, 而御六氣之辯)." '六氣'는 음, 양, 바람, 비, 어둠, 밝음이며, '辯'은 '正'과 상대되는 개념으로 '變'의 가차자이다. 『漢書』「武帝紀」: "짐은 천지가 변하지 않으면 교화가 베풀어지지 않고 음양이 변하지 않으면 사물이 무성해지지 않는다고 들었다(朕聞天地不變, 不成施化, 陰陽不變, 物不暢茂)." 【譯注】 項楚는 '辯'을 '辨(나누다)'으로 보고 이 구절의 '調律呂'와 '辯(辨)陰陽'을 모두 국가를 다스리는 것에 비유하였으며, 빅터 메어 역시 '辯'을 '나누다'의 의미로 보았다. 여기서는 項楚와 빅터 메어의 의견을 따랐다. 빅터 메어의 번역은 『돈황 민간서사(*Tuh-huang Popular Narratives*)』, Cambridage University Press, 1983년판을 참고하였다. 이하의 빅터 메어 번역 역시 모두 이 책에 근거하였다.

10 '紫極'은 紫薇垣, 天極이다. 『抱樸子』「內篇」'微旨': "저 사람은 도를 이루어 푸른 하늘을 밟고 자미원에서 노니는 것이다(但彼人之成道, 則蹈青霄而遊紫極)." 白居易, 「上元日嘆道文」: "여도사 모씨 등은 황제로 봉해 분향하고 도를 행하며 공덕을 닦고 엎드려 자미원의 소리를 듣길 바랐다(女道士某等奉爲皇帝焚香行道, 敬修功德, 伏願聲聞紫極)." 『敦煌變文彙錄』에서는 '極'을 '雲'으로 잘못 보았고, 項楚 역시 "문맥상 '駕紫雲'이 의미가 비교적 순조롭다"고 말함으로써 잘못을 그대로 답습했다.

11 원문의 '減'은 '感'과 통하며, 原錄에는 '撼'으로 잘못 쓰여 있다. '感'은 하늘과 사람의 감응을 말한다. 『淮南子』「精神篇」의 "우가 남방을 순시하며 강을 건널 때 황룡이 배를 짊어졌다(禹南省方, 濟於江, 黃龍負舟)"가 위 구절의 바탕이 된다('翼'이 곧 '舟'이다).

12 【項楚】 원문의 '和'는 '禾'가 되어야 한다. '嘉禾'는 유달리 큰 벼 혹은 벼 하나에 여러 싹이 나있는 것을 말한다. 옛사람들은 이를 상서로운 기운으로 보았다.

옛날 주(周)나라가 망해갈 때 6웅이 경쟁하듯 일어나고 8방이 다투어 침략하였다.

남쪽 초(楚)나라의 평왕(平王)은 편안함과 교화로 백성을 다스리는 이였다. 왕은 만국에서 내조를 오도록 했고 그 신위(神威)가 멀리까지 떨쳐 여러 나라를 통솔했다. 밖으로는 정사를 주관하고 안으로는 궁궐의 왕좌에 올랐다. 남쪽으로는 천문산(天門山)을 주산(主山)으로 삼고 북쪽으로는 회해(淮海)를 관문으로 삼았으며, 동쪽으로는 해와 달이 뜨는 곳을 끝으로 삼고 서쪽으로는 불국(佛國)을 경계로 삼았다. 산천을 열어 지축을 돌리고 율려(律呂)를 고르게 하여 음양을 나누었다. 자미원(紫薇垣)으로 어가를 몰고 가 궁궐을 정하자 황룡이 감화하여 도왔다. 육룡(六龍)이 상서로운 기운을 내리고 땅에서는 큰 벼가 날 조짐을 보이며 바람은 가지를 울리지 않고 비는 흙덩이를 무너뜨리지 않았다. 사람들로 북적이는 사방 도로는 넓고도 평평하게 뻗어 그 이름이 만대에 전해졌다.

楚之上相,[16] 姓伍名[17]奢, 文武附身, 情存社稷. 手提三尺之劍,[18] 淸(請)[19]託六尺之軀, 萬邦受命. 性行淳直, 議(儀)節忠貞; 意若風雲, 心如

---

13 濟濟鏘鏘 : 번성한 모습. 『詩』「大雅」'公劉' : "예의 갖춘 많은 신하, 자리 깔고 안석을 펴네(蹌蹌濟濟, 俾筵俾几)." P.3350 「呪願新郎文」 : "평소 먹는 음식이 백 가지 맛으로 넘쳐나고 즐거움이 보통이 아니었다(飮食常餐百味, 濟濟蒼蒼, 快樂勝常)." 여기서 鏘鏘, 蹌蹌, 蒼蒼은 모두 같은 말을 다르게 쓴 것이다. S.4191 축원문 : "높고 험한 곳에 번개가 번쩍이고 바람이 치닫고, 구름은 겹겹이 쌓이고 파도는 끝없이 용솟음친다(岌岌嶷嶷, 電躍風馳; 濟濟鏘鏘, 雲委波涌)." 역시 같은 예이다.

14 [張鴻勳] '蕩蕩坦坦'은 널찍하고 평평하게 뻗은 모습이다.

15 '然'을 原錄에서는 위 구에 붙였으나 이는 타당하지 않다. '然'은 곧 '乃'인데, 자세한 내용은 『通釋』의 해당 조목을 참고하기 바란다.

16 [項楚] 上相 : 재상. 『史記』「陸賈傳」 : "당신은 재상의 자리에 계시며 3만 호의 식읍을 가진 侯이십니다(足下位爲上相, 食三萬戶侯)."

17 본 작품에 나오는 성씨 '伍'가 각 권에는 모두 '仵'로 쓰여 있다. 여기서는 통용자로 바꾸었다. 성씨로서의 두 글자는 사실상 구분되지 않았다. 또 돈황 사권에서는 두 글자가 뜻이 완전히 통용되어 이미 異體字가 되었다.

18 [原校] '劍' 아래에 원래 '提得'이라는 두 글자가 있었으나, 이는 연문이므로 삭제한다.

鐵石. 恒懷匪懈, 宿(夙)[20]夜兢兢. 事君□(馴)致爲(於)美,[21] 順而成之; 主若有愆,[22] 犯顔而諫. 伍奢乃有二子, 見事於君 : 小者子胥, 大名子尙. 一事梁國, 一事鄭邦. 並悉忠貞, 爲人洞達.

초나라 재상은 성이 오(伍)고 이름은 사(奢)로서, 문무를 겸하고 마음을 사직에 둔 이였다. 3척의 검을 들어 6척의 몸을 의탁하길 바라자 만방에서 그의 명을 받들었다. 도탑고 솔직한 성품과 행동에 충정으로 의절을 지켰고, 뜻은 풍운과 같고 마음은 철석과 같았다. 언제나 나태하지 않은 정신을 갖고 이른 아침이든 한밤중이든 잠시도 마음을 놓지 않았다. 군주를 헌신적으로 섬겨 미덕이 되고 군주의 뜻을 그대로 따라 일을 성사시켰다. 그러나 군주가 허물이 있으면 안색에 아랑곳 않고 직간을 올렸다. 오사의 두 아들은 각자의 군주를 섬기고 있었다. 작은 아들은 자서(子胥)이고 큰 아들의 이름은 자상(子尙)이다. 한 명은 양(梁)나라를 섬기고 한 명은 정(鄭)나라를 섬겼다. 둘 다 충성스럽고 곧았으며 앞을 보는 눈이 뛰어났다.

楚王太子長大未有妻房, 王問百官 : "誰有女堪爲妃后? 朕聞 : 國無東宮, 半國曠地; 東海流泉溢,[23] 樹無枝, 半樹死. 太子爲半國之尊, 未

19 [徐震堮] '淸'을 '請'으로 교기한 건 분명치 않은 듯하다. [校注] 돈황사본에서는 '請'을 간체로 써서 '請'과 '淸'이 섞여 쓰이는 경우가 많으므로 '請'으로 교기한 건 옳다. '請'은 능원동사로서, '바라다'의 의미이다.

20 [項楚] '宿夜'는 '夙夜'가 되어야 한다. [校注] '宿'과 '夙'은 모두 음이 息逐 반절로서, 동음 통가자이다.

21 '馴'자는 原卷에서 행의 끝에 있었는데 이 부분의 종이가 찢어져 잔결되었다. 그래서 原錄에서는 비워두었다. [項楚] '馴'이 되어야 할 듯하다. 『易』 「坤」 '初六'象 : "서리를 밟아 얼음을 굳히는 건 음이 처음으로 엉긴 것이니, 그 도를 길들여서 굳은 얼음에 이르게 한다(履霜堅冰, 陰如凝也; 馴致其道, 至堅冰也)." 원문은 군왕을 시봉할 때 차근차근 형세에 따라 인도하는 것이 미덕이라는 의미이다. 여기서는 項楚의 의견에 따랐다.

22 '愆'이 原錄에는 '僣'으로 되어 있다. [徐震堮] '僣'은 '愆'을 잘못 쓴 것이며, '愆'은 '愆'의 속자이다. [校注] 原卷의 '僭'는 '愆' 혹은 '𢙢'가 변한 것이다.

23 이 구는 原卷에 한 글자가 빠져서 원래는 '無東海, 流泉溢'이 되어야 할 듯하다. 이

有妻房, 卿等如何?" 大夫魏陵啓言王曰: "臣聞秦穆公之女, 年登二八, 美麗過人: 眉如盡月,[24] 頬似凝光; 眼似流星, 面如花色; 髮長七尺, 鼻直顔[25]方, 耳似璫珠,[26] 手垂過膝, 拾指纖長. 願王出敕, 與太子平章.[27] 儻若[28]得稱聖情, 萬國和光善事."

초왕의 태자가 장성하도록 아내가 없어 왕이 많은 신료들에게 물었다. "누가 태자의 비로 삼을 만한 딸을 가졌소? 짐이 듣건대, 나라에 태자가 없으면 나라의 반이 허허벌판이 되고 동해가 없으면 흐르는 샘물이 멋대로 넘치며 나무에 가지가 없으면 반은 죽게 된다고 하오. 이렇

는 동해가 없으면 온갖 물줄기가 마음대로 넘쳐흐른다는 의미이다.

24 盡月: 殘月 혹은 초승달을 말하며 가늘고 긴 눈썹을 비유한다. 唐 韓鄂 『歲華紀麗』 卷一 「晦日」 '大晡小盡' 條: "달에는 소진과 대진이 있다. 30일이 대진이고 29일이 소진이다(月有小盡, 大盡. 三十日爲大盡, 二十九日爲小盡)." 이것이 흔히 말하는 '盡月'이다. 江藍生은 '盡'을 '畵'로 교기하였으나 분명치 않다. S.2832 축원문: "바람에 날리는 아가씨의 아름다운 귀밑머리, 붉은 뺨 사랑하나 다가서기 쉽지 않네. 무산의 진월은 그 모습 눈썹과 같구나(小娘子蟬鬢欲飛, 戀紅頬而難進; 巫山盡月, 質是眉生)"의 '盡月'과 의미가 같다.

25 原錄에서는 '顔' 아래에 '額'을 괄호로 넣어 교기하고 있으나 이는 타당하지 않다. [潘重規] '顔'은 눈썹과 눈 사이이다. 『詩』 「鄘風」: "넓은 이마의 얼굴이구나(揚且之顔也)." 『毛傳』: "얼굴이 넓고 이마가 풍만한 것이다(廣揚而顔角豐滿也)." 이에 대해 段玉裁는 "모씨가 말한 '顔角'은 이마 전체를 가리킨다(毛云顔角, 蓋指全額而言)"라고 했다. [校注] 단옥재의 주가 맞다. '顔'은 이마 전체를 가리킨다.

26 '璫'자가 原卷에는 왼쪽에 '扌', 오른쪽에 '惠'를 행서로 써 놓은 듯하여 '檔'자의 변체로 보인다. 이 글자는 '璫'과 통한다. P.2653 「韓朋賦」에는 "치아는 옥 노리개 같고, 귀는 진주를 드리운 듯하다(齒如珂珮 耳如懸珠)"라는 말이 나오며, 古樂府 「焦仲卿妻」에서도 "귀에는 명월 고리를 차고 있다(耳着明月璫)"라고 하였는데, 모두 위의 의미에 가깝다.

27 平章: 본래의 의미는 '상의하다', '평을 내리다'이나, 여기서는 '혼인을 의논하다'로 의미가 확장되었다. 『太平廣記』 권281 「櫻桃青衣」: "내게는 정씨 성의 외가 조카딸이 한 명이 있는데, 어려서 고아가 되어 내 누이가 데려다 키웠다. 용모가 빼어나고 자못 정숙하여 내가 너를 위해 혼사를 주선하면 틀림없이 성사될 것이다(吾有一外甥女姓鄭, 早孤, 遺吾妹鞠養, 甚有容質, 頗有令淑, 當爲兒平章, 計必允遂)."

28 '儻'이 原錄에는 '償'으로 되어 있다. 돈황사본에서 이 두 글자는 흔히 혼용된다. 예를 들어 北圖新866 「李陵變文」의 "償若南皈見天子"와 "償若蕃王垂一顧"에서도 '償'은 '儻'이 되어야 한다. 여기서는 '儻'으로 옳게 고쳤다. 또 '若'이 原錄에는 '如'로 되어 있는데, 여기서는 原卷에 따라 옳게 고쳤다.

듯 반국(半國)의 존귀함을 지닌 태자가 아직 처가 없으니 경들은 어찌 생각하시오?" 대부 위릉(魏陵)이 왕에게 아뢰었다. "신이 듣건대, 진(秦) 목공(穆公)의 딸이 나이 열여섯에 빼어난 미모를 지녔다 하옵니다. 초승달 눈썹에 빰은 밝은 빛이 서린 듯 하고, 눈은 유성과 같고 얼굴은 꽃빛 같으며, 머리카락은 일곱 자나 길고 코는 곧고 이마는 반듯하며, 귀는 늘어뜨린 진주 같고 무릎까지 닿는 손은 열 손가락 모두 가늘고 깁니다. 폐하께서는 칙령을 내리시어 태자와 혼사를 논하십시오. 성정(聖情)에 흡족하다면 이는 만국(萬國)이 함께 누릴 경사입니다."

遂遣魏陵, 召募秦公之女. 楚王喚其魏陵曰:"勞卿遠路, 冒涉風霜." 其王見女姿容麗質, 忽生狼虎之心. 魏陵曲取[29]王情:"願陛下自納爲妃后, 東宮太子別與外求. 美女無窮, 豈坊(妨)[30]大道." 王聞魏陵之語, 喜不自昇(勝), 卽納秦女爲妃, 在內不朝三日.

마침내 위릉을 보내 진공의 딸을 불러오게 했다. 초왕은 위릉을 불러 위로하였다. "경이 먼 길에 거친 풍상을 무릅쓰며 수고가 많았소." 초왕은 그녀의 아름다운 자태를 보자 갑자기 짐승 같은 마음이 들었다. 위릉은 왕의 속셈을 바로 알아차렸다. "폐하께서 직접 비로 삼으십시오. 동궁의 태자는 따로 찾으면 됩니다. 무궁무진한 것이 미녀인데 어찌 대도를 거스를 필요가 있겠습니까?" 왕은 위릉의 말을 듣고 기뻐 어쩔 줄을 몰랐다. 이윽고 진공의 딸을 비로 삼고서 사흘 동안 궁 안에 있으면서 조정에 나오지 않았다.

29 [項楚] '取'는 '영합하다'의 의미로 속어에서 쓰인다. 東晉 跋陀羅 역 『大方廣佛華嚴經』 권54:"옛날에 여러 무리들이 망령된 입으로 법어를 말하지 않고 멋대로 입을 놀리며 의롭지 않은 말만 일삼고 아양을 떨며 사람들의 뜻에 영합하였다(昔日群生類, 妄口非法語, 縱口無義言, 諂曲取人意)." 『百喩經』 하권 「踏長者口喩」:"옛날에 크게 부귀한 자가 있어 좌우 사람들은 그의 뜻에 영합하고자 모두들 극진히 공경하였다(昔有大富貴者, 左右之人欲取其意, 皆盡恭敬)."

30 '坊'을 原錄에서는 '埅'이라 쓰고 '妨'으로 교정하였는데, '埅'은 곧 '坊'의 繁字이고 '妨'과 통한다.

伍奢聞之忿怒, 不懼雷電之威, 被[31]髮直至殿前, 觸聖情而直諫. 王卽驚懼問曰:"有何不祥之事?" 伍奢啓曰:"臣今見王無道, 慮恐失國喪邦. 忽若[32]國亂臣逃, 豈不由秦公之女! 與子娶婦, 自納爲妃:共子爭妻, 可不慚於天地! 此乃混沌法律, 顚倒禮儀. 臣欲諫, 交[33]恐社稷難存!" 王乃面慚失色, 羞見群臣:"國相可[34]不聞道:成謀不說, 覆水難收. 事以(已)[35][如]斯, 勿復重諫!" 伍奢見王無道, 自納秦女爲妃, 不懼雷電之威, 觸聖情而直諫:"陛下是萬人之主, 統領諸邦, 何得信受魏陵之言!"(下闕)[36]

오사는 이 일을 듣고 크게 노하여 우레와 같은 위엄도 두려워하지 않고 머리까지 풀어헤친 채 성정에 거스르는 직간을 올리려 곧바로 어전 앞에 이르렀다. 왕은 놀라고 두려운 얼굴로 물었다. "무슨 안 좋은 일이

---

31 '被'가 原錄에는 '披'로 되어 있으나, 사실 原卷에는 '被'로 되어 있어 옳게 고쳤다.

32 [蔣禮鴻] '或若', '忽若'은 '만약'의 의미이다. '或'이 정자이고 '忽'은 동음가차자이다. 『酉陽雜俎』 前集 권13 「冥迹」 편:"아들이 그것을 듣고 서러움에 북받쳐 스스로 맹세하기를 '만약 사람이 된다면 다시 고씨 집안의 아들이 되리라' 했다(其子聽之感慟, 因自誓:忽若作人, 當再爲顧家子)." [校注] 褚遂良의 「諫五品以上妻犯姦沒官表」에서는 "만약 郡王의 가까운 친척과 縣主의 측근 중에 이런 자가 있다면 어떻게 처리하시겠습니까(忽若郡王近親、縣主密屬有如此者, 若何處置)?"라 했는데, 이것이 훨씬 더 이른 용례이다. 위진 시대에 이미 '忽'이 '或'처럼 쓰인 것이다. '忽若'이 이미 자주 쓰여 왔으므로 속어라 할지라도 굳이 고칠 필요는 없다. 아래의 '忽爾' 역시 같은 의미이다.

33 '交'를 原錄에서는 위 구에 붙여 읽었다. 그러나 '交'는 부사로서 '恐'의 상황어로 쓰였기 때문에 아래 구에 붙여야 한다. 『魏書』 권21 「高陽王列傳」에 실린 '雍表'에서는 "충의 의지와 기개가 하늘을 찔러 가만 앉아 작위를 바란 것입니다. 그날 그를 물리쳤으니 화가 닥칠지 늘 걱정됩니다(而忠意氣凌雲, 坐要封爵. 爾日抑之, 交恐爲禍)"라 했는데, 여기서 '交恐' 역시 위의 용례와 같으며 '항상 걱정하다'의 의미이다. [譯注] 여기서 '交'는 원래대로 위 구에 붙여 '건네다'의 의미로 보는 것이 나을 듯하다. 項楚 역시 위 구에 붙여 읽었다.

34 '可'가 原錄에는 '何'로 교정되어 있으나, 굳이 바꿀 필요는 없을 듯하다. 蔣禮鴻 역시 같은 주장을 하면서 『論衡』의 예문까지 들어 "可는 豈(어찌)와 같다"라고 말하고 있다.

35 '以'를 原錄에서는 '已'로 썼다. 原卷의 '以'는 '已'와 통한다.

36 여기까지가 甲卷이다.

라도 있소?" 오사가 아뢰었다. "신은 오늘 폐하의 무도함을 보고 나라를 잃지나 않을까 심히 우려되옵니다. 나라가 어지러워져 신하들이 달아나기라도 한다면, 이 어찌 진공의 딸 때문이 아니겠습니까! 아들에게 혼인시킬 여자를 스스로 비로 삼고서 아들과 아내를 두고 다투시니, 이 어찌 천하에 부끄러운 일이 아니겠습니까! 법도를 어지럽히고 예의가 전도된 행실입니다. 신이 이렇게 간언을 드리는 이유는 사직이 보존되지 못할까 염려되기 때문입니다!" 왕은 수치심으로 얼굴이 창백해져 여러 신하들을 부끄럽게 바라보았다. "국상께서는 이런 말을 듣지 못하셨소? '이미 세운 계획은 다시 언급하지 않고, 엎질러진 물은 주워 담기 힘들다.' 기왕에 일이 이렇게 되었으니 더 이상 가타부타 말하지 마시오." 오사는 왕이 무도하게 진나라 여자를 비로 삼는 것을 보고 우레와 같은 위엄도 두려워하지 않고 성정에 거스르는 직간을 올렸다. "폐하는 만인의 주인으로 여러 방국들을 거느리고 계시거늘 어찌하여 위릉의 말을 받아들였단 말씀입니까!"

"(上闕)[37]孝之心, □□[38]救吾之難, 幽冥懸[……][39]別. 子尙遠承父書相喚, 悲泣將[……]平王囚禁, 遠書相命, 欲救慈父, [……]王曰:"卿父今被嚴刑, 囚繫於牢,[40] [……]救父愆,[41] 何名孝子? 卿須急去, 更

37 【原校】乙卷의 시작이다. 【校注】 손실된 부분은 초왕이 거짓으로 오사의 글을 지은 일과 편지의 첫 부분 등이다.

38 뒤쪽 빠진 글자가 原錄에는 '果'로 쓰여 있다. 【潘重規】 乙卷에는 '□果'가 '辶來'로 되어 있는데, '遠來' 혹은 '速來' 두 글자로 봐야 할 것이다. 【校注】 위 글자는 '辶'로 남아있고, 아래 글자는 '来'로 남아있다.

39 【原校】 이 행에는 대략 10여 글자가 빈 듯하다. 아래의 끊어진 행 세 곳 역시 대략 비슷한 수의 글자가 비어 있을 것이다. 【校注】 '懸' 아래에 '隔'자를 넣을 수는 있을 것이다.

40 '於牢' 두 글자는 原卷에 근거해서 채워 넣은 것이다. 潘重規는 '於穽'으로 썼으나, 확실치 않다.

41 '愆'이 原卷에는 '㥶'이라는 속자로 쓰여 있다. 『干祿字書』: "㥶愆에서 앞 자가 속자이고 뒤 자가 정자이다." 이 글자는 '㥶'으로도 쓴다. 『龍龕手鏡』「心部」: "㥶은 속자

莫再三."

(앞부분은 비어 있음) "[만약 너의] 효심[으로] 어서 와서 나를 어려움에서 구할 수 있다면 저승에 걸려 있는 [내 영혼이 세상과] 이별하지 [않아도 될 것이다]."[42] 자상은 자기를 부르는 아버지의 편지를 멀리서 받고 슬피 울며 [부친을 구하러 가겠다는 말을 하기 위해 정(鄭)나라의 왕을 뵈었다. "제 아버지께서] 평왕에게 잡혀 있습니다. 멀리서 온 서신의 명을 받들어 아버님을 구하고자 하오나 [제가 할 수 있는 바가 아무 것도 없습니다. 폐하께서 제게 계책을 내려주시길 바라옵니다.]" 그러자 [정국의] 왕이 말하였다. "경의 부친은 지금 엄형을 당하여 옥에 갇혀 있소. [사신이 멀리서 이 편지를 들고 왔는데, 편지에는 아버지의 죄가 용서받을 수 있다고 적혀 있소.] 그러니 아버지의 과오를 덜어주지 않는다면 어찌 그대를 효자라 할 수 있겠소? 더 머뭇거리지 말고 어서 떠나도록 하오."

子尙卽辭鄭王, 星夜奔於梁國, 見弟子胥, 具言書意. "今爲平王無道, 信受佞[43]臣之言, 囚繫慈父之身, 擬將嚴峻,[44] 吾今遠至, 喚弟相隨. 事意[45]不得久停, 願弟急須裝束." 子胥見兄所說, 遙知父被勾留. 逆[46]委事由, 書當多爲(僞).[47] 報其兄曰:"平王無道, 乃用賊臣之言, 囚

이고 德이 정자이다." 돈황사본에서 '德'자는 항상 이 두 가지 속자로 쓰였다. 여기서는 모두 정자로 고쳤다.

42 【譯注】( )는 원문에서 비어 있는 부분인데, 빅터 메어의 해석을 따라 채워 넣었다. 이하의 궐문 역시 마찬가지다.

43 '佞'이 原卷에는 '倿'으로 되어 있다. 이 글자는 속자이며, 「魏吳郡蕭正表墓誌」에 이미 보인다. 『干祿字書』: "倿과 佞에서 앞 자가 속자이고 뒤 자가 정자이다." 여기서는 모두 정자로 고쳤다.

44 嚴峻: 엄하게 처리하다. 즉 아래의 "아버님을 가두고 장차 참형에 처하려고 합니다(囚禁父身, 擬將誅剪)"에서 '참형에 처함'을 가리킨다.

45 【徐震堮】'意'는 '急'의 잘못인 듯하다. 袁賓은 "변문에서는 '事意'라는 단어가 자주 보이는데, 이는 '사정, 정황'의 의미이다"라고 하였다. 【校注】袁賓의 설이 맞다.

46 '逆'이 原卷에는 속자인 '逆'으로 되어 있다. 돈황사본에서 '逆'은 대체로 이 모양으로

禁父身, 擬將誅剪. 見我兄弟在外, 慮恐在後讎冤,[48] 詐作慈父之書, 遠道妄相下脫.[49] 此之情況, 足得一[……][50]誅戮, 馳[51]書相命, 必是

쓰여 있는데, 이 작품의 丙, 丁卷에 나오는 '누님의 뜻을 헤아려 알다(逆知阿姊之情).' 구와 기타 예들이 모두 그러하다. 項楚는 이 글자를 '詳'으로 교기했으나 확실치 않다. '逆委'는 '헤아려 알다'의 의미이다. '委'에는 '知'의 의미가 있으며, 아래의 '委知', '知委'가 모두 같은 뜻이다. 자세한 것은 『通釋』을 참고.

47 '爲'자는 原卷에 쓰인 그대로이다. 潘重規는 原卷에 '僞'라고 쓰여 있다고 했으나 옳지 않다.

48 '冤'이 原卷에는 '宛'으로 되어 있다. 原校에서는 이를 '怨'이라고 하였는데 확실하다고 할 순 없다. 돈황사본에서는 '冤'이 보통 '宛'과 모양이 비슷한 '究'으로 쓰여 있어 헷갈리는 경우가 많다. 여기서는 옳게 고쳤다.

49 [蔣禮鴻] '下脫'은 '속이다'의 의미이다. [校注] 위의 내용은 『史記』 「伍子胥列傳」에 이렇게 전한다. "무기가 평왕에게 말했다. '오사에게는 두 아들이 있는데, 모두 현명한 자들입니다. 그러니 주살하지 않으면 초의 근심이 될 것입니다. 아버지를 인질로 삼아 그들을 부르십시오. 그렇지 않으면 초의 화근이 될 것입니다.' 왕은 사신을 시켜 오사에게 말하도록 했다. '네 두 아들을 오게 하면 살 것이나 그렇지 않으면 죽을 것이다.' 오사가 말하였다. '오상은 인자하니 부르면 반드시 올 것이나, 오원은 강직하면서 참을성이 있어 큰일을 이룰 것입니다. 오면 사로잡힐 것임을 알고 필시 오지 않을 것입니다.' 왕은 그 말을 곧이듣지 않고 사신을 보내 두 아들을 불렀다. '그대들이 오면 아버지를 살려줄 것이나, 오지 않으면 당장 죽일 것이다.' 오상이 서둘러 가려 하자 오원이 입을 열었다. '초왕이 우리 형제를 부르는 것은 아버님을 살려주기 위함이 아닙니다. 달아난 자가 후환이 될까 두려워 아버지를 볼모로 삼고 우리를 부르는 것이지요. 우리가 가면 부자가 모두 죽을 것인데, 아버님을 죽음으로부터 구하는 데 무슨 이익이 되겠습니까? 간다면 원수도 갚지 못하게 될 뿐입니다. 차라리 다른 나라에 몸을 맡기고 그 힘을 빌려 아버님의 치욕을 씻어드리는 것이 낫습니다. 함께 멸하는 일을 해서는 안 됩니다.' 오상이 말하였다. '지금 가도 아버님의 목숨을 구하지 못함을 나 역시 알고 있다. 그러나 원통한 아버님께서 나를 불러 살기를 원하시는데, 지금 가지도 않고 또 훗날 치욕도 씻어드리지 못하게 된다면 오히려 천하의 웃음거리가 되고 만다.' 그러면서 오원에게 일렀다. '가거라! 너는 아버님의 원수를 능히 갚을 수 있으리라. 나는 아버님께 가서 죽겠노라.'(無忌言於平王曰, 伍奢有二子, 皆賢, 不誅且爲楚憂. 可以其父質而召之, 不然且爲楚患. 王使使謂伍奢曰, 能致汝二子則生, 不能則死. 伍奢曰, 尙爲人仁, 呼必來. 員爲人剛戾忍詢, 能成大事, 彼見來之幷禽, 其勢必不來. 王不聽, 使人召二子曰, 來, 吾生汝父, 不來, 今殺奢也. 伍尙欲往, 員曰, 楚之召我兄弟, 非欲以生我父也, 恐有脫者後生患, 故以父爲質, 詐召二子. 二子到, 則父子俱死. 何益父之死? 往而令讎不得報耳. 不如奔他國, 借力以雪父之恥, 俱滅, 無爲也. 伍尙曰, 我知往終不能全父命. 然恨父召我以求生而不往, 後不能雪恥, 終爲天下笑耳. 謂員, 可去矣, 汝能報殺父之讎, 我將歸死)." 이 예문에 나오는 '脫'은 '달아나다'의 의미로, 위의 의미와 다르다.

50 [原校] 끊어진 행은 대략 10여 글자가 빈 듯하다. 아래 역시 대략 비슷한 수의 글자

妖言, 擬收[……]不可登途, 由(猶)如鈍鳥盪羅, 泉魚[52](下闕)"

자상은 정왕에게 하직인사를 올리고 밤새도록 양(梁)나라로 내달아 동생 자서를 만나서 편지에 담긴 뜻을 말해주었다. "지금 무도한 평왕이 간신배의 말만을 믿고서 아버님을 옥에 가두고 장차 엄한 형벌을 내릴 듯하다. 내가 지금 멀리에서 온 것은 동생도 따라나서도록 하기 위함이다. 오래 머물지 못할 상황이니 급히 행장을 꾸리도록 하라." 자서는 형의 말을 듣고서 멀리 있으면서도 아버지께서 잡혀 계심을 알 수 있었다. 정황을 따져보니 편지는 당연히 거짓된 것으로 보여 형에게 말하였다. "무도한 평왕이 간신의 말을 받아들여 아버님을 가두고 장차 참형에 처하려고 합니다. 우리 형제가 밖에 있는 것을 알고 훗날 원수가 될까 두려워 거짓으로 아버님의 편지를 써서 먼 길로 보내 속이려하는 것이니, 이런 상황에서 [우리가 초로 아버님을 구하러 가면 둘 다] 살해될 것이 분명합니다. 급보를 내려 명을 내리셨다는 건 필시 요망한 말에 불과하며 [우리 형제가 부름을 받고 초로 가면 아버님을 따라 살해될 것임은 분명하니] 여정에 올라서는 안 됩니다. 이는 곧 우둔한 새가 스스로 그물에 뛰어드는 것과 같고, 연못의 고기가 [솥단지로 찾아들어가는 것과 같습니다]."

(아래는 비어 있으며 여기까지가 을권이다.)

가 빈 것으로 보인다.

51 '馳'가 原卷에는 '駝' 즉 '駞'자로 되어 있다. 두 글자의 모양이 비슷해 쉽게 혼동할 수 있다. 原校에서는 '馳'라 했으며, 위에서는 고쳐서 기록하였다.

52 [項楚] 泉魚 : 본래 '淵魚'인데 당 고조의 휘를 피하기 위해 '淵'을 '泉'으로 쓴 듯하다. [校注] 『全唐詩』 권491에 실린 紀元皐의 「魚上冰」이라는 시에서는 "봄이 생동하니 한기가 사라지고, 엎드려 있던 연못의 물고기가 조금씩 움직이네(春生寒氣滅, 稍動伏泉魚)"라 하였고, 王季則이 지은 같은 제목의 시에서는 "얼음이 녹아 얕은 여울로 통하고, 기운이 변하니 물속의 고기가 뛰어 오르네(冰消通淺溜, 氣變躍潛魚)"라고 하였다. 따라서 '泉魚', '潛魚', '淵魚'는 모두 비슷한 의미라 할 수 있다. '泉魚' 아래에는 '觸網'이라는 두 글자를 넣을 수 있을 것이다. 여기까지가 乙卷이며, 아래는 잘려 나갔다.

“(上闕)今却返,[53] 具述胥言. 適有麤疏, 請君勿責.” 使人得語, 便卽却迴, 將繩自縛, 乃見平王, 啓平王曰:

“奉命身充爲急使, 日夜奔波歷數州,
會稽山南相趁及, 拔劍擬欲斬臣頭.
臣懼子胥手中劍, 子胥怕臣俱總[54]休.
彼此相擬[55]不相近, 遙語聲聲說事由.
‘却迴報你平王道, 卽日興兵報父讎.’”

(앞부분은 비어 있음) “이제 돌아가면 이 오자서의 말을 모두 말해주시오. 다소 거칠게 대했더라도 책망하진 말아주시오.”[56] 사신은 이 말을

53 여기서부터 丙卷의 시작이며, 앞쪽의 찢어진 부분은 대체로 왼편의 잔획들만 남아 있다. ‘今’자 위에 ‘汝’자를 넣을 수 있기 때문에 이 부분은 오자서의 말로 보인다.

54 ‘總’이 原卷에는 속자인 ‘惣’으로 되어 있다. 『龍龕手鏡』 手部: “摠은 속자이고, 揔은 古字이며, 捴은 今字이다. 음은 전부 ‘惣’이며, ‘두루’, ‘모두’, ‘많이’ 등의 의미이다. ‘物’의 왼편은 ‘扌’가 와야 할 것인데, 이는 字書에서 모두 이 글자를 ‘手’부에 두고 있음을 통해 알 수 있다. 오른편은 본래 ‘匆’이 되어야 할 것이다. ‘匆’은 ‘捴’의 ‘公’과 마찬가지로 소리를 형성하는 부분이다. 『廣韻』에서는 ‘總’은 ‘緫’이고 ‘揔’은 ‘揚’이고 ‘惚’은 ‘惣’이며, 뒤의 글자들은 모두 속자라고 말하고 있다. 여기서는 모두 ‘總’으로 고쳤다.

55 ‘擬’는 漢魏 이래의 속어로, 어떤 사물을 ‘가리키다’ 혹은 ‘겨누다’의 의미이며, 어떤 물체에 접촉한다는 의미와 접촉하지 않는다는 의미가 모두 있다. 「法顯傳」의 “볼 수 있는 한 멀리까지 보면서 장소를 헤아려보려 했으나, 어디가 어딘지 가늠할 수 없어 죽은 사람의 뼈를 표지로 삼을 수밖에 없었다(遍望極目, 欲求度處, 則莫知所擬, 唯以死人枯骨爲標識耳)”에서 ‘莫知所擬’를 『出三藏記集』 「法顯法師傳」에서는 “갈 곳을 알지 못하다(莫測所之)”라고 썼다. 그리고 『大唐西域記』 권 12에서는 이 사막을 묘사하면서 “아득히 먼 사방, 어디로 향할지 알 수가 없다(四遠茫茫, 莫知所指)”라고 하였다. 이를 통해 ‘擬’와 ‘指’가 같은 의미로 쓰였음을 알 수 있다. 「降魔變文」의 “손에 쥔 금강봉으로 하늘을 향해 불을 뿜자 가리키는 곳마다 邪山은 산산조각이 났다(手執金杵火衝天, 一擬邪山便粉碎)”에서도 ‘擬’는 ‘가리키다’의 의미이며, 『搜神記』 권11 「三王墓」의 “객이 검을 왕에게 겨누자 왕의 머리는 그에 따라 탕 속으로 떨어졌다(客以劍擬王, 王頭隨墮湯中)”에서 ‘擬’는 ‘향하다’의 의미이다. 『史記』 「伍子胥列傳」: “오상은 이미 잡혀 사자는 자서를 잡으려 했다. 그러나 오자서가 활을 걸고 화살을 잡아 사자에게 겨누자 사자는 감히 접근하지 못하였다(尙旣就執, 使者捕伍胥. 伍胥貫弓執矢嚮使者, 使者不敢進).” 역시 ‘擬’가 ‘겨누다’의 의미로 쓰임을 증명한다. 慧琳의 『一切經音義』 권64 ‘刀擬’ 조에서는 『字書』를 인용하여 “擬는 向이다”라고 하였다.

듣고 곧바로 돌아가 밧줄로 스스로를 묶고서 평왕을 뵙고 아뢰었다.

"신은 급히 사신의 임무를 수행하라는 명을 받고
밤낮으로 쉬지 않고 몇 개의 주를 지났습니다.
회계산 남쪽에서 그를 따라잡았으나
검을 뽑아 신의 머리를 베려 했습니다.
신은 오자서가 쥔 칼이 두려웠고
오자서는 이러다가 둘 다 죽겠다고 했습니다.
결국 서로 대치하며 다가서지 못하다가,
멀리 떨어진 채 그가 말했습니다.
'돌아가 평왕에게 알리시오.
당장 군사를 일으켜 아버지의 원수를 갚겠노라고.'"

楚帝聞此語, 怕(拍)[57]陛(髀)[58]大嗔: "勃逆[59]小人, 何由可耐! 一寸之草, 豈合量天! 一笙[60]毫毛, 擬[61]拒爐灰! 子胥狂語, 何足可觀! 風裏野

---

56 [項楚] 내용으로 볼 때, 이상은 오자서가 초왕의 사신에게 건넨 말로 보인다.

57 『龍龕手鏡』: "怕의 음은 拍이다." 따라서 두 글자는 동음가차자이다.

58 [袁賓] '陛'는 '髀'의 동음가차자로 보아야 한다. '髀'는 '胜'라고도 하며 …… 위의 예 역시 '胜'를 '陛'로 잘못 썼을 것이다. [校注] 두 글자가 通假된 예가 있다. 아래에 나오는 '雅合陛下之心'에서 '陛'자가 丙卷에서 '胜'로 되어 있는 것이 그 증거이다.

59 [徐震堮] '勃'은 '悖'가 되어야 한다. [項楚] '勃逆'은 곧 '悖逆'으로서 唐代에 쓰던 말이다. 『新唐書』「睿宗紀」: "안락공주는 패역의 죄로 평민이 되었다(安樂公主爲悖逆庶人)." [校注] 『龍龕手鏡』: "'勃'은 도리에 거스르는 것이다."

60 [項楚] '笙'은 가늘고 작은 것을 세는 양사이다. 『方言』 권2: "함곡관으로부터 서쪽으로 秦과 晉 사이에서는 가는 모양의 것을 '笙'이라 했다." 章炳麟 『新方言』「釋言」: "지극히 미세한 물건을 '笙'이라 하는데, 음은 '星'과 같으며 두 글자로 말하면 '零星'이라 한다." [校注] '星'은 면적이나 부피가 작을 때만 쓰는데, 흔히 '아주 조금'의 의미로 쓰이는 '一星半點'이 그 예이다. 이 의미는 별자리에서 나온 듯 하며 그래서 '별처럼 작은(小得像星星)'이라는 말이 있는 것이다. 그리고 '笙'은 가는 모양을 형언하는 것으로, 위에서 '一笙毫毛'는 곧 '작은 터럭 하나(一莖豪毛)'의 의미이다. 이 글자는 '生'으로도 쓰이는데, 「燕子賦」(一)의 "다행히 봉황의 은택을 입어 목숨을 건질 수 있었다지요(賴値鳳凰恩擇(澤), 放你一生草命)"가 그 예이다. 여기서 '一生草命'은

言, 不須採括!"[62] 楚王便獄中喚出伍奢子尙, 處法徒刑. 子尙臨死之時, 仰面向天嘆而言曰 : "吾當[63]不用弟語, 遠來就父同誅, 奈何! 奈何! 更知[64]何道! 吾死之後, 願弟得存. 忽爾天道開通, 爲父讎寃殺[65]楚."遺語已訖, 便卽殺之. 父子二人, 同時誅戮.

초나라의 황제는 이 말을 듣고 허벅지를 치며 크게 노하였다. "발칙한 놈 같으니! 도저히 두고 볼 수 없다. 한 치의 풀로 어찌 하늘을 헤아리겠으며, 한 가닥 터럭이 어찌 화로의 뜨거운 재를 감당하겠는가! 오자서의 미친 말은 신경 쓸 가치도 없다. 바람 따라 되는대로 지껄인 말이니 괘념할 필요도 없다!" 초왕은 곧 옥중의 오사와 자상을 불러내 법에 따라 처형하도록 했다. 자상은 죽음에 임하여 하늘을 우러러 탄식하였다. "그때 내가 동생의 말을 듣지 않아 멀리 아버지께 와서 함께 참형을 당하는구나. 어찌하리! 어찌하리! 더 이상 내가 무슨 말을 하겠는가! 내가 죽더라도 동생은 목숨을 보존해서 천도가 열리거든 초왕을 죽여 아버님의 원한을 갚아주기 바란다." 유언을 마치자 자상을 죽였다. 아버지와 아들은 동시에 주살을 당했다.

곧 '一莖草命'이다.

61 張金泉은 『敦煌變文假借字譜』에서 '擬'를 '寧'의 가차자라고 했다. 『維摩碎金』에 나오는 "제가 한 치 풀로 어찌 하늘을 헤아려 (석가여래의 사자) 역할을 감당하겠습니까!(我同寸草擬量天, 爭堪去作(如來使))"이 '擬'도 같은 의미이다. 따라서 본문에서 굳이 고칠 필요가 없을 것이다.

62 '括'이 原卷에는 '拾'으로 되어 있는데, 글자가 비슷해서 잘못 쓴 것으로 보인다. '採括'의 의미는 '상대하다, 거들떠보다'의 의미이다. P.3211, P.5641 王梵志 시 "어머니는 개의치 않고 마음 기울여 며느리의 말을 듣네(耶孃不採括, 專心聽婦語)."

63 當 : 당시, 이전에. 자세한 내용은 『通釋』 참고.

64 **[蔣禮鴻]** '知'는 어조사로서 의미가 없다. **[校注]** 아래에 "비록 군왕의 보물이나 어떻게 할 수 있겠는가(雖是君王寶物, 知欲如何)"와 "다시 무슨 말을 할 수 있겠는가(知復何言)" 등의 구가 있으므로 '知'는 어조사가 아니다. 이 '知'는 비슷한 구문에서 대개 '能', '可', '當'의 의미로 쓰이며, 혹은 '之'를 써서 동음가차자로 쓰기도 한다.

65 '殺'이 原卷에는 속자인 '煞'로 되어 있다. 『干祿字書』 : "煞, 殺, 殺 중에 첫 번째가 속자, 두 번째가 통용자, 세 번째가 정자이다." 돈황사본에서는 '殺'자를 대체로 '煞'로 써놓았는데, 原錄에서는 그대로 속자를 쓰기도 하고 정자로 고치기도 하였다. 여기서는 모두 정자로 고쳤다.

楚王出敕、遂捉子胥處若爲?[66] 敕曰:"梁國之臣、逆賊子胥, 父事於君, 不能忠謹, 徒(圖)謀社稷, 暴虐[67]貪殘. 子尙鄭國之臣, 並父同時殺訖; 唯有子胥逃逝, 目下未獲. 如能捉獲送身, 賞金千斤, 封邑萬戶.[68] 隱藏之者, 法有常刑: 先斬一身, 然[69]誅九族; 所由寬縱,[70] 解任科徵.[71] 盡日[72]奏聞, 固(錮)身送上." 敕旣行下,[73] 水楔不通.[74] 州縣相

66 [潘重規] '若爲'는 '如何'라고 말하는 것과 같으며, 변문에서 아래 내용을 환기할 때 쓰는 상투어이다. 『敦煌變文集』에서는 '遂捉子胥處若爲敕曰'을 한 구로 보았는데 이는 잘못이다. [校注] 潘重規가 '楚王出敕, 遂捉子胥處, 若爲?'라고 쓴 것 역시 반드시 옳다고 할 순 없다. [譯注] '~處若爲'를 다음 글을 이끄는 상투어로 보긴 힘들다. 왜냐하면 변문에서 이 상투어 다음에는 보통 운문이 오나 본문에서는 계속 산문 서사가 이어지고 있기 때문이다. 그렇다고 '若爲'를 단순한 의문사로 보기도 힘들다. 그럴 경우 '處'의 의미가 모호해지기 때문이다. 여기서 '若爲'는 독본의 형식이 강해진 「오자서변문」에 남은 연행형식의 잔재로도 볼 수 있을 것이다. 이 부분에 대한 좀 더 상세한 논의는 鄭廣薰, 『敦煌 變文의 口演特徵 硏究』, 韓國外大 碩士論文, 2001, 107~108쪽 참고.

67 '虐'이 原卷에는 '虍(虎)'로 되어 있는데 이는 모양이 비슷해서 잘못 쓴 것이다. 여기서는 徐震堮의 교정에 근거하여 고쳤다.

68 '封邑萬戶'가 原錄에는 '戶封千邑戶'로 되어 있는데, 徐震堮은 이를 '邑封千戶'로 蔣禮鴻은 '封邑千戶'로 潘重規와 蔣紹愚는 '封邑萬戶'로 고쳤다. 原卷을 보면 이곳은 위 아래 구가 연결되어 먼저 '戶封千邑隱藏之者法有常刑'이라 쓴 다음 '戶', '千' 두 글자를 지워 없애고 '戶封千' 우측에 작은 글자로 '賞金千斤'을 써 넣고 '隱' 우측에 작은 글자로 '萬戶'를 써 넣었다. 채워진 글자에 근거하면, 이 부분은 반드시 '賞金千斤, 封邑萬戶' 정도의 말이 되어야 할 것이다. 이는 당시에 습관적으로 쓰이던 말로, 「韓朋賦」의 "누가 한붕의 처를 취하여 상금 천 근을 하사받고 만 호의 읍을 받겠는가(誰能取得韓朋妻者, 賜金千斤, 封邑萬戶)"라는 구와 「前漢劉家太子傳」의 "유가 태자가 다른 주로 갔는데 누가 잡아와서 만 호의 읍을 받겠는가(劉家太子逃逝他州, 誰人捉得, 封邑萬戶)"라는 구가 그 예들이다.

69 原錄에서는 '然'자 아래에 '後'자를 채워 넣었으나 4자 1구 형식에 어긋나므로 여기서는 지웠다. '然'은 곧 '乃'이고 또 두 자를 이어서 '乃然', '然乃'로도 쓸 수 있으며, 둘 모두 '然後'의 의미로 확장될 수 있다. 자세한 것은 『通釋』을 참고.

70 所由: 해당 업무를 관장하는 관리의 별칭. 『資治通鑒』 胡三省 注: "일이 반드시 그의 손을 거쳐야 하므로 '所由'라 한다(事必經由其手, 故謂之所由). 이 호칭은 진, 송대에도 이미 상당히 유행했으나 주로 사용된 시기는 당과 오대이다. 자세한 사항은 『通釋』을 참고. 寬縱: 풀어주다. 수배된 자를 도망가게 놔주다.

71 解任: 직위를 해제하다. 徵: 原卷에는 徵의 속자인 '𡼏'으로 되어 있으나(潘重規는 原卷이 '徵'으로 되어 있다고 했으나, 이는 옳지 않다) 原錄에서 이를 '徽'로 잘못 써서 여기서는 다시 '徵'으로 고쳤다. 또 '微'자는 의미가 통하지 않으므로 '徵'으로 고

知, 牓標道路. 村坊搜括, 誰敢隱藏? 競擬追收, 以貪重賞.

초왕이 칙령을 내려 자서를 잡으려는 광경을 한 번 보자. 칙령은 이랬다. "양나라의 신하인 역적 오자서의 아버지는 임금을 섬김에 충성스럽지도 신중하지도 않았고 포악하고 탐욕스럽게 나라의 사직을 도모하였다. 정나라의 신하 자상은 그 아비와 함께 이미 죽었으나 자서만은 도망을 가서 아직까지 잡지 못하고 있다. 그를 잡아 온 자에게는 1천근의 금을 상으로 주고 만 호의 읍을 봉해주겠노라. 숨겨주는 자는 법에

쳤다. 【蔣禮鴻】 '徵'은 '벌금을 부과하다'의 의미이다. 唐代 張鷟의 『龍筋鳳髓判』에는 관원이 범죄를 저질러 '구리 네 근을 벌금으로 부과한다(徵銅四斤)', '구리 다섯 근을 벌금으로 부과한다(徵銅五斤)' 등의 말이 자주 보인다. 권1의 「考功判」에서는 "모집할 사람의 수가 채워지지 않자 모집하는 사람이 스스로 부과된 수를 맞췄다. 법에 정한 형이 있어서 부과된 책무를 벗어나기는 어렵다(貢人不充分數, 擧主自合徵科. 法有常刑, 理難逃責)"고 했는데, 여기서 '徵科'는 '科徵'과 같다고 보아야 한다. 【校注】 '科徵' 역시 '科懲'의 잘못일 것이다. 「燕子賦」(一): "이제 법에 따라 처리하려 한다(今欲據法科繩)." 여기서 '繩'자가 甲卷 P.2491에는 '徵'으로 되어 있고, 戊卷 S.5540에는 '懲'으로 되어 있다. '徵'은 '懲'의 省字이며 '科繩'과 '科懲'은 같은 의미로서 '법에 따라 처리한다'는 말이다.

72 盡日: 당일. '盡'에는 '즉시, 당장'의 의미가 있다.

73 原卷에는 '行下'가 '下行'으로 되어 있으나 그 옆에 乙(위치 바꿈) 기호가 있다. 그런데 原錄에서는 이를 제대로 살피지 않고 '下行'으로 잘못 썼으므로, 여기서는 옳게 고쳤다. 아래에 다시 '敕既行下'가 나오는데, 이를 통해서도 '行下'가 옳음을 알 수 있다.

74 原錄에서는 이곳의 '楔'자를 따로 교정하지 않았으나 아래에 다시 나오는 '水楔不通'의 '楔' 아래에는 괄호 안에 '泄'자를 써서 교정하였다. 그리고 原校에서는 「漢將王陵變」에 나오는 '水切不通' 구의 '切'은 '洩'이 되어야한다고 보았다. 그러나 '切'이 '楔' 음의 절반을 읽은 것으로 보이고 '水楔不通'도 그 자체로 의미가 통하므로 굳이 교정할 필요는 없을 것이다. 『說文』: "楔은 櫼이다. '木' 편방을 따르며 소리는 '契'이다." 단옥재 주: "지금 속어로는 '楔子'라고 쓴다." 동사로 쓰이면 '쐐기를 틈에 끼워 넣다'의 의미가 된다. 『世說新語』「政事」: "도공은 검소한 성품을 지녀 …… 관청에서 대나무를 사용할 때도 그 조각을 모두 모으게 하니 그것이 산처럼 쌓였다. 나중에 환선무가 촉을 정벌하면서 배에 장치를 만들 때 그것들을 모두 못으로 사용했다(陶公性檢, …… 官用竹, 皆令錄厚頭, 積之如山. 後桓宣武伐蜀, 裝船, 悉以作釘)." 이 대나무 못은 나무 쐐기와 같은 역할을 해서 선창의 갈라진 틈을 메우는 데 쓰였다. '水楔不通'은 물샐 틈도 없이 막혔다는 의미로 검문이 대단히 엄밀함을 비유한다. 한편 『辭源』에 근거하면 '水泄不通'이란 말은 원 잡극 「范張鷄黍」에 가장 먼저 등장하므로 唐代의 말로 교정하기에는 적합하지 않다.

따라 형벌을 내리게 되니 먼저 그 자를 참형에 처하고 다시 구족을 멸하리라. 놈을 풀어주는 관리는 관직을 뺏고 법에 의해 처형할 것이니 그 날로 천자에게 아뢰고 놈을 묶어 상부로 호송해야 한다." 칙령은 물 샐 틈 없이 아래로 퍼져나갔다. 각 주현에서는 길목마다 방을 붙여 모두가 이 칙령을 알 수 있게 했다. 그러니 고을마다 어떻게든 찾으려고 애를 쓰지 누가 감히 숨겨주려 하겠는가? 모두들 무거운 상이 탐나 잡으려고 혈안이 된 것이다.

子胥行至莽、蕩山間,[75] 按劍悲歌而歎曰:

子胥發分(忿)[76]乃長吁:"大丈夫屈厄何嗟嘆!

天網恢恢道路窮, 使我恓惶沒投竄.

渴乏無食可充腸, 迥野連翩[77]而失伴.

---

75 [項楚]『變文集』에서는 '莽蕩山'에 고유명사 표시를 하였으나 이는 잘못된 것이다. '莽蕩'은 '광대하다'의 의미이다. [校注] 분명히 '莽蕩'에는 '광대하다'의 의미가 있으나 原錄의 표점 역시 근거는 있다. 위 구절은 劉邦이 '망산과 탕산 산골짜기의 바위 사이에 숨은' 전고를 쓴 것으로 보인다.『史記』「高祖本紀」: "진시황은 항상 '동남쪽에 천자의 기운이 있다'고 하면서 그쪽으로 가서 그 기운을 누르려 하였다. 고조는 스스로 의심되어 망산과 탕산 산골짜기 암석 사이로 달아나 숨었다(秦始皇常曰, 東南有天子之氣, 於是因遊以厭之. 高祖卽自疑, 亡匿隱於芒碭山澤巖石之間)."『漢書』 역시 이와 비슷하게 뒤 구를 "고조는 망산과 탕산의 산골짜기에 숨었다(高祖隱於芒碭山澤)"라고 썼다. 이에 대해 顔師古는 "應劭는 '芒은 沛國에 속하고 碭은 梁國에 속하며, 두 현의 경계에 산골짜기가 있으므로 그 사이에 숨은 것이다'라고 말하였고, 蘇林은 '芒의 음은 忙遽의 忙이고 碭의 음은 唐이다'라고 하였는데, 내가 보기에 '碭'의 음은 '宕'이 될 수도 있고 '沛國'이네 '梁國'이네 언급한 것은 주석자가 현재 소속된 지역에 근거하여 말한 것이지 반드시 당시의 지역에 따라 칭한 것이라고 할 수는 없다"라고 하였다. '芒草'를 '莽草'라고도 하는 것에서 알 수 있듯이 芒과 莽은 음이 비슷하다. 고로 '莽蕩山'은 본래 '芒、碭山'이었을 것이다. 응소 등의 주장이 합당한지는 확언할 수 없으나 어쨌든 이들 주장은 한대와 당대 사이에 芒과 碭이 산명이었음은 충분히 알려주고 있다. 오자서가 梁나라의 신하인데다 碭山은 양국에 속하고 芒山은 패국의 동쪽에 있으므로, 오자서가 吳와 越로 피했다면 마땅히 망산과 탕산의 산골짜기로 갔을 것이다. 그리고 項楚가 인용한 예문들에 모두 '山'자가 쓰여 있지 않은 점 역시 '莽蕩'과 '莽蕩山'이 서로 다름을 증명해준다.

76 原卷의 '分'은 '忿'의 생략형이므로, 原錄에서 '忿'이라고 바로 써버린 것은 옳지 않다.

遙聞天漸(塹)[78]足風波, 山岳岧嶢接雲漢.

窮洲旅[79]際絶舟船,[80] 若爲得達江南岸?

---

77 '迥'이 原卷에는 '逈'으로 되어 있다. 『干祿字書』: "逈와 迥 중에서 앞 글자가 속자이고 뒤 글자가 정자이다." '逈'은 '迥'이 변한 것이다. '迥野'는 인적 없는 먼 들판을 말한다. 慧琳 『一切經音義』 권1: "'迥'을 고문에서는 '冋'로 썼다. 『說文』에서는 '邑 밖을 郊라 하고, 郊 밖을 野라 하며, 野 밖을 林이라 하고, 林 밖을 冋이라 한다'고 했다." 陸游, 「萬里橋上習射」: "바람이 잦아들며 무늬 새긴 활의 힘이 점차 줄고, 들판 멀리에서는 깃발 꽂은 화살 소리 들린다(風和漸減雕弓力, 野迥遙聞羽箭聲)." '野迥'와 '迥野'는 같은 의미이다. 또 '迥'은 '坰'으로 쓰기도 한다. 元稹 시 「陰山道」의 "이제 멀리 들판에는 열 사람 중 하나도 없구나(如今坰野十無一)"가 그 예이다. '連翩'은 '伶俜'과 같으며, 외로운 모습이다. 玄應 『一切經音義』 권1: "『三蒼』에서는 '伶俜이 聯翩과 같다'고 했는데, 이 또한 고독한 모습이다." '聯翩'은 '連翩'과 같다. 자세한 설명은 『通釋』의 해당 조목 참고.

78 '漸'은 '壍'자의 생략형이고, '壍'은 '塹'의 이체자이다. 『玉篇』 참고.

79 '旅'자가 原錄에는 '猥'로 되어 있다. 【蔣禮鴻】 「伍子胥變文」의 '窮洲猥際絶船(舟)船'과 '獨立窮舟(洲)旅岸'에서 '猥'는 '隈'의 통용자이고, '旅'는 『敦煌變文彙錄』에서 '桳'라고 하였는데, 이는 '隈'를 비슷한 모양 때문에 잘못 쓴 것이다. '猥際'와 '猥岸'의 '猥'는 인적 없는 궁벽한 곳을 말하며, '猥地'의 '猥'와 의미가 상통한다. 【校注】 '隈'에는 '背'의 의미가 있으며, 蔣禮鴻의 말은 충분히 옳다. 그러나 두 예가 실제 原卷에는 '隈'로 되어 있지 않으므로 여기서는 쓰지 않았다. 【潘重規】 原卷에는 '㧘'로 되어 있는데, 아마 '旅'자일 것이다. 『龍龕手鏡新編』 67쪽: "㧘는 旅자와 같다." 『敦煌變文集』에서는 '猥'라고 했으나 이는 옳지 않다. 【校注】 실제 原卷에는 '㭌'로 되어 있는데, 오른편 위쪽이 위 글자인 '洲'의 끝부분과 연결되어 있어 판독하기가 쉽지 않다. '窮舟(洲)旅岸'의 '旅'가 原卷에는 '桳'로 되어 있고, 아래에 나오는 '旅客悙悙實可念'에서 '旅'가 原卷에는 '㭌'로 되어 있으며, 본문의 '隈形卽立'처럼 '隈'자는 그 원형이 바로 '隈'로 되어 있으므로 '旅'자와 결코 섞여 쓰이진 않음을 알 수 있다. 「蘇武與李陵執別詞」: "깊은 계곡에 얼음이 자라고 기러기 울어대며 나그네를 쫓네(幽澗冰生, 鴻鳴逐㭌(旅))." P.5034: "장사치들이 왕래하다(商桳往來)." 그리고 「魏北海王元祥造像」의 '㧘'자와 「隋龍華碑」의 '㨹'자처럼 비문에도 여러 가지 속자들이 등장하는데, 이들은 모두 '旅'의 속자이다. 따라서 原卷의 글자를 '旅'로 보아야 함은 의심의 여지가 없다. '旅際', '旅岸'은 보통 나그네가 이르는 땅을 말하며, 외지고 먼 곳을 가리키기도 한다.

80 '舟船'이 原錄에는 '舩(舟)舩'으로 되어 있다. 原校에서는 "'舟'자는 周紹良의 교정을 따랐다"라고 했으나, 실제 原卷을 보면 '舩〃'처럼 두 번째 글자는 중복 부호이다. 여기서 舩은 '船'의 속자이다.(같은 두루마리에 '舡'으로 쓴 부분도 있다) 일반적인 규례에 따르면, 이곳은 분명히 '船船'으로 쓰여야 할 것이다. 그러나 돈황사본에는 특별한 용례가 하나 있는데, 상투어나 습관어, 상용어, 고유명사 등은 한 글자만 쓰고 나머지 부분은 생략부호(그 중 하나는 중복 부호와 같다)로 대신할 수 있다. 따라서 '舩〃'는 상용어 '舟船'의 생략형으로 볼 수도 있다. 「王昭君變文」을 예로 들면, "들

上[81]倉(蒼)儻若逆人心, 不免此處生留難."[82]

오자서는 망산(莽山)과 탕산(蕩山) 사이에 이르러 칼을 잡고 슬픈 노래를 부르며 탄식하였다.

자서가 분에 겨워 장탄식을 하네!
"옴짝달싹 못하는 대장부 신세 참으로 한스럽구나!
하늘의 그물은 넓디넓고 이제는 길도 다하여
몸 숨길 곳 찾지 못해 허둥대기만 하네.
목마르고 배고프나 배 채울 음식 없고,
인적 없는 먼 들판에서 의지할 곳 없는 신세 되었네.
멀리 강둑에서는 세찬 파도 소리 들리고,
우뚝 솟은 산은 하늘까지 닿아 있구나.
모래톱 끝 외진 곳에 배는 끊겼으니,
어떻게 강의 남쪽 언덕에 이를 수 있으리?
하늘이 진정 사람의 마음을 알아주지 않는다면,
이곳에서 어려움을 피하기란 힘들겠구나."

판의 양과 말들은 줄에 묶여 창에 걸려 있고, 사슴과 고라니들은 하나하나가 화살에 뚫려 있구나(黃羊野馬捻槍撥, 鹿〃從頭喫箭川(穿))"의 '鹿〃'을 原錄에서는 '鹿鹿'으로 썼으나, 이곳은 '麋鹿'으로 쓰는 것이 옳다. '船船'과 '鹿鹿'이 당오대의 새로운 어법현상이라는 설도 있으나 타당하지 않은 것 같다.

81 原卷의 '上'을 原錄에서는 '下'로 잘못 썼다. 조판공의 실수인 듯하다. 劉瑞明은 잘못된 기록에 근거하여 '下'자가 반대 뜻인 '上'이 되어야 한다고 했으나 이는 잘못이다.

82 '留難'은 '머무르다', '가로막다'의 의미이다. 『唐律疏議』 권8: "관문이나 나루터를 건너는 사람을 이유 없이 억류하려는 자는 하루에 主司가 태형 40대에 처한다(諸關、津度人, 無故留難者, 一日主司笞四十)." "만약 군무가 급한데도 억류하여 건너지 못하게 해서 지체되거나 그르치면, 지체된 바나 그르친 바의 경중에 따라 죄를 논한다(若軍務急速而留難不度致稽廢者, 自從所稽廢重論)." 「降魔變文」: "내가 만약 이 사람에게 간언을 하지 않으면 좋은 일에 필시 어려움이 생길 것이다(我若不諫此人, 善事必生留難)."

悲歌以(已)了，更復前行. 信業隨緣,[83] 至於潁水. 風來拂耳，聞有打沙(紗)[84]之聲，不敢前盪,[85] 隈形卽立.[86]

子胥行至潁水旁，渴乏飢荒難進路.
遙聞空裏打紗聲，屈節斜身便卽住.
慮恐此處人相掩,[87] 捻脚攢形[88]而暎樹.[89]

83 '業'이 原卷에는 '菜', 즉 '葉'의 피휘자로 되어 있다(당 태종의 휘를 피하기 위해 '葉'자 안의 '世'를 '云'으로 바꾸었다). 그러나 돈황사본에서 '葉'과 '業'은 모두 '菜'로 쓰이므로 글의 맥락에 따라 선택해야 하는데, 여기서는 '業'이 맞다. '信業隨緣'은 '信天由命(하늘을 믿고 운명을 따라)'와 같다. 이는 불교에서 나온 말이며 '業'과 '緣'은 모두 불교 용어이다.

84 原卷의 '沙'자를 原錄에서는 '紗'로 고쳤다. 이하 역시 마찬가지이다.

85 盪 : 움직이다, 내밀다. 이 글자는 일반적으로 거성으로 읽히나 돈황사본에서는 평성으로 읽는 경우가 많다. 『龍龕手鏡』: "盪은 徒朗切이고, '滌盪'은 요동치는 모습이다. 또 吐郎切에 '盪突'로도 쓰인다." 이 글자는 「漢將王陵變」의 "앞으로의 풍화도 헤쳐나가야지(前頭風火亦須湯)"처럼 대부분 '湯'으로 간단하게 쓰이며, 이 「漢將王陵變」에서 '湯'은 앞뒤의 '皇', '場', '霜' 등의 평성자와 운을 맞추고 있다. 또 P.3716 王梵志시 "사람을 만나면 손을 거두고 한쪽으로 피해 나서지 말라. 서로 부딪치기라도 하면 억지로 자기에게 상처를 낼 것이니(逢人須斂手，避道不前湯. 忽若相衝着，他强必自傷)." 역시 같은 예이다.

86 '隈形'은 '攢形' 즉 '몸을 움츠리다'의 의미로 봐야 한다. 아래의 운문에 나오는 '몸을 숙이고 움츠리며 곧바로 멈춰 섰네(屈節斜身便卽住)'와 '다리를 구부려 몸을 숙이고 나무에 숨었네(捻脚攢形而映樹)'가 그 구체적 모습이다. 項楚는 '卽立'을 '却立'이라 교정하고 아래의 '屈節斜身便卽住'의 '卽'도 '却'이라 교정하였다. 그러나 두 곳 모두 '卽'으로 통할 수 있으므로 굳이 고칠 필요는 없다. 『廬山遠公話』 "곧바로 군대를 주둔시키고 머물다(當卽屯軍而便卽住)"의 '便卽住'와 같다.

87 掩 : 엄습하다, 준비가 안 된 상태에서 갑자기 공격해 잡다. 『史記』「彭越傳」: "이에 上使에서 양왕을 잡으라 하여 양왕이 전혀 눈치 채지 못하는 사이 사로잡아 낙양에 가두었다(於是上使使掩梁王，梁王不覺，捕梁王，囚之雒陽)."

88 '捻脚攢形'에서 '捻脚'은 다리를 구부린다는 의미로서, 아래의 "몸을 구부리고 움츠리며 먹을 것을 구걸하다(屈節攢形而乞食)"의 '屈節'과 같은 의미로 보면 된다.

89 原錄에서는 '暎'을 '暵'으로 쓴 후 '映'으로 교정하였다. 실제 原卷에는 '暎'의 속자인 '暵'으로 되어 있다. 아래 '風塵慘面，蓬塵暎天'의 '暎'도 原卷에는 이 모양으로 쓰여 있다. '暎'은 '비추다', '숨다', '가리다'의 의미이다. '暎樹'는 '나무에 숨다', '暎天'은 '하늘을 가리다'의 의미이다. 『龍龕手鏡』: "暎은 '於敬' 반절이고 '비치다'의 의미이다. '映'은 이 글자와 음이 같으며 '於浪' 반절로 '어둡다'의 의미이다(暎，於敬反，影也.

量(良)[90]久穩審不須驚, 漸向樹間偸眼覰.[91]

津傍更亦沒男夫, 唯見輕盈打沙(紗)女.

水底將頭百過[92]窺, 波上玉腕[93]千迴擧.

卽欲向前從乞食, 心意懷疑生遊豫.

進退不敢輒諮量,[94] 踟躕卽欲低頭去.

슬픈 노래를 마치고 다시 길에 들어서 하늘을 믿고 운명을 따라 영수(潁水)까지 이르렀다. 바람이 귀를 스치는데 어디선가 빨래하는 소리가 들려 감히 더 나아가지 못하고 몸을 숨기고 멈춰 섰다.

映, 音同上. 又於浪反, 暗也).” 『文選』 중 王粲의 「七哀詩」: “산등성이에 그림자가 남았네(山岡有餘暎).” 이에 대해 이선은 『通俗文』을 인용하여 “해의 그늘을 ‘暎’이라 한다(日陰曰暎)”고 주해하였다. 『廣韻』: “映은 ‘밝다’, ‘숨다’이다. 暎 역시 마찬가지다(映, 明也, 隱也. 暎, 上同).” 『文選』 顔延之 「應詔觀北湖田收」: “금수레가 소나무산을 가리다(金駕映松山).” 李善은 이에 대해 “映은 蔽와 같다”고 했는데, 이를 통해 ‘暎’이 ‘밝게 비추다’와 ‘가리다’의 상반되는 의미를 갖고 있음을 알 수 있다. ‘暎’과 ‘映’은 이체자이다.

90 項楚는 “‘量’은 ‘良’이 되어야 한다”고 했는데, 여기서는 項楚의 의견을 따랐다.

91 ‘覰’를 原錄에서는 ‘觑’로 썼다. 사실 原卷에는 ‘覗’으로 되어 있는데 이는 곧 ‘覰’자이다. ‘觑’는 ‘覰’의 속자이다. 『正字通』 참고.

92 過: ‘迴’의 의미로 양사이다. 『抱樸子』 內篇 「雜應」: “이른 아침에 치아를 삼백 번 세우면 영원히 흔들리지 않는다(淸晨建齒三百過者, 永不動搖).”

93 ‘腕’이 原卷에는 ‘捥’으로 되어 있다. 慧琳 『一切經音義』 권1: “腕은 烏灌 반절로 捥이라고도 하며, 모두 俗用字이다.”

94 輒: 경망스럽다. 李亞明, 「『太平廣記』詞語札記」(日本 『中國語學』 230기에 실림) ‘輒’조: “가볍다, 경솔하다, 경망스럽다. 권61 「王妙想」(『集仙錄』에서 뽑음) ‘잠시라도 경솔하게 태만히 해서는 안 된다(不敢斯須輒有怠替).’ 권64 「太陰夫人」(『逸史』에서 뽑음) ‘가난하고 천한 이 몸이 어찌 섣불리 그런 생각을 갖겠습니까(某貧賤, 焉敢輒有此意)!’ ……” 『唐律疏議』 권30: “무릇 制書나 詔勅으로 단죄를 하는데, 그것이 임시적인 처분일 뿐 영원한 기준이 아닐 때는 이를 가져다가 훗날의 준칙으로 삼을 수 없다. 만약 함부로 가져다 써서 죄를 줄 때 가감이 있는 경우는 고의와 과실로 논죄한다(諸制敕斷罪, 臨時處分, 不爲永格者, 不得引爲後比. 若輒引, 致罪有出入者, 以故失論).” 張鴻勳은 ‘諮量’을 ‘묻다, 상의하다’로 풀이했다. 그러나 ‘諮’는 ‘咨’로도 쓰고, 뜻은 ‘알리다, 아뢰다’이며, 뒤에 나오는 ‘故來諮屈’ 구와 마찬가지이다. ‘量’은 당연히 ‘談量(생각한 바를 말하다)’의 ‘量’이다. 「捉季布傳文」: “쓸데없이 사방 이웃나라에 알리지 말라(輒莫談量聞四隣).” 따라서 ‘諮量’은 누군가에게 말을 늘어놓는다는 의미이다.

자서가 영수 강가에 이르렀으나
목마르고 배고파 더 나아가기 힘들었네.
멀리서 빨래 소리 들려와
몸을 구부리고 움츠리며 곧바로 멈춰 섰네.
이곳 사람들이 잡으러 올까 두려워
다리를 구부려 몸을 숙이고 나무에 숨었네.
한동안 자세히 살펴보니 놀랄 것은 아니어서,
슬며시 나무 사이로 가서 몰래 바라보았네.
나루터 가에는 남자는 보이지 않고,
한 맵시 있는 여인이 빨래를 하고 있을 뿐.
고개 숙여 백 번씩 물 밑을 보고
물결 위로 옥 같은 팔목을 천 번씩 드네.
곧장 앞으로 가서 걸식을 하려 했으나
속으로 의심이 들어 선뜻 나서지 못하였네.
앞으로 갔다 물러났다 하며 함부로 말을 걸지 못하다가
주저주저 고개를 푹 숙이고 지나가려 했네.

女子泊沙(拍紗)於水, 擧頭忽見一人：行步獐狂,[95] 精神㥯惚;[96] 面帶飢色, 腰劍而行. 知是子胥, 乃懷悲曰："兒聞桑間一食, 靈輒爲之扶

---

95 獐狂：당황하고 두려워하는 모습으로, 첩운 연면사이다. 【徐震堮】 '獐狂'은 모두 '張皇'이 되어야 한다. 【校注】 그렇지 않다. '獐狂'은 '慞惶'을 다르게 쓴 것으로 보인다. 『龍龕手鏡』에서는 "慞은 음이 章이고, '두려워함'이다." "惶은 '두려워함'이다." "㤮은 음이 狂이다"라고 했다. 연면사의 의미는 소리에 근거를 두므로 獐狂, 麞狂, 張狂, 慞惶, 章偟, 章皇, 猖狂 등은 모두 같은 단어를 다르게 쓴 것이다. 후대에는 이처럼 여러 형태로 쓰던 것이 표면상의 의미를 가진 하나 혹은 몇 개의 글자, 예를 들어 '猶豫', '狼狽', '首鼠'와 위에 나온 '獐狂' 등의 동물을 의미하는 글자로 굳어지곤 했으며, 이것이 소위 '속어의 어원'이 되었다.

96 㥯惚：'恍忽'과 같다. 『龍龕手鏡』："怳은 許罔 반절이며 '황홀하다'이다." "惚은 음이 '忽'이며, 怳惚은 의지를 잃은 모습이다." '怳'은 곧 '㥯'이다.

輪; 黃雀得藥封瘡, 銜白環而相報. 我雖貞潔、質素[97]無虧, 今於水上泊沙(拍紗), 有幸得逢君子, 雖卽家中不被(備),[98] 何惜此之一餐."[99]

여인이 빨래를 하다가 머리를 드니 문득 한 사람이 보였다. 황급한 걸음걸이에 정신은 멍한 듯 하고 얼굴에는 배고픈 기색이 완연한 채 허리에 검을 차고 걷고 있었다. 자서인지 알아보고서 슬픔에 젖어 말하였다. "뽕나무 사이에서의 밥 한 끼로 영첩(靈輒)은 바퀴를 짊어져주었다 하고,[100] 참새는 상처를 치료할 약을 얻고서 백환(白環)을 물어다가 은혜를 갚았다고 한다.[101] 내가 비록 정숙하고 순결하게 살며 내 몸을 함부로 하지 않았으나, 이제 물가에서 빨래를 하다가 다행히 군자 한 분을 만났으니 집안 사정이 변변치 않다 한들 어찌 한 끼 식사를 아까워하겠는가?"

---

97 [項楚] '質素'는 '素質'로 바뀌어야 하며, 깨끗한 몸을 의미한다. [校注] '質素'라는 단어도 있으므로 굳이 바꿀 필요는 없다. 王粲, 「神女賦」: "깨끗하고 새하얀 얼굴에 분도 눈썹도 칠하지 않았다(質素純皓, 粉黛不加)."(『太平御覽』 권381 참고) 『易』「履」: "초9는 소박한 예로 찾아가도 허물이 없느니라(初九素履, 往無咎)." 孔穎達 疏: "처음 예에서는 소박하게 한다(處履之始, 而用質素)." '質素'는 동의의 연문이다. 뒤에는 '깨끗한 몸으로 물에 뛰어들어 생을 마감했으니(旣能貞質透河亡)'라는 구가 나오고, 『三國志』『魏書』「后妃傳」에서는 「晉諸公贊」을 인용하여 "悳은 사람됨이 곧고 깨끗하다(悳爲人貞素)"라고 하였는데, 이때 '貞質', '貞素'는 위의 '貞潔', '質素'와 의미가 같다.

98 [項楚] '被'는 '備'가 되어야 한다. 음이 같아서 잘못 쓴 것으로 보인다. ……'不備'는 넉넉하지 않다는 말이다. [校注] 袁賓도 같은 교기를 달고 있다.

99 '餐'이 原卷에는 '湌'으로 되어 있는데 原錄에서 이를 '餐'으로 교정하였다. 『說文』: "餐은 '水' 편방을 쓰기도 한다." '湌'는 '湌'의 획수를 줄인 글자이며, 돈황사본에서는 '水' 편방 중에 한 획을 생략하는 경우가 흔하다. 『龍龕手鏡』에서는 '湌' 역시 정자라고 규정하였다.

100 [張鴻勳] 『左傳』「宣公」 2년에 실린 이야기이다. 춘추시대 晋의 趙盾은 首山으로 사냥을 나갔다가 돌아오는 길에 사흘 동안 아무것도 먹지 못하고 뽕나무 산에 누워있는 靈輒을 보고서 밥을 준 적이 있었다. 나중에 조순이 위험에 처하게 되자 어떤 사람이 그를 구해주었는데, 알고 보니 자신이 뽕나무 산에서 구해주었던 영첩이었다고 한다.

101 [張鴻勳] 『續齊諧記』에 실린 이야기이다. 漢나라 弘農땅의 楊寶는 어렸을 때 華陽山 북쪽에서 참새가 부엉이에게 잡혔다가 나무 아래로 떨어진 것을 보고는 먹이를 주면서 깃털이 자랄 때까지 키워 날려 보내 주었는데, 후에 황색 옷을 입은 동자가 白環 네 개를 양보에게 주면서 이렇게 말했다고 한다. "귀공의 자손들은 깨끗한 품성에 三公의 자리까지 오를 것입니다."

緩步岸上而行, 乃喚: "遊人且住! 劍客是何方君子、何國英才, 相貌精神、容儀聳幹?[102] 緣何急事, 步涉長途, 失伴周章,[103] 精神恍惚? 觀君面色, 必然心有所求. 若非俠客懷冤, 定被平王捕逐. 兒有貧家一惠, 敢屈君餐. 情裏[104]如何, 希垂降步."

이윽고 언덕 위로 천천히 올라와 불렀다. "잠시 멈추시지요. 검객께서는 어느 곳에서 오신 어느 나라의 영웅이시기에 이토록 당찬 모습에 늠름한 의용을 지니셨는지요? 어떤 급한 일 때문에 긴 여정에서 짝을 잃어 놀란 얼굴로 두려워하시나요? 당신의 얼굴을 보니 필시 마음속으로 바라는 바가 있는 듯합니다. 협객께서는 원한을 품은 것이 아니라면 분명 평왕에게 쫓기고 있는 것입니다. 저희 집이 비록 가난하나 한 번 대접할 정도는 되어 감히 식사를 올리고자 하는데 어떻습니까? 발걸음을 잠시 멈추고 찾아주시길 바랍니다."

子胥答曰: "僕是楚人, 身充越使. 比緣貢獻, 西進楚王. 及與梁鄭二國計會軍國. 乘肥[105]却返, 行至小江,[106] 遂被狂賊侵欺, 有幸得存.

102 S.5949 「下女夫詞」에서 "본래 어느 곳에서 오신 어느 나라의 영웅이시기에 이토록 당차고 늠름하신가요(本是何方君子、何國英才, 精神磊朗)?"라고 묻는 것과 흡사하다.

103 周章: 놀라고 두려워하는 모습. 『三國志』『魏書』「呂布傳」의 「先賢行狀」 인용부분: "적은 두려움에 떨며 진세를 만들었으나 배로 돌아갈 수 없었다(賊周章, 方結陳, 不得還船)." 『文選』 左思 「吳都賦」: "가벼운 날짐승과 날랜 들짐승들이 두려움에 떨며 머뭇거리다(輕禽狡獸, 周章夷猶)." 劉良 注: "'周章夷猶'는 두려워서 어디로 갈지 모르는 모습이다."

104 [項楚] '裏'는 '衷'이 되어야 한다. 모양이 비슷해서 잘못 쓴 것이다. [校注] 袁賓 역시 項楚와 같은 의견을 보이고 있다. 그러나 '情裏'는 틀리지 않으며, '裏', '中', '下' 등의 방위사는 대부분 호환이 가능하다. P.3833 王梵志 시: "입으로는 말을 풀지 못하고 마음속은 너무나 다급하다(口中不解語, 情下極慌忙)." '情下'는 '情裏'와 같으며 마음속을 의미한다.

105 '肥'가 原錄에는 '肥'로 되어 있어 '肥'로 고쳤다. [原校] '肥'자는 啓功의 교기를 따른 것이다. [校注] '肥'가 '肥'의 속자임은 의심의 여지가 없다. 『干祿字書』: "肥와 肥 중에서 앞 글자가 通字이고 뒤 글자가 정자이다." '通'은 전대부터 계속 써온 글자를 말하므로, 이 역시 속자를 의미한다. 돈황사본에서는 대부분 옛 예서 정자를 쓰므로 '月' 편방을 '肉'으로 썼으며, 이것이 俗書에서 다시 '囚'으로 변하기도 하였다. 「漢將

今日登山驀嶺,[107] 糧食罄窮, 空中聞娘子打沙(紗)之聲, 觸處[108]尋聲訪覓. 下官[109]形骸若此, 自拙爲人.[110] 恐失王逞(程),[111] 奔波有實. 今遊會稽之路, 從何可通? 乞爲指似南途, 亦不敢忘(望)食."[112] 女子答曰: "兒聞古人之語, 蓋不虛言: '斷弦由(猶)可續, 情去意實難留.'[113] 君之行

王陵變」: "간담을 서늘케 하고 눈빛을 앗아가다(令(冷)人肝膽, 奪人眼光)." 여기서 '膽'자의 편방을 甲卷 S.5437에서는 '冏'으로 쓴 것이 그 예이다.

106 '小江'은 고유명사로 보아야 한다. 劉長卿, 「賈侍郎自會稽使迴篇什盈卷兼蒙見寄一首與余有持冠之期因書數事率成十韻」: "강 위에서 황제의 사신을 만났으니, 남쪽 회계에서 오던 길이라. …… 하늘은 백월 밖까지 길고, 조수는 소강 서쪽까지 이르네. 험난한 산길은 민령까지 통하고, 산 빛은 섬계로 떨어지누나(江上逢星使, 南來自會稽. …… 天長百越外, 潮上小江西. 鳥道通閩嶺, 山光落剡溪)."

107 驀: 넘다. 이 글자는 '趏'이 되어야 한다. 『說文』: "驀은 말에 오르는 것이다." 『龍龕手鏡』: "趏은 음이 '陌'이며 '넘다'의 의미이다. 지금은 '驀'으로 쓴다." "驀은 莫百 반절이며 '타다', '넘다'의 의미이다." 『釋名』 권1의 "사슴과 토끼의 길을 亢이라 한다. 이들은 똑바른 길로 가지 않으며 산골짜기의 초지를 넘어 지나간다(鹿免之道曰亢. 行不由正, 亢陌山谷草野而過也)"처럼 이 글자는 '陌'으로도 쓰인다.

108 觸處: 도처, 곳곳. 白居易, 「春盡日宴罷感事獨吟」: "꾀꼬리 지저귀다 문득 멈추는 소리 한가로이 듣고, 생각은 버들개지 날리는 곳곳을 쫓네(閑聽鶯語移時立, 思逐楊花觸處飛)."

109 [項楚] 下官: 본래는 관리가 자신을 낮추어 부르는 말인데, 변문에서는 남녀귀천을 막론하고 쓰인다.

110 [項楚] 自拙爲人: 스스로 사람 같은 모습을 하고 있지 않다고 느끼다.

111 P.3350, S.3876 「下女夫詞」: "돌아가시는 길에 앞 길 잃지 마십시오(發君歸路, 莫失前逞)." '逞'은 '程'과 통한다. '恐失王程'은 왕이 정한 기한을 어기지 않을까 걱정하는 것이다.

112 이 두 구가 原錄에는 '乞爲指南, 不敢忘(望)食'으로 되어 있다. [潘重規] 原卷에서는 '不敢' 두 자를 점으로 지우고 그 옆에 '余亦'으로 고쳐 썼다. [蔣紹愚] 丙卷에서는 '南' 자 우측에 '似'자가, '不敢' 우측에 '余亦' 두 글자가 더해져있다. [校注] 原卷(즉 丙卷)의 '不敢' 두 글자 위에는 점이 없다. 따라서 潘重規의 교기는 옳지 않다. 옆에 더해진 글자는 '余'가 아닌 '途'이다. 다만 '辶'가 왼쪽 아래에 이어지지 않은 것뿐이다. 그리고 이 예는 補字의 예이지 改字의 예는 아니다. 흔히 글자를 바꿀 때는 틀린 글자의 바로 오른쪽에 고쳐 넣으며, 글자를 보충할 때는 왼쪽 위편에 보충한다. 여기서는 두 곳을 이어 보충하면서 빈틈을 써야했기 때문에 '途亦'을 '不敢'의 바로 오른편에 쓴 것이다. '似'(글자가 대단히 작아 빼고 읽기 쉽다)자에 대해 말하자면, 이 글자는 사실 原卷에서 '南'의 오른쪽 위편에 더해져있다. 따라서 蔣紹愚의 주장은 정확하지 않다. 이를 근거로 보면, 原卷이 실제로는 '乞爲指似南途, 亦不敢忘(望)食'으로 되어 있는 것이다.

113 이 두 구가 原錄에는 '情去意實難留, 斷弦由可續'으로 되어 있어 여기서는 순서를 바

李, 足亦可知. 見君眄後看前, 面帶愁容而步涉, 江山迢遞, 冒染風塵, 今乃不棄卑微, 敢欲邀君一食:

자서가 답하였다. "저는 초나라 출신이며 월나라의 사신을 맡고 있습니다. 근래에는 공물을 진상하고자 서쪽의 초왕에게 갔고, 양과 정 두 나라에 가서는 군사와 나라를 다스리는 문제에 관해 의논하였습니다. 살진 말을 타고[114] 돌아오는 길에 소강(小江)에서 미친 도적들의 공격을 받아 요행히 목숨만 건졌습니다. 오늘 산에 올라 고개를 넘다가 양식이 다 떨어진 차에 어디선가 여인네의 빨래하는 소리가 들려 이리저리 소리 나는 곳을 따라 찾아보았습니다. 제 꼴은 이처럼 사람 같지도 않게 되었고 임금께서 정해주신 기한에 맞춰 서둘러 가지 못할 것이 걱정입니다. 어느 길이 회계로 통하는 길인지요? 가는 길을 가르쳐주시길 바랄 뿐 감히 먹을 것을 바라지는 못합니다!" 여자가 답하였다. "옛 사람들의 말을 들어보면 한 마디 빈 말이 없습니다. '끊어진 줄은 이을 수 있지만 떠나려는 사람을 억지로 잡기는 힘들다.' 당신의 여정은 족히 알겠습니다. 뒤에서도 보고 앞에서도 보아도 당신은 근심스런 모습으로 발걸음을 옮기고 계십니다. 아득한 강과 산을 지나며 수많은 풍진을 무릅

꾸었다. [徐震堮] '斷弦由可續'은 '弦斷何由可續'이 되어야 할 듯하다. [項楚] 이곳은 梁代 王僧孺의 시 「爲姬人自傷」의 "끊어진 줄은 어떻게든 이을 수 있지만, 마음이 떠나면 참으로 잡기 힘들다(斷弦猶可續, 心去最難留)"구의 시의를 쓰고 있다. 위 구에서 '實'자는 연문으로 보고 '情去意難留'로 써야 한다. 「廬山遠公話」에는 "황제는 그가 간절하게 말하는 모습을 보고 그 마음을 잡기가 힘듦을 알게 되었다(皇帝見他語切, 便知情意難留)"라는 구가 있다. 여기서는 '情'에 '去'가 빠졌는데, 이 역시 '情去意難留'가 되어야 한다. '情去意難留'는 민간에서 광범위하게 퍼진 속어라 변문 외에 후대의 희곡과 소설에서도 흔히 볼 수 있다. 元代 張國賓의 잡극 「合汗衫」 제2절: "흔히 말하기를 '마음이 떠나면 머물기 힘들고, 머물면 원수가 된다'고 했습니다(常言道: 心去意難留, 留下結冤讎)." 『儒林外史』 48회: "자고로 '마음이 떠나면 머물기 힘들다'라고 했다(自古'心去意難留')." [校注] 변문에서는 속어를 변용하는 경우가 많다. 본 편의 "부디 다른 사람은 알도록 하지 말아주시고(恩澤不用語人知)"라는 구와 「燕子賦(二)」의 "부디 크게 말하지는 마십시오(恩澤莫大言)"가 그 예이다. 위의 '情去意實難留'에서 '實'은 없애도 무방하나 의미를 훼손하지 않으므로 그대로 둔 것이다.

114 [項楚] 득의양양한 모습을 나타낸다.

써야 할 것이니, 저를 내치지만 않으신다면 감히 식사 한 끼를 대접하고자 합니다.

兒家本住南陽縣, 二八容光如皎練.
泊沙(拍紗)潭下照紅粧, 水上荷花[115]不如面.
客行由(猶)同海泛舟, 博(薄)暮歸[116]巢畏日晚.
儻若不棄是卑微, 願君努力嘗[117]餐飯."
제 고향은 남양현(南陽縣)으로,
나이 열여섯에 얼굴은 새하얀 명주와도 같았습니다.
빨래를 할 때면 붉은 연지가 물에 비쳐
물 위의 연꽃도 제 얼굴만 못했지요.
나그네는 바다에 뜬 배처럼 그렇게 왔는데
저물녘 보금자리로 돌아갈 새는 날이 늦어질까 걱정합니다.
만약 이 천한 사람을 내치지 않으신다면,
부디 한 끼 식사를 맛보아 주시지요."

子胥卽欲前行, 再三苦被留連. 人情實亦難通,[118] 水畔蹲[119]身, 卽

115 原卷의 '花'자가 原錄에는 '水'로 잘못 쓰여 있어 다시 '花'로 고쳤다.

116 '歸'가 原錄에는 '皈'로 되어 있다. 原卷에서는 '自' 편방을 따르고 있는데, '白' 편방이든 '自' 편방이든 모두 속자이다. 『龍龕手鏡』: "皈는 음이 歸이다."

117 '嘗'이 原錄에는 '當'으로 되어 있다. 【郭在貽】 '當餐飯'은 말이 안 되므로, '當'은 '嘗' 즉 '嚐'으로 읽어야 한다. '當'과 '嘗'이 모두 '尙' 소리를 따르므로 서로 빌려 쓸 수 있다. 【校注】 P.3730의 뒷면 문서: "한 잔 술과 저민 고기도 시간이 길어지면 맛볼 수 없다(盞酒臠(臠)肉, 時長不當)." 「韓朋賦」: "왕께서 먹을 것이 있어도 저는 맛보지 않겠습니다(王若有食, 妾亦不嘗)." '嘗'자가 原卷에는 속자인 '甞'으로 되어 있고, 甲卷에는 음을 빌린 글자인 '常'으로 되어 있다. 두 예를 보면, '當'이 '嘗'자를 잘못 쓴 것임을 알 수 있다. '嘗'은 '먹다'이다.

118 【徐震堮】 '通'은 '違'가 되어야 할 듯하다. 【校注】 原卷의 '通'자가 분명하므로 틀린 것으로 보긴 힘들다. 이 구는 오자서가 길에 오르려는 심정을 다른 사람이 이해하기 힘듦을 말하는 것으로 볼 수 있다. '通'은 '通達'의 의미이다.

119 '蹲'이 原錄에는 '跧'으로 되어 있어 '蹲'으로 고쳤으며, '跧'은 '蹲'의 속자이다. 『龍龕

坐喫飯. 三口便卽停餐, 媿賀[120]女人, 卽欲進發. 更蒙女子勸諫, 盡足食之. 慚愧彌深, 乃論心事. 子胥答曰:

자서가 가던 길을 계속 가려하자 여자는 다시 한 번 간절하게 잡았다. 자기 심사를 다른 사람이 알기란 참으로 힘든 것이라 결국 물가에 몸을 웅크리고 앉아 밥을 먹었다. 세 번의 숟갈질에 식사를 마치고서 여자에게 감사의 말을 하고 다시 출발하려 하였다. 여인이 남은 밥까지 다 먹도록 재차 권하였다. 부끄러운 나머지 이윽고 심사를 말하게 되었다. 자서의 말은 이러했다.

"下官身是仵子胥, 避楚逃逝入南吳,
慮恐平王相捕逐, 爲此星夜涉窮途.
蒙賜一餐堪充飽, 未審將何得相報!
身輕體健目精明, 卽欲取別登長道.[121]
僕是棄背帝鄉[122]賓, 今被平王見尋討.
恩澤不用語人知, 幸願娘子知懷抱."
子胥語已向前行, 女子號咷發哭聲[123]:

手鏡』: "'踳'은 속자이고 '蹲'이 정자이다. 음은 '存'이며 웅크리고 앉는 모습이다." 이 글자는 '存'으로 줄여 쓰는 경우가 흔하다.

120 原錄에서는 '賀'를 '荷'로 고쳤다. '媿賀'와 '媿荷'는 같은 단어를 다르게 쓴 것으로, 모두 '감사하다'의 의미이다. 『方言』 권7: "賀는 儋(메다)이다. 관중 서쪽의 隴과 冀 지역부터는 '賀'라 한다. 나귀, 말, 노새, 낙타로 물건을 싣는 것을 '負佗'라 하기도 하고 '賀'라 하기도 한다(賀, 儋也, 自關而西, 隴冀以往謂之賀, 凡以驢馬馲駝載物者謂之負佗, 亦謂之賀)." 錢繹 『箋疏』: "'賀'는 '荷'로 통하며 '何'라고도 한다. 賀, 荷, 何는 글자는 다르나 소리와 뜻이 같다(賀, 通作荷, 亦作何. 賀、荷、何字異, 聲義並同)." 바로 아래의 '慚愧彌深(깊이 감사해하다)'에서 '慚愧'와 한 글자씩 나누어 쓴 '慚', '愧', 그리고 '媿' 등이 모두 감사하다의 의미이다. 자세한 내용은 『通釋』을 참고.

121 '道'가 原錄에는 '路'로 되어 있다. 【徐震堮】 앞뒤 운으로 볼 때, '路'는 '道'가 되어야 한다. 【校注】 徐震堮의 의견이 옳다. 이곳의 '路(道)'자는 '飽', '報', '討', '抱'와 압운을 이루므로 여기서는 옳게 고쳤다.

122 【項楚】 帝鄉: 수도. 여기서는 초나라의 수도를 말한다.

123 原卷에는 '發聲哭'으로 되어 있다. 【徐震堮】 '聲哭'은 '哭聲'이 되어야 할 것이다. 【校

"旅客惸惸實可念, 以死匍匐乃[124]貪生?
食我一餐由(猶)未足, 婦人不愜丈夫情.
君雖貴重相辭謝, 兒意慚君亦不輕."
語已含啼而拭淚 : "君子容儀頓顦顇.
儻若在後被追收, 必道女子相帶累.
三十不與丈夫言,[125] 與母同居住鄰里.
嬌愛容光在目前, 列(烈)女忠貞浪虛棄."
喚言 "伍相物(勿)懷擬(疑)",[126] 遂卽抱石投河死.
子胥迴頭耿長[127]望, 憐[128]念女子懷惆悵,

注】徐震堮의 주장이 옳으므로 이에 근거해 고쳤다.

124 【項楚】'乃'는 '寧'이 되어야 하며, '寧貪生'은 '豈貪生'이라 말하는 것과 같다. '乃'와 '寧'은 통용되는데, 예를 들어 「醜女緣起」의 "차라리 부귀를 바라지 않을지언정 네게 관직을 빌지는 않는다(乃可不要富貴, 亦不藉你官職)"에서 '乃可'는 '寧可'이다. 【校注】'乃'에 '寧'의 의미가 있으므로 굳이 바꾸지 않는다. 『北史』 「魏濟陰王小新成傳」 : "차라리 죽어 악귀가 될지언정 逆臣은 될 수 없다(乃可死作惡鬼, 不能爲叛臣)"가 그 예이다. 자세한 것은 王引之 『經傳釋詞』 권6 및 『通釋』 참고.

125 이 구가 『敦煌變文彙錄』에는 '世不與共丈夫言'으로 되어 있으며, 劉堅은 이에 근거하여 '世不'은 곧 '誓不'이며, 原錄에서 "먼저 '世'를 '卅'로 잘못 썼다가 다시 삼십으로 잘못 쓴 것 같다"고 했다. 項楚는 『吳越春秋』와 『越絶書』 등에 근거하여 '三十'이 틀리지 않다고 보았다. "『彙錄』은 '世'가 곧 '卅'(三十)임을 모른 채, 원래 구에 한 글자가 빠져 있어 의미에 따라 '共'자를 더하여 자수를 맞췄다고 했으나, 이는 신빙성이 떨어지는 주장이다." 사실 '三十' 혹은 '世'가 原卷에는 '三十'의 합자(이 글자는 반드시 두 음절로 읽어야지, 'sa'로 읽고서 나머지를 유추해서는 안 된다)인 '卅'으로 쓰여 있다. 돈황사본에서 二十, 三十, 四十은 대부분 합자로 씌어 있는데 주된 모양은 '廿卅卌', '廿丗卌', '廿卅卌'이며, 이 중 첫 번째가 가장 흔하다. '三十'이 '丗'으로 쓰이기도 하나 '世'와 모양이 비슷할 뿐 실제로 '世'자는 아니다. 原錄에서는 대부분 합자를 나누어 썼기 때문에 종종 문제가 생긴다. 또 『彙錄』에서 '與'를 '與共'으로 쓴 것은 주관적으로 글자수를 맞춘 것이 아니라, 원본을 베껴 쓸 때 글자를 바꾸는 규칙을 몰라서 잘못 쓴 것이다. 原卷에서는 '共'자 바로 우측에 작은 글자로 '与'라고 씌어 있다. 이는 옆 글자를 正文으로 고친다는 것, 즉 '共'자는 없애고 '與'자로 고쳐야 함을 의미한다.

126 丁卷 P.2794는 이 구부터 시작한다.

127 '耿'이 原卷에는 '聊'로 되어 있다. 【原校】丁卷에는 '聊'가 '耿'으로 되어 있다. 【潘重規】丁卷에는 '聊長'이 '耿相'으로 되어 있다. 【校注】'耿'의 의미가 나으므로, 여기서는 丁卷에 근거해 '聊'를 '耿'으로 바꾸었다.

遙見抱石透河亡,[129] 不覺失聲稱“冤枉”.
無端潁水滅人蹤, 落淚悲嗟倍悽愴 :
“儻若在後得高遷, 唯贈百金相殯葬!”
“저는 바로 오자서로,
초를 피해 남쪽 오 땅으로 도망가는 길입니다.
평왕에게 잡힐까 두려워
한밤중에 험한 길을 걸었습니다.
한 끼 식사 대접으로 이렇게 배불렀으니,
장차 어떻게 은혜를 갚아야 할지 모르겠습니다.
몸도 가볍고 힘도 생기고 눈도 밝아졌으니,
이제는 인사를 드리고 긴 길에 다시 오르려 합니다.

128 ‘憐’이 原卷에는 ‘令’으로 되어 있고, 丁卷에는 ‘懸’으로 되어 있다. 『龍龕手鏡』: “‘令’이 통용자에 속자이고, ‘憐’이 정자이다. 음은 ‘蓮’이며, 슬픔, 아낌, 사랑함, 그리워함의 의미이다.” 여기서는 정자로 고쳤다.

129 原錄에서는 ‘透’를 ‘投’로 고쳤다. [徐震堮] ‘透’자는 굳이 고칠 필요가 없으며, 당대에 본래 이 말이 있었다. [蔣禮鴻] ‘透’는 곧 ‘跳’이다. 『玉篇』과 『廣韻』에서 모두 “透는 跳이다”라고 했다. …… 교정자는 현재 통행하는 ‘透’자의 뒤쪽 뜻 하나만 기억하고는, ‘透’에 ‘跳’의 의미가 있는 건 잊고서 주관적으로 ‘投’로 고친 것이다. [校注] ‘投’자는 억지로 고친 것은 아니나 그렇다고 굳이 고칠 필요도 없다. 위쪽에서 ‘遂卽抱石投河死’라고 하여 原校에서는 이에 근거해 고친 것이다. ‘透’와 ‘投’는 모두 ‘跳’의 의미가 있으며, 이곳의 ‘投河’는 ‘跳河’의 의미가 된다. 또 『搜神後記』 권2의 “고리의 집에는 귀신이 있다. 큰소리로 꾸짖는 말을 하고 안팎으로 뛰어다니며 사람의 모습을 보이지 않는다(高悝家有鬼怪, 言語呵叱, 投擲內外, 不見人形)”에서 ‘投擲’은 ‘跳躍’의 의미이다. 李亞明, 「說‘透’與‘投’」(1982년 수고본): “‘投’에는 ‘跳’의 의미도 있으며, ‘投’와 ‘透’의 음이 비슷하므로 ‘跳’의 의미로 쓰일 때는 호환이 가능하다.” 『太平廣記』 권8 張道陵 편(「神仙傳」에서 인용): “조승은 마음이 정직하여 나무 위로 뛰어 오르면서 넘어지지 않을 수 있었다. 지금 나도 뛰어보고자 하니 마땅히 큰 복숭아를 얻을 수 있으리라. …… 장도릉은 공중에 몸을 던졌으나 복숭아나무 위로 떨어지지 않고 결국 사라지고 말았다. ……‘스승은 곧 아버지인데, 스스로 깊이를 알 수 없는 절벽으로 몸을 던지셨으니 어찌 나라고 편안히 있겠는가!’라고 하고는 함께 몸을 아래로 던졌다(趙昇心自正, 能投樹上, 足不蹉跌. 吾今欲自投下, 當應得太桃也. …… 陵遂投空, 不落桃上, 失陵所在. ……‘師則父也, 自投於不測之崖, 吾何以自安!’ 乃俱投身而下).”

저는 초나라를 버린 사람이라,
지금 평왕에게 쫓기고 있는 것입니다.
다른 사람에게는 알리지 마시고,
낭자께서는 부디 제 뜻을 알아주십시오."
자서가 말을 마치고 앞길을 가자,
여인이 큰 소리로 통곡하네.
'나그네의 외로운 모습 너무나 가련해
죽을 각오로 도우면서 어찌 살 길을 바라리까?
제가 드린 밥 한 번으로는 부족할 터이니,
여자가 장부의 정을 만족시키지 못한 것입니다.
당신께서는 귀중히 여기시며 감사한다고 말씀하셨지만,
당신께 감사드리는 저의 마음 역시 가볍지 않습니다.'
탄식을 마친 후 울음을 머금고 눈물을 닦았다.
'당신의 모습이 갑자기 근심에 찬 듯합니다.
만약 이후에 잡히신다면,
분명히 여자 때문이라 말씀하시겠지요.
나이 서른에 남정네와 한 번 말해 본 적 없이
어머니와 함께 이곳 마을에 살고 있습니다.
아리땁고 사랑스런 얼굴빛 당신 앞에 보여
열녀의 정절을 헛되이 버렸습니다.'
'오상(伍相)께서는 이제 의심하지 않으셔도 됩니다' 하고는[130]
돌을 안고 강물에 몸을 던져 죽는구나.
자서가 머리를 돌려 문득 멀리 바라보니
어여쁘고 그리운 여인이 슬픔을 가득 품었네.
돌을 안고 물에 뛰어드는 모습 멀리 보고서

130 【譯注】 이 구부터가 丁卷의 시작이다.

자기도 모르게 소리 놓아 '원통하도다!' 통곡하누나.
끝없는 영수에는 그녀의 흔적 사라졌고,
슬픔에 흘리는 눈물이 처량함을 더하네.
"훗날 높은 지위에 올라선다면
기필코 백금을 주어 장사지내겠노라."[131]

子胥哭已,[132] 更復前[133]行. 風塵慘面,[134] 蓬塵暎天. 精神暴亂, 忽至深川. 水泉[135]無底, 岸闊[136]無邊. 登山[137]入谷, 遶澗尋源.[138] 龍蛇[139]

---

131 [項楚] 이 구는 백금을 영수의 혼에 던져 준다는 의미이다.

132 原錄에서는 '已' 아래에 '了'자를 넣었다. [原校] '了'는 丁卷에 근거하여 넣은 것이다. [校注] 원문이 4자로 짝을 맞추고 있으므로 '了'를 넣어선 안 된다. 여기서는 삭제했다.

133 사실 '前行'은 '向前'이 되어야 할 듯 하며, 아래에 '悲歌已了, 更復向前' 구가 이와 흡사하다. '前'은 아래의 '天, 川, 邊, 源, 前, 弦, 泉, 眠' 등의 글자와 압운을 이룬다.

134 [項楚] '慘'은 '黲'이 되어야 하며, '風塵慘面'은 먼지로 얼굴이 검게 되었다는 의미이다. [劉凱鳴] '慘面'은 해석이 안 된다. '慘'은 아마 '糝'과 모양이 비슷해서 잘못 썼을 것이다. '糝'에는 '흩뿌리다'의 의미가 있다. 또 '塵'은 '蓬塵'의 '塵'과 쓸데없이 중복되므로 '砂'자가 나을 것이다. [校注] '慘'은 틀리지 않다. 『列子』「楊朱」: "옛날 어떤 사람이 융숙이라는 콩과 감시 줄기와 근평자라는 풀을 좋아하여 마을의 부호에게 맛이 좋다고 말했다. 부호가 그것을 가져다가 맛을 보니 입에서 마치 찌르는 듯 하고 뱃속이 아파 견딜 수가 없었다(昔人有美戎菽、甘枲莖、芹萍子者, 對鄉豪稱之. 鄉豪取而嘗之, 螫於口, 慘於腹)."

135 '泉'은 '淵'의 피휘자로 보아야 한다. '淵'에 '深'의 의미가 있으므로, 아래 구의 '闊'과 대비가 될 수 있다.

136 '闊'이 丁卷에는 '闊'로 되어 있다.

137 '登山'이 丁卷에는 '登埈'으로 되어 있는데, 丁卷 역시 틀리지 않다. 『抱樸子』「內篇」'暢玄': "높은 곳에 올라 멀리 바라보며 온갖 근심을 잊다(登峻則望遠以忘百憂)."

138 尋: 따라(沿). 『齊民要術』「種薑」: "밭두둑을 따라 생강을 심되, 한 척에 한 뿌리씩이다.(尋隴下薑, 一尺一科)." 柳宗元, 「鈷鉧潭西小丘記」: "서산에 이른 후 여드렛날, 산 입구를 따라 서북쪽으로 2백 걸음을 가니 고무담에 이르렀다(得西山後八日, 尋山口西北道二百步, 又得鈷鉧潭)." 이 예들에서 '尋'은 모두 '沿'의 의미이다. 그리고 S.778「王梵志詩集序」: "한번 쭉 훑어보고 재삼 생각하며 잊지 말라(一遍略尋, 三思無忘)"에서 '尋'은 위에서 아래로 읽는 모습으로 역시 '沿'의 의미이다. 본문의 '尋聲訪覓(소리 나는 곳을 따라 찾아보다)' 역시 마찬가지이다.

139 '蛇'가 原錄에는 '虵'로 되어 있다. 『玉篇』: "'虵'는 정자가 '蛇'이다." 여기서는 정자로 고쳤다.

塞路, 拔劍還前. 虎狼滿道, 遂卽張弦. 餓乃蘆中餐草, 渴飮巖下流泉. 丈夫爲讎發憤,[140] 將死由(猶)如睡眠.

자서는 곡을 마치고 다시 길을 재촉하였다. 풍진은 얼굴을 상하게 하고 바람에 날린 먼지는 하늘을 가렸다. 정신이 피폐하고 어지러운 사이 문득 깊은 시냇가에 이르렀다. 물은 깊어 바닥이 보이지 않았고 물가 언덕은 끝없이 멀었다. 산에 올라 골짜기에 들어 계곡을 둘러 물줄기를 따라갔다. 용과 뱀이 길을 막으면 칼을 뽑아 앞을 헤쳤고, 호랑이와 이리가 길에 가득하면 즉시 활을 당겼다. 배고프면 갈대숲에서 풀을 뜯어 먹고, 목마르면 바위 아래로 흐르는 물을 마셨다. 대장부가 복수를 위해 결심했으니, 죽음이란 잠을 자는 것이나 마찬가지라 생각되었다.

川中忽遇一家, 遂卽叩門乞食. 有一婦人出應, 遠蔭[141]弟[142]聲, 遙知是弟子胥,[143] 切語相思慰問,[144] 子胥減(緘)[145]口不言. 知弟渴乏多時, 遂取葫蘆盛飯, 幷將苦、苣爲薺(齏).[146] 子胥賢士,[147] 逆知阿姊之情,

---

140 '憤'이 丁卷에는 '分'으로 되어 있는데, 이는 '忿'의 생략형이다.

141 '蔭'은 丁卷에도 그대로 쓰여 있다. '蔭'자를 『廣韻』에서는 於禁 반절이라 했다. 따라서 이는 '飮'의 동음가차자로 보인다. 『集韻』: "소리를 헤아리는 것을 '飮'이라 하기도 한다(飮, 一曰度聲曰飮)." 『正字通』 '食部': "악률에는 聲飮이 있는데, 소리를 서로 바꾸었다가 합하는 것이다(樂律有聲飮, 以聲相轉而合也)." 그리고 '飮'에는 '受'의 의미도 있다. "눈물을 머금고 소리를 삼키다(飮泣呑聲)"가 그 예이다. 따라서 위의 '遠蔭弟聲'은 '遠飮弟聲'으로 보면 되며, 이때 '飮'은 '듣다'의 의미이다.

142 原錄에서는 '弟' 아래에 '語'자를 넣었다. [原校] 丁卷에 근거하여 '語'를 넣었다. [校注] 넣지 않아도 뜻이 통하므로 여기서는 삭제했다.

143 丁卷에는 '子胥'라는 두 글자가 없다.

144 丁卷에는 '切語相思'가 없고 '慰問'아래에 '父兄被煞'의 네 글자가 있다. 또 丁卷에는 아래의 '知弟渴乏多時' 구 아래에 '切語相思慰問' 구가 있다.

145 原錄에는 '緘'으로 되어 있다. 原卷과 丁卷이 모두 '減'으로 되어 있는데, 이는 '緘'과 통한다.

146 丁卷에도 '薺'로 되어 있다. [徐震堮] '薺'는 '虀'가 되어야 한다. [校注] '薺'는 '虀'(속자, 정자는 齏)를 간략히 쓴 것이다. 아래의 '虀'자도 丁卷에는 역시 간략하게 쓴 '薺'로 되어 있다. 『禮記正義』 권22: "밥과 무침으로 봄을 대하고(注: 밥은 따뜻해야 한다), 죽과 무침으로 여름을 대하고(注: 죽은 뜨거워야 한다), 젓갈과 무침으로 가을을 대

審細[148]思量, 解[149]而言曰:"葫[150]蘆盛飯者, 內苦外甘也; 苦、苣爲虀者, 以苦和苦也. 義合遣我速去速去,[151] 不可久停." 便卽辭去.[152] 姊問弟曰[153]:"今乃進發, 欲投何處?" 子胥答曰:"欲投越國. 父兄被殺, 不可不讎."[154] 阿姊[155]抱得弟頭, 哽咽聲嘶, 不敢大哭. 歎言:"痛哉! 苦哉!" 自撲搥凶(胸)[156]:"共弟前身何罪, 受此孤恓!

하고(注: 젓갈은 시원해야 한다), 음료와 무침으로 겨울을 대하다(注: 마실 것은 차가워야 한다)(凡食齊視春時(注: 飯宜溫也), 羹齊視夏時(注: 羹宜熱也), 醬齊視秋時(注: 醬宜凉也), 飮齊視冬時(注: 飮宜寒也))."『周禮注疏』 권6의 "무릇 제사는, …… 다섯 가지 무침과 일곱 가지 젓갈과 일곱 가지 절임과 세 가지 고기 조림으로 채운다(凡祭祀, …… 以五齊七醢七菹三臡實之)"에 대한 주석은 이렇다. "齊는 虀로 읽어야 한다. 식초와 장으로 섞은 것을 잘게 썰어 虀를 만든다(齊當讀虀. 凡醯醬所和, 細切爲虀)." [劉凱鳴] 苦와 苣는 두 가지 재료가 된다. 그렇지 않으면 '和'자가 없어진 것이다.

147 丁卷에는 이 구 앞에 "동생에게 먹으라고 주었는데, 그 마음은 속히 떠나라는 의미였다(與弟食之, 心由(猶)速去)"라는 여덟 글자가 있다.

148 丁卷에는 '審細'가 '內自'로 되어 있다.

149 丁卷에는 '解' 위에 '便卽'이라는 두 글자가 있다.

150 '胡'인데, 原錄에서는 丁卷을 따로 '葫'라 하였다.

151 丁卷에서는 '速去'를 한 번만 썼다.

152 丁卷에는 '便辭姊去'로 되어 있다.

153 丁卷에는 '姊問小弟'로 되어 있으며, '曰'이 없다.

154 丁卷에는 '不可不讎'가 '可不還讎'로 되어 있다.

155 '姊'가 原錄에는 '妹'로 되어 있으나, 사실 原卷과 丁卷에는 '姊'의 속자인 '姉'로 되어 있다. 이 작품의 각 권이 모두 마찬가지이며, 다른 두루마리도 대부분 이 모양을 쓰고 있다. 『龍龕手鏡』:"姉는 咨死 반절로서, 누나이다." 또 일본어에서는 '姊'를 여전히 '姉'로 쓰는데, 唐代의 필법과 같다.

156 [原校] '自撲搥凶' 네 글자가 원래는 '自摸塊搥'로 되어 있는데, 丁卷에 근거하여 고쳤다. [校注] 사실 原卷에는 '自摸魂搥'로 되어 있다. 여기서 '摸'은 '撲'을 잘못 쓴 것이고 丁卷의 '撲'은 속체를 쓴 것이다. '魂'은 '渾'과 통하며 '온몸'의 의미이다. 따라서 原卷의 '自摸塊(渾)搥'는 굳이 고칠 필요가 없다. [通釋] '渾搥自撲'과 '自撲魂搥'는 온몸을 치며 땅으로 몸을 던진다는 의미로서, 이때 '渾'은 '渾身'의 '渾'이다. ……『經律異相』 제7권 音義:"撲은 龐邈 반절이며 '搏'이다. 이는 높이 들었다가 땅에 내던지는 것이다(自撲, 龐邈反, 搏也, 高擧投於地也)." [陳治文] '搥'는 '䭔(堆)'이고 해석은 '身'으로 되어, '渾堆自撲'과 '擧身自撲'이 '온몸을 스스로 거꾸러뜨린다'는 의미가 된다. [袁澤仁] '渾搥自撲'(혹은 '自撲渾搥')은 "자기 손으로 온몸을 치다"라고 풀이해야 한다. [校注] 진치문은 옳지 않고 통석과 원택인의 주장은 어느 정도 일리가 있다. '自撲'에는 '스스로 땅에 몸을 던지다'라는 의미도 있고 '스스로 몸을 치다'라는 의미도 있다. 舊題가 姚秦 삼장법사로 되어 있는 鳩摩羅什 번역의 「佛說父母恩重難報經」:

그러다가 냇가에서 문득 한 집과 마주쳐 즉시 문을 두드려 걸식하였다. 한 부인이 나와 맞이하였다. 멀리서 동생의 목소리를 듣고도 동생 자서인지를 알 수 있었던 것이다. 그리운 마음에 간절하게 말하며 위로해도 자서는 입을 다문 채 아무 말도 하지 않았다. 동생이 오랫동안 목마르고 배고팠음을 알고 조롱박에 밥을 담아 씀바귀와 상추로 버무린 무침을 함께 가져왔다. 자서는 현명한 사람이라 누님의 마음을 알아차렸다. 한참을 생각하더니 그 뜻을 풀어 속으로 되뇌었다. "조롱박에 밥을 담은 것은 속은 쓰지만 밖은 달다는 것이고, 씀바귀와 상추 무침은 쓴 것에 쓴 것을 섞은 것이다. 이는 속히 떠나라는 의미이니, 오래 머물러서는 안 되겠구나." 이윽고 인사를 올리고 가려하자 누나가 동생에게 물었다. "지금 떠나면 어느 곳으로 가려느냐?" 자서가 답하였다. "월나라로 갈 것입니다. 아버님과 형님이 죽임을 당했으니 원수를 갚지 않을 수 없습니다." 누나는 동생의 머리를 감싸 안고 목메어 울 뿐 감히 큰 소리로 통곡할 수도 없었다. "원통하구나! 원통하구나!" 탄식하며 자기 가슴을 쳤다. "너와 나는 전생에 무슨 죄가 있어 이렇게 따로 떨어져 고생을 한단 말이냐!

曠大劫[157]來自何罪, 如今孤負阿耶孃.[158]

"몸을 들어 땅에 던져 스스로 가슴을 치자 몸의 모든 털구멍에서 피가 흘러나와 고통스러워하다가 기절하여 땅에 쓰러지더니 한참 후에야 깨어났다.(擧身投地, 搥胸自撲, 身毛孔中, 悉皆流血, 悶絶躃地, 良久乃蘇)." 이 예에서 '自撲'은 앞 구에 이미 '몸을 들어 땅에 던진다는' 말이 있으므로 또 다시 몸을 땅에 던진다는 의미로 보면 안 되며, '搥胸'과 같은 의미의 말을 이은 것으로 보아야 할 것이다. 본 작품의 原卷과 丁卷의 두 예는 모두 이런 관점으로 보아야 한다.

157 [項楚] '大'는 '代'가 되어야 한다. 음이 같아서 잘못 쓴 것이다. '廣大劫'은 무수한 세월, 까마득함을 말한다. [校注] '劫'은 범어의 음역으로 '오랜 시간'의 의미이고 '大劫'은 '中劫'과 '小劫'과 대비되어 말해지며, 『菩薩瓔珞本業經』 下에서 "비유하자면 1리 2리 더 나아가 10리의 돌을 3수의 무게가 나가는 천의를 가지고 인간세상의 햇수로 3년에 1번씩 털어 이 돌이 다하면 이를 1소겁이라 한다. …… 또 3수의 무게가 나가는 정거천의 옷을 가지고 정거천의 햇수로 3년에 한번씩 털어 이 돌이 다하면 이를 1大阿僧祇劫

雖得人身有富貴, 父南子北各分張.[159]

忽憶父兄行坐哭,[160] 令兒寸寸斷肝腸.

不知弟今何處去, 遣吾獨自受恓惶.[161]

我今更[162]無眷戀處, 恨不將身自滅亡!"

子胥別姊[163]稱 "好住![164] 不須啼哭淚千行.

父兄枉被荊[165]誅戮, 心中寫火劇[166]煎湯.

丈夫今無天日分, 雄心結怨苦蒼蒼.[167]

이라 한다(譬如一里二里乃至十里石, 以天衣重三銖, 人中日月歲數三年一拂, 此石乃盡, 名一小劫. …… 又八百里石, 以淨居天衣重三銖, 淨居天日月歲數三年一拂, 此石乃盡, 名一大阿僧祇劫)"라고 한 것을 보면, 위의 '大'자는 틀리지 않다.

158 이상의 두 구가 丁卷에는 없다. '耶'자는 原卷에 쓰인 그대로이고, 原錄에는 '爺'로 되어 있다. '爺孃'은 '耶孃'으로 쓰이는 경우가 많으므로 굳이 고칠 필요가 없다. 『古文苑』 권9 「木蘭詩」: "군대 문서 12권에 매 권마다 아버지의 이름이 있네(軍書十二卷, 卷卷有耶名)"에 대한 주석:"지금은 '爺'로 쓰며, 아버지를 속칭 '爺'라 부른다." 여기서는 原卷에 근거하여 고쳤다.

159 分張 : 헤어지다, 나뉘다. 鍾會, 「檄蜀文」: "파촉의 한 주 사람들이 나뉘어 수비를 하다(而巴蜀一州之衆, 分張守備)." 자세한 것은 『通釋』 참고.

160 [原校] 丁卷에는 '哭'이 '處'로 되어 있다.

161 '遣'을 原錄에서는 '遺'로 썼다. [潘重規] 丁卷에는 '遺'가 '遣'으로 되어 있다. [校注] 潘重規의 말이 맞으며, 사실 原卷에도 '遣'으로 되어 있다. 여기서는 옳게 고쳤다. 또 '受恓惶'이 丁卷에는 '乃傍惶'으로 되어 있다.

162 '更'이 丁卷에는 '身'으로 되어 있나.

163 '別姊'가 丁卷에는 불경 용어인 '說偈'로 되어 있는데, 이는 의미상 맞지 않는다.

164 好住 : '보중하다'의 의미로, 헤어질 때 쓰는 말이다. 『太平廣記』 권445, 裴鉶 傳奇 「孫恪」: "각에게 말하기를, '건강하십시오! 건강하십시오! 저는 이제 떠나야겠습니다!'(語恪曰 : 好住, 好住, 吾當永訣矣)."

165 '荊'이 原錄에는 '刑'으로 되어 있다. [原校] 丁卷에는 '刑'이 '楚'로 되어 있다. [校注] 丁卷에 근거할 때 '刑'이 초나라를 가리키는 '荊'이 되어야 함을 알 수 있으며, 여기서는 이에 따라 고쳤다.

166 丁卷에는 '劇'이 없다. 寫火 : 걱정이 불처럼 타올라 고통스러움을 비유한다. 『爾雅』 「釋詁上」: "寫는 憂이다." 郝懿行의 『義疏』에서 馬瑞辰의 말을 인용한 부분 : "『管子』 「白心篇」에서 '臥名利者寫生爲'라 하였는데, 여기서 '寫'는 '憂'로 풀이해야 한다. 이 말은 명예와 이익에 푹 빠진 자는 위험하므로 근심이 생김을 말한다.

167 '苦'가 丁卷에는 '哭'으로 되어 있다. '蒼蒼'은 丁卷에는 이렇게 되어 있으나 原卷에는 '倉倉'으로 되어 있다.

儻逢天道開通日, 誓願活捉楚平王.
剜心并臠割,[168] 九族總須亡.
若其不如此, 誓願不還鄉!”
지난 억겁의 세월에 무슨 죄가 있었기에
지금에 와서 부모님의 은혜를 저버린단 말이냐.
몸은 비록 부귀를 얻었다 해도
아버지는 남쪽, 자식은 북쪽으로 헤어지고 말았으니.
감옥에 앉아 통곡하셨을 아버지와 오라버니 모습 생각하니,
이내 간장이 마디마디 끊어진다.
동생은 지금 어느 곳으로 갈지 모르고,
나는 홀로 남아 괴로움과 두려움에 떨겠지.
이제 다시 돌보고 사랑할 곳이 없어지니
스스로 목숨 끊지 못하는 것이 한스러울 뿐!”
자서가 누님과 헤어지며 말하기를 “건강하셔야 합니다.
천 가닥 눈물 줄기 더는 흘리지 마세요.
아버지와 형님이 억울하게 초나라에 주륙을 당하시어
제 속은 분노로 활활 타오릅니다.
지금 대장부가 하늘의 해를 볼 겨를도 없으니[169]
원한 맺힌 사나이 마음은 쓰라리고 아픕니다.
천도가 훤히 열리는 날을 만난다면
맹세코 초 평왕을 사로잡을 것입니다.
심장을 도려내고 살을 저미고
구족을 멸하겠습니다.

168 ‘剜’이 原錄에는 ‘捥’으로 되어 있다. 이 글자는 ‘剜’의 속자라서 바로 고쳤다. 또 ‘臠’자가 原錄에는 ‘戀’으로 적고서 ‘臠’으로 교기하였다. 여기서는 丁卷에 근거하여 ‘臠’으로 고쳤다.

169 [項楚] 추적을 피해 몰래 도망을 다니기 때문에 얼굴을 마음대로 드러낼 수 없다는 의미이다.

이렇게 하지 못하면
고향으로 돌아가지 않겠습니다!"

作此語了, 逡即南行. 行得二十餘里, 遂乃眼瞤[170][耳熱, 遂即][171]畫地而卜, 占見外甥[172]來趁. 用水頭上攘(禳)[173]之, 將竹插於腰下; 又用木劇到(屐倒)[174]着, 并畫地戶天門. 遂即臥於蘆中, 呪而言曰: "捉我者殃, 趁我者亡, 急急如律令!"[175]

말을 마치고 곧 남쪽으로 향했다. 20여 리를 가니 눈꺼풀이 뛰고 귀가 뜨거워져 곧 땅을 그어 점을 치니 누나의 아들이 쫓아오는 모습이 보였다. 물을 머리 위에 뿌려 푸닥거리를 하고 대나무를 허리에 끼우고 나막신을 거꾸로 신은 다음, 천지의 문을 그리고 갈대 사이에 누워 주문을 외며 말하였다. "나를 잡는 자는 재앙을 받게 해주시고 나를 쫓는 자는 죽여주십시오. 비나이다, 비나이다."

子胥有兩個外甥—子安、子永,[176] [至家有[177]一人食處, 知是胥舅,

170 丁卷에는 '遂'자가 없다. 眼瞤 : 눈꺼풀이 뛰다. 『龍龕手鏡』: "瞤가 속자이고 瞤이 정자이다. 如匀 반절이며, 눈이 스스로 움직이는 모습이다."

171 [原校] '耳熱遂即' 네 글자는 丁卷에 근거하여 채워 넣었다.

172 '外甥'이 原卷에는 '外牲'으로, 丁卷에는 '甥甥'으로 되어 있다. 여기서 '牲'은 '甥'을 잘못 쓴 것으로 보이며, 아래의 '兩個外甥'에서 '外甥'이 原卷에는 '外甥'으로 되어 있다. '甥'자는 丁卷의 아래 구절 '乃見甥生'에도 보인다. 이들 속자는 위아래 글자를 이어서 비슷한 모양으로 만든 것이다.

173 丁卷에는 '上'자가 없으며, '攘'이 '穰'으로 되어 있다. [徐震堮] '攘'은 문맥상 '禳'이 되어야 한다. [校注] 돈황사본에서는 '禳'을 대부분 '攘' 혹은 '穰'으로 쓰는데, '穰'인 경우가 더욱 많다.

174 '到'를 原錄에서는 '倒'로 썼으나, 原卷과 丁卷 모두 '到'로 되어 있다. '到'는 '倒'와 통하기 때문에 굳이 고칠 필요가 없다. 그리고 丁卷에는 '用'자가 없다.

175 [項楚] '急急如律令'은 주문의 일종으로 귀신에게 명에 따라 급히 일을 처리해 달라고 부탁하는 말이다. '律令'은 본래 법령을 가리키는데 여기서는 주술사의 명령을 말한다.

176 이 구가 丁卷에는 '胥有兩個外甥, 名曰子安子永'으로 되어 있다.

177 [項楚] '有'자는 '見'자의 잘못으로 보아야 한다. [校注] 丁卷의 '有'는 틀리지 않은 듯

不顧母之孔懷,[178] 逡卽生惡意奔逐[179]: "我若見楚帝取賞, 必得高遷. 逆賊今旣至門, 何因不捉?" 行可十里, 逡卽息於道傍. 子永][180]少解陰陽, 逡卽畫[181]地而卜: "占見阿舅頭上有水, 定落河旁; 腰[182]間有竹, 塚墓城(成)荒; 木劇(屐)[183]到(倒)着, 不進傍徨. 若着此卦, 必定身亡. 不假[184]尋覓, 廢我還鄕." 子胥屈節看文, 乃見外甥不[185]趁, 逡卽奔走,[186] 星夜不停.

자서는 자안(子安)과 자영(子永)이라는 두 외종질이 있는데, 집에 왔을 때 밥을 먹고 있던 사람이 자서 삼촌인 것을 알고서 어머니의 형제임은 생각지도 않고 악심을 품고 쫓아온 것이었다. "우리가 초나라 황제를 뵈면 상도 타고 높은 자리에도 분명 오를 수 있을 것이다. 역적이 지금 문 앞까지 이른 마당에 잡지 않을 이유가 있겠는가?" 이윽고 10리를 가서는

하므로 그대로 둔다.

178 【譯注】 孔懷: 『詩』 「小雅」 '常棣'의 "상을 당해 두려울 때, 형제만을 깊이 생각하며(死喪之威, 兄弟孔懷)"에서 나온 말로 본래는 '대단히 그리워하다'의 의미이나 나중에 '형제'를 대칭하는 말로 쓰이게 되었다.

179 '逐'을 原錄에서는 '逡'로 써서 '逐'으로 고쳤다. 모양이 비슷해서 실수한 듯하다. 여기서는 옳게 고쳤다.

180 【原校】 '至家'부터 '子永'까지 총 57자는 丁卷을 보고 보충하였다. 【校注】 총 56자이다.

181 '畫'가 丁卷에는 음차자인 '獲'으로 되어 있다. 투르판 출토문서에서 흔히 보이는 구절 '獲指爲信'의 '獲' 역시 '畫'의 가차자이다.

182 '腰'가 丁卷에는 이 글자의 옛글자인 '要'로 쓰여 있다.

183 '劇'이 '屐'과 마찬가지로 奇逆 반절이므로 동음통가자로 쓰인 것이다. 이보다 앞서 나온 예는 原錄에서 '屐'으로 교기했다.

184 '不假'가 原錄에는 '不復'으로 되어 있다. 【蔣紹愚】 '復'이 丙卷에는 '假'로, 丁卷에는 '復'으로 되어 있다. 【校注】 사실 丁卷에는 '假'로 되어 있으며, 다만 왼쪽이 '彳' 편방을 따르고 있을 뿐이다. 사실 돈황사본에는 '彳'와 '亻'이 호환되는 경우가 흔하다. '不假'는 '~할 필요가 없다'는 의미의 俗語詞이다. 「燕子賦(二)」: "큰 소리에는 원래 이치가 담겨 있지 않은 법이니 주둥이 가지고 떠들지 마라(高聲定無理, 不假觜頭喧)." 「降魔變文」: "천자께서는 오히려 三老를 섬기셨고 옛 사람들은 노인을 봉양하며 가르침을 구했으니, 쓸데없이 허망한 말을 하여 公府를 소란케 할 필요는 없지요(天子由(猶)事三老, 古者養老乞言, 不假妄構虛詞, 擾亂公府)."

185 '不'로 쓰인 것은 丁卷이다. 原卷에는 사실 '來'로 되어 있다.

186 丁卷에는 '奔走'가 '彼驟'로 되어 있다.

길옆에서 잠시 쉬다가 자영이 음양을 좀 알고 있어 땅에 그림을 그려 점을 쳐보았다. "점을 쳐보니 삼촌의 머리에 물이 있군요. 이는 분명 물가에 떨어졌다는 것이지요. 허리에 대나무를 차고 있다는 건 무덤이 황량하게 되었다는 것이고, 나막신을 거꾸로 신은 건 더 나아가지 못하고 방황한다는 것이고요. 이 괘가 들어맞는다면 필시 어디서 죽었을 것입니다. 더 이상 찾을 필요가 없을 듯하니 그만두고 집으로 돌아가지요." 자서는 몸을 웅크리고 점괘를 쳐서 조카들이 더 이상 쫓아오지 않음을 알고는 밤새도록 멈추지 않고 분주히 발걸음을 옮겼다.

川中又遇一家, 牆壁異常嚴麗, 孤莊獨立, 四迥無人,[187] 不耻八尺之軀, 遂卽叩門乞食.

강가에서 다시 어느 집에 이르렀다. 담장은 유난히 위엄이 있고도 아름다웠으며, 외로이 서있는 집 주변에는 사람 하나 보이지 않았다. 8척의 큰 몸도 부끄러워하지 않고 문을 두드려 먹을 것을 청했다.

> 子胥叩門從乞食, 其妻斂容而出應.
> 劃[188]見知是自家夫, 卽欲發言相識認.
> 婦人卓立[189]審思量, 不敢向前相附近.[190]
> 以禮設拜乃逢迎, 怨結[191]啼聲而借問[192]:

187 '迥'이 原錄에는 '逈'으로 되어 있다. 【蔣紹愚】 '逈'이 丙卷에는 '逈'으로 되어 있는데, 이는 '迴'를 잘못 쓴 것이다. 아래의 '逈眄故鄕'을 보면 알 수 있다. 【校注】 '逈'와 '逈'는 모두 '迥'의 속자이며, 이에 대해서는 앞에서 상세히 논했다. 蔣紹愚의 교기는 틀렸다.

188 劃 : 돌연. 『詩詞曲語辭匯釋』: "'劃'은 '忽', '突'과 같다." P.2976 「溫泉賦」: "천자의 수레가 갑자기 나오자 무장한 병사들을 몰아 가득 에워쌌다(鑾輿劃出, 驅甲仗而開闐)."

189 卓立 : 똑바로 서다. 丁卷에는 '卓'이 '貞'으로 되어 있는데, 모양이 비슷해서 잘못 쓴 듯하다.

190 附近 : '다가서다'의 의미로, 동사로 쓰였다. 「漢將王陵變」에 이런 예가 많이 있다.

191 '怨結'이 丁卷에는 '啥怨' 즉 '含怨(원망을 품고)'으로 쓰여 있다.

192 借問 : 묻다. 「孟姜女變文」: "강녀는 슬피 울며 앞으로 다가가 물었다(姜女悲啼, 向前

“妾家住在荒郊側, 四迥無鄰獨棲宿.[193]

君子從何至此間, 面帶愁容有飢色?

落草[194]獐狂似怯人, 屈節攢形[195]而乞食.

妾雖[196]禁閉在深閨, 與君影響[197]微相識.”

子胥報言娘子曰 :

“僕是楚人[198]充遠使, 涉歷山川歸故里.

在道失路乃迷昏,[199] 不覺行由[200]來至此.

鄉關迢遞海西頭,[201] 遙遙阻隔三江水.

適來專輒橫相忓,[202] 自側(測)[203]於身實造次.[204]

借問).”

193 이 구가 丁卷에는 ‘四過若鄰獨星息’으로 되어 있다. ‘過若’은 모두 틀린 글자이며, ‘星’은 ‘栖’의 차음자이다. ‘息’과 ‘宿’은 의미가 같으나, 앞뒤의 ‘側, 色, 食, 識’이 모두 ‘職’부로 운이 맞춰져 있다. ‘息’은 ‘職’부이고 ‘宿’은 ‘屋’부(『廣韻』에서만 이 운을 사용)에 속하므로, ‘栖息’이라 하는 것이 낫다.

194 ‘落草’가 丁卷에는 ‘落葦’로 되어 있으나, ‘葦’는 틀린 것으로 봐야 한다. 【劉凱鳴】 ‘落草’는 ‘磅礴’의 동음가차자이다. 【校注】 본문의 내용 중에 자서가 ‘在道失路乃迷昏’, ‘潛形茵草, 匿影蔾蘆. 狀似被趁野干’, ‘偷蹤竊道, 飲氣吞聲. 風吹草動, 卽便藏形’는 것이 사실 ‘草’와 관련되므로 ‘落草’는 ‘황량한 들판에서 길을 잃다’의 의미로 봐야 할 것이다.

195 ‘形’이 原錄에는 ‘刑’으로 되어 있다. 여기서는 丁卷에 근거하여 고쳤다. 돈황사본에서 ‘形’이 흔히 ‘刑’으로 쓰인다(‘刑’이 ‘形’으로 쓰인 경우는 적은 편이다).

196 ‘雖’가 丁卷에는 음차자인 ‘須’로 되어 있다.

197 ‘響’이 原錄에는 ‘嚮’으로, 丁卷에는 ‘向’으로 되어 있다. 돈황사본에서 ‘響’자의 아랫부분은 대부분 ‘向’으로 쓰여 있다. 따라서 ‘向’으로 줄여 쓸 수 있는 것이다. 影響 : ‘微’와 연용되어 ‘약간’, ‘마치 ~인 듯하다’ 등의 의미로 쓰인다.

198 ‘楚人’이 丁卷에는 ‘王人’으로 되어 있다.

199 ‘迷昏’이 丁卷에는 ‘昏迷(迷)’로 되어 있다.

200 【徐震堮】 ‘由’는 ‘遊’가 되어야 한다. 【校注】 ‘由’는 ‘行’의 의미로도 쓰이므로, 굳이 고칠 필요가 없다.

201 ‘迢遞’가 丁卷에는 ‘迢递’로 되어 있다. 두 단어는 같다. 『龍龕手鏡』 : “遞가 정자이다.” “递는 고자이고, 遞가 정자이다.” 海西頭 : 서쪽 먼 곳을 비유한다. 司空圖의 시 「力疾山下吳村看杏花」 : “광풍이 나의 마음 알아서 금방이라도 서쪽 멀리 불어주길 더욱 바라네(更願狂風知我意, 一時吹向海西頭).” 『吐魯番出土文書』 2책, 215쪽 : “만약 동쪽 멀리에서 구하고 서쪽 멀리까지 찾기를 율령처럼 급히 하려 한다면(若欲求海東頭, 覓海西辟(壁), 急急如律令).” 여기서 ‘海西辟’은 ‘海西頭’와 같은 의미이다.

貴人多望(忘)[205]錯相認, 不省[206]從來識娘子.
今欲進發往江東, 幸願存情[207]相指示."
자서가 문을 두드려 걸식을 하자
처가 얼굴을 가다듬고 나와 맞이하누나.
문득 보니 자기 남편이라
아는 체라도 하고 싶었지.
부인은 가만 서서 깊이 생각하더니
감히 가까이 다가서지 못하네.
극진한 예로 맞이하고서
원망스런 울음 섞어 물어보네.
"소첩은 이렇듯 황량하고 쓸쓸한 곳에서
이웃도 없이 혼자 살고 있습니다.
당신께서는 어디에서 이곳으로 왔기에
수심이 가득하고 주린 기색이 완연하신지요?
황량한 곳에서 길을 잃고 불안해하시며

---

202 專輒 : 경솔하게, 외람되이. '忓'은 '干'과 같다. 『玉篇』: "忓은 擾(폐를 끼치다)이다." 『龍龕手鏡』: "忓은 …… 古安 반절이기도 하며, 폐를 끼친다는 의미이다." 아래의 '娘子莫漫橫相干'에서는 '干'으로 되어 있으므로, '忓'이 곧 '干'임을 알 수 있다.

203 '側'은 '測'과 통한다. 『廣雅』「釋詁」: "側은 度(헤아리다)이다." 王念孫은 『疏證』에서 이를 '測'으로 바꾸면서 "測을 각 본에서 側으로 잘못 써서 지금 옳게 고친다"라고 했다. 사실 『廣雅』에서는 '側'을 '測'의 가차자로 본다. 따라서 '側'은 굳이 고칠 필요가 없다.

204 造次 : 유심히 살피지 않다, 경거망동하다. 자세한 내용은 『通釋』 참고. 丁卷에는 같은 단어인 '造此'로 되어 있다.

205 [徐震堮] '望'은 '忘'을 잘못 쓴 것으로 보인다. [校注] 두 글자는 가차의 예가 많다. 앞에 나온 '亦不敢忘(望)食'이 그렇다.

206 不省 : ~한 적이 없다. 이 의미는 '不記得(기억하지 못하다)'가 허사화된 것이다. 『通釋』의 해당 조목 참고.

207 [劉堅] '存'은 '承'이 되어야 한다. [項楚] '存'은 틀리지 않다. '存情'은 속어로서 '돌보다' 혹은 '특별히 보살피다'의 의미이다. 『太平廣記』 권368 「居延部落主」: "서로 상처주지 않기를 엎드려 신에게 바라다(伏乞存情於神, 不相殘毁)." [校注] 項楚의 의견이 맞다.

잔뜩 몸을 움츠려 먹을 것을 청하시니 말입니다.
소첩이 비록 깊은 규방에 갇혀 있지만
당신과는 안면이 좀 있는 듯합니다."
자서가 여자에게 답을 하니,
"저는 초나라 사람으로 멀리 사신을 나갔다가,
산과 강을 지나 고향으로 돌아가던 중이었습니다.
도중에 길을 잃고 헤매다가
어느새 이곳까지 이르게 되었지요.
고향의 관문은 아득한 서쪽 끝으로
세 강을 사이에 두고 멀리 떨어져 있습니다.
잠시 외람되게 폐만 끼쳤으니
아무래도 제가 너무 경거망동한 듯합니다.
귀인의 기억력이 좋지 않아 잘못 아신 것 같으니
지금까지 저는 낭자와 만난 적이 없습니다.
이제 저는 강동으로 가려고 하니,
부디 거절하지 마시고 가는 길을 가르쳐주십시오.

其妻遂作藥名[詩][208]問曰："妾是伍茄之婦細辛,[209] 早仕於梁,[210] 就禮未及當歸,[211] 使妾閑居獨活.[212] 蕎莨薑芥,[213] 澤瀉無鄰,[214] 仰嘆檳

208 [原校] '詩'자는 丁卷에 근거하여 넣었다.

209 '伍茄'는 '五加'가 되어야 하며, 약초 이름으로 '伍家'와 諧音이 된다. '細辛'은 약초 이름이다. [祝鴻傑·褚良才校(이하부터는 祝·褚로 간칭)] '細辛' 두 글자는 아래 구에 붙어야 한다. '細'는 '婿'와 '辛'은 '幸'과 해음이다. [校注] 옛날에는 아내를 '細君'이라 부르기도 했다. 위에서는 이를 '細辛'이라 해음한 것이므로 두 글자는 아래에 붙여 읽어선 안 된다. 『遊仙窟』: "소첩 세신에게 술을 따르게 하였습니다(遣小婢細辛酌酒)"에서는 세신을 여자의 이름으로 삼고 있다. 아래 구 '早仕於梁' 위에는 '蕩子'라는 두 글자가 생략되거나 빠져있는 듯한데, 이는 아래 운문부분에 나오는 '只緣蕩子事(仕)於梁' 구가 증명해준다. '於梁'은 사실 '餘糧'으로, 약초인 '禹餘糧'의 생략형이다.

210 '早仕於梁' 위에는 '蕩子' 두 글자가 생략된 듯하다. 아래에 나오는 '只緣蕩子事(仕)於梁' 구가 이를 말해준다. '於梁'에 해당하는 약초는 '餘糧'(禹餘糧)이 아닐까 한다.

榔,[215] 何時遠志![216] 近聞楚王無道,[217] 遂發豺狐[218]之心. 誅妾家破芒消,[219] 屈身苷蓫.[220] 葳蕤怯弱, 石膽難當.[221] 夫怕逃人,[222] 茱萸[223]得

---

211 當歸 : 약초 이름. 『三國志』「姜維傳」 裴松之 注, 孫盛의 『雜記』 인용부분 : "애초에 강유는 제갈량에게 가면서 어머니와 헤어졌는데 다시 어머니의 편지를 받아보니 돌아오길 바라는 것이었다. 강유는 이렇게 말했다. '좋은 밭 1백 경이어도 1무의 땅을 마음에 두지 않고, 다만 원대한 뜻을 품고 있으니 돌아갈 마음을 갖지 않는다.'(初, 姜維詣亮, 與母相失, 復得母書, 令求當歸. 維曰, 良田百頃, 不在一畝, 但有遠志, 不在當歸也)." 여기서도 약초 이름을 숨기고 있다. '就禮未及當歸'는 혼례를 치른 후 아직 남편의 집에 가지 않은 것을 말한다.

212 獨活 : 약초 이름이며 '獨居(홀로 살다)'의 뜻으로 雙關된다.

213 [項楚] '菁莨'은 곧 '高良'이다. 뿌리와 줄기가 약으로 쓰이는 '高良薑'을 말한다. [祝·褚] '高良'은 '膏粱'과 해음되며 부귀한 집을 말한다. 여기서는 오자서의 처가 스스로를 가리킨 것이다. [校注] 오자서 처의 자칭이라는 건 확실치 않다. 또 '薑芥'는 생강과 겨자를 말하며 이 식물들은 모두 약이 된다. 祝씨와 褚씨가 '薑芥'가 '尷尬'와 해음된다고 했으나 이 역시 분명치 않다.

214 澤瀉 : 약초 이름. 祝씨와 褚씨는 '澤瀉'이 '作息'과 해음된다고 보았으나 분명치 않은 의견이다. '鄰'이 原錄에는 '憐'으로 되어 있으나 丁卷에는 '隣'으로 되어 있어(본문에서는 모두 통행자인 '鄰'으로 바꿨다) 이에 근거해 고쳤다. '無鄰'은 집이 외따로이 떨어져있음을 말한다. [譯注] '澤瀉'라는 약초명만으로는 당연히 해석이 되지 않는다. 물론 祝씨와 褚씨가 말한 '作息'이 '澤瀉'와 해음된다고 보기에는 다소 무리가 있지만 의미에 있어서는 '作息'(살아가다) 정도가 가장 적당하다고 보아 일단 이 의견에 따라 번역한다. 빅터 메어 역시 주석에서 '澤瀉'에 대해서는 해음되는 말을 쓰지 않고 이 약초의 영어 이름만 제시하고 있다.

215 丁卷에는 '仰'자가 없다. [祝·褚] '檳榔'은 중국 약초 이름으로 '賓郎'과 해음된다. 약초 '檳榔'은 '賓郎'으로도 쓸 수 있다. 『儀禮』「士昏禮」 : "남편은 동쪽을 보고 답배를 한다(賓東面答拜)." 鄭玄 注 : "賓은 婿이다." '賓郎'은 곧 남편을 말한다.

216 遠志 : 약초 이름. [祝·褚] '遠至'와 해음된다.

217 [祝·褚] '無道'에 상응하는 약초명은 '胡桃'이다.

218 '豺狐'를 原錄에서는 '材狐'로 쓰고 '柴胡'로 교정하였다. 丁卷에는 '犲孤'로 되어 있다. 여기서는 『干祿字書』의 "犲와 豺에서 앞 글자가 통용자고 뒤 글자가 정자이다"에 근거하여 고쳤다. '豺狐'에 해당하는 약초명은 '柴胡'이다. '遂'는 '결국'의 의미로서 아래의 "遂被婦人相識"도 같은 예이다. 『史記』「高祖本紀」의 "고조가 천자가 되었으나 결국 아버지의 행방을 알 길이 없었다(及高祖貴, 遂不知老父處)"가 이 의미로 쓰인 비교적 빠른 예이다.

219 [祝·褚] '芒消'는 약초명인 '芒硝'가 되어야 하며, 이는 '亡消'와 해음된다. [校注] '芒硝'는 본래 '芒消'이며, 여기서 '消'는 녹인다는 의미이다. 이것이 나중에 약이름으로 굳어지고 다시 '石' 편방을 써서 '硭硝', '硭硝' 등으로도 쓰이게 되었다. 이는 '遠志', '澤瀉', '甘遂' 등에 '艹'를 더하는 것과 마찬가지이다.

220 [校注] 原卷에는 '苜蓫'로 쓰여 있으며 丁卷에는 '潛蓫'으로 되어 있다. 丁卷의 '潛'은

脫. 潛形茵草,[224] 匿影藜蘆.[225] 狀似被趁[226]野干,[227] 邃使狂夫莨菪.[228]

잘못 초사한 것이다. 아래의 '潛形茵草' 구가 바로 다음 행의 같은 위치에 있어서 잘못 본 것이다. 여기서 말한 '苜'은 '苷'이 되어야 하고 '蓫'는 '遂'가 되어야 하며, '苷蓫'는 '甘遂'에 편방을 더한 글자이다. S.5614, P.2115 張仲景의 「五臟論」: "장이 꼬이는 병에는 감수만 한 것이 없으며 눈병에는 유인을 써야 한다(腸結通唯須甘遂, 患眼宜取蕤人)." 【譯注】 項楚는 '甘遂'가 '甘願'(받아들이다)의 의미와 쌍관된다고 했으며, 빅터 메어는 이 약초명을 '苜蓫'로 보고 '默縮'과 해음되는 듯하다고 했다. 두 의견이 전혀 다르긴 하지만 문장의 의미에 있어서는 큰 차이가 없다.

221 葳蕤: 약초 이름으로 '萎蕤'라고도 한다. 부드럽고 약한 특성 때문에 '女草', '娃草'라고도 한다. 여기서는 '유약하다'의 의미로 쓰였다. '石膽'은 광물 이름이며 약에 들어간다. S.5614 張仲景의 「五臟論」: "통초는 귀가 먹은 병에 기막히게 잘 듣고, 눈에 끼는 막을 없애주는 데는 석담만한 것이 없다(通草巧療耳龍(聾), 石膽唯除眼莫(膜))." 【祝·褚】에서 "'石'과 '失'이 해음이며 '失膽'은 곧 '정신을 잃음'을 의미한다"라고 했으나 확실치 않다.

222 【項楚】 '逃人'에 상응하는 약은 '桃仁' 즉 호두의 알맹이다. 【校注】 옛 의서를 보면 '桃仁'을 '桃人'으로 쓰는 경우가 많다. 張仲景, 「五臟論」: "도인은 귀기를 끊어주고, 석남은 모든 풍기를 다시 몰아낸다(桃仁絶其鬼氣, 石南復去諸風)." P.2378에만 '仁'으로 쓰여 있고, 다른 세 권(S.5614, P.2115, P.2755)은 모두 '人'으로 되어 있다. 따라서 '人'은 굳이 고칠 필요가 없다. 그리고 '桃人'은 복숭아씨지 호두 알맹이가 아니다.

223 茱萸: 약초 이름. 【祝·褚】에서는 "'須臾'와 해음된다"고 했으나 이는 확실치 않다. 그보다는 '誅餘' 혹은 '誅夷'와 해음되는 듯하다.

224 '茵草'가 原錄에는 '菌草'로 되어 있다. 【蔣紹愚】 '菌'이 丙卷에는 '茴'으로 되어 있는데, 이는 '茵'자가 되어야 할 것이다. 【祝·褚】 丙卷과 丁卷을 살펴보면 '菌'은 모두 '苠'으로 되어 있다. 『龍龕手鏡』: "苠은 음이 冈으로, 풀이름이다." 『本草綱目異名錄』에는 '苠草'(苠과 莔은 같은 글자로 보인다)에 대한 기록이 있는데, 일명 '守田'이라고도 한다. 【校注】 사실 丙卷(原卷)에는 莔으로, 丁卷에는 莔으로 쓰여 있으며, 이들은 모두 '茵'의 속자이다. '苠'는 '茵'의 속자이고 '莔'는 '苠'의 변체이다. 따라서 둘은 다른 글자가 아니다. 『龍龕手鏡』 冈部: "冈, 俗, 罔, 正. 文兩反, 無也." 이는 '冈'이 곧 '罔'의 속자임을 증명해준다. 돈황사본에서 '罔'자 및 '罔'을 편방으로 쓴 글자는 '冈'으로 된 경우가 많다. 예를 들어, 「張淮深變文」의 "그물로 들어온 새는 빠져나가기 힘들다(鳥入網中難走脫)"에서 '網'자의 오른편 부분이 原卷에는 '冈'으로 쓰여 있다. '冈'이 때로는 '岡'처럼 쓰이기도 한다. 예를 들어 P.2965 「生經」: "生死의 그물을 찢고 無明의 장애를 부수다(裂生死綱, 破無明障)"에서 '綱'은 곧 '網'이다. 『敦煌遺書總目索引』에서 이 글자를 '綱'으로 쓴 건 잘못이다. 또 돈황사본의 속자 중에는 테두리에서 밑을 막는 경우가 많다. 예를 들어, 「燕子賦」: "움직이면 그물에 걸리고 앉으면 탄환에 맞는다(行卽着網, 坐卽被彈)"의 '網'자가 乙卷 P.3666에는 '絅'으로, 다른 권에는 '綱'으로 되어 있다. 「茶酒論」: "술이라는 음식은 인간에게 결코 악의가 없지요(酒食向人, 終無惡意)"에서 '向'이 甲卷에는 '㐭'으로 되어 있다. 따라서 '茵'이 '苠'임은 의심의 여지가 없다. 『廣韻』: "茵은 茵草이다." 『周禮』 「秋官剪氏」:

妄憶淚霑赤石,[229] 結恨青葙.[230] 夜寢難可決明,[231] 日念舌乾卷柏.[232]

"망초로 그것을 태우다(以莽草熏之)." 注曰 : "망초는 벌레를 죽이는 약이다." 『山海經』 「中山經」 : "망초라는 풀이 있는데, 물고기를 독살할 수 있다(有草焉, 名曰莽草, 可以毒魚)." 같은 책의 "나무가 있는데, 팥배나무 모양에 붉은 잎이 달렸다. 망초라는 풀은 물고기를 독살할 수 있다(有木焉, 其狀如棠而赤葉, 名曰芒草, 可以毒魚)"에서는 '芒'으로 썼다. 張仲景, 「五臟論」 : "망초는 치아 속 벌레를 죽이고, 여로는 콧속의 굳은살을 없애준다(茵草煞齒內之蟲, 藜蘆除鼻中宿肉)." 이곳의 '茵'자가 S.5614와 P.2115에는 '菵'으로, P.2378과 P.2755에는 '莔'으로 되어 있다. 이들은 모두 속자이다. 위의 예들은 "茵草", '莽草', '芒草' 등이 모두 같은 약초임을 보여주고 있다.

225 '藜蘆'는 약초명으로 '蘆葦'(갈대)와 해음된다.

226 '趁'이 原卷과 丁卷에는 '趂'으로 쓰여 있다. 『龍龕手鏡』 : "趂은 丑刃 반절로서 '逐(쫓다)'이다." 『廣韻』 '震'韻 : "趁은 '쫓다'이며 속자는 '趂'이다." 『通釋』 '趁'條 : "玄應 『一切經音義』 권1 : '趁逐은 丑刃 반절이며, 서로 쫓는다는 의미이다. 관서 지역에서는 사물을 쫓는 것을 趁이라 한다.' 徐復은 '趁'을 '蹨'으로 빌려 쓸 수 있다고 했다. 『集韻』 '銑'韻 : '蹨은 乃殄 반절이며 蹈, 逐의 의미이다. 跈이나 趁으로 쓰기도 한다.', '趁'의 독음은 『集韻』이 맞는 것으로 봐야 한다. 지금도 속어에서 쓰이는데 어떤 사람은 '捻'으로 읽기도 한다. 『新方言』 6의 '撚을 속어에서 捻이라고도 한다'는 기록으로 서복의 주장을 증명할 수 있다. 현응은 음이 丑刃 반절이라 했는데, 方音이 달라서 그렇게 읽은 것으로 보인다. …… 쫓는다는 의미의 '趁'은 '攆'으로도 쓰인다. …… 이 역시 『集韻』의 '趁'음인 乃殄 반절이 正音임을 증명해 준다." 그러나 正音에 대한 주장은 확실치 않다. 『集韻』에서는 乃殄 반절 위에 丑刃 반절음도 있으며, 그 의미를 『說文』을 따라 '邅(쫓겨서 떠돌아다니다)'이라고 했다. 이는 唐宋 이후의 새로운 의미가 아니다. 『龍龕手鏡』 역시 또 하나의 음인 尼展 반절을 언급하면서 그 뜻을 '踐'으로 보고 있다. 이는 『集韻』의 '蹨'과 음은 같지만 의미가 다르며, 글자는 '趁'으로 하면서 같은 部의 "趂, 丑刃反, 逐也"와 구분된다. 唐 實叉難陀 역 「地藏菩薩本願經」 두루마리에는 "或有地獄, 使諸火燒, 趁及罪人"이라 쓰여 있고, 이 두루마리 뒤편의 音釋에서는 "趁은 음이 疢이다"라고 기록했다. 이 음은 唐人이 직접 주를 단 것이다.

227 野干 : 짐승 이름이며, 약초인 '射干'과 음이 같다. 따라서 본래 '射干'이 되어야 하는데 여기서는 '野干'으로 해음한 것이다. 자세한 것은 『通釋』 참고.

228 '莨'이 原錄에는 '茛'으로 쓰여 있다. [項楚] '茛'은 '莨'이 되어야 한다. '莨菪'은 한약이름이며 '浪蕩'과 해음된다. [校注] 原卷과 丁卷에서는 '莨'이 실제로 '茛'으로 쓰여 있다. '菪'자는 丁卷에 쓰인 대로이며, 原卷에는 宕으로 쓰여 있다. 『宋本玉篇』에서는 宕을 '菪'으로 쓴다. '浪蕩'은 '실의에 빠지다, 영락하다'의 의미이다. [祝・褚]에서는 의미를 '방랑하며 돌아다니다'라고 보았으나, 이는 분명치 않다.

229 '憶'은 丁卷에 쓰인 그대로이고 原卷에는 '億'으로 되어 있다. '赤石'은 赤石脂를 말하며 '石脂'라 부르기도 한다. [祝・褚]에서는 『漢書』 「地理志」를 인용하여 "丹은 붉은 돌로서 소위 말하는 '丹沙'가 그것이다"라는 말을 하고 있으나, 본문에서 말한 것은 아닌 듯하다.

230 '葙'이 原卷과 丁卷에는 모두 '箱結'로 되어 있다. 項楚는 "'箱'은 '葙'이 되어야 하며,

聞君乞聲厚朴,[233] 不覺躑躅君前.[234] 謂言夫壻麥門,[235] 遂使菘蓉[236]緩步. 看君龍齒,[237] 似妾狼牙.[238] 桔梗[239]若爲, 願陳枳殼."[240]

그러자 처가 약명시(藥名詩)[241]를 지어 물었다.

"저는 오씨 집안에 시집온 세신(細辛)[242]입니다. [탕자는] 일찍이 양(梁)

'青葙'은 약용식물 이름으로서 '青霜'과 해음된다"고 했는데, 여기서는 項楚의 의견을 따랐다. 또 項楚는 '結恨'을 '恨結'로 바꾸어야 한다고 말했는데, 두 권이 모두 '結恨'으로 되어 있고 본문에 '怨結', '結怨' 이 같이 쓰인 예가 있으므로 고치지 않는다. [빅터 메어] '青葙'은 '情想'과 해음된다.

231 '夜'가 丁卷에는 假音字인 '野'로 되어 있다. '決明'은 곧 '石決明(전복)'을 말하며 한약으로 쓰인다. '難可決明'은 분명히 알기가 어렵다는 말이다.

232 '柏'이 原卷에는 '百'으로, 丁卷에는 '栢'으로 되어 있다. '栢'은 '柏'과 같고 둘 다 '百'에서 부수를 뺀 글자이다. 돈황사본에서는 '柏'이 흔히 '栢'으로도 쓰인다. '卷柏'은 약이름으로 '還魂草'라고도 한다. [項楚] '卷'은 혀가 타서 말려 올라간다는 의미이다. [譯注] 여기서 '卷柏'은 '卷白'과 해음된 것으로 보인다.

233 厚朴 : 나무 이름. 껍질이 한약에 쓰이며, 여기서는 '敦厚樸質'로 보면 된다.

234 躑躅 : '羊躑躅'(만병초)를 말하며 '鬧羊花'라고도 한다. 약초 이름이다. [項楚] 君前 : 상응하는 약이름은 '君遷' 즉 '君遷子'(고욤나무)이다.

235 '壻'가 原錄에는 '聟'로 되어 있으나, 사실 原卷에는 聟로 丁卷에는 '聓'로 되어 있다. 이들 글자는 모두 '壻'의 속자이다. 『龍龕手鏡』「耳部」: "聟과 聓는 지금의 음이 '細'이고 사위를 뜻한다. '壻'와 같다." 이 기록을 통해 위의 두 글자가 '今字' 즉 당시에 유행하던 속자임을 알 수 있다. '麥門'은 약초이름으로 '麥門冬'을 말하며, '麥冬'이라고 간칭하기도 한다. [祝·褚] '拍門'과 해음되며, 『廣韻』 '陌'韻에서는 "拍, 擊也"라고 했다.

236 菘蓉 : 약초명으로, '肉菘蓉' 혹은 '草菘蓉'을 말한다. 여기서는 '從容'과 해음하였다. 庚卷 S.5439에서는 '從容'을 '菘蓉'이라고 했는데, 이 역시 위와 같은 용례이다.

237 龍齒 : 약이름으로, 코끼리나 물소 등의 이빨 화석이다.

238 狼牙 : 약초명. '龍齒'와 '狼牙' 모두 치아의 의미로 쓰였다.

239 桔梗 : 약초명. [祝·褚] 울적하고 답답하다는 의미로 쌍관된다. [빅터 메어] '桔梗'은 '究竟'(결국)과 해음된다.

240 枳殼 : 약이름. 감귤 같은 과실 중에 아직 익지 않은 것을 '枳實'이라 하고, 이것을 말리면 '枳殼'이라 한다. 祝씨와 褚씨는 이 말이 '枳句'와 해음된다고 했으나 '殼'와 '句'는 같은 음이 아니므로 이 주장은 확실치 않다. 그보다는 '慤'과 해음된다고 봐야 한다. 이 구는 솔직하게 사정을 말해주길 바란다는 의미이다.

241 [項楚] 藥名詩 : 잡체시의 일종으로 시에 약초의 이름을 사용하는 것이다. 하지만 이곳의 시는 사실 시체가 아니며 다만 '약명시'라는 이름을 사용하고 있을 뿐이다. 약명시의 본래 형식은 약이름을 표면에 내세우고 그에 해당하는 쌍관의 의미를 밑에 까는 것인데, 이곳의 약명시는 함축된 의미를 아예 드러내고 있으며, 약명이 나오지 않는 부분도 있다.

나라에서 벼슬을 했지요. 혼례만 치르고 시댁에는 가지도 않았는데 저를 한적한 곳에 홀로 살게 했답니다. 좋은 집안의 여식이라 저는 별 수 없어 이웃도 없이 외로이 살아왔지요. 하늘을 보고 남편에게 외쳐봅니다. 언제쯤 그 먼 곳에서 오시려나요! 근래 듣자하니 무도한 초왕이 짐승 같은 마음이 일어 우리 집안사람들을 무고히 죽였다 하지요. 그러니 몸을 움츠리고 조용히 숨어있을 수밖에요. 워낙 겁이 많고 약한데다, 담력이 크다 해도 감당하긴 어려웠겠지요. 남편은 사람들을 피해 눈 깜짝할 새에 사라져 풀숲에 형체를 숨기고 갈대밭에 몸을 감췄답니다. 들짐승처럼 쫓기다가 결국 정신 나간 사람처럼 떠도는 신세가 되었겠지요. 생각하니 얼굴은 눈물로 흠뻑 젖고[243] 한이 서리도록 애달픕니다. 잠자리에 들어도 날이 밝도록 잠들지 못하고 낮에는 남편 생각에 혀가 말라 허옇게 타들어간답니다. 당신께서 구걸하는 소리가 간절하고 진실하여 어느새 머뭇머뭇 당신 앞까지 왔군요. 혹여 남편이 문을 두드리셨을까 느린 걸음으로 조심스럽게 나와 보았습니다. 당신의 치아를 보니 내 남편과 너무나 똑같습니다. 결국 이렇게 되었으니 이제 솔직한 사정을 말씀해 주시지요."

子胥答曰:"余亦不是伍茄[244]之子, 亦不是避難逃人. 聽說余之行李[245]

242 【譯注】 사실 '細辛'에 대해 校注에서는 주석과 본문을 달리 하고 있다. 즉 주석에서는 '세신'이 '細君'(아내)의 해음이라고 했으나 본문에서는 고유명사(인명)로 표기하고 있는 것이다. 빅터 메어는 '세신'이 '細心'의 해음일 것이라 보고 아마 이 '세심'이 오자서의 아내 이름이었을 것이라 추측했다. 이 중에서 어떤 것이 분명한 의견이라고 말할 수 없으며, 여기서는 원문대로 '세신'을 여자의 이름으로 번역했다.

243 【譯注】 여기서는 원문의 '赤石'을 '澈濕'(흠뻑 젖다)의 해음으로 본 빅터 메어의 의견을 따라 번역하였다.

244 '茄'는 丁卷을 따른 것이고, 실제 原卷에는 '家'로 되어 있다.

245 '余'를 原錄에서는 '途'로 썼는데, 丁卷에도 이렇게 쓰여 있다. 【項楚】 '途'는 '余'가 되어야 하며, 위 구는 내가 말하는 여정의 상황을 들어보라는 의미이다. 【祝·褚】 여기서 '行李'는 밖에서 떠돌아다니는 모습을 말하며 ……'杏李'와 해음된다. 【校注】 '途'를 '余'로 본 것도 맞고 '杏李'로 해음한 것 역시 맞다. 다만 아래에서 자신의 고향과

: 余乃生於巴蜀,[246] 長在藿鄉,[247] 父是蜈公,[248] 生居(諸)貝母.[249] 遂使金牙採寶,[250] 支子[251]遠行. 劉寄奴是余賤朋,[252] 徐長卿爲之貴友.[253] [共][254]渡蘘河,[255] 被泥寒水[256]傷身, 二伴[257]芒消, 唯余獨活. 每日懸

본적, 부모, 친구 등을 차례대로 말한 것을 보면, 여기서 '行李'는 개인의 이력을 가리키는 것으로 봐야 하다. '行李'의 '李'에는 '이력'의 의미가 있으며, 이때 '李'는 '履'를 가차한 것이다. 자신의 이력을 말한 것은 자신의 성이 '伍'가 아닌 '蜈(吳)'이므로 자신은 상대방이 찾는 오자서가 아님을 밝히기 위한 것이다.

246 [祝·褚] 巴蜀은 지명이며, 상응하는 약이름은 '巴菽'이다.

247 [項楚] 상응하는 약이름은 '藿香'이다. [빅터 메어] 지금의 '山西' 지역 안에 있었던 '霍縣'과 해음된다.

248 [項楚] 蜈公 : 상응하는 약이름은 '蜈蚣(지네)'이다. [校注] 이 글자는 '吳公'으로도 쓴다. 『太平御覽』 946의 沈懷遠 「南越志」 인용부분 "수정현에는 지네가 많은데, 큰 것은 숨을 쉬어 도마뱀까지 들이마실 수 있다(綏定縣多吳公, 其大者能以氣吸蜥蜴)." 따라서 '公'자를 굳이 고칠 필요는 없다.

249 [祝·褚] '貝母'는 약이름이며, '居'는 '倨'와 통하고 '貝'는 '悖'와 해음된다. 위 구는 자기는 성격이 워낙 오만하여 항상 어머니의 뜻을 어겼다는 의미이다. [校注] '貝母'는 모친의 '母' 한 글자로 통하고 '居'는 '諸'와 통한다. '生諸貝母'는 곧 '生之於母'로서 어머니에게서 났다는 의미이다. '諸'는 '之於'의 음을 합한 것이다. [빅터 메어] 오자서가 바로 앞에서 이미 자신이 어디서 태어나고 어디서 자랐는지를 말하고 있으므로 '貝母'는 일단 지명은 아닌 듯하다. 그리고 '貝母' 두 글자 중에서 '母'가 해음의 주된 요소인 것으로 보인다. 혹시 '陪母'(어머니와 함께)나 '悲母'(가엾은 어머니와 함께)와 해음된 것일 수도 있다.

250 '寶'가 丁卷에는 '賓'으로 되어 있는데, 비슷한 모양 때문에 잘못 쓴 것이다. [祝·褚] '金牙'는 곧 '金牙石'이며 약이름이다. '金牙'는 '金華'와 해음한 것으로 보인다('牙'와 '華'는 '麻'운에 속하며 발성부위 역시 비슷하다). [校注] '華'와 '牙'가 通假되는 사례는 보지 못했다. 江蘇의 鎭江 서북쪽에 '金山'이 있는데, 예부터 '氐父', '獲符', '伏牛' 등의 이름으로 불리다가 당나라 때 裴頭陀가 강변에서 금을 캐면서 '金山'으로 이름이 바뀌었다. 따라서 '牙'가 '涯'와 해음되어 '金牙'는 금산 소재의 강언덕을 말하는 것은 아닌지 의심된다.

251 '支'를 原錄에서는 '之'로 고쳤다. [項楚] '之子'에 상응하는 약이름은 '梔子'이다. [校注] '支'가 丁卷에는 '之'로 되어 있다. '之子'는 '이 사람'의 의미이며, 『詩』 「周南」 '桃夭'의 "이 사람이 시집을 가니, 그 집을 화목하게 하리(之子于歸, 宜其室家)"에 나오는 말이다. '梔子'는 '支子'로도 쓰므로 굳이 고칠 필요는 없다. 韓愈의 시 「山石」: "파초의 잎은 크고 치자는 살이 올랐네(芭蕉葉大支子肥)."

252 劉寄奴 : 약초명. '奴'자가 있어서 '賤朋'이라 불린다.

253 徐長卿 : 약초명. '卿'자가 있어서 '貴友'라 불린다.

254 [原校] '共'은 丁卷에 근거해서 넣었다.

255 '蘘河'에 상응하는 약초는 '蘘荷'이다.

腸[258]續斷,[259] 情思飄颻.[260] 獨步恒山,[261] 石膏[262]難渡. 披巖巴戟,[263] 數値柴胡.[264] 乃憶款冬,[265] 忽逢鍾乳.[266] 留心半夏,[267] 不見鬱金.[268] 余乃反步當歸, 芎窮[269]至此. 我之羊齒,[270] 非是狼牙. 桔梗之情, 願知其意."

자서가 답하였다.

"나는 오씨 집안의 자손도 아니고 난을 피해 도망 다니는 사람도 아

256 [原校] '寒水' 위에 본래 '泥'자가 있었으나, 이 글자는 연문이므로 丁卷에 근거하여 없앴다. [校注] '寒水'는 '寒水石'을 말하며 일명 '石膏'라고도 한다. 약용 광물이다. '泥'자는 연문이 아니다.

257 '二件'이 原錄에는 '三件'으로 되어 있는데, 여기서는 丁卷에 근거하여 고쳤다. 二件은 앞에 나온 劉寄奴와 徐長卿을 말한다.

258 '懸腸'은 약용식물인 懸腸草를 말한다. [譯注] 懸腸草 : 옛 사람들은 이 懸腸草를 가지고 자식을 그리워하는 정이나 이별의 아픔을 비유하곤 했다. 南朝 梁나라 任昉 『述異記』: "현장초는 일명 思子蔓이라 하고 南中에서는 離別草라고 불렀다(懸腸草, 一名思子蔓, 南中呼爲離別草)."

259 '續斷'이 原卷과 丁卷에는 '斷續'으로 되어 있다. '續斷'이 약초명이므로 이렇게 고쳤다.

260 '飄颻'가 丁卷에는 '飄飄'로 되어 있다. [祝·褚] '漂搖'가 되어야 한다. '漂搖'는 곧 '漂搖草'로 약초명이며 '野豌豆'라고도 한다.

261 '獨步'는 약용식물인 '獨步搖'를 말한다. '恒山'은 곧 '常山'으로 약초이름이자 산이름이다.

262 '石膏'는 약이름이며 '石高'와 어울린다. [項楚] '膏'는 물가를 의미하는 '皐'와 해음된다. 그래서 '石膏難渡'라 한 것이다. [譯注] '渡'가 쓰인 점으로 볼 때 項楚의 의견이 타당한 듯하다. 그러나 여기서는 '皐'를 물가가 아닌 '언덕' 쯤으로 보는 게 자연스러울 것이다.

263 '巴戟'은 '巴戟天'으로 약초명이다. [빅터 메어] '巴戟'은 '爬脊'(산등성이에 오르다)와 해음될 것이다.

264 '柴胡'가 原卷에는 '狼胡'로 되어있는데, 여기서는 丁卷에 근거하여 고쳤다. [祝·褚] '柴'는 '材', '犲(豺)'와 음이 비슷하고, 또 이 글자들은 '狼'과 모양이 비슷해서 결국 '狼'으로 잘못 쓰인 듯하다.

265 '憶'이 原卷에는 '意'로 되어있는데, 여기서는 丁卷에 근거하여 고쳤다. 款冬 : 약초명.

266 '鍾乳'는 鍾乳石으로, 약이름이다. [빅터 메어] '鍾乳'는 '衆豬'(멧돼지 떼) 혹은 '衆狙'(원숭이 떼)가 아닐까 한다.

267 半夏 : 약초명. 뿌리를 약으로 쓴다.

268 鬱金 : 약초명으로 '鬱金香'을 말한다.

269 '芎窮'에 상응하는 약초명은 '芎藭'이다. 이 말의 숨은 의미는 길이 막혔다는 것이다.

270 羊齒 : 약초명. '齒'와 아래 구의 '狼牙' 중 '牙'는 모두 사람의 치아를 가리킨다.

닙니다. 저의 지난날을 한 번 들어보시지요. 저는 파촉(巴蜀)에서 태어나 곽현(霍顯)에서 자랐습니다. 부친은 오공(蜈公)으로 어머님과 함께 살고 계시는데 돈을 벌라며 저를 멀리 떠나보내셨지요. 유기노(劉寄奴)는 저의 미천한 친구이고 서장경(徐長卿)은 귀한 신분의 제 벗입니다. 함께 양강(蘘江)을 건너긴 했으나 차디찬 물에 몸이 상해 두 친구는 모두 죽고 저만 혼자 살아남았답니다. 아픈 가슴은 매일 끊어지는 듯 이어지는 듯하고 [친구들] 그리는 마음은 바람을 따라 떠돌았지요. 홀로 항산(恒山)으로 발걸음을 옮겼으나 돌투성이 언덕은 건너기가 힘들었습니다. 바위를 헤치며 산등성이를 오르다 승냥이와 여우도 여러 번 마주쳤답니다. 따스한 봄날을 생각하다 멧돼지 무리와 맞닥뜨리기도 하고, 한여름인 듯 느껴져도 울금(鬱金)은 보이지 않았습니다.[271] 곧 발걸음을 뒤로하고 돌아서다 지쳐서 여기까지 왔지요. 제 치아는 당신의 남편 것과 다릅니다. 결국은 이런 사정이었으니 부디 제 마음을 이해해주십시오."[272]

妻答曰:

"君莫急急路遙長.[273]

---

271 [譯注] 校注 본, 項楚 본, 張鴻勳 본 등이 모두 '鬱金'이 곧 '鬱金香'이라고 했으나, 『한어대사전(漢語大詞典)』을 보면 그림과 함께 전혀 다른 식물로 설명해 놓았다. 즉 '울금'은 생강과의 식물로서 이파리가 길고 둥글며 여름에 꽃이 피고 약용으로 쓰이나, '울금향'(튤립)은 백합과로서 이파리가 가늘고 봄에 꽃이 피며 주로 관상용의 식물이라는 것이다. 빅터 메어는 '울금'이 '울금향'과 같다는 말은 하지 않고 흔히 '川鬱金'—四川 지역에서 자라므로—이라고도 한다고 주석을 달았다. 그리고 이 두 구는 각 약초명에 해당하는 해음을 찾기가 힘들어 번역이 쉽지 않다. 하지만 앞의 두 구를 통해서 볼 때 아마 여정의 어려움과 관계되는 내용일 것이다.

272 [譯注] 이 부분은 앞에 나온 "결국 이렇게 되었으니 이제 솔직한 사정을 말씀해 주시지요"와 대구를 이룬다. 앞은 남편인 줄 알고 있으니 사정을 솔직히 말해보라는 의미이고, 뒤는 함부로 말할 수 없는 자신의 심정을 이해해달라는 말이다.

273 이 구절을 原錄에서는 '君莫急急, 卽路遙長'으로 써서 위의 산문 부분에 포함시켰다. 그러나 原卷을 보면 '君莫急急, 卽路遙長'과 '妻答曰' 사이에 다섯 칸 정도가 비어 있고, 이 부분이 운문 부분과 함께 배열되어 있다. 또 '長'자가 운에 맞으므로 이 구는 운문부분으로 넣어야 한다. '卽'을 없앤 건 丁卷을 따랐다.

縱使從來不相識, 錯相識認有何方(妨)?[274]

妾是公孫鐘鼎女,[275] 疋配君子事貞良.

夫主姓伍身爲相, 束髮千里事君王.

自從一別音書絶, 憶君愁腸氣欲結.[276]

遠道冥冥斷寂寥, 兒家不慣長頭別.[277]

紅顔顦顇不如常, 相思落淚何曾歇,

年光虛擲守空閨, 誰能渡得芳菲節.

青樓日夜减容光,[278] 只緣蕩子事(仕)於梁.

懶向庭前覩[279]明月, 愁歸帳裏抱鴛鴦.

遠附雁書將不達, 天塞[280]阻隔路遙長,

欲織殘機[281]情不喜,[282] 畫眉羞對鏡中粧.

---

274 '方'이 原錄에는 '妨'으로 되어 있다. 原卷과 丁卷 모두 '方'으로 되어 있는데, 이는 '妨'자와 통한다.

275 [蔣禮鴻] '公孫'은 公子公孫의 공손으로 公族의 집안임을 말한다. '鐘鼎'은 종을 울려 밥을 먹고 세발솥을 늘어놓고서 밥을 먹는 집안을 말한다. 原錄에서는 '公孫鐘鼎'에 고유명사 부호를 넣었는데, 여기서는 없앴다. 그리고 '鐘'자가 原錄에는 '鍾'으로 쓰여 있다. 『干祿字書』: "鍾과 鐘에서 앞 글자는 술그릇을 말하며, 뒤 글자가 기본자인데 지금은 앞 글자로 함께 쓴다." 이를 통해 당대의 속어에서는 '鐘'자가 '鍾'으로 같이 쓰였음을 알 수 있다. 여기서는 다시 '鐘'으로 바꾸었다.

276 '結'이 原錄에는 '絶'로 쓰여 있으나, 사실 原卷과 丁卷에는 '結'로 되어 있으므로 여기서는 옳게 고쳤다.

277 '頭'가 原錄에는 '欲'으로 되어 있으나, 사실 原卷에는 '頭'로 丁卷에는 '㕁(欲)'으로 되어 있다. 여기서는 原卷을 따랐다. [蔣紹愚] '頭'는 당오대 때 형용사와 부사의 어미로 쓰였으므로 '頭'라고 한 것은 옳다. [校注] '長頭'라는 단어는 王梵志의 시에 자주 보이며, 모두 '항상'의 의미로 쓰였다.

278 [項楚] '青樓'는 부귀한 집안의 여자들이 사는 누각이다.

279 [原校] 丁卷에는 '覩'가 '步'로 되어 있다.

280 [潘重規] 丙卷에서는 처음에는 '塞'로 썼다가 다시 '土'를 '⺀'으로 고쳐 '寒'으로 썼다. 丁卷 역시 '寒'으로 쓰여 있다. [校注] 丙卷(즉, 저본)은 '塞'로 쓴 것이다. 아래 부분은 '土'의 속자이지 '土'를 '⺀'로 고친 것이 아니다. 丁卷에서는 글자가 행의 끝에 있어서 아래 부분이 조금 잘려나갔으며, '寒'자로 쓰인 것이 아니다. '天塞'는 천상과 지상을 가리킨다. 아래의 "不慮東西抗天塞, 唯愁渴乏渡荒州"에서도 '天塞'라는 단어가 보인다.

281 [項楚] 殘機 : 베틀 위의 아직 다 짜지 않은 옷감. [校注] '織'이 原錄에는 '識'으로 되

偏憐鵲語蒲桃架, 念燕雙栖白玉堂,

君作秋胡不相識, 妾亦無心學採桑.

見君口中[283]雙板齒, 爲此識認意相當.

麤飯一餐終不惜, 願君且住莫忽忙."

子胥被認[284]相辭謝, 方便軟言而帖寫[285]:

"娘子莫漫橫相干, 人間大有相似者.

娘子夫主姓伍[286]身爲相, 僕是寒門居草野.

儻見夫壻[287]爲通傳, 以理勸諫令歸舍.

今緣事急往江東, 不得停留復日夜."

처가 답하였다.

"조급해하지 마세요. 길은 멀고도 깁니다.

어 있다. 原卷에는 '織'으로 丁卷에는 '識'으로 되어 있으며 여기서는 原卷에 따라 옳게 썼다.

282 '喜'가 原錄에는 '憙'로 쓰여 있는데, 原卷에는 '憙'로 丁卷에는 '喜'로 쓰여 있다. 『干祿字書』: "'喜'는 즐거워하는 것이고 '憙'는 좋아하는 것이다. 許吏 반절이다." 여기서는 丁卷에 따라 고쳤다.

283 [原校] 丁卷에는 '口中'이 '當前'으로 되어 있다.

284 '被認'이 丁卷에는 '不免'으로 되어 있다.

285 方便 : 한 글자로만 뜻이 집중되는 복합어(偏義複詞)이다. '方'에 의미를 두면 '방법'이나 '방법을 세우다'의 의미가 되고, '便'에 의미를 두면 '機會' 혹은 '기회를 빌려'의 의미가 된다. 여기서는 '方便'이 부사로서 '軟言帖寫'의 상황어로 쓰였으므로 '방법을 세워' 혹은 '기회를 빌려'의 의미로 볼 수밖에 없다. 蔣禮鴻은 '方便'의 의미를 '정당하지 못한 수단을 써서'로 보았으나 확실치 않다. 여기서 자서는 앞에서 감사의 말을 전한 기회를 빌어 다시 좋은 말을 더하고 있는 듯하다. '而'자가 丁卷에는 '相'으로 되어 있다. '軟言而帖寫'는 좋은 말로 위로한다는 의미이다. 『五燈會元』 권1 「四祖優波鞠多尊者」: "耎言慰諭波旬曰 ……"에서 '耎'은 '軟'과 같다. '軟言'은 '좋은 말', '꾸민 말'의 의미이고 '帖寫'는 '위로하다'의 의미이다. 蔣禮鴻은 '帖寫'가 '회피하다', '전가하다'의 의미인 듯하다고 했으나 분명치 않다.

286 丁卷에는 '姓伍'라는 두 글자가 없다.

287 '壻'가 原錄에는 '聟'로 되어 있고, 原卷에는 '聟'로 丁卷에는 '覔'로 되어 있다. '聟'는 '壻'의 속자인데, 이에 대해서는 앞에서 자세히 논했다. '覔'는 '聟'의 변체인데, 이러한 예는 곳곳에서 찾을 수 있다. 예를 들어, 「難陀出家緣起」의 "皆是七寶合成"에서 '寶'자가 原卷에는 아랫부분이 '見'으로 되어 있다.

어쨌든 지금까지 서로 만난 적이 없다면
잘못 알아본 것이 무슨 거리낄 일이겠습니까?
소첩은 종을 울려 밥을 먹고
세발솥을 상에 늘어놓는 귀한 집안의 딸로서[288]
군자를 배필로 맞아 곧고 정성스럽게 섬겼습니다.
성이 오(伍)인 남편은 재상이 되었고
머리를 묶을 때부터[289] 천리 먼 곳에서 군왕을 섬겼습니다.
한 번 헤어진 이후 소식이 끊겨
남편 생각에 애간장이 끊고 숨이 멎을 듯합니다.
어둡고도 적막한 먼 길,
저는 긴 이별에 익숙지 못합니다.
홍안(紅顔)은 초췌해져 여느 때 같지 않고,
그리워 흘리는 눈물 어찌 멎은 적 있겠습니까.
세월이 헛되이 지나가는 동안 빈 방만 지키고 있으니,
누구라고 백화만발한 때를 보낼 수 있겠습니까?
청루(靑樓)[290]의 여인 밤낮으로 얼굴빛이 초췌해지는 건
다만 멀리 떠난 임이 양(梁)에서 벼슬을 하기 때문입니다.
힘없이 뜰로 나가 밝은 달을 바라보다가
근심에 쌓여 휘장 안으로 돌아와 원앙을 안는답니다.
멀리서 보낸 편지가 이르지 않는 것은
하늘과 땅이 막히고 길은 멀기 때문이겠지요.
베틀에 남은 옷감 짜려 해도 즐겁지 아니하여
눈썹 그리려 거울 앞에서 수줍게 단장을 합니다.

288 【譯注】 당시 귀족들은 종을 울려 밥을 먹고 식사 때는 세발솥인 鼎을 늘어놓았다고 한다.

289 【譯注】 당시에 머리는 보통 열다섯 살에 묶었다. 이는 성인이 되었음을 의미한다.

290 【張鴻勳】 靑樓 : 푸른 칠로 장식한 누각을 말하며 고대에 화려한 누각을 범칭하는 말로 쓰였다. 여기서는 청루에 사는 여인을 가리킨다.

포도덩굴 가로대에서 지저귀는 까치를 사랑하고
백옥당(白玉堂)에 깃든 제비 한 쌍을 좋아해봅니다.
당신은 추호(秋胡)처럼 저를 알아보지 못하시고
저 또한 무심히 뽕만 딸 줄 알았습니다.[291]
당신 입 속의 두 앞니를 보니
이것으로 당신께서 누구신지 알겠습니다.
거친 밥에 한 가지 찬을 아끼지 않으리니
서두르지 마시고 잠시 머무르시지요."
아내가 알아보자 자서는 사의를 표하며
짐짓 부드러운 말로 이렇게 덧붙였네.
"부인께서는 괜히 신경 쓰지 마시지요.
세상에는 비슷한 사람들이 얼마나 많습니까?
부인의 남편은 오씨 성에 재상이라고 합니다만
저는 별 볼일 없는 집안 출신으로 초야에 머물고 있습니다.
만약 남편을 만나면 부인 소식을 전해서
집으로 돌아가시도록 말해보겠습니다.
지금은 일이 급해 강동으로 가야 하니
하룻밤을 머무를 수가 없습니다."

其婦知謀大事, 更亦不敢驚動. 如法供給, 以理發遣. 子胥被婦認識,[292] 更亦不言:"丈夫未達於前, 遂被婦人相識. 豈緣小事, 敗我大儀!"[293] 列[294]士抱石而行, 遂卽打其齒落. 晝卽看日, 夜乃觀星, 奔走

291 [譯注] 추호는 춘추시대 魯나라 사람으로, 陳에서 5년 동안 벼슬을 한 후 집으로 돌아오다가 길가에서 뽕을 따는 어여쁜 여인을 보고 돈을 주면서 희롱하다가 거절당한다. 집에 돌아와서 어머니가 그의 아내를 부르니 길가에서 뽕을 따고 있던 바로 그 여인이었다. 부인은 결국 강물에 몸을 던졌다.

292 '認識'이 丁卷에는 '識認'으로 되어 있다. 아래의 "遂被婦人相識"에서 '識'이 丁卷에는 '認'으로 되어 있다.

不停, 遂至吳江北岸. 慮恐有人相掩, 潛身伏於蘆中, 按劍悲歌而歎曰:

아내는 큰일을 도모하는 것임을 알고 더 이상 방해하지 않고 떠나도록 두는 것이 이치에 맞으리라 보았다. 아내가 자신을 알아보았지만 오자서는 더 이상 아무 말도 하지 않았다. "남편이 아직 뜻을 이루지도 못했는데 아내가 알아보았다. 어찌 이 사소한 일로 대사를 망치겠는가!" 열사는 돌을 안고 가서는 자기 이를 쳐서 뽑아버렸다. 낮에는 해를 보고 밤에는 별을 보며 쉬지 않고 가서 마침내 오강(吳江) 북쪽 언덕에 이르렀다. 누가 숨어있을까 걱정되어 갈대 숲 속에 몸을 숨긴 후 칼을 잡고 슬픈 노래를 부르며 탄식하였다.

"江水淼漫波濤擧, 連天沸或淺或深.[295]
飛沙蓬勃遮雲漢,[296] 淸風激浪喩摧林.[297]
白草遍野覆平源(原),[298] 綠柳分行垂兩岸.
烏[299]鵲拾食遍交橫, 魚龍踊躍而撩亂.

293 [項楚] '儀'는 '義'가 되어야 하며, '大義'는 여기서 복수를 가리킨다. [校注] '大儀'는 '大義'로도 쓰며 여기서는 '대사'를 가리킨다. 따라서 굳이 고칠 필요가 없다. 이상의 네 구는 오자서의 마음속에 대한 묘사이다.

294 [項楚] '列'은 '烈'이 되어야 한다. [校注] 고대에 두 글자는 서로 통했다.

295 이 구가 丁卷에는 '蓮天沸或深或淺'으로 쓰여 있다. 潘重規는 "'或'은 '鬻'을 살못 쓴 것이고, '鬻沸' 역시 '沸鬻'으로 위치가 바뀐 것으로 보인다"라고 했으나, 이는 분명치 않은 의견이다.

296 '漢'이 原錄에는 '漠'으로 쓰여 있다. 그러나 사실 原卷과 丁卷에는 모두 '漢'으로 쓰여 있어서 이에 근거해 고쳤다.

297 '喩摧林'은 '摧喩(楡)林'이 되어야 할 것으로 보인다. '楡林'은 변방의 지역 이름으로 진의 장성이 있는 곳이다. 蒙恬이 여기에 "돌을 쌓아 성을 만들고 느릅나무를 심어 보루를 만든다(壘石爲城, 樹楡爲塞)"라고 한 것에서 이름을 따왔다. 『漢書』「韓安國傳」과 「衛靑傳」에 관련 내용이 있다. '雲漢'은 하늘의 은하를 가리키고 '楡林'은 땅의 장성을 가리키므로 서로 짝이 될 수 있다.

298 [原校] '覆'이 원래는 '副'로 되어 있는데, 丁卷에 근거하여 고쳤다. [校注] '覆'이 去聲도 있으므로 빌려 쓰일 수 있다. 또 '源'이 丁卷에는 '願'으로 되어 있고 原錄은 이를 '原'으로 고쳤으나, 옳지 않다.

299 '烏'가 原錄에는 '鳥'로 되어 있으나, 原卷에는 '烏'로 丁卷에는 '鳥'로 되어 있다. '烏'

水猫遊獺[300]戲爭奔, 千迴不覺長吁嘆.
忽憶父兄枉[301]被誅, 卽得五內心腸爛.
思量讎恨痛哀嗟, 今日相逢不相捨,
我若命盡此江潭, 死活總看今日夜.
不辭[302]骸骨掩長波, 父兄之讎終不斷,
上蒼靡草總由風, 還是諸天威力化."[303]
끝없이 넓은 강물에 파도가 일어
때로는 얕게 때로는 깊게 하늘까지 이어져 끓는구나.
모래먼지 흩날려 은하를 가리고
세찬 바람에 장성이 무너질 듯.
들판의 백초는 평원을 덮고
푸른 버들은 줄지어 양 언덕에 드리웠구나.
까막까치는 먹을 것을 얻고자 가로지르며 날고,
어룡(魚龍)은 여기저기서 어지러이 뛰어오르네.
수달들은 앞을 다투며 헤엄을 치는데

가 곧 '烏'자이며, 여기서는 原卷에 근거해 고쳤다. 아래에 나오는 "唯見江烏出岸"의 '烏'자가 原卷에는 '𢇛'으로 쓰여 있는데, '𢇛'는 '烏'를 간단히 쓴 것이다.

300 '獺'이 原錄에는 '㺚'로 되어 있다. 潘重規는 이를 '健'으로 고치면서 "『돈황변문집』에서는 '健'을 '㺚'로 썼는데, 여기서는 丁卷에 근거하여 고쳤다"라고 말했다. 그렇지만 사실 原卷에는 '獺'의 속자인 '㺚'로 쓰여 있다. 『集韻』'曷'韻: "獺, 或從達." 돈황사본에서 '達'자는 대부분 가로획 하나가 생략되어 있으므로, 이 글자는 곧 '㺚'이 된다. 그리고 丁卷에는 '犍'으로 쓰여 있는데, 이는 '㺚'자를 잘못 쓴 것이다.

301 '枉'을 原錄에는 '狂'으로 썼다가 다시 '枉'으로 교기하였다. 丁卷에 이미 '枉'으로 되어 있으므로, 여기서는 丁卷에 따라 고쳤다.

302 不辭: 양보복합관계사로서, 의미는 '설사 ~하더라도'이다. 따라서 이 부분은 "설사 해골이 긴 파도에 잠긴다 하더라도 아버지와 형의 원수를 끝까지 잊지 않겠다"는 의미이다. 「廬山遠公話」에 "不辭與汝解脫(說), 似頑石安在水中, 水體姓(性)本潤, 頑石無由入得"라는 구절이 있다. 이는 道安이 善慶을 질책하는 말로서 "설사 너에게 설명을 하더라도, 이는 물이 단단한 돌에 스며들지 못하는 것과 같다"는 말이다.

303 '不辭骸骨掩長波' 이하 네 구는 '卽得五內心腸爛' 다음에 와야 한다. '斷'이 앞의 '岸, 亂, 嘆, 爛'과 압운이 되고, '化'가 뒤의 '捨, 夜'와 압운되기 때문이다. 또 丁卷에는 이 부분 아래에 꽤 긴 빈칸이 있다. 초사자가 중간을 빼먹은 듯하다.

나도 모르게 수도 없이 장탄식만 나오는구나.
아버지와 형의 억울한 죽음 문득 생각하니
오장(五臟)과 심장이 문드러진다.
원수의 한을 생각하면 괴롭고도 슬퍼
오늘이라도 만난다면 가만두지 않으리라.
내 만약 이 강에서 명이 다한다면
죽고 사는 건 모두 오늘 밤에 달린 것이로다.
내 해골이 저 긴 파도에 잠긴다 하더라도
아버지와 형의 원수는 끝까지 갚으리라.
풀을 쓰러뜨리는 건 바람이라 하나
이 역시 하늘의 힘이 그렇게 만든 것.

悲歌以(已)了, 行至江邊遠眄. 唯見江潭廣闊, 如何得渡! 蘆中引領, 迴首寂然. 不遇汎舟之賓, 永絶乘查[304]之客. 唯見江鳥出岸, 白鷺爭飛.[305] 魚鱉蹤(縱)[306]橫, 鸕鴻芬泊.[307] 又見長洲浩汗, 漠[308]浦波濤, 霧

304 '查'가 原錄에는 '楂'로 되어 있는데, 原卷에는 '查'로 되어 있다. 『廣韻』 '麻'韻 : "查는 물에 띄우는 나무이다. …… 鉏加 반절이다. 查와 槎는 같다." '查'는 '木'에 소리부분으로 '且'를 붙인 것인데, '楂'는 이를 늘려 쓴 것이고 '槎'는 소리부분을 바꾼 글자이며, '查'와 '楂'는 나중에 생긴 변체이다. 여기서는 原卷에 근거하여 현재 통용되고 있는 '查'로 교록한다.

305 '白鷺爭飛'가 原錄에는 '白露(鷺)鳥而爭飛'로 되어 있다. [項楚] 베껴 쓸 때 '鷺'자를 '路鳥' 두 자로 나눴다가 다시 '路'에 '雨'를 더해 '露'자로 쓴 듯하다. '而'자는 연문일 것이다. [校注] 項楚의 설이 옳으므로 여기서는 몇 글자를 없앴다.

306 '蹤'을 原錄에서는 '縱'으로 썼다. 原卷에는 '蹤'으로 되어 있는데, 이 글자는 '縱'과 통한다.

307 '芬泊'은 聯綿詞로서 번성한 모습을 말한다. 연면사의 의미는 소리에 근거한다. 따라서 原校에서처럼 '芬'을 '紛'으로 고칠 필요는 없다. 이 단어는 '紛粨'으로도 쓰인다. P.3468 「達夜胡詞」: "사람도 서로 다르고 귀신도 여러 가지다. 어떤 것은 훌륭하고 어떤 것은 비천하며, 어떤 것은 아름답고 어떤 것은 추악하다. 행동거지도 다르고 그 모습도 다양하다(人物差殊, 鬼神雜錯. 或良或賤, 或美或惡)."

308 [潘重規] '漠'은 '漢'이 되어야 한다. [校注] '漠'은 틀리지 않다. 『篇海類編』 「地理類」 '水'部 : "漠, 廣也, 大也." 이곳의 '漠'은 '長'과 대를 이루며 '넓다'로 해석해야 한다.

起[309]冥昏，雲陰靉靆；樹摧老岸，月照孤山；龍振[310]鱉驚，江豚[311]作浪. 若有失鄉之客，登岫嶺以思家；乘査[312]之賓，指參辰而爲正.[313] 岷山一住(柱),[314] 似虎狼盤旋. 濆濆[315]如鼓角之聲，並無船而可渡.

슬픈 노래를 마치고 강변에 이르러 먼 곳을 바라보았다. 이토록 드넓은 강물을 어떻게 건넌단 말인가! 갈대숲에서 목을 빼서 머리를 돌려 보았지만 사방은 적막했다. 배를 탈 손님도 없고 뗏목 타는 나그네는 완전히 끊겼다. 보이는 것이라곤 강 까마귀가 언덕에서 나오고, 백로가 다투어 날고, 물고기와 거북이는 이리저리 오가고, 가마우지와 기러기가 수도 없이 나는 모습 뿐. 또 긴 모래톱은 크게 퍼져 있고 넓은 포구에는 파도가 치고, 어두운 하늘에 안개가 피고 검은 구름이 짙게 끼어 있었다. 나무는 오래된 언덕에 부러져 있고 달은 외로운 산에 비치고 있었다. 용이 떨쳐 일어서자 거북이 놀래고 복어는 파도를 일으켰다. 고향을 잃은 나그네라면 높은 산에 올라 고향집을 생각하고, 뗏목을 탄

---

309 【項楚】 '起'는 '氣'가 되어야 한다. 【校注】 '霧起'와 '雲陰'은 모두 주술구조이므로 '起'를 고칠 필요가 없다.

310 '振'을 原錄에서는 '震'으로 교정하였다. 【項楚】 '振'을 '震'으로 교정한 건 잘못이다. 『說文』: "振, 一曰奮也." 이 구가 바로 이 의미이다. 【校注】 단옥재는 "一曰奮也." 아래에 "이 의미는 '震'과 대략 같다"라고 주를 달았다. 이에 따르면 '振'은 굳이 고칠 필요가 없다.

311 '豚'이 原卷에는 '沌'으로 되어 있다. 【徐震堮】 '沌'은 '肫'이 되어야 하며, '豚'은 이를 빌려 쓴 글자이다. 【校注】 '肫'과 '沌'은 모두 '豚'과 같다.

312 '査'를 原校에서는 '楂'로 썼다. '査'를 굳이 바꿀 필요가 없음은 앞에서 자세히 설명했다.

313 '正'을 原錄에서는 '止'로 고쳤다. 【徐震堮】 '正'자는 틀리지 않다. '止'라고 하면 오히려 뜻이 통하지 않는다. 【校注】 徐震堮의 교기가 맞다. 「離騷」에 "구천을 가리켜 정으로 삼다(指九天以爲正)"는 구가 있다. 【項楚】 指參辰以爲正 : 삼성과 신성으로 길을 가리키는 이정표로 삼다.

314 '住'는 '柱'와 통한다. 【項楚】 '住'는 '柱'가 되어야 한다. '一柱'는 산이 하늘을 떠받치고 땅 위에 우뚝 솟아있는 모습을 형용한다. 曹唐, 「仙都即景」: "높은 봉우리 하늘을 가로막을 정도라 우뚝 솟아 스스로 하늘을 떠받치고 있네(孤峰應礙日, 一柱自擎天)."

315 '濆濆'은 파도가 용솟음치는 소리이다. 『廣韻』 '魂'韻 普魂切 : "濆, 噴濆也." '濆'은 곧 '噴'의 편방을 바꾼 자이다. 돈황사본에서 '啼'가 흔히 '渧'로 쓰이는 것 역시 같은 예이다.

나그네는 삼성(參星)과 신성(晨星)을 가리키며 이정표로 삼는 법이나 우뚝 솟은 민산(岷山)[316]에는 호랑이와 이리만 돌아다닐 것 같았다. 파도는 북소리 뿔피리 소리를 내며 용솟음치고 강을 건널 배는 하나도 보이지 않았다.

經餘再宿,[317] 隱匿蘆中. 波上唯見一人, 唱謳歌而撥棹, 手持輪鉤, 欲以(似)[318]魚(漁)人, 卽出蘆中, 乃喚言 : "執鉤乘船之仕(士)! 暫屈就岸相看,[319] 勿辭之[320]勞, 幸願存情相顧." 魚(漁)人聞喚, 當乃尋聲, 蘆中忽見一人, 便卽搖船就岸. 收輪卷索, 息棹停竿, 隨流水上翩翩, 歌淸風而問曰 : "君子今欲何去, 逈在江傍浦側? 不見乘船泛客, 又無伴侶肅(蕭)然. 爲當[321]流浪漂蓬, 獨立窮舟(洲)[322]旅岸? 縱使求船覓渡, 在此寂絶舟船; 不恥下末愚夫, 願請具陳心事."

두 밤을 지내고 갈대 숲 속에 숨어 있는데 파도 위에 한 사람이 보였다. 노래를 부르며 노를 젓고 있었고 손에는 낚시를 들고 있으니 고기 잡는 어부 같았다. 곧 갈대숲에서 나와 외쳤다. "배에서 낚시하고 계신 분께서는 잠시 이쪽 언덕에 와서 만나 뵐 수 있겠습니까. 좀 수고스럽더라도 따뜻한 마음으로 돌봐주시지요." 어부가 이 소리를 듣고 소리 나는 곳을 찾아보니 갈대숲에서 홀연 한 사람이 보였다. 어부는 배를 강둑 쪽

316 【譯注】 岷山 : 四川과 甘肅의 경계에 있는 산. 【張鴻勳】 여기서는 실제로 그 장소를 가리키는 건 아니다.

317 '經餘再宿'은 '經再宿餘'로서, 두 밤을 지냈다는 의미이다.

318 欲以(似) : 同義連文이며, '欲'은 '似'와 같은 의미이다. 王鍈 『詩詞曲語辭例釋』 '欲(三)' : "『通釋』의 '欲似'조에 따르면 '欲似에서 欲은 의미가 없다.' 사실 '欲'과 '似' 두 자의 연용은 같은 의미를 중첩해 쓴 것이다. '欲'은 곧 '似'의 의미이다."

319 看 : 대접하다, 돌보다. 『通釋』의 해당 조목 참고.

320 【潘重規】 '之'는 '乏'이 되어야 한다. 【校注】 '勿辭之勞'는 곧 '勿辭勞'이며, '之'는 단순히 음절을 맞추기 위해 쓴 조사로 보인다.

321 '爲當'은 선택의문문에 쓰이는 접속사로서 '還是(아니면)'의 의미에 가깝다. 『通釋』의 해당 조목 참고.

322 '舟'는 '洲'로 읽어야 한다. 위의 "窮洲旅際絶舟船" 구가 이를 증명한다.

으로 저었다. 낚싯줄을 거두고 노를 멈추고 배는 흐르는 물을 따라 가게 두고 청풍가(淸風歌)를 부르며 물어보았다. "군자께서는 지금 어디로 가려 하십니까? 멀리 강변과 나루에는 배를 탈 손님이 보이지 않습니다. 일행도 없이 물을 따라 떠돌다가 이 궁벽한 물가에 홀로 서 계시는 것입니까? 강을 건널 배를 찾으시는 듯하나 여기는 배가 다 끊겼습니다. 이 못난 어부를 부끄럽게 생각지 않으시면 마음 속 심사를 모두 말씀해 보시지요."

子胥答曰:"吾聞『人相知於道術, 魚相望於江湖』,[323] 下奏(走)身是遊人, 豈敢虛相誑語! 今緣少許急事, 欲往江南行李. 自拙爲人, 幸願先生知委. 儻蒙賜渡, 恩可殺身;[324] 若也不容, 自當息意."

자서가 답하였다. "'사람은 도술을 익히면서 서로를 알고 물고기는 강호에서 서로를 알아본다.'고 했습니다. 저는 한낱 나그네일 뿐인데 어찌 감히 허황된 말을 하겠습니까! 지금 급한 일이 좀 있어 강남으로 가고 있는 중입니다. 사람됨이 어리석은 저이지만, 부디 선생께서 너그러이 이해해 주시길 바랍니다. 만약 건널 수 있게 된다면 죽는 한이 있어도 은혜를 갚을 것입니다. 만약 허락해 주시지 않는다면 당연히 제 뜻을 접어야지요."

魚(漁)人答曰:"適來鑒貌辨色, 觀君與凡俗不同. 君子懷抱可知, 更亦不須分雪. 我聞『別[325]人不賤, 別玉不貧』. 秦穆公賜酒蒙恩, 能言獨止[326]三軍, 空籠而獲重賞.[327] 觀君艱辛日久, 渴乏多時, 不可空腸

323 人相知於道術, 魚相望於江湖:『莊子』「大宗師」의 "魚相忘乎江湖, 人相忘乎道術"이라는 구의 의미를 거꾸로 쓴 것이다.

324 [項楚] '殺身'은 죽는 한이 있어도 은혜를 갚겠다는 의미이다.

325 '別'은 '감별하다'의 의미로, 아래의 '別'과 같다.『通釋』의 해당 조목 참고.

326 '止'가 原卷에는 '正'으로 되어 있다. [項楚] '正'은 '止'가 되어야 한다. 이 구는 劉邦 수하의 변사인 酈食其에 관한 내용이다. ……『新序』「雜事第五」에서는 蒯通이 韓信

渡江，欲設[328]子之一餐．吾家去此往返十里有餘，來去稍遲，子莫疑怪.” 子胥答曰 : “但求船渡，何敢望餐!” 魚(漁)人答曰 : “吾聞麒麟得食，日行千里; 鳳凰得食，飛騰四海.”

어부가 답하였다. “지금 당신의 용모와 얼굴색을 보니 보통의 사람과 같지 않음을 알 수 있겠습니다. 군자께서 품으신 생각을 다 알 듯하니 더 말할 필요는 없을 것입니다. ‘사람을 알아볼 수 있는 자는 천하지 않고 옥을 알아볼 수 있는 자는 가난하지 않다.’고 했습니다. 진(秦) 목공(穆公)은 술을 주어 은혜를 베풀었고, [역이기(酈食其)]는 말을 잘해 홀로 [제(齊)의] 삼군을 막았고, [순우곤(淳于髡)]은 빈 새장으로 무거운 상을 받았습니다. 오래도록 힘든 날과 배고픔에 시달리신 듯합니다. 빈속으로 강을 건너시게 할 순 없으니 식사 한 끼를 대접하고자 합니다. 저의 집은 여기서 10여 리 정도를 되돌아가야 하니, 갔다 오는 시간이 다소 지체되더라도 의심하거나 괴이하게 생각진 마십시오.” 자서가 답하였다. “강을 건널 배만 구할 뿐 어찌 감히 밥을 바라겠습니까!” 어부가 답하였다. “‘기린은 먹이를 먹으면 하루에 천리를 가고, 봉황은 먹이를 먹으면 사해(四海)를 날아오른다.’고 하였습니다.”

에게 한 말을 이렇게 쓰고 있다. ‘족하께서는 제를 치라는 명을 받으시고도 어찌 삼군의 무리를 이끄는 데에 머물러 더벅머리 유생의 공에도 미치지 못하려고 하십니까?(足下受詔擊齊，何故止將三軍之衆，不如豎儒之功)’ 여기서 ‘더벅머리 유생’이 바로 역이기이다.

327 ‘賞’이 原錄에는 ‘貴’로 쓰여 있으나, 실제로 原卷에는 ‘賞’으로 쓰여 있으므로 여기서는 옳게 고쳤다. 【項楚】 ‘空籠獲賞’과 관련된 일은 褚少孫 補『史記』「滑稽列傳」에 보인다. “제왕이 순우곤을 시켜 초에 고니를 바치도록 했다. 읍문을 나온 후 길에서 고니가 날아가 버려 빈 새장을 가져갈 수밖에 없었다. 순우곤은 거짓으로 말을 꾸며 초왕에게 가서 말하였다. …… 초왕은 ‘좋소. 제왕은 참 믿을만한 사람을 곁에 두었구려!’라고 말하고는 후하게 대접해주었다. 고니가 있는 것보다 배는 좋았다(齊王使淳于髡獻鵠於楚. 出邑門，道飛其鵠，徒揭空籠，造作成辭，往見楚王曰. …… 楚王曰，善，齊王有信士若此哉. 厚賜之，則倍鵠在也).”

328 設 : 밥을 차려 대접하다. 『太平廣記』 권165 「鄧祐」 “안남의 도호 등우는 소주 사람으로, 거부에 노비가 천 명이나 되었다. 그러나 항상 제 배만 불리고 손님을 접대하는 일이 없었다(安南都護鄧祐，韶州人，家巨富，奴婢千人. 恒口腹自供，未曾設客).”

答語已了, 留船卽去. 乃向家中取食. 子胥聞得此語, 卽與魚(漁)人看船. 子胥心口思惟[329]: "此人向我道『家中取食』, 不多喚人來捉我以否?"[330] 遂卽抛船而走, 遂向蘆中藏身. 魚(漁)人逡巡之間, 卽到船所. 其魚(漁)人取得美酒一榼, 魚肉五斤, 薄餠十翻,[331] 飯携一罐, 行至船所, 不見蘆中之士, 唯見岸上空船. 顧戀之情, 悲傷不已. 魚(漁)人歌而喚曰: "蘆中之仕(士), 何故潛身? 出來此處相看, 吾乃終無惡意. 不須疑慮, 莫作二難.[332] 爲子取食到來, 何故不相就食?" 子胥聞船人此語, 知無惡意相厄,[333] 遂卽出於蘆中, 愧賀取食艱辛, 逢迎卑謝.

이렇게 답하고는 배를 남겨두고 바로 집으로 밥을 가지러 갔다. 자서는 이 말을 듣고 어부의 배를 봐주었다. 자서가 마음속으로 생각했다. "이 사람이 내게 집에 가서 밥을 가지고 오겠다고 말했지만, 혹시 사람들을 불러 와서 나를 잡으려고 하는 건 아닐까?" 이윽고 배를 버리고 자리를 떠나 갈대숲에 몸을 숨겼다. 어부는 잠시 후에 배가 있던 곳으로

329 '心口思惟'는 '마음속으로 헤아리다'의 의미이다. 『五燈會元』 권2 「舍利弗尊者」: "사리불이 마음속으로 생각했다. '이 여인이 부처를 뵙고 참을 수 있을지 참을 수 없을지 모르겠구나.'(舍利弗心口思惟: 此姊見佛, 不知得忍不得忍否)." 『淸平山堂話本』 「簡貼和尙」: "여자가 눈을 모아 자세히 보니 들어오는 사람이 거친 눈썹에 큰 눈을 가지고 있었다. …… 여자가 이를 보고 마음속으로 생각하기를 '그 중이 말해주었던 간찰을 보낸 관리인 듯하구나.'(小娘子着眼看時, 見入來的人粗尾毛, 大眼精 …… 小娘子見了, 口喩心, 心喩口, 道, 好似那僧兒說的寄柬帖兒官人)." 이때 '口喩心, 心喩口' 역시 '心口思惟'와 같은 의미이다.

330 '以否'는 '與否'라 말하는 것과 같으며 의문의 어기를 나타낸다. 『通釋』의 해당 조목 참고. 또 '不多' 이하는 '사람들을 많이 불러오진 않을까'라고 말하는 것이며, 여기서 '不'는 '豈不'이나 '莫非'의 의미이다. 아래의 "萬兵不少以不" 역시 같은 예이다. 【項楚】 不多: '혹시 ~이 아닐까?'의 의미. '多'는 추측의 어기를 나타내며 '多半'이나 '八成'과 같다.

331 '翻'이 原錄에는 '番'으로 되어 있으나 실제 原卷에는 '翻'으로 되어 있다. '翻'은 '番'과 같으며 둘 다 양사이다. P.5031의 '餠廿翻'에서도 '翻'자를 쓰고 있다.

332 【項楚】 二難: 진퇴양난, 즉 '어려워하다'의 의미.

333 【蔣禮鴻】 丙卷에는 '意遂' 우측에 '相厄' 두 글자가 더해져 있다. 【校注】 蔣禮鴻의 말이 맞다. 原卷(즉, 丙卷)에서 '意遂' 두 글자는 행의 끝에 있으며 작은 글자가 두 글자 사이에 더해져 있다. 이는 글자를 보충할 때 쓰는 방법이므로, 이에 근거하여 채워넣었다.

왔다. 어부는 좋은 술 한 통과 어육 다섯 근, 얇은 떡 열 장, 밥이 담긴 소쿠리 하나를 가지고 배가 있던 것으로 온 것이다. 하지만 갈대밭 속에 있던 사람은 보이지 않고 강둑에는 빈 배만 보일 뿐이었다. 돌봐주고 가엾어 했던 마음이 슬픈 상처가 되고 말았다. 어부가 노래로 [오자서를] 불렀다. “갈대밭에 있던 분, 왜 몸을 숨기십니까? 이곳으로 나와 보십시오. 저는 악의가 절대 없습니다. 그러니 의심할 필요도 없고 어려워할 필요도 없답니다. 당신을 위해 밥을 가지고 왔는데 왜 드시러 오지 않으십니까?” 자서는 어부가 한 말을 듣고 악의가 없음을 알고 곧 갈대숲에서 나와 어렵게 밥을 가져온 것에 깊이 감사하고 사과의 말을 건넸다.

於時鋪設, 兩共同餐. 便卽鼓棹搖船, 至於江半. 子胥得食喫足, 心自思惟: “凡人『得他一食, 慚人一色;[334] 得人兩食, 爲他着力』.” 懷中璧玉以贈. 船人畏暮貪前, 與物不相承領. 子胥慮嫌信[335]少, 更脫寶劍相[336]酬. 魚(漁)人息棹迴身, 乃報子胥言曰: “君莫造次, 大須三思. 一惠之餐, 有何所直? 人之屈厄, 魚鱉同群; 君子迍邅, 龍蛇共處.[337] 楚王捕逐於子, 捉獲賞賜千金; 隱匿之人, 誅身滅族. 吾上不貪明君重賞, 下不

334 ‘色’을 原錄에서는 ‘包’로 썼다가 ‘飽’로 교기했다. 실제 原卷에는 ‘色’의 속자인 ‘㐌’으로 되어 있다. 【項楚】 慚人一色 : 온화하고 기쁜 얼굴로 다른 사람에게 감사의 표시를 하다. 이 네 구는 당시의 속담이다.

335 信 : 선물. 돈황본 句道興의 『搜神記』: “‘제가 급히 오느라 아무 것도 가져오지 못했습니다.’ 이윽고 신발끈을 풀어서는 ‘형님께 선물로 드립니다.’ 하였다(弟來蒼忙, 沿身更無餘物. 遂乃解靴縚一雙, 奉上兄爲信).” 아래에 나오는 “慮恐船人嫌我信物輕少”의 ‘信物’ 역시 같은 의미이다.

336 ‘相’이 原錄에는 ‘於’로 되어 있다. 原卷에는 ‘於’의 속자인 ‘扵’로 되어 있다. 【劉堅】 ‘於’는 ‘與’ 즉 ‘以’가 되어야 한다. 【陳治文】 ‘於’는 ‘相’이 잘못 쓰인 것이므로 ‘相’으로 고쳐야 한다. 【校注】 ‘相’의 초서가 ‘於’와 비슷해서 사본에서는 두 자가 잘못 쓰인 경우가 흔히 보인다. 여기서는 진치문의 의견에 따랐다.

337 【項楚】 ‘屈厄’과 ‘迍邅’은 모두 역경에 처함을 의미한다. ‘魚鱉同羣’과 ‘龍蛇共處’는 귀천이 나뉘지 않음을 가리킨다.

避誅戮之褰(愆), 子欲寶劍相讎(酬), 何如平王之物? 龍泉寶劍, 與子防身; 璧玉荊珍, 將充所費.[338] 後若高遷, 富貴莫忘, 一朝自責. 蒲柳之年,[339] 逢君日晚. 劍璧之事, 請更莫留. 子若表我心懷, 更亦不須辭謝."

이윽고 음식을 펼쳐서 두 사람이 함께 밥을 먹고 노를 저어 강의 한복판에 이르렀다. 배불리 먹고 마신 자서는 마음속으로 생각했다. "무릇 사람이 한 끼 밥을 얻어먹으면 감사의 표시를 하고, 두 끼 밥을 얻어먹으면 그를 위해 온 힘을 기울이는 법이다." 그리하여 가슴에 품고 있던 벽옥(璧玉)을 건넸다. 하지만 어부는 날 저무는 것이 걱정되어 앞길만 신경 쓸 뿐 물건을 받을 생각은 하지 않았다. 자서는 선물이 너무 작아 싫어하는 것이라 생각하고 이번에는 보검을 벗어 주었다. 어부는 노 젓기를 그치고 몸을 돌려 자서에게 말하였다. "경솔하게 행동하지 마십시오. 모름지기 세 번은 생각하셔야지요. 겨우 한 번의 식사가 무슨 가치가 있겠습니까. 사람이 어려운 일을 당하면 물고기와 거북이 함께 모여들고, 군자가 역경을 당하면 용과 뱀이 함께 머무는 법입니다. 초왕은 당신을 잡아오는 사람은 천금을 줄 것이나 숨겨준 사람은 도륙을 하고 그 가족까지 멸족시킨다 하였습니다. 저는 위로는 임금의 무거운 상을 탐하지 않고 아래로는 주륙을 당할 죄도 피하지 않았습니다. 당신이 보검을 준다고 하나 어찌 평왕의 상만 하겠습니까? 용천보검(龍泉寶劍)으로는 당신의 몸을 지켜야 하고, 벽옥은 필요할 때 쓰셔야지요. 후에 만약 부귀한 자리에 오르면 그때 오늘을 잊지 말아 주십시오. 물가의 버들처럼 일찍 노쇠하여 당신 같은 군자를 늦게 만났음을 탓할 뿐입니다. 보검과 벽옥은 부디 거두어 주십시오. 당신께서 만약 제게 마음을 보여주시려

338 '費'를 原錄에서는 '貴'로 썼는데, '貴'는 '費'를 잘못 쓴 것으로 보인다. 『捉季布傳文』에 나오는 "심히 노고가 많았소. 음식 맛이 진미로군요(深勞破費味如珍)"의 '費'자가 丁卷과 경권에는 '貴'로 되어 있는데, 이 역시 같은 사례이다. '將充所費'는 여정에서 필요할 때 충당하라는 의미이다.

339 【項楚】 浦柳之年 : 늙은 때. 물가의 버들이 가장 먼저 시들기 때문에 일찍 노쇠한 것을 비유한다.

한다면 더욱 [제 말을] 거절하지 말아 주십시오."

子胥見人不受, 情中漸覺不安. 心口思惟, 慮恐船人嫌我信物輕少: "雖是君王寶物, 知欲如何!" 遂擲劍於江中, 放神光而煥爛.[340] 劍乃三涌三沒, 水上偏偏(翩翩).[341] 江神遙聞劍吼, 戰悼[342]湧沸騰波. 魚鱉忙怕[343]攢泥, 魚龍奔波透出. 江神以手捧之, 懼怕乃相分付. 劍既離水, 魚鱉跳梁. 日月貞明, 山林皎亮. 雲開霧歇, 霞散煙流. 岸樹迎賓, 江風送客. 遠望沙傍白露(鷺), 博(薄)暮擬欲歸林. 浦側不見承(乘)[344]船汎客, 又無伴侶, 唯見孤山淼漫. 逈眄[345]故鄉, 拭淚沾衣, 心懷鬱怏.[346]

어부가 받지 않으려 하자 자서는 점점 더 불안해져서 마음속으로 생각했다. "뱃사람이 내 선물이 약소한 것이 마음에 들지 않는 모양이구

---

340 '煥爛'이 丁卷에는 '㶿爛'으로 되어 있다. '㶿'은 '燦'의 속자이다. 또 丁卷에는 앞 구의 '劍'자 위에 '寶'자가 있다.

341 [徐震堮] '偏偏'은 '翩翩'이 되어야 한다. [校注] 이 역시 동음통가자이다.

342 '悼'를 原錄에서는 '踔'도 고기하였다. [項楚] '悼'는 고칠 필요가 없다. 『석문』 "悼, 懼也, 陳楚謂懼曰悼."

343 忙怕: 두려워하다. '忙'은 '怕'이다.

344 [項楚] '承'이 『敦煌變文彙錄』에는 '來'으로 되어 있는데, 아마 '來'가 맞을 것이다. [校注] 原卷에는 '承'의 속자인 '承'으로 되어 있다. 위에 나오는 "與物不相承領"의 '承'자 역시 原卷에는 '承'으로 되어 있다. '承'은 '乘'과 통하며, 위에 나오는 "逈在江傍浦側, 不見乘船泛客, 又無伴侶肅(蕭)然"에는 '乘'으로 되어 있다.

345 '逈'이 原錄에는 '迴'로 되어 있다. 原卷에는 '逈'으로 되어 있는데, 사실 이 자는 '逈'의 속자이다. 여기서는 정자를 썼다. '眄'을 原錄에서는 '盼'으로 잘못 썼다. 앞쪽의 "見君眄後看前"과 뒤쪽의 "貧賤不相顧眄"의 '眄'도 모두 原錄에 '盼'으로 잘못 쓰여 있다. 여기서는 原卷에 근거하여 모두 옳게 고쳤다.

346 '怏'이 原錄에는 '燠'로 쓰여 있으나, 사실 原卷에는 '怏'의 속자인 '炴'으로 쓰여 있다. '央'이 '臾'으로 쓰인지는 이미 오래인데, 예를 들어 「魏元繼妃李瑗華墓志」에 이 글자가 보인다. 또 본 편의 原卷은 '英'을 '莫'으로 쓰고 '岤'을 '岤'으로 쓰면서 정자보다 한 획을 더 긋는다. 이것으로도 '臾'이 '央'임을 충분히 알 수 있다. 또 속자는 편방을 서로 바꾸는 법이 있으므로 '忄'와 '火'를 바꿔 쓰는 경우가 많다. '鬱怏'은 쌍성연면사로서 '우울하다'의 의미이다. P.2555「感叢草初生」시: "봄빛은 향기를 내뿜으나 이내 마음은 우울하기만 하네(春色縱芳菲, 片心終鬱怏)." 王度의 『古鏡記』: "어지러운 세상을 만나 사는 것이 늘 우울하다(遭世擾攘, 居常鬱怏)" 역시 같은 용례이다.

나. 비록 군왕의 보물이긴 하지만 더 이상 내가 어떻게 하리?" 마침내 검을 강으로 던졌다. 검은 신광(神光)을 뿜으며 빛이 나더니 세 번 솟다가 세 번 빠졌다가 하면서 물 위를 나는 듯 떠다녔다. 강의 신은 멀리서 검이 우는 소리를 듣고 물을 부글부글 끓이며 물결을 크게 일으켰고, 물고기와 거북은 무서워서 진흙을 뚫고 들어가기 바빴으며, 어룡은 파도 위를 내달리며 솟구쳤다. 강의 신은 손으로 그것을 받들어 두려워하며 건네주었다. 검이 물을 떠나자 물고기와 자라는 뛰어오르고 해와 달은 밝아지고 산림은 밝게 빛나고 구름이 걷히고 안개가 사라지고 노을이 흩어지고 연기는 흘러가고 언덕의 나무는 손님을 맞아들이고 강가의 바람은 나그네를 전송해주었다. 멀리 보니 모래사장 가의 백로는 해가 저물어 숲으로 돌아가려 하고 있었다. 포구에는 배 타려는 손님 보이지 않고 자서에게는 일행도 한 명 없었다. 보이는 것이라고는 우뚝 선 산과 아득한 강물뿐이라 눈을 돌려 고향 쪽을 바라보았다. 눈물을 닦느라 옷이 젖고 마음은 우울하고 답답하였다.

渡江欲至南岸, 子胥乃問船人曰: "先生姓何名誰? 鄉貫住在何州縣?" 魚(漁)人答曰: "我亦無姓無名, 長住江而爲伴. 橫干(竿)莫(漠)浦,[347] 縮劍深潭. 今日兩賊相逢, 何用稱名道姓? 君爲蘆中之事(仕), 我爲船上之人, 意義足亦可知, 富貴不須相忘." 子胥曰: "蒙先生一濟, 無有忘時. 遇藥傷蛇, 由(猶)能返報."[348] 魚(漁)人問曰: "只今逃逝, 擬投何國?" 子胥曰: "擬投越國." 魚(漁)人曰: "子投越國——越國與楚和順, 元不交

347 '干'은 '竿'과 통하며, '橫竿'은 낚시를 드리우는 것이다. '莫'은 '漠'과 통하며, 앞에 '漠浦波濤'라는 구가 나왔다. 여기서 '莫(漠)浦'는 '深潭'과 짝을 이루므로 '漠'은 '넓다'의 의미가 된다. 앞쪽의 주석을 참고.

348 『淮南子』「覽冥訓」 高誘 注: "수후는 한나라 동쪽 나라 사람으로 姬姓의 제후이다. 수후는 상처 난 큰 뱀을 보고 약을 발라주었다. 나중에 뱀은 강에서 큰 구슬을 물어다가 보답했다(隋侯, 漢東之國, 姬姓諸侯也. 隋侯見大蛇傷斷, 以藥傅之. 後蛇于江中銜大珠以報之)."

兵，慮恐捉子送身，懷報(抱)讎心[349]不達．子投吳國，必得流通．[350] 吳王常與楚讎，兩國不相和順．吳與楚國數爲征戰，無有賢臣，得子甚要．"

강 건너 남쪽 기슭에 이를 즈음 자서가 뱃사람에게 물었다. "선생의 성함은 어떻게 되십니까? 고향은 어디신지요?" 어부가 답하였다. "저는 성도 이름도 없이 오래도록 강을 짝 삼아 살아왔습니다. 넓은 포구에 낚시를 드리우고 깊은 못에 칼을 메어 두고 있습니다. 오늘은 두 적이 만난 것이니 어찌 이름을 말할 필요가 있겠습니까! 당신은 갈대숲에 있는 사람이고 저는 배위에 있는 사람으로도 그 마음은 충분히 알 수 있습니다. 부귀하게 되면 그때는 저를 잊지 마십시오." 자서가 말하였다. "선생께 도움 받은 일은 결코 잊지 않을 것입니다. 상처 난 뱀이 약을 얻었으니 이 은혜는 반드시 갚겠습니다." 어부가 물었다. "지금 떠나셔서 어느 나라에 몸을 맡길 생각이신지요?" 자서가 말하였다. "월(越)나라로 갈 생각입니다." 어부가 말하였다. "월나라로 가신다면, 월나라와 초나라는 본래부터 싸움을 하지 않고 절친한 사이라, 만약 당신을 잡아서 초나라로 보내버린다면 원수를 갚겠다는 결심이 이루어지지 못할까 걱정입니다. 오(吳)나라로 가시면 분명 일이 막힘없이 성사될 것입니다. 오왕은 줄곧 초나라와 원수지간에 화친한 적이 없습니다. 오나라는 초나라와 자주 싸움을 벌이면서도 현명한 신하가 없었으니 당신을 얻게 되면 무척이나 요긴하겠지요."

子胥問船人曰："吳國如何可投得?" 船人曰："子至吳國，入於都市，泥塗其面，披髮獐狂，東西馳走，大哭三聲." 子胥曰："此法幸願解之."

---

349 [項楚] '報'는 '抱'가 되어야 한다. '讎心'은 복수심이다. '慮恐讎心未發', '請快讎心'이 모두 그 예이며, 앞쪽의 '報'자가 꼭 쓸데없는 건 아니다.

350 流通 : 순조롭다. 아래에 나오는 "願我平安達前所，行無滯礙得通流"의 '通流' 역시 같은 의미이다.

船人答曰:“泥塗其面者, 外濁內淸; 大哭三聲, 東西馳走者, 覓其明主也; 披髮在市者, 理合如斯也. 吾非聖人, 經事多矣!” 子胥蒙他教示, 遂卽拜謝魚(漁)人. 慮恐楚使相逢, 不得久停. 至岸卽發, 哽咽聲嘶. 由(猶)如四鳥分飛, 狀若[351]三荊[352]離別. 遂別魚(漁)人南行. 眷戀之情, 悲傷不已. 迴頭遙望, 忽見魚(漁)人覆船而死. 子胥愧荷魚(漁)人, 哽咽悲啼不已, 遂作[353]悲歌而嘆曰:

자서가 뱃사람에게 물었다. “오나라에 몸을 맡기려면 어떻게 해야 합니까?” 뱃사람이 말하였다. “오나라에 이르면 도성의 저자로 들어가 얼굴에 진흙을 바르고 머리는 어지럽게 풀어헤치고 사방으로 내달리면서 큰 소리로 세 번을 통곡하십시오.” 자서가 말하였다. “하나하나 좀 더 자세히 말씀해 주시겠습니까?” 뱃사람이 답하였다. “얼굴에 진흙을 바른다는 것은 밖은 더러워도 속은 깨끗하다는 것이요, 세 번 통곡하며 사방으로 내닫는다는 건 현명한 군주를 찾는다는 것이며, 저잣거리에서 머리를 풀어헤치는 건 이것이 마땅한 이치라는 뜻입니다. 저는 성인(聖人)은 아니지만 살아온 경험은 풍부합니다.” 자서는 가르침을 받고 어부에게 감사의 인사를 올렸다. 초에서 보낸 사람들과 맞닥뜨릴까 걱정되어 오래 머물지 못하고 둑에 이르자 곧바로 발길을 옮겼다. [두 사람이]

351 狀若: 동의연문으로 ‘狀’은 ‘若’과 같다.

352 原錄에서는 ‘荊’ 옆에 고유명사 표시를 함으로써 ‘荊楚’의 ‘荊’임을 말하고 있다. 徐震堮은 ‘三荊’이 『續齊諧記』의 “경조 전진의 형제 셋이 재산 분할을 논의하였다. 살아 있는 재물도 공평하게 나누었으나 오직 집 앞의 자형나무 한 그루만은 세 부분으로 나누고자 했다. 다음날 나무를 자르자 나무는 곧 불에 탄 것처럼 말라 죽어버렸다(京兆田眞兄弟三人, 共議分財, 生貲平均, 唯堂前一株紫荊樹, 共欲破三片, 明日就截之, 其樹卽枯死, 狀如火燃)”에 근거하고 있다고 말한다. 또 위 구의 ‘四鳥’ 역시 전고가 있다. 『孔子家語』:“환산의 새가 새끼 네 마리를 낳았다. 날개가 다 자라 장차 사해로 날아가려 하니 그 어미는 슬프게 울며 보내주었다(桓山之鳥, 生四子焉. 羽翼旣成, 將分飛於四海, 其母悲鳴而送之).” 따라서 ‘四鳥’와 ‘三荊’은 모두 형제를 비유하며, ‘荊’에 고유명사 표시를 해서는 안 된다.

353 丁卷에는 위쪽의 긴 단락이 빠져 있으며, 다만 “知欲如何, 遂擲寶劍於江中, 放神光而燦爛”이라는 몇 구만 어지럽게 쓰여 있다.

목메어 우는 소리는 네 마리 새가 갈라져 날아가는 듯하고, 그 모습은 가시나무가 세 갈래로 찢기는 것 같았다. 이윽고 어부와 헤어져 남쪽으로 가면서도 돌보고 사랑해주었던 인정 때문에 그 슬픔이 가시지 않았다. 고개를 돌려 멀리 바라보니 갑자기 배가 뒤집혀 어부가 죽어가고 있었다. 자서는 어부에게 입은 은혜가 부끄러워 목이 메도록 비통한 울음을 그칠 수가 없어서 곧 슬픈 노래를 지어 탄식하였다.

大江水兮淼[354]無邊, 雲與水兮相接連.
痛分痛兮難可忍, 苦兮苦兮冤復冤!
自古人情有離別, 生死富貴總關天.
先生恨胥何勿[355]事, 遂向江中而覆船!
波浪舟兮浮沒沉, 唱[356]冤枉兮痛切深.
一寸愁腸似刀割, 途中不禁淚沾襟.[357]
望吳邦兮不可到, 思帝鄉兮懷恨深.
儻值明主得遷達, 施展英雄一片心.
"넓은 강물은 끝없이 아득하여,
구름과 강물이 서로 접해있구나.
애달프다, 애달프다! 차마 참기 힘들도다!

354 '淼'가 原卷에는 '森'으로 되어 있다. 여기서는 丁卷에 근거하여 고쳤다. 또 '大江'이 丁卷에는 '江海'로 쓰여 있다.

355 [原校] 丁卷에는 '勿'이 '忽'로 되어 있다. [校注] '忽'은 차음자이고 '勿'은 本字가 '物'이며 '何物'은 '什麽東西'가 '什麽'로 허사화되어 의문대명사로 쓰였다. '物'의 의미가 이미 불명확하기 때문에 '勿'로 대신 쓸 수 있다. 예를 들어, S.610「啓眼錄」: "일을 기록하다가 또 화를 내며 말했다. '이 자는 뭐하는 자인가?'(錄事又嗔云 : 此漢是何勿體裏)."

356 唱 : 외치다, 부르다. P.2656「燕子賦」: "제비가 이에 쾌재를 부르니, 그 기쁘고 위안됨이 그지없었다(燕子唱快, 喜慰不以)."

357 [原校] '襟'이 원래는 '禁'으로 되어 있는데, 여기서는 丁卷에 근거해 고쳤다. [校注] '禁'은 바로 앞에 나오는 '不禁'과 이어져 편방을 잘못 없앤 것 같다. 그리고 '不禁'이 丁卷에는 '不覺'으로 되어 있다.

슬프도다, 슬프도다! 원통하고도 원통하다!
자고로 인생에는 이별이 있고
생사부귀는 하늘이 결정한다고 했지만,
선생은 이 자서에게 무슨 한스러운 일이 있기에,
강 한가운데에서 배를 뒤집으시는가!
파도에 휩싸인 배가 떴다 가라앉았다 하니,
큰 소리로 원통함을 호소해 본들 괴로움만 더하누나.
근심스런 한 치 마음은 칼로 도려낸 듯 하고,
길 가는 중에도 옷깃 적시는 눈물은 금치 못하겠구나.
멀리 오나라를 바라보아도 이를 수가 없고,
황제 계신 곳 생각하니 회한만 깊어 가누나.
현명한 군주를 만나 높은 자리에 오르면,
영웅의 일편단심을 펼쳐보리라."

悲歌已了, 更復[358]向前, 棲(悽)愴依然:"丈夫契闊, 何大迍邅! 忠心盡節, 事君九年. 夙夜匪懈, 晨昏無慫.[359] 今遭落薄,[360] 知復何言!" 語已懷恨,[361] 氣上衝咽. 業也命也, 並悉關天. 登山驀嶺, 渡水尋川. 求却不却, 求前不前. 動卽被餓, 性命轉然.[362] 平王太劇, 唱叫稱冤.

슬픈 노래를 마치고 다시 앞길을 재촉했지만 애달픈 마음은 그대로

358 [原校] '復'이 원래는 '伏'으로 되어 있는데, 여기서는 丁卷에 근거하여 고쳤다. 아래의 '知復何言'도 乙卷과 丙卷이 모두 '伏'으로 되어 있으나 의미를 보고 '復'으로 고쳤다. [校注] 乙卷에는 이 단락이 없다. '乙卷'은 '丁卷'을 잘못 쓴 듯하다.

359 '昏'이 원래는 '省'으로 되어 있다. [項楚] '省'은 '昏'이 되어야 한다. '晨昏'은 앞 구의 '夙夜'와 마찬가지로 아침부터 저녁까지를 말한다.

360 [原校] 丁卷 역시 '落薄'으로 쓰여 있으나, 이는 '落魄'이 되어야 한다. [校注] '落薄', '落魄', '落泊', '落拓', '落託', '落度' 등은 모두 같은 연면사를 다르게 쓴 것으로, 근심이 깊어 의욕을 잃은 모습이다. 따라서 굳이 고칠 필요가 없다.

361 [原校] '恨'자가 빠져 있는데, 丁卷에 근거하여 채워 넣었다. [校注] 原卷에서 '恨'자는 오른쪽 아랫부분만 잔결되어 있다.

362 [項楚] 性命轉然 : 唐代의 속담으로, 생명이 극히 위험한 상태에 있음을 말한다.

였다. "대장부가 고초를 겪는다 해서 그것이 무슨 큰 고생이겠는가? 충심으로 지조를 지켜 임금을 섬긴 9년 동안 아침저녁으로 나태하지 않고 새벽부터 밤까지 태만한 적이 없었다. 하지만 지금은 이렇게 초라한 처지가 되었으니 다시 무슨 말을 하리!" 말을 마치자 회한이 느껴져 숨이 차오르고 목이 메었다. 업(業)이든 명(命)이든 모두 하늘에 달려 있는 것. 산에 오르고 고개를 넘고 물을 건너고 시내를 따라갔다. 뒤로 가려 해도 가지 못하고 앞으로 나아가려 해도 나아가질 못했다. 움직이면 바로 배고픔이 엄습해왔으니 목숨이 다할 때가 된 것이었다. 평왕은 참으로 잔혹한 사람이라 [자서는] '원수 같은 놈'이라고 큰 소리로 외쳤다.

子胥帶[363]劍, 途(徒)步而前. 至漭、蕩山間 : 石壁侵天萬丈,[364] 入地[365]騰(藤)竹從(縱)橫.[366] 遙望松羅(蘿), 山崖斗[367]暗. 蟲[368]狼離合, 百鳥關關. 思憶帝鄕, 乃爲歌曰 :

자서는 칼을 차고 계속 앞으로 걸어갔다. 망산(漭山)과 탕산(蕩山) 사이에 이르니, 석벽이 만 길이나 하늘을 찌르고 등나무와 대나무가 땅에

---

363 '帶'가 原卷과 丁卷은 모두 '辶' 편방을 잘못 더했다.

364 이 구부터 '蟲狼離合'까지가 丁卷에는 없다.

365 [原校] '入地' 위에 원래 '滔'이 있는데, 이는 연문이다. [校注] 이 글자의 실제 모습은 '澑'이며, 다른 곳에는 없는 것으로 보아 잘못 초사한 흔적인 듯하다. 또 '入地'는 '卜地'의 잘못이고 '卜'은 '赴'에서 편방을 없앤 것인 듯하다. '赴地'는 '覆地'와 통하며 '땅에 가득하다'의 의미이다. 또 '覆地騰(藤)竹'은 위 구 '石壁侵天'과 짝이 될 수 있도록 '騰(藤)竹覆地'가 되어야 할 것이다.

366 '騰'은 '藤'의 편방을 바꾼 속자인 '籐'이 되어야 할 것이다. '從'을 原錄에서는 '縱'으로 썼다. 실제 原卷에는 '從'으로 쓰여 있는데, 이 글자는 '縱'과 통한다.

367 '斗'를 原錄에서는 '陡'로 교기하였다. [項楚] '斗'를 '陡'로 고칠 필요는 없다. '斗'가 곧 '陡然(갑자기)'의 의미이다.

368 '蟲'은 모든 동물의 통칭이다. 『集韻』: "이양빙이 말하기를 '蟲은 헐벗고 털이 나 있고 깃털이 있고 비늘이 있고 껍질이 있는 것들을 통칭한다'고 했다(蟲, 李陽冰曰 : 裸毛羽鱗介之通稱)." 아래 "怪鳥成群, 蟲狼作隊"의 '蟲' 역시 같은 의미이다. [項楚] 蟲狼離合 : 짐승들이 모였다 흩어지는 것. '蟲'은 각종 동물들을 통칭하는 말이며 곤충만을 지칭하는 것이 아니다. 예를 들면 호랑이는 '大蟲'이라 칭하고 뱀은 '長蟲'이라 칭한다.

가득 어지러이 섞여 있었다. 멀리 소나무가 보이는 산언덕이 갑자기 어두워지더니 갖가지 짐승들이 모였다 흩어지고 온갖 새들이 울어댔다. 이윽고 황제가 계신 곳을 생각하며 노래를 불렀다.

我所思兮道路長, 涉江水兮入吳鄉.
父兄冥莫知何在, 零丁遣我獨悽[369]惶.
丈夫流浪隨緣業,[370] 生死富貴亦何常![371]
平王曲受魏陵語, 信用讒佞殺忠良.
思故鄉兮愁難止, 臨水登山情不已.
楚帝輕盈憐[372]細腰, 宮裏美女多餓死.
秦穆公之[373]女顏如玉, 二八容光若桃李.
見其姿首納爲妃, 豈合君王[374]有此理!
自從逃逝鎭懷憂,[375] 使我孤遺無所投.
晝卽途中尋鬼路, 躡(匿)影[376]藏形恒夜遊.
燕山勒頌知何日, 冒[377]染蓬塵雙鬢秋.
不慮東西抗天塞, 唯愁渴乏渡荒州(洲).
願我平安達前所, 行無滯礙得通流.

---

369 '悽'가 原卷에는 '栖'로 되어 있는데, 丁卷에는 '悽'와 같은 '悽'로 되어 있어 여기서는 이 글자로 고쳤다. 이 구는 나를 홀로 남겨 처량하고 두렵게 한다는 의미이다. 아래의 "使我孤遺無所投"의 '使'자가 위 구의 '遣'과 같은 의미로 쓰였다.

370 '隨緣業'은 곧 '隨緣信業'으로, 운명을 따른다는 의미하다.

371 [項楚] '何常'은 곧 '無常'이다.

372 '憐'이 原錄에는 '怜'으로 되어 있으며, 丁卷에도 역시 '怜'으로 되어 있다. 『龍龕手鏡』: "怜은 속자에 통용자이고, 憐이 정자이다."

373 [原校] 丁卷에는 '之'자가 없다. [校注] '之'자는 襯字이다.

374 [原校] '王'이 原卷에는 '臣'으로 되어 있는데, 丁卷에 근거하여 고쳤다.

375 [原校] 이 구가 丁卷에는 '丈夫逃逝更何愛'로 되어 있다.

376 '躡影'은 '匿影'이 되어야 한다. 앞쪽의 "潛形菵草, 匿影藜蘆."구에서 '匿影'을 쓰고 있다.

377 '冒'가 原錄에는 '冐'로 되어 있다. 原卷에는 '冐'로 쓰여 있고 丁卷은 아래 부분이 모호하다. 『龍龕手鏡』 '日'部: "冐, 莫報反, 覆也." 『正字通』에서는 이 글자를 '冒'의 속자로 보고 있다. 이에 근거해서 정자를 썼다.

儻若吳中[378]遇明主, 興兵先斬魏陵頭.
"내 마음이 가 있는 곳, 얼마나 먼 길인가.
강을 건너 오 땅으로 들어가네.
아버지와 형은 땅속 어느 곳에 계실까.
나만 홀로 남겨져 처량하고 두렵구나.
대장부의 유랑은 운명을 따른 것이고
생사부귀 역시 무상한 것일 뿐.
평왕이 위릉의 말을 잘못 받아들여
아첨꾼을 믿고서 충신을 죽였네.
고향 생각하면 수심이 그칠 줄 몰라
강가로 가고 산으로 올라도 그 마음 떨쳐지지 않는구나.
초나라의 황제는 살진 이를 싫어하고 가냘픈 허리를 좋아하여
궁궐의 미녀 중에 굶어죽는 이가 많지.
진 목공의 딸 얼굴이 옥과 같아
나이 열여섯에 얼굴빛은 복사꽃 배꽃이라네.
그 자태를 보고 비(妃)로 삼았으니
어찌 군왕에게 이런 도리가 있단 말인가.
도망 다닌 이래로 줄곧 근심만 가득하고,
홀로 버려져 어디 몸 둘 곳도 없었네.
낮에 길에 들어서면 인적 없는 외진 길을 찾고
그림자를 밟으며 몸을 숨기다가 항상 밤에 다녔네.
연산(燕山)에서 송찬문(頌讚文) 새길 날 언제일까,[379]
거친 풍파 맞으면서 두 귀밑머리 새어 버렸네.
동서로 하늘 끝이 꽉 막혔음은 근심하지 못하고

378 [項楚] 吳中 : 춘추시대 吳나라의 수도, 지금의 蘇州이다.
379 [譯注] 공을 세운다는 의미로 『後漢書』 「竇憲傳」에 실린 내용이다. 두헌은 흉노족을 크게 물리치고 燕然山에 漢의 공덕을 기리는 송찬문을 새겼다.

목마르고 배고픈 것만 걱정하며 황량한 모래섬을 건너왔네.
부디 가고자하는 곳에 편히 다다르고,
가야할 길 막힘없이 잘 지날 수 있기를.
만약 오나라에서 명군(明君)을 만난다면,
군사를 일으켜 먼저 위릉의 목을 베리라.

悲歌已了, 由(猶)懷慷慨. 北背楚關,[380] 南登吳會. 屬[381]逢天暗, 雲陰靉靆. 失路傍徨,[382] 山林攉滯. 怪鳥成群, 蟲狼作隊. 禽[383]號姓姓(猩猩),[384] 獸名狒狒. 忽爾[385]心驚, 拔劍即行.

슬픈 노래가 끝나자 마음은 오히려 비분강개해졌다. 북쪽으로 초나라의 관문을 등지고 남쪽으로 오회(吳會)로 가는 길에 올랐다.[386] 갑자기 하늘이 어두워지고 검은 구름이 몰려와 길을 잃고 방황하는데 숲이 앞을 가로막았다. 괴이한 새가 무리를 이루고 짐승들은 떼를 지었다. 성성이라는 짐승도 있고 비비라는 짐승도 있어 깜짝 놀라 칼을 뽑고 앞으로 나아갔다.

[匣中光出, 遍野精明.

380 [項楚] 北背楚關 : 북쪽으로 초나라 관문을 등지다. 이미 초나라 경계를 지나 남하하고 있다는 의미이다.

381 [原校] '屬'이 原錄에는 '厲'로 되어 있다. 여기서는 丁卷에 근거해 고쳤다.

382 [原校] 丁卷에는 '失路傍徨'이 '去路傍邊'으로 되어 있다.

383 '禽'은 새나 들짐승 등의 동물을 범칭한다. 『白虎通』「田獵」: "禽이란 무엇인가? 조수의 통칭이다(禽者何? 鳥獸之總名)." 본문에서 '禽'과 '獸'가 대를 이루고 있는데, '禽' 역시 '獸'이다.

384 '姓'이 丁卷에는 '性姓'으로 되어 있다. [徐震堮] '姓姓'은 '狌狌'이 되어야 한다. '禽'자에 신경 쓸 필요는 없다. [校注] '狌'이 곧 '猩'이다. 『玉篇』: "猩은 성성이다. 개와 비슷하며, 얼굴은 사람을 닮았다. 狌은 猩과 같다.(猩, 猩猩. 如狗, 面似人也. 狌, 同猩)."

385 '爾'가 原錄에는 '示'로 쓰여 있다. 丁卷에는 '耳'로 되어 있는 것으로 보아, 原卷의 '示'는 '爾'의 간체를 잘못 쓴 것임을 알 수 있다. 項楚와 潘重規의 교정과 같다.

386 [項楚] 吳會 : 이 지명이 가르치는 지역은 여러 가지이나, 이곳에서는 오중(吳中)을 가리키는 듯하다.

中有日月, 北斗七星.][387]
心雄燥烈,[388] 不懼千兵.
[平王捉我, 事未消寧.][389]
儻被擒獲, 百死無生.
[偷蹤竊道, 飮氣吞聲.
風吹草動, 卽便藏形.][390]
[칼집에서 빛줄기가 나오더니, 온 들판이 밝아지는 듯하구나.
칼 가운데에 해와 달과 북두칠성이 새겨져 있어서이지.]
영웅의 마음은 분노로 타올라 1천 병사도 두렵지 않네.
[평왕이 아직 나를 잡지 못했으나] 혹 잡히면 백번 죽어 살아나지 못하리라.
[조심히 길을 재촉하며 숨을 멈추고 소리를 삼켜야지.
바람 불어 풀이 움직이니 그곳에 몸을 숨기리라.][391]

劍歌已了, 更復前行. [北跨廣陵, 南登吳會. 關津忽切,[392] 州縣嚴加. 勒鋪[393]交橫, 鎭戍[394]相續. 潛身避影,][395] 一步一前. 不經旬月之

387 [原校] 이상의 네 구는 丁卷에 근거하여 보충하였다.

388 '燥'가 原錄에는 '慘'으로 쓰여 있다. 사실 原卷에는 '燥'으로 丁卷에는 '糙'으로 되어 있다.

389 [原校] 이상의 두 구는 丁卷에 근거하여 보충하였다.

390 [原校] 이상의 네 구는 丁卷에 근거하여 보충하였다.

391 [譯注] 『敦煌變文校注』와 項楚본 등은 이 부분을 앞 구에 계속 잇고 있다. 반면 빅터 메어는 이 부분이 운문인 만큼 따로 떼어 기록하고 있다. 다음 구절에 노래를 끝냈다는 말이 분명히 등장하기 때문에 메어의 방식을 따르는 것이 옳을 듯하다.

392 '忽切'을 項楚는 '急切'이라고 교기했다. 하지만 '忽'에 이미 '급속히'의 의미가 있으므로 굳이 고칠 필요가 없다. [項楚] 關津 : 관문이나 나루터에 설치된 검문소. '急切'은 엄한 모습을 말한다.

393 '勒鋪'를 原錄에서는 '勒捕'로 교기했다. 하지만 굳이 고칠 필요가 없다. '勒鋪'는 초소를 가리키고 '勒鋪交橫'은 초소가 대단히 많음을 말하는 듯하다. 潘重規는 '鋪'가 그림의 '鋪'라고 했으나, 확실치 않다.

394 '戍'이 原錄에는 '代'로 되어 있다. [項楚] '代'는 '戍'이 되어야 한다. '鎭戍'은 唐代에

間,[396] 卽至吳國. 一依魚(漁)人教示, 披髮遂入市中, 泥塗面上[而行],[397] 獐狂大哭三聲, 東西馳走. 吳國臣佐,[398] 乘馬入市遊行, 正見異色[399] 奇才, 身長八尺, 知是子胥,[400] 留別諸人: "總是良家子, 同來共苦辛. 相看情未足, 未忍別生分. 後會知何日, 離心若至親. 從玆一隔別, 俱作越鄕人."[401]

검가(劍歌)를 마치고 다시 가던 길을 갔다. [북으로는 광릉(廣陵)을 넘고 남으로는 오회(吳會)의 길에 올랐다. 검문소의 경계는 더 엄해지고 주현

병사가 주둔하면서 경계를 서는 지역을 말한다.

395 [原校] 이상의 일곱 구는 丁卷에 근거하여 보충하였다.

396 이 구가 丁卷에는 '旬月中間' 네 자로 되어 있다.

397 [原校] '而行' 두 자는 丁卷에 근거하여 보충하였다.

398 [原校] 丁卷에는 이 구가 "吳臣善別君子"로 되어 있다.

399 異色: 異樣. '色'은 '종류'의 의미이다. 「降魔變文」: "붉은 옷을 몸에 걸친 채 나무 아래서 단정히 앉아 잠을 자고 있었는데 어떤 사람인지는 알 길이 없었습니다(見一禿頭小兒, 身披赤色之衣, 樹下端然坐睡, 不知是何色類)." 여기서 '色類'는 동의연문으로서 '色'은 '類'와 같다.

400 '子胥'를 原錄에서는 '賢臣'으로 썼다. [原校] '賢臣'은 원래 '子胥'로 쓰여 있으나 丁卷에 근거하여 고쳤다. 또 原卷에는 이 아래에 '留別諸人, 惣是良家同子, 來共辛苦. 相看情未足, 豈忍別生分. 後會如何日, 離心若至親, 從玆一滿別, 俱作越鄕人. 賢人貴宰'가 있다. 총 48자인 이 내용은 상하의 문맥과 이어지지 않으므로 이 역시 丁卷에 근거하여 삭제한다. [項楚] 이 부분은 결코 없애서는 안 된다. 소위 '문맥이 이어지지 않는다'고 운운하는 건 원문의 구체적 상황을 무시한 채 말하는 것이다. 사실 이때 오자서는 미친 척 큰 소리로 통곡하며 노래를 부르고 여러 사람들 사이에서 가상의 친구에게 작별인사를 한 것이다. 이는 어부가 가르쳐준 그대로 하는 것이며…… 이것을 오왕의 주의를 끌려는 수단으로 썼다. 겉으로 보기에는 맥락에 맞지 않는 듯하나 실은 대단히 잘 맞는 부분이다. 그리고 부르고 있는 노래는 오언율시 한 수이다. '同子'는 '子同'으로 바꾼 후 '子' 아래에 쉼표를 찍어야 하며, '辛苦'는 '苦辛'으로 바꿔야 한다. '如'는 '知'가 되어야 하고 '滿'은 '隔'이 되어야 한다. [校注] 項楚의 주장이 정확하므로 이에 따라 교정하고 보충해 넣는다. [譯注] 빅터 메어의 경우는 이 48자를 넣지 않았다. 사실 문맥상으로 보면 이 부분을 넣지 않는 것이 훨씬 자연스러우나, 여기서는 일단 項楚와 校注의 주장을 따라 본문에 넣었다.

401 [項楚] 越鄕: 고향을 등지고 떠나다. 王勃 「他鄕叙興」: "변방 성의 琴과 술이 있는 곳은 모두가 고향을 떠난 사람들이네(邊城琴酒處, 俱是越鄕人)." [譯注] 『校注』 원문에는 '越'에 고유명사 표시를 했으나, 이럴 경우 의미가 더욱 모호해진다. 여기서는 項楚의 의견을 따른다.

(州縣)에는 검문을 강화했으며, 초소가 쫙 깔렸고 경계 서는 곳이 계속 이어졌다. 몸을 숨기고 그림자를 보이지 않게 하며] 한발 한발 앞으로 나아갔다. 그렇게 한 달이 지나지 않아 오나라에 이르렀다. 어부가 가르쳐 준 대로 머리를 헤치고 저잣거리로 들어가 얼굴에 진흙을 칠하고 거리를 거닐면서 미친 듯 세 번을 큰 소리로 통곡하며 사방으로 내달렸다. 오나라의 신하가 말을 타고 저자로 들어와 그곳을 지나다가 키가 여덟 자나 되는 기이한 인재를 보았다. 그가 자서인 줄을 알아보자 [자서는] 사람들과 작별하였다. "모두들 양가의 자제로서 괴로움을 함께 했지. 서로 보아도 마음이 흡족하지 않은데 어찌 생이별을 할 수 있단 말인가. 훗날 언제나 다시 만날까? 떠나는 마음은 가까운 친지와 같네. 여기서부터 일단 헤어지면 함께 고향 등진 이가 되는 것이네."

賢臣[402]貴宰奔走啓告吳王:"適別龍顔, 遊於纏(廛)[403]市, 見一外國君子, 泥塗而獐狂, 披髮悲啼, 東西馳走.[404] 臣以傍觀的審, 監[405]貌可知, 望陛下追問逗遛,[406] 必是懷冤俠客!" 吳王聞相[407]此語, 心生歡喜, 遂集群臣撥珠簾而說夢:"朕昨夜三更, 夢見賢人入境, 遂乃身輕體健, 踊躍不[408]勝. 卿等詳儀(議), 爲朕解其善惡." 百官聞王此語, 一時舞道

---

402 '賢臣'이 原卷에는 '賢人'으로 쓰여 있다. 여기서는 丁卷에 근거하여 고쳤다.

403 [徐震堮] '纏'은 '廛'과 같다. [校注] 두 글자는 동음통가자이다.

404 이상 세 구가 丁卷에는 "泥塗其面, 獐狂大走, 被髮在市"로 되어 있다.

405 [徐震堮] '監'은 '鑒'과 같다. [校注] 監'은 '鑒'의 本字이다.

406 '逗遛'는 '逗留'와 같으며 '遛'는 '留'에 같은 편방을 넣은 글자이다. 「降魔變文」의 '詰問逗遛' 구에서도 '逗遛'라 하였다. 逗留 : 사정, 연유. P.2297 「黃仕强傳」: "돌아가 집사람들을 만나 이런 사정을 모두 말하다(還見家人, 俱說逗留如此)." 盧仝, 「月蝕詩」: "옥천자가 웃으며 답하길 '그 연유를 듣고자 합니다.'(玉川子笑答, 或請聽逗留)." 『朝野僉載』 권1 : "유주에 이르러 배고프고 추웠던 사연을 모두 말하다(至幽州, 具說飢凍逗留)." 이 단어는 '豆流'라고고 쓴다.

407 [原校] 丁卷에는 '聞' 아래에 '相'자가 없다. [校注] 丁卷에서는 '吳王'이 '王'으로 쓰여 전체 구가 '王聞此語' 네 글자로만 되어 있다.

408 여기까지가 丁卷이다. 그 아래로 다음과 같은 기록이 이어져 있다. "某乙聞:昭王膺(應)瑞, 釋風從此流暉; 漢王通祥, 大敎方爲廣□."

(蹈)[409]呵呵, 齊唱太平, 俱稱萬歲:"市中有八尺君子, 雅合陛下之心, 見在群臣, 不勝喜賀!"

현명한 신하이자 귀한 재상이 오왕에게 달려가 아뢰었다. "방금 어전을 떠나 저잣거리에 갔다가 다른 나라의 군자 한 분을 보았습니다. 미친 사람처럼 얼굴을 진흙으로 칠하고 머리를 헤치고 슬피 울면서 사방으로 뛰어다니고 있었습니다. 신이 옆에서 자세히 살펴보니 그 얼굴을 알 만 했습니다. 폐하께서는 자세한 내막을 물어보십시오. 원한을 품은 협객에 분명합니다!" 오왕은 이 말을 듣고 크게 기뻐하며 군신들을 모아 주렴을 걷고 자신의 꿈을 이야기했다. "어제 밤 삼경에 짐은 꿈에서 현인(賢人)이 국경으로 들어오는 모습을 보았소. 그러자 내 몸이 가벼워지고 힘이 들어가면서 펄쩍 뛰어오르는 게 아니겠소! 좋은 꿈인지 나쁜 꿈인지 경들은 짐에게 자세히 말씀을 해 보오." 백관이 왕의 말을 듣고 일시에 손을 올리고 발을 구르면서 껄껄 웃고는 '천하태평'을 외치고 '만세'를 불렀다. "저자에 있는 8척 군자가 폐하의 마음에 딱 들어맞는 사람이라 여기 모인 신하들은 기쁘기 그지없습니다."

吳王卽令急使, 向市中迎召賢臣:"爲朕傳語:雖不先相識, 欲得相見, 面申懷抱." 使人得其口敕, 走馬直入市中, 見子胥具說吳王口敕. 子胥奉王敕命, 不敢遲違, 隨使便行. 乃至吳王殿所, 匐面在地, 哽咽聲嘶, 良久而起. 吳王知是子胥, 便卽悲情吊問[410]:"楚王不納忠諫之詞, 曲受佞臣之語, 枉殺卿之父兄. 奈何荼毒, 棲槍(悽愴)難論! 痛苦之哉, 誰復能忍! 山河阻隔, 遠涉風霜, 朕國狹小, 勞卿遠至." 子胥良久, 攬髮而言:"臣父兄事君不謹, 遂被楚帝誅身. 臣卽不紹[411]於家, 棄父

409 [項楚] 舞蹈: 고대에 신하들이 임금을 뵐 때 손을 움직이고 발을 딛으면서 하는 일종의 예절이다.

410 '吊'가 原卷에는 '予'로 되어 있다. [項楚] '予'는 '慰'가 되어야 한다. [校注] '予'는 '吊'가 되어야 한다. 모양이 비슷해서 잘못 쓴 것이다. 아래에 나오는 '拍搦悲啼吊問'이 이를 증명해준다. '조문'은 죽은 자를 애도하고 그 가족을 위로하는 것이다.

離君逃走. 臣聞:'國之將喪, 災害競興; 樹欲摧折, 風霜共逼.' 孤情難立, 見此艱辛, 皀帛(白)難分, 龍蛇混雜. 臣欲自刎而死, 地下羞見仙(先)人. 故投託明王, 願陛下知臣心素. 臣居草野, 長在蓬門, 不堪事立君王, 多幸蒙王收錄."[412]

오왕은 급히 저자로 가서 현신을 맞아오도록 했다. "짐의 말을 전하라. 비록 아는 사이는 아니나 서로 만나서 회포를 풀고 싶다고." 사신은 칙령을 받고서 말을 타고 곧바로 저자에 이르러 자서를 만나 오왕의 칙령을 자세히 말하였다. 자서는 왕의 칙명을 받고 지체 없이 사신을 따랐다. 오왕의 어전에 이르러 땅에 얼굴을 묻고 목이 쉬도록 한참 울다가 일어났다. 오왕은 자서를 알아보고 슬픈 마음으로 조문을 하였다. "초왕이 충언을 듣지 않고 아첨배의 말만 받아들여 경의 부형을 헛되이 죽였으니 이 얼마나 괴로운 일이오. 그 슬픔 어찌 말할 수 있겠으며 그 괴로움 누가 참을 수 있겠소. 산하가 막혀 있는데도 멀리서 풍운(風雲)을 헤치고 짐의 작은 나라까지 먼 길을 와주셨구려." 자서가 잠시 후 머리를 매만지고 말하였다. "신의 부형은 임금을 섬김에 신중하지 못해서 결국 초왕에게 주살을 당했습니다. 신은 집안을 잇지 못하고 아버지를 버리고 임금을 떠나 도망쳤습니다. 신이 듣건대 '나라가 망하려면 재앙이 앞 다투어 일어나고, 나무가 꺾이려면 바람과 서리가 함께 닥친다.'고 했습니다. 외로운 심정에 서 있기도 힘들었고 괴로움을 당하여 흑백도 구분하기 힘들고 용인지 뱀인지도 혼란스러웠습니다. 신은 스스로 목을 끊어 자결하려 했으나 지하에 계신 선친 뵙기가 부끄러웠습니다. 그리하여 현명한 군주께 의지하고자 하니 부디 폐하께서는 신의 뜻을 알아주옵소서. 신은 초야에 묻혀 오래도록 풀을 엮어 문을 삼고 사느라 감히 군주를 섬기지 못하였습니다. 폐하께서 거두어주시길 간절히 바라옵니다."

---

411 不紹: 선인의 업을 계승하지 못하다. 「難陀出家緣起」의 "전륜왕을 계승하지 않고 삭발을 하였네(不紹輪王剃却頭)"의 '不紹' 역시 같은 의미이다.

412 收錄: 받아들이다, 용납하다. 아래의 '蒙王收錄' 역시 같은 예이다.

吳王報言曰:“朕國狹窄, 乏少中(忠)良. 立卿今欲爲臣屈節,[413] 莫將爲所恥?” 子胥曰:“臣是小人, 虛沾大造. 蒙王收錄, 早是[414]分外垂恩; 更蒙擧立爲臣, 死罪終當不敢!” 吳王問左右曰:“卿等如何?” 群烈(列)咸言[415]唱充, 悉道:“明王有敢(感), 外國來投. 拜爲匡輔大臣, 合國齊稱萬歲.”

오왕이 답하였다. “짐의 나라는 워낙 작아 충성스럽고 어진 이가 부족하오. 이제 그대를 신하로 삼아 짐을 섬기게 한다면 그대에게는 치욕이 되지 않겠소?” 자서가 말하였다. “신은 소인에 불과한데도 외람되이 성은을 입었습니다. 폐하께서 받아들여주신 것으로 이미 은혜를 주신 것입니다. 더구나 저를 신하로 삼으시겠다고 하시니 그 죽을죄 감히 감당할 수가 없습니다.” 오왕이 좌우에 물었다. “경들은 어떻게들 생각하오?” 여러 신하들이 소리 높여 동조하며 말했다. “현명하신 폐하께서 하늘을 감동시켜 나라 밖에서 몸을 맡겨 오신 것입니다. 폐하를 보좌할 대신으로 삼으신다면 온 나라가 ‘만세’를 부를 것입니다.”

子胥爲臣志節, 恒懷匪懈之心. 夙夜兢兢, 事君終無二意. 言不傷氣, 語乃和[416]光. 遐邇詵詵, 官寮濟濟. 天兵不動, 征馬停鞭. 四塞歸臨, 八方安怗.[417] 禍亂不作, 災害不興. 百姓歡忻, 歌謠滿路, 同於堯

413 【徐震堮】‘今欲立卿爲臣’아래에 쉼표를 두고 ‘屈節’을 아래에 이어야 한다. 【校注】‘今欲’이 ‘立卿’ 앞으로 가서 ‘今欲立卿’ 아래에 쉼표를 두고 ‘爲臣屈節’ 아래에 다시 쉼표 하나를 두어야 할 것으로 보인다. ‘莫將爲所恥’ 앞에 ‘屈節’을 놓는 건 어법에 맞지 않기 때문이다.

414 早是: 이미. P.3128「不知名變文」:“집안이 원래 가난하여 늘 배고프고 처량하였는데, 게다가 깊이 헤아리지 못하고 신부까지 찾아 함께 살아가게 되었네(自家早是貧困, 日受飢恓. 更不料量, 須索新婦一處作活).” 【譯注】P.3128「不知名變文」을 본 주석본에서는『解座文二首』중 두 번째 작품으로 넣었다. 자세한 내용은『解座文二首』주석 1번을 참고.

415 ‘咸言’은 ‘咸皆’가 되어야 한다. 혹은 연문일 것이다.

416 ‘和’가 原錄에는 ‘合’으로 되어 있으나, 실제 原卷에는 ‘和’로 되어 있다.

417 ‘怗’을 原錄에서는 ‘拈’으로 썼으나, 실제 原卷에는 ‘怗’으로 되어 있다.

舜之年. 咸云 "我皇有感, 聖日巍巍, 乾坤[418]再明".

자서는 신하로서 지조와 절개를 지키고 조금도 나태한 마음을 갖지 않았다. 항상 임금을 섬김에 두 가지 뜻을 보이지 않고, 기분을 해치는 말을 하지 않으면서 서로 융합토록 했다. 그러니 사람들이 멀고 가까운 곳에서 몰려들어 관료들이 넘쳐났다. 군대는 움직이지 않고 전마에 채찍질을 멈추니 사방 변방에서 귀의해오고 팔방이 안정되었다. 환란이 일지 않고 재해도 일어나지 않아 백성들의 기쁜 노랫소리가 길에 가득했으니, 그야말로 요순 때와 다름없었다. 모두들 "우리 황제께서 하늘을 감동시켜 성스러운 해가 높이 떠 하늘과 땅이 다시 밝아졌네"라고 말하였다.

子胥治國一年, 風不鳴條, 雨不破塊. 治國二年, 倉庫盈益,[419] 天下淸太(泰), 吏絶貪殘, 官寮息暴. 治國三年, 六夷送款, 萬國咸投. 治國四年, 感得景龍應瑞, 赤雀咸(銜)書, 芝草並生, 嘉和(禾)合秀. 耕者讓畔, 路不拾遺. 三教並興, 城門不閉. 更無呼喚,[420] 無搖(徭)自活. 子胥治國五年, 日月重明, 市無二價, 猫鼠同穴, 米麥論分, 牢獄無囚, 競說君臣道合. 遠近宣讚, 愧賀伍相之功.

자서가 나라를 다스린 지 1년 만에 바람은 가지를 울리지 않았고 비는 대지를 무너뜨리지 않았다. 다스린 지 2년이 되자 창고는 넘치고 천하는 깨끗해지고 풍성해졌으며 아전들은 탐욕을 끊고 관리들 중에는 포악한 이가 없어졌다. 다스린 지 3년 만에는 육이(六夷)[421]가 충성을 표하

418 '坤'이 原錄에는 '川'으로 되어 있다. 【徐震堮】 '川'은 '坤'의 古字인 '巛'이 되어야 한다. 【潘重規】 丙卷의 '川'자는 '坤'자인 듯하다.

419 '倉'이 原錄에는 '食'으로 쓰여 있다. 【徐震堮】 '食庫盈益'은 '倉庫盈溢'이 되어야 한다. 【校注】 '益'은 '溢'의 고자이며, '食'은 '倉'의 오자이다. 앞에 나온 "上蒼靡草總由風"의 '蒼'이 原卷에는 '蒼'으로 되어 있는데, 이 역시 비슷한 예이다.

420 呼喚 : 요역을 보내다.

421 【項楚】 六夷 : 여기서는 여러 소수민족을 통칭한다.

고 만국이 모두 투항해왔다. 다스린 지 4년이 되자 큰 용이 감동하여 상서로움을 보여주었고, 적작(赤雀)[422]이 편지를 물어다 주었으며, 영지가 줄지어 자라고, 상서로운 벼가 싹을 나란히 하여 꽃을 날렸다.[423] 농사짓는 이들은 밭두둑을 서로 양보하고 길에는 떨어진 물건을 줍는 이가 없었다. 유불도 삼교(三教)가 모두 흥하고 성문은 닫힐 줄 몰랐다. [백성들은] 요역에 동원되어 시키지 않아도 스스로 살아갔다. 자서가 나라를 다스린 지 5년에는 해와 달이 밝은 빛을 더하고 시장에는 물가가 안정되었고, 고양이와 쥐가 같은 굴에 살고, 쌀과 보리를 나누어 가지고, 감옥에는 죄수가 없었다. 그러니 군신의 도가 일치했다고 다투어 말하였다. 멀고 가까운 곳에서 찬사를 아끼지 않으며 오상(伍相)의 공에 깊이 감사했다.

百姓皆詣子胥之門 : "願與伍相爲兵伐楚!" 子胥見勇夫投募, 不敢自專, 遂啓吳王 : "臣是小人, 濫蒙恩寵. 功效未立, 何敢興心! 自度無堪, 終當不敢." 吳王報曰 : "朕聞『養子備老, 積行擬衰.』[424] 去歲擬遣相讎, 慮恐讎心未發. 比年清太(泰), 皆是伍相之功. 今不讎冤, 何名孝子! 朕國興兵伐楚, 正合其時." 敕召國內勇夫, 乃與伍相讎報. 敕召曰 : "伍相父兄, 枉被平王誅戮, 今欲徵發天兵討楚, 召募效力之人. 如有判[425]命相隨, 火急卽須投募. 先賜重賞, 勳祿不輕. 有此驍列(烈)之夫,

422 【譯注】 赤雀 : 전설상의 상서로운 새. 周 文王 姬昌이 西伯이 되었을 때 붉은 색의 새가 편지를 물고 그 집에 와서는 천명을 주었다고 한다.

423 【項楚】 合秀 : 싹을 나란히 하고 꽃을 날리다.

424 【項楚】 '行'은 '穀'이 되어야 한다. 이 역시 대단히 널리 유행했던 속담으로서, 변문에 쓰인 예로는 「父母恩重經講經文」 : "곡식을 쌓는 건 배고픔을 막기 위함이고, 자식을 기르는 건 노후를 대비함이네(積穀防饑, 養子備老)."를 들 수 있다. 또 "사람이 곡식을 쌓는 건 배고픔을 대비하기 위함이고, 자식을 기르는 건 노후를 대비하기 위함이네(人家積穀本防饑, 養子還圖被(備)老時)." 역시 유사한 말이다. 이를 통해 '行'이 확실히 '穀'임을 알 수 있다. 【校注】 '行'과 '穀'은 음도 다르고 모양도 전혀 다르므로 혼동될 이유가 없다. '行'이 혹시 '德行'을 가리킨 것일 수도 있어 바꾸지 않았다. 또 '擬'는 '備'와 짝이 되며, 같은 의미이다.

速來咨陳. 牒."[426]

백성들은 모두 자서의 집에 와서 "오상의 병사가 되어 초를 치겠습니다!"라고 하였다. 자서는 용감한 사내들이 스스로 군대에 몸을 던지자 감히 마음대로 하진 못하고 곧 오왕에게 아뢰었다. "신은 소인에 불과한데도 폐하의 넘치는 은총을 받았습니다. 공을 아직 세우지도 않았는데 어찌 감히 제 속마음을 내세우겠습니까? 아무리 생각해봐도 감당할 수 없으니 결국은 그렇게 하지 못하겠습니다." 오왕이 답하였다. "짐이 듣건대 '자식을 기르는 건 노후를 대비하기 위함이고, 곡식을 쌓는 건 쇠할 때를 고려한 것'이라 했소. 지난해에 그대에게 원수를 갚게 할 생각이었으나 복수할 마음이 충분히 일지 않은 것이 걱정되었소. 해마다 천하가 태평하고 풍성해진 것은 모두 오상의 공이오. 지금 원수를 갚지 않는다면 어찌 효자라 할 수 있겠소? 짐의 나라가 군대를 일으켜 초를 칠 때는 바로 지금이오." 이에 칙령으로 나라 안의 용감한 이들을 모아 오상과 함께 원수를 갚도록 했다. 칙령은 다음과 같았다. "오상의 부형이 억울하게 평왕에게 주륙을 당하여 이제 천자의 군사를 징발하여 초를 치고자 공을 세울 자들을 모집한다. 목숨을 버리고 따를 수 있는 자는 즉시 군대에 몸을 던져라. 그들에게는 먼저 무거운 상을 내리고 공에 따른 녹봉도 가볍지 않으리라. 날래고 강한 자가 있다면 속히 지원하라. 이상."

---

425 '判'을 原錄에서는 '拚'으로 고쳐 썼다. [徐震堮] '拌'을 당대에는 모두 '判'으로 썼으므로 고칠 필요가 없다. [校注] 劉堅은 '判'이 '拌'을 잘못 쓴 것이라 했는데, 확실치 않다. 『吳越春秋』「勾踐伐吳外傳」: "장부 하나가 죽음을 결심해서 백 명을 감당하다(一夫判死兮而當百夫)." 여기서도 '判'자를 쓰고 있다. 『詩詞曲語辭匯釋』 권5 참고.

426 이상의 다섯 자를 原錄에서는 '速來所咨陳牒'으로 써서 '牒'을 위로 잇고 있다. 原卷(丙卷)에서 '咨'자는 작은 글자로 '所'자의 오른쪽 아래에 있다. 이는 '所'를 '咨'로 바꾼다는 의미이므로, 여기서는 '所'를 없앴다. '咨陳'은 '咨白', '咨說' 등과 같으며 '자세히 말하다', '보고하다'의 의미이다. 따라서 '牒'은 위와 떨어져야 한다. '牒'은 고대의 조칙이나 문서에 쓰였던 용어로서, 일반적인 문서에서 '某年某月某日某官某人牒'처럼 쓰일 뿐 아니라 황제가 내린 조칙의 끝에 쓰이기도 했다.

敕旣行下, 遠近咸知各悉, 投名爭前應募. 兵部簡練.[427] 選試詮量,[428] 勇冠三軍, 決勝千里. 亦有翹關弄木,[429] 手把方梁, 抛石跳空,[430] 弓彎七札.[431] 牓示七日, 募得九十萬精兵. 賞緋借綠,[432] 各賜千段. 所由將過[433]城外, 排立雁行.

칙령이 하달되자 멀고 가까운 곳에서 이를 알고 모두들 이름을 올리며 앞 다투어 모집에 응하였다. 병부(兵部)에서 엄선해 뽑거나 시험으로 선발하여 재능에 따라 직위를 주었으니, 삼군의 선두에 당당히 서서 천리 밖으로 나가 이길 수 있었다. 그 중에는 성문의 지렛대를 들고, 손으로 방형의 큰 대들보를 쥐고, 포차로 돌을 공중으로 쏘아 올리고, 활을

427 簡練 : 엄선하다, 간택하다. 『禮』「月令」: "날쌘 군사를 뽑아 탁월한 자를 엄선하다(選士厲兵, 簡練桀俊)." 「廬山遠公話」: "이날 밤 신병을 가려 뽑아(是日夜揀煉神兵)"와 『魏書』「盧同列傳」: "신이 잠깐 사이에 사람을 뽑아 이미 3백여 명을 마련해 두었습니다(臣聊爾揀練, 已得三百餘人)"의 '揀煉'과 '揀練'은 모두 '簡練'과 같다. [項楚] 簡練 : 뽑아서 훈련시키다.

428 詮量 : 선택하다, 비교하다. 服虔 『通俗文』: "擇言曰詮." 殷璠, 「河岳英靈集序」: "선택한 것이 정확하지 않아 옥석이 섞이고 말았다(詮揀不精, 玉石相混)." 『新唐書』「劉祥道傳」: "재주에 따라 골라서 기록한 것이 모두 마땅했다(隨才詮錄, 咸以爲宜)."

429 [項楚] '撓'는 '翹'가 되어야 한다. '翹關'은 성문의 지렛대를 드는 것을 말하며, 唐代 무과 시험 과목 중 하나였다.

430 '抛'가 原錄에는 '抱'로 되어 있다. [項楚] '抱'는 '抛'와 통한다. '抛石'은 抛車로 돌을 발사하는 것을 말한다. [校注] '抱'는 '抛'의 편방을 바꾼 자이다. 『集韻』: "抛, 棄也. 或作抱." 跳空 : [項楚] '跳'는 '透'와 통하며 '透空'은 공중을 가른다는 의미이다.

431 弓彎七札 : 일곱 겹의 갑옷을 뚫을 수 있는 센 활을 당기다. 『左傳』「成公」 16년 : "반왕의 무리가 양유기와 더불어 갑옷을 한데 쌓아놓고 활을 쏘아 일곱 겹의 갑옷을 뚫었다(潘尫之黨與養由基蹲甲而射之, 徹七札焉)." 『顔氏家訓』「勉學」: "활쏘기는 갑옷 하나 뚫을 수 없고 글쓰기는 겨우 자기 이름이나 쓸 정도이다(射旣不能穿札, 筆則纔記姓名)." '札'은 갑옷의 편린을 가리킨다. 『廣雅』「釋詁」: "札, 甲也." 『集韻』'櫛'韻 : "札, 甲葉也."

432 '緋'가 原卷에는 '排'로 되어 있다. [徐震堮] '排'는 '緋'가 되어야 한다. [校注] 서씨의 교기가 옳다. '糹'와 '扌'가 섞여 쓰이는 경우는 부지기수다. 당 제도에 4품과 5품의 관복은 붉은색이었고 6품과 7품의 관복은 녹색이었다. 따라서 이 구는 관작을 봉한다는 의미가 된다.

433 所由 : 관리의 통칭. 『通釋』의 해당 조목 참고. '將過'는 '이끌고 지나가다'의 의미이며, '將'은 '이끌다'의 의미이다. 선진 시대에 이미 이렇게 쓰였다.

당겨 일곱 겹의 갑옷을 뚫을 수 있는 병사도 있었다. 7일 동안 방을 붙여 90만의 정예병을 모집했다. 붉은 색과 녹색 관복을 주며 관직에 봉하고 각각 옷감 1천단씩을 주었다. 군대의 지휘관이 그들을 성 밖으로 이끄니 줄지은 모습이 기러기의 행렬 같았다.

吳王旣見戰卒列在城南, 便卽慰勞戰仕(士). 吳王問子胥曰:"今欲伐楚, 可用幾兵?" 子胥啓吳王曰:"且須萬兵." 吳王曰:"萬兵不少以不?" 子胥曰:"臣聞『一人判死, 百人不敵; 百若齊心, 橫行天下』." 吳王曰:"不然, 但將九十萬人, 始可相伐."

오왕은 병사들이 성 남쪽에 줄지은 것을 보고 병사들을 격려하였다. 오왕이 자서에게 물었다. "지금 초를 정벌하려는데 어느 정도의 병사면 되겠소?" 자서가 오왕에게 아뢰었다. "모름지기 1만은 되어야 할 것입니다." 오왕이 말하였다. "1만이면 너무 적지 않소?" 자서가 말하였다. '한 사람이 죽음을 각오한다면 백 명이라도 대적하지 못하며, 백 명이 마음을 함께 하면 천하를 휘저을 수 있다.'고 들었습니다." 오왕이 말하였다. "그렇지 않소, 90만은 이끌고 가야 정벌할 수 있을 것이오."

吳王卽立子胥爲元帥大將軍行兵節度. 上承天子之敎, 爲父報讎俠冤.[434] 於是廣殺牛羊, 城南宴設:酒有千斛, 肉乃萬斤; 一概均分, 食無高下. 吳王出城送子胥:"卿但努力, 謹愼前路. 天道相饒, 讎心必允.[435] 朕亦無憂於國, 卿亦不負幽魂. 事了早還, 莫令憂慮." 子胥啓

434 [徐震堮] '俠'은 '雪'이 되어야 한다. [校注] 두 글자는 음이 별로 비슷하지 않으며 함께 쓰이는 예를 보지 못했다. '俠冤'이 바로 '원수를 갚다'의 의미이다. 慧琳『一切經音義』권76「無明羅刹集音義」:"俠冤, 上音叶, 下威院反"을 통해 '俠'을 '雪'로 고쳐선 안 됨을 알 수 있다.

435 '允'을 原錄에서는 '宂'로 썼다. [潘重規] 周紹良의『彙錄』에서는 '宂'를 '究'로 썼다. [蔣紹愚] '宂'가 丙卷에는 '冗' 즉 '宂'로 되어 있으며, …… '雪'과 통한다. [袁賓] '宂'는 '允'을 잘못 쓴 것이다. '允'은 '平'의 의미이다. 아래에 나오는 "大將軍得允讎心"에서 '允'으로 되어 있는 것이 확실히 증명해 준다. [校注] 원빈이 옳다. 原卷의 글자 형태

吳王曰："臣今將兵討楚，必稱所心，願陛下莫慮愁心遠念．臣之逞(程)路，計亦不遠；旬月中間，事了迴兵，自當死謝!"

오왕은 자서를 원수대장군행병절도(元帥大將軍行兵節度)로 삼았다. 위로부터 천자의 가르침을 받아 아버지의 원수를 갚게 된 것이다. 이윽고 소와 양을 여러 마리 잡아 성 남쪽에서 잔치를 열었다. 술 천 말과 고기 만 근을 하나하나 나눠 음식을 먹음에 위아래가 따로 없었다. 오왕은 성을 나와 자서를 전송하였다. "온 힘을 기울이고 부디 몸조심하시오. 천도가 늘 경을 감싸고 있으니 복수의 결심이 반드시 이루어질 것이오. 짐 또한 나라에 근심이 없도록 할 것이니 경 또한 구천에 계신 혼령을 저버리지 말기 바라오. 임무를 마치면 곧바로 돌아와서 내 걱정을 덜어 주오." 자서가 오왕에게 아뢰었다. "신은 지금 군대를 이끌고 초를 토벌하러 갑니다. 분명 마음먹은 대로 될 것입니다. 폐하께서는 너무 근심하지 마십시오. 신이 계획한 여정은 멀지 않으니 한 달 내에 임무를 마치고 돌아오겠습니다. 죽을 각오로 성은에 보답하겠습니다!"

子胥辭王以(已)了，便卽徵發天兵．四十二面大鼓籠天，三十六角音聲括地，[436] 傍震百里山林，隱隱轟轟．搦生先鋒，[437] 乃先踏道．陣雲鋪於四面，遍野聲滿平原；鐵騎磊落已(以)爭奔，勇夫生寧[438]而競透．[439]

는 '穴'과 '允'의 중간 정도(위는 '穴'같고 아래는 '允'같다)이다. 여기서는 원빈의 주장을 따라 고쳤다.

436 '括地'는 앞 구의 '籠天'과 마찬가지로 '천지에 가득하다'는 의미이다. 아래의 "遍野聲滿平原" 역시 이 의미이다.

437 '先'이 原卷에는 '手'로 되어 있으며, 여기서는 原校에 근거하여 고쳤다. '搦生先鋒'은 전선에서 포로를 사로잡는 선봉의 장군을 가리킨다. '搦'은 '捉'의 의미이다. 『酉陽雜俎』「喜兆」: "회서에서 병사를 쓸 때 유면은 소장이 되었는데, 군대의 대장은 그 역을 두루 바꾸었다. 정찰병이 매복을 할 때마다 유면은 항상 그 안에 포함되었다(淮西用兵時，劉沔爲小將，軍頭頗易之．每捉生踏伏，沔必在數)." '搦生'은 '捉生'이다.

438 '生寧'을 原錄에서는 '猙獰'으로 교기하였다. 【徐震堮】 '生寧'은 곧 '生獰'으로서 당대 사람들은 이 말을 흔히 썼다. 李賀, 「猛虎行」: "손자에게 젖을 물리고 자식에게 먹이를 먹여 사나운 성질을 키워준다네(乳孫哺子，教得生獰)." 따라서 굳이 고칠 필요

飛騰千里, 恰似魚鱗; 萬卒行行, 猶如雁翅.[440] 長槍排肩[441]直豎, 森森刺天; 犀角對掌開弦,[442] 彎彎寫月.[443] 白旌落[444]雪, 戰劍如霜; 弩[445]發雷奔, 抽刀劍吼. 將軍告令, 水楔不通; 大總管出教嚴嚀, 飛鳥難度. 兵馬浩浩滸滸, 數百里之交横. 金甲肣朧,[446] 銀鞍煥爛. 騰踏山林, 奔波鬧亂. 胡菟(狐免)怕而爭奔, 龍蛇驚[447]而競竄.

자서는 왕에게 하직인사를 마치고 천자의 군사를 징발하였다. 마흔두 면의 큰북 소리가 하늘에 가득하고 서른여섯 개의 뿔피리 소리가 땅을 휘감아 백 리 안의 산림이 진동하며 우르릉 쾅쾅 울렸다. 선봉에 선 정찰대의 군장이 먼저 길을 열었다. 구름 같은 군진이 사면에 깔려 들판에는 함성이 가득했으며, 수많은 철갑기병들이 다투어 내달리고, 용맹스러운 병사들은 사납게 앞을 뚫고 나갔다. 천리를 내달리는 병사들

가 없다.

439 '透'를 原錄에서는 '進'으로 교기하였다. 【蔣禮鴻】 '競透'는 앞쪽으로 뛰쳐나간다는 의미이다.

440 이상의 네 구는 "飛騰千里, 猶如雁翅, 行行萬卒, 恰似魚鱗"이 되어야 할 것이다. '雁翅'는 '飛騰'의 모습이고 '魚鱗'은 '萬卒'의 수를 비유한다.

441 '肩'이 原錄에는 '肓'으로 쓰여 있다. 原卷에는 '眉'의 속자인 '肩'로 쓰여 있다. 「燕子賦」(一) : "兩眉不皺"의 '眉'자가 丁卷에는 '肩'로 되어 있다. 그러나 '排眉'는 말이 안 되므로, 徐震堮의 교기에 근거하여 고쳤다.

442 【項楚】 犀角 : 무소뿔 활을 말하며, 활에 대한 美稱이다. 對掌開絃 : 활을 당긴다는 의미이다. 활을 당길 때 두 손바닥을 마주하면서 당기기 때문에 '對掌'이라고 한 것이다.

443 彎彎寫月 : 原卷에는 '寫' 위에 '如'자가 있다. 徐震堮은 '寫'자를 연문으로 보고 '彎彎如月'이라고 고쳤다. 오자와 정자가 나란히 쓰인 사본이 많이 있는데, 여기서는 '寫'를 쓰려다가 '如'로 잘못 썼고, 그래서 바로 아래에 정자를 이어 씀으로써 이렇게 고친다는 표시를 한 듯하다. 따라서 연문은 '如'가 된다. '寫'는 비슷하다는 뜻이다. 唐太宗, 「帝京篇」 : "무늬 새긴 활은 밝은 달과 같고, 준마는 마치 번개와도 같다(雕弓寫明月, 駿馬疑流電)." 여기서 '寫'와 '疑'는 바꿔 쓸 수 있으며 '疑' 역시 비슷하다는 의미이다.

444 '落'은 '若'을 잘못 쓴 것으로 보인다.

445 '弩'가 原卷에는 '努'로 되어 있는데, 글자를 쓸 때 처음 부분이 같아서 잘못 쓴 것으로 보인다. 原錄에서는 '弩'로 바꾸었다.

446 '肣朧'은 '玲瓏'과 같다.

447 '龍蛇驚'이 原卷에는 '驚龍蛇'로 되어 있다. 여기서는 순서를 바꿔 앞 구의 '狐免怕'과 대구를 이루도록 했다.

은 고기비늘처럼 많았고, 만군이 만들어낸 대오는 기러기가 나는 모습 같았다. 긴 창을 어깨에 메고 곧추 서 있으니 우뚝한 모습이 하늘을 찌르는 듯 했고, 무소뿔 활을 손바닥을 맞대 당기니 그 모습은 달을 그린 듯 했다. 흰 깃발은 마치 눈과 같고 칼은 서릿발과 같았으며, 노(弩)를 발사하면 번개가 쳤고 칼을 뽑으면 검이 포효했다. 장군의 명령은 물샐 틈이 없었고 사령관이 엄한 계시를 내리면 새 한 마리도 감히 지나가지 못하였다. 병마들의 늠름한 모습은 수백 리를 가로질렀다. 금빛 갑옷은 영롱하고 은빛 안장은 찬란히 빛났다. 숲속을 지나갈 때는 파도가 이는 듯 떠들썩하여 여우와 토끼가 두려워 다투어 달아나고 용과 뱀도 놀라 숨기에 바빴다.

> 將軍馬上卓紅旗, 兵士各各依條貫,
> 先鋒踏道疾如風, 卽至黃河東北岸.
> 장군이 말 위에서 붉은 깃발 높이 드니,
> 병사들이 제각기 약속된 바를 따르네.
> 선봉은 질풍처럼 내달아 길을 열어
> 금세 황하의 동북쪽 언덕에 이르렀네.

先鋒引道, [□][448]路奔騰; 排比[449]舟船, 橫軍度[450]水. 所由[451]修造, 撲火蓬飛. 兵馬旣至江頭, 便須宴設[452]兵士. 軍官食了, 便卽渡江. 屬

448 項楚의 의견을 따라 결문 표시를 했다. 原錄에서는 이곳의 몇 구를 다음과 같이 잘못 썼다. "先鋒引道路奔騰, 排批舟船橫軍渡. 水所由修造橫水蓬飛." 潘重規는 '先鋒引道路奔騰'을 연문이라고 했으나, 확실치 않다.

449 '排比'가 원래는 '排批'로 되어 있는데, '批'자는 '排'자와 이어져서 비슷하게 된 것이다. 排比 : 준비하다. 자세한 것은 『通釋』의 '排比' 항목 참고.

450 '度'가 原錄에는 '渡'로 쓰여 있다. 실제 原卷에는 '度'로 쓰여 있는데, 이 글자는 옛날에 '渡'와 통했다.

451 [項楚] 所由 : 여기서는 배 만드는 것을 감독하는 관리를 말한다.

452 宴設 : 잔치를 벌여 대접하다. '設'과 '宴'은 동의의 연문이다.

風浪靜,[453] 山林皎亮, 日月貞明; 霧卷青天, 雲歸滄海. 直爲人多手衆, 至曉即至江西. 子胥告令軍兵: 大須存心捉搦.[454] 此是平王之境, 未曾諳悉山川, 嶮隘先登. 遠致虞候都巡,[455] 子將[456]絞略[457]橫行. 傔奏[458]偷路而行, 遊弈[459]經餘一月. 行逞(程)向盡, 欲至楚邦. 楚王不幸早亡, 立太子昭王知其軍國.

선봉이 길을 이끌어 내달리고 배를 준비해 줄지어 강을 건넜다. 배를 담당하는 관리들이 고친 배는 나는 듯 날랬다. 병마가 강가에 이르자

---

453 [徐震堮] '靜'위에 한 자가 빠져 있는 듯하다.

454 '搦'을 原錄에서는 '溺'으로 썼다가 '搦'으로 교정하였다. 原卷에는 '搦'의 속자인 '榒'으로 쓰여 있다. 뒤의 "拍搦悲啼吊問" 구의 '搦'자 역시 같은 모양이다. 捉搦: 얽매다, 관리하다. 唐玄宗의 「流彭果詔」에 나오는 "捉搦勿許東西"는 단단히 묶어 벗어나지 않도록 한다는 의미이다. 또 詔令에 자주 쓰이는 "所由長官, 嚴加捉搦"의 '捉搦' 역시 같은 의미이다.

455 '都'가 原卷에는 '長'으로 되어 있다. '長巡'은 '都巡'의 잘못이다. 虞候와 都巡은 모두 순찰병을 말한다.

456 子將: 즉 小將, 당대의 무관. 『舊唐書』 권181 「樂彥禎傳」: "종훈은 또 망명한 5백 여 무리에게 명하여 안팎으로 출입시키고 '자장'이라 부르며 심복 역을 맡겼다(從訓又召亡命之徒五百餘輩, 出入內外, 號爲'子將', 委以心腹)."

457 [項楚] '絞'는 '剿'가 되어야 한다. 이는 '抄'와 같으며 '抄略'은 재물을 뺏는 것이다. [校注] '絞'는 '挍'와 통한다. P.2653 「韓朋賦」: "누런 뱀 한 마리가 제 침상을 휘감고 있었고(見一黃蛇, 皎妾床脚)"의 '皎'가 S.3904에는 '挍'로 되어 있으며, 이들 글자는 모두 '絞'와 통한다. P.3754 「燕子賦」(一): "제비가 없는 것을 보고 들어와서 멋대로 어질러놓다(睹燕不在, 入來皎掠)." 여기서 '皎'자를 原錄에서 '挍'로 고쳤는데, 이는 옳은 것이다. 『集韻』 '爻'韻: "挍, 亂也." 『說文』: "攪, 亂也." 따라서 '挍略'은 곧 '攪略'이며, 의미는 '어지럽히고 약탈하다'이다. [譯注] 지나친 해석이라고 생각한다. 이 의견을 따를 경우 문맥이 자연스럽지 못하기 때문이다. 그보다는 '絞略'을 일선의 소장들이 수행하는 갖가지 작전들로 보는 것이 나을 듯하다. 빅터 메어는 '絞略'을 글자 그대로 'intricate strategy(복잡한 전략)'으로 해석하였다.

458 傔奏: 原錄에서는 '奏'를 '走'로 고쳤으며, 『漢語大字典』에서는 '傔'자 아래에 바로 이 예를 인용하면서 '兼'과 같다고 말하고 있다. 하지만 원문은 틀리지 않다. '傔奏'는 곧 '傔從', '別奏'로서 당대에 장군을 수행하던 무리를 말한다.

459 '弈'이 原錄에는 '奕'으로 되어 있는데, 原卷에는 '弈'으로 되어 있어 이에 근거했다. '遊弈'은 '遊弋'과 같으며, '순라병'을 말한다. 『資治通鑒』 209 唐 景龍 2년: "좌옥금위장군 논궁인을 삭방군 전봉유혁사로 삼아 낙진수를 지키며 순라를 돌도록 했다(以左玉鈐衛將軍論弓仁爲朔方軍前鋒遊弈使, 戍諾眞水爲邏衛)." '遊弈'과 '傔奏'는 모두 관직명이다.

곧 병사들에게 잔치가 베풀어졌다. 군사들은 음식을 다 먹자 곧바로 강을 건넜다.[460] 바람이 따라주고 파도도 조용하고 숲은 훤하고 일월은 밝았으며, 안개는 맑은 하늘을 감싸고 구름은 넓은 바다로 돌아갔다. 사람 수가 많아 새벽이 되어 강 서쪽에 이르렀다. 자서는 병사들에게 명하였다. "단단히 조심하라. 이곳은 평왕의 땅이라 산천에 익숙하지 않으니 일단 높고 험한 곳에 먼저 오른다." 정탐병들은 멀리까지 정탐을 나가고 소장(小將)들은 갖가지 작전들을 수행했다. 장군 곁의 첨병이 길을 내며 나아가고 정탐병이 한 달 남짓을 그렇게 지낸 끝에 초나라의 도성에 거의 이르게 되었다. 안타깝게도 초왕은 이미 죽은 후였고 태자 소왕(昭王)이 즉위하여 나라를 다스리고 있었다.

昭王聞子胥兵馬欲至, 遂乃徵發天兵, 簡練驍雄五戎之士, 多賜絹帛, 廣立功勳. 楚國土曠人稠, 遂卽興兵百萬, 絏毒(旗纛)蔽[461]日, 衣甲漫天, 列陣橫行, 擬共子胥交戰. 城上修營戰格,[462] 門門格立抛[463]車, 更伏(復)作冶鎔銅.[464] 四面多安擂木, 兵馬具備, 力敵萬夫. 昭王統領勇夫, 遂與吳軍相擊.

소왕은 자서의 군대가 곧 이른다는 소식을 듣고 군대를 모아 각종 병장기를 다루는 용감한 병사들을 선발하여 많은 비단을 하사하면서 큰 공을 세우도록 했다. 초나라는 땅이 넓고 인구가 대단히 많아 곧바로 백만 병사를 일으켰다. 깃발이 해를 가리고 갑옷이 하늘을 가득 메운 채 자서와의 전투를 위해 군진을 쭉 늘여 세웠다. 성(城) 위에는 화살과

460 【譯注】 이상의 몇 구는 의미가 모호하다. 아무래도 선봉대가 먼저 강을 건넌 후 본대가 강가에서 식사를 하고 이어서 강을 건너는 모습으로 보인다.

461 '蔽'가 原卷에는 '敝'으로 되어 있으며, 原錄에서 '蔽'로 고친 건 옳다.

462 【項楚】 戰格 : 성을 지키면서 화살과 돌을 막을 때 썼던 방어시설.

463 '抛'를 原錄에서는 '拋'로 썼으나, 사실 原卷에는 '抛'로 쓰여 있다. 抛車는 돌을 발사하는 기계이다.

464 【項楚】 作冶鎔銅 : 구리를 녹이는 용광로를 만들다. 고대 사람들은 구리나 철을 녹인 물을 전투에 썼다.

돌을 막을 방어막을 만들고 성문마다 돌을 발사하는 포차를 세웠으며 구리를 녹이는 용광로도 만들고 사방에 수많은 목봉을 비치하였다. 병마들이 모두 전투태세를 갖추니 그 힘은 만 명을 대적할 만 했다. 소왕은 용맹한 군사를 거느리고 오군과 격전을 치렀다.

子胥乃布兵列陣, 一似魚鱗, 䟦羅迴吼喚三聲, 大鼓揚名卽發. 列千軍於楚塞, 布萬陣於黃池. 須臾鋒劍交橫, 抽刀劍吼, 槍沾汙血,[465] 箭下獐狂. 塵土張天, 鐵馬嘶滅.[466] 一死一進, 唯努唯前. 各辦[467]殺心, 終無退意. 西軍大敗, 遍野橫屍. 干戈不得施張, 人馬[468]重重相厭.[469] 子胥十戰九勝, 戰士不失一兵. 昭王見兵被殺, 怕懼奔走入城. 子胥逐[470]後奔馳, 狀如蓬飛撲火; 吳軍隨後卽趁, 恰似風雲. 一向(餉)[471]摩滅楚軍, 狀似熱湯撥[472]雪.

자서는 병사들을 고기비늘처럼 배치하여 진을 형성했다. 호각을 크게 세 번 불고 큰북을 울리면서 출발하였다. 초의 보루에 천군(千軍)이 늘어서고 황지(黃池)에는 만진(萬陣)이 깔렸다. 순식간에 날카로운 검들이 오

465 '汙血'이 原錄에는 '汗血'로 되어 있으나 原卷에는 '汙血'로 되어 있다.

466 [項楚] '滅'은 '喊'이 되어야 하며, 모양이 비슷해 잘못 쓴 것이다.

467 辦 : 축적하다, 구비하다.

468 '馬'가 原錄에는 '人'으로 되어 있으나, 실제 原卷에는 '馬'로 되어 있다.

469 '厭'을 原錄에서는 '壓'으로 교기하였다. '厭'은 '壓'의 古字이다. 『說文』「厂部」: "厭, 笮也." 段注 : "笮者, 迫也. 此義今人字作壓, 乃古今字之殊."

470 '逐'이 原卷에는 '遂'로 쓰여 있다. [項楚] '遂'는 '逐'이여야 한다. 여기서는 項楚에 근거하여 고쳤다.

471 '一向'은 '一餉'과 통하며, '짧은 시간'을 말한다. 『通釋』의 해당 조목 참고.

472 '似'를 原錄에서는 쓰지 않았다. 이 글자는 옆쪽에 아주 작게 연한 붉은 색으로 쓰여 있다. [劉凱鳴] '撥'은 '潑'이어야 하는데, 모양이 비슷해서 잘못 쓴 것이다. [校注] '撥'자는 틀리지 않다. '撥'에는 '뿌리다'의 의미가 있다. 『釋名』「釋言語」: "撥, 播也. 播, 使移散也." P.2551 잔결된 『道經』: "물을 끌어다가 구멍에 넣어서 중생을 죽이거나 뜨거운 물을 눈에 흩뿌려 중생들을 죽이다(或引水入穴, 煞害衆生; 或熱湯撥雪, 煞害衆生)." P.2187 「破魔變文」: "먼저 검은 구름을 잔뜩 깔고 먹물을 흩뿌리듯 비를 내리다(先鋪靉靆之雲, 後降潑墨之雨)"의 '潑'자가 S.3491에는 '撥'로 되어 있다.

갔다. 칼을 뽑아 서로 부딪는 소리를 내고 창은 더러운 피로 범벅이 되었고 화살은 어지럽게 떨어졌다. 흙먼지가 하늘을 가리고 철마(鐵馬)는 울부짖었다. 한 명이 죽으면 한 명이 나아가는 식으로 오직 앞으로 돌진할 뿐이었다. 모두들 싸우겠다는 각오가 확고한지라 한 치도 물러서지 않았다. 서쪽의 군대는 대패하여 온 들판에 시체가 즐비했다. 창과 방패는 움직이지 않고 사람과 말이 쌓여 서로를 누르고 있었다. 자서는 열 번 싸워 아홉 번 승리하였고 병사는 한 명도 잃지 않았다. 소왕은 병사들이 죽는 모습을 보고는 두려워 급히 성으로 들어왔다. 자서가 급히 뒤를 쫓아 말을 달리니 그 모습이 흡사 마른 쑥이 바람에 날려 불로 뛰어드는 듯 했다. 오군이 그 뒤를 쫓아 풍운처럼 순식간에 초군을 섬멸하였으니, 그 모습은 마치 뜨거운 물을 눈에 뿌리는 듯 했다.

子胥遙[473]鞭語昭王曰:"你父平王, 至當[474]無道. 與子娶婦, 自納爲妃. 忠臣諫言, 遂被誅戮; 佞臣諂亂, 却賜封侯. 殺我父兄, 枉死傷苦, 今乃報讎父罪, 即當快吾心意. 吾今欲食汝心, 將爲不足; 縱使萬兵相向, 未敵我之一身. 今取你父骸骨及你生身祭我父兄靈魂始得." 昭王怕懼之心, 遂即白幡降伏. 吳軍大叫, 直入楚城, 尋逐昭王, 燒其宮殿. 昭王棄城而走, 遂被伍相擒身, 返(反)[475]縛昭王:"你父墳陵, 今在何處?" 昭王啓子胥曰:"我父平王, 已從物化. 負君之罪, 命處黃泉. 事既相當, 身從臠割, 父愆子替, 何用屍骸? 請快讎心, 任從斧越(鉞)."

자서는 멀리서 채찍질을 하며 소왕에게 말했다. "너의 아비인 평왕은 무도하기 그지없어 자식과 결혼할 여자를 자신의 비로 삼았다. 충신은 간언을 올렸으나 결국 참형을 당하였고 간신이 아첨을 남발해도 도리어

473 【劉堅】'遙'는 '搖'가 되어야 한다. 【校注】項楚는 "이 부분은 초 소왕이 성으로 도망을 가고 오자서가 쫓아가면서 소왕의 죄상을 나열하는 장면이므로 '遙'자를 쓴 것이다"라고 했는데, 項楚의 의견이 옳다.

474 至當 : 지극히. '當'은 접사이다. 아래의 "小子子胥, 深當不孝"에서 '當' 역시 접사이다.

475 '返'은 '反'과 통한다. '反縛'은 거꾸로 묶는 것이다.

그를 후(侯)에 봉하였다. 내 아버지와 형이 억울하게 죽임을 당했으니, 이제 나는 아버지의 죄를 갚아주어야 마음이 통쾌하겠다. 당장 네놈의 심장을 먹어치워도 충분치 않다. 설사 1만의 군사가 닥쳐온다 해도 이 한 몸을 대적하진 못하리라. 이제 네 아비의 뼈다귀와 네 몸뚱이를 가져다가 내 아버지와 형의 영혼에 제사를 지낼 것이다." 소왕은 두려워하다가 백기를 들고 항복하였다. 오군은 크게 소리를 지르며 초나라의 성으로 들어가서 소왕을 쫓고 궁전을 불태웠다. 소왕은 성을 버리고 달아나다가 결국 오상(伍相)에게 사로잡혀 거꾸로 묶였다. "네 아비의 묘가 지금 어디에 있느냐?" 소왕이 자서에게 아뢰었다. "내 아버지 평왕은 이미 돌아가셨소. 당신에게 죄를 지어 황천으로 가는 운명에 처한 것이오. 기왕 일이 이렇게 되었으니 내 몸을 베시오. 아버지의 죄를 자식이 대신할 터인데 시체가 무슨 소용이 있겠소? 어서 그 복수심으로 도끼를 날리란 말이오."

昭王被考, 喫苦不前.[476] 忍痛不勝, 遂卽道父之墓所. 子胥捉得魏陵, 臠割剜取心肝, 萬斬一身, 幷誅九族. 子胥喚昭王曰:"我父被殺, 棄擲深江." 遂乃偃息停流, 取得平王骸骨, 並魏陵、昭帝, 並悉總取心肝, 行至江邊, 以祭父兄靈曰:"小子子胥, 深當不孝. 父兄枉被誅戮, 痛切奈何! 比[477]爲勢力不加, 所以蹉跎年歲. 今還殺伊父子, 棄擲深江, 奉祭父兄, 惟神納受!"

소왕은 고문을 당하면서 더 없는 고통을 받아 결국 고통을 이기지 못하고 아버지의 묘지를 말해주었다. 자서는 위릉을 잡아서 배를 갈라 심

476 '喫苦不前'은 '喫苦不禁'이 되어야 할 듯하다.

477 比: 이전, 과거. 『舊五代史』「梁書」'韓建傳': "한건은 이전에 글을 몰라서 군을 다스리는 틈틈이 매일 공부를 하였는데, 사람을 시켜 그릇이나 침상, 걸상 따위에 그것의 이름을 적어두게 했다. 이것들을 보고 익히면서 한건은 점점 글자를 알아가게 되었다(建比不知書, 治郡之暇, 日課學習, 遣人於器皿, 床榻之上各題其名, 建視之旣熟, 乃漸通文字)." 『通釋』의 해당 조목 참고.

장과 간을 꺼냈다. 몸을 만 번이나 베고 구족을 모두 멸하였다. 자서가 소왕을 불러 말하였다. "내 아버지는 돌아가신 후 깊은 강물에 내던져졌다." 이윽고 다른 일을 멈추고 평왕의 해골과 함께 위릉과 소제의 심장과 간도 뽑아 강가로 가져가서 부형의 영령에 제사를 지내며 말하였다. "소자 자서가 큰 불효를 저질러 부형께서 억울한 죽음을 당하셨으니 그 원통함을 이루 말할 수 없습니다! 지금까지는 힘이 더해지지 못해 몇 해 동안 때를 놓쳤다가 지금에야 이 부자들을 죽여서 깊은 강물로 던져 부형께 바칩니다. 영령께서는 부디 거두어주소서!"

子胥祭了, 發聲大哭, 感得日月無光, 江河混沸.[478] 忽卽雲昏霧暗, 地動山摧. 兵衆含啼,[479] 人倫棲(悽)愴. 魚龍飮氣, 江水不潮. 澗竭泉枯, 風塵慘列(烈). 子胥祭了, □自[480]把劍. 結恨之深,[481] 重斬平王白骨. 其骨隨劍血流, 狀似屠羊. 取火燒之, 當風颺作微塵. 卽捉劍斬昭王, 作其百段, 擲着江中: "魚鱉食之, 還同我父!" 子胥尋覓父兄骸[骨][482]不得, 立樹乃作父兄, 於今見在亳州境內東南一百二十里有餘. 後世莫知, 今城父懸(縣)是也.

자서가 제사를 마치고 대성통곡하자 일월은 빛을 잃고 강물은 끓어올랐다. 갑자기 구름이 어두워지고 안개가 짙어지면서 땅이 진동하고 산이 무너져 내렸다. 병사들은 눈물을 흘리며 울었고 사람들은 슬퍼하였다. 어룡은 숨을 삼키고 강물은 흐름을 멈췄다. 계곡물이 다하고 샘이 메말랐으며 흙먼지는 거세게 불어왔다. 자서는 제사를 마치고 검을 잡

478 『集韻』 '混'韻: "滾은 큰물이 흐르는 모양으로 混渾이라고도 한다(滾, 大水流貌. 或作混渾)." '混'과 '渾'은 모두 '滾'의 古字이다.

479 '含'이 원래는 '唅'으로 되어 있다.

480 原卷을 보면 '自' 위에 알아보기 힘든 글자의 흔적이 있어 여기서는 결문으로 처리했다.

481 **[項楚]** '之'는 '尤'여야 한다.(아래의) "臣已結恨尤深, 卽斬昭王百段"을 보면 알 수 있다. **[校注]** '結恨之深'은 원인을 나타내므로 굳이 고칠 필요가 없다.

482 "'骸' 아래에 '骨'자가 빠져 있다"는 項楚의 의견을 따라 보충했다.

았다. 사무친 한이 깊어 다시 평왕의 백골을 내리쳤다. 그 뼈가 검에 따라 피를 흘리니 흡사 양을 도살하는 듯했다. 불을 가져다 태우자 바람에 날려 모두 작은 먼지가 되었다. 이번에는 검을 잡고 소왕을 백 마디로 잘라 강에 던졌다. "아버지가 그랬던 것처럼 고기와 거북들에게 먹이로 주리라." 자서는 부형의 해골은 찾지 못해 나무를 세워 부형으로 삼았다. 지금 박주(亳州) 경내 동남쪽 120여 리 쯤에 이 나무가 있다. 후세 사람들은 알지 못하였으나 지금의 성부현(城父縣)이 바로 그곳이다.

子胥收兵却返, 擬伐梁鄭二邦. 作書與鄭王曰: "楚平王無道, 枉誅我父兄. 子尙是君之臣, 如何不與設計? 送與楚王遣死, 以君賤臣. 讎滅楚王, 迴兵討鄭." 鄭王得信, 忙怕異常, 莫知何計. 卽欲興兵相敵, 慮恐士卒不勝; 遂召秘略之人: "止得吳軍兵者, 分國共治, 更賜千金." 及有魚(漁)人之子, 遂卽應募投名: "臣能止得吳軍, 不須寸兵尺劍, 唯須小船一隻, 棹椑一枚, 鮑魚一雙, 麥飯一謳(甌), 美酒一榼, 放在城東水中, 臣自有其方法." 鄭王依語, 卽覓船等, 送在水中. 魚(漁)人撥棹長歌, 乘船遊戲. 其鄭王閉却城四[483]門, 城頭遙看設何方計却得吳軍.

자서는 군대를 거두고 돌아와서 양(梁)과 정(鄭) 두 나라를 치고자 했다. 그래서 정왕(鄭王)에게 이런 편지를 보냈다. "무도한 초 평왕이 억울하게 내 아버지와 형을 죽였소. 형 자상은 당신의 신하였는데 어찌하여 이렇다 할 계책을 세우지 않으셨소? 초왕에게 보내 죽게 내버려두었으니 이는 곧 임금이 신하를 죽인 것이오. 원수인 초왕을 멸했으니 이제는 군사를 돌려 정나라를 칠 것이오." 정왕은 편지를 받고 부들부들 떨며 어떻게 해야 할지를 몰랐다. 즉시 군사를 일으켜 대적하고자 해도 병사들이 이기지 못할 것이 걱정되었다. 그래서 지략을 갖춘 이를 모집하였다. "오군을 막을 수 있는 자는 나라를 나누어 함께 다스리도록 하

483 '四'가 原卷에는 '西'로 되어 있다. **[項楚]** '西'는 '四'가 되어야 한다.

고 천금을 하사하겠노라." 한 어부의 아들이 모집에 응하여 이름을 올렸다. "신은 능히 오군을 막을 수 있습니다. 한 명의 병사도 한 자루의 검도 필요 없습니다. 다만 작은 배 한 척과 노 한 자루, 절인 고기 두 마리, 보리밥 한 그릇, 맛있는 술 한 통만 성 동쪽의 물가에 마련해 주십시오. 신에게 방법이 있습니다." 정왕은 이 말에 따라 배를 비롯한 여러 가지 것들을 물가로 보냈다. 어부는 노를 저으면서 길게 노래 부르고 배를 타고 이리저리 떠다녔다. 정왕은 성의 네 문을 모두 닫고 성 위에서 어떻게 오군을 물러나게 하는지 멀리서 바라보았다.

子胥兵馬欲至鄭國三十餘里, 先遣健兒看鄭國有幾許兵馬相敵. 行至鄭國, 四城門牢閉. 又行至城東門外, 池水中唯獨有一人, 乘漏蓋船, 口唱歌而言曰:"蘆中一人, 豈非窮事(士)乎? 我有美酒一榼, 魚肉五斤, 餅有十翻,[484] 飯有一罐, 請來就船而食.

凶卽請自當, 吉則知吾意.
儻若事明君, 榮華取富貴.
忽爾事相當, 願勿生遺棄."

자서의 군대는 정나라 30여 리 밖까지 이르자 먼저 건장한 병사들을 정나라로 보내 어느 정도의 병마가 대적하고 있는지 살펴보도록 했다. 정나라에 이르렀으나 네 성문은 굳게 닫혀 있었다. 다시 성 동문 밖으로 가자 성지(城池)에서 한 사람이 덮개 없는 배를 타고 노래를 부르며 말을 건넸다. "갈대숲에 있는 사람. 어찌 궁한 처지의 선비가 아니겠소? 맛있는 술 한 통과 어육 다섯 근, 떡 열 장, 밥 한 광주리가 내게 있으니, 이 배로 와서 좀 드시오.

484 '翻'이 原卷에는 '播'로 되어 있는데, 앞에 '薄餅十翻' 구가 있어서 이렇게 고쳤다. '翻'은 양사로서 '番'과 같다.

흉해지면 내 스스로 감당할 것이나
길해지면 제 마음을 알아주십시오.
만약 현명한 군주를 섬긴다면
영화로움에 부귀를 얻으시겠지요.
만약 같은 일이 일어난다면[485]
부디 나를 내치지 마시기를."

其將聞船人此語, 遂卽却迴, 至子胥邊具說船人之語. 子胥聞此語已, 卽知是船人之子, 子胥歡憙: "我有冤讎, 至當相滅, 因他得活, 豈得孤恩?[486] 富貴忘貧, 黃(皇)天不助. 有恩不報, 豈成人也; 有恩若報, 風流如(儒)雅."[487] 子胥控馬籠鞭, 就水抱得小兒, 拍搦悲啼吊問: "汝父沈溺深江, 荼毒奈何奈何! 願子莫懷讎恨!"

그 장수는 어부의 말을 듣고 곧바로 자서가 있는 곳으로 돌아와서 어부의 말을 모두 말해주었다. 자서는 이 말을 다 듣고 그가 바로 어부의 아들임을 알 수 있었다. 자서는 기뻤다. "내가 원수를 끝까지 갚을 수 있었던 건 그 사람 덕에 살아남았기 때문이다. 어찌 은혜를 저버릴 수 있겠는가? 부귀한 사람이 가난한 때를 잊으면 하늘이 돕지 않는다. 은혜를 입었는데도 갚지 않는 자를 어찌 사람이라 하겠는가! 은혜가 있으면 마땅히 갚아야 훌륭하고 고상한 이가 되는 것이리라!" 자서는 말고삐

485 [項楚] 여기서 말하는 같은 일이란 어부가 오자서를 대접해 주었던 것과 마찬가지의 일을 말한다.

486 孤恩: 은혜를 저버리다. 『後漢書』「明德馬皇后紀」: "신의 숙부 원이 은혜를 저버리고 갚지 않았습니다(臣叔援孤恩不報)." 이에 대해 李賢은 "孤, 負也"라고 주석을 달았다. 元 李治 『敬齋古今黈』 권1: "세속에 孤負에 관한 설이 있는데, 孤는 보답을 하지 않은 것을 말하고 負는 부족한 것을 말한다. 이것이 속어에서 辜로 변하였다. 辜는 죄를 훈계하는 말에서 나왔는데, 孤負의 孤와 마찬가지로 큰 의미는 없다(世俗有孤負之說, 孤謂無以酬對, 負謂有所虧欠. 而俚俗變爲辜, 辜自訓罪, 乃以同孤負之孤, 大無義理)."

487 이상의 네 구는 당대의 속담이다. P.2553 『太公家教』에도 "知恩報恩, 風流儒雅; 有恩不報, 豈成人也"라는 글이 있다.

를 당기고 박차를 가해 물가로 가서 젊은이를 끌어안아 다독이다가 슬피 울며 조문하였다. "부친께서 깊은 강물에 빠지셨으니 그 고통이 어떠하겠소! 부디 그대는 원수의 한을 품진 마오."

鄭王怕懼, 乃出城迎拜子胥, 向前言曰: "臣聞將軍讎冤得達, 憙賀快哉! 臣今死罪有餘, 乞存草命." 子胥報鄭王曰: "兄事於君, 君須藏掩. 曲取平王之意, 送往誅身! 兄旣身亡, 君須代命." 鄭王曰: "遠使將書, 云捨慈父之罪, 臣不細委知, 遣往相看. 爲(謂)言旬月卽還, 不知平王誅戮. 臣今合死, 愜意無言. 大將軍得充讎心, 滅其宗廟, 快哉踊躍, 憙賀不勝! 伏願寬恩, 乞存活路."

정왕이 두려워하며 성에서 나와 자서를 맞으려 앞으로 다가가 말하였다. "장군께서 원수를 갚았다고 들었습니다. 참으로 축하드립니다! 저는 지금 죽어 마땅한 죄를 지었으나 부디 초개 같은 목숨이라도 부지할 수 있게 해 주십시오." 자서가 정왕에게 답하였다. "내 형이 당신을 섬겼으면 당신은 마땅히 숨겨주어야 했소. 그러나 평왕의 뜻을 잘못 받아들여서 형을 보내 주륙을 당하도록 했소. 형이 이미 돌아가셨으니 당신이 그 목숨을 대신해야 하오." 정왕이 말하였다. "멀리서 편지를 가지고 온 사신이 아버님의 죄를 사해 준다고 하기에 신은 자세히 살피지 못하고 형을 보내 아버님을 뵙도록 한 것입니다. 한 달 안에 돌아오겠다고 해서 평왕에게 살해당할지는 몰랐습니다. 신이 지금 죽어야 한다면 아무 말 없이 그 뜻에 따라야겠지요. 대장군께서 원수를 갚고 종묘까지 멸하셔서 제가 뛸 듯이 기쁘고 어떻게 축하를 드려야할지 모르겠습니다. 엎드려 바라옵니다. 넓은 아량으로 목숨만은 살려주십시오."

船人啓言: "大將軍! 我被鄭王召募, 被吳軍來伐, 能却得吳軍兵者, 賜金千斤, 封邑萬戶. 我旣貪他重賞, 其意如何?" 子胥曰: "君不[488]索吾身命, 由(猶)自與之; 取賞却兵, 敢相違負?" 子胥見魚(漁)人勸諫, 遂卽適(釋)放鄭王. 鄭王歡憙, 乃索酒食如山, 三日三夜, 供承[489]吳軍兵馬. 子胥遂策(冊)魚(漁)人之子爲楚帝. 楚鄭二邦, 並乃太平.

뱃사람이 아뢰었다. "대장군! 저는 정왕의 군사로 모집되었습니다. 오나라 군대가 쳐들어 올 때, 오나라 군대를 퇴각시킬 수 있으면 천근의 금을 하사하고 만호의 읍을 봉해준다고 했습니다. 저는 이미 그 무거운 상을 탐하고 있습니다. 대장군의 생각은 어떠신지요?" 자서가 말하였다. "그대가 내 목숨을 원치 않아도 내 스스로 목숨을 바칠 수도 있소. 군대를 퇴각시켜 상을 받고 싶다는데 내 어찌 그 뜻을 거스르겠소?" 자서는 어부의 청을 받아들여 곧바로 정왕을 풀어주었다. 정왕은 기뻐서 술과 음식을 산같이 쌓아두고 사흘 밤낮으로 오군의 병마들에게 바쳤다. 자서는 어부의 아들을 초제(楚帝)로 책립하였다. 초와 정 두 나라 모두 태평해졌다.

卽發天兵, 討伐梁帝. 梁王聞吳軍欲至, 遂殺牛[490]千頭, 烹羊萬口, 飮食堆[491]如山岳, 列在路邊, 帳設鋪施. 吳軍卽至,[492] 梁王肘行膝步, 拜謝子胥: "伏願寬恩, 乞存活路. 今聞將軍伐楚, 臣等憙賀不勝, 遙助[493]快哉, 深加踊躍." 子胥報曰: "我緣急事, 不能設計相留, 懷恨於君, 故來相伐." 子胥見酒食列在城南, 乃問梁王. 梁王啓大將軍曰: "此酒食可供將軍兵事(士)."

---

488 '不'자는 '若'을 잘못 쓴 것으로 보인다.

489 供承: 공급하다, 바치다. S.5439 「捉季布傳文」: "매일 아내에게 음식을 가져다주도록 하되 웃어른처럼 정성스럽게 바치도록 분부했다(每日遣妻盤送飯, 只同公伯好供丞(承))."

490 **[原校]** '牛' 아래에 원래 '羊'자가 있으나, 연문에 분명하므로 삭제한다.

491 '堆'를 原錄에서는 '埄'로 썼다. 『龍龕手鏡』: "埄, 俗; 堆, 正." 이에 근거하여 정자로 썼다.

492 '卽'을 項楚는 '旣'로 고쳤다. '卽'은 '즉각, 바로'의 의미이므로 고칠 필요가 없다.

493 '助'를 原錄에서는 '祝'으로 교기하였다. **[蔣禮鴻]** 축하하는 것을 '助'라 한다. 六朝, 唐, 宋代에 이렇게 쓰였으므로 '祝'으로 바꾸는 건 잘못이다.

즉시 군대를 진발하여 양제(梁帝)를 토벌하러 갔다. 양왕은 오군이 곧 도착한다는 말을 듣고 소 천 마리를 죽이고 양 만 마리를 삶고 음식을 산같이 쌓아 길가에 늘어놓은 후 장막을 설치하고 자리를 깔았다. 오군이 이르자 양왕은 팔꿈치와 무릎을 끌고 걸어가 자서에게 절을 올렸다. "엎드려 바라옵니다. 넓은 아량으로 목숨만은 살려주십시오. 장군께서 초를 정벌하셨다는 소식을 듣고 신(臣) 등은 이루 헤아릴 수 없는 축하를 드립니다. 멀리서 축하드리면서도 뛰어오를 듯 기뻤습니다." 자서가 답하였다. "내가 긴박한 일을 당했는데도 당신은 내가 계속 머물 수 있게 할 어떤 계책도 세우지 않았소. 그래서 당신에게 한을 품어 정벌을 왔소." 자서는 술과 음식이 성 남쪽에 널려 있는 것을 보고서 양왕에게 연유를 물었다. 양왕이 대장군에게 아뢰었다. "이 술과 음식은 장군의 병사들에게 주는 것입니다."

子胥旣見此言, 卽令兵衆飽食. 兵事(士)食訖. 其兵喫食飽足, 精神踊躍, 啓子胥言曰: "得他一食, 慚人一色; 得他兩食, 謝他不足." 兵將咸言: "大將軍! 此語快哉, 莫伐梁王." 子胥心口思量: "我有寃讎, 端[494]心相滅. 因他得活, 豈得孤恩." 乃捨梁王之罪, 語以(已)進發. 乃收天兵, 行至潁水河傍, 仰面向天嘆而言曰: "我昔逃逝至此, 遂從女子求餐; 其女亦不相違, 抱石投河而死. 今日更無餘物報女子之恩." 一依生存之言, 遂取百金投潁水. 子胥祭曰:

자서는 이 말을 듣고 병사들에게 배불리 먹도록 했다. 병사들은 충분히 먹고 마시고 기분이 좋아져 자서에게 이렇게 아뢰었다. "한 끼 식사

494 【項楚】 '端'은 '顓'이 되어야 하며, 이는 '專'과 같다. '專心相滅'은 일심으로 나를 제거하려 한다는 말이다. 【校注】 위 설은 확실치 않다. '端'에 본래 '專'의 의미가 있으므로 고칠 필요가 없다. 『呂氏春秋』「疑似」: "다음날 저자에서 다시 술만 마시고 있다가 그를 만나면 찔러 죽이려 했다(明日端復飮於市, 欲遇而刺殺之)." 그리고 '端心相滅'은 오자서가 전심으로 양을 멸한다는 것이지, 양왕이 자서를 멸하려 한다는 의미가 아니다.

를 얻어먹으면 부끄러운 빛을 보이고, 두 끼 식사를 얻어먹으면 아무리 감사를 해도 부족합니다." 병사와 장수들이 함께 입을 모았다. "대장군! 이 말이 맞습니다. 양왕을 쳐서는 안 됩니다." 자서는 마음속으로 생각했다. "나는 원수가 있어 온 힘을 다해 그를 죽이려 했다. 하지만 그 사람 덕에 내가 살 수 있다면 어찌 그 은혜를 저버리겠는가?" 곧 양왕의 죄를 사면해 주고는 말을 마치고 출발했다. 군대를 거두어 영수(潁水) 가에 이르러 하늘을 우러러 탄식하였다. "내가 전에 도망을 가다가 이곳에 이르러 어떤 여인에게서 밥을 얻어먹었었다. 그 여인은 나를 배신하지 않았을 뿐 아니라 돌을 안고 강물에 몸을 던져 죽기까지 했다. 오늘 또 여인의 은혜에 보답할 만한 것이 없구나." 살아있을 때 했던 말에 따라 백금을 영수에 던져주고는 제를 올렸다.

"我昔逃逝入南吳, 在路相逢從乞食,
慚君與我一中餐, 抱石投河而命極.[495]
自從分別歲年多, 朝朝暮暮長相憶,
念君神識[496]逐波濤, 遊魂散漫隨荊棘!"
語已含啼而啓告, "冥靈幸願知懷抱.
旣能貞質透河亡, 黃泉能莫生嗟悼.[497]
幽冥路隔不相知, 生死由來各異道.
更無餘物奉於君, 唯取百金相殯報."
"내가 지난날 남쪽 오나라로 도망가던 중
길에서 만나 걸식을 했었소.
그대는 내게 점심 한 끼를 주고는,

495 '極'을 原錄에서는 '殛'으로 교기하였다. 【徐震堮】 '極'을 '絶'자로 풀이한 듯하므로 '殛'으로 고칠 필요가 없다.
496 神識 : '혼령'의 의미로 동의연문이다. 이 단어는 돈황의 기원문에서 흔히 보인다.
497 '嗟悼'가 原錄에는 '惸嗟'로 쓰여 있다. 실제 原卷에는 '嗟惸'으로 되어 있으며, '惸'는 '悼'를 잘못 쓴 것이다. '悼'와 위아래 구의 '告', '抱', '道', '報'가 운을 이룬다.

돌을 안고 강물에 뛰어들어 목숨을 끊었소.
그로부터 헤어진 지 여러 해가 흘렀지만,
아침저녁으로 오래도록 생각하고 있었소.
파도를 따라간 그대의 영혼 생각하면,
떠도는 혼이 흩어져 묘지 사이를 오갔으리."
말을 마치고 눈물을 머금으며 말하였다.
"구천의 영혼은 내 마음 알아주시길.
정숙한 몸으로 물에 뛰어들어 생을 마감했으니,
황천에서는 외롭게 살아가지 않으시기를.
저승길 가로막혀 서로 알 수 없고,
삶과 죽음의 길이 지금까지 달랐소.
이제 또 당신께 줄 것이 없어
한낱 백금으로 장사를 지내오."

子胥祭祀訖, 迴兵行至阿姊家, 捉得兩個外甥子安子永, 兀[498]其頭, 截其耳, 打却前頭雙板齒:"我昔逃逝從乞食, 捉我欲送楚平王. 今日讎之, 願汝永爲奴僕."

자서는 제를 마치고 군대를 돌려 누님 댁으로 갔다. 외조카 자안과 자영을 잡아다가 머리카락을 자르고 귀를 베고 앞니를 쳐서 뽑았다. "내가 지난날 도망 다니며 걸식을 할 때, 나를 잡아 초 평왕에게 보내려 하였다. 오늘 그 원수를 갚으려 하니 너희들은 이제부터 영원히 노비가 되리라."

天兵有限, 不可久停. 馬乃掣[499]電奔星, 行至子胥妻舍. 擬迎婦歸

498 '兀'을 原錄에서는 '髡'으로 고쳤다. 그러나 '兀'자에 본래 '자르다'의 의미가 있으므로 고칠 필요가 없다. 자세한 것은 『通釋』의 해당 조목 참고.

499 '掣'가 原卷에는 '擊'으로 되어 있다. [項楚] '擊'은 '掣'가 되어야 한다. 모양이 비슷해서 잘못 쓴 것이다. 「漢將王陵變」: "왕릉은 번개처럼 채찍을 내리치고, 관영은 홀로 유성처럼 지나는구나(王陵下鞭如掣電, 灌嬰獨過似流星)." "사람은 번개와 같고 말은

吳國, 遂卽叩門而喚. 其妻掩閉門庭, 隔墻遙應, 不相容納.[500] 子胥報妻曰: "吾昔遭楚難, 愧君出應逢迎. 今乃讎楚, 迴軍相見, 望同往日, 何爲閉門相却, 不睹容光? 爲當別有他情? 何爲恥胥不受? 自茲隔別, 每念君恩, 愧賀不輕, 故來諮屈."[501] 妻答曰: "君乃昔遭楚難, 行路相過, 叩門面睹, 此乃知君屈厄. 妾乃懸響相仍,[502] 君乃拒諱不承, 妾亦無能苦死. 夫妻義重, 望君結死同生. 君乃先辱不輕, 妾卽後嫌不受. 貧賤不相顧眄, 富貴何假提携? 不貪寵祿榮華, 願君知兒懷抱!" 子胥乃承死罪, 隔門拜謝叩頭. 其妻旣見殷勤, 遂乃開門納受. 恩愛還同昔日, 相命卽歸.

군대는 정해진 기한이 있어 오래 머무를 수 없었다. 번개가 치고 별이 내닫듯이 달린 말은 어느새 자서의 아내 집에 이르렀다. 자서는 부인을 오나라로 데리고 갈 생각이었다. 문을 두드려 부르니 처는 문을 닫고 벽을 사이에 두고 멀리서 답할 뿐 안으로 맞아들이려 하지 않았다. 자서가 처에게 말하였다. "지난날 초나라로 인해 곤란에 처했을 때도 당신은 나와서 나를 맞이주었소. 이제 초의 원수를 갚고 군대를 돌려 지난날처럼 서로 만나고 싶은데 어찌 문을 닫고 물리치면서 얼굴을 보여주려 하지 않소? 다른 사람을 마음에 두고 있소? 왜 나를 받아들이려 하지 않소? 헤어진 이후로 매번 당신의 은혜를 생각할 때마다 내가 진 빚이 가볍지 않음을 느꼈소. 그래서 이렇게 와서 당신께 내 심정을 말하는 것이오." 처가 답하였다. "지난날 당신이 초나라 때문에 고초를 겪을 때 이곳을 지나

유성과 같다(人如電掣, 馬似流星)."

500 '納'을 原錄에서는 '內'로 썼다가 '納'으로 교기하였다. 原卷에 쓰인 '內'는 곧 '納'의 속자이며, 原卷의 '納'은 모두 이 모양이다. 예를 들어, 앞에 나온 "楚王不納忠諫之詞"에서 '納' 역시 이 모양으로 쓰여 있다.

501 '來'가 原錄에는 '未'로 되어 있다. 【潘重規】 丙卷에는 '來'로 되어 있는데 『돈황변문집』에서 '未'로 잘못 썼다. 【校注】 潘重規의 주장이 맞다.

502 【袁賓】 '懸響'은 말이 안 되므로 '影響'이 되어야 한다. '影'과 '懸'의 모양이 비슷해 잘못 옮겨 적은 것이다. 【校注】 '懸響相仍'은 틀리지 않다. 이는 멀리서 소리를 듣고 그에 응한다는 의미로 보인다.

면서 문을 두드려 얼굴을 보았지요. 그때 저는 당신이 곤경에 처해 있음을 알 수 있었어요. 첩은 소리를 듣고 맞으려 하였으나 당신께서 거절하며 받아들이지 않았습니다. 그래서 저 역시 참을 수 없을 정도로 괴로웠지요. 부부의 의리는 중한 것이라 당신과 생사를 함께 하고자 했습니다. 당신이 먼저 주신 모욕이 가볍지 않아 저는 이후에도 감당하기 힘들었지요. 빈천할 때는 돌보지 않았으면서 부귀하다고 해서 어찌 거짓으로 저를 데리고 가신단 말씀입니까? 재물도 영화도 탐하지 않습니다. 부디 제 마음만 알아주시지요!" 자서는 자신의 죽을죄를 인정하고 문을 사이에 두고 사죄를 하며 고개를 조아렸다. 아내는 그의 진실한 모습을 보고 결국 문을 열어 받아들였다. 부부의 사랑이 이전처럼 도타워져 돌아가기로 했다.

子胥告令三軍, 單行引隊. 今旣天下淸太(泰), 日月貞明, 玉鞭齊打金鞍, 乃爲歌曰:

"我天兵兮不可對, 塞平川兮千萬隊.
一掃萬里絶塵埃, 征討楚軍如瓦碎.
大丈夫兒天道通, 提戈驟甲[503]遠從戎.
戰卒驍雄如虎豹, 鐵騎生寧眞似龍.
布陣鋪雲垂曳地, 神旌集鶴發陵空.[504]
橫行天下無對當, 將知萬國總還同.
樂兮樂兮今日樂, 歡兮歡兮今日歡.
金鞭打節齊聲和, 尋途遂[505]乃入吳中."

503 '甲'은 '馬'를 잘못 쓴 듯하다.

504 '旌'이 原錄에는 '族'으로 쓰여 있다. 原卷에는 실제로 '旌'으로 쓰여 있어 여기서는 이를 따랐다. [項楚] '神旌集鶴'은 상서로운 징조이다. 『太平御覽』 권340의 「趙氏兵書」 인용부분: "새들이 장군의 깃발에 모여 장군은 녹봉이 더해졌다(有鳥集將軍旌上, 將軍增秩祿)." '陵'은 '凌'과 통한다.

자서는 삼군에 명령하여 한 줄로 대오를 이루도록 했다. 이미 천하는 태평하고 일월은 밝게 빛났다. 옥 채찍으로 금 안장을 두드리며 노래를 불렀다.

"천자의 군대에 대적할 자 없고
들과 강은 천만 군사로 뒤덮였네.
한 번 내치면 만 리에 티끌 하나 없고,
초군의 토벌은 기와를 깨부수는 듯.
대장부가 천도(天道)와 통하여,
창을 들고 갑옷 입고 멀리까지 전투를 나갔네.
날쌔고 용감한 병사들 호표(虎豹)와 같고,
무장하고 말 탄 모습 용처럼 맹렬하구나.
구름이 땅에 끌리듯 포진을 하고,
천자의 깃발에 모인 학이 하늘을 찌르네.
천하를 횡행하여 대적할 이 없으니,
만국은 곧 통일이 되겠구나.
즐겁고 즐겁도다! 오늘의 즐거움이여!
기쁘고 기쁘도다! 오늘의 기쁨이여!
금 채찍 두드리는 소리 나란히 어울리니,
길을 찾아 오나라로 들어서리.

征馬合合雜雜,[506] 隱隱塡塡,[507] 鐵馬提撕,[508] 大軍浩汗. 長松青翠,

505 '邃'를 原錄에서는 '逐'으로 썼다가 '邃'로 교기하였다. 실제 原卷에는 '邃'로 되어 있어 이를 따랐다.

506 合合雜雜 : 번다한 모습이다. 이 단어는 '合雜', '匼匝' 등으로도 쓴다.

507 '塡塡'은 원래 '塡塡'로 되어 있다. [徐震堮] '塡塡'이 되어야 한다. 「孔雀東南飛」의 "수레소리 요란하게 덜컹거리고(隱隱何甸甸)"와 흡사하다.

508 [項楚] '提撕'는 '啼嘶'가 되어야 한다.

短草黃禾；玉轡淸泠，[509] 金鞍瓘鍚.[510] 日夜登其長路，旬月卽到吳中. 吳王聞子胥得勝，遂將[511]從騎迎來. 子胥見吳王迎來，下馬[512]拜謝吳王，高聲唱言起居曰："遇(愚)臣自別龍顏後，匪懈之心中(終)不忘. 臣蒙王借兵伐楚，兵衆與臣共同一心. 統領無乖，驅馳[513]合契. 兵至河北，營在楚南. 平王不幸身亡，立太子昭王知其軍國，聞臣兵至，出敵相交. 臣遣驍兵褐(遏)後，[514] 猛將衝前. 一向(餉)摩滅楚軍，人馬重重相壓. 橫屍遍野，血染山川. 由(猶)如鶻打鵶鵝，狀若豹征狐兔. 俗[515]捧崑崙之押[516]卵，何得不摧；執炬火已(以)焚毛，如何不盡! 昭王見兵退散，遂卽奔走入城藏；臣乃從後奔馳，遂卽城中擒獲. 臣已(以)結恨尤深，[517]

509 '泠'이 원래는 '冷'으로 쓰여 있다. [項楚] '冷'은 '泠'이어야 한다. '淸泠'은 맑은 옥소리를 형용한다. [校注] 項楚가 맞다. 原卷에서는 '氵' 편방이 '冫'으로 쓰이는 경우가 많다. 예를 들어, 앞에 나온 "遙遙阻隔三江水"의 '江'자의 왼쪽이 '冫'로 쓰여 있다.

510 '鍚'이 原錄에는 '錫'으로 되어 있다. [項楚] '瓘錫'은 '歡暢'이 되어야 한다. [校注] 이 설은 분명치 않다. '瓘'자의 『廣韻』 음은 '古玩切'(去聲)이며, 『說文』에서는 "瓘, 玉也"라고 했다. '錫'은 '鍚'(음은 與章切)이 되어야 한다. 돈황사본에는 '易'이 '昜'과 섞여 쓰이는 경우가 많기 때문에 '鍚' 역시 '錫'으로 적힐 수 있을 것이다. '瓘鍚'은 말의 이마에 다는 옥장식이다.

511 '將'이 原錄에는 '卽'으로 되어 있으나, 실제 原卷에는 '將'으로 되어 있어 이에 따랐다. '將'은 '이끌다'의 의미이다.

512 [原校] '下馬' 위에 원래 '子胥' 두 글자가 있는데, 연문임이 분명하므로 생략한다.

513 [項楚] 驅馳 : 분주히 명을 받다.

514 [江藍生] '褐'을 王重民은 '遏'로 억지로 고쳤으나 이는 옳지 않다. 응당 '合'으로 써야 할 것이고, 음이 비슷해서 잘못 쓴 것으로 보인다. [校注] '遏後'는 '후미를 끊다'는 의미이므로 '遏'이 가능하다. '褐'과 '合'이 음이 비록 음이 가깝긴 하지만 통가되는 예는 많지 않다.

515 項楚는 '俗' 아래에 '言', '謂', '諺' 등의 글자가 빠져 있다고 말하며, 江藍生은 이를 '喩'와 통하는 '裕'로 고쳤다. 袁賓은 '欲'으로 고치고, 王鍈은 '似'로 고쳤다. 넷 중에서 강람생의 주장이 가장 타당한 듯하다.

516 '押'을 原錄에서는 '壓'으로 교기하였다. '押'은 '手'를 부수로 하고 '甲'을 소리 부분으로 하며 본래부터 '壓'의 뜻이 있다.

517 '已'는 '以'와 통하며 '~때문에'의 의미이다. '尤深'은 매우 심하다는 말이다. 「廬山遠公話」: "어찌 자비롭지 못한 마음으로 이토록 사람에게 깊은 해악을 끼치십니까?(何得心無慈愍, 毒害尤深)." 「降魔變文」: "공경의 마음이 한층 깊어져 문밖으로 달려 나가다(良以敬重尤深, 奔走出於門外)."

卽斬昭王百段. 平王枯骨, 劍斬血流. 臣見此傷, 讎心得止. 吳之戰士, 並總平安; 殺楚兵夫, 橫屍遍野. 王之勢力, 得愜讎心. 愧賀大王, 仰王無盡. 不失一兵一馬, 衣甲具全. 中有驍勇之夫, 願王酬功給效." 吳王曰:"朕自別卿之後, 戀念不離心懷. 慮恐楚卒人多, 俠[518]讎之心不達. 天道相助, 得已(以)滅楚歸吳; 所有功勳, 朕自憂(優)加處分."[519]

전마는 수없이 많고 수레소리는 쿵쿵거리고 철마는 울부짖으니 참으로 엄청난 대군이었다. 다 자란 소나무는 비취빛으로 푸르고 짧은 풀은 노랗게 이삭이 팼고 옥 소리는 맑게 울리고 금 안장은 눈부셨다. 밤낮으로 긴 여정을 거쳐 한 달 만에 오나라에 도착했다. 오왕은 자서가 승리를 거두었다는 소식을 듣고 기병들을 이끌고 맞이하러 나왔다. 자서는 마중 나온 오왕을 보고 말에서 내려 인사를 올리며 큰 소리로 안부를 물었다. "어리석은 신은 폐하의 곁을 떠난 후 나태하지 않으리라는 결심을 한시도 잊지 않았습니다. 폐하께서 신에게 초를 정벌할 군사를 내주시어 병사들과 신은 일심으로 함께 했습니다. 통솔함에 어긋남이 없었고 분주히 명을 수행하면서도 척척 들어맞았습니다. 군대는 황하 북쪽에 이르러 초의 남쪽에 주둔했습니다. 불행히도 초왕은 이미 죽고 없었고 태자 소왕이 즉위하여 군대와 나라를 다스리고 있었습니다. 신의 군사가 이르렀다는 소식을 듣고 적을 내보내 싸우게 했습니다. 신은 사나운 병사들을 보내 뒤를 끊고 용맹스러운 장수들로 앞을 막아 순식간에 초군을 섬멸하였습니다. 적군과 말들은 겹겹이 쌓여 시체는 들판에 널리고 산천은 피로 물들었습니다. 그 모습은 매가 까마귀와 기러기를 낚아채고 표범이 여우와 토끼를 잡는 듯 했습니다. 곤륜산을 들어 계란을 누르는데 어찌 꺾이지 않을 것이며, 횃불을 잡고 털을 태우는데 어찌 깡그리 사라지지 않겠습니까? 소왕은 병사들이 물러서며 흩어지자 즉시 성으로 도망가 숨어버렸습니다. 신이 뒤를 쫓아 성 안에서 그를

518 [徐震堮] '俠'은 '雪'이어야 한다. [校注] 옳지 않다. '俠讎'는 '報讎'이다.
519 處分 : 안배하다, 처리하다.

사로잡았습니다. 신은 맺힌 한이 더욱 깊어져 곧 소왕을 백 마디로 잘랐습니다. 평왕의 마른 뼈도 검으로 자르니 피가 흘러나왔습니다. 이렇게 하고서야 불타는 마음을 진정시킬 수 있었습니다. 오군은 모두들 무사했지만 초군의 시체는 들판에 널렸습니다. 폐하의 힘으로 저의 복수심이 흡족할 수 있었습니다. 폐하께 받은 은혜는 아무리 우러러보아도 끝이 없습니다. 병사 한 명 말 한 마리 잃지 않고 갑옷도 모두 온전합니다. 그 중 용맹한 병사들에게는 폐하께서 전공에 합당하는 상을 내려주십시오." 오왕이 말하였다. "짐은 경과 헤어진 후 경 생각이 마음에서 떠나질 않았소. 초군의 수가 워낙 많아 원수를 갚지 못할까 걱정되었소. 하늘이 도와 초를 멸하고 오나라로 돌아왔으니 모든 공훈은 짐이 무겁게 처리해주겠소."

子胥隨帝[520]部卒入城, 檢納干戈, 酬功給效. 中有先鋒、猛將, 賞緋各賜金魚; 執毒(纛)旌兵, 皆佔班位; 自餘戰卒, 各悉酬柱國之勳.[521] 一時舞道(蹈)呵呵, 咸言君王有感. 吳王見子胥有大人之相, 遂立子胥爲國大相.

자서는 병사들을 이끌고 성으로 들어와 무기를 거두고 전공에 따른 상을 주었다. 선봉을 선 맹장들은 관직을 올려주고 금어(金魚)의 부절을 하사했으며 깃발을 잡은 병사는 모두 반(班)의 지위에 올려주었다. 나머지 병사들도 모두 나라를 지킨 공을 보상받았다. 일시에 발을 굴려 예를 올리고 껄껄 웃으며 군왕에게 감사의 말씀을 올렸다. 오왕은 자서에게 대인의 상이 있어 자서를 대상(大相)으로 삼았다.

後乃越王勾踐, 興兵動衆, 來伐吳軍. 越國賢臣范蠡諫越王曰: "吳

520 【徐震堮】 '帝'는 '帶'의 잘못일 것이다. 【校注】 원문 그대로도 통한다.

521 【項楚】 柱國之勳: 隋唐 대에 文武 관리들에게 주었던 영예로운 칭호로서, 공을 세운 전사나 관리들에게 장려하였다.

國賢臣伍子胥, 上知天文, 下知地里(理), 文經武緯, 以立其身. 相貌希奇, 精神挺特.[522] 吳國大相, 國之垓首.[523] 王今伐吳, 定知[524]自損." 越王言: "我計策以(已)成, 不可中途而罷." 遂乃興兵動衆, 往伐吳軍.

훗날 월왕(越王) 구천(勾踐)이 군사를 일으켜 오군의 정벌에 나섰다. 월나라의 현신(賢臣)인 범려(范蠡)가 월왕에게 간하였다. "오나라의 현신 오자서는 위로는 천문을 알고 아래로는 지리를 알며 문무를 겸비하여 입신한 사람입니다. 비범한 모습에 뛰어난 정신을 갖고 있습니다. 오국의 대상이면 나라의 최고관직입니다. 왕께서 지금 오나라를 정벌하시면 큰 해를 당할 것이 분명합니다." 월왕이 말하였다. "나도 계책을 갖고 있으니 이제 와서 그만둘 수는 없소." 마침내 병사들을 일으켜 오군을 정벌하러 떠났다.

其吳王, 越兵來伐, 遂遣國相伍子胥將兵往伐. 子胥領兵共越兵交戰, 殺越兵夫, 橫屍遍野, 血流漂杵. 越王見兵被殺, 遂共范蠡投西會稽山避難. 越王共范蠡向伍相邊進言曰: "吾見國相爲父報讎, 遂來相看, 無有往伐之意." 子胥聞此, 言: "我不緣賢臣范蠡之言, 越王合國死矣!" 其越王退[525]兵還國後, 乃吳王致疾臨死之時, 付囑太子夫差: "汝後安國治人, 一取國相子胥之語." 吳王死後, 夫差太子爲吳王.

오왕은 월군이 쳐들어오자 국상(國相) 오자서와 장병들을 보내 토벌토록 하였다. 자서는 병사들을 이끌고 월군과 교전하여 월의 장정들을 죽

522 앞쪽에 "相貌精神, 容儀聳幹"이라는 구가 있다. 의미는 같다.

523 [項楚] '垓'는 '階'가 되어야 하며 관직의 등급을 가리킨다. '階首'는 백관의 우두머리를 말한다. [校注] 풀이는 맞으나 校字는 분명치 않다. 『集韻』 '皆'韻: "垓, 壇級." 『史記』 「孝武紀」의 '壇三垓'에 대한 『集解』: "徐廣曰: '垓, 次也.' 駰案: 李奇曰: '垓, 重也, 三重壇也.'" 이를 통해 '垓'자에 본래 '등급'의 의미가 있음을 알 수 있다.

524 [蔣禮鴻] '知'는 어조사로서 별 뜻이 없다. [校注] '知'는 어조사인데 실사의 뜻을 가진 '知曉'가 허사화된 것으로 보인다. 그래서 간혹 '之'로 대신 쓰이기도 한다. 아래의 '定知除喪' 역시 마찬가지다.

525 '退'를 原錄에서는 '追'로 쓴 후 다시 '退'로 교기하였다.

였다. 시체는 들판에 즐비하고 흐르는 피에 몽둥이가 떠다녔다. 월왕은 병사들이 죽어나가자 범려와 함께 회계산으로 피난을 갔다. 월왕이 범려와 함께 오자서가 있는 곳으로 가서 진언하였다. "나는 국상께서 아버지의 원수를 갚았다고 하여 한 번 만나 뵈러 온 것이지 정벌의 뜻은 전혀 없었소." 자서가 이 말을 듣고 말하였다. "현신 범려의 말만 아니었다면 월왕은 월나라와 함께 죽었을 것이오." 월왕은 군대를 퇴각하여 자기 나라로 돌아왔다. 오왕은 죽을 때가 되어 태자 부차(夫差)에게 분부하였다. "너는 앞으로 나라와 백성들을 다스릴 때 모든 것을 국상 오자서의 말을 따라야 할 것이다." 오왕이 죽고 태자 부차가 오왕이 되었다.

爾時吳王夜[526]夢見殿上有神光, 二夢見城頭鬱鬱槍槍(蒼蒼), [三夢見南壁下有匣、北壁下有匡(筐),]四夢[527]見城門交兵鬥戰, 五夢見血流東南. 吳王卽遣宰彼(嚭)解夢, 宰彼曰:"夢見殿上神光者富(福)祿盛; 城頭鬱鬱槍槍(蒼蒼)者露如霜; 南壁下匣、北壁匡(筐)[者][528]王壽長; 城門交兵者王手(守)[529]備纏綿; 血流東南行者越軍亡."

이때 쯤 오왕이 자면서 어전 위에 신광(神光)이 빛나는 꿈을 꾸었다. 두 번째 꿈에서는 성(城) 꼭대기가 울울창창한 모습이 보였고, 세 번째 꿈에서는 성문에서 군대가 교전하는 모습이 보였고, 네 번째 꿈에서는 피가 동남쪽으로 흐르는 것이 보였다. 오왕은 재피(宰彼)[530]에게 해몽을 해보도록 했다. 재피(宰彼)가 말하였다. "꿈에 어전 위의 신광을 본 것은 복록이 가득 하다는 의미이고, 성의 꼭대기가 울울창창한 것은 이슬이

---

526 '夜'자가 그 줄의 끝에 있는데, 아래에 '一'자가 빠진 것으로 보인다.

527 '四夢'이 原錄에는 '三夢'으로 아래의 '五夢'은 '四夢'으로 쓰여 있다. 【原校】 아래의 재상 피와 오자서의 해몽의 내용을 보면 '三夢' 위에 당연히 脫文이 있을 것이다. 탈문은 '南壁下有匣, 北壁下有匡'의 10자일 것이다.

528 '者'는 위아래 구를 보고 집어넣었다.

529 【項楚】 원문의 '手'는 '守'가 되어야 한다. '守備纏綿'은 방어가 물샐틈없다는 의미이다.

530 【項楚】 宰彼 : 사서에서는 '伯嚭'로 되어 있다. 오나라의 太宰가 되어 '太宰嚭'라고도 한다.

서리가 되어 내린다는 의미이며,[531] 남벽 아래의 상자와 북벽의 광주리는 폐하의 장수를 말합니다. 성문에서 교전을 한 건 폐하께서 빈틈없이 성을 지킨다는 것이며, 피가 동남으로 흐른다는 건 월군이 망한다는 의미입니다."

吳王卽遣子胥解夢. 其子胥上知天文, 下知地理, 中知人情, 文經武律, 一切鬼神, 悉皆通變. 吳王卽遣解夢. 子胥曰:"臣解此夢, 是大不祥. 王若用宰彼此言, 吳國定知除喪."[532] 王曰:"何爲?" 子胥直詞解夢:"王夢見殿上神光者有大人[533]至; 城頭鬱鬱蒼蒼者荊棘備(被);[534] 南壁下有匣、北壁下有匡(筐)[者]王失位; 城門交兵戰者越軍至; 血流東南者屍遍地. 王軍國滅, 都緣宰彼之言."

오왕은 다시 자서에게 해몽을 하도록 했다. 자서는 위로는 천문을 알고 아래로는 지리를 알고 그 사이에서 인정을 아는 사람이었으며, 문무를 겸비하고 있어 어떠한 신비한 일에도 통하지 않는 것이 없었다. 오왕이 곧 해몽을 하도록 하자 자서가 말하였다. "신이 이 꿈을 풀어보니 대단히 불길합니다. 폐하께서 만약 재피의 말을 들으신다면 오나라는 반드시 멸망할 것입니다." 왕이 말하였다. "어째서 그러한가?" 자서가 꿈을 풀어 말하였다. "폐하께서 어전 위의 신광을 본 건 적국의 군주가 온

531 [빅터 메어] 나는 이슬을 '윤택함'의 의미로 본다. 『詩經』「秦風」'蒹葭'의 "갈대는 푸르게 무성하고 하얀 이슬은 서리가 되네(蒹葭蒼蒼, 白露爲霜)"에 대해 『毛詩箋』에서는 "이는 수확을 다 끝낼 시기에 이슬이 서리가 된다는 말이므로 길조로 간주된다"라고 했다. 또 P.3105의 解夢書에서는 "꿈에서 문 앞에 초목이 자라는 것을 보면 부귀가 찾아온다는 의미이다(夢見門中生草樹富貴)"라고 했다. [譯注] 빅터 메어는 위와 같은 주석을 달면서 본문을 "부가 서리처럼 내리며"라고 해석했다. 그러나 '이슬' 자체를 '윤택함'의 상징으로 보면서 '이슬'을 'richness(부, 풍요)'로 해석하는 건 무리가 있다고 생각한다. 『모시전』에서는 수확이 끝날 때 이슬이 서리가 되는 상황을 길조로 본 것이지 이슬 자체를 길조로 본 건 아니다.

532 除喪: 제위를 잃고 나라를 잃다. 여기서 '상복을 벗다'로 해석할 수는 없다.

533 [項楚] 大人: 貴人, 王. 여기서는 적국의 군주를 가리킨다.

534 [項楚] 원문의 '備'는 '被'가 되어야 한다. '荊棘被'는 폐허가 된다는 의미이다

다는 것이고, 성 꼭대기가 울창한 건 가시나무로 덮인다는 의미이고, 남벽 아래 상자와 북벽 아래 광주리는 폐하께서 자리를 잃는다는 것이고, 성문에서 병사들이 교전을 한다는 건 월군이 이른다는 것이고, 피가 동남으로 흐른다는 건 시체가 땅에 널린다는 의미입니다. 폐하의 군대와 나라가 멸망하면 이는 모두 재피의 말 때문입니다."

吳王聞子胥此語, 振睛努目, 拍陛(髀)大嗔:"老臣監監, 兇呪[535]我國!" 子胥解夢了, 見吳王嗔之, 遂從殿上褰衣而下. 吳王問子胥曰:"卿何褰衣而下?" 子胥曰:"王殿上荊棘生, 刺臣脚, 是以褰衣而下殿." 王賜子胥燭玉[536]之劍, 令遣自死. 子胥得王之劍, 報諸百官等:"我死之後, 割取我頭, 懸安城東門上, 我當看越軍來伐吳國者哉!"

오왕은 자서의 말을 듣고 진노하여 눈을 부릅뜨고 무릎을 치며 버럭 화를 냈다. "노신(老臣)이 과민하게 신경을 써서 우리나라에 저주를 퍼붓는구려." 자서는 해몽을 마친 후 오왕이 노하는 모습을 보고 곧바로 어전 위에서 옷을 걷어 올리고 아래로 내려왔다. 오왕이 자서에게 물었다. "경은 왜 옷을 걷어 올리고 내려가시오?" 자서가 말하였다. "폐하의 어전에 가시나무가 자라서 신의 다리를 찌릅니다. 그래서 옷을 걷어 올리고 내려온 것입니다." 왕은 곧 자서에게 촉옥검(燭玉劍)을 주면서 자결토록 했다. 자서는 왕의 검을 받고 백관들에게 말하였다. "내가 죽으면 내 머리를 잘라 동쪽 성문 위에 걸어주시오. 내 직접 월군이 오나라로 쳐들어오는 모습을 볼 것이오!"

殺子胥了, 越從吳貸粟四百萬石, 吳王遂與越王粟, 依數分付其粟.

535 '兇'이 原錄에는 '光'으로 되어 있다. 【袁賓】 '光'은 '盡'의 의미이다. 【蔣紹愚】 '光'이 丙卷에는 '光'로 쓰여 있는데, 이는 '先'자일 것이다. 【校注】 蔣紹愚의 의견 역시 틀린 듯하다. 이 글자의 원래 모습은 '凶'의 별자인 '兇'에 가깝다.

536 【徐震堮】 '燭玉'이 『史記』에는 '屬鏤'로 되어 있다.

將後, 越王蒸粟還吳, 乃作書報吳王曰:"此粟甚好, 王可遣百姓種之." 其粟還吳被蒸, 入土並皆不生. 百姓失業一年, 少乏飢虛五載. 越王卽共范蠡平章:"吳國安化治人, 多取宰彼之言, 共卿作何方計, 可伐吳軍?" 范蠡啓王曰:"吳國賢臣伍子胥, 吳王令遣自死. 屋無强梁,[537] 必當頹毁; 牆無好土, 不久卽崩; 國無忠臣, 如何不壞? 今有佞臣宰彼, 可以貨求[538]必得." 王曰:"將何物貨求?" 范蠡啓言王曰:"宰彼好之金寶, 好之美女, 得此物必是開路, 更無疑慮."

오자서가 죽자 월은 오에 곡식 4백만 석을 빌려달라고 했다. 오왕은 월왕에게 그만큼의 곡식을 주도록 하였다. 이후 월왕은 곡식을 쪄서 갚아주면서 오왕에게 편지를 보냈다. "이 곡식은 매우 좋은 것이니 왕께서 백성들에게 씨앗을 뿌리도록 하십시오." 곡식은 쪄진 채로 오나라로 들어왔기 때문에 땅에 심어도 자라지 않았다. 백성들은 1년 동안 수확이 없었고 5년 동안 흉년이 들어 기아에 허덕였다. 월왕이 범려와 상의하였다. "오나라가 백성들을 편안히 잘 다스리다가 재피의 말을 많이 받아들이고 있소. 무슨 방책으로 오군을 칠 수 있겠소?" 범려가 왕에게 아뢰었다. "오국의 현신이었던 오자서에게 오왕은 자결을 명하였습니다. 집은 튼튼한 대들보가 없으면 필경 무너지고 담장은 좋은 흙이 아니면 금방 허물어지는 법입니다. 나라에 충신이 없는데 어찌 무너지지 않겠습니까? 지금 간신 재피가 있으므로 뇌물로도 바라는 바를 이룰 수 있을 것입니다." 왕이 말하였다. "무엇을 뇌물로 주면 좋겠소?" 범려가 왕에게 아뢰었다. "재피는 금은보화와 미녀들을 좋아합니다. 이것들을 얻으면 필시 길을 열어줄 것입니다. 전혀 염려하실 필요 없습니다."

越王聞范蠡此語, 卽遣使人麗水取之黃金, 荊山求之白玉, 東海採之明珠, 南國娉之美女. 越王取得此物, 卽差勇猛之人, 往向吳國, 贈

537 '梁'이 原卷에는 편방을 더한 속자인 '樑'으로 되어 있다.

538 貨求 : 뇌물을 주면서 부탁하다.

與宰彼. 彼見此物, 美女輕盈, 明珠昭灼,[539] 黃金煥爛, 白玉無瑕. 越贈宰彼, 彼乃歡忻受納. 王見此佞臣受貨, 求之. 又問范蠡曰 : "吳王殺伍子胥之時, 吳國不熟二年,[540] 百姓乏少飢虛, 經今五載." 越王喚范蠡問曰 : "寡人今欲伐吳國, 其事如何?" 范蠡啓言王曰 : "王今伐吳, 正是其時."

월왕은 범려의 말을 따랐다. 이윽고 사신을 여수(麗水)로 보내 황금을 가져오게 하고, 형산(荊山)에서는 백옥을 구해오도록 하고, 동해(東海)에서는 명주(明珠)를 구해오도록 하고, 남국(南國)에서는 미녀를 데리고 오도록 했다. 월왕은 이것들을 구해서 곧 용맹한 사람을 오나라로 보내 재피에게 주었다. 물건을 보니 미녀는 야들야들 가냘프고 명주는 밝게 빛나고 황금은 찬란하고 백옥은 티끌 하나 없었다. 월나라에서 선물을 전하자 재피는 흔쾌히 받았다. 간신이 뇌물을 받아들이자 월왕이 다시 범려에게 물었다. "오왕이 오자서를 죽인 후 오나라는 2년 동안 흉년이 들어 백성들은 기아에 허덕였고 그렇게 5년이 지났소." 월왕은 범려를 불러 물었다. "과인이 지금 오나라를 치려 하오. 어떻게 생각하시오?" 범려가 왕에게 아뢰었다. "바로 지금이 폐하께서 오나라를 칠 때입니다."

越王卽將兵動衆四十萬人, 行至中路, 恐兵仕(士)不齊, 路逢一怒蝸(蛙)[541]在道努鳴, 下馬抱之. 左右問曰 : "王緣何事, 抱此怒蝸(蛙)?" 王答 : "我一生愛勇猛之人, 此怒蝸(蛙)在道努鳴, 遂下馬抱之." 兵衆各自平章 : "王見怒蝸(蛙), 猶自下馬抱之; 我等亦須努力, 身强力健, 王見我等, 還如怒蝸(蛙)相似." 兵士悉皆勇健, 怒叫三聲. 王見兵仕(士)如此,

539 '昭'를 原錄에서는 '照'로 교기하였다. 『集韻』 : "照, 昭 : 之笑切, 『說文』 : '明也.', '火'를 넣기도 하고 생략하기도 한다." 『說文』 '照' 아래의 段玉裁 注 : "與'昭'音義同."

540 '二年'은 '一年'을 잘못 쓴 것으로 보인다. 위에 나오는 "百姓失業一年, 少乏飢虛五載"가 그 증거다.

541 '怒蝸'를 原錄에서는 '努蝸'로 썼다가 '怒蛙'로 교기하였다. 原卷에는 '怒蝸'로 되어 있어, 이를 따랐다. 아래 '努鳴'의 '努'는 '怒'와 같은 의미로서, 애써 힘을 쓰는 모습이다.

皆賜重賞. 行至江口, 未過小江, 停歇河邊, 有一人上王一瓠之酒, 王飮不盡, 頃(傾)在河中曰:"兵事(士)[542]共寡人同飮." 其兵總飮河水, 例聞水中有酒氣味, 兵喫河水, 皆得醉. 王聞此語大憙:"單醪投河, 三軍告醉."

월왕은 곧 40만 군대를 이끌고 여정에 올랐다. 군심이 일치되지 않을까 걱정하던 차에 길에서 성난 개구리 한 마리와 맞닥뜨렸다. 길에서 힘껏 울고 있는 터라 말에서 내려 그것을 감쌌다. 좌우에서 물었다. "폐하께서는 왜 이 성난 개구리를 감싸 안으십니까?" 왕이 답하였다. "나는 일생동안 용맹한 이들을 아껴왔소. 이 성난 개구리가 길에서 크게 울고 있어 말에서 내려 감싼 것이오." 병사들은 제각기 수군댔다. "폐하께서는 성난 개구리를 보시고도 말에서 내려 그것을 감싸 안으셨다. 우리들이 노력하여 스스로 힘을 키운다면 폐하께서는 우리들도 성난 개구리처럼 대해주실 것이다." 병사들은 하나같이 용기를 내어 우렁찬 소리로 세 번 고함을 질렀다. 왕은 이런 병사들을 보고 모두에게 무거운 상을 내렸다. 강어귀에 이르러 작은 강을 아직 건너기 전 강변에서 쉬고 있을 때, 어떤 사람이 왕에게 술을 한 주전자 올렸다. 왕은 다 마시지 않고 강물에 부으면서 말하였다. "제군들은 과인과 함께 마시도록 하라." 병사들은 강물을 마시면서 모두들 물에서 술맛을 느낄 수 있었다. 병사들은 물을 마시고 모두 취했다. 왕은 이 말을 듣고 크게 기뻐하였다. "한 잔 술을 강물에 뿌려 삼군이 모두 취하도록 했구나."

越王將兵北渡江口, 欲達吳國. 其吳王聞越來伐, 見百姓飢虛, 氣力衰弱, 無人可敵. 吳王夜夢見忠臣伍子胥一言曰:"越將兵來伐, 王可思之." [……]臣[543]平章:"朕夢見忠臣伍子胥言言:'越將兵來[……]

542 '曰'자가 原卷에는 '兵事(士)' 아래에 있으나 이는 잘못인 듯하다. '事'는 '士'가 되어야 한다. 原校에서는 이를 '仕'로 보았으나 이는 확실치 않다.

543 【原校】 이곳은 대략 7~8자가 빠진 듯하다. 【校注】 대략 10자 정도이다. 마지막 한 글

吾父(下闕)'."[544]

월왕은 병사들을 이끌고 북쪽으로 강을 건너 오나라에 거의 이르렀다. 오왕은 월나라가 공격해 온다는 소식을 들었으나 백성들은 기아에 허덕이고 기력이 쇠약해져 대적할 사람이 아무도 없었다. 오왕은 꿈에서 충신 오자서가 말하던 모습을 보았다. "월나라가 군대를 이끌고 정벌해올 것이니 왕은 깊이 고려해야 할 것이오." [ ] 상의하였다. "짐은 꿈에 충신 오자서가 말하는 모습을 보았소. '월군이 [ ], 내 아버지 ……

(이하는 잔결되어 있음)

자는 오른편만 남아있는 잔획으로 '臣'자임을 알 수 있었다.

544 原錄에서는 '越將兵來' 까지만 기록했다. 여기서는 原卷에 근거하여 '吾父' 두 글자를 채웠다. 앞쪽은 대략 20자 정도가 빠져 있다.

맹강녀변문(孟姜女變文)[1]

(前缺)[2] “[勞]貴[3]珍重送寒衣, 未委[4]將何可報得?[5]

---

1 [原校] 이 사권의 번호는 P.5039이다. 앞뒤에 제목이 없어서 내용에 따라 가제를 넣었다. [校注] 『敦煌遺書總目索引』에서는 이 사권에 대해 “殘文 한 편이다(끊어진 13행은 「孟姜女變文」인 듯하다)”라고 했다. 이 외에 또 P.5019권에 대해서도 “「孟姜女變文」(39행)이다”라고 밝혔다. P.5039의 마이크로필름은 너무 어두워 글자를 보기가 힘들었다. 그래서 『敦煌寶藏』의 해당 사권을 보았는데도 사진이 너무 흐리게 나와 숫자 정도만 알아볼 수 있었다. 또 P.5019의 마이크로필름은 억지로 읽을 수는 있겠으나 원본이 대단히 어두웠다. 여기서는 뒤에 붙여 실었다. 그런데 실제로는 이 잔문이 13행으로 되어 있어 『索引』에서 말한 것과 일치하지 않으며, 오히려 P.5039의 해제와 들어맞는다. 따라서 『색인』에서 P.5039와 P.5019의 해제 내용은 서로 바뀌어야 한다고 추정할 수 있다.([譯注] 2000년 7월에 새로 출간된 『敦煌遺書總目索引新編』에서는 P.5019를 13행으로 고쳤다. 그러나 P.5039에 대해서는 여전히 ‘13斷行’이라고 썼다) 이 외에 P.5019에는 그림이 하나 남아 있는데 제목은 알 수 없다. 아마 「孟姜女變相」이 아닐까 한다. 이 그림에는 두 사람이 그려져 있는데 실제로는 맹강녀 한 사람의 두 가지 동작이다. 그림에서 맹강녀는 대나무 광주리를 지고 장화를 신고 쪽진 머리를 하고 무너진 담장들 사이에서 배회하고 있다. 이 모습은 P.5039의 “해골이 몇 개 널려있는데도 아무도 옮겨주지 않고(更有數箇髑髏, 無人搬運)”와 “남편의 뼈를 묶어 스스로 등에 지고(角束夫骨, 自將背負)”라는 장면과 어울린다. 이 그림을 통해 P.5039와 P.5019는 서로 겹치거나 이어지는 것은 아니지만, 내용이 일치하고 체재가 같아서 실제로는 한 편의 변문이 두 개로 나뉜 것임을 알 수 있다. [項楚] 『同賢記』에 소개된 이야기와 비교해 보면 본 편은 맹강녀 고사의 후반부임을 알

執別[6]之時言'不久, 擬如(於)[7]朝暮再還鄉.'

誰爲(謂)[8]忽遭槌杵禍, 魂銷命盡塞垣亡.

當別已後[9]到長城, 當作之官[10]相苦剋.

命盡便被築城中,[11] 遊魂散漫隨荊棘.

수 있다. 따라서 대략 全篇의 반 정도가 부족한 것이다. 【譯注】 P.5019 그림에는 사실 세 명이 묘사되어 있으며, 그 중 한 명은 모자만 그려져 있다. 그리고 이들은 맹강녀가 아니라 장성에서 노역을 하고 있는 장정들이다. P.5019는 문자와 그림이 앞뒷면으로 배치되어 있는 독특한 사본 조각이다. P.5019를 포함한 돈황 圖文 사본에 대해서는 정광훈, 「돈황사본의 圖文 배치 방식과 圖書史的 의의」, 한국외국어대학교 중국연구소 편, 『中國硏究』 제57권, 2013.3, 63~80쪽 참고.

2 【原校】 가사가 나오기 전에 오른쪽 아래에 10여 글자가 있다. 그 중에서 일곱 자는 알아볼 수 있는데, 첫째 행 아랫부분의 '山遍野斷' 네 자와 둘째 행 아랫부분의 '見神識' 세 자이다. 【校注】 마이크로필름에서 확인한 결과도 마찬가지다.

3 '勞'가 原錄에는 궐문으로 되어 있으나, 여기서는 아래의 '勞貴遠道故相看'에 근거해 보충하였다. 【蔣禮鴻】 '貴'는 '귀한 사람'이라는 의미이다…… '貴'를 존칭으로 쓴 것은 송대 사람들이 후배를 '賢'이라 칭한 것과 같은 것이다. 【校注】 蔣禮鴻의 주장이 옳은 듯하나 다른 예가 부족하다. '費'가 되어야 하지 않을까 생각해 본다.

4 【原校】 原卷에는 윗부분 '禾'만 남아 있는데, '委'가 맞을 것이다. 【校注】 '委'자임에 틀림없으므로 바로 올바른 글자를 쓴다. '未委'는 '未知'이다. '委'는 '知'의 의미이다. 앞 작품의 주석에서 이미 언급했다.

5 '得'을 『通釋』의 '貴'자 조목에서는 '德'으로 고쳐서 인용했다. 그런데 '得'자는 여기서 동사의 어미이므로 굳이 고칠 필요가 없다. 【項楚】 원문의 '得'은 '德'과 통하며 '恩德'의 의미이다.

6 '執'이 原錄에는 '熱'로 되어 있다. 비슷한 글자를 잘못 쓴 것으로 보여 여기서는 '執'으로 고쳤다. 【譯注】 고대 사람들은 흔히 손을 부여잡고 이별을 하곤 해서 헤어지는 것을 '執別'이라 했다.

7 【潘重規】 原卷의 '於'를 『敦煌變文集』에서는 '如'로 썼다. 【校注】 실제 原卷에는 '如'로 되어 있는데, 이는 '於'자와 음이 비슷해서 빌려 썼거나 형태가 비슷해서 잘못 쓴 것으로 보인다. 「廬山遠公話」: "다섯째, 예컨대 천지가 중생을 덮어주고 실어주거늘, 만일 천지가 없으면 만물은 어디에도 존립할 수 없게 되는 것과 같소(五者, 喩於(如)天地覆載衆生, 若也天地全無, 萬像憑何如(而)立)."

8 '爲'는 '謂'와 통한다. '誰謂'는 '誰料(누가 짐작했겠는가)'의 의미이다.

9 '已'를 顧頡剛은 '以'로 고쳤다. 그러나 당대 사람들은 '以後', '以前'의 '以'를 '已'로 많이 썼으므로 굳이 고칠 필요가 없다. '當別已後'는 당초에 헤어진 이후를 말한다.

10 當作之官: 토목건축을 담당하는 관리.

11 【項楚】 고대에 공사를 할 때 판자 사이에 흙을 넣고 짓이겨 단단하게 만드는 것을 '築'이라 했다. 이 구에서는 시체를 장성 안으로 짓이겨 넣는 것을 의미한다.

勞貴遠道故相看, 冒涉風霜損[12]氣力,
千萬珍重早歸[13]還, 貧兵[14]地下長相億(憶).

(앞부분은 잘림)
"당신이 애써 소중히 간직한 겨울옷을 보내주니,[15]
이제 어떻게 그 은혜를 갚아야 할지 모르겠소.
손 붙들고 헤어질 때 말했었소. '오래지 않을 것이오,
조만간 다시 집으로 돌아오리다.'
누가 짐작이나 했겠소. 갑자기 몽둥이에 얻어맞아
혼은 사라지고 명은 다하여 변방 담장 아래서 죽을 지를.
그때 헤어진 다음 장성으로 오니
일을 맡은 관리는 참으로 가혹했소.
명이 다하자 성 안으로 짓이겨 넣어졌고[16]
떠도는 혼은 가시나무를 따라 흩어졌다오.
당신은 나를 보려고 먼 길 마다 않고
힘힌 길 무릅쓰며 와서 기려이 말이 아니구려
부디 보중하여 어서 돌아가오.
이 못난 역졸은 땅 속에서 당신을 그리리다."

其妻聞之大哭叫, "不知君在長城妖(殀).[17]

12 【潘重規】 原卷에는 '損'으로 되어 있는데 『敦煌變文集』에서는 '捐'으로 썼다. 【校注】 潘重規의 말이 옳으며 여기서는 옳게 고쳐 썼다.
13 '歸'가 原錄에는 속자인 '皈'로 쓰여 있다.
14 貧兵 : 杞梁의 혼백을 가리킨다. 기량 자신이 성을 쌓는 역졸에 불과했으므로 '貧兵'이라 칭한 것이다.
15 【譯注】 의미상 이 단락은 맹강녀의 남편인 기량의 혼백이 맹강녀에게 말하는 것으로 보인다.
16 【譯注】 죽은 시체를 짓이겨 공사장에 함께 묻었다는 의미이다.
17 【原校】 '在'는 '作'이 되어야 할 것이다. 啓功은 '妖'를 '夭'로 해야 '在'가 뜻이 통한다고 했다. 【校注】 '在'는 고치지 않아도 되며 '妖'는 '殀'로 읽어야 한다. 『集韻』 : "殀, 於兆切." '妖(殀)'가 上聲으로 읽혀 앞뒤의 '叫', '道', '早', '倒'와 함께 모두 측성자로 운을

既云骸骨築城中, 妾亦更知何所道!”[18]
姜女自雹哭黃(皇)天,[19] 只恨賢夫亡太早.
婦人決列(烈)感山河, 大哭卽得[20]長城倒.
그 처가 이 말을 듣고 대성통곡하네.
“당신이 장성에서 요절한 줄도 몰랐습니다.
이미 해골이 성 안으로 짓이겨졌다 하니
소첩은 어찌 해야 한단 말입니까!”
맹강녀가 땅에 몸을 던지며 하늘을 보고 통곡하니,
어진 남편 일찍 죽은 것이 한스러울 뿐이로다.
부인의 굳은 정절 산하를 감동시키고,
대성통곡 소리로 장성은 무너지는구나.

古詩曰:

隴上悲雲起, 曠野哭聲哀,
若道人無感, 長城何爲頹?
石壁千尋列(裂),[21] 山河一向(餉)迴.[22]

맞추고 있음을 알 수 있다. 「無常經講經文」의 “阿那個得七十身不妖”와 “影響於身先自夭”에서도 ‘妖’, ‘夭’가 모두 측성자로 통운되고 있다.

18 [項楚] 更知何所道: 당대 사람들이 괴로움을 토로할 때 썼던 관용어로서 보통 ‘知何道’라고 한다.

19 [蔣禮鴻] ‘雹’는 ‘撲’, ‘擈’의 동음가차자로서 ‘던지다’의 의미이다. 「齖䶗書」의 “雹金打鐺”에서 ‘雹金’이 바로 금을 던지는 행동이다. [校注] ‘黃’은 옛날에 ‘皇’과 통했다. ‘雹’는 음이 ‘蒲角切’로서, ‘擈’과 동음이고 ‘暴’와도 동음이다. 따라서 본자가 ‘暴’일 수도 있다. 『說文』의 “暴, 大呼自勉也”에 대한 段玉裁의 주석 “寃이 각 판본에 勉으로 되어 있다. 여기서는 『廣韻』에 근거하여 옳게 고친다. ‘自寃’은 스스로 원통하고 억울하다고 말하는 모습이다.” 『漢書』 「東方朔傳」에 용례가 있다.

20 [項楚] 여기서 ‘得’은 사역(使, 敎)의 의미이다.

21 [徐震堮] ‘列’은 ‘烈’이 되어야 한다. [校注] ‘列’은 ‘裂’로 읽어야 한다. 위의 구는 장성이 무너졌다는 의미이다. [項楚] ‘石壁’은 장성을 말한다. ‘尋’은 8척이다.

22 ‘迴’가 原錄에는 ‘迵’으로 쓰여 있다. [徐震堮] ‘迵’은 ‘迴’가 되어야 할 것이다. [校注] 徐震堮의 교기에 근거하여 고쳤다. ‘山河’는 ‘河’만을 가리키는 偏義複詞인 듯하다.

不應城崩倒, 總爲婦人來.

塞外豈中論,[23] 寒心不忍開.[24]

이런 옛 시가 있다.

언덕 위로 슬픈 구름이 일고,
광야에 우는 소리 애달프구나.
사람에게 감정이 없다면
어찌 장성이 무너지리?
석벽이 천 자나 갈라지면서
순식간에 강물이 내려앉네.
갑자기 장성이 무너진 건
부인이 이곳으로 왔기 때문이리라.
변방 밖에서 어떤 말을 하리.
괴로운 마음 차마 풀어놓지 못하네.

哭之以(已)畢, 心神哀失, 懊惱其夫, 掩(奄)從亡沒.[25] 歎此貞心, 更加憤鬱. 髑髏無數, 死人非一. 骸骨縱橫, 憑何取實? 咬指取血, 灑長城已(以)表單心,[26] 選其夫骨.

'一向'은 '一晌(순식간에)'와 통하고, '迴'는 '기울다', '붕괴하다'의 의미이다. 『魏書』 권54 「高閭列傳」에 실린 高閭의 表: "예전에 세조께서는 산이 무너지고 바다가 기우는 위협에도 보병과 기병 수십만을 이끌고 남쪽 瓜步로 떠났다(昔世祖以迴山倒海之威, 步騎數十萬南臨瓜步)."

23 [項楚] 豈中論: 차마 말하지 못한다. '中'은 '할 수 있다'의 의미이다.

24 '開'가 原錄에는 '聞'으로 되어 있다. 여기서는 顧頡剛의 교기에 따라 고쳤다. '開'는 앞의 '來', '迴'와 운을 이룬다.

25 [都興宙] 변문에서 '懊惱'는 한이나 회한의 의미 외에 슬퍼하거나 몹시 걱정한다는 의미도 있다. ……『一切經音義』: "懊憹: 지금은 모두 '惱'로 쓰며 음은 '奴道反'으로 같다. '懊憹'은 '몹시 근심하다'의 의미이다." [徐震堮] '掩'은 '奄'이어야 한다.

26 '單'을 原錄에서는 '丹'으로 썼다. '單心' 자체가 '작은 정성'을 의미하므로 마음대로 고쳐서는 안 된다. 『經律異相』 권4 「現迹成道三」: "이제 하찮은 물건을 바쳐 작은 정성을 표하니 부디 받아주시길 바랍니다(今獻微供, 以表單心, 願見納受)."

곡을 마치고도 마음은 슬프고, 남편이 걱정되어 문득 죽은 이 묻힌 곳을 찾네. 곧은 마음에 탄식을 하니 더욱 울적하고 분하구나. 뼈다귀는 수도 없고 죽은 이가 한둘이 아니로다. 어지러이 널린 해골에서 어떻게 진짜를 찾는단 말인가? 손가락 깨물어 피를 뽑아 장성에 뿌려 정성을 표하자 남편의 뼈가 가려지는구나.

姜女哭道"何取此![27] 玉貌散在黃沙裏.
爲(謂)言墳隴有標楻(題),[28] 壤壤髑髏若箇是?[29]
嗚呼哀哉難簡擇, 見即令人愁思起.
一一捻取自看之, 咬指取血從頭[30]試.
若是兒夫血入骨, 不是杞梁血相離.[31]
果報認得卻迴還,[32] 幸願不須相惟(違)棄.
大哭咽喉聲已閉, 雙眼長流淚難止;
黃(皇)天忽爾逆人情, 賤妾同向長城死.
강녀가 곡하며 말하기를 "어찌 할꼬!
옥 같은 용모는 황사 속에 흩어져버렸네.[33]

---

27 [蔣禮鴻] '取此'는 '取次'로서 '난처하다, 진퇴양난이다'의 의미이다. 인골이 너무 많아서 어느 것이 남편 기량의 것인지 몰라 매우 난처해하는 모습을 표현하고 있다.

28 [項楚] 標題 : 표식. 여기서는 묘비 같은 표식을 말한다.

29 壤壤 : 대단히 많은 모습. 『通釋』의 해당 조목을 참고.

30 從頭 : 하나하나, 전부. 앞 구의 '一一'과 같은 의미이다. 北圖 '雲字' 24호 「八相變」: "오늘 보살이 강생하시는데, 어느 곳에서 태어나야 할까. 열여섯 큰 나라 두루 살펴보았지만, 하나하나 모두 탄생할 곳이 못되네(金(今)朝菩薩降生, 福報合生何處? 遍看十六大國, 從頭皆道不堪)." P.2187 「破魔變」: "이제까지 알고 지내던 사람들, 모두 늙고 병들어 결국은 무상하게 되네(更有向前相識者, 從頭老病總無常)."

31 여기서 '離'는 거성이다. 『廣韻』 「寘韻」 '力智切': "去聲이며, 力知切도 된다."

32 '報'를 項楚는 '教'로 고쳤는데 옳은 의견인 듯하다. 「大目乾連冥間救母變文」: "만일 정말 이름을 찾아낸다면, 그 소재를 찾는 것은 어렵지 않다네(可中果報逢名字, 放(訪)覓縱(蹤)由亦不難)." 이 예문의 '報'를 蔣禮鴻은 '教'로 고쳤는데 역시 같은 경우이다. '卻迴還'은 세 글자의 同義連文이다.

33 [項楚] 여기서 '옥 같은 용모'는 죽은 이를 가리키는 것이지 여인의 모습을 형용한

무덤에 표시를 해 뒀다 해도
수많은 해골 중에 어느 것이 진짜란 말인가?
오호통재라! 어떻게 찾아야 할까?
보기만 해도 근심만 일 뿐이네.
하나하나 집어 들여다보고
손가락 깨물어 피를 뽑아 하나하나 갖다대보네.
만약 내 남편이라면 피는 뼈로 스밀 것이고
기량(杞梁)이 아니라면 피는 사라지겠지.
정말로 나인 줄 알아보고 돌아오게 해서
서로 버리는 일 없어야 할 텐데.
목메도록 통곡하느라 소리는 이미 막히고
두 눈의 눈물줄기 그칠 줄 모르는구나.
황천이 인정을 알아주지 않는다면
나 역시 장성을 보고 죽어야겠지."

三進三退, 或悲或恨, 鳥獸齊鳴, 山林俱振. 冤魂□□, □□□□, 點血卽肖(消), 登時滲盡. 筋[34]脈骨節, 三百餘分,[35] 不少一支, □□□□.[36] 更有數箇髑髏, 無人搬運, 姜女悲啼, 向前借問[37]:「如許髑髏, 佳(家)俱[38]居何郡?因取夫迴, 爲君傳信. 君若有神, 兒當接引.」

세 번을 앞으로 갔다 물러났다 하며 슬퍼하고 한스러워하네. 조수(鳥

말이 아니다.

34 [潘重規] 原卷에는 '筋'자가 있는데, 『敦煌變文集』에서는 이를 궐문 처리했다.

35 [項楚] 分 : 양사이고 去聲으로 읽으며 '根'과 같다. 아래의 '支'와 호응한다.

36 原錄에서는 여섯 칸으로 궐문을 표시했는데, 여기서는 문장의 형식을 고려해 두 개를 지웠다.

37 [潘重規] 原卷의 '借'를 『敦煌變文集』에서는 '供'으로 썼다. [校注] 여기서는 옳게 고쳤다. '借問'은 곧 '問'이다.

38 原錄에서는 '佳俱'를 '家居'로 고쳤는데, '俱'는 오자가 아니다. '家俱何郡'은 혼령들의 집이 어느 곳인지를 묻는 것이다.

獸)가 일제히 울고 산림(山林)이 모두 진동하는구나. 원혼(冤魂)은 ( ), ( ). 피를 떨어뜨리자 곧바로 사라지더니 이내 모두 스며드네. 근육과 뼈마디가 3백여 개로 나뉘어있는데 하나도 빠짐없이 ( ). 또 해골이 몇 개 있는데도 아무도 옮기질 않네. 강녀가 슬피 울며 앞을 보고 묻는구나. "이렇게 많은 해골들은 다들 고향이 어디신가요? 남편이 돌아올까 해서 당신들께 소식을 전합니다. 당신들도 혼백이 있다면 제가 마땅히 모셔야지요."

髑髏旣蒙問事意,[39] 己得傳言達故里,
魂靈答應杞梁妻, 我等並是名家子.[40]
被秦差充築城卒, 辛苦不襟(禁)俱役死.
鋪屍野外斷知聞, 春冬鎭臥黃沙裏.
爲報閨中哀怨人, 努力招魂[41]存祭祀
此言爲記在心懷, 見我耶孃方便說.[42]
叩頭□□□□□, □□□□□□□
□骨今歲無人取, 不免□□□□□
□□□□更加悽, 領納鬼詞答□□
덮여 있는 해골에게 그 사정을 물으니,
자기는 전할 말이 있어서 옛 땅으로 온 것이라네.

39 【項楚】 事意 : 사정.

40 '名家子'는 명문가의 자제를 의미한다. 『梁書』「何敬容傳」: "경용은 명가의 자제로서 약관의 나이에 제 무제의 딸 장성공주와 혼인하여 부마도위의 직을 하사받았다(敬容以名家子, 弱冠選尙齊武帝女長城公主, 拜駙馬都尉)." 고힐강은 '名'을 '召(趙)'로 고쳤으나, 확실치 않다.

41 【項楚】 招魂 : '招魂葬'을 말한다. 죽은 사람의 시신을 얻지 못하면 그 혼을 불러 장사를 지낸다.

42 이곳의 '說'은 거성으로 읽어야 한다. 【項楚】 耶孃 : '爺娘'과 같다. 方便 : 생각하다, 계획하다. '方便說'은 아들의 죽음은 나쁜 소식이므로 조심히 말씀을 전해 부모님이 놀라시지 않도록 해야 한다는 것이다. 【張鴻勳】 方便 : 적당한 기회를 봐서, 방법을 세워서.

혼령이 기량의 처에게 답하기를,
"우리는 모두 명가의 자제들이오.
진나라에 의해 성 쌓는 병졸로 보내져서
고통스레 부역하다가 죽을 수밖에 없었소.
들판에 시체가 깔렸는데도 소식은 끊어져 버려
봄부터 겨울까지 오랜 세월 황사 속에 잠들어 있었소.
규방에서 슬피 원망하고 있을 사람에게 알려주오,
어떻게든 혼을 불러 제사를 지내라고.
이 말을 마음속에 기억해 두었다가
우리 부모님을 뵙거든 조심히 말해주오."
머리를 끄덕이며( )
( )
해골은 올해에도 아무도 가져가지 않으니
( ) 면하지 못하는구나.
( ) 더욱 처량하고
귀신의 말을 받아들여 ( ) 답하네.

□□□□□骨,[43] 自將背負, 懊惱其[夫][ ][44]文祭曰:「某年某月某[45]日,…… 庶修(羞)[46]之奠, 敬祭[ ][47]行俱備, 文通七篇. 昔存[48]之日, 名振

---

43 이 구는 원래 '遂卽(혹은 姜女)角束夫骨'이 아니었을까 한다. 아래에 '角束夫骨, 自將背負'라는 구가 나온다. '角束'은 싸서 묶는다는 의미이다.

44 '夫'자는 앞의 '懊惱其夫'에 근거하여 보충했다. 【原校】 이 행에서 끊긴 부분은 대략 7~8자 정도이다. 다음 행과 그 다음 행도 또 모두 끊어져 있는데, 역시 각각 7~8자 정도이다. 【項楚】 빠진 부분은 앞의 '懊惱其夫, 掩(奄)從亡沒'에 근거할 때 '夫奄從亡沒乃爲'의 일곱 자로 보충하면 될 것이다.

45 '某'가 原錄에는 '△'으로 되어 있다. 실제 原卷에는 '厶' 즉 '某'로 쓰여 있다. 『玉篇』 '厶'部: "厶, 厶甲也." 陸游 『老學庵筆記』 권6: "지금 사람들은 '某'를 '厶'로 쓴다. 이는 모두 간편한 것을 따랐기 때문이다. 사실 이 글자는 옛날의 '某'자이다(今人書某爲厶, 皆以爲俗從簡便, 其實古'某'字也)."

46 '庶修'를 고힐강은 '束修'로 고쳤으나, '庶'와 '束'은 동음이 아니라서 가차되기가 쉽지

饗(響)於家邦, 上下無嫌, 剛柔得所. 起爲(豈謂)[49]差充兵卒, 遠築長城, 喫苦不襟(禁), 魂魄歸於蒿里.[50] 預(喩)[51]若紅花標(飄)[52]落, 長無睹萼之暉; 白雪詞(辭)天,[53] 氣(豈)有還雲之路. 嗚呼, 賤妾謹饌單盃,[54] 疏蘭尊[55]於玉席, 增歆[56]饗已(以)金盃. 惟魂有神, 應時納受.」

祭之已了, 角束夫骨, 自將背負, □□□□, 來(下缺)

[강녀는 남편의] 뼈를 [싸서 묶어] 등에 지고, [남편이] 걱정되어 [문득 죽은 이가 묻힌 곳을 찾아][57] 제를 올렸다. "모년 모월 모일 ( ) 여러 가지 맛있는 음식을 차려 삼가 제를 올리니 ( ) 덕행을 모두 갖추셨고, 문장은 7편(七篇)[58]에 통달하십니다. 살아 계실 적엔 이름을 온 나라에 떨치셨습니다. 윗사람이든 아랫사람이든 싫어하심이 없고 강함과 부드

않다. 여기서는 原校를 따라 '庶羞'로 썼다. [項楚] 庶羞 : 여러 가지 맛있는 음식.

47 [項楚] '行' 위의 궐자는 '百'일 것이다. '百行'은 여러 방면의 덕행을 말한다.

48 [潘重規] 原卷의 '存'자를 『敦煌變文集』에서는 '有'로 잘못 썼다. [校注] 여기서는 原卷에 근거하여 옳게 고쳤다.

49 [潘重規] '起'는 '豈'와 통하며, '豈爲'는 곧 '豈謂'와 같다.

50 '里'가 原錄에는 '里'로 되어 있어 '里'로 고쳤다. 앞 글자인 '蒿'와 비슷하게 써버린 듯하다. 蒿里는 묘지이다.

51 [蔣禮鴻] '預若'은 곧 '喩若'으로 '마치~같다'는 의미이다. 『通釋』의 해당 조목을 참고.

52 '標'를 原錄에서는 '飄'로 고쳤고, 蔣禮鴻은 '摽'로 고쳤다. 돈황사본에서는 '木' 편방과 '手' 편방을 섞어 쓰는 경우가 흔하다. '摽'도 '落'의 의미로 쓰이지만 '飄'처럼 자주 쓰이진 않는다. 따라서 原校가 옳다고 할 수 있다.

53 '詞'를 原校에서는 '祠'로 고쳤으나, 확실치 않다. [徐震堮] 당연히 '辭'자가 되어야 한다. [校注] 또 '白'자 위에는 원래 '延'자가 '詞' 위에는 '以'자가 있었는데, 徐震堮의 교기에서는 이 두 글자가 연문이라 했다. 여기서는 徐震堮의 교기에 근거하여 없앴다.

54 [項楚] 單盃 : 한잔 술. 술을 차린 것이 보잘 것 없음을 스스로 낮추어 한 말이다.

55 [項楚] 疏 : 차리다, 깔다. 蘭尊 : 술잔의 미칭.

56 '歆'을 原錄에서는 '韻'으로 썼다. 顧頡剛과 潘重規는 모두 原卷이 '歆'으로 되어 있다고 했으며, 여기서는 이들의 의견에 따라고 옳게 고쳤다.

57 [譯注] 변문에서는 같은 구가 반복되는 경우를 흔히 볼 수 있다. 이 부분도 앞에 나온 구절이 반복되는 것으로 추정하여 빈칸의 번역을 앞의 내용과 동일하게 보충했다.

58 [項楚] 七篇 : 유가의 일곱 경전인 '七經'인 것으로 보인다. '7경'에 대해서는 여러 가지 설이 있다. 『後漢書』「張純傳」에 대한 李賢의 注에서는 7경을 '詩, 書, 禮, 樂, 易, 春秋, 論語'라 하였다.

러움을 두루 갖추셨습니다. 그러나 어찌 생각했겠습니까? 병졸로 차출되어 멀리까지 가서 장성을 쌓으시며 고초만 치르다가 혼백이 무덤 속으로 돌아가시게 될 줄을. 마치 붉은 꽃이 바람에 떨어져 오래도록 꽃받침의 덕을 보지 못한 것과 같습니다. 백설이 하늘을 떠나버린 격이니 어찌 구름을 돌아오게 하겠습니까? 오호라! 천첩이 삼가 한 잔 술을 따라 옥석에 술잔을 놓으니 금배(金盃)로 거듭 흠향하시옵소서. 부디 혼백이 있으시다면 바로 받아주시옵소서.

제를 마치고, 남편의 뼈를 묶어 등에 지고 ( )

(아래는 비어 있음)

(前闕)

□□□萬[59]重泣.[60] [ ]虜庭但玆□方, 貚[61][ ]秦王遠役金河北, 築城本擬防胡賊. 沙[ ]烽火急. 千軍萬衆殯其身, 帝鄉父母[ ]莫賀延磧裏, 漢月亭亭立. 諸直山上[62][ ]被押身終, 魂埋塞北. 說道燕支山裏, 胡日[ ]颪吹金色. 飡盡人勞, 咸言併力. 大荒寂寞, [ ]顏容顦顇乾枯盡. 須臾大命歸蒿裏(里). 霜霑三面[ ]强强臺(擡)身入蘆位.[63] 瘡痂穙埳[64]如魚鱗, 被傷之[ ][65]□[66]人報道: "徒相憶, 白骨無年還業井." 語裏[ ]□[67]雲

---

59 '萬'이 原卷에는 '万'으로 되어 있으며, 原卷은 오른쪽 윗부분이 훼손되어 있다. 여기부터가 P.5019권이다.

60 原卷에는 표점이 없으며, 매 구마다 아래에 빈 칸이 하나씩 있다. 여기서는 각운이 되는 곳에 모두 마침표를 찍었고 나머지는 쉼표를 찍었다.

61 '貚'은 '獺'의 속자이다.

62 諸直山: '諸眞山'일 것이며, 사서에 흔히 등장하는 '諸直水'와 같은 곳에 있을 것으로 보인다. 原卷에서 '上'자는 '高'자를 고쳐 그 옆에 쓰여 있다.

63 '臺'는 '擡'와 통한다. '蘆位'는 '蘆葦'와 통하는 것으로 보인다.

64 '穙埳'는 밀집한 모습을 나타내는 '狎恰'이 되어야 할 것이다.

65 原卷에서 이 행이 가장 길며, 행의 끝에 대략 네 글자가 잔결되어 있다.

66 사실 原卷에서는 빠져있지 않고 '岡'라 쓰여 있는데, 교감 작업이 필요하다.

67 原卷에서는 빠져있지 않고 '悪'으로 쓰여 있다. 교감이 필요하다. '受紙' 역시 의미를 알 수 없다.

受紙勝沙漠, 男兒案劍覓封侯, 流落沉[ ]氣. 更悲啼, 淚難止. 魂[68][ ]而大[ ]

(後闕)[69]

(앞부분은 없음)

( ) 거듭 울었네. ( ) 진왕 때문에 멀리 금하(金河) 북쪽까지 부역을 가서 성을 쌓은 건 본래 오랑캐들을 막으려는 것이었네. ( ) 봉화가 급하네. 수천수만의 군사들은 그 몸을 땅에 묻고 황제 계신 곳 부모님은 ( ) 막하연적(莫賀延磧)에서도 한(漢)의 달은 높이 솟아 있구나. 낙직산(諾直山) 위에서 ( ) 눌려 목숨을 잃고 혼백은 변방 북쪽에 묻혔네. 연지산(燕支山)에서 오랑캐의 해는 ( ) 바람은 금빛으로 불어오네. 있는 힘 다 써버려 모두들 힘을 합치자고 말하는구나. 황량하고 적막하고 ( ) 얼굴은 초췌하게 말라붙더니 금세 무덤으로 돌아가는 운명이 되고 말았네. 서리가 삼면을 적시는데 ( ) 억지로 몸을 일으켜 갈대숲으로 들어가네. 수많은 상처는 비늘처럼 딱지가 지고 다친 ( ) [누군가가] 이렇게 말했지. "부질없이 생각해보아도 백골은 운명을 돌이킬 때가 없으리." 이 말 속에는 ( ) 구름은 사막에 가득하네. 남아는 칼을 어루만지며 후로 봉해지고자 했으나 쇠락한 신세 되어 ( ). 더욱 슬퍼 눈물이 그칠 줄 모르는구나. 혼백은 ( ) 크고 ( )

(뒷부분은 잘려 있음)

68 '魂' 아래에 빠진 글자는 '靈'일 것이다.

69 原卷에는 한 문단이 잔결된 다음에 '祭亡書'라고 쓰여 있는데, 뒤이어서 글이 나오지 않으므로 여기서는 기록하지 않는다.

한장왕릉변(漢將王陵變)[1]

憶昔劉、項起義爭雄, 三尺白刃, 博(撥)亂中原. 東思禹帝,[2] 西定强

1 【原校】 이 변문은 다섯 개의 소책자가 현존하나, 두 번째 사본이 세 부분으로 나뉘어 있으므로 실제로는 세 개의 사본으로 되어 있다. 사본의 번호는 아래와 같다.
甲卷 : S.5437. 乙卷의 첫 부분보다 270여 글자가 많다.
乙卷 : P.3627(1).
丙卷 : P.3867.(【潘重規】 1978년 9월 재교정시 이 소책자를 P.3627과 합했으며 모두 34쪽이다. 끝의 다섯 쪽은 書啓 등을 잡초한 것이며, 마지막 쪽에는 "癸卯年正月廿三日張通信手書"라는 題記가 한 줄로 쓰여 있나)
丁卷 : P.3627(2). 이상 세 책자는 필적이 동일하고 내용이 서로 이어지고 있어서 실제로는 하나의 사본이다. 여기서는 甲卷의 시작부분(270여 자)과 을, 병, 정 세 권을 더해 全文으로 만들었다. 甲卷과 乙卷에서 중복되는 부분은 異文을 비교하여 校記에 넣었다.
戊卷 : 邵洵美 선생이 소장하다가 지금은 북경대학도서관이 소장 중이다. 표지 1쪽과 반대쪽의 비어있는 1쪽을 포함해 총 8쪽이다. 표지와 반대편 빈 쪽에는 연월이 표기된 "辛巳年九月"이라는 제기와 "太平興國三年索靖子" "孔目官學仕郎索靖子書記耳. 後有人讀諷者, 請莫怪也"라는 제기가 쓰여 있다. 이들의 필적을 보면 같은 해에 쓰인 제기가 아니고 또 본문의 필적과도 다름을 알 수 있다. 태평흥국 3년은 서기 978년이고 신사년은 981년이다. 따라서 이 사본은 이때 쓰였다고 보아야 할 것이다(신사년이 921년은 아닌 듯 하며, 가장 늦은 돈황사본이 998년의 사본이기 때문에 1041년은 더욱 아닐 것이다). 이 사본의 異文을 교기에 넣었다.
이 작품의 제목은 甲卷과 戊卷에 근거하였다. 甲卷과 戊卷의 표지에는 모두 「漢將

秦. 鞍不離馬背, 甲不離將身. 大陳[3]七十二陳, 小陳三十三陳, 陳陳皆輸他西楚霸王. 唯有漢高皇帝大殿而坐, 詔其張良附近殿前. 張良聞詔, 趨至殿前, 拜舞[4]禮中(終), 叫呼萬歲. 漢帝謂張良曰 : “三軍將士, 受其楚痛之聲! 與寡人宣其口敕, 號令三軍 : 怨寡人者, 任居[5]上殿, 摽[6]寡人首, 送與西霸楚王.” 三軍聞語, 哽噎悲啼, 皆負戈甲, 去漢王三十步地遠下營去.

옛날 유방(劉邦)은 항우(項羽)와 기의하여 자웅을 다투면서 3척의 시퍼런 칼로 난에 휩싸인 중원을 다스렸다. 동쪽으로 우(禹)황제를 생각하고 서쪽으로 막강한 진(秦)나라를 평정하며, 안장은 말 등에서 떠날 줄 몰랐

王陵變」이라는 제목이 쓰여 있다. 【校注】 戊卷은 현재 북경대학도서관에 소장되어 있으며 사본번호는 '北大187'이다.

己卷 : 潘吉星 선생 소장으로 총 12쪽이며, 북경대학 소장본(戊卷)과 정확히 이어져 “精神恍惚, 神思不安”으로 시작해 “兩盈不”로 끝난다. 사본의 사진은 빅터 메어(Victor H. Mair)의 「새로 고증된 「왕릉변」 잔권」(「Chinoperl Papers」, 1983.11)이라는 글에서 볼 수 있다. 이는 榮新江이 알려준 사항으로, 사본은 異文이 많지 않아 아직 補校되지 않았다.

2 【原校】 戊卷에서는 '禹帝'가 '憑帝'로 되어 있다. 【校注】 '禹'가 '思'와 이어져있어 밑에 '心'을 더한 것으로 보인다. 항우는 楚懷王을 세워 '義帝'로 삼았으므로 위에서 '禹'는 '義'가 되어야 할 것이다. 【譯注】 項楚는 '禹帝'가 동쪽 越나라 땅의 茅山(會稽山)까지 치수를 한 大禹를 가리키기 때문에, 위의 “東思禹帝”에는 옛적 대우의 위업을 생각하며 천하 통일의 위업을 달성하고자 하는 뜻이 담겨 있다고 말한다. 이 부분의 번역은 項楚의 의견을 따른다.

3 【原校】에서는 '陳'을 '陣'으로 고쳤다. '陳'은 곧 '陣'이며, '陣'은 나중에 쓰인 글자이다.

4 原錄에는 '舞'가 '儛'로 되어 있다. 戊卷은 '舞'로 되어 있는데, '儛'는 '舞'를 늘려 쓴 것이다. 『干祿字書』에서는 “儛와 舞 중에서 앞 자가 속자이고 뒤 자가 정자이다”라고 바르게 말하고 있다.

5 【江藍生】 '居'는 3인칭 대명사 '渠'를 잘못 쓴 것이다. 두 글자는 모두 '魚'운이고 성모의 청탁만 다르다. 【校注】 여기서 '居'는 '其'로 읽어야 할 것이다. '其'는 '渠'와 의미가 같다. 그러나 '其'에는 청음이 있고 '居'와 통용되기도 하며 '渠'보다는 훨씬 자주 사용된다.

6 '摽'는 '떨어뜨리다'의 의미이다. 「張議潮變文」의 “오늘 모두들 적의 머리를 쳐서 떨어뜨려야 하니(今日總須摽賊首)”와 “날카로운 칼 뽑아 그으니 적의 머리가 떨어지는구나(銛鍔劄摽墜賊頭)”라는 구문을 통해 '摽'가 '떨어뜨리다'의 의미임을 분명히 알 수 있다.

고 갑옷은 장수의 몸에서 떨어질 줄 몰랐다. 큰 싸움 72차례에 작은 싸움도 33차례였으나 싸울 때마다 늘 서초패왕(西楚霸王)에게 패하였다. 하루는 한(漢)의 고조(高祖) 황제가 대전(大殿)에 앉아 장량(張良)을 어전 가까이로 불렀다. 장량은 부름을 받고 총총걸음으로 어전 앞에 가서 배례(拜禮)를 마치고 만세를 불렀다. 황제가 장량에게 말하였다. "삼군의 장수와 병사들이 고통스러워하는 저 소리가 들리시오! 그대가 과인 대신 칙령을 내려 삼군에게 이렇게 호령해주시오. '나를 원망하는 자는 누구든 어전으로 올라와 과인의 목을 친 후 서초패왕에게 바치라'고 말이오." 이 말을 들은 삼군의 병사들은 목메도록 슬피 울며 모두들 창과 갑옷을 지고 한왕(漢王)이 있는 곳에서 30보 떨어진 멀찍한 곳으로 가 군영(軍營)을 세웠다.

夜至一更已盡, 左先鋒兵馬使兼御史大夫王陵, 右先鋒兵馬使兼御史大夫灌嬰, 二將商量, 擬往楚家斫營.[7] 張良謂灌嬰曰 : "凡人斫營, 先辭[8]他上命; 若不辭他上命, 何[9]名爲斫營!" 二將當時夜半越對, 謼[10]得皇帝洽[11]背汗流.[12] 漢帝謂二人曰 : "朕之無其[13]詔命, 何得夜半二人越

7 '斫營'은 적의 군영을 기습하여 닥치는 대로 베고 치는 방법이다. 아래의 "항우의 군영을 닥치는 대로 베고 무쉈다(斫破項羽營亂)"는 구절이 이를 확인시켜준다. 『魏書』「傅永列傳」: "永이 오와 초의 군대를 헤아려 본 후 적의 진영을 습격하기에 좋겠다고 판단하고서 그날 밤 병사를 2개 부대로 나누어 군영 밖으로 나갔다(永量吳楚之兵, 好以斫營爲事, 卽夜分兵二部, 出於營外)." 張祜「送王昌涉侍御」: "아침에 막사를 옮기라 명하고, 몰래 자취를 밟아 야밤에 군영을 습격하다(號令朝移幕, 偸踪夜斫營)."

8 '辭'는 '受'가 되어야 할 것이다. 아래의 구 역시 마찬가지다. 원래 사본에서는 '辭' 대신 '受' 옆에 '辛'이 붙어있기도 한데, 이는 다음 구의 '不辭'도 마찬가지이다. 먼저 '受'자를 썼으나 이것이 저본과 일치하지 않음을 발견한 후 다시 옆에 작은 글자로 '不辛'을 붙여 '辛'자로 쓴 것으로, 이를 통해 '受'와 '辭'가 잘못 쓰기 쉬운 글자임을 알 수 있다.

9 [原校] 戊卷에는 '何' 아래에 '者'가 붙은 "何者名爲斫營"으로 되어 있다.

10 [徐震堮] '謼'는 '嚇'이 되어야 한다. [校注] '謼'는 '誮'와 같으며 '唬'로도 쓴다. 이들은 모두 속체이며('虖'와 '虎'는 음이 비슷하고 '謼'는 당연히 '誮'에서 온 것이다), 지금은 '嚇'으로 통용되고 있다.

對!" 遂詔二大臣附近殿前:"莫[14]朕無天分? 一任上殿, 摽寡人首, 送與西楚霸王, 亦得!" 王陵奏曰:"臣緣[15]事主, 爭敢如然![16] 臣見陛下頻戰頻輸, 今夜二將擬往[楚家][17]斫營, 擬切(愜)[18]我王本情."[19] 皇帝聞奏, 龍顏大悅, 開庫賜彫弓兩張, 寶箭二百隻, 分付[20]與二大臣:"事了早迴, 莫令朕之遠憂." 二將辭王, 便往斫營處,[21] [從此][22]一鋪,[23] 便是變[24]初.[25]

---

11 [徐震堮] '洽'은 '浹'이 되어야 한다. [校注] 『說文』에서는 "洽은 霑이다"라고 했으며, 『說文新附』에서는 "浹은 洽이다"라고 했다. 따라서 '洽'자는 굳이 고칠 필요가 없다. 『蘇軾文集』 50의 「與曾子宣」 편지에서도 "그것을 읽으니 땀이 흘러 등을 적셨다(讀之汗流洽背)"로 역시 '洽'자를 쓰고 있다.

12 [原校] 乙卷은 여기부터 시작된다. [校注] '皇'자부터 시작된다.

13 [原校] '朕之無其'가 본래 '朕無其其'로 되어 있어 甲卷에 따라 고쳤다. [校注] 戊卷에서는 이 부분의 전체 구가 '朕無其詔'로 되어 있다. '其其'라고 쓴 것은 말을 더듬는 모습으로 한왕이 두려워하고 있음을 나타내기 위한 것으로 보인다.

14 [通釋] '莫'은 '莫不是'라고 말하는 것과 같다. 불확실한 추측이나 짐작을 표시하는 단어이며 "이것이 아니겠는가?"라는 의미가 있다.

15 '緣'은 어기조사로서 음절을 늘릴 때 사용한다. 「韓擒虎話本」: "신인은 '나는 오도장군이오'라고 답하였다(神人答曰, '某乙緣是五道將軍')."

16 [通釋] '如然'은 '如此'로, '爭敢如然'은 '어찌 감히 그럴 수 있겠느냐'는 의미이다. 아래의 '何期事主合如然'에서 '合如然' 역시 마찬가지이다.

17 [原校] '楚家' 두 글자는 甲卷에 근거해 보충했다.

18 [原校] 甲卷에는 '我王' 두 글자가 없다. [校注] 실제로 甲卷에서는 이 구가 '擬切我情'으로 되어 있고, 戊卷은 '擬切我王情'으로 되어 있다. '切'은 '愜(들어맞다, 흡족하다)'의 의미로 봐야 한다. 「秋胡變文」: "낭군께서 장차 학문을 추구하는 것이 저의 마음과 맞습니다(郎君將身求學, 此愜兒本情)." 「目連緣起」: "어머니는 이 말을 듣고 매우 흡족해했다(孃聞此語 深愜本情)." P.2305 「妙法蓮華經講經文」: "이 일은 참으로 내 마음을 흡족하게 할 것이다(此事深將愜我懷)." 「葉淨能詩」: "정능이 말하는 도법은 청허하고도 미묘하여 성정을 흡족하게 했다(淨能便說道法淸虛微妙, 深懷聖情)." 여기서 '懷'는 '愜'이 되어야 한다. 여러 예들에서 '愜'자를 쓰고 있으므로 위의 '切'은 假借字로 봐야 할 것이다.

19 '본정'은 마음의 바람이다. 「秋胡變文」: "낭군께서 장차 학문을 추구하는 것이 저의 마음과 맞습니다(郎君將身求學, 此愜兒本情)." '본정'에는 '걱정거리'의 의미도 있다. 이에 대해서는 후술한다.

20 分付: 건네주다. P.976 「兒郎偉」: "떠돌아다니는 귀신일 터라 종기 어른에게 넘겼다. 넘겨주고 나서부터 川鄉의 골칫거리가 없어졌다(應是浮遊浪鬼, 付與鍾夔大郎. 從玆分付已訖, 更莫惱害川鄉)."

21 [原校] 戊卷에서는 이 구가 "二將便辭王往斫營處"로 되어 있다. [校注] 戊卷에는 '往' 위에도 '便'자가 있다. '～處'와 '～時'는 變相에서 그림의 내용을 표시할 때 쓰인다.

그날 밤 일경(一更)이 다 지날 무렵, 좌선봉병마사 겸 어사대부 왕릉(王陵)과 우선봉병마사 겸 어사대부 관영(灌嬰) 두 장군이 초군의 군영을 기습하기로 의견을 모았다. 장량이 관영에게 말하였다. "누구든 적진을 습격할 때는 먼저 폐하의 명을 받아야 하오. 폐하의 명을 받지 않고서 어찌 적진을 습격한다 할 수 있겠소!" 즉시 두 장수는 한밤중에 정해진 절차를 무시하고 황제를 뵈었다. 놀란 황제는 등이 흠뻑 젖을 만큼 줄줄 땀을 흘렸다. 한왕이 두 장수에게 물었다. "짐이 조명을 내린 적이 없거늘 어찌 두 장군은 한밤중에 절차를 무시하고 짐에게 찾아오시었소?" 이윽고 두 대신을 어전 가까이 오도록 하였다. "짐에게 천명이 없는 것 아니겠소? 어서 어전으로 올라와 과인의 머리를 친 후 서초패왕에게 보내도록 하오!" 왕릉이 아뢰었다. "신은 폐하를 섬기고 있습니다. 어찌 감히 그럴 수 있겠습니까! 폐하께서 싸울 때마다 항상 패하는 것을 보고서 오늘 밤 두 장수가 서초패왕의 진영을 습격하여 폐하의 마음을 기쁘게 해드리고자 합니다." 황제가 그 소리를 듣고 매우 흡족한 얼굴을 하고는 무기고를 열어 무늬가 새겨진 활 두 자루와 화살 2백 쌍을 두 대신에게 하사하였다. "임무를 마치고 어서 돌아와 짐의 근심이 깊어지지 않도록 해주오." 두 장수가 황제에게 출정을 고하고 적진으로 떠나는 장면에서 그림 한 폭을 펼치니 여기가 바로 변(變)의 시작이다.

22　[原校] '從此' 두 글자는 甲卷과 戊卷에 근거하여 보충하였다.

23　'鋪'는 조형 예술품에 쓰이는 양사로, 일반적으로 한(혹은 몇) 폭(의 그림)을 가리킨다. 唐 高祖 「草堂寺爲子祈疾疏」의 "今爲男敬造石碑像一鋪"에서 '一鋪'는 '한 폭(一幅)'이다. 변상에서는 특정 고사의 내용을 가리키는 화면을 의미한다. 일본 승려 圓仁 『入唐求法巡禮行記』 권1, 開成 4년 정월 3일 : "처음에 남악과 천태 두 대사의 두 초상을 각각 세 폭으로 만들었다(始畵南岳、天台兩大師像兩鋪各三副(幅))."

24　[原校] '變'은 본래 '處'로 되어 있으며, 甲卷과 戊卷에 근거하여 고쳤다.

25　[譯注] 從此一鋪, 便是變初 : 서사의 흐름과는 무관한 연행자 자신의 삽입어로 보인다. 여기서 '鋪'는 그림을 세는 단위로, 변의 공연이 그림과 함께 진행되었음을 알려주는 증거이다. 유일하게 현존하는 변문 그림두루마리 「降魔變文」 P.4524를 공연 때 쓰던 그림으로 추정하기도 한다.

此是[26]高皇八九年, 自從每每[27]事王前.
寶劍利拔長離鞘,[28] 彫弓每每換三弦.[29]
陵語 "大夫今夜出, 楚家軍號總須翻.[30]
選揀諸臣去不得, 將軍擐甲[31]速攀鞍."
灌嬰大夫和曰 :
"自從揮劍事高皇, 大戰曾經數十場,
小陣彭原[32]都無數, 遍體渾身刀箭瘡.[33]
不但今夜斫營去, 前頭風火亦須湯.[34]

---

26 【原校】'是'는 본래 '事'로 되어 있으며, 甲卷과 戊卷에 근거하여 고쳤다.

27 '每每'는 다음 행의 '每每'를 잘못 쓴 것으로 보인다. 아래에 '自從揮劍事高皇'구가 있기 때문에, '每每'는 '揮劍' 류의 말이 되어야 할 것이다. 【譯注】 유진 오양(Eugene Eoyang)은 이 구의 '每每'를 '매년(every year)'으로 해석한다. Eugene Eoyang, 『입말 : 변문의 구술 스토리텔링(*Word of Mouth : Oral Storytelling in the Pien-wen*)』, Indiana University 박사논문, 1971, 249쪽.

28 利拔 : 오류가 있는 듯하다. 이 구는 '寶劍長長('常常'과 같다)拔離鞘'가 되어야 할 것이다.

29 '換'이 甲卷에는 '喚'으로 되어 있다. 이 두 글자는 모두 '挽'과 통하고, '三'은 '上'을 잘못 쓴 것으로 보인다. 따라서 전체 구는 '彫弓每每挽上弦'이 된다.

30 【原校】 甲卷과 戊卷은 '翻'이 '飜'으로 되어 있다. 乙卷 역시 이체자인 '飜'으로 쓰여 있다. '軍號總須翻'은 군중의 구호가 모두 바뀌어야 함을 말하며, 아래에 군호를 몰래 엿듣는 내용이 있다. 項楚는 '軍號'를 '군대의 깃발'로 '軍號翻'을 '군대가 전투에서 패하다'의 의미로 보았으나, 이는 분명치 않다.

31 擐甲 : 갑옷을 걸치고 투구를 쓰다. 『廣韻』 '諫'韻 : "擐은 帶(두르다)이다." 『抱樸子』 外篇 「博喩」 "갑옷을 두르고 투구 끈을 매는 건 묘당의 차림이 아니다(擐甲纓冑, 非廟堂之飾)."

32 彭原 : 原錄에서는 이 고유명사를 쓰지 않았다. 초와 한은 彭城(현재 강소성에 속함)에서 많은 싸움을 벌였으나 변문은 역사적 사실에 구애받지 않는 경우가 흔하여 동남쪽의 팽성을 서북쪽의 팽원(군 이름 혹은 현 이름, 현재는 감숙성 경내)이라 말하고 있다.

33 『廣韻』: "創을 『說文』에서는 '傷이다'라고 하였다. 『禮』에서 '머리의 상처를 沐이라 한다'고 했는데, 지금은 瘡이라 한다(創, 說文曰, 傷也. 禮曰, 頭有創則沐. 今作瘡)."

34 '湯'은 '吐郎' 반절로 '부딪치다, 뚫고 가다'의 의미이며 '蕩', '盪'자로도 쓰인다. 『漢語大字典』에서는 '他浪' 반절로 음을 달았고, 돈황 곡 「劍器詞」의 "밀려오는 적군의 소리를 듣고 앞으로 뚫고 나가려 하네(聞賊勇勇勇, 擬欲向前湯)"을 예로 들었다. 돈황 문헌에서 '湯'은 평성으로 읽힌다. 예로 든 「劍器詞」의 '湯'자는 '王', '當', '郎' 등의 평성 글자와 압운을 이룬다.

白羽新彫一百隻,[35] 龍劍初磨利若霜.
儻若今夜逢項羽, 斬首將來獻我王."
때는 고조 황제 8~9년,
처음부터 황제만을 섬겨왔네.
보검을 길게 칼집에서 뽑고,
무늬 새긴 활시위를 늘 당겼지.
왕릉이 말을 건네니, "대부는 오늘 밤 출정하여
초군의 군호를 모두 바꾸어야 할 터.
제신(諸臣)들을 뽑아 갈 수 없으니,
장군이 갑옷을 두르고 속히 말에 오르도록 하시오."
관영 대부가 화답하니,
"검을 휘두르며 황제를 섬긴 이래로
큰 전쟁만 수십 차례에
팽성에서의 잦은 싸움도 헤아릴 수 없어,
온 몸은 칼에 베이고 화살에 맞은 상처라오.
비단 오늘밤의 습격 뿐 아니라
앞으로의 풍화 또한 맹렬히 맞서리다.
백우전(白羽箭) 1백 발에,
용검(龍劍)은 진작 서릿발처럼 갈아놓았소.
오늘 밤 항우를 만난다면,
그 머리를 베어 황상께 바치리다."

二將辭王已訖,[36] 走出軍門, 揆[37]馬攀鞍, 人如電掣, 馬似流星. 不

35 '隻'이 原錄에는 '雙'으로 되어 있으나 甲卷과 乙卷이 모두 '隻'으로 되어 있어 이를 따랐다. '一百隻'은 관영이 분배받은 수를 말한다.

36 [原校] '訖'은 본래 '旣'로 되어 있어 甲卷과 戊卷을 따라 고쳤다. [校注] '訖'은 입성이고 '旣'는 거성이라 서로 통용 혹은 가차하기가 힘들다. 乙卷을 확인한 결과 실제로는 '記'로 되어 있다. 이는 '訖'을 잘못 쓴 것으로 보인다.

經旬日之間，便到右軍[38]界首．王陵謂灌嬰曰："此雙后[39]分天下之日，南去漢營二十里，北去項羽營二十里．" 王陵又謂曰："左將丁腰，[40] 右將雍氏，各領馬軍一百餘騎，且在深草潛藏．" 丁腰謂雍氏曰："斷於[41]漢將此處，敢[42]爲巡營．" 二將聽得此事，放過楚軍，到峽路山，[43] 絆[44]

37 摸：原錄에서는 '稬'으로 쓰고 '秣'로 교정하였다. 【江藍生】 王重民 본에서 '秣'로 교정했으나 이는 옳지 않은 듯 하며, '驀'의 오기로 보아야 할 것이다. 【校注】 乙卷에서 '稬'을 쓴 경우는 위의 예문뿐이고, 뒤에서는 모두 '摸'로 쓰고 있다. 甲卷은 '摸'로 戊卷은 '模'로 되어 있다. 위에서는 甲卷에 근거하여 고쳤다. '摸'자로도 의미가 통하므로 굳이 고칠 필요가 없다. 「韓擒虎話本」에도 '摸馬擧(攀)鞍'의 구절이 있다.

38 【原校】 甲卷에는 '右軍'이 '左軍'으로 되어 있다.

39 '后'가 原錄에는 '後'로 되어 있다. 【原校】 甲卷에서는 '后'가 '向'으로 되어 있는데, 역시 옳지 않다. '雙后'는 두 황제를 가리킨다. 【潘重規】 原錄의 교기에 따라야 한다. 『敦煌變文集』에는 '雙後'로 되어 있으나 이는 잘못 쓴 것으로 보인다. 乙卷에는 '後'가 아닌 '后'로 되어 있다. 【校注】 潘重規의 지적이 옳다. 甲卷은 '向'으로 乙卷과 戊卷은 '后'로 되어 있어 이를 따른다. 또 이 구의 '日'자는 각 권이 모두 동일한데 사실 '界'로 써야 옳을 것이다. 혹은 구절 아래에 빠진 부분이 있을 수도 있다.

40 原錄에는 '䁐'로 되어 있다. 【校注】 '腰'자의 편방을 옮긴 것일 뿐이다. 戊卷에는 '要'로 되어 있는데, 이는 '腰'의 古字이다. 【徐震堮】 좌장 정요와 우장 옹씨는 丁公과 雍齒를 가리킨다. 【校注】 『史記』에서는 '丁公'과 '翁齒'라고만 쓰여 있다. 따라서 '腰' 혹은 '要'는 '厶'의 차음자이고, '厶'는 '公'의 形訛로 보아야 할 것이다.

41 【原校】 甲卷과 戊卷에는 '斷'이 '料'로 되어 있다. 【項楚】 '料'가 맞으며, '斷'은 '料'의 形訛일 것이다. 각 권의 '於'는 '相'의 形訛이고 '相'은 '想'의 오자이므로, '斷於'는 '料想'이 되어야 한다. 【校注】 '斷'자는 돈황사본에서 간체인 '断'으로 많이 쓰이며 때로는 '斦'으로 생략되기도 한다. 그래서 '料'와 헷갈리기 쉽다. 그러나 이곳의 '斷'은 의미가 통할 수 있다. 아래에서 "下手斫營之時，左將丁腰，右將雍氏，各領馬軍百騎，把却官道"의 내용에 따르면, 여기서 '斷'은 지키다, '막아 끊다'의 의미가 된다. 【譯注】 구오슈윈(Crossland Guo-Shuyun)과 유진 오양의 영문 번역 역시 項楚와 마찬가지로 '料想'의 의미로 번역하고 있으나, 바로 다음 구절이 정요와 옹씨의 말을 듣고 한의 장수들이 방향을 돌리는 내용이기 때문에 흐름상 校注의 견해가 옳은 것으로 보인다. Corssland Guo-Shuyun, 『변문의 구술 전통：그 특징과 중국 서사문학에 대한 영향(*The Oral Tradition of Bianwen：Its Features and Infulence on Chinese Narrative Literature*)』, University of Hawaii 박사학위 논문, 1997. Eugene Eoyang, 앞의 논문 참고.

42 '敢'은 '바라다'이다. 『史記』「荊軻傳」 "앞으로 나아가 물을 수 있도록 해주다(使得至前，敢有所問)." 『戰國策』「燕策」 三에서 '敢'을 '願'이라 한 것을 통해 이를 확인할 수 있다.

43 【原校】 甲卷에서는 '峽路山'을 '峽峪山'이하 하였다. 【校注】 戊卷에서는 '蹊路山'이라 하였다. 이는 산이름일 것이다. 甲卷의 '峪'는 '路'가 옳을 것이며, 위아래 글자의 편방을 같이 써서 이렇게 된 듯하다.

却馬脚.[45] 王陵脫着體[46]汗衫, 綴[47]一標記 : "斫營, 先到先待, 後到後待.[48] 大夫大須審記, 莫落[49]他楚家奸便."[50] 握(遲)[51]紫離[52]門探聽更號.[53]

44 '絆'은 본래 '靽'으로 되어 있다. 두 글자의 편방이 서로 치환될 수 있기 때문에 통용자인 '絆'자로 고쳤다.

45 [譯注] '絆却馬足'은 말이 도망가지 못하도록 줄로 말의 발을 묶는 행동이다.

46 着體 : 몸에 붙다.

47 '綴'이 原錄에는 '掇'로 되어 있다. [劉士濤] '掇一標記'는 '剌一標記'이다. 이곳의 '掇'은 '剌'로, 즉 '철로 찌르다'의 의미로 해석해야 한다. [項楚] '掇'은 여기서 '세우다'의 의미이다. [校注] 두 가지 의견 모두 분명치 않다. '掇'자가 甲卷에는 '裰'로 되어 있고, '裰'은 '綴'과 편방을 같이 쓰는 글자이다. '綴一標記'는 습격 후 한으로 돌아올 때 적의 복병이 있는 곳으로 잘못 들어가지 않도록 협로산 근처에 속옷을 걸어 표시로 삼는다는 의미이다. 북경도서관 洪62의 「榜題」에서 '옷을 벗어 대나무 위에 걸고 높은 산에 올라 호랑이 앞에 몸을 던지다(脫其衣裳, 掛竹林上, 卽上高山, 投身虎前)'와 유사한 상황이다.

48 [譯注] 이 부분의 번역에서 구오슈윈은 "나는 원래 '待'를 '기다리다'의 의미로 번역했으나, 그렇게 되면 문장의 의미가 통하지 않는다. 그래서 나는 '待'자가 '得'자를 잘못 쓴 것으로 보고 그 의미를 '얻다. 일을 이룩하다(得手)'로 보았다"라는 주석을 달고 있다. 이에 근거하여 해당 문장을 "적진을 공격하되, 먼저 도착하면 선취권을 얻고 나중에 도착하면 남은 선택권을 가지게 되오. 초군의 계략에 빠지지 않도록 잘 기억해 두시오"라고 번역하고 있다.

49 落 : 말려들다. 「張議潮變文」 "결국 간계에 걸려들고 말았다(遂落奸虜)."

50 '便'이 原錄에는 다음 구에 속해 있다. [校注] 『通釋』 '方便, 奸便' 조에서는 이를 "정당치 못한 방법, 속임수"라고 정의하면서 '便'을 앞 구에 넣고 있다. 이 주장은 옳긴 하나 의미를 너무 좁게 풀어놓았다. '奸便'은 간계이지만, '方便'은 포폄의 의미가 모두 있으며 명사(방법, 계략), 동사(꾸미다), 형용사(기지 넘치는, 교활한), 부사(기지 넘지게, 교활하게) 등의 여러 용법으로 쓰인다.

51 '握'가 原錄에는 '椑'로 되어 있다. [原校] '椑'는 풀이할 수 없다. 甲卷은 '捭'으로 되어 있는데, 이 역시 음과 뜻을 알 수 없다. 그러나 전체 구의 의미는 "몰래 자리문에 이르러 순찰병의 신호를 엿듣다"이다. [校注] 甲卷의 '椑', 乙卷의 '捭', 戊卷의 '椑'은 모두 '握'로 써야 한다. 『龍龕手鏡』 「手部」 "握와 攊은 속자로서, 直尼 반절이다. '土' 편방이 정자이다. 고로 墀는 속자로 握혹은 攊가 되고 握 역시 墀의 속자임을 알 수 있다." [江藍生] '椑'은 '遲'를 모양이 비슷하여 잘못 쓴 것이다. 『廣韻』 '至'韻 : "至는 直利 반절로서, '기다리다'(待)이다." '遲'의 의미는 '기다리다'(待)로서 漢代에 용례가 있다(『漢書』 「高帝紀」). 위진남북조 때는 흔히 쓰이다가 당대에는 용례가 줄어들었다. [校注] 이 校釋이 옳다. 項楚는 '椑'가 '稚'이며 '至'와 통한다 했고 王鍈은 이 글자가 '揆', '揭'라고 했으나, 두 의견 모두 정확치 않은 듯하다. [譯注] 그러나 위 구절에서 '遲'를 '기다리다'의 의미로 보기는 힘들다. 그보다는 『說文』 '辵部'에 나온 대로 '천천히 가다(徐行)'의 의미로 보는 것이 자연스럽다.

52 '紫'가 甲卷에는 '此'로 쓰여 있는데, 둘 모두 '柴'가 되어야 할 것이다. 『集韻』 "서현이

두 장군은 왕에게 하직 인사를 마친 후 군문을 나와 말을 당겨 안장에 올랐다. 사람은 번개와 같고 말은 유성과 같아, 열흘도 안 되어 우군(右軍)의 경계에 이르렀다. 왕릉이 관영에게 일렀다. “두 황제가 천하의 경계를 나누어, 남쪽 20리 밖은 한(漢)의 진영이고 북쪽 20리 밖은 항우(項羽)의 진영이오.” 왕릉은 다시 말을 이었다. “좌장 정요(丁腰), 우장 옹씨(雍氏)가 각각 기마병 1백여 기를 이끌고 풀숲 깊이 잠복해 있소.” 정요가 옹씨에게 말을 건넸다. “이곳에서 한의 장수들을 막고 군영을 살피도록 합시다.” 이 말을 들은 두 장수는 초군을 그대로 지나쳐 협로산(峽路山)까지 와서 말을 묶었다. 왕릉이 입고 있던 속옷을 벗어 걸고 표시를 해 두었다. “적군을 습격하되 먼저 이른 자는 먼저 일을 처리하고 나중에 이른 자는 나중대로 처리합시다. 대부는 초군의 간계에 빠지지 않도록 잘 기억해 두시오.” 몰래 사립문까지 다가가 순찰병의 신호를 엿들었다.

王漏相傳, 二更四點,[54] 臨入三更, 看看則是斫營時節. 項羽帳中盛寢之次, 不覺[55]精神恍忽, 神思不安, 揺然[56]驚覺, 遍體汗流. 人是六十萬之人, 營是五花之營, 遭遭𠈇𠈇,[57] 惶惶惶惶,[58] 令(泠)人肝膽, 奪

이르기를: 군대가 들로 행군을 나가 흩어진 나무를 세워 구획을 짓는데, 이를 사립이라 한다(柴 …… 徐鉉曰: 師行野次, 竪散木爲區落, 名曰柴籬).” ‘柴籬’는 ‘목책’이다.

53 [項楚] ‘更號’는 고대에 군대에서 야간 당직자가 순라를 돌 때 주고받던 신호이다.

54 [譯注] 고대에는 밤을 5경으로 나누고 이를 다시 5점으로 나눴다. 二更四點은 삼경이 다 될 무렵이다.

55 [原校] 戊卷은 ‘不覺’에서 끊어진다.

56 [項楚] 『集韻』에서 “揺는 悉盍 반절로, 소리를 지르는 것이다”고 한 것을 보면 ‘揺’가 擬聲字임을 알 수 있다. 의성자는 흔히 매우 빠르다는 뜻을 표현하기도 한다. ‘霍地’, ‘嗖地’, ‘嘩地’가 모두 그러하며 ‘揺然’ 역시 이에 속한다. 그러나 변문과 여타의 문헌에서 ‘揺然’은 ‘颯然’으로 많이 쓰이며 ‘颯’ 역시 의성자이다.

57 ‘遭遭𠈇𠈇’이 甲卷에는 ‘遭遭倣倣’으로 되어 있다. [校注] ‘遭’와 ‘𠈇’이 雙聲이므로 ‘倣’은 ‘𠈇’의 形訛일 것이다. ‘𠈇’자는 자전에 없는 글자로 ‘族’에 편방을 붙인 자이다. [張鴻勳] ‘遭遭𠈇𠈇’은 ‘嘈嘈啐啐’ 혹은 ‘嘈嘈雜雜’과 같으며 어지럽게 섞인 소리를 형용한다. [校注] 이때가 ‘이경이 다 지나 삼경에 다다른 때’라고 했으므로 군영에 번잡한 소리가 나지는 않았을 것이다. 따라서 이 주장은 정확하지 않다. 또 項楚는 ‘𠈇’은 ‘簇’

人眼光. 項羽遂乃高喝: "帳前莫有當直[59]使者無?"[60] 季布握刀: "奉霸王當直!" "旣是當直, 與寡人領將三百將士, 何不巡營一遭?"[61] 季布應聲唱諾,[62] 領三百將士, 當時便往巡營.[63]

물시계의 시간은 2경이 다 지나 3경에 임박해 있었다. 기습의 적기가 바로 지금이었다. 막사에서 한참 잠에 곯아 떨어져 있던 항우는 자기도 모르게 정신이 혼미해지고 마음이 불안해지더니 문득 놀라 잠에서 깼다. 온 몸이 흐르는 땀으로 흥건했다. 군대는 60만 대군에 군영은 오화영(五花營)[64]이라, 빽빽이 늘어서 휘황히 빛나는 모습이 간담을 서늘케 하

이며 '遭遭簇簇은 밀집해있는 모습을 형용한다'고 했으나 이 역시 명확치 않다. 위아래 맥락을 보면 이 구는 항우의 불안한 마음을 형용한 것으로 보아야 한다.

58 [項楚] '惶惶惶惶'은 '煒煒煌煌'으로 '선명하게 빛나는 모습'이다. [校注] '惶'는 '徊'와 같으며 '惶惶惶惶'은 마음이 불안한 모습이다. 「大目乾連冥間救母變文」 "거기에는 수많은 죄인이 있었는데 그들은 모두 옷을 벗어 나무 위에 걸어놓고 뭐라고 통곡을 하더니 [강을] 건너려 하는데 건널 수가 없었다. 이에 어쩔 줄 몰라 하며 삼삼오오 머리를 감싸고서 흐느껴 울고 있었다(見無數罪人, 脫衣掛在樹上, 大哭數聲, 欲過不過, 迴迴惶惶, 五五三三, 抱頭哭啼)"에서 '迴迴惶惶'이 바로 '惶惶惶惶'으로 같은 聯綿詞를 다르게 쓴 것이다.

59 當 直: 당직을 맡다. 『宋書』「百官志」'洗馬' "태자가 출타하면 당직자가 앞으로 나서 의장을 이끈다(太子出則當直者前驅導威儀)"

60 '無'는 문미에서 의문부사로 쓰이며, '不'나 '沒'과 마찬가지이다. 때로는 문미의 어기조사 '嗎'처럼 쓰이기도 한다. P.2305 「妙法蓮華經講經文」에는 "당신께 한번 베풀어도 될까요?(爲汝宣揚得也無)"라는 구절이 있고 그 아래에는 "便爲宣揚得也摩?"라는 구절이 있다. 이를 통해 앞의 '無'와 뒤의 '摩'가 같음을 알 수 있다.

61 '遭'는 '次'이다. 『五代史補』「王彦章八軍」 "너희와 함께 가시밭길을 서너 차례 맨발로 걸어 들어가야 하는데 그럴 수 있겠느냐?(且共汝輩赤脚入棘針地走三五遭, 汝等能乎)."

62 '唱諾'이 甲卷에는 '唱喏'으로 되어 있다. [校注] '口' 변이든 '言' 변이든 의미는 통한다. 『宋書』「恩倖傳」 "좌우에서 '예'라고 대답했다(左右因唱諾)." 唐 裴鉶의 『傳奇』「崔煒」 "여자는 사자에게 술을 따라주며 말하였다. '崔子가 番禺로 돌아가려 하니 함께 데려가시지요.' 사자는 '예'하고 대답했다(女酌醴飮使者曰, 崔子欲歸番禺, 願爲挈往. 使者唱喏)." '唱喏'는 '唱偌'나 '唱嗻'로도 쓰인다.

63 이 구가 甲卷에는 '往便巡營' 네 글자로 되어 있다.

64 [項楚] 五花營은 五行陣의 진법에 따라 빽빽이 늘어선 군영이다. 『李衛公問對』 "당 태종이 물었다. '오행진이란 무엇인가?' 이정이 답했다. '본래 五方의 색에 따라 이 이름을 쓴 것이나 모나고 둥글고 굽어지고 꺾이고 깎아지른 것은 사실 지세가 그렇

고 눈빛을 앗아갈 만 했다. 항우가 큰 소리로 외쳤다. "막사 앞에 누가 경계를 서고 있는가?" 계포가 칼을 쥐었다. "패왕의 명을 받들어 경계를 서고 있습니다!" "기왕 경계를 서고 있다면 과인을 위해 병사 3백을 이끌고 군영을 한 번 돌아보는 것이 어떤가?" 계포는 '예'라고 대답하고서 병사 3백을 끌고 바로 순찰을 떠났다.

中軍家[65]三十將士各執闊刃驀(陌)刀,[66] 當時便喝 : "來者甚人?" 季布答曰 : "我是季布!" "緣甚事得到此間?" "奉霸王巡營." "旣是巡營, 有號也無?" 季布答曰 : "有號外[67]示得." 中軍家將士答 : "裏示合懼!"[68] 馬門

기 때문입니다(太宗曰, 五行陣如何? 靖曰, 本因五方色立此名, 方圓曲折銳, 實因地勢使然)."

65 '中軍家'는 중군을 말한다. 고대의 군대는 대부분 좌, 중, 우의 삼군으로 나뉘었다. '家'자는 접사이다. 예를 들어 『三國志』 「吳書」 '太史慈傳'의 "州府 쪽에서 많은 수군을 발진시켜 싸움에 나서면 불리해질 수 있습니다(恐州家多發水軍來逆人, 則不利矣)"에서 '州家'는 州府 측을 가리킨다.

66 【袁賓】 '驀刀'는 '陌刀'여야 하며, '驀'과 '陌'은 동음 통가자이다. ……『唐六典』 권16 "칼은 儀刀, 鄣刀, 橫刀, 陌刀의 네 가지로 만드는데 …… 맥도는 긴 칼로서 보병들이 지닌다(刀之制有四 : 一曰儀刀, 二曰鄣刀, 三曰橫刀, 四曰陌刀 …… 陌刀, 長刀也, 步兵所持)."

67 甲卷에는 '外'가 없다.

68 原錄에는 이 부분이 "裏示! 合懼馬門 ……"으로 되어 있다. 【原校】 '合懼'의 의미는 불분명하다. 만약 '何懼'라고 했으면 위 구에 속해야 한다. 【通釋】 '懼'자는 '拒'자가 되어야 한다. 거마문은 적군의 돌진을 막는 바리케이드이다. 【校注】 '懼'자는 일부러 고칠 필요가 없다. '裏示合懼'는 붙여서 읽어야 하며, 이는 중군의 장사가 계포에게 안(혹은 밖)에서 암호를 말할 때 적이 듣지 못하도록 조심하라고 일깨워주는 말이다. 그렇지 않으면 '合懼馬門'의 '合'자를 풀이할 수 없게 된다. 이 네 글자를 붙여 읽어야 한다는 건 甲卷의 구두법을 보면 알 수 있다. 甲卷 原卷의 시작 부분과 이 부분에는 구 아래에 모두 쉼표가 찍혀 있다. 이 부분에서는 '裏示合懼' 아래, '馬門闔地開來' 아래, '放出大軍' 아래에 각각 쉼표가 찍혀 있다. 甲卷에서 쉼표가 찍힌 다른 부분이 모두 문장의 휴지 규칙에 부합되는 것을 보면, '裏示合懼' 아래의 쉼표 역시 마음대로 찍은 것이 아님을 알 수 있다. 특히 주의할 점은 甲卷에서 글의 의미가 비교적 쉽게 이해되는 부분에는 대부분 구두점을 넣지 않았고, 이처럼 이해하기 힘든 부분에는 구두점을 넣었다는 것이다. 이는 초사자 혹은 교정자(돈황 사권은 상당히 철저하고 규칙에 맞게 교감한 것이 대부분이다) 역시 이 부분이 읽기 힘들고 틀리기 쉽다고 판단해 일부러 구두점을 넣어 분명히 밝힌 것임을 증명한다. 【譯注】 項楚

闖[69]地開來, 放出[70]大軍, 二將第四隊揷身, 楚下[71]並無知覺, 唯有季布奉霸王巡營, 營內並無動靜. "今擬散却兵馬, 各歸[72]營幕, 望大王進止."[73] "依卿所奏!" 二將勒[74]在帳西角頭立地.[75] 營已[76]入得, 號又偸得. 王陵謂灌嬰曰 : "如何下手斫營?" 灌嬰答曰 : "嬰且不解斫營. 當本[77]奏

는 蔣禮鴻과 마찬가지로 '懼'를 '拒'자로 판단해 거마문을 일종의 바리케이드로 보고 있으며, '合'자는 '令'자로 보고 있다. 項楚의 의견을 따른다면, 위 부분은 암호 확인을 위해 막아 놓은 방책을 열고 군사를 밖으로 풀었다는 의미가 된다.

69 '闖'을 原校에서는 '霍'이라 했다. 【通釋】 문 소리이다. '闖'은 『說文』에서 '문 소리(門聲)'로 풀이했다. 『廣韻』 入聲 15 '鎋'韻에서는 "闖은 乙鎋 반절로 사립문 소리이다"라고 했다. 【校注】 '闖'자는 P.2976 「溫泉賦」의 "하늘의 문이 열리고 길은 신선의 수레로 꽉 찼다(天門闖開, 路神仙之輻塞)"라는 구절에도 나온다.

70 '出'이 甲卷에는 '過'로 되어 있다.

71 '楚下'는 '楚家'와 같으며, '초군 측'의 의미이다. P.3697 「捉季布傳文」 "慚愧英雄楚下臣"의 '楚下'가 P.3197, S.5439에는 '楚家'로 되어 있어 '楚下'가 '楚家'와 같음을 증명해준다.

72 甲卷에는 '歸' 아래 '本'자가 있다.

73 '進止'는 (황제의 성지대로) 일을 처리한다는 의미이다. 『資治通鑒』 唐德宗貞元元年의 胡三省注 "당대 이래로 성지를 받드는 것을 흔히 '進止'를 받든다고 하였다. 이는 황제가 성지를 내려, 나아가도록 하면 나아가고 멈추도록 하면 멈춘다는 의미이다(自唐以來, 率以奉聖旨爲奉進止, 蓋言聖旨使之進則進, 使之止則止)."

74 勒 : 막다, 저지하다. 【譯注】 여기서 '勒'은 본래의 의미인 '묶다, 매다'의 의미로 봐야 할 것이다. 「廬山遠公話」에도 '勒'이 '저지하다'의 의미로 쓰인 경우가 있다. "이처럼 제약을 가하니 하루에 3~5천이 못되는 수의 사람들이 동도에서 하는 도안의 강의를 들으러 왔다(如此隔勒, 逐日不破三五千人, 來聽道安於東都開講)." 그러나 이 예문은 위의 쓰임과 다르다. 구오슈윈과 유진 오양의 영문 번역 역시 '勒'을 '말을 묶다'의 의미로 풀이하고 있다.

75 【通釋】 '地'는 어조사로 '立', '坐', '臥' 등의 자동사 뒤에 쓰인다. 【校注】 이 어조사는 '立', '臥', '坐' 등 무게중심이 아래로 향하는 행위동사에만 쓰인다. 따라서 '地上'의 '地'가 허사화된 것으로 보아야 마땅하다.

76 【原校】 원작에는 '已營'으로, 甲卷에는 '營與'로 되어 있다. "營與入得, 號又偸得"은 의미는 통하지만 이해하기가 힘들다. 아래의 "二將斫營已了"의 '已了'가 甲卷에는 '與了'로 되어 있다. 따라서 '與'와 '已'가 서로 혼동된 것으로 보아 '營已入得'으로 고쳤다. 【校注】 乙卷에는 '已營' 옆에 '乙' 부호가 있다. 다만 이 사권이 나뉘어져서 '乙' 부호가 다른 잔권에 있는 것일 뿐이다. 따라서 乙卷은 본래 '營已'였다. 또 사본에서 '與'와 '已'는 통용되고 있으며, 甲卷의 '與'는 '已'의 가차자로 볼 수 있다.

77 甲卷에는 '本'자가 없다. '當'과 '當本'은 같은 의미이며, '당초에'라는 뜻이다. S.6537 「阿曹婆詞」 "당초에 3년이면 돌아온다고 하여 그때만 기다리고 있습니다. 아침저녁

上漢高皇帝之時, 大夫奏, 嬰且不奏, 一切取[78]大夫指撝. 嬰解斫營?"[79] 王陵謂曰: "乍[80]減者[81]御史大夫官以(與)[82]陵作衙官以否? 陵道捉便須捉, 陵道斬便須斬. 凡人斫營, 捉得個知更官健,[83] 斬爲三段, 喚作厭[84]兵之法; 若捉他知更官健不得, 火急出營, 莫洛(落)他楚家奸便." 遂乃揭却一幕, 捉得知更官健, 橫駝(拖)竪拽, 到王陵面前. 陵左手攬髮,[85]

으로 흐르는 눈물로 눈이 잠기고 상했지만 소식은 드물기만 합니다(當本祇言三載歸, 灼灼期. 朝暮啼多淹損眼, 信音稀)."

78 取: 듣고 따르다. P.3048「金剛醜女因緣」"이에 대왕은 부인의 계책을 듣고 급히 신하 한 명을 불러 중매를 서게 했다(於是大王取其夫人之計, 急詔一臣, 交作良媒)."

79 【原校】 여기서 '嬰解斫營'은 어떻게 기습을 할지 모르겠다는 의미이다. 따라서 이 구는 의문의 어기가 되어야 한다.

80 【通釋】 여기서 왕릉은 관영에게 어사대부의 신분을 버리고 자신의 부관이 되어 명령에 따를 수 있는지 묻고 있다. '乍'는 '바라다'로 해석된다.

81 '者'를 蔣禮鴻은 '這'로 교석하였다. 呂叔湘, 江藍生『近代漢語指代詞』"'這'의 본래 글자는 '者'이다. '者'는 고대에 지시대명사의 역할을 했다. …… 그래서『설문』에서는 '者는 사물을 구분하는 말이다'라는 정의를 내렸다. 이 단어는 송대에 이미 거성이 되었다. ……'只者天時過湖得, 長年報道不須愁'(『誠齊集』35・330)라는 예문에서는 '者' 아래에 '去聲'이라고 주석을 넣었다."

82 '以'를 蔣禮鴻은 '與'로 교기하였다.

83 '健'이 原錄에는 '徤'로 되어 있다. 이 부분에서는 甲卷과 乙卷이 글자 모양이 같으나, 아래 부분 중 첫 번째 '徤'이 乙卷은 '健'으로 되어 있고, 두 번째 예에서는 乙卷은 첫 번째와 같고 甲卷은 '徤'로 되어 있다. 여기서 편방을 제외한 오른쪽은 모두 '建'의 속자이다. 또 돈황의 속자에서 '亻'와 '彳'은 흔히 통용된다. 예를 들어 아래의 "更須捉得兩人, 便請同行"이라는 부분에서 甲卷은 '便'자를 '彳' 편방으로 쓰고 있다. 따라서 이곳의 '徤'은 '健'이 되어야 하며, 아래 부분도 마찬가지이다. '知更官健'은 야간에 순라를 도는 병사를 말한다.『資治通鑒』'唐大曆' 12년 "또 각 州의 군대를 정할 때는 일정한 수가 있었으며, 모집한 병사들에게는 양식과 봄옷과 겨울옷을 주었다. 이들을 官健이라 하였다(又定諸州兵, 皆有常數, 其召募給家糧, 春冬衣者, 謂之官健)."

84 '厭'이 乙卷에는 '猒'로, 甲卷에는 '猷'로 되어 있다. 앞 글자는 '厭'(於葉切)의 고자인 '猒'을 간략히 쓴 것이고, 뒤 글자는 '猒'의 形訛이다. '厭'은 곧 '厭勝'이다.『漢書』「王莽傳」: "왕망은 친히 남쪽 교외로 가서 '威斗'를 만들었다. '威斗'는 다섯 석의 구리로 만들며 북두성 모양에 길이는 2척 5촌이다. 이는 많은 병사들을 주술로써 물리치기 위한 것이다(莽親之南郊, 鑄作威斗. 威斗者, 以五石銅爲之, 若北斗, 長二尺五寸, 欲以厭勝衆兵)."

85 '攬'이 原錄에는 '攪'으로 되어 있다. 【原校】 甲卷에서는 '攪髮'이 '攬髮'로 되어 있다. 【校注】 '攬'이 옳다.「韓朋賦」"쓴 술이 옷에 스며들자 파처럼 물러졌다. 왼손으로 쥐었다 오른손으로 쥐었다 하자 손놀림에 따라 사라졌다(苦酒侵衣, 遂脆如葱, 左攬右

右手擡刀,[86] 頭隨刃落, 含血洒流四方. 二將斫營處, 謹爲陳說:

중군의 장사 서른 명이 각기 날이 넓은 긴 칼을 잡고 외쳤다. "게 누구냐?" 계포가 답했다. "나는 계포다!" "무슨 일로 이곳에 왔느냐?" "패왕의 명을 받들어 군영을 순찰하고 있다." "군영을 순찰하고 있다면 군호를 가지고 있는가?" 계포가 대답했다. "있다. 밖에서 보여주겠다." 중군의 장사가 대답했다. "안에서 보여라." 막아둔 방책을 '끼익' 열어젖히고 대군을 풀었다. 이때 두 장군이 제4부대로 몸을 숨겼으나 초군은 전혀 눈치 채지 못했다. 계포만 패왕의 명을 따라 순찰을 돌 뿐 영내에는 아무런 동정도 없었다. "이제 병마를 해산시킬 것이니 각자 막사로 돌아가 대왕의 분부를 기다리도록 하라." "분부대로 따르겠습니다!" 두 장군은 막사서쪽 귀퉁이에 말을 묶었다. 군영에 이미 들어 왔고 암호 역시 훔쳐두었다. 왕릉이 관영에게 일렀다. "어떤 식으로 군영을 기습해야겠소?" 관영이 답했다. "나는 어떻게 기습해야 할지 판단이 서지 않소. 애초에 황제 폐하께 아뢸 때, 대부께서 아뢴 것이지 내가 아뢴 것은 아니잖소. 모든 것을 대부의 지시대로 따르겠소. 나는 어떻게 기습을 해야 하겠소?" 왕릉이 말하였다. "어사대부의 관직을 버리고 나의 아관이 되길 바라오? 그렇다면 내가 사로잡으라고 할 때는 사로잡아야 하고 칼로 베라고 하면 베야 할 것이오. 무릇 기습을 위해선 밤에 순라 도는 병사를 잡아 3단으로 베어 염병(厭兵)의 법을 불러야 하오. 행여 순라 도는 병사를 잡지 못하더라도 급히 군영을 나와 초군의 간계에 빠지진 말도록 하시오." 이윽고 장막 한 곳을 걷어 올려 순라병을 잡아 왕릉의 면전까지 끌고 왔다. 왕릉이 왼손으로 머리카락을 잡고 오른 손으로 칼을 들자 머리가 칼날에 따라 떨어지고 피는 사방으로 흩뿌려졌다. 두 장수

攬, 隨手而無)." 이곳의 '攬' 역시 잡는다는 의미이다.

86 '擡'가 原錄에는 '抬'로, 甲卷에는 '擡'로 쓰여 있다. '抬'는 본래 '笞'의 속자이다. 그러나 돈황사본에서는 '擡'의 간화자로 흔히 쓰인다. 「通俗小說」, 「金瓶梅」 등 송원 이후의 소설에서는 더욱 보편적으로 쓰인다. 위에서는 상용 번체자로 고쳤다.

가 기습하는 장면을 펼쳐 말하면,

羽下[87]精兵六十萬, 團軍[88]下却五花營.
將士夜深渾睡着, 不知漢將入偸營.
王陵擡刀南伴(畔)[89]斫, 將士初從夢裏驚.
從帳下來去[90]猶未醒, 亂殺何曾識姓名?
暗地行刀聲劈劈, 帳前死者亂蹤(縱)横.
項羽領兵至北面, 不那[91]南邊[92]有灌嬰.
灌嬰揭幕蹤(縱)横斫, 直擬今霄(宵)[93]作血坑.
項羽連聲唱'禍事',[94] 不遣諸門亂出兵.
二將驀營行數里,[95] 在後唯聞相殺聲.

87 '羽下'는 '楚下'와 같으며 항우 측 혹은 초군 측이라는 의미이다.

88 '團軍'은 군대를 가리킨다. 『隋書』「禮儀志」 "또 보졸 80부대를 4團으로 나누며 각 단에는 편장 1명이 있다(又步卒八十隊, 分爲四團, 團有偏將一人)." 따라서 '團軍'은 복합명사이지 동사와 목적어의 구조가 아니다. P.3813 『文明判集』 잔권의 "並入軍團"에서 '軍團'은 '團軍'과 같은 의미이다. 【譯注】 項楚는 여기서 '團'을 동사로 보아 '團軍'을 '군대를 모으다'로 풀이한다.

89 【徐震堮】 '伴'은 '畔'과 같다.

90 '去'자가 原錄에는 없다. 【原校】 原卷에는 '來'위에 '去'자가 잘못 들어가 있어서 甲卷에 근거하여 삭제했다. 【校注】 原卷(乙卷)에서 '去'자는 사실 '來' 아래에 있으므로 衍文이 아니다. '從帳下來去猶未醒'은 두 장수가 초군의 장막 안에서 이리저리 기습을 해도 초군의 병사들이 깨어나지 않음을 말한다. 이 구에서 '從'은 襯字로 봐야 한다.

91 不那 : 어쩔 수 없다(無奈). 당대에는 '無奈'를 '無那'로 많이 썼으며 '不那'라 쓰기도 했다. 「李陵變文」 "어쩔 수 없이 활과 칼까지 다 써버렸다(不那弓刀渾用盡)." 項楚는 '那'의 음이 '諾'라고 했으나 정확하지 않은 의견이다.

92 【原校】 甲卷에는 '邊'이 '面'으로 되어 있다.

93 【原校】 甲卷에는 '直擬今宵'가 '直是今朝'로 되어 있다. 【校注】 '直擬'는 '단지 ~하려 하다'의 의미이다.

94 唱禍事 : '큰 일 났다'고 크게 외치다. '禍事'는 고대인들이 일을 당했을 때 내뱉는 말로 지금의 '糟糕'와 마찬가지다. 「唐太宗入冥記」 "최자옥은 그 말을 듣고 놀라 일어나 '큰일이다'고 외쳤다(崔子玉聞語, 驚忙起立, 惟言禍事)."

95 【原校】 이 구가 甲卷에는 '將士行算營數里'로 되어 있다. 【校注】 '行算營'이 실제로 甲卷에는 '行莫營'으로 되어 있다. '行'은 위치가 바뀐 것이고, '莫'은 '驀'을 간략히 쓴 것이다. P.2506 「獻忠心」 曲子 "많은 우여곡절 끝에 여기에 이르렀다(莫却多少雲水,

항우 휘하 정예병사 육십만
군대는 오화영으로 모아두었네.
장수와 병사들 밤잠에 곯아 떨어져
한의 장수가 군영에 침투한 것도 모르는구나.
왕릉이 칼을 들고 남쪽으로 기습해 들어갔으나
병사들은 꿈속에서만 움찔 놀랄 뿐.
장막 안에서 오가며 기습을 해도 깨어나지 않아
어지러이 죽이니 어찌 그 이름을 익히 알았겠는가?
어둠 속에서 칼 휘두르는 소리가 획획 하니
막사 앞에는 죽은 자가 어지러이 널리네.
항우는 병사들을 이끌고 북쪽으로 갔으니
남쪽에는 관영이 있어 어쩔 수 없어서이네.
관영이 장막을 걷으며 어지러이 기습해 들어가니
오늘 밤 피구덩이를 만들 생각이로구나.
항우는 역시 '큰일이다!'고 외치며
병사들을 각 군문에 보내지 않고 되는대로 내보내네.
두 장수는 군영을 넘어 몇 리를 가고
뒤쪽으로는 서로 죽이는 소리뿐이로다.

二將斫營已了,[96] 却歸漢朝. 王陵先到標[97]下, 灌嬰不來, 王陵心口思惟: "莫遭項羽獨(毒)手?" 道由(猶)未竟, 灌嬰到來. 王陵謂灌嬰曰: "大

直至如今)." '驀營'은 군영을 넘었다는 의미로, 본래는 '趏'이 되어야 할 것이다. 『廣韻』에서 "趏은 '넘다'이다"라고 했는데, 이것이 바로 그 의미이다. 袁賓은 원명대의 희곡과 소설에서 "긴 길을 가로지르고 짧은 거리를 넘다(穿長街, 抹短巷)"라는 구절의 '抹'과 趏, 驀, 莫이 같은 용어를 다르게 쓴 것이라 했다.

96 [原校] 甲卷에는 '已了'가 '與了'로 되어 있다.

97 '標'가 乙卷과 甲卷 모두 '摽'로 되어 있다. 돈황사본에서 두 글자는 섞어 쓰는 경우가 많다. '標'는 윗부분에 나온 '標記'를 가리킨다.

難過了, 更有小難, 如何過得?" 灌嬰答曰:"大夫斫營得勝, 却歸漢朝, 何者以爲小難?" 王陵謂灌嬰曰:"下手斫營之時, 左將丁腰, 右將雍氏, 各領馬軍百騎,[98] 把却[99]官道, 水切(楔)[100]不通. 陵當有其一計, 必合過得!" 灌嬰謂王陵曰:"請大夫說其此計!" 王陵曰:"我到左右二將之前, 便宣 '我王有敕: 左將丁腰, 右將雍氏, 何不存心[101]覺察, 放漢軍入營? 見有三十六人斫營, 捉得三十四人, 更少二人, 便須捉得. 捉得[102]兩人, 便請同行.'" 兩盈(楹)[103]不知, 賺下落馬, 踋跪存(蹲)[104]身, 受口敕之次, 便乃決鞭走過." 楚將見漢將走過,[105] 然知是[106]斫營漢將, 踏後如(而)趁.[107] 無賴[108]漢將見楚將趁來, 雙弓背射,[109] 楚家兒郎, 便見箭中,

---

98 【原校】 甲卷에는 '百騎'가 '一百餘騎'로 되어 있다. 【校注】 甲卷에는 '一'자가 없다.

99 把却: 자리를 잡고 지키다. 「張議潮變文」: "오랑캐가 짐승 같은 본성을 드러내어 서동에서 모반하여 깊은 숲에 자리 잡았다는 소식을 문득 들었다(忽聞犬戎起狼心, 叛逆西同把險林)"의 '把'와 같은 의미이다.

100 【原校】 '水切'은 '水洩'이 아닐까 의심한다. 【校注】 '切'은 '楔'의 음차로 봐야 한다.

101 【原校】 甲卷에는 '存心'이 '好心'으로 되어 있다. 【校注】 '存心'은 '유의하다, 조심하다'의 의미이다. 「伍子胥變文」 "자서는 관병들에게 잡히지 않도록 조심하라는 명령을 내렸다(子胥告令官兵, 大須存心捉搦)."

102 '捉得' 위에 원래 '更須' 두 글자가 있으나, 연문으로 보고 지웠다. 項楚는 위 구 '便須捉得'을 연문으로 보았으나 정확하지 않은 듯하다.

103 '盈'을 張鴻勳은 '人'으로 보았으나, 확실치 않다. '盈'은 당연히 '楹'과 통한다. '楹'은 곧 기둥으로, 변문에서 두 기둥이라 함은 대개 공을 세운 두 장수를 비유한다.

104 '存'은 '踆'이 되어야 한다. '踆'은 '蹲'의 속자로 『集韻』의 '魂'운을 참고하기 바란다. 『龍龕手鏡』: "'踆'은 속자고 蹲이 정자다. 음은 '存'이며 무릎을 세워 앉는 동작이다."

105 이 구 위에 왕릉이 두 장군을 속여 말에서 내려오게 하는 묘사가 생략되어 있다. 【譯注】 대부분의 변문집들이 앞 구까지의 대사 전체가 관영에게 작전을 알려주는 말이라고 본다. 그러나 이럴 경우, 바로 뒷부분의 서사 진행이 부자연스럽게 된다. 즉, 관영에게 작전만 알려준 직후인데, 초나라의 장수가 한나라 장수가 지나갔음을 눈치 챘다는 건 앞뒤가 맞지 않는다. 따라서 대사의 앞부분은 관영에게 간단히 방법을 알려주는 말이고, 뒷부분은 초왕의 거짓 칙령을 정요와 옹씨 두 장군에게 직접 내리는 장면으로 봐야 할 것이다. 유진 오양은 독특하게 황제의 칙령 부분을 '捉得兩人'까지로 보면서 다음 구절을 '우리와 함께 동행하되 다른 두 명이 눈치 채지 못하게 해야 한다'고 번역하였으나 이는 타당하지 않은 듯하다. 그리고 구오슈윈은 이 부분에 '모든 상황이 그대로 진행되었다'라는 말을 부기하고 있다. 구오슈윈 역시 이 부분의 서사 진행이 매끄럽지 않음을 시사하고 있다.

106 【原校】 甲卷은 여기서 끝난다.

落馬身死. 兵馬校[110]多, 趁到界首, 歸去不得, 便往[111]却迴, 而爲轉[112]說 :

두 장수는 습격을 마치고 한 조정으로 돌아가고자 했다. 왕릉이 표시해 둔 곳 아래로 먼저 도착했으나 관영은 오지 않았다. 왕릉이 속으로 중얼거렸다. "항우에게 당한 것인가?" 말이 끝나기 무섭게 관영이 도착

---

107 '如'는 '而'와 통한다. '趁'은 原錄에 '趂'으로 되어 있다. [校注] 사실 原卷에는 '趂', 즉 '趁'의 속자로 쓰여 있다. 아래의 '趁' 역시 原卷에는 '趂'으로 되어 있다.

108 [項楚] '無頼'는 '無奈(어쩔 수 없이)'이다. [校注] '無頼'는 '간교하게 속이다'의 의미이며, 아래의 '何期漢將多奸詐, 馬上遙傳霸王追'가 이에 대한 주석이다. 原錄에서는 '無頼'를 위에 붙여 읽었다.

109 雙弓背射 : 왕릉과 관영이 동시에 등을 돌려 활을 쏘다.

110 '校'가 原錄에는 '挍'로 되어 있다. '挍'는 '校'의 속자로 보인다. 張參『五經文字』「木部」: "校는 '教'음과 '效'음이 있는데, 모두 '木'을 따른다." 「手部」 "挍는 경전 및 釋文에서 '校'자와 같다고도 하는데, 字書에는 없다." 錢大昕『十駕齋養新錄』卷三 '陸氏釋文多俗字' 條 "『說文』의 '手'부에는 '挍'자가 없다. 漢代의 비문에서는 '木' 편방을 '手' 편방으로 쓰는 경우가 많으므로, 이 글자는 예서체가 변한 것이지 따로 '挍'자가 있는 건 아니다." 돈황 사권에서도 錢大昕의 지적처럼 '木' 편방을 '手'와 섞어 쓰는 경우가 많다. 顔元孫의『干祿字書』와 陸德明의『經典釋文』에서는 校尉를 '校'로 쓰고 比挍는 '挍'로 쓰는데, 錢大昕은 이를 '쓸데없이 구분한 것'이라 하였다. 錢大昕의 주장이 옳으므로 위에서는 이에 따랐다. '校'는 정도가 심함을 의미한다. 『唐太宗入冥記』: "할 수는 있겠으나, 사실 상당히 어렵겠습니다(得則得, 在事實校難)." 王建의 시 「新晴」: "여름밤은 맑게 개어 별이 유난히 드물고, 비 그친 후의 남은 물은 은하수로 들어가네(夏夜新晴星校少, 雨收殘水入天河)."

111 項楚는 '往'을 '住(멈추다)'로 보았으나, 이는 분명치 않은 듯하다.

112 '轉'은 길게 소리를 뽑아 음창하는 것이다. 『鹽鐵論』「相刺」: "목소리는 좋으나 길게 늘여 부를 줄 모른다면 능히 노래를 한다고 말할 수 없다(善聲而不知轉, 未可爲能歌也)." 이 글자는 '囀'으로도 쓰이고 『廣韻』 '線'韻에서는 "囀, 韻也"라 하였다. 변문에는 구성지게 읊고 불러야 하는 운문부분이 많다. 그러므로 변문을 노래하는 것을 '轉變'이라 한다. 唐 吉師老의 시 「看蜀女轉昭君變」: "붉은 입술은 천년의 이야기를 풀어낼 줄 알고, 한탄 섞인 청아한 이야기는 슬픈 가을이야기를 전하네. 비취색 눈썹을 찡그리니 초나라의 달인 듯 하고, 두루마리 그림을 펼칠 때 변방 밖 구름이 몰려오네(檀口解知千載事, 淸詞堪嘆九秋文. 翠眉垂處楚邊月, 畫卷開時塞外雲)." 唐 郭湜 『高力士外傳』: "매일 상황과 고력사는 정원을 청소하고 잔디를 깎고 관목 정리하는 것을 몸소 보곤 했다. 간혹 그곳에서는 불경의 강연, 교리 논의, 변의 공연(轉變), 이야기공연 등이 벌어지곤 했다. 이들은 文律과 거리가 멀었지만, 결국 聖情을 기쁘게 하기 위한 것들이었다(每日上皇與高公親看掃除庭院, 芟薙草木, 或論議, 轉變, 說話, 雖不近文律, 終冀悅聖情)."

했다. 왕릉이 관영에게 말했다. “큰 어려움은 지나갔으나 작은 어려움이 남아있으니 어찌해야 하겠소?” 관영이 답하였다. “습격을 성공적으로 마치고 한 조정으로 돌아가는 길이거늘 대부께서는 무슨 어려움을 말씀하시오?” 왕릉이 관영에게 일렀다. “적진을 습격할 때 좌장 정요와 우장 옹씨가 각기 기마병 1백기를 이끌고 물 샐 틈 없이 길목을 지키고 있었소. 내게 계책이 있으니 필시 이 어려움을 해쳐갈 수 있을 것이오!” 관영이 왕릉에게 말하였다. “대부께서 계책을 말씀해 주시지요!” 왕릉이 말을 이었다. “내가 좌우 두 장수 앞에 가서 대왕의 칙명을 가져 왔다고 이렇게 외치는 것이오. ‘좌장 정요와 우장 옹씨는 어찌 유의하여 살피지 못하고 한군이 군영 안으로 들어오도록 했단 말인가? 습격할 때 서른여섯이 보였는데 붙잡힌 자가 서른넷이니 둘이 부족하다. 이 둘 역시 잡아야 할 것이니 두 장수는 우리와 동행하라.’” 두 장수가 전혀 눈치 채지 못하고 속아서 말에서 내린 후 무릎을 세우고 앉아 칙령을 받으려던 차에 채찍질을 가해 그 앞을 지나갔다. 초나라 장수는 한나라 장수가 지나가는 것을 보고 그제야 군영을 기습했던 한나라 장수임을 알고 바짝 뒤를 쫓았다. 초의 장수가 뒤쫓자 한의 장수들은 속임수로 몸을 돌려 쌍궁(雙弓)을 쏘았다. 화살에 맞은 초나라 병사가 말에서 떨어져 죽었다. 하지만 많은 병마들이 경계선까지 쫓아와서 한으로 돌아가지도 못하고 다시 방향을 돌렸으니, 이 장면을 노래로 풀어보자.

王陵二將斫營迴, 走馬南奔却發[113]來.
王陵拔劍先開路, 灌嬰從後喊龍媒.[114]

---

113 ‘發’은 ‘撥’이 되어야 할 것이며, 의미는 ‘돌리다’이다.

114 ‘喊’이 原錄에는 ‘諴’으로 되어 있으며, 項楚는 이를 ‘赶’으로 교정했다. ‘諴’은 ‘喊’의 부수를 바꾼 글자이며, 둘 모두 ‘喊’의 속자이다. 「捉季布傳文」: “높은 소리로 외쳤다. ‘유계! 공은 서주 풍현 사람이다.’(高聲直喊呼, 劉季! 公是西州豊縣人).” 原卷, 甲卷 등은 모두 ‘喊’으로, 己卷은 ‘諴’으로 되어 있다. ‘喊’자는 돈황 문헌에서 대부분 ‘喊’으로 읽히며, 먹고 마신다는 의미의 ‘啖’은 아니다. 「韓擒虎話本」의 “일제히 깃발

處分[115]丁腰及雍氏, 橫遮亂捉疾如飛.
何期漢將多奸詐, 馬上遙傳霸王追.[116]
二將當[117]聞霸王令, 下馬存(蹲)身用耳聽.
誰知黑地翻爲白, 黑地相逢知是誰?[118]
王陵下鞭如掣電, 灌嬰獨過似流星.
雙弓背射分分[119]中, 暗地唯聞落馬聲.
"爲報北軍不用趁, 今夜須知漢將名.[120]
傳語江東項羽道 : 我是王陵及灌嬰."
왕릉의 두 장수가 적진의 습격을 마치고 돌아오려고
서둘러 남쪽으로 말을 돌렸네.
왕릉이 칼을 뽑아 먼저 길을 열어젖히고,
관영은 뒤를 따르며 준마에게 소리를 지르네.
정요와 옹씨에게 명령을 내리고
가로막으면 어지러이 잡아채며 나는 듯 달리는구나.
한나라 장수 꾀가 많아,

을 흔들며 크게 소리를 질렀다(一齊簸旗大噉)"에서도 '噉'은 '喊'으로 읽어야 한다. '龍媒'는 준마를 의미한다. 『漢書』「禮樂志」: "천마가 왔으니, 이는 용이 보낸 것이다.(天馬徠, 龍之媒)." 庾信의 시 「咏畵屛風」: "준마는 가는 풀을 좇고 학의 깃털엔 버들이 비치네(龍媒逐細草, 鶴氅映垂楊)."

115 處分 : 구두로 명을 전하다, 분부하다. 위에 나온 거짓으로 명을 전하는 장면을 말한다. P.4640 뒷면 : "5일, 아관 왕류주가 명을 전하여 누 위에서 세포 한 필을 납부하다(五日, 衙官王留住傳處分, 樓上納細布壹疋)."

116 [原校] 乙卷은 여기까지다. '追'는 소환의 의미이다. P.3211 王梵志 시 : "일이 있으면 검관이 소환하여 문서를 꺼내 이장에게 준다(有事檢案追, 出帖府里正)."

117 當 : 즉시. 李公佐 「謝小娥傳」: "소아는 자신이 알지 못해 즉시 이 말을 글로 써서 널리 지혜로운 자를 찾아 판별해주도록 했다(小娥不自解悟, 當書此語, 廣救智者辨之)."

118 사실 이 두 구는 운율에 맞추려면 앞의 두 구 위로 가야 한다.

119 '分分'을 張鴻勳은 '紛紛'으로 교정했다. 그러나 여기서 '分'은 양사이기 때문에 굳이 고칠 필요가 없다. 「孟姜女變文」: "근육과 뼈마디가 3백여 개로 나뉘어(筋脈骨節三百餘分)." 이때 '分'은 去聲이다.

120 '名'이 原錄에 '知'로 되어 있다. 바로 앞의 '知'를 잘못 쓴 듯하여 글의 맥락에 맞게 고쳤다.

멀찍이 말 위에서 패왕의 부름을 전할 줄 어찌 짐작했으리.
두 장수 패왕의 명이라는 말 듣자마자
말에서 내려 무릎을 세우고 귀를 기울였네.
어찌 알았겠는가! 검은 땅이 갑자기 희게 바뀔 줄을,
칠흑 같은 어둠에서 만난 이가 누구인지를.
왕릉은 번개처럼 채찍을 내리치고,
관영은 홀로 유성처럼 지나는구나.
몸을 돌려 한발 한발 쌍궁을 쏘아 명중시키니,
어둠 속에 들리는 것이라곤 말에서 떨어지는 소리뿐이네.
"뒤쫓을 필요 없다고 북군에게 알리려면
오늘 밤 한나라 장수의 이름을 알아두어야 하리라.
강동의 항우에게 전하라.
우리는 왕릉과 관영이다."

其夜, 西楚霸王四更已來,[121] 身穿金[甲],[122] 揭上[123]頭牟,[124] 返去衙(牙)床如(而)坐,[125] 詔鍾離末附近帳前. 鍾離末蒙[詔]趨[126]至帳前, 叫呼萬歲. 楚王曰: "在夜甚人斫營? 與寡人領將一百識文字人, 抄錄將來!"

---

121 已來: 즈음. 짐작하는 말. 「葉淨能詩」: "사시부터 신시까지 도사는 한 석 정도를 마셔 술동이가 꽉 차게 되었다(從巳時飮至申時, 道士飮一石已來, 酒瓮子恰滿)." 「張議潮變文」: "천리 길을 달려 퇴혼국 경내에 도달해서야 따라잡았다(行經一千里已來, 直到退渾國內, 方始趁趂)."

122 '甲'이 原錄에는 '鉀'으로 되어 있다. 이는 '甲'에 편방을 더한 글자이다.

123 【原校】 '上'은 '去'일 것이다. 【校注】 '揭上'은 틀리지 않으며, '쓰다'의 의미이다.

124 '頭'가 原卷에는 '頂'으로 잘못 쓰여 있다. 【原校】 周云: '頭牟'는 '兜牟' 즉 투구를 말한다. 【校注】 『尙書』 「舜典」에서는 '驩兜'라 하고 『山海經』 「大荒南經」에서는 '驩頭'라 했다. 고대에 이 두 글자는 서로 통했다.

125 【原校】 '衙'는 '牙'일 것이며, '如'는 '而'와 통한다. 【校注】 原卷에는 '返' 아래에 '去'자가 있어 위에서 채워 넣었다.

126 '趨'가 原錄에는 '趍'로 되어 있다. '趍'는 '趨'의 속자로 통용되었다. 『龍龕手鏡』: "趍는 통용자이고 趨는 정자이다."

鍾離末唱喏[127]出門, 頃刻之間, 便到兩軍, 抄錄已了, 言道 : "二十萬人總着刀箭, 五萬人當夜身死." 霸王聞語, 轉加大怒 : "過在甚人?" 鍾離末奏曰 : "過在左將丁腰, 右將雍氏." "拔[128]至帳前!" "遣卿權知南遊弈,[129] 何不存心覺察, 放漢將入界, 斫破寡人六十萬軍營?" 二將答曰 : "口稱[130]四更已來捉得." 霸王問曰 : "捉得不得?" 二將奏曰 : "被漢將詐宣我王有敕, 賺臣落馬受口敕之次, 決鞭走過, 踏後如(而)趁, 雙弓背射, 損却五十餘人." 霸王問曰 : "甚人斫營?" 奏曰 : "漢家左先鋒兵馬使兼御史大夫王陵、右先鋒兵馬使兼御史大夫灌嬰. 臨去傳語我王, 今夜且去, 明夜還來, 交(教)王急須準備."

그날 밤 서초패왕은 4경 즈음 몸에 금갑을 두르고 투구를 쓰고 자신의 상아 침상으로 돌아와 앉아 종리말(鍾離末)[131]을 막사 가까이로 불렀다. 종리말은 부름을 받고 급히 군막 앞에 이르러 만세를 불렀다. 초왕이 말하였다. "오늘 밤 누가 우리 군영을 습격했는가? 글자를 아는 병사 1백을 데리고 가서 상황을 기록해 오도록 하라!" 종리말은 '예'하고 대답하고 문을 나서 금방 양군으로 가 상황을 기록한 후 아뢰었다. "20만 병사들이 칼과 화살에 맞아 밤새 5만이 전사했습니다." 패왕이 이 말을 듣고 분기탱천했다. "누구의 잘못인가?" 종리말이 아뢰었다. "잘못은 좌장 정요와 우장 옹씨에게 있습니다." "막사 앞으로 잡아 오라." "내 경들에게 잠시 남쪽 순찰을 맡으라 했거늘, 어찌 깊이 살피지 못해 한나라 장

127 '咊'가 原錄에서는 '嚼'로 썼다가 '喏'로 교정하였다. 그러나 사실 原卷에는 '咊'로 되어 있다. '咊'는 곧 '哧'로 '喏'와 같다. 『集韻』: "喏는 哧로도 쓴다." 『廣韻』: "哧는 대답하는 소리이다."

128 '拔'은 '把'이다. 『集韻』에서는 "拔, 把也"라 했으며, 의미는 '잡다, 잡아서 데리고 오다'이다. 項楚는 '拔'이 '把'가 되어야 한다고 했고 張鴻勳은 '拔'의 의미를 '신속하다'로 보았는데, 모두 확실치 않은 의견들이다.

129 '弈'이 原錄에는 '奕'으로 되어 있으나, 사실 原卷은 '弈'으로 되어 있어 위에서 바로잡았다. 아래의 '遊弈走報'와 '遊弈探着'에서도 '弈'자가 原錄에 '奕'으로 잘못 쓰여 있다. '遊弈'은 '遊弋'이라고도 하며, '순라를 돌다'의 의미이다.

130 口稱 : 口說, 즉 입으로만 인정하다.

131 [譯注] '鍾離末'이 『史記』에는 '鍾離昧'로 되어 있다.

수가 경계 안으로 들어와 과인의 60만 군영을 습격하도록 방치했단 말인가?" 두 장수가 대답했다. "4경 즈음에 잡았다고 들었습니다." 패왕이 물었다. "그래서 그들이 잡혔단 말이냐?" 두 장수가 아뢰었다. "한나라 장수가 거짓으로 패왕께서 칙령을 내리셨다고 하여 저희들이 말에서 내려 칙령을 받으려던 차에 말을 몰아 지나갔습니다. 바짝 뒤쫓았으나 쌍궁을 등 뒤로 날리는 바람에 50여 병사가 해를 입었습니다." 패왕이 다시 물었다. "기습한 자들은 누구인가?" "한군의 좌선봉병마사 겸 어사대부 왕릉과 우선봉병마사 겸 어사대부 관영입니다. 그들이 가면서 패왕께 전하라고 하는 말이, 오늘밤은 이만 가고 내일 밤 다시 올 것이니 왕께서 단단히 대비를 해야 한다는 것이었습니다."

二將交雪[132]罪過, 過在鍾離末. 霸王曰: "拔至帳前!" "何不存心, 放漢將斫破寡人軍營? 領出軍門, 斬爲三段!" 鍾離末答曰: "臣啓陛下, 與陛下捉王陵去." 楚王曰: "王陵斫營得勝, 却歸漢朝, 甚處捉他?" 鍾離末奏曰: "王陵須(雖)[133]是漢將, 住在綏州[134]茶城村. 若見王陵, 捉取王陵; 若不見, 捉取陵母, 將來營內, 苦楚蒸煮療治.[135] 待捉王陵不得之

---

132 雪: 미루다, 전가하다. 『廣雅』「釋詁」"雪, 除也."

133 [通釋] '須'는 '雖'와 통용된다. '雖'를 '須'로 쓴 건 방언의 소리가 유사하여 글자가 구별되지 않았기 때문이다. 지금 湖南 사람들은 대부분 '雖'를 '須'로 읽는데, 江蘇의 如皐 역시 마찬가지다.

134 綏州는 지금의 陝西省 綏德縣 일대이다. 『史記』「陳丞相世家」에 따르면 "왕릉은 옛날 沛땅 사람이다"고 했다. 변문의 작자가 서북쪽 사람이라 동남 지역을 서북쪽 땅으로 대신 썼을 수 있다.

135 治: 原卷에는 먼저 '理'로 썼다가 옆에 작은 글씨로 '治'자를 써놓았다. 이를 통해 본문이 당 高宗 李治의 휘를 피해야 할 때 쓰였다가 이미 피휘할 필요가 없게 되자 다시 '理'를 '治'로 고쳤음을 알 수 있다. 『通釋』'療治, 料理' 조 "'條理'와 뜻이 같으며, '구박하다'의 의미이다. 백거이의 시 「對鏡贈張道士抱元」'눈이 어두워진 지 오래인 건 책 때문에 고생해서이고, 폐가 많이 마른 건 술 때문에 해를 입어서이다(眼昏久被書料理, 肺渴多應酒損傷.)', '療治'와 '料理'는 의미가 같고 '療'와 '料'는 음이 같으며, '療'는 '치료'라는 본래의 의미로 쓰인 것이 아니다. [校注] 「燕子賦」(一)에 나오는 '撩治', '撩理'는 '조처하다'의 의미로 위와는 쓰임이 다르다.

時取死不晩." 鍾離末領三百將士, 人又銜媒(枚), 馬又勒轡, 不經旬日, 便到綏州茶城村, 圍繞陵莊, 百匝千遭. 新婦[136]檢校[137]田苗, 見其兵馬, 斂袂堂[138]前, 說其本情[139]處, 若爲陳說:

두 장수가 서로 책임을 전가하다가 종리말에게 과오를 돌렸다. 패왕이 말하였다. "막사 앞으로 잡아 오너라" "어찌 주의를 기울이지 않고 한의 장수가 과인의 군영을 기습하도록 하였는가? 군문 밖으로 데리고 나가 3단의 참형에 처하라." 종리말이 급히 답했다. "아뢰옵니다. 폐하께 왕릉을 잡아 올리겠나이다." 초왕이 말하였다. "왕릉이 우리 군영을 기습하고 진작 한나라로 돌아갔거늘 어디서 그 놈을 잡는단 말이냐?" 종리말이 아뢰었다. "왕릉이 비록 한의 장수이긴 하나, 사는 곳은 수주(綏州)의 차성촌(茶城村)입니다. 만약 왕릉이 보이면 왕릉을 잡아오고 보이지 않으면 그 어미를 잡아다가 군영으로 데리고 와서 고초를 겪도록 할 것입니다. 왕릉을 잡지 못하게 되면, 그 때 저를 죽여도 늦지 않습니다." 종리말은 3백 장사를 이끌면서 사람에게는 막대를 물리고 말에게는 재갈을 물려 열흘도 되지 않아 수주의 차성촌에 도착하여 왕릉의 장원(莊園)을 에워쌌다. 며느리는 밭의 곡식을 돌보다가 병마들을 보고는 집 앞으로 와서 소매를 걷고 그 시름을 표현했다. 이를 풀어서 말해보자.

陵妻亦(一)見非常怪, 斂袂堂前說本情.

136 고대에는 나이가 많든 적든 며느리를 모두 '新婦'로 불렀다. 淸代 黃生의 『義府』 卷下 '新婦' 조 참고.

137 '檢校'가 原錄에는 '檢挍'로 쓰여 있다. '挍'는 '校'의 속자로, 이에 대해서는 상술했다. 裵務齊 『正字本刊謬補缺切韻』: "挍는 撿挍이다. 杜延業의 『字樣』에서 두 글자는 모두 '木' 편방을 따른다고 하였다." 杜延業의 『字樣』에서 '檢校'가 모두 '木' 편방을 따른다고 한 주장은 옳으며, '檢校'는 자세히 살핀다는 의미이다. 돈황본 句道興의 「搜神記」: "동생 侯周가 들어와 형의 집을 자세히 살폈다. …… (형의 혼백이) 두려워서 밖으로 나갔다(弟侯周入來, 向兄家檢校. …… (兄鬼魂)便卽畏懼走出)."

138 [譯注] 구오슈윈은 '高堂'이 상대방의 어머니를 가리키는 말인 것에 착안하여 이 구절의 '堂'을 왕릉의 어머니로 보고 있다.

139 '本情'은 '심사, 시름'을 의미한다. 아래의 '斂袂堂前說本情'의 예도 마찬가지다.

陵母稱言道 "不畏, 應是我兒斫他營."
只是江東項羽使,[140] 遂交左右出封[141]迎.
離末拔劍至街前, 犀甲彎弓臂上懸,
先說王陵斫營事, 然後始稱霸王言.
"身[142]是楚將鍾離末, 伏仕(事)[143]霸王八九年.
何期王陵生無賴, 暗聽點漏至三更.[144]
損動[145]霸王諸將士, 枉殺平人數百千.
火急西行自分雪,[146] 霸王固(故)[147]取莫摧(推)延."
陵母聞言面微笑 : "將軍[148]緩語徒□[149]叫.
賤妾只生一箇子, 只合在家養親老.

---

140 [譯注] 맥락을 고려할 때 여기까지를 왕릉 어머니의 대사로 보아야 할 것이다.

141 [項楚] '封'은 경계가 되는 땅을 말한다. 여기서는 장원의 경계를 가리킨다.

142 '身'은 '나'로 1인칭 대명사이다. 『爾雅』「釋詁」: "身, 我也." 郭璞 注 : "지금 사람들 역시 스스로를 '身'이라 칭한다(今人亦自呼爲身)." 돈황본 句道興의 「搜神記」: "신부인 저는 하늘의 딸입니다. 이곳으로 올 때 제가 너무 어려 아버지께서 딸에게 天衣를 만들어주셔서 하늘을 타고 왔습니다(新婦身是天女, 當來之時, 身緣幼小, 阿耶與女造天衣, 乘空而來)."

143 [徐震堮] '伏仕'는 '伏侍'가 되어야 한다. [項楚] 여기서 '仕'는 '事'이다. [校注] 본문에 '事主' 등의 단어가 많은데, '事'로 교정되어야 할 것이다.

144 '更'자는 운에 맞지 않는다. '至三更'이 본래는 '三更天'이 아니었을까 한다.

145 損動 : 놀라게 하다. 『搜神後記』 卷3 : "옛날 어떤 사람이 자기 종과 함께 배에 기생충이 들어 아무리 치료를 해도 낫지를 않았다. 종이 죽어 그 배를 갈라보니 흰 자라가 한 마리 자리 잡고 있었는데 붉은 눈이 선명했다. 그래서 여러 독약을 부어보고 자라 입에 약도 넣어보았으나 전혀 움직임이 없었다. …… 결국 말 오줌을 뿌리자 비로소 자라가 놀랐다(昔有一人, 與奴同時得腹瘕疾, 治不能愈. 奴既死, 乃剖腹視之, 得一白鱉, 赤眼, 甚鮮明. 乃試以諸毒藥澆灌之, 幷內藥於鱉口, .悉無損動 …… 既而馬溺濺鱉, 鱉乃惶駭)."

146 分雪 : 해명하다, 변명하다. P.2653「燕子賦」: "결국 양가가 대면해서 해명해야 할 것이다(終須兩家對面分雪)"

147 [項楚] 固取 : 반드시 잡아들이다. [校注] '固'는 '故'로 풀이해야 한다. 의미는 '특별히'이다.

148 '將軍'이 原錄에는 '軍將'으로 되어 있다. [徐震堮] '軍將'은 '將軍'이 되어야 한다. [校注] 이에 근거하여 두 글자의 위치를 바꾸었다.

149 궐문은 '吼'나 '呼' 따위의 글자일 것이다.

投書獻策事高皇, 日夜令吾心悄悄.[150]
何期事主合如然,[151] 也解存(蹲)身也偸號.
王陵斫營爲高皇, 直擬[152]項羽行無道."
왕릉의 처가 보통 일이 아님을 알고
집 앞에서 소매를 걷고 시름을 말하네.
왕릉의 어머니가 말하기를 "두려워 말거라.
내 아들이 저들의 군영을 습격하여,
강동의 항우가 사람을 보낸 것뿐이니."
이윽고 좌우에 시켜 장원의 경계로 가서 맞으라 하네.
종리말이 칼을 뽑아 길 앞에 이르니,
무소 갑옷에 팔에는 활을 걸고 있구나.
먼저 왕릉이 군영을 습격한 일을 말한 후,
이어 패왕의 명을 말하기 시작하네.
"나는 초나라 장수 종리말로,
엎드려 패왕을 섬긴 지 팔구년이다.
어찌 알았겠는가! 왕릉이라는 자가 그토록 간교하여
시간이 3경에 이른 것을 몰래 듣고는,
패왕의 많은 장사들을 소요케 하더니,
수많은 무고한 이들을 헛되이 죽일지를.
급히 서쪽으로 가서 이 일을 해명해야 한다.
패왕께서 꼭 잡아들이려 하시니 지체할 생각은 말라."

150 悄悄 : 근심하는 모습.
151 如然 : 이와 같다(如此).
152 [項楚] 무기를 가지고 위협하는 것을 '擬'라고 하는데, 여기서는 '겨누다'의 의미이다. [校注] 이 주장은 분명치 않으며, '擬'는 오자로 봐야 할 것이다. 앞쪽의 "直擬今宵作血坑"에서 '直擬'가 甲卷에는 '直是'로 되어 있는 것을 볼 때, 이곳에서도 '直是'가 되어야 한다. 아래의 "無道將軍是項羽" 역시 이를 증명해 준다. 따라서 이 두 구는 '왕릉이 군영을 습격한 이유는 모두 항우가 무도한 행실을 했기 때문'임을 말하고 있다.

왕릉의 어머니가 그 말을 듣고 얼굴에 미소를 지으며,
"장군께서는 차분히 말씀하십시오. 왜 그렇게 소리를 지르십니까.
천첩은 아들 하나뿐이라,
집에서 이 늙은 어미를 모셔야 합니다.
투서(投書)하고 헌책(獻策)하며 고조 황제를 섬겨,
밤낮으로 저는 근심스럽기만 합니다.
어찌 알았겠습니까! 주인 섬기기가 이와 같아
몸을 숨기고 군호를 훔쳐냈을 줄을.
왕릉이 고조 황제를 위해 군영을 습격한 것은
바로 항우의 무도한 행실 때문입니다."

鍾離末曰:"老母如何對臣前頭罵詈楚主!" 項上盤枷[153]驅上馬, 不經旬日, 便到楚國. 遊弈走報:"鍾離末、王陵母到來!" "何用諮陳!"[154] 三十武士, 各執刀棒,[155] 驅逐陵母. 霸王親問, 身穿金甲,[156] 揭上[157]頭牟, 搭箭彎弓, 臂上懸劍. 驅逐陵母, 直至帳前. 嚇協(脅)陵母言云:"肯

153 '枷' 아래에 原錄에는 '枷'가 한 글자 더 있다. 그러나 사실 原卷에는 한 글자만 쓰여 있어 이에 따랐다.

154 '何用諮陳'은 패왕의 말로 봐야 할 것이므로 인용부호와 감탄부호를 붙인다. '諮'가 原卷에는 먼저 '奏'로 되어 있다가, 작은 글씨로 옆에 '諮'로 다시 고쳐 쓰여 있다. 따라서 '諮陳'의 의미는 '奏陳'의 의미와 같을 것이다. 【譯注】 위 해석은 校注를 따르지 않았다. 項楚 본에는 인용부호로 표시되어 있지 않으며, 유진 오양 역시 이를 패왕의 말로 보고 있지 않다. 이 구절은 설화인의 적극적 개입이 드러난 부분으로 보아야 할 것이다. 즉, 긴박하고 안타까운 모습은 더 이상 말할 필요도 없이 당연하다는 의미로 볼 수 있는 것이다.

155 '棒'이 原錄에는 '捧'으로 되어 있다. 돈황사본에서 '扌'와 '木' 편방을 섞여 쓰는 경우가 많으므로 위에서는 옳은 글자로 고쳤다.

156 原錄에서는 '金' 편방을 붙여 '鉀'으로 썼다. 『晉書』 「姚弋仲載記」: "이에 갑옷을 입고 조정으로 말을 몰아갔다(於是貫鉀跨馬於庭中)." 위에서는 옳게 고쳤다.

157 '上'이 원래는 '去'로 되어 있다. 이곳은 항우가 마치 큰 적을 만나듯 완전무장을 한 우스운 상황을 묘사하고 있으므로 '揭上頭牟'로 보긴 힘들다. 윗부분에 '身穿金甲, 揭上頭牟' 구가 나오고, 「葉淨能詩」에서 '障上兜鍪'라는 구가 두 번 등장한다. 이에 근거해서 위에서는 '上'으로 고쳤다.

修書詔[158]兒已不?"[159] 其母遂爲陳說:

종리말이 말하였다. "늙은 어미는 어찌 신하의 면전에서 초왕을 욕하는가!" 목 위에 칼을 두른 채 말에 태워 열흘이 지나지 않아 초나라에 당도했다. 초병이 가서 보고하였다. "종리말과 왕릉의 어미가 도착했습니다!" 자세히 말할 필요가 무에 있으리! 무사 서른 명이 각기 칼과 몽둥이를 들고 왕릉의 어미를 내몰았다. 패왕이 직접 추궁하고자 몸에는 갑옷을 입고 투구는 쓰지 않은 채 어깨에 화살과 굽은 활을 메고 팔에 칼을 걸었다. 왕릉의 어머니를 막사 앞까지 내몰고는 잔뜩 으르며 말하였다. "편지를 써서 아들을 불러오겠느냐?" 어머니는 이윽고 이렇게 말을 풀어간다.

無道將軍是項羽, 步卒精神若狼虎.
漢將王陵來斫營, 發使交(敎)人捉他母.
遂將生杖[160]引將來, 搭箭彎弓如(而)大怒:

158 [徐震堮] '詔'는 '召'와 같으며, 아래의 '詔至殿前', '與寡人詔張良', '詔太史官' 역시 마찬가지이다.

159 '已不'는 '與否'와 같다.

160 [通釋] '生杖'은 죄인을 잡는 형구이나 자세한 것은 알 수 없다. [項楚] 여기서 生杖은 범인을 묶는 형구이며 '繩杖'이 맞을 듯하다. [校注] '生杖'은 (형들의 한 가지인) 큰 칼, 혹은 긴 칼로 한쪽 끝이 지팡이처럼 길기 때문에 이런 이름을 붙었다. 칼의 모양은 대부분 사각이나 後魏, 唐, 五代에서 元代까지도 긴 것과 둥근 것이 아직 존재하고 있었다. 후위 高肇의 「奏定大枷」: "신 등이 생각하건대 목구멍 아래가 1장이고 얼굴을 통하게 하는 나무가 사방 5촌인 길이 1장 3척의 큰 칼을 만들어 대역죄와 모반죄에 상당하도록 해야 합니다(臣等參量, 造大枷長一杖三尺, 喉下長一丈, 通頰木各方五寸, 以擬大逆外叛)." P.2972 「茶酒論」: "큰 칼로 목을 채우고 등으로 서까래를 끌다(大枷搕項, 背上拖椽)." 顧學頡과 王學奇는 『元曲釋詞』에서 "長枷는 옛날에 쓰이던 일종의 형구로서, 사형수가 차던 칼이다. 일반 칼보다 비교적 길고 넓으며 무게도 비교적 무겁다"고 했으나, 이 역시 자세히 설명한 것은 아니다. 특히 '비교적 넓다'는 말은 잘못되었다. '生杖'이 어떤 물건이지를 분명히 알 수 있는 자료로는 S.3961 「十王經」(그리고 P.2870, 한 사람이 그린 것은 아님)의 圖文이다. 이 그림은 지옥변상으로 죄인이 지옥에 떨어져 平等王, 太山王, 閻羅王 등의 심문과 牛頭와 馬面의 苦刑을 받는 장면을 연환화 형식으로 묘사한 것이다. 그 중 '過平等王', '過太山

"三魂莫遣[161]掌(帳)[162]前飛, 收什[163]精神聽我語 :
何得交(教)兒仕(事)漢王, 竊盜(道)[164]偸蹤斫營去?
如今火急要王陵, 但願修書須命取.[165]
若不得王陵入楚來, 常向此間爲受苦."
陵母天生有大賢, 聞喚王陵意慘然.
須(雖)[166]是女兒懷智(志)節,[167] 高聲便答霸王言 :
"自從楚漢爭天下, 萬姓惶惶總不安.
斫營比[168]是王陵過, 無辜[169]老母有何愆!"

王' 등의 그림에서 범인의 몸에 채워진 긴 칼(生杖)의 모습을 볼 수 있다. 두 개의 목판으로 되어 있는데, 짧은 목판은 장병형이고 긴 목판은 짧은 것의 두 배이다. 긴 목판은 점점 짧아지는데 끝 부분은 예리하지 않으며 대략  모양으로 생겼다. 비록 도문에서는 이 긴 칼을 '生杖'이라 칭하진 않았지만, 여타의 문헌을 참고해서 볼 때 이 그림이 바로 '생장'이라고 확신할 수 있다. 생장은 네 가지 역할을 했던 것으로 보인다. 첫째, 범인이 심문을 받을 때 긴 끝부분을 땅에 받쳐놓고 고개를 들어 심문에 답하도록 한다. 둘째, 이졸들이 형을 집행할 때 긴 칼을 몸 뒤로 돌린 다음 들어 올려 곤장을 맞을 수 있도록 범인의 등 부분을 드러낸다. 셋째, 범인은 압송 도중에 긴 끝을 땅에 의지해 지팡이로 쓸 수 있다. 넷째, 무게가 좀 더 무거운 것은 범인을 더 속박한다. 이들 쓰임은 「十王經」 그림에서 볼 수 있다. '생장'을 칼의 일종으로 해석해야만 「王陵變」의 '項上盤枷驅上馬'와 '不禁撲却槍枷如(而)倒' 등의 전후 문맥이 통한다. '생장'은 「大目乾連冥間救母變文」의 "큰 칼의 비늘이 구름이 모인 듯하다(生杖魚鱗似雲集)"의 예처럼 다른 변문 작품에도 보인다.

161 '莫'이 原錄에는 '眞'으로 되어 있으나 실제로 原卷에는 '莫'으로 되어 있어 옳게 고쳤다.

162 [項楚] '掌前飛'는 '즉시 날아가다'라는 의미이며, '掌前'은 대단히 가까움을 형용한다. [校注] '掌'은 '帳'으로 읽어야 할 것이다. 위의 '驅逐陵母, 直至帳前' 구에 나오는 '帳前'이다.

163 收什 : '收拾'과 같다. '收什精神'은 정신을 흐리지 않게 한다는 의미이다.

164 '盜'는 '道'와 통한다. 「伍子胥變文」의 "몰래 뒤를 좇고 길을 훔치며 숨을 멈추고 소리를 삼키다(偸蹤竊盜, 飮氣呑聲)"가 그 예이다. [譯注] 이와 달리 유진 오양은 '竊盜'를 '도둑놈처럼'으로 해석한다.

165 '命取'는 왕릉에게 명해서 오게 한다는 의미이다. '取'는 동사의 어미이다.

166 '須'는 '雖'와 통한다. 이 구는 비록 여자이나 지조와 절조를 품고 있음을 말한다.

167 '女兒'는 곧 여자로 왕릉의 어머니를 가리킨다. 項楚는 '智節'을 '志節'로 옳게 교정하였다. 「伍子胥變文」의 "자서는 신하로서 뜻과 절개를 가지고 항상 나태한 마음을 갖지 않았다(子胥爲臣志節, 恒懷匪懈之心)"에도 '志節'이라는 단어가 보인다.

168 [通釋]에서는 '比'를 '본래(本來)'라 했고 項楚는 '모두(皆)'라 했으나 둘 다 분명치 않다.

更欲從頭知何[170]道, 仰面唯稱"告上天"[171] :
"但願漢存朝帝闕, 老身甘奉[172]入黃泉!"
무도한 장군 항우라
수하 보졸들의 생각도 이리나 호랑이와 매한가지네.
한의 장수 왕릉이 군영을 습격했다고
사람을 시켜 그 어미를 잡아오도록 하네.
칼을 씌워 끌고 오더니
화살과 굽은 활을 어깨에 맨 채 크게 노하는구나.
"혼백이 막사 앞에서 날아가 버리지 않도록
정신 잘 챙기고 내 말을 들어라.
어찌 아들에게 한왕을 섬겨,
길을 훔치고 몰래 뒤를 밟아 군영을 기습하게 하였는가!
지금 화급히 왕릉을 잡으려 하니,
편지를 써서 오게 하면 된다.
만약 왕릉을 초나라로 오게 할 수 없다면,

169 '辜'가 原錄에는 '拿'로 되어 있는데 蔣禮鴻은 이를 '辜'로 교정했다. 原卷에 쓰인 '⿱右辛'는 '辜'의 속자이다. 『龍龕手鏡』 "⿱右辛는 속자이고 辜가 정자이다." 돈황사본에서는 '辜'의 '古'를 '右'로 쓰는 경우가 많다. 예를 들어 「蘇武李陵執別詞」의 "무슨 하늘을 저버린 허물이 있다고 또 주륙을 당하셨단 말입니까!(負天何辜, 也被誅戮)"에서 '辜'자도 原卷에는 '⿱右辛'로 되어 있다. 또 「張淮深變文」의 "하늘이 신묘한 덕을 져버리지 않으려 하시어(黃天不許辜神德)"에서도 '辜'가 原卷에는 이 모양대로 쓰여 있다. [蔣紹愚] '⿱右辛'는 '拿'도 되고 '辜'도 되는데 여기서는 '辜'자이다. [校注] 돈황사본에서 '拿'가 '⿱右辛'로 쓰인 경우는 없다.

170 '何'가 원래는 '有'로 되어 있다. [項楚] '知有道'는 해석하기가 힘들며 '有'는 '何'의 잘못으로 보인다. '知何道'는 '더 무슨 할 말이 있겠는가'라는 의미로 당대에 괴로움을 토로할 때 흔히 쓰던 말이다. [校注] '有'자가 原卷에는 모두 '九'로 되어 있다. 이는 초서를 본뜬 것이며 '何'자의 초서와 흡사하다. 이에 근거해 '何'로 고쳤다.

171 [譯注] 項楚는 이 두 구절 역시 노모의 대사로 보았다. 이 부분은 項楚의 해석을 따랐다.

172 '奉'을 項楚는 '分'으로 보았으나 '甘奉'이 '기꺼이 몸을 바치다(甘願奉身)'의 의미이므로 굳이 고칠 필요가 없다. '奉'과 '分'이 通假되는 경우는 거의 없다.

이곳에서 갖은 고초만 받게 될 것이다."
천생이 현명한 왕릉의 어머니,
왕릉을 불러야 한다는 소리를 듣고 슬퍼졌으나,
여자이면서도 지조와 절조를 품고 있어,
큰 소리로 패왕에게 답하네.
"초와 한이 천하를 두고 다툰 이래로,
만백성들은 두려워하며 늘 불안해했습니다.
군영을 공격한 것이 본시 왕릉의 잘못이라면,
무고한 노모가 무슨 죄가 있습니까!
무슨 말을 더 잇겠습니까?
우러러 하늘에 고할 뿐입니다.
한나라는 보존되어 황제의 궁으로 향하고,
이 늙은이는 기꺼이 몸을 바쳐 황천에 들고 싶을 뿐입니다."

霸王聞語, 轉加大怒, 招(詔)[173]鍾離末附近帳前:"交(教)卿綏州茶城村捉得王陵母到來, 兒[174]又不招, 更出無限言語, 抵悞(忤)寡人. 領將陵母, 髠髮齊眉,[175] 脫却沿身[176]衣服, 與短褐衣, 兼帶鐵鉗,[177] 轉火隊[178]

173 '招'는 '詔'의 의미로 읽어야 한다. 이하의 예들도 마찬가지다.

174 【蔣紹愚】 '兒'가 丙卷에는 '見'으로 되어 있다. 변문에서 '兒'와 '見'이 섞여 쓰인 경우가 많은데 문맥을 따지면 여기서는 '見(現)'이 되어야 한다. 【校注】 '兒'여야 한다. 아래의 '苦見陵母不招兒'가 이를 증명한다.

175 髠髮齊眉: '兀髮齊眉'라고도 한다. 머리를 눈썹과 가지런하게 짧게 자르는 것이다.

176 沿身: '緣身'이라고도 하며 온 몸을 의미한다. S.3835 「百鳥名」: "연못 꿩의 온 몸은 백 가지가 있다(澤雉沿身百種有)." 「燕子賦」(二): "온 몸이 콩물로 물들고 손과 발은 마치 바늘과 못 같구나(緣身豆汁染, 脚手似針釘)."

177 鐵鉗: 형구 중 하나로 목을 속박할 때 쓴다.

178 轉: 차례대로 돌아가며. 火隊: 唐代의 하위 군사편제. 당대의 병제에서는 10인을 '火'로 삼고 5화를 '隊'로 삼았다. 따라서 '화대'는 군대를 의미한다고 보면 된다. 唐玄宗 「令州郡牒本貫放歸兵募丁防詔」 "금년 내내 동행한 군대를 조사하여 실제로 죽은 이가 확실하면 삭제하도록 하라(宜令今年團日勘責同行火隊, 的知實死, 卽與破除)." 都興宙는 "轉隊와 轉火隊는 당오대 때 군대의 편제 중 하나로 형을 집행하는

將士解悶. 各決杖伍下,[179] 又與三軍縫補衣裳." 陵母遂乃喫苦不禁, 撲却槍、枷如(而)[180]倒, 一手案(按)身,[181] 一手按地, 仰面向天哭 : "大夫嬌子王陵"一聲. 應是[182]楚將聞者, 可不肝腸寸斷, 若爲陳說 :

패왕이 이 말을 듣고 더욱 노하여 종리말을 막사 앞으로 불렀다. "경을 시켜 수주의 차성촌에서 왕릉의 어미를 잡아오긴 했으나 아들을 부르기는커녕 저런 당치도 않은 말로 과인을 거역하고 있다. 왕릉의 어미를 데리고 가서 눈썹 높이로 머리를 자르고 온 몸의 옷을 벗긴 후 짧고 거친 옷을 주고 쇠칼을 채워 병사들이 답답함을 풀도록 각자 다섯 대씩 매질을 시킨 다음 삼군 병사들의 옷을 깁게 하도록 하라." 왕릉의 어머니는 괴로움을 참다못해 창과 목에 채운 칼을 치면서 쓰러지더니 한 손으로 자기 몸을 움켜쥐고 한 손으로 땅을 짚고는 하늘을 향해 울부짖었다. "사랑하는 내 아들 왕릉 대부여!" 이 소리를 들은 초나라 장수들 어찌 간장이 끊어지지 않으리. 이 장면을 풀어 말해보자.

> 苦見陵母不招兒, 遂交(敎)轉隊苦陵遲.[183]
> 撲枷臥於槍下倒,[184] 失聲不覺喚嬌兒.
> "憶昔汝父臨終日, 塵莫天黃[185]物[186]未知.

부대를 말한다"고 했으나 이는 근거가 없는 주장이다.

179 '決杖伍下'는 다섯 대를 때리는 가벼운 형벌이다.

180 '如'는 '而'와 통한다.

181 '案(按)身'이 原錄에는 '案聲'으로 되어 있다. 【項楚】 '案聲'은 '按胸'이 되어야 할 것이다. 【校注】 項楚의 교정은 분명치 않다. 原卷에는 먼저 '案身'을 쓴 다음 다시 '身' 옆에 '聲'자를 넣고 있다. 이는 초본은 틀리지 않고 저본이 틀린 예이다. 초사자가 먼저 문맥에 근거해 '身'자로 썼다가 나중에 저본이 '聲'으로 되어 있는 것을 보고 '聲'자를 더해 다시 고쳤음을 표시한 것이다.

182 應是 : 모든. 「盧山遠公話」: "숲 속의 나무 아래까지 모두 살펴보았으나 아무도 보이지 않았다(應是山林樹下, 例皆尋遍, 不見一人)."

183 陵遲 : 학대하다, 고통을 주다. '凌遲', '陵持', '凌持'라 쓰기도 한다.

184 이 구는 '撲枷臥倒於槍下'에서 글자의 위치를 바꾼 것이다.

185 【項楚】 '莫'은 '漠'과 통하며 가득 찬 모양을 말한다. 【校注】 『說文』: "漠은 북방에 흐르는 모래이다." '塵漠'은 모래먼지를 의미하며 大地를 말할 때 흔히 쓰인다. '天黃'은

道子久後於光祖,[187] 定難安邦必有期.

阿孃長記兒心腹,[188] 一事高皇更不移.

斫營擬[189]是傳天下, 萬代我兒是門眉.[190]

不見乳堂[191]朝榮貴, 先死黃泉事我兒."

迴頭乃報楚家將 : "大須[192]歸家着[193]鄉土.

一朝兒郎[194]偸得高皇號, 還解捉你兒郎母."

三三五五暗中啼,[195] 各各思家總擬歸,

諸將相看淚如雨.[196] 莫怪今朝聲哽噎,

蓋有[197]霸王行事虛.[198]

'黃(皇)天'으로 바꾸어야 할 것이며 '塵漠'과 '黃(皇)天'은 각각 땅과 하늘을 가리킨다.

186 [項楚] '物'은 '惣'이 되어야 한다. 이는 '總'과 같으며 '전부, 일체'의 의미이다. [校注] 項楚의 주장이 정확하다. 돈황사본에서 '總'은 '惣'으로 많이 쓰이며, 여기서 '心'을 빼면 '物'이 될 수 있다. P.3716 王梵志 시 "사악하고 음탕하고 망령된 말이 모두 하지 말아야 할 것은 아님을 알다(邪淫及忘[妄]語, 知非物勿作)"에서 '物' 역시 '惣'이 되어야 한다(P.2718권에 '惣'으로 되어 있는 점이 이를 증명한다). 본문의 오자는 이 경우와 같다.

187 [項楚] '於'는 잘못 쓰인 것으로 보인다. [校注] 이 구를 '道子光祖於久後'의 어순이 바뀐 것으로 보면, '於'자가 반드시 잘못 쓰였다고 볼 순 없다.

188 이 구는 '阿孃心腹長記兒'의 도치이다.

189 擬 : ~하고자 하다, 기대하다.

190 門楣 : 문 위의 들보. '영광'의 의미로 쓰인다. 陳搏, 「長恨歌傳」: "남자는 후로 봉해지지 않았으나 여자는 비가 되어, 여자가 도리어 문 위의 들보가 되었네(男不封侯女作妃, 看女却爲門上楣)."

191 乳堂 : 어머니. 陸機 「赴洛詩」의 "感物戀堂室"에 대한 『文選』 李善 注 : "堂은 어머니를, 室은 아내를 말한다(堂謂母, 室謂妻)." 어머니를 '萱堂', '尊堂'으로 칭하기도 한다.

192 大須 : 반드시 ~하다. 「伍子胥變文」: "잡히지 않도록 조심해야 한다(大須存心捉搦)"

193 着 : 연연하다, 그리워하다. 『景德傳燈錄』 卷三十 '魏府華嚴長老示衆' 조 : "茫劫의 세월 동안 物과 境에만 연연하다(茫茫劫劫, 只是戀物着境)." '着'와 '戀'은 같은 의미이다.

194 兒郎 : 병사. 여기서는 초나라의 군사들을 가리킨다.

195 '啼'가 原錄에는 '渧'로 되어 있어 '啼'로 고쳤다. '渧'는 '啼'의 속자이다. 돈황사본에서 '啼'는 '渧'로 흔히 쓰인다. 예를 들어 「王昭君變文」의 "순임금의 처는 어질어 그 눈물이 대나무의 색을 바꿀 수 있었다(虞舜妻賢, 渧能變竹)"에서 '渧'를 原錄에서는 '涕'로 교정했는데, 이는 잘못이다.

196 이 구는 衍文으로 보아야 한다.

197 여기서 '有'는 '爲'와 같다. 王引之 『經典釋詞』 卷三 : "有는 爲와 같다. 有와 爲는 동

차마 못 보겠구나. 왕릉의 어머니가 아들을 부르지 않자
결국 병사들에게 돌아가며 학대를 가하도록 하네.
목의 칼을 치다가 창 아래로 쓰러지더니
저도 모르게 사랑하는 아들을 부르는구나.
"옛적 네 아버지가 임종할 때를 생각해보면,
하늘과 땅이 모두 알지 못하였다.
아들이 나중에 조상을 빛내,
난을 평정하고 나라를 평안케 하는 날이 반드시 있을 것이라 말하셨다.
이 어미는 마음속에 오래도록 새기고 있었다.
내 아들이 한결같이 고조 황제를 섬기고 그 마음 변치 않을 것임을.
적진 습격한 일은 천하에 알려질 터이니,
만대에 내 아들은 가문의 대들보인 것이다.
이제 어미는 영화롭고 귀하게 되지 못할 것이라
먼저 황천으로 가서 내 아들을 받들겠노라."
고개를 돌려 초나라의 장수들에게 이르기를
"집으로 돌아가 고향 땅이나 살피도록 하시게.
어느 날 너희 장사들이 고조 황제의 군호를 훔치면,
역시 그 어미를 잡아들일 것이다."
삼삼오오 짝을 지어 몰래 흐느끼니,
모두들 고향 걱정에 돌아갈 생각만 하며,
여러 장수들 서로 바라보며 비 오듯 눈물을 흘리는구나.
지금 목메어 우는 소리 괴이하지 않은 것은
패왕이 행한 일이 무도했기 때문이라네.

음으로 서로 전환되므로 爲는 有로 풀이할 수 있고 有 역시 爲로 풀이할 수 있다."

198 虛 : 거짓, 무도함. 이 글에서는 항우를 자주 무도한 사람으로 평가하고 있다. '虛'는 '啼', '歸'와 압운된다.

漢高皇帝大殿而坐，招其張良附近殿前．張良蒙詔，趨至殿前，漢王曰：“前月二十五[199]日夜，王陵領騎將灌嬰，斫破項羽營亂，[200] 並無消息．擬差一人入楚，送其戰書，甚人堪往送書?” 張良奏曰：“盧綰堪往送書.” 皇帝問曰：“盧綰有何伎藝?”[201] 張良曰：“其人問一答十，問十答百，問百答千，心如懸河，[202] 問無不答.” 皇帝聞奏，便詔盧綰，送其戰書．盧綰奏曰：“前後送書，萬無一迴，願其陛下，造其戰書，臣當

---

199 ‘二十’이 原錄에는 ‘廿’으로 되어 있다. 돈황사본에서는 ‘廿’, ‘卅’, ‘卌’이 각각 ‘二十’, ‘三十’, ‘四十’의 합문으로 쓰인다. 이 글자들은 반드시 쌍음절로 읽히기 때문에 교록할 때 따로 떼어 써야 한다. 原錄에서는 대부분 따로 떼어 쓰고 있으나 ‘廿’은 그대로 두는 경우가 많다. 이는 타당하지 않다.

200 【徐震堮】 ‘營亂’은 ‘營壘’와 소리가 비슷해서 잘못 쓴 것으로 보인다. 【通釋】 ‘營亂’은 ‘營部’가 되어야 한다. ‘部’는 군대 편제의 단위이다. 周紹良이 『敦煌變文彙錄』에서 제시한 P.3627b 「王陵變」 原卷의 書影에는 ‘斫破寡人營亂’의 ‘營亂’이 ‘營乱’으로 되어 있다. ……‘乱’이 반드시 ‘亂’의 간체라고 할 순 없다. …… 이에 근거해 말하면 ‘營亂’은 ‘營部’이나 이를 옮기면서 ‘營亂’으로 잘못 쓴 것으로 봐야 한다. 【校注】 두 가지 주장 모두 분명치 않다. ‘亂’과 ‘壘’를 잘못 섞어 쓴 경우는 없으며 음 역시 비슷하지 않다. ‘亂’자가 原卷에서 모두 ‘乱’으로 쓰여 있고 돈황사본에서는 ‘亂’이 ‘乱’으로 쓰이고 있으므로 ‘乱’이 ‘亂’의 간체임은 의심의 여지가 없다. ‘亂’의 편방이 ‘舌’임은 『顔氏家訓』 「書證篇」에 이미 기재되어 있다. 『經典釋文』 「條例」의 “五經의 글자에는 자체를 바꾼 경우가 많다. 亂과 辭에 ‘舌’을 쓴 것이 그 예다”라는 기록 역시 이를 증명한다. ‘亂’과 ‘部’는 모양이 약간 비슷하긴 하나 이 둘을 잘못 쓰는 경우는 많지 않다. 이 예를 俗句法의 하나로 보면 形誤의 혐의를 벗을 수 있다. 이 구식의 특징은 바로 술어 동사 뒤에 두 개의 보어가 온다는 것이다. 앞의 보어는 동사와 바로 이어지고 뒤의 보어는 빈어 다음에 오며, 두 보어는 반드시 같은 의미 혹은 비슷한 의미의 형용사여야 한다. 위의 예로 살펴보면, 문장 구조는 ‘斫－破－項羽營－亂’이고 그 의미는 “항우의 군영을 어지럽게 기습하다(斫破斫亂項羽營)” 혹은 “항우의 군영을 기습하여 어지럽게 만들다(斫項羽營使破亂)”가 된다. 이러한 축약식 구어 방식은 흔하진 않지만 몇 가지 예가 있다. 岳飛의 詞 「滿江紅」 : “하란산을 밟아 부수다(踏破賀蘭山缺)”, 『太平廣記』 권243 ‘竇知範’ : “뽕나무 가지에 맞아 머리가 깨질 정도로 상처를 입다(桑枝打傷頭破)”, 『壇經』의 “번뇌를 깨부수다(打破煩惱碎)”와 “종전의 아첨하고 속이던 마음을 영원히 없애버리다(除却從前諂誑心永斷)” 등이 그 예이다.

201 伎藝 : 재주, 수완. 「廬山遠公話」 : “상공이 묻기를 ‘어떤 재주를 가졌기에 5백 관의 돈이 드느냐? 많은 돈은 아니다만 네가 가지고 있는 재주를 대충 얘기해 보거라.’(相公問, 身上有何伎藝, 消得五百貫錢. 至甚不多, 略說身上伎藝看).”

202 心如懸河 : ‘口如懸河’와 같다. 통속문학 작품에서 ‘心’과 ‘口’는 흔히 구분되지 않는 경우가 많다. P.2187 「破魔變文」의 “마왕은 마음속으로 생각하고 중얼거리기를(魔王口中思惟道) ……”에서 ‘口中思惟’는 ‘心中思惟’와 같다.

敢送.” 皇帝造戰書已了, 封在匣中, 分付盧綰.

한의 고조 황제는 대전에 앉아 장량을 어전 앞으로 불렀다. 장량이 부름을 받고 급히 대전 앞으로 왔다. 한왕이 말하였다. “지난 달 25일 밤에 왕릉이 기장(騎將) 관영을 이끌고 항우의 군영을 기습한 이후 아무런 소식이 없다. 사람 하나를 초로 보내 전서(戰書)를 전달하려는데 누가 적당하겠는가?” 장량이 아뢰었다. “노관(盧綰)이라면 전서를 전달할 수 있을 것입니다!” 황제가 물었다. “노관은 어떤 재주를 가졌는가?” 장량이 말하였다. “그는 하나를 물으면 열을 답하고, 열을 물으면 백을 답하며, 백을 물으면 천을 답합니다. 말솜씨가 흐르는 물과 같아서 물으면 답하지 못하는 것이 없습니다.” 황제는 이 말을 듣고 곧바로 노관을 불러 전서를 전하도록 했다. 노관이 아뢰었다. “예전에도 여러 번 서신을 보내 한 번도 되돌아 온 적이 없습니다. 폐하께서 전서를 써주시기만 하면 신이 곧장 전달하겠사옵니다.” 황제는 전서를 다 작성하고 상자에 넣어 봉한 후 노관에게 주었다.

盧綰辭王已訖, 走出軍門, 摸[203]馬攀鞍, 不經[204]旬日, 便到楚家界首. 遊弈探着, 奏上霸王. 霸王聞奏, 詔至帳前. 盧綰得對, 拜舞禮訖, 霸王便聞(問): “漢主來時萬福?”[205] 答曰: “臣主來時萬福!” “卿等遠來上帳,[206] 賜其酒飯!”[207] 霸王遂詔鍾離末, 領取陵母, 返(反)[208]縛, 交(教)三

203 ‘摸’를 原錄에서는 ‘模’으로 쓰고 ‘秣’로 교정하였으나 사실 原卷에는 ‘摸’로 되어 있다.

204 ‘經’을 原錄에서는 ‘紀’로 쓰고 ‘經’으로 교정하였다. 아래의 ‘不經旬日, 便到兩軍界首’를 보면 이 교정이 옳음을 알 수 있다. 돈황사본에서는 ‘經’을 ‘紀’와 모양이 비슷한 ‘経’으로 많이 쓴다.

205 萬福: 안부를 묻는 말로 남녀 모두에게 쓰인다.

206 上帳: 수령이 있는 막사. 돌궐이나 회골에서는 수령이 거처하는 곳을 ‘牙帳’이라 칭했다. ‘帳’은 군대의 편제 단위이기도 하다. 「張議潮變文」: “회골을 배반한 이가 5백여 장이다(有背叛回鶻五百餘帳).”

207 ‘飯’이 原錄에는 ‘飰’으로 되어 있다. 『龍龕手鏡』: “‘飰’이 통용자이고 ‘飯’이 정자이다.” 여기서는 정자로 고쳐 썼다.

208 ‘返’은 ‘反’과 통한다.

十武士, 各執刀棒,[209] 驅至帳前, 遂遣[210]漢使見. 盧綰帳中不問, 霸王非常大怒 : "帳中飲酒飯盧綰, 適來見驅過人否?" 盧綰答曰 : "臣啓陛下, 見!" 霸王謂曰 : "不是別人, 則是前月二十五日夜, 王陵領騎將灌嬰, 斫破寡人營亂, 二十萬人各着刀箭, 五萬人當夜身死. 取謀臣鍾離末一言, 捉[211]取陵母, 適來驅過者便是陵母."

노관은 왕에게 하직 인사를 올리고 군문을 나왔다. 말을 당겨 안장에 오른 지 열흘이 지나지 않아 초군의 경계에 도달했다. 초병이 자세히 살펴보고서 왕에게 아뢰었다. 패왕은 그 소리를 듣고 막사 앞으로 불러들였다. 노관이 배례를 마치자 패왕이 물었다. "한의 군주께서는 근래 안녕하신가?" 노관이 답하였다. "신의 군주께서는 별고 없으십니다." "그대들이 멀리서 이 군막까지 왔으니 내가 술과 음식을 대접하겠노라!" 이윽고 패왕은 종리말을 불러 왕릉의 어미를 데리고 오되, 거꾸로 묶은 후 무사 서른 명이 각기 칼과 몽둥이를 들고 군막 앞까지 내몰아 한의 사신에게 보여주도록 했다. 노관이 장막 안에만 있으면서 전혀 신경을 쓰지 않자 패왕은 화가 치밀었다. "막사 안에서 술과 음식을 먹고 있는

---

209 '棒'을 原錄에는 '捧'으로 썼으나, 실제로 原卷에는 '棒'자로 쓰여 있다. 【原校】 여기까지가 丙卷이다.

210 原錄에는 '遂遣'이라는 두 글자가 빠져있다. 하지만 原卷의 훼손된 부분에서 잔획을 보면 '遂遣'과 흡사하다. '遂遣漢使見'이 한 구이나 原錄에서는 '見'을 아래 구에 붙였다.

211 '捉'이 原錄에는 '頭'로 되어 있다. 【原校】 啓功은 "頭取는 '찾아가 취하다(投取)' 혹은 '몰래 취하다(偸取)'의 의미이다"라고 했다. 【項楚】 '領取'가 되어야 할 듯하다. 위에도 '霸王遂詔鍾離末, 領取陵母'라는 말이 있기 때문이다. 【曾錦漳】 본래는 '捉取'인데 글자의 모양이 비슷해서 '投取'로 잘못 썼고, 그 다음에는 소리가 비슷해서 다시 '頭取'가 된 듯하다. 【校注】 曾錦漳의 주장이 옳은 듯하다. 돈황사본에서 '投'는 '投'로 많이 쓰이고 '捉'은 '捉'으로 많이 쓰인다. 이와 비근한 예는 대단히 많다. 예를 들어, 「捉季布傳文」의 "모습과 이름을 살펴 잡아들이다(察貌勘名擒捉得)"에서 '捉'자가 己, 庚 두 권에는 모두 '投'로 잘못 쓰여 있다. 또 「伍子胥變文」의 "결국 범려와 함께 회계산으로 피난을 갔다(遂共蠡投棲會稽山避難)"에서 '投'자가 原卷에는 '捉'으로 잘못 쓰여 있다. 또 위에 나오는 "若見王陵, 捉取王陵; 若不見, 捉取陵母"와 "捉得王陵母到來", '捉得王陵母' 모두 '捉'이 맞음을 증명할 수 있다. 여기서는 이에 근거하여 옳게 고쳤다.

노관은 이쪽으로 와서 죄인 추궁하는 모습을 보지 않겠는가?" 노관이 답하였다. "폐하께 아뢰옵니다. 그럼 보겠사옵니다." 패왕이 말을 이었다. "다른 사람이 아니라 지난 달 25일 왕릉이 기마장군 관영을 이끌고 과인의 군영을 기습해서 20만 병사가 칼과 화살에 맞아 그날 밤으로 5만이 죽었다. 그래서 참모 종리말의 계책을 따라 왕릉의 어미를 데리고 왔다. 지금 추궁을 받고 있는 죄인이 왕릉의 어미다."

盧綰劼跳[212]下階, 便奏霸王:"王陵只是不知, 或若[213]王陵知了, 星夜倍程入楚, 救其慈母." 霸王聞奏, 龍顏大悅, 開庫償(賞)盧綰金拾斤. 盧綰接得金十斤, 便辭楚王:"臣當[214]送書, 甚有嚴限, 望大王進止." 楚王曰:"但將漢王書來, 尾頭標記[215]一兩行:交(教)戰但戰, 要分但分." 辭王已了, 走出軍門, 摸馬[216]攀鞍, 人如掣電, 馬似流星, 不經旬日, 便到漢國. "盧綰送戰書迴!" "朕要親問!" 叫呼萬歲:"臣敢[217]不奏:前者二月二十五日夜, 王陵領騎將灌嬰, 斫破項羽營亂, 取得謀臣鍾離末言, 綏州茶城村捉得王陵母, 見在營中, 受其苦楚. 臣不敢不奏." 皇帝聞言, 拍按(案)大驚, 詔王陵附近殿前:"卿母見在營中, 受其苦楚. 放卿入楚, 救其慈母, 卿意若何?"[218] "臣啓陛下:放陵入楚, 救其慈母,

212 劼跳: 갑자기 뛰어 오르다. 『玉篇』 "劼은 卒(갑자기)이다."
213 或若: 만약.
214 當: 당초.
215 尾頭: 뒤, 끝. 標記: 여기서는 下批를 의미한다. 周一良이 인용한 沈括의 「補筆談」: "이전의 풍속에서 낮은 사람이 높은 사람에게 글을 올리면 높은 사람은 '反'이라 하여 종이 끝에 답을 해주었다. 따라서 사람들은 이를 '批反'이라 하였다. 관아의 批狀이나 批答 등이 이에 속한다. 그러므로 편지 끝에는 대부분 글자를 비워둠으로써 감히 마주할 수 없어 빈 종이 끝에 批反을 기다린다는 의미를 표시했다."
216 '摸'를 原錄에서는 '穙'로 잘못 썼다. 여기서는 原卷에 따라 '摸'로 썼다.
217 여기서 '敢'은 '不敢'의 의미이다.
218 '卿意若何'에서 '若'자는 본래 '者'로 되어 있다. 이는 모양이 비슷해 잘못 쓴 形訛이다. 「韓擒虎話本」에도 같은 예가 있다. "당시에 이렇게 물었다. '내가 지금 군사를 일으켜 광폭한 진나라를 수복하려 하는데 그대의 생각은 어떠한가?'(當時宣問, 阿奴今擬興兵, 收伏狂秦, 卿意若何?)"

兼請盧綰相隨."

노관은 갑자기 계단 아래로 뛰어내리더니 패왕에게 아뢰었다. "왕릉이 아직 모르고 있어서 그렇지 혹시 이 사실을 알기라도 하면 밤새도록 걸음을 배로 하여 초나라로 들어와 어머니를 구할 것입니다." 패왕은 이 말을 듣고 매우 흡족해하며 노관에게 창고를 열어 금 열 근을 상으로 주도록 했다. 노관은 금 열 근을 받고 초왕에게 말하였다. "신이 애초에 전서를 전달한 것은 꼭 받아야 할 말이 있기 때문이었습니다. 대왕께서는 의향을 밝혀 주십시오." 초왕이 말하였다. "한왕의 서신을 가지고 오너라. 내가 편지 끝에 한두 마디 하교를 내리겠다. '싸우겠다면 싸우고 땅을 나누겠다면 나눠주겠다.'" 하직인사를 마치고 군문을 나와 말을 당겨 안장에 올랐다. 사람은 번개와 같고 말은 유성과 같아 열흘이 되지 않아 한에 당도했다. "노관이 전서를 전한 후 돌아왔습니다." "짐이 직접 물을 것이다!" 만세를 부르고 (보고했다). "신이 감히 아뢰옵니다. 지난 2월 25일 밤 왕릉이 기마장군 관영을 이끌고 항우의 군영을 기습하자 참모인 종리말의 말을 취하여 수주 차성촌에서 왕릉의 모친을 잡아와 지금 군영에서 갖은 고초를 받게 하고 있습니다. 이에 신이 감히 아뢰옵니다." 황제는 그의 말을 듣고 책상을 치며 크게 놀랐다. 이윽고 왕릉을 대전 앞으로 불러오도록 했다. "경의 모친께서 지금 적의 군영에서 갖은 고초를 받고 있다 하오. 그대가 모친을 구할 수 있도록 초 땅으로 들여보내려 하는데 경의 생각은 어떠하오?" "신이 폐하께 아뢰옵니다. 저 왕릉을 초로 보내시어 어머니를 구하게 해 주십시오. 겸하여 노관도 함께 가길 청하옵니다."

辭王已了, 走出軍門, 不經旬日, 便到兩軍界首. 王陵眼潤(瞤)耳熱,[219]

---

219 '潤'을 原錄에서는 곧바로 '瞤'으로 썼다. 여기서는 原卷에 따라 고쳤다. 『說文』: "瞤, 目動也." 桂馥의 『義證』: "눈꺼풀이 파르르 움직이는 것을 '瞤'이라 한다. 북방 속어에서는 이를 '눈이 뛴다(眼跳)'라고 한다."

暫請盧綰入楚, 探其陵母. "陵親若在, 入楚救其慈母; 陵母若無, 共大夫却歸漢朝, 伏事[220]聖體之君." 陵母見送書盧綰却迴到來, 恐怕兒來: "兒若到來, 兒又死, 母亦死." 交(教)盧綰却報王陵. 陵母於霸王面前, 口丞(承)[221]修書招兒. 霸王聞語, 龍顔大悅: "陵母招兒, 何用咨陳?" "不用別物, 請大王腰間太哥(阿)寶劍!" "但緣[222]招兒, 要寡人寶劍作何使用?" "前後修書招兒, 兒並不信; 若借大王寶劍, 卸下一子[223]頭髮, 封在書中, 兒見頭髮, 星夜倍程入楚救母." 霸王聞語, 拔太哥(阿)劍, 度與陵母. 陵母得劍, 去霸王三十餘步: "爲報我王知!" 陵母遂乃自刎身終. 其時天地失瑕無光,[224] 而爲轉說:

왕에게 하직인사를 마치고 군문을 나와 열흘도 되지 않아 두 군의 경계에 도달했다. 왕릉은 눈이 부르르 떨리고 귀가 뜨겁게 달아올라 문득 노관에게 초로 들어가 일단 어머니를 살펴보도록 했다. "어머님이 계시다면 초로 들어가 어머니를 구할 것이고, 어머니가 계시지 않으면 대부와 함께 한나라로 돌아가 엎드려 천자의 성체를 모시겠소." 왕릉의 어머니는 서신을 보냈던 노관이 갑자기 돌아온 것을 보고는 아들도 올까 걱정이 되었다. "만약 아들이 온다면 아들도 죽을 것이고 어미도 죽을 것이다." 그래서 노관에게 이런 상황을 왕릉에게 알려주도록 했다. 패왕의 면전에서 왕릉의 어머니는 편지를 써서 아들을 부르겠다고 했다. 패왕

---

220 '伏事'를 張鴻勳은 '服侍'로 고쳤으나 '伏事'도 틀리지 않으므로 굳이 고칠 필요는 없다.

221 原卷에는 '丞'으로 되어 있는데 原錄에서는 바로 '承'으로 썼다. '口承'은 '허락하다, 보증하다'의 의미이다.

222 【項楚】 但緣: 단지. '緣'은 실제의 의미가 없다.

223 【項楚】 '子'는 양사이며, '一子'는 한 타래, 한 묶음이다. 【校注】『後漢書』「王符傳」: "葛子昇越"의 李善 注 "子는 가는 것을 말한다." 가늘고 작다는 의미를 가진 명사나 형용사를 양사로 써서 '줄기'나 '다발' 등의 의미로 표시할 수 있다. 이러한 변화는 「伍子胥變文」 "한 가닥 터럭(一筀豪毛)"의 '筀'에서도 그대로 보인다.

224 【項楚】 '失瑕'에 오탈자가 있는 것으로 보인다. 【校注】 '瑕'의 의미는 '霞'와 같다. 『漢書』「揚雄傳」 "청운에 흐르는 노을을 들이마시다(噏清雲之流瑕兮)." 顔師古 注 "瑕는 해질녘의 붉은 기운이다." 또 '失瑕無光'에서 '無'는 원래 '之'로 되어 있다. 이는 '无'자의 形訛로 보아야 하며 돈황사본에서 '無'와 '无'는 함께 쓰인다.

은 그 말을 듣고 매우 흡족해했다. "왕릉의 어미가 아들을 부르겠다고 한다. 무엇을 가지고 쓰겠는가?" "다른 건 필요 없고 대왕이 허리에 찬 태아보검(太阿寶劍)을 주시지요!" "아들을 불러오는 일에 과인의 보검을 무엇 하러 가져다 쓰려고 하느냐?" "이전에도 편지를 써서 아들을 불러보았으나 아들이 믿지 않았습니다. 대왕의 보검을 빌려 머리카락 한 단을 잘라 편지 속에 함께 봉하면, 아들은 머리카락을 보고는 밤새도록 걸음을 배로 하여 이 어미를 구하러 초 땅으로 들어올 것입니다." 패왕은 이 말을 듣고 태아검을 뽑아 왕릉의 어머니에게 건네주었다. 왕릉의 어머니는 칼을 받고 패왕에게서 30여 걸음 떨어졌다. "우리 왕에게 알려다오!" 왕릉의 어머니는 결국 스스로 목을 베어 죽었다. 이때는 천지의 노을도 그 빛을 잃었으니, 이 장면을 읊어 말해보자.

其時風雲皆慘切, 百鳥見之而泣血.
界首先報王陵知, 然後具奏高皇說.
"我奉[225]將軍交(教)探親, 入營重見太夫人.
聞道將軍在界首, 擧目南占[226]克[227]是嗔 :
'荒忙設計如雨息,[228] 恐怕臨時事不眞.'

---

225 '我'는 원래 '汝'로 되어 있다. 【項楚】 문맥으로 볼 때 '汝'는 '吾' 또는 '我'가 되어야 한다. 【校注】 이하는 노관이 왕릉에게 하는 말이므로 스스로를 '汝'라고 칭하진 않았을 것이다. 따라서 '我'로 고쳤다. '我奉將軍'은 '내가 장군의 명을 받들다'의 의미이며, 여기서 장군은 왕릉을 가리킨다.

226 占 : 바라보다(瞻). 이 두 구는 왕릉의 어머니에 대한 묘사이다.

227 克 : 바로, 곧. 「燕子賦」(一) "만약 사사로운 싸움이 발생하지 않는다면, 곧 관청의 노여움을 받을 듯하오(若不私鬪, 剋被官嗔)"에서 '剋'은 '克'과 같으며 P.2491에는 '却'으로 되어 있다. '却'에는 '卽'의 의미가 있다.

228 【項楚】 '雨息'은 긴박한 모습을 형용하는 '雨急'이 되어야 할 것이다. 【校注】 '如雨息'은 '如(而)兩思(死)', 즉 앞에 나오는 '아들이 오면, 아들도 죽고 어미도 죽는다'는 의미가 되어야 할 듯하다. '如'와 '而'는 통가자로 흔히 쓰이고, '雨'와 '兩'은 돈황사본에서 섞여 쓰이는 경우가 많으므로 문맥을 보고 결정해야 한다. '息'과 '思'는 모양이 비슷해 혼동하기 쉽고 '思'와 '死'가 통가되는 예도 있다. 예를 들어 「韓朋賦」의 "큰 북이 소리가 없다함은 그녀의 기상을 말하고, 작은 북이 소리가 없다함은 그녀의 생

迴頭乃報 '傳語去 : 却發南頭事漢君.
儻若一朝拜金闕, 莫忘孃孃乳哺恩!'
莫怪將哀當面報, 夫人自刎楚營門."
王陵旣見使人說, 肝腸寸斷如刀割.
擧身自撲[229]似山崩, 耳鼻之中皆灑血.
"阿孃何必到如斯, 蓋是逆兒行事拙.
儻若一朝漢家興, 擧手先斬鍾離末!"
이때 바람과 구름은 혹독하기 그지없었고
온갖 새들이 그 모습을 보고 피눈물을 흘렸네.
국경에서 먼저 왕릉에게 알린 다음
고조 황제에게도 모두 아뢰었네.
"저는 어머님을 살펴보라는 장군의 명을 받들고
군영에 들어가 태부인을 다시 뵈었습니다.
장군께서 국경에 와 있다는 말을 들으시고는,
눈을 들어 남쪽을 바라보더니 곧 노여워하셨습니다.
'황급히 계획을 세우다 둘 다 죽으면,
결국 일을 제 때에 이루지 못할 것입니다.'
다시 말씀하시기를 '제 말을 전해주십시오.
어서 남쪽으로 가 한의 군주를 섬기어
어느 날 천자의 궁궐에 절할 때
부디 이 어미의 젖먹인 은혜를 잊지 말라'고 하셨습니다.
면전에서 슬픈 소식 알려드림을 용서하십시오.
부인은 초군의 군문 앞에서 스스로 목숨을 끊으셨습니다."

각을 말합니다(大鼓無聲是其氣, 小鼓無音是其思)"에서 '思'는 거성으로 읽힌다. P.2653과 S.2922에서는 이 글자가 모두 '恖(恩)'으로 되어 있으며 이는 '息'과 형태가 비슷하다. P.3873에는 '死'로 되어 있는데 이는 음차를 한 것이다.

229 擧身自撲 : 상례의 하나인 '躃踊'으로, 몸을 번쩍 솟구쳤다가 땅에 쓰러져 비통한 마음을 표시한다.

왕릉은 사자의 말을 듣자
간장을 마디마디 칼로 도리는 듯 했다.
산이 무너지는 듯 온 몸을 들어 바닥에 쓰러지니
귀와 코에서는 피가 흘러나왔다.
"어머니, 어찌 이 지경이 되었단 말입니까,
모두 이 불초한 자식이 저지른 일입니다.
한나라가 흥하는 날,
이 손으로 맨 먼저 종리말부터 베겠습니다."

盧綰報哀已了, 却共王陵到於漢界, 門家[230]奏言:"王陵救母却迴." 遂乃詔至殿前, 拜舞已訖, 漢王[231]曰:"放卿[232]入楚救其慈母, 救得已否?" 王陵奏曰:"到界首精神恍惚, 神思不安, 暫請盧綰入楚, 探其陵親, 陵親見盧綰到來, 拔霸王劍自刎身終." 皇帝聞奏, 拍按(案)大驚: "與寡人詔張良附近殿前, 詔太史官邈[233]其夫人靈在金牌之上, 對三百員戰將, 四十萬群臣, 仰酺大設,[234] 列饌珍羞, 祭其王陵忠臣之母, 贈

230 門家: 문지기, 수문 관리. '家'는 명사 뒤의 접미사이다.

231 '漢王'을 原錄에서는 '盧綰'으로 썼다가 나중에 '漢王'으로 고쳤다. 여기서는 原卷에 따라 옳게 고쳤다.

232 放: 시키다. 「盧山遠公話」 "그래서 상공은 부인을 시켜 선경을 바깥채의 香湯에서 목욕시키고 옷을 갈아입히도록 한 다음 선경에게 방으로 돌아가 쉬라고 했다(於是相公於夫人令善慶西院內香湯沐浴, 重換衣裝, 放善慶且歸房中歇息)." 「前漢劉家太子傳」: "갑자기 한 황제가 붕어하자 내궁에서는 말이 새 나가지 않도록 했다(忽遇漢帝崩後, 於內宮不放言語漏泄)."

233 【徐震堮】 '邈'은 '描'와 같다. 【通釋】 '邈'은 그림을 그리는 행위이다. '邈'자는 본래 '貌'가 되어야 한다. '貌'의 본래 의미는 용모이나, 동사로 쓰이고 입성으로 읽어 '얼굴을 그리다'의 의미로 풀이된다. ……'貌'에서 시작하여 평성인 '邈'으로 읽음으로써 나중에 '手' 편방에 '苗'의 소리를 붙인 형성자 '描'자가 출현하게 되었다.

234 仰酺大設: 연회를 크게 벌이도록 명하다. '仰'자는 하달하는 공문에 쓰이는 용어로 '간절히 바라다'의 의미이다. 『通俗編』의 孔平仲 『談苑』 인용부분: "지금은 공문서를 위에서 아래로 내릴 때 모두 '仰'자를 쓴다(今公家文移, 以上臨下, 皆用仰字)." '酺'는 조령으로 특별히 허락한 큰 연회를 말한다.

一國太夫人." 感得王陵對天子面前, 披髮哭其慈母. 陵母從楚營內, 乘一朵黑雲, 空中慚謝[235]皇帝. 祭禮處若爲陳說?

노관은 상사(喪事)를 알린 다음 바로 왕릉과 함께 한나라 경계로 갔다. 수문 관리가 아뢰었다. "왕릉이 어머니를 구하러 갔다가 돌아왔습니다." 이윽고 대전 앞으로 불려가서 배례를 올리자 한왕이 말하였다. "경에게 초나라로 들어가 모친을 구하도록 하였소. 어찌 되었소?" 왕릉이 아뢰었다. "국경에 도착해서 정신이 혼미하고 심사가 불안하여 바로 노관에게 초나라로 들어가서 제 모친을 살펴보도록 하였습니다. 어머니는 노관이 온 것을 보고 패왕의 검을 뽑아 스스로 목숨을 끊었습니다." 황제가 그 말을 듣고 책상을 치며 크게 놀랐다. "장량을 대전 앞으로 불러들이고 태사관에게 부인의 영정을 금패(金牌) 위에 그리도록 하고, 3백 명의 장수와 40만의 신하들 앞에 진수성찬으로 가득한 연회를 크게 마련하여 충신 왕릉의 모친에게 제사지내고 국태부인(國太夫人)의 작위를 내리도록 하라." 왕릉은 감동한 나머지 천자 앞에서 머리를 헤치고 어머니를 위해 곡을 했다. 왕릉의 모친은 초의 진영에서 한 조각 검은 구름을 타고 하늘에서 황제에게 감사를 드렸다. 제례를 치르는 장면을 풀어 말해보자.

"嗚呼苦哉將軍母, 受氣之心如(茹)辛苦,[236]
寡人何幸得如斯, 常得忠臣相借助."[237]
是時王陵哭母說, 遙望楚營靑鬱鬱.
昨日投項爲招兒, 天下聲名無衆數.[238]
王陵在後莫須憂, 必拜王陵封萬戶.

235 慚謝 : 감사하다. '慚' 역시 '謝'의 의미이다.

236 [項楚] 고대 사람들은 천지 사이에서 빼어난 기운이 한데 모여 사람이 된다고 보았다. 따라서 '受氣'는 살아있는 것에 의탁해 사람이 된다는 의미이다. 원문의 '如'는 '茹'가 되어야 할 것이며 '茹辛苦'는 '고통과 괴로움을 머금다'는 의미이다.

237 借助 : 같은 의미의 글자를 이어 쓴 것으로 '돕다'의 의미이다.

238 無衆數 : 원래는 '無數衆'이나 운이 맞지 않아 위치를 바꾸었다.

"오호라, 슬프구나. 장군의 어머니!
빼어난 기운을 받아 사람으로 태어나선 고통만 받으셨네.
과인은 어찌 이토록 운이 좋아,
늘 충신을 얻어 그 도움을 받는가!"
이때 왕릉이 어머니에게 곡을 하니,
멀리 바라보이는 초의 군영은 푸르고 울울하구나.
지난 날 아들을 부르려고 항우에게 가서
천하의 무수한 사람들에게 그 이름 알려졌네.
왕릉은 이제부터 근심하지 않아야 할 터이니,
왕릉에게 만호를 봉해주어야 하리라.

漢八年楚滅漢興王陵變一鋪. 天福四年八月十六日孔目官閻物成寫記.[239]

「漢八年楚滅漢興王陵變」 1폭, 천복(天福) 4년 8월 16일 공목관(孔目官) 염물성(閻物成) 씀.

239 【原校】 여기까지가 丁卷이다. 【項楚】 '天福'은 後晉 高祖 石敬瑭의 연호이고 천복 4년은 939년이다. '孔目官'은 문서를 관장하는 관리이다.

착계포전문(捉季布傳文)[1]

大漢三年楚將季布罵陣漢王羞恥群臣拔馬[2]收軍詞文[3]

1 【王重民原校】 모두 10개의 사권이 있는데, 원래의 편호와 교주 순서는 다음과 같다. 原卷 P.3697 총 六百四十 句이고, 四千四百七十四 글자이다. 완전하다.(【潘重規】 두루마리 맨 앞 반쪽에 『顯德貳年乙卯歲九月廿六日□寺記』 題記가 있고, 經文 한 구절이 초사되어 있다. 뒤이어 반 가장자리에 '大漢三年楚將季布罵'라는 글자가 보인다. 寫卷의 끝부분에는 '廣恒'이란 두 글자가 보이는데 베껴 쓴 사람의 서명인 듯하다.)
甲卷 P.2747. 126구가 남아 있다.
乙卷 P.2648. 194구가 남아 있으며, 甲卷과 서로 이어진다.
丙卷 P.3386. 27구가 남아 있다. 甲、乙、丙 3권은 모두 동일 寫本이며, 오늘날에는 모두 『敦煌掇瑣』 上輯에 새겨 넣어져 있다. 丙卷의 끝부분에는 「大漢三年季布罵陣詞文一卷」이라는 제목이 달려 있다(【潘重規】 그 뒤를 이어 계속해서「楊滿山詠孝經一十八章」을 베껴 쓰고 있다. 사권의 끝부분에 석 줄의 기록이 있는데 "維大晋 天福 7년 壬寅年 7월 12일 三界寺 학사 郎 張富苳가 기록하다(維大晋天福七年壬寅歲七月廿二日三界寺學士郎張富苳記)"(1行), "두 사권의 문서를 베껴 쓰려고 마음을 먹자 마음속에 어떠한 의혹이 사라지는 듯 하여 나 스스로 그 마음이 간절했으며 더욱(計寫兩卷文書, 心里些些不疑, 自要心身懇切、更要)"(二行), 「師父闍黎」(3行)라 되어 있으며, 아마도 「捉季布」, 「楊滿山」 2卷은 張富苳이 베껴 쓴 듯하다).
丁卷 P.三一九七 396구가 남아있다(【潘重規】 두루마리 뒷면에 「天福伍年庚子歲十二月廿四日」, 「專向心常望, 念轉徊惶, 魂蘿相催赴, 何日回明光.」라고 기록되어 있다.)
戊卷 S.5440 小冊子. 240구가 남아 있다. 이미 인쇄되어 『敦煌零拾』에 삽입되어 있으나, 억측에 의해 수정한 것이 많다.

한나라 3년에 초나라 장군 계포가 진을 치고 있는 한왕을 꾸짖어 군신들 앞에서 모욕을 주자, 한왕이 말을 돌리고 군대를 거두어서 돌아갔다는 내용의 사문이다.

昔時楚漢定西秦, 未辨[4]龍蛇立二君.

己卷 S.2056 238구가 남아있다. 前題에서부터 시작되어, '唯言禍難在逡巡'라는 구절에서 끝나고 있다.
庚卷 S.5439 小冊子로 되어 있다. 453구가 남아 있다. 文字상으로 丁卷과 큰 차이가 없다.
辛卷 S.5441 小冊子로 되어 있다. 首尾가 완정하지만, 다만 중간 중간에 누락된 구절들이 있으며, 끝부분에 "태평흥국 삼년 戊寅年 4월 10일에 기록하다. 氾孔目 學仕郎陰兒이 손수 「季布」 一卷을 베껴 쓰다(太平興國三年戊寅歲四月十日記. 氾孔目學仕郎陰兒手自寫季布一卷)"라 기록하고 있다.
壬卷 S.1156 133句가 남아 있다([潘重規] 이 寫卷은 기억에 의해 베껴 쓴 것이다. 끝부분에 "天福 4년 □ 14일에 기록하다. 沙彌 慶度 쓰다(天福肆年□十四日記, 沙彌慶度)"라 기록하고 있는데, 아마도 慶度라는 사람이 초록한 것인 듯하다. 馮沅君 先生의 『季布罵陣詞文補校』(『文史哲』 第一卷第三期)에서도 역시 간혹 인용하고 있다. [校注] 그러나 原卷과 辛卷은 동일한 底本에서 나온 것이며, 앞부분의 「捉季布傳文一卷」 제목에서 '一卷' 두 글자는 篇名에 속하는 것이 아니라, 원래 篇題에 이어서 쓰는 것이므로, 여기서는 삭제하였다. 丁卷, 庚卷은 또 다른 底本에서 나왔으며, 文字상의 出入도 비교적 큰 편이다. 기타 寫本은 대체로 原卷이나 辛卷과 서로 비슷하다. 또 榮新江 군이 英國의 국립도서관으로부터 서신을 보내와 S.8459에 「捉季布傳文」의 잔결문 十七行이 남아 있다고 알려주었는데, 이를 보충해 넣을 필요가 있을 듯하다. 丙卷의 초록자의 이름은 楊富盈으로 되어 있다.

2 [蔣禮鴻] '拔'과 '跋'은 '회전하다'는 의미이다. '拔馬'는 '말을 돌리다'는 의미이다. 玄應 『一切經音義』 卷五 「不必定入印經音義」에 "拔身은 蒲와 末의 반절음으로 '방향을 바꾸다'는 말이다"라 설명하고 있다. [潘重規校] 蔣禮鴻은 '拔'을 '撥(다스릴 발)'로 보았다. [校注] 이러한 풀이는 『敦煌文字義通釋』 구판에도 보이는데 다음과 같다. "'拔'은 '撥'로 음이 비슷하여 빌어 쓴 글자다. '拔馬'는 '撥馬'를 말하는 것으로 '拔頭'를 '撥頭'라고 하는 것과 똑같다. 그러나 1981年 신판에서는 통용설을 수정하여 '拔'을 '廻(머리 돌릴 회)'로 직접 해석하였다. 따라서 나중에 출판된 해석을 따라야 옳다고 본다.

3 原錄에서는 이 부분을 正文에다 넣고 있다. [校注] 原卷에서 비록 이 부분과 그 아래의 正文을 서로 이어서 쓰고 있지만, 그러나 사실은 이 부분은 본편의 상세한 제목에 속한다. 原卷은 매우 완정한데, 두 개의 전제(前題)만 있고 후제(後題)가 없다. 그러나 辛卷에서도 앞의 두 前題가 있고, 또한 「大漢三年季布罵陣詞文一卷」라는 후제(後題)도 여전히 남아 있음을 살펴볼 때 前題와 後題간에는 상호 아무런 모순이 없음을 알 수 있다.

連年戰敗[5]江河沸,[6] 累歲相持日月昏.
漢下[7]謀臣眞似雨, 楚家猛將恰如雲,
各佐本王爭社稷, 數載交鋒未立尊.
後至三年冬十月, 沮水[8]河邊再擧軍.
楚漢兩家排陣訖, 觀風占氣[9]勢相吞.
馬勒鑾珂人繫甲, 各憂勝敗在逡巡.[10]
옛날 서진을 정벌한 초나라와 한나라에
진짜 천자를 가리지 못해 두 군주가 지배하고 있었다.
해마다 전쟁의 패배로 강하가 들끓었고

---

4 辨은 原錄에서는 '辯'으로 되어 있지만 '辨'으로 고쳤다. 【校注】 原卷, 辛卷에서는 실제 '辨'으로 되어 있는데, 이에 근거하여 교정하였다.

5 【馮沅君校】: '敗'는 아마도 '攻'의 오기인 듯하다. 【校注】 馮沅君의 이러한 설명은 정확한 것이 아니다. 楚와 漢이 서로 경쟁할 때 몇 해 동안에 걸친 전쟁을 먼저 일으킨 것은 漢王이기 때문이다. 그 아래에 나오는 季布가 욕하는 말인 '백 번 싸워 백 번 패하니 하늘이 돕지 않는구나(百戰百輸天不祐)' 구절이 그 증거가 될 수 있다.

6 【原校】 己卷에서는 '江河沸'가 '江海沸'로 되어 있다.

7 【馮沅君校】 '下'자는 아마도 '王'자의 殘缺인 듯하다. 【黃雲眉校】 '漢下'는 '漢家'로 할 수 있으며, '楚家' 역시 '楚下'로 할 수 있다. 뒤에 나오는 '부끄럽구나, 영웅 초나라 신하여(慚愧英雄楚下臣)'라는 구절을 증거로 삼을 수 있다. 【校注】 黃씨의 견해가 옳다.

8 沮水는 『史記高祖本記』에서는 睢水로 되어 있다. 睢水에서의 楚와 漢사이의 전쟁은 漢 二年 三月에 일어났으며, 다음과 같이 기록하고 있나. "항우가 그 소식을 듣고는 곧 병졸을 이끌고 제나라를 향해 떠났는데, 魯의 胡陵에서 출발하여 蕭에 이르러 彭城 靈壁 동쪽 睢水가에서 漢과 큰 싸움을 벌여 漢軍을 대파하고 수많은 士卒들을 죽였는데, 睢水가 그로 인해 흐르지 못했다(項羽聞之, 乃引兵去齊, 從魯出胡陵, 至蕭, 與漢大戰彭城靈壁東睢水上, 大破漢軍, 多殺士卒, 睢水爲之不流)."

9 觀風占氣: 『方言』 卷十에서는 "占은 보다(視)는 뜻이다. 무릇 서로 몰래 살펴보는 것을 南楚에서는 간혹 占이라 했다(占, 視也. 凡相竊視, 南楚或謂之占)"라고 설명하고 있다. 그러므로 '觀', '占'은 그 뜻이 동일하다. 또 '氣'는 雲氣를 지칭한다. 敦煌의 卷子에는 『占雲氣』라는 서적이 있으며, 이 밖에도 『開元占經』에도 『雲氣占』等이 있고, 『晉書』 이래의 「天文志」에서도 역시 이러한 항목의 내용이 많이 담겨져 있다. 이른바 '觀風占氣'는 곧 적과 아군 진영 위의 雲氣로 승부를 점치는 것을 가리킨다.

10 逡巡: 본래의 의미는 나아가려해도 나아갈 수 없는 것을 말하는데, 인신되어 '느릿느릿하다(遲緩)', '멈추다(停留)'의 의미로 쓰인다. 그러나 變文이나 唐詩 等에서는 통상 '신속하게', '잠시'(短暫), 잠깐・잠시(片刻)의 상반된 의미로 해석하기도 한다.

여러 해 서로 팽팽히 대립하여 오래도록 혼란스러웠다.
한나라에는 꾀 많은 신하가 진실로 비 오듯 많았고
초나라에는 용감한 장수가 흡사 구름처럼 모여 있었다.
각기 자기 나라의 왕을 보좌하여 사직을 다투었으나
수년 동안의 싸움에도 아직 천자를 세우지 못했다.
이후 삼년 째에 접어든 시월 겨울에
저수 강가에서 다시 한 번 군대를 일으켰다.
초와 한나라 양 진영은 각기 군진을 정비하고
풍향을 관찰하고 기후를 점쳐보니 기세가 서로 대등했다.
방울 달고 굴레를 장식한 수레, 갑옷을 두른 병사들
각자 한순간에 승패가 갈림을 근심하였다.

楚家季布能詞說,[11] 官爲御史大夫身,[12]
遂[13]奏霸王誇辯捷, 稱「有良謀應吉辰.
臣見兩家[14]排陣訖, 虎鬥龍爭必損[15]人.

---

11 詞說 : '교묘하게 변론하다', '언설이 과장되다'는 의미이다. P.2718 「茶酒論」에 : "술이 이에 등장하여 말하길 '교묘한 언설 참으로 가소롭구나'라 하였다(酒乃出來, '可笑詞說'!) 비록 여기서는 '詞說'이 名詞로 사용되고 있지만, 그 의미는 서로 비슷하다.

12 『史記 · 季布列傳』를 보면 "사람됨이 기개가 있고 의협심이 강한 것으로 초나라에서 유명하였다. 항적이 그를 장병으로 삼았는데, 수차례 漢王을 곤궁에 빠뜨렸다(爲氣任俠, 有名於楚, 項籍使將兵, 數窘漢王)"고 되어 있다. 이 구절의 끝에 나오는 말은 官職을 지칭한다.

13 遂 : 原錄에서는 '寫'자로 되어 있다. 【原校】 甲 · 辛 兩卷에서는 '寫'가 모두 '遂'로 되어 있다. 【校注】 原卷에서는 실제로는 '遂'로 되어 있으며 기타 현존하는 각 사권에서도 모두 '遂'로 되어 있는데, 이에 근거하여 교정하였다.

14 【原校】 甲卷에서는 '家'자 옆에 '軍'字를 注하고 있고, 己 · 辛 兩卷에서는 모두 '軍'으로 되어 있다. 【馮沅君補校】 왕중민은 이 부분에 해결할 수 없는 의문을 가졌던 듯 하나, 실제상에 있어서는 '軍'자가 '家'자보다 훨씬 낫다. 【校注】 옆에다 注로 달아놓은 글자는 誤字를 수정한 것을 의미하며, 그래서 甲卷에서 응당 '軍'자로 기록한 것이다. '軍'과 '家'는 함께 사용할 수 있으며, 우열이 존재하지는 않는다.

15 【原校】 '損'자는 원래 '捐'으로 되어 있지만, 甲 · 己 · 辛 三卷에 근거하여 교정하였다.

臣罵漢王三五口, 不施弓弩遣抽軍.」
霸王聞奏如斯語:「據卿所奏大忠臣!
戈戟相衝猶不退, 如何聞罵肯抽軍?[16]
卿既舌端懷辯捷, 不得妖言誤寡人!」
초나라의 계포는 언변이 뛰어난 장수로서
그의 관직은 어사대부였다.
마침내 패왕에게 아뢰어 자신의 말재주를 과시하였다.
"신에게 좋은 꾀가 있으니 반드시 길일에 응하십시오.
신이 양 군의 정비된 진영을 살펴보니
호랑이와 용의 싸움이라 필시 인명 손실이 있을 것입니다.
신이 몇 마디로 한왕을 꾸짖으면
활을 쏘지 않고도 군대를 물리칠 수 있습니다."
패왕은 이와 같은 말을 듣고 대답하였다.
"경이 말한 대로 된다면 그야말로 대충신이다!
창이 서로 맞부딪히는 상황에도 오히려 물러나지 않거늘
어찌 욕설을 듣는 것으로 기꺼이 군대를 거두려 하겠는가?
경은 이미 그대의 말재주로 이 일을 해결한다고 했으니
요사스런 말로 과인을 기만하지 말라!"

季布既蒙王許罵, 意[17]似獰龍擬吐雲.
遂喚上將鍾離末,[18] 各將輕騎後隨身.

---

16 【原校】'弩'자는 원래 '努'로 되어 있으나 甲·己·辛 三卷에 근거하여 교정하였다. 또 甲卷에서는 '抽軍'이 '收軍'으로 되어 있다. 그 다음에 나오는 '如何聞罵肯抽軍' 구절도 甲卷에서는 역시 '收軍'으로 되어 있다. 【校注】'抽', '收'의 뜻은 모두 '물러나다(退)'이다.

17 意: 의기(意氣), 기세(氣勢)를 말한다. 曹操의 「讓縣自明本志令」에 "수많은 병사들의 의기가 매우 드높았다(多兵意盛)"라는 말이 나온다.

18 鐘离末는 곧 鐘离昧를 지칭한다. 그 아래도 동일하다. '离'字는 甲·己卷 모두 簡体로 되어 있다.

出陣抛旗[19]强百步,[20] 駐馬攢蹄[21]不動塵.
腰下狼牙椗四羽,[22] 臂上烏號[23]掛六鈞,
順風高綽[24]低牟熾,[25] 逆[26]箭長垂鎖甲裙.[27]

---

19 '抛'자는 各卷에서도 모든 동일한 글자로 되어 있으며, 응당 그 뜻은 의로움을 내던져 버리다는 뜻이다. 그 아래에 나오는 '擊鼓未施旗未播' 구절로 그 증거를 삼을 수 있다.

20 强 : '넘치다(餘)'의 뜻이다. '强百步'는 곧 '백보가 넘다(百步强)'는 뜻이다. 『孔子項託相問書』에 '칠일이 조금 넘다(七日强)' 等의 말이 있다.

21 攢蹄 : 말굽을 멈추다, 즉 말을 멈추다는 뜻이다.

22 狼牙 : 곧 늑대의 이빨처럼 만든 화살을 말하며, 늑대의 이빨(狼牙)로 화살촉의 날카로움을 비유하고 있다. 【原校】 己卷에서는 '椗四羽'이 '定西羽'으로 되어 있다. 【徐復校】 : '椗"字는 '掟'자의 잘못된 표기이다. 『集韻』에 "'掟'은 펼치다는 뜻이다. 張과 梗의 반절음이다(掟, 張也, 張梗切)"라 하고 있다. 己卷에서는 '定'으로 되어 있어, 偏旁을 없애 버렸다. 【蔣禮鴻】 棖, 椗, 倀, 掟은 '幢', '幀'과 통하며 펼치다는 뜻이다. 慧琳의 『一切經音義』 卷三十五 : "倀像의 앞 글자는 敵과 更의 반절음으로 차용한 것이다. 본래는 이 글자가 없으며, 그림을 펼치다는 의미이다. 간혹 木자를 붙여 棖으로 쓰기도 하며 간혹 椗자로 쓰기도 하는데, 모두 俗字로서, 정자는 아니다(倀像, 上擿更反, 借用, 本無此字, 張展畵像也. 或有從木也作棖, 或作一椗, 皆俗字也, 非正也)"라고 하고 있다.

23 烏號 : 좋은 활의 이름이다. 『淮南子 · 原道』를 보게 되면 "활을 쏘는 사수가 烏號의 활을 들고, 棋衛의 화살 시위를 당기고 있었다(射者扜烏號之弓, 彎棋衛之箭)"라는 말이 있는데, 注에서는 "오호는 뽕나무를 말한다. 뽕나무의 재질은 견고하고 강하여 까마귀가 그 위에서 머뭇거리다가 장차 날아가려고 할 때, 나뭇가지가 반드시 아래로 휘게 되지만, 견고하여 다시 둥지를 지을 수 있기 때문에, 까마귀는 그 나무 주변을 돌며 감히 날아가지 못하고 그 위에서 울부짖는다. 그 가지를 베어다가 활을 만들었으므로, 오호의 활이라고 하는 것이다(烏號, 桑柘. 其材堅勁, 烏峙其上, 及其將飛, 枝必橈下, 勁能复巢, 烏隨之, 烏不敢飛, 號呼其上, 伐其枝以爲弓, 因曰烏號之弓也"라 설명하고 있다.

24 綽 : '수립한다. 세우다'라는 의미이다. 거센 바람이 불어오기 때문에 비스듬하게 세워짐을 말한다. 「葉淨能詩」에 "몸에는 금 갑옷을 입고, 위에는 투구를 착용하다(身穿金甲, 綽上兜鍪)"라는 구절이 보이며, 「漢將王陵變」에도 '몸에는 금으로 만든 갑옷을 입고, 머리에는 투모를 착용하였다(身穿金甲, 揭上頭牟)'라는 구절이 있는데, '揭'와 '綽'은 그 뜻이 비슷하며, 세우거나 쓰는 것을 말한다.

25 低牟熾 : '鞮鍪幟'과 통한다. 【張金泉校】 玄應의 『一切經音義』 卷一에 보면 "甲冑는 고문자 軸와 뜻이 같다. 除와 校의 반절음이다. 『廣雅』에서는 '冑는 투구를 말한다' 라고 설명하고 있다. 중국에서도 이 음이 통용된 적이 있으며, 鞮鍪라고도 하였으며, 江南 지방에서 이 음을 사용하였다. 鞮의 음은 低이며, 鍪는 莫과 侯의 반절음이다.(甲冑 : 古文 ; 軸同. 除校反. 『廣雅』 : '冑, 兜鍪也.' 中國行此音; 亦言鞮鍪, 江南行

遙望漢王招手罵,[28] 發言可以動乾坤.

계포는 이미 욕을 해도 좋다는 왕의 허락을 받은지라
흡사 사나운 용이 구름을 토해내듯 의기충천하여
마침내 상장군 종리말을 불러서
각각 날랜 기병을 이끌고 자기를 뒤따르라고 명했다.
진영에서 벗어나 깃발을 빼고 적진에 백보까지 임박하여
말을 정지시키니 먼지 하나도 일지 않았다.
허리 아래에 네 깃털로 장식된 낭아를 차고
어깨 뒤에 여섯 균 되는 오호 활을 매었다.
바람결 따라 투구에 꽂은 깃발 높이 세우고
화살을 대비하느라 쇠갑옷 치마를 길게 둘렀다.
멀리 한왕을 바라보며 삿대질 하면서 꾸짖는데
내뱉는 말이 천지를 진동할 만 하였다.

高聲直喊[29]呼「劉季」,[30] 「公[31]是徐州豐縣[32]人.

此音. 鞮音低, 鍪莫侯反)." 【校注】 鞮鍪幟는 투구에다 장식하는 깃털 같은 것을 말한다. 『韓擒虎話本』에 "갑자기 땅이 십자 모양으로 갈라지더니 한 사람이 솟아났는데, 몸에는 황금갑옷을 입고 머리에는 鳳翅 투구를 쓰고 있었다(忽然十字地裂, 涌出一人, 身披黃金鏁甲, 頂戴鳳翅頭毛)"라는 말이 나오는데, 頭毛는 곧 투무(兜鍪), 鳳翅는 바로 투무 위에 장식하는 깃털을 말한다.

26 逆 : 原錄에는 '逆'자로 되어 있다. 【原校】 周씨는 "'逆'자는 응당 '逆'자가 옳은데, '逆箭'과 앞 구절의 '順風'은 서로 대구를 이루기 때문이다"라고 설명하고 있다. 【校注】 이 글자는 곧 '逆'자의 俗字이다.

27 【蔣禮鴻】 逆箭은 곧 禦箭을 말한다. 그 길이가 갑옷 아래에까지 내려오는데, 이 점이 이것이 화살을 방어하는 수단이 되는 이유이다. '垂'와 '挂'자는 의미가 동일하다. '挂'는 '옷을 입다'는 뜻으로 풀이해야 한다. 【校注】 季布의 허리 아래의 화살주머니 안에 화살이 가득 들어 있는데, 화살촉은 위쪽을 향하고 있게 마련이다. 그러므로 '逆箭'이란 응당 화살촉과는 반대되는 방향 즉 '아래쪽으로'라는 의미이다. 鏁甲裙은 철갑을 말한다.

28 招手罵 : 눈을 부릅뜨고 욕을 하다.

29 喊 : 原錄에는 '喊'자로 되어 있다. 【徐校】 : '喊'자는 '喊'자와 의미가 같다. 【校注】 己卷에서는 '諴'자로 되어 있는데, 모두 '喊'자의 聲符만을 대체한 글자들이다. 李白의 「大

母解緝[33]麻居村墅, 父能牧放住鄉村.
公曾泗水爲亭長, 久於闤闠[34]受飢貧.
因接秦家離亂後, 自號爲王假亂眞.
亞烏鳥如何披鳳翼, 黿龜爭敢掛龍鱗!
百戰百輸天不佑, 士卒[35]三分折二分.

獵賦」에 "획획 우르릉 쾅쾅, 바람이 내달리고 번개가 치네(喑嗚哮㘎, 風馳電往)"라는 말이 나온다. 王琦의 注에서는 "㘎의 음은 함(喊)이다(㘎, 音喊)"라 풀이하고 있다. '噉'자는 곧 '㘎'자의 약자이다. 또 『玉篇』에서는 "譀은 소리치다, 노하다는 의미이다(譀, 叫譀, 怒也)"라 하고 있다. '叫譀'은 곧 울부짖다·소리치다(叫喊)의 의미이다.

30 【原校】 辛卷에서는 '劉季'가 '劉兒'로 되어 있다. 【校注】: 辛卷에서는 사실 '劉鬼'로 되어 있으며 '鬼'자와 '季'는 모두 그 어머니의 이름을 보여주는 것이며, 止攝, 合口、三等이며 다만 聲調만 약간 다른데 '鬼'는 '季'의 가차자이다. 『史記·高祖本紀』를 보면 "高祖는 沛 豊邑 中陽里 사람으로 성은 劉氏이며, 字는 季이다(高祖, 沛豊邑中陽里人, 姓劉氏, 字季)"라고 하고 있다. 『索隱』에서는 "漢 高祖의 큰 형의 이름은 伯이며, 그 다음은 이름이 仲이다. 다른 이름은 보이지 않으므로, 季 역시 이름으로 봐야 한다. 그래서 項岱는 '한고조의 막내아들 季는 즉위하자마자 이름을 邦으로 개명하였다가 나중에 邦자는 꺼려하고 季자는 싫어하지 않았는데, 그래서 季布가 여전히 한 고조의 성을 언급하고 있는 것이다(漢高祖長兄名伯, 次名仲, 不見別名, 則季亦名也. 故項岱云'高祖小字季, 卽位易名邦, 後后因諱邦不諱季, 所以季布猶稱姓也')"라고 하였다.

31 公: 【趙逵夫校】 '公'은 '尒'이다. 【校注】 각 寫卷에서 모두 '公'으로 되어 있으므로, 번거롭게 교정할 필요는 없는 듯하다.

32 豐縣: 응당 沛縣으로 해야 한다. 『漢書·高帝紀』에 "한 고조는 沛豐邑의 中陽里 사람이다(高祖, 沛豐邑中陽里人也)"라는 말이 나온다. 뒷부분 應劭를 인용하여 말하길 "沛는 縣을 말하며, 豐은 鄕을 말한다(沛, 縣也. 豐, 其鄕也)"라고 하였으며, 또 孟康을 인용하여 말하길 "이후에 沛는 郡이 되었으며 豐은 縣이 되었다(後沛爲郡而豐爲縣)"라고 하였다. 여기서는 格律에 근거할 때 응당 측성자를 써야하며 당연히 '沛'자로 해야 한다.

33 緝: 原錄에서는 '緝'으로 되어 있으나 '緝'으로 교정한다. 【校注】 原卷에 '緝'으로 되어 있고, 辛卷에는 '緝'으로 되어 있다. 『干祿字書』에서는 "緝緝 두 글자에서 앞 글자는 속자이고, 뒤에 글자가 정자이다(緝緝: 上俗下正)"라 하고 있다. 또 『龍龕手鏡』에서는 "緝는 七과 入의 반절자이며, 績과 續의 의미이다(緝, 七入反: 績也, 續也)"라고 설명하고 있다. 모두 곧 '緝'의 俗字이다.

34 闤闠: 시가, 여항, 평민들이 거처하는 곳을 말한다.

35 卒: 原錄에서는 '率'으로 되어 있다. 【原校】 己卷에서는 '率'이 '卒'자로 되어 있다. 【校注】 原卷에서는 '㩼'로 되어 있는데 '率'의 俗字이다. 【馮沅君校】 '率'자는 '卒'자로 하는 것이 옳다. 여기서는 己卷에 의거하여 교정하였다.

何不草繩而自縛,[36] 歸降我王[37]乞寬恩.
更若執迷誇鬥敵, 活捉生擒放沒因.」
목청 높여 곧바로 소리치기를, "유방!
그대는 서주 풍현 사람으로
어머니는 길쌈을 하면서 촌에서 거주하였고
아버지는 방목하며 시골에서 살았지.
그대는 일찍이 사수의 정장이 되었지만
오랫동안 저자의 거리에서 굶주림에 시달렸지.
진나라가 망한 뒤를 이어서
스스로 왕이라고 일컬으니 가소롭기 그지없구나.
까마귀가 어떻게 봉황의 날개를 펼칠 수 있겠는가?
거북이가 어찌 감히 용의 비늘을 걸칠 수 있겠는가!
백번 싸워도 백번 지고 하늘은 돕지 않을 것이며
병사들은 삼분의 이를 잃게 될 것이다.
어찌 새끼줄로 제 몸을 묶고서
우리 왕에게 항복해 넓은 은혜를 구걸하지 않는가.
만약 혼미한 성정을 고집하고서 지나치게 대항하다가
살아서 붙잡히는 날이면 방면할 이유가 없다."

鼙鼓未施旗未[38]播,[39] 語大言高一一聞.

36 【原校】'縛'자는 原卷에서는 '纆'자로 되어 있으나, 甲·乙·辛 세 寫卷에 근거하여 교정하였다. 【校注】原卷에서도 사실은 역시 '縛'으로 되어 있다.

37 主: 原錄에는 '王'자로 기록되어 있다. 【原校】己卷에서는 '王'자가 '主'로 되어 있다. 【徐校】己卷에서는 '王'자가 '主'로 되어 있는데, 이는 옳다. 【校注】'主'字가 格律에 부합하므로 여기서는 이를 따랐다.

38 【原校】'未'자는 原錄에 '依'로 되어 있으나 甲·乙·辛 세 寫卷에 의거하여 교정했다.

39 播: '흔든다(簸)'는 의미이다. 『集韻·果韻』에서는 "播는 흔들리다(播, 搖也)"라고 풀이하고 있다. 『說文通訓定聲』에서는 "播자의 가차자가 簸이다(播, 假借爲簸)"라고 설명하고 있다. 【校注】'播'字는 '手'의 의미와 '番'자의 소리를 따른 것으로 '簸'자와는

漢王被罵[40]羞宗祖, 羞看左右恥群[41]臣.
鳳怯寒鴉嫌樹鬧, 龍怕凡魚避水昏.[42]
拔馬揮鞭而便走, 陣似山崩遍野塵.
走到下坡而憩歇, 重整戈牟(矛)[43]問大臣 :
「昨日兩軍[44]排陣戰, 忽聞二將語紛紜,[45]
陣前立馬搖鞭者, 罵詈高聲是甚人?」
問訖蕭何而[46]奏曰 : 昨朝二將騁頑嚚,
凌毀大王臣等辱,[47] 罵觸[48]龍顔[49]天地嗔.

사실은 같은 글자이며 글자의 구조만 다를 뿐이다. 『韓擒虎話本』에서는 '掀'로 되어 있는데 역시 동일한 글자이다. 『庄子 · 人間世』에 "키를 두드린 후 篩은 볍씨를 파종하게 되면, 족히 10사람은 먹일 수 있다(鼓筴播精, 足以食十人)"는 말이 나오는데, 成玄英의 疏에서는 "筴는 자그마한 키를 말한다. 精은 키로 篩은 정미를 말한다. 이 구절은 市場을 청소하고 키로 두드리고 흙에다 파종하게 되면 정미와 찌께미가 가려진다는 것을 말하고 있다(筴, 小箕也. 精, 米也. 言其掃市場, 鼓箕筴, 播揚土, 簡精麤也)"라 풀이하고 있다.

40 [原校] '罵'자는 原卷에서는 '馬'로 되어 있으나, 甲 · 己 · 辛 세 寫卷에 근거하여 교정하였다.

41 群 : 原錄에서는 '君'으로 기록되어 있다. [黃雲眉校] '君'는 아마도 '群'의 오기인 듯하며, '恥群臣'은 '부끄럽게 좌우를 둘러보다(羞看左右)'보다 한층 진일보한 표현이다. [校注] 本文의 標題에 '漢王羞恥群臣'라는 말이 있으므로, '群'字를 쓰는 것이 옳다. 여기서는 이에 근거하여 교정하였다.

42 [江藍生校] 이 구절 및 아래 구절의 "古來久住令人賤, 從前又說水煩昏"에서 두 번 나오는 '昏' 은 모두 응당 '渾'으로 해야 한다. 渾은 '濁'의 의미이다. [校注] '昏'字는 아무런 잘못이 없는 듯하니 '昏沉'와 '混濁' 두 가지 의미는 본래 연관이 있기 때문이다.

43 [徐校] '牟'자는 '矛'와 의미가 동일하다. [校注] '牟'는 '矛'자의 음을 가차한 글자이다.

44 [原校] 辛卷에서는 '軍'자가 '家'로 되어 있다. [校注] 甲卷에서도 역시 '家'자로 되어 있다.

45 [原校] 己卷에서는 '紛紜'이 '芬芸'으로 되어 있다. [校注] 甲卷에서도 역시 '芬芸'으로 되어 있다. '芬芸'이 곧 '紛紜'인데, 聯綿字의 경우 그 의미가 聲部에 보존되어 있기 때문에 종종 다양한 자형의 글자가 있게 된다. '紛紜'은 '많고 분분하다'는 의미이다.

46 [原校] '而'자는 原卷에서는 '如'자로 되어 있으나, 甲 · 己 · 辛 세 寫卷에 근거하여 교정하였다.(而자는 如자와 통한다)

47 이 구절은 대왕을 욕되게 하는 일은 신하들도 치욕을 당하는 일임을 말하고 있다. '臣等'와 '天地' 두 명사는 대구를 이루고 있다.

48 觸 : 原錄에서는 '觸'자로 기록한 다음 그 옆에다 '觸'자로 교정해 놓았다. [校注] 原卷

駿馬彫鞍穿鎖甲，旗下依依認得眞，
只是季布鍾離末，終之[50]更不是餘人.」
북소리 아직 울리지 않고 깃발을 게양하지 않았는데
말소리가 크고 높이 울려 한 마디 한 마디가 모두 들렸다.
한왕은 선조와 관련된 욕설을 듣자
뭇 신하들에게 면목이 없어 좌우를 부끄럽게 바라보았다.
봉황은 나무에서 떠드는 소리를 싫어해 까마귀를 겁내고
용은 물이 흐려질까 꺼려하여 물고기를 두려워한다.
말을 돌려 채찍질을 가해 곧장 달아나니
진영은 산이 무너지듯 해체되고 들판 먼지만 자욱했다.
달아나다가 산비탈 아래에 이르러 휴식을 취하며
병기를 재정비하고는 대신에게 물었다.
"어제 양군이 진을 치고 있을 때
갑자기 두 장군이 욕설을 늘어놓으며
진영 앞에서 말을 세우고 채찍을 휘두른 일이 있었는데
고성으로 꾸짖던 놈이 누구요?"
질문을 마치자 소하가 아뢰었다.
"어제 아침에 두 장군이 어리석음을 무릅쓰고
대왕을 능멸한 일은 신도 똑같이 치욕을 받은 격입니다.
용안에 대고 욕설을 퍼부어 천지가 진노하고 있습니다.
꾸민 안장을 얹은 준마를 타고 쇠갑옷을 입고서

에서는 글자의 왼쪽 절반 부분이 분명하지 않으며, 甲·己·辛 세 사권에서는 모두 '髑'으로 되어 있다.

49 '顏'자는 甲·己卷에서는 '威'자로 되어 있다.

50 [原校] 甲·己·辛 세 사권에서는 '之'자가 '諸'자로 되어 있다. [徐校] '終'자는 '總'와 의미가 같다. [蔣禮鴻校] '諸'와 '知'는 통용되며, '知'·'之'는 어조사로서 의미가 없다. '終'은 완전한 긍정을 표시하는 부사로서 '완전한', '절대적으로'의 의미를 갖는다. [校注] 蔣씨의 校注가 옳다.

깃발 아래서 의연하게 있던 자는 제 짐작이 맞다면
계포와 종리말이지 분명 다른 사람은 아닌 줄 압니다."

漢王聞語深懷怒, 拍按頻眉[51]叵耐嗔.[52]
「不能助漢餘狂口,[53] 假政匡邦[54]毁寡人.

---

51 案 : 【校注】 原錄에서는 '按'자로 기록되어 있다. 【原校】 馮沅君은 '拍鞍頻眉'로 해야 한다고 하였다. 【校注】 甲·辛卷에서는 '桉'으로 되어 있는데, 곧 '案'字이다. '拍案'는 '화를 내다'는 말의 관용어이므로 번거롭게 교정할 필요는 없는 듯하다. 「漢將王陵變」에도 '拍案'라는 용어가 있으므로, '案'字가 原卷에서는 '桉'으로 되어 있는 것이다. '頻眉'는 '顰眉'와 같으며, '頻'는 '顰'의 古字이다.

52 叵耐 : '참을 수 없다'는 의미이다. 여기서는 副詞로 사용되었으며, '嗔'자의 부사이다. '叵耐嗔'는 '매우 화가 나다'는 의미이다.

53 餘狂口 : 原錄에서는 '餘狂寇'로 되어 있다. 【原校】 '狂寇'는 原卷에서는 '枉□'로 되어 있으며, 甲卷에는 '枉寇'로 되어 있으나 己·辛 두 사권에 근거하여 교정하였다. '餘'는 아마도 '除'로 해야 할 듯하다. 【校注】 '餘'字는 현존하는 각 사권이 모두 동일하므로, 아마도 誤字는 아닌 듯이다. '餘'에는 '多'의 의미가 있는데, 예를 들면 唐 崔護 「三月五日陪裴大夫泛長沙東湖」에 '상사날이라 좋은 풍경은 많기만 하고, 향기로운 향기는 먼 들녘에 가득하네(上巳餘風景, 芳辰集遠坰)'라는 말, 方干의 「送汶上王明府之任」의 '관문 뒤쪽으로는 초목이 무성한데, 변경을 나서니 풍운만 가득하다(背關餘草木, 出塞足風雲)'가 모두 그 예이다. '狂'字는 原卷·甲卷에서는 '枉'으로 되어 있지만, 辛卷·乙卷을 따라야 할 듯하다. '狂'과 '枉' 두 글자는 敦煌의 寫本에서는 서로 혼용하는 경우가 많다. □字는 原校에서는 原卷에서는 □(缺文)으로 되어 있다고 하고 있으나, 정확하지는 않다. 原卷에서는 사실 '口'로, 甲卷에서는 '寇'(辛卷도 동일하다)로 되어 있다. '寇'자는 '寇'의 속자이며 '口'자와 음이 가까우므로 通借할 수 있으므로, 馮沅君이 '寇'자를 '殺'로 교정한 것은 잘못이다. 黃雲眉는 속어에서는 이유 없이 다른 사람을 욕하는 것 혹은 까닭 없이 사람을 무고하는 것을 '枉口白舌'이라고 한다고 하였다. 【校注】 唐·五代 시기에는 '枉口'라는 속어를 볼 수 없으며, 그 아래에 나오는 "狂謀罵陣牽宗祖"라는 구절에 근거할 때 응당 '狂口'로 해야 함을 알 수 있다.

54 假政匡邦 : 허위적 정권을 말한다. 匡邦은 原錄에서는 '迋邦'으로 되어 있다. 【原校】 甲卷에서는 '邦'이 '君'으로 되어 있다. 【校注】 '邦', '君'은 의미가 가깝기 때문에, 서로 대체하여 사용할 수 있다. '迋'가 原卷, 己卷, 辛卷에서는 모두 '㞷'으로, 甲卷에서는 '迋'으로 되어 있는데 모두 '匡'의 俗字이다. '匡'에는 '枉'의 의미가 담고 있는데, 예를 들면 『周禮·考工記·輪人』에 "察其菑蚤不齵, 則輪雖敝不匡"라는 말이 나오는데, 鄭玄 注에서는 "匡, 枉也"라고 풀이하고 있다. 『淮南子·時則』에서도 "옛날부터 지금에 이르는 시간은 바꾸거나 변경할 수 없다(自古及今, 不可移匡)"라는 말이 나오는데 兪樾의 平議에서 "不移匡은 (시간이) 사악하거나 거짓되지 않다는 것을 의미한다(不移匡, 言不衺曲也)"라 풀이하고 있는 것이 그 예이다. "假政匡邦毁寡人"은 곧

寡人若也無天分,[55] 公然萬事不言論;[56]
若得片雲遮頂上, 楚將投來總安存,[57]
唯有季布鍾離末, 火炙油煎未是迍.[58]
卿與寡人同記著, 抄名錄姓莫因循.[59]
忽期(其)[60]南門稱尊日, 活捉紛(粉)骨細颺塵.」
한왕은 이 말을 듣고 매우 분노하여
책상을 치고 미간을 찌푸리며 원통해 했다.
"저 미친놈을 제거하지 않고는 한나라를 도울 수 없으니
정치를 빌어 나라를 구제한다는 핑계로 과인을 헐뜯었소.

"과인더러 거짓되고 사악한 국가를 세웠다고 헐뜯다(毁寡人假政匡邦)"는 의미인 듯한데, 앞 구절의 季布가 욕하는 말 중에서 "因接秦家離亂後, 自號爲王假亂眞" 구절을 그 증거로 삼을 수 있다.

55 「王陵變」에 劉邦의 '만약 나에게 천명이 없었다면(莫朕無天分)'이라는 말이 나오는데, 이 구절과 가깝다.

56 言論 : 議論의 의미이며, 그 아래에 나오는 '解冤釋結罷言論' 구절 역시 그 예이다. 「舜子變」에 "채찍질을 하지 않자니 천하의 일에 대해 입을 다물어야 할 까 부끄럽고, 매질을 하자니 모든 일이 사소한 일로 되어버릴 까 걱정이다(不鞭耻萬事絶言, 鞭耻全成小事)"는 말이 나오는데 '万事不言論'은 곧 '萬事絶言'의 의미이다.

57 安存 : 위로하다, 받아들이다는 뜻이 있다. 그 아래에 나오는 '特將殘命投仁弟, 如何垂分乞安存'라는 구절과 P.3856 「兒郎偉」의 "투항하는 자는 받아들여 목숨을 보전해 줄 것이지만, 반역하는 자는 몸을 조가조가 잘라서 죽일 것이다(降者安存放命, 逆者寸斯(斬)亡魂)" 등의 구절에서는 '받아들이다'는 뜻으로 사용되었다. 아래에 나오는 "季布得知心里怕, 甛言美語却安存" 구절에서는 '위로하다'는 의미로 쓰였다.

58 迍 : 재앙, 화(災)의 의미이다. 그 아래 구절의 "一門骨肉盡遭迍" "自致煎熬鼎鑊迍"의 예에서도 동일한 의미이다.

59 因循 : 경솔하게, 부주의하게 의미이며, 일반적 의미와는 다르게 쓰였다. 그 아래에 나오는 '濮陽之日因循, 用却百金買得, 不曾子細問根因' 구절에서의 '因循'은 곧 '忙', '不子細'와 상응한다. 『通釋』에 상세하게 설명되어 있다.

60 【原校】 甲卷에서는 '忽'이 '怱'자로 되어 있다. 周씨는 "'怱'자는 잘못이 없는 듯하다. '怱'은 '倘'과 뜻이 같다. 그 아래의 '怱然買僕身將去'에서의 '怱然' 역시 '倘然'과 의미가 같다"고 하였다. 【校注】 '怱'자는 곧 '忽'의 俗字로서, 「葉淨能詩」에서의 '忽' 역시 곧 모두 '怱'자로 쓸 수 있다. 原錄에서는 대부분의 글자를 正字로 고쳐 쓰고 있다. 蔣禮鴻의 校注에서는 '期'字는 '其'자로 가차하고 있는데, '忽其'는 바로 '倘然'의 뜻이다. 馮沅君과 徐震堮의 校에서는 '忽期'를 '總期'로 쓰고 있으나, 이는 오류이다.

과인은 만약 천명이 없었다면
공공연하게 천하의 일을 의론하지 않았을 것이오.
만약 조각구름이 내 머리를 덮는 징조를 얻게 된다면
투항하러 오는 초나라 장수들은 모두 받아들일 것이지만
오직 계포와 종리말만은
불로 굽고 기름으로 지지는 정도로 그치지 않을 것이오.
경은 과인과 함께 모두 기억하고 있다가
성명을 기록해 두고 소홀하게 여기지 마시오.
만약 내가 남면하여 존귀하게 되는 날이 온다면
산 채로 체포해 뼈를 짓이겨 가루로 만들 것이오."

後至五年冬十月,[61] 會垓滅楚淨煙塵.
項羽烏江而自刎, 當時四塞絶芬芸.
楚家敗將來投漢, 漢王與賞盡垂恩:
唯有季布鍾離末, 始知口是禍之門.
不敢顯名於聖代; 分頭[62]逃難自藏身.
是時漢帝興皇業, 洛陽[63]登極獨稱尊.
四人[64]樂業三邊靜, 八表來蘇[65]萬姓忻.

61 【原校】 甲卷에는 '十月'을 '三月'로 하고 있다. 【校注】 『漢書本紀』에서는 12月로 되어 있다.

62 【原校】 '頭'는 原卷에서는 '投'로 되어 있으나, 甲·己·辛 세 寫卷에 근거하여 교정하였다.

63 洛陽: 原錄에서는 '長安'으로 고쳐 놓았다. 【校注】 洛陽은 長安에 딸린 도시이므로 번거롭게 수정할 필요가 없는 듯하다. 그 아래의 '待將逞似洛陽人' 구절에서도 역시 '洛陽'을 사용하고 있다. 또 「長興四年中興殿就聖節講經文」에도 "오랫동안 언제나 낙양성이 평안하기를 바라네(万年常鎭洛陽城)"라는 구절이 있는데, 모두 落陽으로 國都를 대신하고 있다.

64 四人: 四民을 말함. 『資治通鑒』 後唐 明宗 天成四年의 기록을 보게 되면 "네 계층의 사람들 중에서 농부들이 가장 애써 일하고 고생한다(農于四人之中, 最爲勤苦)"라는 말이 나온다. 胡三省 注에서는 "사·농·공·상 네 계층의 사람을 四民이라고 부른

聖德巍巍而偃武, 皇恩蕩蕩盡修文.
心念未能誅[66]季布, 常是龍顔眉不分,
이후 5년이 지난 시월 겨울에
해하에서 교전하여 초나라를 멸하고 혼란을 진정시켰다.
항우가 오강에서 스스로 자결하자
당시 사방의 변방에서 잦았던 동란이 종식되었다.
오직 계포와 종리말만이
비로소 입이 화의 근원임을 깨달았다.
치세에 감히 이름을 날리지 못하고,
각기 액난을 피하여 몸을 숨겨야 했다.
이때 한왕은 황제의 업적을 일으켜
낙양에서 등극하고 홀로 지존이라고 일컬었다.
백성은 각기 생업에 몰두하고 외진 변방도 잠잠해졌으며
먼 지방 사람들도 새 삶을 얻게 되어 만민이 기뻐하였다.
성왕의 은덕이 드높아 무력이 종식되었고
황제의 은혜가 하해와 같아 문덕이 모두 닦여졌다.
마음속으로는 아직 계포를 주벌하지 않은지라
항상 용안의 미간이 펴지지 않았다.

다. 唐代에는 太宗의 이름을 피하기 위해 民을 人으로 썼다(士農工商, 是謂四民. 唐避太宗諱, 率謂民爲人)"라고 설명하고 있다.

65 蘇: 原卷에서는 '甦'으로 되어 있는데, 이 글자는 '蘇'의 俗字이다. 『顔氏家訓 · 雜藝』에 보면 "북조가 어지러워진 이후로, 서체의 흔적이 비루해지고 게다가 빈번하게 글자를 만들어 내었으니 그 졸렬함과 서투름이 남조보다 심했다. 이에 …… 更生을 蘇로, 先人을 老라고 하였다. 이와 같은 것이 한둘이 아니었으며, 經傳에 넘쳐나게 되었다(北朝喪亂之餘, 書迹鄙陋, 加以專輒造字, 猥拙甚于江南. 乃以 …… 更生爲蘇, 先人爲老, 如此非一, 遍滿經傳)"라고 설명하고 있다.

66 [原校] '誅'자는 원래는 '追'로 되어 있으나, 甲 · 己 · 辛 세 사권에 의거하여 교정하였다. [校注] '誅'는 遇攝字이며, '追'는 止攝子인데 이 두 가지 攝字는 敦煌의 寫卷에서는 구분하지 않았다.

遂令出敕於天下, 遣捉艱(奸)[67]兇搜逆臣.

捉得賞金官萬戶, 藏隱封刀斬[68]一門.

旬日敕文天下遍, 不論州縣配鄉村.

季布得知皇帝恨, 驚狂莫不喪神魂.

唯嗟世上無藏處, 天寬地窄大愁人,

遂入歷山磎谷內, 偷生避死隱藏身.

夜則村墅偸餐饌,[69] 曉入山林伴[70]獸群.

嫌日月, 愛星辰,[71] 晝潛暮出怕逢人.

大丈夫兒遭此難, 都緣不識聖明君.

마침내 천하에 칙령을 선포하였다.

'간흉을 추적하고 역신을 수색하라.

붙잡으면 상금을 얻고 만호의 관직을 누릴 것이지만

숨겨준다면 칼을 내려 일가족을 몰살하리라'

열흘 만에 칙령의 내용은 천하에 널리 퍼져

주와 현은 물론 시골구석에 까지 전달되었다.

계포는 황제의 원한을 알고는

놀랍고 미칠 듯하여 정신을 잃을 정도였다.

세상에 숨을 곳이 없음을 한탄하며

---

67 [徐校] '難'은 '奸'으로 해야 하며, 다음에 나오는 구절에서는 '奸凶'으로 올바르게 표기되어 있다.

68 [原校] 己卷에서는 '斬'이 '斫'으로 되어 있다. 封刀 : 황제가 신하에게 부여하여 형을 집행할 때 사용하는 칼을 말한다.

69 餐 : 原錄에서는 '飡'으로 되어 있다. [校注] 甲卷과 己卷 및 辛卷에서는 모두 '湌'으로 되어 있는데, 곧 '餐'의 俗字이다. 『干祿字書』에서는 "餐餐은 앞 글자는 千과 安의 반절음이며, 이 글자는 또한 湌라 할 수 있다. 뒤 글자는 息과 魂의 반절음이다(餐餐 : 上千安反, 字亦作湌; 下息魂反)"라고 풀이하고 있다. '湌'는 '飡'의 속자이다. 본문에서는 '餐'로 하는 것이 옳으며, 甲 · 己 · 辛卷에 근거하여 교정하였다.

70 [原校] '伴'자는 원래 '半'으로 되어 있으나, 甲 · 己 · 辛 세 사권에 근거하여 교정하였다.

71 各卷에서는 모두 六言으로 되어 있으며, '月'자 다음에 간격을 두어 句가 나누어짐을 표시하고 있다.

세상은 넓지만 숨을 곳이 드물어서 크게 근심하였다.
마침내 역산의 계곡 안으로 들어가
죽음을 피해 목숨을 부지하느라 몸을 숨기고 있었다.
밤에는 마을에 내려가 밥을 훔쳐 먹었고
낮에는 숲 속에 들어가 짐승들과 함께 하였다.
해와 달을 싫어하고 별들을 좋아하였으며
사람을 만날까 두려워서 낮에는 숨고 밤에 다녔다.
대장부가 이러한 액난을 만난 것은
모두가 성군을 알아보지 못한 데서 연유한 것이다.

如斯旦夕愁危難, 時時自嘆氣如雲.
一自漢王登九五, 黎庶昭蘇萬姓忻;
唯我罪濃憂性命, 究竟如何問此身.[72]
自刎他誅應有日, 沖天入地若(苦)[73]無因.
忍飢[74]受渴終難過, 須投分義[75]舊情親.[76]

---

72 向 : 原錄에서는 '問'으로 되어 있다. 【校注】 原卷 및 甲·己·辛 各 寫卷에서는 모두 '向'으로 되어 있으므로, 이에 근거하여 교정하였다. 向은 그 의미가 대처하다, 처리하다는 뜻이다. 南朝 徐陵의 「報尹義尙書」에 "그대의 편지에 답하려 하니 눈물이 가득하여, 무엇이라고 써야 할지 모르겠습니다(報筆潸然, 不知何向)"라는 말이 나오며, 唐 王建의 「贈別荊南李肇」에도 "어느 틈에 巴山에는 밤이 찾아오고, 원숭이 울음소리 푸른 구름 가에 가득하네(爭向巴山夜, 猿聲滿碧雲)"라는 말이 나오며, 宋 周邦彥 「鎖陽臺」에도 "떠나야 한다면 곧장 떠나야 할 것을, 무엇 때문에 온갖 상념에 잠기는 것인가(去卽十分去也, 如何向千種思量)"라는 말이 있다.

73 苦 : 原錄에서는 '若'으로 기록되어 있다. 【校注】 己卷에서는 '地'로 되어 있는데, 이는 분명 앞 글자와 관련시켰기 때문에 생긴 오류이다. 다른 사권에는 모두 '若'으로 되어 있다. 敦煌 寫本들에서는 '苦'와 '若'자가 종종 구분되지 않았다. 여기서는 徐校에 근거하여 교정하였다.

74 甲卷은 여기에서 끝나고 있다.

75 分義 : '分'은 去聲으로 읽어야 하며, '情分'의 '分'의 의미이다. '分義'는 본래 '情義'를 지칭한다. 『三國志·吳主傳』의 "또 홀로 군주와의 정의가 각별하여, 영광과 근심을 사실상 함께했다(又孤與君分義特異, 榮戚實同)"라는 구절과 같은 편의 "이 말의 진실 됨은 큰 강물과 같았다(此言之誠, 有如大江)"라는 구절 아래에 裴注는 『魏略』의

初更乍黑人行少,[77] 越牆直入馬坊門,
更深潛至堂階下, 花藥園中影樹身.[78]
이와 같이 밤낮으로 신변의 위태로움을 근심하면서
때때로 자신의 기세가 구름처럼 부질없음을 한탄하였다.
'한왕이 제위에 오른 뒤로 줄곧
백성들은 새로운 삶을 얻게 되어 모두 기뻐하는구나.
오직 나만 지은 죄가 무거워 목숨을 근심하고 있으니
결국 어떻게 이 몸을 문책하려나.
스스로 목숨을 끊거나 그가 주벌하는 날이 있을 터인데
온 천하에 애달프게도 의지할 데가 없구나.
굶주림과 갈증을 참고서 끝까지 버텨내기 어려우니
하는 수 없이 옛 친구에게 정분을 기대해 보리라.'

"權은 대대로 총애를 받았으며, 정의가 매우 돈독하였다(權世受寵遇, 分義深篤)"를 인용해놓고 있다. '分義'는 곧 '情義'를 말하며, 變文에서는 이 말을 활용하여 情義가 깊고 돈독한 친구와 결의를 맺은 형제를 지칭하고는 한다. 뒤에 나오는 구절 "只是舊時親分義" "記(旣)道遠來酬分義"에서의 分義도 그 의미가 동일하다.

76 情親 : 친구와 벗을 말한다. 『宋書 · 廬江王禕傳』에 "친한 벗들과 담박한 우정을 나누었고, 세상을 살아가며 많은 사람들과 깊은 결의를 맺었다(澹薄親情, 厚結行路)", 『水經注 · 漸江水』에 "정들었던 친구들 모두 죽어버렸다(親情凋落)"라는 말이 보인다. 또 稽康 「管蔡論」에 "깊은 정을 나누었던 친구는 아니었지만 서로 개인적으로 알고 지내는 사이였다.(非以情親而相私也)"라는 말, 鮑照 「學古詩」에 "서글프게 깊이 정들었던 친구들을 그리워해보네(惆悵憶情親)"라는 구절이 있는데, 이 예들에서 '親情'과 '情親'의 뜻은 동일하다.

77 乙卷은 이 구절로부터 시작하고 있다.

78 影樹身 : '나무의 뒤에 (몸을) 숨기다'는 映樹身의 뜻이다. '影'에는 '엄폐하다 · 숨기다'는 의미가 있는데, 뒤에 나오는 '由如烟影嶺頭雲'이 그 예에 해당한다. 劉禹錫 「送僧方及南謁柳員外幷引」의 "匡山에 의지하여 …… 숨어살며 10년 동안 나오지 않았다(依匡山 …… 影不出山者十年)"라는 구절이 있고, 「降魔變文」에는 "담벽에 숨어있다 갑자기 모습을 드러내었는데, 그 생김새가 비할 데 없을 정도로 빼어났다(使影墻忽見, 儀貌絶倫)"라는 말이 있는데 袁賓은 "唐宋의 文獻 속에서의 '影'에는 '숨기다'는 의미가 있다. ……'影墻'과 앞에서 예로 든 '影樹身'의 사례는 서로 유사하여, 충분히 비교하여 대조할 만하다"고 했는데 매우 옳은 말이다. 江藍生은 '影'를 '倚'로 교정했으며, 趙逵夫는 '影樹身'를 '樹隱身'으로 교정하고 있는데 합당하지 않다.

초저녁에 날이 어두워지고 인적이 드물어지자
담을 넘어 곧장 마구간 문으로 들어갔다.
더욱 야심해지자 당 계단 아래까지 잠입해 들어가
화초 밭에 있는 나무 뒤에 몸을 숨기고 있었다.

周氏夫妻餐饌次, 須臾敢(感)[79]得動精神;
罷飯停餐驚耳熱, 捻筯[80]橫匙怪眼瞤.
忽然起立望門問 : 「階下于(爲)[81]當是鬼神?
若是生人須早語,[82] 忽然[83]是鬼奔[84]丘墳;

79 【原校】己卷에서는 '敢'이 '咸'으로 되어 있으며, 辛卷에서는 '憨'으로 되어 있다. 馮씨는 "아마도 '敢'은 '感'의 오기인 듯하다"라고 하였다. 【校注】馮씨의 校注는 옳으며, '感'은 곧 '감응(感應)'의 뜻이며 迷信에서는 발생한 어떤 일을 통해 모종의 전조를 획득하는 것을 지칭한다. 그 아래에 나오는 귓불이 달아오르고, 눈을 깜빡이는 일들이 그 전조들에 해당한다.

80 【原校】'筯'자는 原卷에서는 '助'로 되어 있으나, 乙·己·辛의 세 寫卷에 근거하여 교정하였다.

81 于 : 原錄에서는 '干'으로 기록되어 있다. 【校注】原卷에서 '干'으로 한 것을 제외하고는 기타 현존하는 乙, 己, 辛 三卷에서는 모두 '于'로 하고 있으며, '爲'와 통한다. '爲當'의 '爲'자는 疑問詞로서 '~인가 ~아닌가' 하는 선택 관계를 표시한다. 그 아래에 나오는 구절인 "下階迎接叙寒溫" 구절 뒤에 庚卷에는 "義重過爲骨肉親" 등의 구절이 있는데 여기서 '爲'는 곧'于'와 통한다. '于'는 喩母('於'는 影母)遇攝字, '爲'는 影母止攝字인데, 敦煌 卷子에서는 止와 遇 二攝자가 대부분 구분되지 않았는데, 그리므로 이러한 예들은 通假字가 될 수 있었다. 「舜子變」의 "부모에 효순하는 것으로 하늘을 감동시켰다(孝順父母(咸)感於天)" 구절의 '於'字 P.2621에서는 '于'자로, 그리고 S.389에서는 '爲'자로 되어 있다. 「廬山遠公話」의 "모두들 열반에 이르고자 滅盡諦를 실천하였다(皆爲涅槃而行滅度)"라는 구절의 '爲'字가 原卷의 小字旁에서는 '於'자 옆에 교정되어 있는 것이 모두 그 증거이다. 『孟子·告子』의 "비록 그와 함께 같이 공부를 하였는데도, 그만 같지 못하다. 이는 그대의 지혜가 그에 미치지 못하기 때문인가 아닌가? 대답하길 그렇지 않다(雖與之俱學, 弗若之矣. 爲是其智弗若與? 曰 : 非然也)"라는 구절의 '爲'가 곧 '~인가 ~아닌가'의 의미이다. 또 『太平廣記』 卷二四五 「諸葛恪條」의 "어떤 사람의 아들에게 그 아버지의 자를 사용한다면, 이는 예의에 합당한 일인가 그렇지 않은가?(向人子而字父子(字), 爲是禮也?)" 구절에서의 '爲是'는 '爲當'과 그 기능이 동일하다. 馮沅君, 黃雲眉, 徐震 等은 모두 '干'를 '敢'로 교정하고 있는데, 모두 오류이다.

82 庚卷은 다음 구절에서부터 시작하고 있다.

83 忽然 : '만약, 가령'의 뜻으로 앞 구절의 '若'字와 의미가 동일하다. 그 뒤에 나오는 구

問着不言驚動僕,[85] 利劍鋼刀必損[86]君!」
季布暗中輕報曰[87]:「可想[88]階下無鬼神!
只是舊時親分義,[89] 夜送千金來與[90]君.」
周諡[91]按聲[92]而問曰:「凡是千金須有恩,[93]

절의 "朱解忽然來買口, 商量莫共苦爭論"에서의 '忽然' 역시 그 의미가 같다. 『通釋』의 해당 조목에 설명이 상세하다.

84 【原校】 乙卷에서는 '奔'字가 '葬'으로 되어 있으며, 己·辛 兩卷에서는 '莽'으로 되어 있으며, 庚卷에서는 全句가 '儻然是鬼奔丘墳塡'으로 되어 있다. 【校注】 乙卷에서는 사실 또한 '莽'으로 되어 있기도 한데, 이 글자는 곧 '莽'의 俗字 아니면 '奔'의 誤字이다. '奔丘'는 곧 丘憤을 향해 가다는 의미이며, 吳世昌은 무덤으로부터 나오다는 의미라고 말했으나 옳은 것은 아니다.

85 着:原錄에서는 '看'으로 기록되어 있다. 【原校】 己·辛 두 寫卷에서는 '看'字가 '着'으로 되어 있다. 庚卷에는 구절 전체가 '問着不語莫驚僕'로 되어 있다. 【校注】 原卷에서는 실제로는 '着'으로 되어 있으며, 이에 근거하여 교정하였다. 黃雲眉는 '驚動僕'은 응당 '驚僮僕'으로 해야 할 듯하다고 했지만, 옳은 것 같지는 않다.

86 【原校】 '損'은 原卷에서는 '捐'으로 되어 있으나, 乙·辛 두 寫卷에 근거하여 교정하였다. 【校注】 己卷에서도 역시 '損'으로 되어 있다.

87 庚卷에서는 이 구절이 "季布暗忠(中)而對曰"으로 되어 있다.

88 可想:原錄에서는 '可相'으로 되어 있다. 【原校】 '相'字는 己·辛 兩卷에서는 '想'으로 되어 있다. 庚卷에서는 이 구절 전체가 "可想聽前有鬼神"으로 되어 있다. 【校注】 乙卷에서도 '可想'으로 되어 있다. '可'에는 '어찌(豈)'의 의미가 있으며, 반문 구절을 이루고 있다. 이와 같기 때문에, '无鬼神'은 庚卷에 의거하여 '有鬼神'으로 교정하였다.

89 庚卷에서는 이 구절이 "僕是生人酬公(分)義"로 되어 있다.

90 【原校】 '來與'가 原錄에서는 '與來'로 되어 있으나, 庚卷에 근거하여 교정한다.

91 【原校】 己卷에서는 '周諡'이 '周譖'로 되어 있는데 周씨의 이름인 듯하다. 만약 人名이 아니라면, '諡'은 '氏'字의 聲誤인 듯하다. 【校注】 原卷 및 乙卷과 辛卷에서는 '諡'로 되어 있으며, 己卷에서는 '譖'으로 되어 있으며, 庚卷에서는 '低'로 되어 있다. 己卷의 글자는 '諡'자가 변한 것이고 庚卷의 글자는 '氏'자에다 편방자를 첨가한 것이다. 그 다음에 나오는 구절 "周氏低聲而對曰"은 丁卷에서는 "周低佤頭如對曰"로 되어 있는데, '低', '佤'는 서로 혼동할 수 없는 글자들이다. 그 다음에 나오는 구절의 '氏'는 丁卷에서는 모두 '亻'旁을 따른 것이다. 篇內의 '氏', '諡' 또한 각각 '是'·'市'로 되어 있는데 이는 모두 음이 같기 때문에 대체한 것이다. 『史記·季布傳』을 보면 "계포는 濮陽 周氏의 집에 숨은 적이 있다(布匿濮陽周氏)"라 했으므로, 본문에서는 응당 '氏'로 해야 한다.

92 按聲:己卷에서는 '笑貌'로 되어 있으며, 庚卷에서는 '接聲'으로 되어 있다. '按聲'의 뜻은 곧 '목소리를 죽이다, 목소리를 낮추다'는 의미이다. 『全唐詩外編』 卷十에 張祜의 「投魏博田司空二十韻」에 "목소리를 죽인 채 진중에 넘쳐나는 피들을 바라보고, 눈물을 흘리며 녹슨 칼을 쓰다듬어 보네(桉聲鋪陣血, 垂淚撫刀瘡)"라는 구절이 보이

記(旣)[94]道遠來酬分義, 此語應虛莫再論.」

마침 주씨 부부는 저녁 식사를 하고 있었는데
순간적으로 인기척을 느끼고 신경을 집중시켰다.
하던 식사를 멈추고 놀래며 귓바퀴에 열이 올랐고
들던 수저를 놓고는 괴이해하며 눈꺼풀을 깜빡거렸다.
갑자기 일어나 문을 바라보며 물었다.
"계단 아래에 설마 귀신은 아니겠지?
만약 살아 있는 사람이거든 빨리 정체를 밝히고
가령 귀신이라면 무덤으로 도망가거라.
물음에 대답하지 않으면 하인들을 흔들어 깨워서
날카롭고 강인한 칼로 네 놈을 베어 버리겠다!"
이에 계포는 어둠 속에서 나직한 말투로 대답했다.
"계단 아래 귀신은 없다고 생각하네!
다만 옛날에 친구의 정분을 생각하고
야밤에 천금을 주려고 자네에게 달려 왔네."
주씨는 소리 난 쪽을 살피며 물었다.
"무릇 천금이란 모름지기 은혜를 입는 것인데
갑자기 멀리서 와서 정분에 보답한다고 하니
그 말은 터무니없으니 다시 언급하지 마시오."

更深越牆來入宅,[95] 夜靜無人但說眞.

는데 여기서의 '桉聲'은 '按聲'의 뜻이다.

93 '凡受人金'는 原錄에서는 '凡是千金'으로 되어 있다. 【原校】 庚卷에서는 '凡是千金'에서는 '凡受人金'으로 되어 있으며, 乙卷에서는 '有'자가 '在'로 되어 있다. 【校注】 庚卷의 뜻이 훨씬 낳기 때문에, 여기서는 庚卷에 근거하여 교정하였다. 乙卷에서의 '在'는 '有'자의 자형이 와전된 것이다.

94 【原校】 庚卷에서는 '記'가 '忽'로 되어 있다. 【校注】 '記'는 '旣'와 통하며, 아래의 '旣蒙垂問' 구절의 '旣'자는 庚卷에서는 '記'로 되어 있다. '忽'은 '或'과 통하며, '만약'이란 뜻이다..

季布低聲而對曰:「切莫語高[96]動四鄰.

不問未能諮說得,[97] 旣蒙[98]垂問卽申陳.

深夜不必盤名姓,[99] 僕是去年[100]罵陣人!」

周氏便知是季布, 下階迎接敍寒溫.[101]

乃問:「大夫自隔闊,[102] 寒暑頻移度數[103]春,

自從有敕交尋捉, 何處藏身更不聞.」

더욱 야심해지자 담을 넘어 집으로 들어가서

인적 없는 고요한 밤에 진실만을 이야기하게 되었다.

계포는 목소리를 낮추어 대답했다.

"절대로 목소리를 높여서 이웃들을 깨우지 말게.

묻지 않았다면 말하지 않으려 했지만

---

95 이 구절은 庚卷에서는 "君且是誰投僕宅"으로 되어 있다.

96 '切莫語高'는 乙卷에서는 '切語莫高'로, 己卷에서는 '切莫高義'으로 庚卷에서는 '小語莫交'로 되어 있다.

97 諮: 原錄에서는 '諮'으로 되어 있다. [校注] 乙卷 및 己·辛卷에서는 '訟'으로 되어 있는데 바로 '諮'의 俗字이다. '諮說'은 또한 '咨說'로 되어 있는데 그 의미는 즉 '설명하다'·'상세하게 말하다'이다. 이외에도 '諮白', '諮陳', '諮啓', '諮告' 等의 용어가 있는데 그 의미는 모두 동일하다. 魏晋南北朝 이래의 속어이다. 『三國志·后紀傳』의 "대사를 처리하는 일은 모두 태후에게 아뢰고 난 후에야 시행해야 한다(與奪大事, 皆先咨啓於太后而後施行)" 구절이 곧 그 예가 된다. 馮沅君은 '諮說', '諮說'은 모두 무슨 뜻인지 알 수 없으며 모두 '談說'로 교정해야 한다고 하였으나, 옳은 것은 아니다. 庚卷에서는 이 구절 전체가 '不敢未能言啓得'으로 되어 있는데, '言啓'는 곧 '諮說'이다.

98 蒙: 庚卷에서는 '言'자로 되어 있다.

99 이 구절은 庚卷에서는 "伏惟不必盤佶次"로 되어 있다.

100 [原校] 庚卷에서는 '去年'이 '前年'으로 되어 있다. [校注] '前年'은 한 해 전 즉 작년을 말한다.

101 庚卷에서는 "階下而拜叙寒溫"으로 되어 있다. [原校] 庚卷에서는 이 구절 뒤에 "선대에 일찍이 결의를 맺어 형제가 된 적이 있는데, 의리가 중해지면 쉽게 골육의 친척이 된다(先曾契義爲兄弟, 義重易爲國骨肉親)"라는 두 구절이 더 있다. [校注] '易爲'는 庚卷에서는 사실 '過爲'로 되어 있으며, '爲'는 '於'와 통한다. '契義'의 의미는 '分義'와 같으며, 여기서는 동사로 사용되어 '결의를 맺다'는 뜻이다.

102 自隔闊: 庚卷에서는 '遭契闊'로 되어 있다.

103 數: 庚卷에서는 '幾'로 되어 있다.

기왕에 물으니 질문하는 대로 즉시 대답하겠네.
한 밤중이라 성명을 밝힐 필요는 없지만
나는 지난해에 진영에 욕을 한 사람일세!"
주씨는 곧 그가 계포임을 알아채고는
계단을 내려가 그를 맞이하고 안부를 물었다.
"대부와 헤어진 지 벌써 오래되어
한서가 자주 바뀌고 여러 번 봄을 맞이했는데
칙령을 내려 그대를 체포하도록 한 이래로
어디서 숨어 지내셨는지 듣지 못했습니다."

季布聞言而啼泣[104] : 「自往艱危切莫論.[105]
一從罵破高皇陣, 潛山伏草受艱辛.[106]
似鳥在羅憂翅羽, 如魚向鼎惜岐(鰭)鱗.[107]
特將殘命投仁弟, 如何垂分乞安存.」[108]
周氏見其言懇切 : 「大夫請不下心神.[109]

---

104 啼 : 原錄에서는 '渧'로 되어 있다. 【校注】 己卷에서는 '啼'로 되어 있는데 '渧'는 '啼'의 俗字이다.

105 艱 : 原錄에서는 '難'으로 되어 있다. 【校注】 原卷 및 乙·己·辛 세 사권에서는 모두 '艱'으로 되어 있는데, 이에 근거하여 교정하였다. 庚卷에서는 이 구절 선제가 "自住(往)厄難有莫論"으로 되어 있다.

106 이 구절은 庚卷에서는 "潛山伏海度新(辛)懃"으로 되어 있다.

107 岐 : 馮沅君校에서는 '鰭'자로 되어 있다. 【校注】 原卷에서는 '岐', 乙·辛卷에서는 '岐'로 되어 있으며 己卷에서는 '岥'로 되어 있다. 蔣紹愚校에서는 '披'으로 되어 있으나, 옳은 것은 아니다. 庚卷에서는 '[illegible]'로 되어 있는데 이는 곧 '鬐'字이며 '鰭'와 통한다. 『龍龕手鏡』에서는"鬐은 俗字이다. 혹은 '鬐'으로 쓰기도 하는데, 이것이 오늘날의 자체이다. 渠와 脂의 반절음이며, 말의 갈기를 말한다(鬐, 俗; 鬐, 或作鬐, 今 : 渠脂反, 馬項上一也)"라고 설명하고 있다.

108 庚卷에서는 '分'이 '恩'으로 '乞'이 '爲'로 되어 있다. 【校注】 '分'은 情分을 말하며, '恩'과 뜻이 가깝다. '乞'은 '주다'는 뜻으로, '爲'와 뜻이 가깝다.

109 不 : '莫'과 의미가 같다. 본편에 나오는 '不', '莫'은 서로 바꿔 쓰는 경우가 많다. 庚卷의 경우 '不'자 아래 부분이 비교적 모호한데, '少要' 두 글자로 된 듯하기도 하여 潘씨는 '必'로 교정하기도 하였다. '心神' 두 글자는 庚卷에서는 '精神'으로 되어 있다.

一自結交[110]如管鮑, 宿素情深舊拔塵,[111]
今受困危[112]天地窄, 更向何邊投莽人?[113]
九族潘遭[114]違敕罪, 死生相爲[115]莫憂身.」
執手上堂相對坐, 索飯同餐酒數巡.[116]
계포는 이 말을 듣고서 눈물을 흘리며 말했다.
"지난날의 고생은 일절 거론하지 말게.
고조 황제의 진영에 욕을 하여 군대를 물리친 이래로

---

110 結 : 原錄에서는 '相'으로 기록되어 있다. 【原校】 己・庚 양 사권에서는 '相'이 '結'로 되어 있다. 【校注】 原卷 및 乙卷에서도 모두 '結'로 되어 있는데, 이에 근거하여 교정하였다. 庚卷에서는 '一'이 '幸'으로 되어 있다.

111 庚卷에서는 이 구절이 "契義情深舊擁塵"으로 되어 있다. '拔塵', '擁塵'은 응당 곧 故人을 지칭하며, 그 아래에 나오는 "情濃舊故人"의 고인을 말한다. 『全唐詩』 卷三三三 楊巨源 「和裴舍人觀田尙書出獵」의 "말이 내달리니 겨울녘 대지 위에 먼지가 일고, 彎弓은 달빛을 부르고 삭풍을 일으키네(飛鞚擁塵寒草塵, 彎弓開月朔風生)"라는 구절이 있는데, 여기서의 '擁塵'은 수렵을 위해 말을 달려 먼지가 날리는 것을 말한다. 變文의 경우에는 '일찍이 함께 말을 내달리다'는 뜻에서 인신되어 '故人'의 뜻을 갖게 되었다. 또 '拔'은 당연히 '跋'의 가차자이다.

112 危 : 原錄에서는 '厄'으로 되어 있다. 【原校】 '困厄'은 원래는 '因危'으로 되어 있으나, 乙・己・庚・辛 네 사권에 근거하여 교정하였다. 또 '窄'字는 庚卷에서는 '側'으로 되어 있다. 【校注】 乙・己・辛 세 사권에서도 사실은 '困危'로 되어 있으며 그 의미는 '難危'와 동일한데, 앞에 나오는 '自往艱危切莫論'이 그 증거이다.

113 莽 : 原錄에서는 '莽'으로 되어 있다. 【原校】 庚卷에서는 '邊'이 '方'으로 되어 있으며, '莽'은 '甚'으로 되어 있다. 馮씨는 '莽'은 바로 '奔'의 오기인 듯하다고 의심했으나, 이는 틀린 생각인 듯하다. 【校注】 '莽'字는 各卷에서 모두 동일한데, 곧 '莽'의 속자이다. 『干祿字書』에서는 "莽莽에서 앞 글자는 속자이며 뒷 글자는 정자이다(莽莽 : 上俗下正)"라고 설명하고 있다. 蔣禮鴻은 "'莽'과 '沒'은 의미가 동일한데 바로 '무엇, 어떤'의 의미이다. '投莽人'은 곧 '어떤 사람에게 몸을 맡기다'는 의미이다. 庚卷에서는 '甚'으로 되어 있다. '甚'과 '莽'字는 서로 다른 글자이나 그 의미는 동일하다"라고 말하고 있다.

114 【原校】 己卷에서는 '遭'가 '連'으로 되어 있다. 【校注】 '連'은 '遭'의 誤字이다. 또 馮沅君, 徐震은 모두 '潘'을 '拚'으로 교정했으나, 그럴 필요는 없는 듯하다. 이 구절은 '차라리 자신과 가족의 목숨을 내버리기를 원하다'는 것을 말하고 있다. 글자 역시 '判', '拌' 等으로 되어 있는데, 어느 것이 본래의 글자인지 고증하기가 매우 어렵다.

115 爲 : '돕다(助)'는 뜻이며 去聲으로 읽어야 한다. 『廣韻・寘韻』에서는"爲는 '돕다'(爲, 助也)"라고 풀이하고 있다.

116 酒數巡 : 庚卷에서는 '喫一巡'으로 되어 있다.

산속에서 숨어 지내며 온갖 고초를 겪었네.
마치 그물에 갇힌 새가 날개를 근심하듯이
솥에 든 물고기가 지느러미를 아끼듯이 생활했네.
앞으로 남은 목숨 어진 아우 자네한테 맡기려고 하니
정분에 힘입어 안존을 구걸하는 수밖에 어찌하겠나."
주씨는 그 말이 간절한 것을 보고 곧 말했다.
"대부께서 청하시니 어찌할 바를 모르겠습니다.
서로 교분을 맺은 후 줄곧 관중과 포숙처럼 지내며
이제껏 정분이 두터웠고 옛날에 빈천한 데서 저를 발탁해주기도 했지요.
지금 액난을 만나서 거처할 공간이 좁아졌으니
다시 어디로 향하며 어떤 사람에게 몸을 맡기겠습니까?
칙령을 위반한 죄로 구족이 희생을 치르게 되더라도
생사를 함께 하리니 신변을 근심치 마십시오."
손을 잡고 당에 올라서 마주 앉고는
밥을 차리게 하여 함께 식사하면서 술잔이 몇 번 돌았다.

周氏向妻申子細, 還道:「情濃舊故人.
今遭國難來投僕,[117] 輒莫談量[118]聞四鄰.」[119]

---

117 이 구절은 庚卷에서는 '今遭厄難投僕宅'으로 되어 있다.

118 量: 原錄에서는 '楊'으로 되어 있다. [原校] '楊'자는 原錄에서는 '量'으로 되어 있으나, 乙·己·庚·辛 네 寫卷에 근거하여 교정하였다. [校注] '談量', '談揚'의 뜻은 선전하다(宣傳), 두루 공포하다(散布)의 의미이다. P.4995「兒郎偉」에 "이씨는 社內의 존장들을 받드는 것을 좋아하였는데, 모든 일에 있어 언제나 공손하게 합당하게 처리했다. 지금 그의 공덕을 기려 기록으로 남기려고 하니, 社內의 사람들이 다투어 선전하였다(李樂榮(營)社內尊長, 萬事總辦祇當. 今載初修功德, 社人說好談量)"라는 말이 있다. P.3302「兒郎偉」에도 "만약 이 화상의 功德과 修業에 대해 말하고자 한다면, 참으로 말하기가 어려운 사람입니다(若說和尙功業, 難可談量者矣!)"라는 말이 있다. 原校에서는 아마도 '談量'이라는 용어가 있는 것을 모르고 다른 寫卷에 근거하여 교정한 듯하다. 또 '聞四鄰'은 庚卷에서는 '向四鄰'으로 되어 있다.

119 [原校] 乙·己·庚·辛 네 사권에서는 '不'이 '莫'으로 되어 있다.

季布遂藏覆壁內, 鬼神難知人不[120]聞.
周氏身名緣在縣, 每朝巾幘入公門.
處分交妻盤送飯, 禮同翁[121]伯好供承(懃).[122]
주씨는 처에게 자세한 얘기를 하면서
거듭 말했다. "정분이 두터운 옛 친구라오.
지금 국난을 만나 나에게 의지하러 왔으니
항상 이웃에 알려지지 않도록 떠벌리지 마오."
계포는 마침내 복벽 안에 숨게 되었고
귀신도 모르고 사람도 소문을 듣지 못했다.
그런데 주씨는 현에 재직하고 있었으므로
매번 조회 때에 두건을 쓰고 관부에 들어갔다.
이에 아내에게 음식을 가져다 주도록 하였고
그를 웃어른처럼 예우해 정성스럽게 받들도록 분부했다.

爭那高皇酬恨切,[123] 扇開簾捲問大臣[124]:
朕遣諸州尋季布,[125] 如何累月音不聞?[126]

---

120 【原校】 庚卷에서는 이 구절 아래에 '如思藏隱經旬日, 不交失所意常均'라는 두 구절이 더 있다. 【校注】 '思'는 응당 '斯'로 해야 한다.

121 【原校】 己卷과 庚卷에서는 '翁'이 '公'으로 되어 있다. 【校注】 庚卷에서는 '禮同公伯'이 '只同公伯'으로 되어 있다. '翁伯'과 '公伯'는 의미가 동일하며, 아버지의 아버지 및 아버지의 형을 말한다.

122 承 : 原錄에서는 '懃'으로 되어 있다. 【校注】 庚卷에서는 '丞'으로 되어 있는데, 敦煌의 寫本에서는 '承'이 '丞'으로 되어 있는 경우가 많다. 그래서 바로 '承'으로 교정하였다.

123 爭那 : '어찌하랴'의 의미이다. 『金剛般若波羅密經講經文』의 "대체로 얼굴로 따지자면 비슷한 경우가 있을지 모르나, 존귀한 일과 비천한 일이 서로 다른 것은 어쩔 수 없다(大有顏容相似者, 爭那尊卑事不同)"가 그 예이다. 또 庚卷에서는 이 구절이 "高皇直爲讎分切"로 되어 있다.

124 【原校】 '捲'은 原卷에서는 '倦'으로 되어 있는데 馮씨의 校注에 근거하여 교정하였다. '大臣'은 庚卷에서는 '群臣'으로 되어 있다.

125 【原校】 '諸'자는 原卷에서는 '之'로 되어 있으나, 乙·己·庚·辛 네 寫卷에 근거하여 교정하였다. 또 '尋'자는 庚卷에서는 '搜'로 되어 있다.

應是官寮心怠慢, 至今逆賊未藏身.」

遂遣使司[127]重出敕, 改條換格[128]轉精懃.

白土拂牆交畫影,[129] 丹青畫影更邈眞;[130]

所在兩家團(圃)[131]一保, 察有知無具狀申.

---

126 [原校] '聞'자는 原卷에서는 '問'으로 되어 있으나, 乙・己・辛 세 寫卷에 근거하여 교정하였다. [校注] 庚卷에서는 이 구절 전체가 "因何累月經音雲"으로 되어 있다.

127 所司 : 原錄에서는 '使司'로 되어 있다. [原校] 己・庚・辛 세 寫卷에서는 '使司'가 '所司'로 되어 있다. [校注] '所司'는 주관하는 관청 혹은 주관하는 관리를 말한다. '使'字는 '所'와 음이 동일하여 가차한 것이다. 『孔子項託相問書』의 "개가 그 주인을 보고 짓고, 며느리가 앉아서 시어머니를 부린다(犬吠其主, 婦坐使姑)"가 그 예이다. '使'자는 甲卷에서는 '所'로 되어 있다. 같은 篇의 "평지가 고산을 밀어내면 짐승이 의지할 데가 없어지며, 추위가 강과 바다에 찾아오면 물고기가 돌아갈 곳이 없어진다(平却高山, 獸無所依; 寒却江海, 魚無所歸)" 구절의 두 '所'字가 己卷에서는 모두 '使'로 되어 있다.

128 改條換格 : 새로운 조칙을 반포하다는 의미이다. 『新唐書・型法志』를 보면 "당의 형법관련 조서에는 네 종류가 있었는데, 律・令・格・式이 그것이다(唐之刑書有四, 曰律, 令, 格, 式)"라 설명하였다. 『大唐六典』 卷六 「刑部郎中員外郎」條를 보면 "무릇 律凡로서 刑과 죄목을 정하며, 令으로서 규범과 제도를 세우며, 格으로 위법행위와 사악한 행위를 방지하며, 格으로 사물과 일들을 올바른 방향으로 이끌어가도록 한다(律以正刑定罪, 令以設範立制, 格以禁遠止邪, 式以軌物程事)"라고 설명하고 있다. 대체로 格文은 敕文에 의거하여 내려오는 경우가 많으므로, 그래서 앞 구절에서 '重出敕'이라 하고 뒤 구절에서 "黃牒分明掟在市, 墮賞堆金條格新"이라 말하고 있는 것이다. S.1344 「開元戶部格」 殘卷에서는 매 조목 위에 '敕'자를 덧붙이고 있다. '條格'은 하나의 용어이며 곧 '格'의 變音詞이다. 『唐書・高祖本紀』의 "53개의 조목을 널리 반포하여, 법률을 줄이고 형벌을 완화시켰다(詔頒五十三條格, 以約法緩刑)"가 그 예이다.

129 拂 : 庚卷에서는 '掃'로 되어 있다. '影'은 '초상화'의 뜻이다. 『南史・子春傳』의 "刺吏王神念은 백성들이 기도를 하기 위해 죽을 낭비하는 것 때문에, 신의 동상을 무너뜨리고 舍屋을 파괴하였다(刺吏王神念以百姓祈禱糜費, 毀神影, 壞屋舍)"라는 말과 S.3872 『維摩詰經講經文』의 "이름을 봉황 누각에 드날리고, 기린각에 초상을 그리다(顯名於鳳閣之中, 書影向麟臺之上)"는 말이 그 용례이다.

130 이 구절이 庚卷에서는 "單筆啚刑(形)令寫眞"으로 되어 있다. [校注] '邈眞'은 곧 '寫眞'의 의미이다. '邈'의 오늘날의 글자는 '描'이다.

131 團 : 原錄에서는 '圃'로 되어 있다. [原校] '己卷'에서는 '圃'자가 '圓'자로 되어 있으며, 庚과 辛 두 寫卷에서는 '團'로 되어 있다. 周一良은 "응당 庚・辛 두 사권에 근거하여 '團'으로 해야 하며, '團保'는 唐人들이 관습적으로 사용하던 용어로서 '서로 감시하다'는 의미이다. 이 말은 『通鑒』・唐穆宗長 二年 조목에 보인다"라고 하였다. [校注] 周氏의 견해가 옳다. 『唐書・食貨志』를 보면 "네 집을 하나의 鄰으로 삼고, 다섯 집을 하나의 保로 삼았다. …… 마을과 이웃 사이에, 서로 번갈아 가며 감시하고 감찰하였다(四家爲鄰, 五家爲保, …… 村坊鄰里, 相督察)"라는 말이 있다.

先拆重棚[132]除覆壁, 後交(敎)簸[133]土更颺塵;
尋山逐水薰巖穴,[134] 踏草搜林塞墓門.[135]
察貌勘名擒捉得, 賞金賜玉拜官新;[136]
藏隱一餐停一宿, 滅族誅家(盡)[137]斬六親.
한편 한왕의 복수심이 간절한 것을 어찌하랴.
부채를 걷고 발을 말아 올리고는 대신에게 물었다.
"짐은 온 지방에 관리를 보내 계포를 잡아들이게 했거늘
어찌하여 수개월이 지나도록 소식이 들리지 않느냐?
모든 관료들의 정신이 태만해서이니, (그렇지 않다면)
지금까지 역적이 몸을 숨기지는 못했을 것이다."
드디어 관리를 파견하여 다시 칙령을 내리니
현상금을 인상하여 더욱더 정신을 쏟도록 하였다.
백토를 벽에 칠하고 계포의 초상을 그리게 하니
단청으로 그림을 그려 곧 초상화를 완성하였다.
도처에서 두 집씩 서로 감시하도록 했고,
있는지 없는지를 살펴서 모두 신고하게 하였다.
먼저 이중 누각을 허물고 복벽을 철거하고는,

---

132 重棚: 棚閣 안에 있는 棚閣을 말한다. P.3468「儿郎偉」에 "절도의 귀신이 봉각을 타고 누각 위로 올라왔다(竊盜之鬼, 緣棚上閣)"는 말이 있는데, 이를 통해 볼 때 '棚' 역시 누각임을 알 수 있다.

133 簸: 原錄에서는 '播'로 되어 있다. 【校注】 이 두 글자는 음과 의미가 동일하며, 己卷과 庚卷에서는 '簸'로 되어 있다. 자세한 것은 앞의 주39를 참조.

134 【原校】 丁・庚 두 寫卷에서는 '穴'이 '窟'로 되어 있다. 【校注】 丁卷은 이 구절부터 시작한다.

135 塞墓門: 丁・庚 두 寫卷에서는 '惟(摧)墓塡'으로 되어 있다.

136 拜官新: 丁卷과 庚卷에서는 '拜公勳'으로 되어 있다.

137 盡: 原錄에서는 '斬'으로 되어 있다. 【原校】 '斬'은 原卷에서는 '陣'으로 되어 있으나, 丁・己・庚・辛 네 寫卷에 근거하여 교정하였다. 【校注】 原卷에서는 먼저 '陣'자를 쓰고, 그 옆에다 '塵'으로 교정하고 있는데, 여기서는 이에 근거하여 교정하였다. 己卷에서도 사실은 '陣'으로 되어 있으며, 丁卷과 庚卷에서는 본 구절 전체가 '滅族須誅斬六親'으로 되어 있다.

뒤이어 흙먼지조차 털어버렸다.
온 산과 하천을 수색하고 동굴에 불을 피웠으며,
초목과 수풀 속을 뒤지고 묘문을 막아 버렸다.
모습이나 이름을 눈여겨 살펴서 체포에 기여한다면,
상금으로 옥을 하사하고 새로운 관직에 임명할 것이지만,
몰래 숨겨주고 한 끼 식사를 주거나 하루 밤 재워준다면,
그 집안을 멸족하여 육친까지 참수할 것이다.

仍差朱解[138]爲齊使, 面別天階出國門.
驟馬搖鞭[139]旬日到, 望捉奸兇貴子孫.
來到濮陽公館下, 具[140]述天心宣敕文.
州官縣宰皆憂懼, 捕捉惟愁失帝恩.
其時周氏聞宣敕, 由如大石陌心珍(鎭).[141]
自隱時多[142]藏在宅, 骨寒毛竪失精神.[143]

---

138 朱解 : 『史記 · 季布傳』에서는 '朱家'로 되어 있으며, 그 아래의 '朱解忽然來貰口'구설에서의 '朱解'는 戊卷에 '朱家'로 되어 있다. '家'와 '解'는 그 소리가 같고 韻이 근사하여 음이 같은 글자를 빌려다 쓴 것이다.

139 庚卷에서는 '上馬揮鞭'으로 되어 있다.

140 具 : 原錄에서는 '且'로 되어 있다. [原校] 庚卷과 辛卷에서는 '且'가 '具'로 되어 있다. [校注] 原卷 및 기타의 각 寫卷에서도 실제로는 '具'로 되어 있다. 그리고 戊卷은 이 구절에서부터 시작하고 있다.

141 珍 : 原錄에서는 '珎'으로 되어 있는데 곧 '珍'의 俗字이다. 蔣禮鴻은 "'陌心'은 바로 '마음에 아무런 의문이 없다'는 것을 말한다. '珎'은 동사이며, 아마도 '鎭'과 同音이어서 가차한 글자인 듯하다"라고 하였다. [校注] 『樂府詩集』 「襄陽樂」의 "강릉 삼천 삼리의 땅에, 西塞가 한복판에 위치해 있구나(江陵三千三, 西塞陌中央)"라는 구절의 '陌'자가 바로 '한복판에'의 뜻으로, 본 변문에서의 의미와 동일하다. '鎭'字는 『集韻』에서 또한 平聲 眞韻에다 귀속시키고 있고, '珍'과 완전한 同音이다.

142 [原校] 丁卷에서는 '時多'가 '多時'로 되어 있다. [校注] '時多'와 '多時'는 의미가 동일하다. 「廬山遠公話」 가운데 "오랜 시간 동안 앉아, 몽롱히 잠에 빠져 있었다(久坐時多, 朦朧睡着)" 구절에서도 역시 '時多'라는 말을 사용하고 있다. 그리고 '自隱'은 곧 '홀로 생각해보다', '혼자 알다'는 의미이다. 『廣雅 · 釋詁』에서는 "隱자는 '헤아리다'(隱, 度也)"라고 풀이하고 있다. 『通釋』의 해당 조목 및 注 366에 상세하게 설명이

歸到壁前看季布, 面如土色結[144]眉頻,
良久沈吟無別語, 唯言「禍難[145]在逡巡」.
이에 주해를 선발하여 제나라 관리로 파견하니,
천계에서 이별하고 국경 문을 나섰다.
말을 달리고 채찍을 가해 열흘 만에 도착해서,
간흉을 체포하여 자손을 길이 빛낼 것을 희망했다.
복양 땅의 공관 아래에 이르러,
천자의 뜻을 서술하여 칙령의 글을 선포하였다.
주현의 관리들은 모두 두려워하며,
체포하려다가 황제의 은혜를 잃을까봐 근심하였다.
이때 주씨는 칙령이 선포되었다는 얘기를 듣고,
마치 큰 돌이 가슴 한복판을 짓누르는 듯 답답해졌다.
많은 현인들이 자기 집에서 숨어 지냈던 것을 생각하자,
뼈가 시리고 털끝이 솟아올라 정신을 잃을 지경이었다.
집으로 돌아와 복벽 앞에 이르러 계포를 보자,
얼굴은 창백하게 질리고 미간을 찌푸렸다.
오랫동안 침묵할 뿐 별다른 말을 하지 않다가,
오직 환난이 임박했다고 언급했다.

季布不知新使至,[146] 卻著言詞怪主人.
「院長[147]不須相恐嚇, 僕且常(嘗)[148]聞俗諺云,

되어 있다.
143 이 구절은 丁卷과 庚卷에서는 "毛槁豎失精魂"으로 되어 있다.
144 [原校] 丁卷 및 庚兩에서는 '結'자가 '皺'로 되어 있다.
145 己卷에서는 '禍難'이 '難禍'로 되어 있으며, 이 구절에서 끝나 있다.
146 [原校] 丁卷과 庚卷에서는 '新'이 '專'으로 되어 있으며, '至'는 '到'로 되어 있다. [校注] 辛卷에서는 '新'이 '帝'로 되어 있다.
147 [原校] 작품에서 季布는 周氏를 院長이라고 부르고 있다. 그 뒤에도 "自嗟告其周院長"이라는 구절이 있다. 『劉嘯閣批評西漢演義傳』 卷七의 "계포는 함양의 周씨의 집

古來久住令人賤,[149] 從前[150]又說水煩昏.
君嫌叨黷[151]相輕棄, 別處難安負罪身,[152]

에 숨었다(布藏於咸陽周長家)"라는 말에 의거할 때, 周長이라는 이름은 周院長는 변화되어 나온 것으로 보이지만 그러나 '院長'이라는 두 글자는 人名으로 보이지는 않는다. 또 본 구절에 나오는 '相'字는 丁卷・庚卷 에서는 '懷'로 되어 있다. 【校注】 '相恐嚇'은 丁・庚 두 사권에서는 '懷恐動'으로 되어 있다. 인용한 '周長家'은 '周家長'의 오기임이 분명하며, '家長'은 '院長'의 별칭이다. 『水許傳』 三十八의 "당시 옛 송나라 때에, 금릉 일대에서는 師級都를 '家長'이라고 칭했고 호남 일대에서는 師級都을 '院長'이라고 불렀다(那時故宋時, 金陵一路師級都稱號呼'家長', 湖南一路師級都稱做'院長')"라는 말에 근거할 때 '院長'은 본래 監察使의 俗稱임을 알 수 있다. 趙璘의 『因話錄』 卷五에 "吏察의 상사가 館驛使였으며, 館驛使의 상사를 監察使라 불렀다. 監察使 동료들 가운데 가장 우두머리를 院長이라 했다. 臺中敬長, 三院에도 모두 우두머리가 있었으며, 監察院은 그 기풍과 기강이 매우 엄하여, 무릇 처음 三院에 제수되면 조정에 아뢰기도 전에 院長을 먼저 알현하였다(吏察之上則館驛使, 館驛之上則監察使. 監察使, 同僚之冠也, 謂之院長. 臺中院長, 三院皆有長. 察院風彩尤峻. 凡三院御史初拜, 未朝謝, 先謁院長)"는 기록이 보인다. 후대로 내려오면서 外郎・御史 等을 칭하게 되었다. 李啓의 『唐國史補』 卷下를 보면 "재상들은 서로 元老 혹은 堂老라고 불렀다. 兩省에서는 서로 閣老라 불렀다. 尙書省의 臣郞들은 郞中에서 서로를 曹長이라고 불렀다. 外郞, 御使, 遺, 補相들은 서로를 院長이라고 불렀다(宰相相呼爲元老, 或曰堂老. 兩省相呼爲閣老. 尙書臣郞郞中相呼爲曹長. 外郞, 御史, 遺, 補相呼爲院長"고 하고 있다. 본 變文에서 周氏를 院長이라 칭하고 있는 것은 아마도 敬稱이거나 아니면 후세인들이 사람을 相公, 員外 등으로 칭했던 것과 유사한 것일 것이다. 그리고 乙卷에서는 '院長' 以下의 부분이 殘缺되어 있다가, "据君良計大尖新" 구절부터 남아있다.

148 常 : 庚卷에서는 '曾'으로 되어 있다. 【校注】 '常'자는 '嘗'과 통한다. 『史記・高祖本紀』에 "한 고조는 정장으로 지낼 때 늘 말미를 한 후 집으로 돌아오곤 하였다(高祖爲亭長時, 常告歸)"라는 기록이 있으며, 『漢書』에서는 '常'자가 '嘗'으로 되어 있다.

149 이 구절의 '久住令人賤'은 속담이며, 「燕子賦」에도 보이는데 다만 글자는 "한번 와 오래 머물면 주인의 천대와 증오를 받게 되지만, 드물게 찾아오면 주인의 정겨운 환대를 받는다(一九(久)住人憎賤, 希來見歡喜)"로 되어 있어 조금 다르다. 그 다음의 구절의 '水煩昏' 역시 속담이다.

150 從前 : 丁卷과 庚卷에서는 '從來'로 되어 있다.

151 【原校】 庚卷에서는 '黷'이 '瀆'으로 되어 있다. 【校注】 '叨黷'은 丁卷과 庚卷에서는 '叨瀆'으로, 辛卷에서는 '叨續'으로 되어 있다. P.2721 「舜子變」後題에 보면 "盈愧惡, 筆勢麤疏, 望仁私俯垂不訝, 輒將草草, 叨讀交(文)勾(句), 不憚荒蕪, 略成巳(四)勾(句)" (이 아래로는 四句의 詩를 베껴놓고 있다)라는 기록이 있다. '叨讀'는 응당 '叨黷' 혹은 '叨瀆'으로 해야 하며, 그 의미는 '난잡하다', '졸렬하다'는 의미이다.

152 【原校】 丁卷과 庚卷 두 사권에서는 '安'이 '藏'으로 되어 있으며, '負'字는 戊卷에서 '有'로 되어 있다.

結交義斷人情薄, 僕應自殺[153]在今晨.」

周氏低聲[154]而對曰 :「兄且聽言不用嗔.

皇帝恨兄心緊切,[155] 專使新來宣敕文.

黃牒分明掟在市,[156] 垂賞堆金[157]條格新.

先拆[158]重棚除覆壁, 後交(教)簸土[159]更颺塵.

如斯嚴迅[160]交(教)尋捉, 兄身弟命大難存.

兄且況曾爲御史,[161] 德重官高藝絶倫;[162]

氏且[163]一家甘鼎鑊, 可惜兄身變微塵.」[164]

---

153 殺 : 原錄에서는 '煞'자로 기록되어 있다. 【原校】 '煞'은 原卷에서는 '然'로 되어 있으나, 丁·戊·辛 세 寫卷에 근거하여 교정하였다. 【校注】 '煞은 곧 '殺'의 俗字이다.

154 聲 : 丁卷에서는 '頭'로 되어 있다.

155 丁卷과 庚卷에서는 이 구절이 "皇帝恨心纔挍切"로 교정되어 있는데, '挍'는 '校'와 같으며 '매우'의 의미이다.

156 '掟'은 原錄에서는 '椗'으로 되어 있다. 【原校】 丁卷과 庚卷에서는 '黃'이 '皇'으로, '椗'자는 '帖'으로 되어 있다. 【校注】 椗은 原卷에서는 실상 '掟'자로 되어 있으며, 戊卷에서는 '㮁', 辛卷에서는 '捉'으로 되어 있다. 앞 注 22번을 참조.

157 墜賞堆金 : 原錄에서는 '垂賞搥金'으로 되어 있다. 【原校】 戊卷에서는 '搥'가 '埵'로 되어 있다. 【校注】 原卷의 '垂'는 '埵'의 약자이며, 丁과 庚卷에서는 '墜'로 되어 있는데, 여기에 근거하여 교정하였다. 이 글자들은 모두 '垛'에서 旁字만 바꾼 것이며 그 의미는 '쌓아두다. 높이 올리다'이다. 原卷의 경우 '搥'자는 실제로는 '塠'자로 되어 있으며, 戊卷에서는 '𨗿'으로 되어 있는데 모두 '堆'의 속자이다. 그리고 丁과 庚과 辛卷에서는 '槌'로 되어 있는데, 이는 '塠'자가 와전된 것이다.

158 拆 : 丁卷과 庚卷에서는 '惟(摧)'로, 辛卷에서는 '析'으로 되어 있다.

159 簸 : 原錄에서는 '播'로 되어 있다. 【按】 庚卷에서는 '簸'으로 되어 있는데, 여기서는 이에 근거하여 교정하였다.

160 【原校】 丁卷과 庚卷에서는 '迅'이 '命'으로 되어 있다. 蔣禮鴻은 "『广韻』去聲部 二十二稕韻을 보게 되면 '峻'과 '迅'은 同音으로 私와 閏의 반절음이다. 이에 근거할 때 '卂'을 따르는 글자와 '卂'자를 따르는 글자들은 음이 유사하고 뜻이 통하므로, '嚴迅'과 '嚴訊'은 바로 '嚴峻'의 뜻이다"라고 말하고 있다. 【校注】 '峻', '迅'는 모두 '긴급하다'는 의미로, 「父母恩重經講經文」의 '일단 태어난 이후로는 신속하게 세월은 지나간다(一旦來極峻疾)'라는 구절의 '峻疾'과 동일한 의미다.

161 【原校】 辛卷에서는 '兄且況曾'가 '況且先曾'로 되어 있으며, 丁卷과 庚卷에서는 '爲'자가 '官'으로 되어 있다.

162 【原校】 '倫'자는 原卷에서는 '論'으로 되어 있으나, 丁·戊·庚·辛 네 寫卷에 근거하여 교정하였다.

계포는 새로운 관리가 이른 것을 알지 못하고,
도리어 주씨의 모습을 괴이하게 여기며 말했다.
"자네 두려워 떨지 말게나.
내 다음과 같은 속담을 항상 들어왔네.
'옛부터 오래 머물면 집 주인에게 천대 받는다'고,
이전부터 '물이 자주 출렁이면 혼탁해진다'고 하였지.
자네가 나를 숨겨주는 것을 싫어하여 나를 버린다면,
죄 지은 몸이라 어떤 곳도 안전하기는 어려울 것일세.
맺은 교분의 의리는 끊어지고 인정은 야박하니,
내 마땅히 오늘 새벽에 자결하리다."
주씨는 나지막한 소리로 대답했다.
"형님은 제 말을 들으시고 성내지 마십시오.
황제께서는 형님에 대한 원한이 얼마나 사무쳤던지,
관리를 새로이 파견하여 칙령의 글을 선포하셨습니다.
황제의 칙령은 잘 보이도록 저자 거리에 붙여 놓았고,
현상금을 인상해 그 규정을 새롭게 개정하기도 했지요.
먼저 이중 누각을 허물고 복벽을 철거하고는,
뒤이어 흙먼지조차 털어버렸습니다.
이처럼 엄하게 소저하여 제포하노록 하니,
형님과 저의 목숨은 매우 보존하기 어렵게 되었지요.
형님은 일찍이 어사대부를 지낸 몸으로서,

163 氏且: 丁卷과 庚卷에서는 '是這'로 되어 있다. 【校注】 '氏'는 아마도 周氏를 自稱하는 것 같으나, 그의 이름이 실전되었기 때문에 '氏'로 칭하고 있는 듯하다. '氏'로 自稱하는 경우의 예로는 『金瓶梅』 第九十二回 "고소장을 보니 다음과 같이 쓰여 있었다. 고소인 오씨, …… 최근에 사위 陳經濟가 고소를 당해서 저의 집에 몸을 맡겨 숨어 지낸 지가 몇 년 되었습니다(見狀上寫着: 告狀人吳氏 …… 比有女婿陳經濟, 遭官事投來氏家, 潛住數年)"를 들 수 있다. 그 아래에도 '氏'로 자칭하는 경우가 5번 있다.

164 이 구절은 丁卷에서는 "所惜兄弟伍掩塵"로, 庚卷에서는 "所惜兄弟伍撩塵"으로 되어 있다.

덕이 도타웁고 관직이 높으며 재주가 남다르십니다.
저야 일가의 몸으로 솥에 삶아지더라도 감수하겠지만,
형님께서 미천하게 되신 것은 정말 애석한 노릇이지요."

季布驚憂而問曰:「只今天使[165]是誰人?」
周氏報[166]言「官御史, 名姓朱解[167]受皇恩.」
其時季布聞朱解, 點頭微笑[168]兩眉分.
「若是別人憂性命, 朱解之徒何足倫.[169]
見論[170]無能虛受福,[171] 心麤闕武又虧文.
直饒[172]墮卻千金賞, 遮莫高堆萬挺銀.[173]

---

165 天자는 庚卷에서는 '專'으로 되어 있다.

166 [原校] '報'자는 原卷에서는 '保'로 되어 있으나, 丁·戊·庚·辛 네 寫卷에 근거하여 교정하였다.

167 [原校] 庚卷에서는 '名姓朱解'가 '姓朱名解'로 되어 있다. [校注] 丁卷도 庚卷과 동일하게 기록되어 있다.

168 笑: 原錄에서는 '咲'로 되어 있는데, 이 글자는 俗字이다. 丁卷과 庚卷에서는 '微笑'가 '哂笑'로 되어 있다.

169 何足論: 原錄에서는 '何足倫'로 기록되어 있다. [原校] 丁·庚 兩卷에서는 '何是倫'이 '更莫論'으로 되어 있으며, 戊卷에서는 '不足論'으로 되어 있다. 啓씨는 "사실은 응당 '何足論'으로 해야 한다"고 하였다. [校注] '論'字는 『广韻』에 의하면 平聲과 去聲의 두 가지 음이 있는데, 여기서는 平聲으로 읽어야 한다.

170 [原校] 丁卷과 庚卷 두 寫卷에서는 '見論'이 '見說'로 되어 있다. 馮沅君은 '論'은 오자이며, '見說'은 唐人들이 쓰던 말로서 그 의미는 '說'과 같다고 하였다. [校注] '論'字는 오자가 아니며, 그 의미도 '說'과 같다. 예를 들면 杜甫의 「示從孫濟」의 "소인들은 말만 잘 하니, 이 경박한 세상에 참으로 대화를 나눌 수 있는 이 찾기 힘드네(小人利口舌, 薄俗難可論)"와 「寄司馬山人十二韻」의 "세상을 분주히 돌아다니는 일은 말하지 않고, 그대와 담소를 나누다보니 우연히 마음이 하나가 되었네(驅馳不可說, 談笑偶然同)" 구절에서의 '難可論'은 '不可論' 의미이며, '말할 수 없다(不可說)'는 뜻이다.

171 [原校] 丁과 庚卷에서는 '福'자가 '祿'으로 되어 있다.

172 直饒: '설령', '가령'의 의미로 그 다음에 나오는 구절의 '遮莫'와 의미가 같다. 「解座文滙抄」의 "설령 한 평생 동안 온 나라를 소유한다 해도, 마음에는 여전히 만족할 줄 모르리(直饒滿國是生涯, 心中也是無厭足)" 구절에서도 역시 '直', '饒'을 단독으로 사용하고 있으며, 앞 편의 "설령 황금이 북두성 높이만큼 쌓인다 해도, 마음에는 여전히 만족할 줄 모르리(直墮黃金北斗齊, 心中也是無厭足)"와 같다.

皇威敕牒雖嚴迅,[174] 簸塵揚土[175]也無因.
既交(敎)朱解來尋捉, 有計隈衣[176]出得身.」
계포는 놀랍고 근심스러워 물었다.
"오늘 신관으로 온 사람이 누군가?"
주씨는 보고하길, "어사직에 있는
주해라는 인물로 황제의 은총을 받고 있지요"고 말했다.
이때 계포는 주해라는 말을 듣고,
고개를 끄덕이고 미소를 지으면서 양미간이 펴졌다.
"만약 다른 사람이라면 목숨을 걱정해야 겠지만,

---

173 堆: 原錄에서는 '搥'로 되어 있다. 【校注】 原卷에서는 실상은 '䭔'로 되어 있으며, 丁·戊·庚·辛 四卷도 모두 原卷과 동일하다. '挺'字에 대해 原校에서는 "丁, 庚 兩卷에서는 '挺'자가 '鋌'으로, 辛卷에서는 '廷'으로 되어 있다"고 하였다. 【校注】 原卷에서는 '梃', 丁卷과 庚卷에서는 '鋌', 辛卷에서는 '廷'자로 되어 있다. 【馮沅君校】 '鋌'과 '挺' 똑같이 '鋌'자의 오기이며, '鋌'은 곧 '錠'자의 의미이다. 古代에는 金銀으로 계산을 하였다. 【校注】 古代의 量詞에는 대부분이 고정된 글자가 없었기 때문에, 그래서 때로는 '鋌'자로 때로는 '錠'자로, 때로는 '挺', '定' 等의 글자를 썼는데 이상의 글자들은 모두 가능한 글자들이다. 「秋胡變文」의 "마땅히 황금 백정을 하사하여야 합니다(百定宜賜黃金百挺)"라는 구절, 또 『大谷』 3076 文書安의 "經墨壹挺, 上値錢(下錢)" 구절은 모두 '挺'자를 사용하고 있는 예이다. 은 오십 량을 1 錠으로 삼았는데, 1964년 6월 24일 「人民日報」의 보도에 의하면 陝西 長安縣에서 唐代의 丁課 銀錠이 발견되었는데, 그 위에 "天寶十三載丁課銀匹錠五十兩"이라는 글자가 새겨져 있다고 한다. 그것의 크기는 길이가 30cm, 넓이가 8cm, 두께가 0.5cm라고 한다.

174 迅: 原錄에서는 '訊'자로 되어 있다. 【原校】 '訊'은 原卷에서는 '迅'으로 되어 있으나, 丁卷과 庚卷에 근거하여 교정하였다. 【校注】 '迅'字가 옳으며, 여기서는 原卷를 따랐다. 注160을 참조.

175 簸: 原錄에서는 '播'로 되어 있다. 【校注】 '播土揚塵'은 丁卷에서는 '颺塵潘土', 庚卷에서는 '颺塵簸土'으로 되어 있는데, 여기서는 庚卷에 근거하여 '播'를 '簸'자로 교정하였다.

176 【原校】 丁卷에서는 '隈衣'이 '隈伊'로 되어 있으며, 戊卷과 辛卷에서는 '偎依'로 되어 있다. 馮씨는 "伊자와 依자가 모두 '衣'와 비교할 때 나은 것 같다. 隈는 틀림없이 '偎'자의 오기인 듯하다"고 하였다. 【校注】 '隈衣' 는 혹은 '隈依'로 혹은 '隈伊'로 되어 있는데, 실상은 '逶迤(구불구불하다)'와 같으며 모두 동일한 聯綿詞를 다르게 표기한 것이다. 이 變文에서는 이 글자를 활용하여 季布가 당황하지 않고 느긋하게 계책을 활용하는 모습을 묘사하고 있다.

주해의 무리라면 무슨 걱정할 필요가 있겠는가?
듣자하니 그자는 무능하고 봉록만 축내는 자로서,
마음은 조잡하여 무용도 없고 문덕도 갖추지 못했네.
설사 천금의 현상금으로 인상하고,
아무리 만정의 은화로 높인다 해도,
그리고 황제의 위엄과 칙령이 엄격하더라도,
내 흙먼지를 날리는 곳에서 조차 흔적 없이 숨어있으니
이미 주해를 보내 나를 체포하도록 했다면,
주해의 힘을 빌어 죄를 모면할 방법도 있을 것일세."

周氏聞言心大怪, 出語如風[177]弄國君.
「本來發使交(教)尋捉, 兄且如何出得身?」
季布乃言「今有計, 弟但看僕出這身.[178]
兀髮剪頭[179]披短褐, 假作家生一賤人.[180]

177 【原校】'如'자는 原卷에서는 '而'로 되어 있으나, 戊卷에 근거하여 교정하였다. 또 丁卷과 庚卷에서는 '如風'이 '風前'으로 되어 있다.

178 【原校】'但' 原卷에서는 '俱'로 되어 있으나, 戊·庚 兩 寫卷에 근거하여 고쳤다. 또 丁·庚 兩 寫卷에서는 '這身'이 '沉輪'으로 되어 있다.

179 兀: 原錄에서는 '髡'으로 교정하여 기록해 놓고 있다. 【蔣禮鴻校】'兀'자는 틀리지 않다. 「廬山遠公話」에도 "짧게 깎은 머리에 눈썹은 나란하였으며, 몸에는 거친 베옷을 걸치고 있었다(兀髮眉齊, 身卦(掛)短褐)"라는 구절이 있다. '兀'字에는 본래 '머리를 짧게 깎다'는 의미가 있다. 【校注】丁卷과 庚卷에서는 '兀髮剪頭'가 '剪髮眉齊'로 되어 있는 것이, 「廬山遠公話」와 비슷하다.

180 이 구절은 거짓으로 노예로 분장하였음을 말한다. '家生'은 노비를 말한다. 『漢書·陳勝傳』에 "秦의 令少府 章邯는 驪山의 노예들을 석방시켜 주었다(驪山章邯免驪山徒奴產子)"라는 구절이 있는데, 顔師古 注에서는 "奴產子는 오늘날 말하는 '家生奴'와 그 의미가 같다(奴產子, 猶今云家生奴也)"라고 풀이하고 있다. P.3211 王梵志의 詩를 보면 "여자 아이들을 불러 노예로 삼고, 남자 아이들도 노예로 삼았다(喚女作家生, 將兒作奴使)"라는 말이 있고, 『大唐西域記』 卷六 「毗盧擇伽王傳說」에도 "석녀는 분노가 치밀고 화가 났는데, 그 원망하는 말이 불손하였으며, 그 왕을 '노예의 자식이로구나'라고 욕했다(釋女憤恚, 怨言不遜, 詈其王家人之子也)"라는 말이 있는데, 여기에서 '家生', '家生奴', '家人之子'는 모두 그 뜻이 같다.

但道兗州莊上客,[181] 隨君出入往來頻.
待伊朱解迴歸日,[182] 口馬行頭[183]賣僕身.
朱解忽然[184]來買口, 商量莫共苦爭論;[185]
忽然[186]買僕身將去, 擎鞭執帽不辭辛.[187]
天饒[188]得見高皇面, 由如病鶴[189]再凌雲.」
주씨는 이 말을 듣고 대단히 괴이해 하며,
그 말은 바람이 임금을 간지럽히는 허풍이라고 여겼다.
"본래 관리를 파견한 의도가 형님을 체포하려는 것인데,
형님이 어떻게 죄를 모면할 수 있단 말입니까?"
계포는 즉시 말했다. "지금 방법이 떠올랐네.
자네는 내가 죄를 모면하는 것을 지켜만 보게.
머리를 깎고 거친 베옷을 걸치고,
노예로 변장하여 천한 사람이 되겠네.
본래 연주 땅에 있는 장원의 소작농인데,
자네를 따라 출입하며 자주 왕래했다고 말해 주게.

181 [原校] 戊卷에서는 '客'이 '漢'으로 되어 있다. [校注] 丁·庚卷에서는 '來'로 되어 있다.
182 待: 丁卷과 庚卷에서는 '是'로 되어 있으며, 戊卷에서는 '侍'로 되어 있다.
183 口: 原錄에서는 '扣'로 되어 있다. [校注] 丁卷과 庚卷에서는 '口'로 되어 있는데, 이에 근거하여 교정하였다. 「廬山遠公話」에 "곧장 노예와 가축시장으로 달려가, 높은 소리로 노예와 짐승을 파는 장사꾼을 불렀다(直至口馬行頭, 高聲便喚口馬牙人)"라는 말이 있는데 여기서의 '口馬行頭'는 노예와 가축을 매매하는 시장을 말한다.
184 [原校] 戊卷에서는 '朱解'가 '朱家'가 되어 있으며, 丁卷에서는 '忽然'이 '儻然'으로 되어 있다. [校注] 『史記』에서는 '朱家'로 되어 있다. '忽然'은 '만약, 가령(儻然)'의 뜻이다.
185 丁卷과 庚卷에서는 이 구절이 '商量莫芒(忙)競資昏(緡)'으로 되어 있다.
186 [原校] 丁卷에서는 '忽然'이 '天饒'로 되어 있다. [校注] 庚卷도 丁卷과 동일하게 되어 있다. '天饒', '忽然'은 의미가 동일하며 '만약'의 뜻이다.
187 辛: 丁卷과 庚卷에서는 '懃'으로 되어 있다.
188 [原校] 丁卷에서는 '天饒'가 '忽然'으로 되어 있다. [校注] 庚卷도 丁卷과 동일하다.
189 病鶴: 상처를 입은 鶴을 말한다. '病'에는 '상처·상해(傷)'의 뜻이 있는데, 『左傳』 成公二年의 "郤克이 화살에 상처를 입어, 여러 번 피를 흘렸어도 북소리를 멈추지 않았다. '나는 상처를 입었었네'라고 했다(郤克傷於矢, 流血及屨, 未絶鼓音. 曰: '余病矣')"라는 기록이 그 예이다.

주해가 고국으로 돌아가는 날을 기다렸다가,
노예를 매매하는 시장에서 나를 팔아 주게나.
주해가 가령 노예를 사러 오는 경우,
흥정하되 그와 지나치게 논쟁하지는 말게.
만약 나를 사가지고 떠나려고 한다면,
채찍을 잡고 두건을 드는 고충을 마다하지 않을 걸세.
하늘의 도움으로 황제를 면전에서 뵐 수만 있다면,
병든 학이 다시 구름을 뚫고 날 듯 빛을 보게 될 걸세."

便索剪刀弁染褐,[190] 改形[191]移貌痛傷神,[192]
解髮捻刀臨擬剪,[193] 氣塡胸[194]臆淚芬芬(紛紛).
自嗟告其[195]周院長:「僕恨從前心眼昏,[196]
枉讀詩書虛學劍, 徒知[197]氣候別風雲.

190 弁染褐 : 原錄에서는 '臨欲剪'으로 되어 있다. [校注] 丁卷과 庚卷에서는 '弁染褐'으로 되어 있는데, 이에 근거하여 고쳤다. 이 구절은 칼 등을 준비하는 것을 말하고 있으며, 그 다음의 구절에서 칼을 준비하여 머리를 자르는 장면이 묘사되고 있어 그 행동이 연결된다. 그러므로 原卷의 '臨欲剪'은 틀림없이 뒤에 나오는 '解髮捻刀臨擬剪'句를 잘못 베껴 쓴 것일 것이다.

191 形 : 原錄에서는 '刑'으로 되어 있다. [原校] '刑'은 辛卷에서는 '形'으로 되어 있다. [校注] 이 글자는 서로 혼동하는 경우가 많은데, 여기서는 辛卷을 따랐다.

192 [原校] 庚卷에서는 '神'자가 '身'자로 되어 있다. [校注] 丁卷에서도 '身'으로 되어 있다.

193 解 : 原錄에서는 '擗'으로 되어 있다. [校注] 戊卷에서는 '檞'으로 되어 있으며, 丁卷과 庚卷에서는 '解'자로 되어 있다. '擗', '檞'은 解에다 旁을 첨가한 俗字이다. '臨擬剪'에 대해 原校에서는 戊·庚 兩卷에서는 '臨欲剪'으로 되어 있다고 하고 있다. [校注] 丁卷에서는 '擬' 역시 '欲'으로 되어 있다.

194 胸 : 原錄에서는 '兇'으로 되어 있으며, 原校에서는 '胸'으로 되어 있다. [校注] 戊卷 및 辛卷에서는 '胷'으로 되어 있는데 이 글자는 바로 '胸'자의 俗字이다. 이에 근거하여 고쳤다.

195 '自嗟告其'는 丁·庚卷에서는 '嗟憤告言'으로 되어 있다.

196 丁卷과 庚卷에서는 이 구절이 "僕心從恨眼前昏"으로 되어 있다.

197 [原校] '知'는 原卷에서는 '之'로 되어 있으나, 丁·戊·庚·辛 四卷에 근거하여 교정하였다.

輔佐江東無道王,[198] 毁罵咸陽有道君,
致使髮膚惜不得, 羞看日月恥星辰.[199]
本來事主誇忠赤, 變爲不孝辱家門.」[200]
言訖捻刀和淚剪,[201] 苫頂[202]遮眉長短匀,[203]
炭染爲瘡烟[204]肉色, 呑炭移音語不眞.
出門入戶[205]隨周氏, 鄰家信道典倉[206]身.
곧 칼을 찾아 들고 머리칼을 자르려는 순간에 이르러,
몸부림을 치면서 마음 아파하였다.
머리칼을 풀고 칼을 들어 어느 정도 자를지 가늠하는데,
울분이 가슴 속에 꽉 차서 눈물이 주르르 쏟아졌다.
계포는 스스로 탄식하며 주원장에게 말하였다.
"나는 이전에 마음의 눈이 어두웠던 것을 한탄하고 있네.
시서를 잘못 읽었고 헛되이 무술을 배웠으며,

---

198 丁卷과 庚卷에서는 '輔'자가 '副'로 되어 있으며, '道'자는 '得(德)'으로 되어 있다.

199 [原校] 丁卷과 庚卷 두 사권에서는 '星辰'이 '乾坤'으로 되어 있다.

200 [原校] 丁卷과 庚卷 양 사권에서는 '家門'이 '尊親'으로 되어 있다.

201 丁卷과 庚卷 두 寫卷에서는 이 구절이 "言記散頭垂髮剪"으로 되어 있다.

202 苫: 原錄에서는 '占'자로 되어 있다. [原校] 丁卷과 庚卷 양 寫卷에서는 '占頂'이 '苫頂'으로 되어 있다. '頂'字는 其他의 네 寫卷에서는 동일한데, 아마도 '頂'字의 속자를 기록한 듯하다. '占'은 '苫'자의 약자가 될 수 있으며, '苫頂'은 머리카락이 적은 것을 비유하며, 그 머리카락이 겨우 머리 윗부분만 덮을 수 있음을 말한다.

203 長短匀: 丁・庚卷에서는 '長頭均'으로 되어 있는데, '頭'자는 글자 모양에서 생긴 誤字인 듯하다.

204 [原校] 丁卷에서는 '烟'자가 '勳'으로 되어 있다. [校注] 丁卷과 庚卷에서는 이 구절 전체가 "塗凑(漆)爲瘦(庚卷에서는 '瘦'자로 되어 있는데, 모두 응당 瘡자로 해야 한다)勳肉色"으로 되어 있는데, '勳'은 '熏'자와 통한다. 『戰國策』에 협객 預讓이 몸에 검은 칠을 했다가 창질이 걸렸다는 기록이 있는데, 이 구절은 『戰國策』의 이야기와 유사하다.

205 [原校] 丁卷과 庚卷에서는 '出門入戶'가 '出衙入縣'으로 되어 있다.

206 信道: 丁卷과 庚卷에서는 '喚作'으로 되어 있다. '典倉'는 창고를 살피고 관리하는 것을 말하는데, 노예들이 하는 일의 하나였다. 이 용어로 두루 노예를 지칭하기도 한다. 朱雷는 '曲倉'은 노예들이 자주 이용하는 이름이라고 했다.

한갓 기후나 풍운의 점술만을 알았었네.
강동의 무도한 군주(항우)를 보좌하였고,
함양의 도가 있는 군주(유방)를 욕했네.
온 몸을 바쳤지만 애석하게도 성공하지 못했으니,
해와 달을 보기가 부끄럽고 성신에도 면목이 없다네.
처음 항우를 섬길 적에 충성심을 과시하다가,
지금은 불효자로 변하여 가문을 더럽힌 게지."
말을 마치자 칼을 들어 눈물과 함께 머리를 깎으니,
정수리와 눈썹을 덮었던 길고 짧은 머리발이 단정해졌다.
숯으로 물들여 부스럼을 만들고 살빛을 그을렸으며,
숯을 삼켜 소리를 바꾸니 본래 목소리가 아니었다.
문을 나서서 주씨를 뒤따르자,
이웃 사람들은 진실로 노비 전창의 몸이라고 말했다.

朱解東齊爲御史,[207] 歇息因行[208]入市門.
見一賤人長六尺,[209] 遍身肉色似煙勳(熏).[210]
神迷鬼惑生心[211]買, 待將逞似洛陽人.[212]
問「此賤人[213]誰是主?僕擬商量幾貫文.」

---

207 御史 : 丁・庚卷에서는 '使命'으로 되어 있다.
208 歇息因行 네 글자는 丁卷과 庚卷에서는 '憩歇因閑'으로 되어 있다.
209 【原校】 丁卷과 庚卷 두 寫卷에서는 '六尺'이 '九尺'으로 되어 있다.
210 勳 : 馮沅君의 校에서는 '熏'으로 되어 있다. 【校注】 敦煌寫本에선 '熏'자를 '勳'으로 많이 쓴다.
211 【原校】 丁卷과 庚卷에서는 '生心'이 '商量'으로 되어 있다.
212 【原校】 戊卷과 辛卷 두 寫卷에서는 '待'자가 '侍'자로 되어 있으며, 丁卷과 庚卷에서는 '逞'자가 '誇'자로 되어 있다. 【校注】 '待'字는 原卷에서도 '侍'로 되어 있다. '逞似', '誇似'의 의미는 곧 '~에게 과시하다, 자랑하다'는 의미이다. '似'는 動詞의 뒤에 붙는 접미사로서 '~에게', '~향해'의 뜻을 같는다. 아래에도 "聽堂誇向往來客"라는 구절이 있는데, '逞似'와 '誇似'는 모두 '誇向'과 뜻이 같다.
213 丁卷과 庚卷에서는 '問此賤人'이 '賣此典倉'으로 되어 있다.

周氏馬前來唱喏, 一依前計[214]具咨聞:
「氏賣[215]典倉緣欠闕, 百金卽賣[216]救家貧.
大夫若要商量取,[217] 一依處分不諍論.」[218]
한편 주해는 동제의 어사직을 맡고 있었는데,
휴식하기 위해 길을 따라 시장 문으로 들어갔다.
키가 육척인 천한 노예 한 명이
온몸의 살갗이 불에 그을린 듯 거무죽죽한 것을 보았다.
귀신에 홀린 듯 사고 싶은 마음이 솟구쳐서,
(홍정꾼이) 낙양 사람에게 자랑하는 것을 기다렸다가,
"이 노예의 주인은 누구요?
내 얼마면 살 수 있는지 흥정합시다"라고 물었다.
주씨는 말 앞으로 다가가서 인사를 건네고는,
이전에 세워 놓은 계획대로 질문에 대답했다.
"전창을 내다 파는 것은 그 놈을 쓸 데가 없어서지요.
백금만 받고 팔아 가난을 구제할까 합니다.

214 【原校】'前計'는 原卷에서는 '錢數'로 되어 있으나, 丁卷과 庚卷 두 寫卷에 근거하여 교정하였다. 또 丁卷과 庚卷 두 寫卷에서는 '聞'이 '陳'으로 되어 있다. 【校注】'咨聞', '咨陳'은 모두 '알려주다·아뢰다'의 의미이다.

215 賣: 原錄에서는 '買'로 되어 있다. 【原校】庚卷에서는 '氏買'가 '市買'로 되어 있으며, 丁卷에서는 '市賣'로 되어 있다. 啓씨는 "市買로 하는 것이 옳다"고 했다. 【徐校】'市賣'로 하는 것이 옳으며, 啓씨의 校는 틀린 것이다. 【校注】'買', '賣' 두 글자는 서로 혼동하는 경우가 많은데, 여기서는 응당 '賣'로 해야 한다. '氏'字는 번거롭게 교정할 필요가 없다, 吳世昌은 "'氏'는 바로 周氏를 지칭한다"고 했는데, 그의 견해가 옳다. 『史記』에서는 단지 "계포는 복양의 주씨 집에 숨어 있었다(布匿濮陽周氏家)"라고만 말하고 그 이름은 전하지 않고 있으므로, 說話人이 '氏'로 周氏를 지칭한 것이다. 앞의 注 163을 참조.

216 【原校】'賣'자는 原卷에서는 '買'로 되어 있으나, 丁卷에 근거하여 고쳤다.

217 丁卷과 庚卷에서는 이 구절이 '大夫若也商量買'로 되어 있다.

218 【原校】'依'자가 原卷에서는 '衣'으로 되어 있으나, 戊卷에 근거하여 고쳤다. 丁卷에서는 '聽'으로 되어 있다. 【校注】庚卷에서도 역시 '聽'으로 되어 있다. 爭자는 原錄에서는 '諍'으로 되어 있다. 【校注】丁卷과 庚卷에서는 '爭'으로 되어 있는데, 敦煌의 寫本에서는 '爭'자가 여러 곳에서 '諍'으로 되어 있다.

대부께서 만약 사려고 흥정하신다면,
처분대로 따를 뿐 논쟁을 벌이지는 않겠습니다."

朱解問其周氏曰 :「有何能德[219]直千金?」[220]
周氏便誇身上藝 :「雖爲下賤且超群.[221]
小來父母心憐[222]惜, 緣是家生撫育恩.[223]
偏(砭)切按磨能柔軟,[224] 好衣䙡褔着香勳(熏),[225]
送語傳言兼識字, 會交伴戀入庠門.[226]

---

219 [原校] '德'자는 原卷에서는 '得'으로 되어 있으나, 辛卷에 근거하여 교정하였다. [校注] 丁卷과 庚卷에서는 '能德'이 '得能'으로 되어 있은데, 그 의미는 동일하다. 蔣禮鴻은 "能德, 能得, 得解, 行解는 곧 德行과 才能을 말한다. '得'는 '德'의 假借字이다"라고 하였다.

220 千金 : 丁卷과 庚卷에서는 '咨昏(資緡)'으로 되어 있으며, '借資緡'은 '값어치가 있다'는 의미이다.

221 丁卷과 庚卷에서는 이 구절이 "難爲下賤弁超群"으로 되어 있다.

222 憐 : 原錄에서는 '怜'으로 되어 있는 곧 '憐'의 俗字이다. 丁卷과 庚卷에서는 '憐'으로 되어 있다.

223 緣 : 庚卷에서는 '爲'로 되어 있다. '恩'자는 丁卷과 庚卷에서는 '頻'으로 되어 있다.

224 偏 : 응당 '砭'으로 읽어야 한다. '砭切', '按磨(摩)'는 모두 병을 치료하는 방법을 말한다. '柔軟'은 辛卷에서는 '辱軟'으로 되어 있다. '能'은 '이와 같이'의 의미로 과장의 역할을 한다. P.3079「維摩詰經講經文」에 "붉은 입술을 실룩실룩하면서 붉게도 빨갛게도 할 수 있었다. 눈처럼 하얀 이빨을 가지런히 하면, 하얗게도 깨끗하게도 할 수도 있었다(朱脣旖旎, 能赤能紅; 雪齒濟平, 能白能淨)."『通釋』의 해당 조목에 상세히 설명되어 있다. 丁卷과 庚卷에서는 이 구절과 그 다음 구절이 없다.

225 䙡褔 : 戊卷에서는 '䙡福'으로 되어 있다. [校注] '䙡'은 또한 '揲', '牒', '疊', '褺' 等의 글자로 쓸 수 있으며, '褔' 은 '摺'자와 같으며, '䙡褔'는 곧 '의복을 여러 겹으로 접다'는 의미이다. '勳'은 '熏'과 통한다.

226 曾交 : 原錄에서는 '會交'로 되어 있는데, '會'은 '曾'자의 誤字임이 틀림없다. [原校] 丁卷과 庚卷에서는 이 구절이 '曾文伴氏入公門'으로 되어 있다. [潘重規] '會交伴變入庠門'은 장차 신부를 맞이하여 학교에 들어가는 것을 말한다.『太子成道經』을 보면 "다만 모시는 사람 한 명을 데려다가 반드시 근심을 풀어드려야 한다. 어떤 사람을 모시는 사람으로 둘까? 신부 한 사람을 얻어 곧 모시는 사람으로 삼았다(但遺取一件義之人, 必合解憂. 何者爲件義之人?取一新婦, 便是件義之人)"는 말이 있는데, 여기서의 '件義'는 신부를 맞이하다는 뜻이다. [校注] '件義'의 뜻은 곧 '수행하다 · 동행하다'는 뜻인데,『太子成道經』의 '件義之人' 역시 동일한 뜻이다. 또한 原校에서는

若說[227]乘騎能結綰, 曾向[228]莊頭牧馬群.
莫惜百金但買取, 酌量[229]驅使不頑嚚.」
주해는 주씨에게 물었다.
"어떤 재능이 있기에 백금의 값어치가 나간단 말이요?"
주씨는 곧 전창이 지니고 있는 재능을 과시하였다.
"비록 천한 노비이지만 무리 중에서는 뛰어난 놈이지요.
어려서 부모와 함께 온 놈이라 불쌍히 여겼는데,
이 인연으로 노예가 되어 양육의 은혜를 입었답니다.
안마 기술이 뛰어나서 이처럼 몸을 부드럽게 풀어주고,
좋은 옷은 잘 개어 두어 향기를 머금게 하지요.
말을 전달하기도 하고 글자 또한 식별하며,
자제 분을 수행하여 학교에 가는 일도 시킬 수 있답니다.
만약 말을 타라고 하면 고삐를 잘 다룰 것이며,
일찍이 장원 밖에서 말 무리를 기른 적도 있지요.
백금만으로 사는 것을 아까와 하지 마십시오.
재량대로 부려 보면 어리석지 않음을 알게 될 겁니다."

朱解見誇如此藝,[230] 遂交(教)書契驗虛眞.
典倉牒紙[231]而吮筆,[232] 便呈字勢[233]似崩雲.

丁卷과 庚卷의 두 寫卷에서는 '曾文은……'라고 말하고 있는데, '文'자는 실제로는 '交'자로 되어 있다.

227 若說 : 丁卷 및 庚卷에서는 '善解'로 되어 있다.

228 向 : 丁卷과 庚卷에서는 '使'로 되어 있다.

229 【原校】 庚卷에서는 '酌量'이 '的堪'으로 되어 있다. 【校注】 丁卷에서도 역시 '的堪'으로 되어 있다.

230 【原校】 丁卷과 庚卷 두 寫卷에서는 '如此藝'가 '身上藝'으로 되어 있다.

231 牒 : 丁卷에서는 '褺'으로 되어 있고 庚卷에서는 '㯹'으로 되어 있는데 이 두 글자는 모두 '褺'이다. 「廬山遠公話」에 "언제나 의복을 몇 겹으로 겹쳐 입고서, 사시 내내 탕약만을 끓이며 지내면서 전해오는 말이든 자신이 하는 말이든 간에 남에게 묻지도 않았고 남의 말에 대답도 하지 않았다(摺褺衣服, 四時湯藥, 傳言送語, 無問不答)"

題姓署[234]名似鳳舞, 晝年着月象烏蹲.[235]

上下撒花[236]波對當,[237] 行間鋪錦草和眞.[238]

라는 말이 나오는데, 여기서의 '褺' 역시 응당 '褺'으로 해야 한다. 『龍龕手鏡』에서는 "褺은 음이 첩이며, 겹쳐 입은 옷을 말한다(褺, 音牒. 重衣也)"라고 설명하고 있다. 『說文』에서는 "褺은 겹쳐 놓은 옷을 말하며, 衣자의 의미와 執자의 소리를 따른 것이다(褺, 重衣也. 從衣, 執聲)"고 설명하고 있다. 段玉裁의 注에서는 "『文選・王命論』를 보면 '거친 베옷을 겹쳐 입은 싶고자 하는 마음이 있었다(思有短褐之襲)'라는 말이 나온다. 李善의 注에서는 『說文』을 인용하여 "襲은 포개 놓은 옷을 말한다(襲, 重衣也)'라고 설명하고 있다. 王命論에서는 본래 '褺'으로 되어 있으며, 李善이 주를 달 때는 착오가 없었을 것이나 천박한 사람이 제멋대로 『文選』을 고쳤을 따름이다. 『漢書・叙傳』에서는 '短褐之褻'로 되어 있는데, 顔師古는 이를 몸에 입는 옷으로 풀이했는데 이는 '褺'자의 오자임을 몰랐기 때문에 그렇게 해석한 것이다. 옛 서적을 독해하기가 이처럼 어려운 것이다(文選・王命論 : '思有短褐之襲' 李注引說文 : '襲, 重衣也', 王命論本作'褺', 李注時不誤, 淺人妄改文選耳. 漢書叙傳作短褐之褻, 師古釋以親身之衣, 不知爲褺字之誤也. 古書之難讀如此)." '紙'자는 原錄에서는 '帋'로 되어 있다. [原校] 庚卷에서는 '帋'이 '紙'으로 되어 있으며, 戊卷에서는 '綈'로 되어 있다. [校注] 丁卷과 庚卷에서는 '䋭'로 戊卷에서는 '綈'로 되어 있는 데 모두 바로 '紙'의 俗字이다. '牒紙' 혹은 '褺衣'자는 여기서는 종이를 펼치다는 뜻으로 쓰인 듯하다. 王度의 『古鏡記』에 "豹生이 시초를 취해 가는 것을 보기만 하면, 蘇公 자신은 괘를 넓게 펼쳐놓았다(便顧豹生取蓍, 蘇公自揲布卦)"라는 말이 나오는데 여기서의 '揲' 역시 '펼치다'의 의미이다. 글자 역시 '疊'으로 되어 있기도 하다. 『全唐詩』 卷三八九 盧仝의 「寄崔柳州」을 보면 '사자가 걸핏하면 곧바로 서신을 빼어 가니, 종이를 펼치기만 하면 온갖 근심이 생겨납니다(使者立取書, 疊紙生百憂)'라는 구절이 있다.

232 [原校] '吮'字는 原卷 및 戊卷 그리고 辛卷에서는 모두 '捐'으로 되어 있으며, 丁卷에서는 '允'으로 되어 있는데, 의미의 맥락을 따라 '吮'으로 고쳤다. [校注] 庚卷에서는 '允'으로 되어 있다. '捐'자는 '損'의 오기이며, '允'자는 '吮'자의 약자이다. '吮書'는 '含毫'와 같으며, 여기서는 이 글자를 빌어 곰곰이 생각하여 글을 짓는 것을 지칭한다.

233 勢 : 丁卷과 庚卷에서는 '蓺'자로 되어 있다.

234 署 : 丁卷과 庚卷에서는 '着'자로 되어 있고 戊卷에서는 '暑'자로 되어 있다.

235 象烏蹲 : 原錄에서는 '象焉存'으로 되어 있다. [原校] 丁卷 및 庚卷에서는 '焉存'이 '烏尊'으로 되어 있으며, 戊卷 및 辛卷에서는 '烏存'으로 되어 있다. 馮씨는 "원래의 구절은 아마도 '若烏蹲'인 듯 하며, '似鳳舞'과 정확히 對句를 이룬다."고 했다. [校注] 丁卷과 庚卷에서는 '似烏尊'으로 되어 있다. '焉'은 '烏'의 誤字이며, '存'은 '踆'의 약자이다. '尊'은 바로 '蹲'의 약자이며, '踆'은 '蹲'의 俗字이다. 『全唐詩』 外編 卷一 李世民의 「黃河」를 보면 "물방울이 뽀글뽀글 솟아나니 물고기 숨쉬고 있음을 알겠고, 뗏목을 저어 가며 까마귀가 춤추는 것을 보네('沫亂知魚呴, 槎來見烏尊)"로 되어 있는데, 格律에 의거할 때 여기에서의 '烏蹲'은 '烏蹲'으로 바꿀 수 없다. 그러나 「捉季布傳文」에서는 응당 '烏蹲'으로 해야 한다. 『敦煌零拾』에서는 '似'가 '若'으로 되어 있는데, 原文은 아니다. 趙逵夫는 '象焉存'을 '若馬奔'으로 교정하였는데, 옳은 것 같지는 않다.

朱解低頭親看札, 口呿目瞪忘收脣.[239]

良久搖鞭相嘆羨,[240] 看他書札置功勳.[241]

非但百金爲上價,[242] 千金於口合支分.[243]

---

236 蔣禮鴻은 "撒花는 草書體의 일종인데, 楷書와 다리 삐뚤삐뚤 기울어진 자체의 모양이 마치 꽃 모양 같아서 그와 같은 이름으로 불리게 되었다. 내 생각으론, 撒花의 '撒'는 글씨를 쓰는 방법의 하나를 지칭하는 것이 분명하며, 그래서 이 변문에서는 이 글자를 '鋪'와 서로 대응시키고 있는 것이다. 또한『唐摭言』卷十二「酒失篇」에 보면 '越管宣毫始稱情, 紅箋紙上撒花瓊'라고 하고 있는데, 이 구절에서 말하고 있는 '瓊'과 '波對富'의 '波'자의 의미는 알 수가 없다"라고 하였다. 【校注】'撒'는 동사이며, '撒花', '撒花瓊'은 동사와 목적어의 관계로 결합되어진 단어이며, '花瓊'은 同義語를 연이어 놓은 것이다. '花', '花瓊'은 蔣氏의 책에서 말한 '花書'(美術字의 하나로, 筆書할 때는 반드시 동그라미로 표시하였으며 敦煌의 寫本에도 이러한 서체가 있다.) '波'는 書法上에 있어 파임하여 만들어진 주름 같은 것을 지칭함이 분명하다.『通雅』卷三二「器用書法」에 "王右軍이 衍夫人筆陣圖를 쓴 후 말하길 鍾繇의 제자인 宋翼이 말하길 '한 번의 파임질을 하는데 세 번 틀리게 되면 붓을 꺾어 버렸다'라고 했는데, 그가 말한 '波'가 오늘날 말하는 '파임(捺)'이다(右軍書衍夫人筆陣圖後曰 : 繇弟子宋翼言 : '一波三過折筆' …… 凡說波, 今所謂捺)."

237 對當 : 丁卷과 庚卷에서는 '對徹'로 되어 있다.

238 草和眞 : 草書와 楷書를 말한다.

239 【原校】'忘'자는 原卷에서는 '妄'으로 되어 있으나, 辛卷에 근거하여 고쳤다. 【校注】丁卷과 庚卷에서는 이 구절 전체가 '口呿目登失水脣'으로 되어 있으나, '水'자는 '收'가 와전된 것이며 '脣'은 '唇'의 假借字이다.

240 丁卷과 庚卷에서는 이 구절이 '良久探鞭兒(而)嘆美'으로 되어 있다.

241 置 : 原錄에서는 '署'로 되어 있다. 【校注】原卷에서는 '暑'로 되어 있으며, 戊卷과 辛卷에서는 '置'로 되어 있으며, 丁卷과 庚卷에서는 전 구절이 '看他太矚用功德'으로 되어 있다. 여기서는 戊卷과 辛卷에 근거하여 '置'로 교정하며, 原錄은 옳은 것이 아니다. '置功勳'은 곧 '置功'을 말하며, 그 의미는 '用功(힘쓰다・노력하다)'과 동일하다. S.5475.『壇經』에 "선지식들이여! 사람이 어떤 사람에게 자리에 앉는 법을 가르치는 것을 보아라. 마음을 보고 깨끗한 것을 보거라. 외부에 마음이 움직이지도 않고 헛된 망념을 일으키지도 않는 것, 여기에서부터 노력을 해라(善知識!, 又見有人教人座(坐), 看心看淨, 不動不起, 從此置功)"라는 기록이 보인다.

242 丁卷과 庚卷에서는 '不筭千金爲價數'로 되어 있다.

243 支 : 原錄에서는 '校'로 되어 있다. 【原校】丁과 庚 兩寫卷에서는 '千金於口'가 '萬金隨口'로 되어 있다. 戊과 庚 兩寫卷에서는 '校'자가 '交'자로 되어 있으며, 辛卷에서는 '支'자로 되어 있다. 【校注】'校'자가 原卷에서는 '枝'자로 되어 있으며, 丁, 戊, 庚, 辛卷에서는 모두 '支'로 되어 있다. 馮沅君은 '支分'이 '交分'보다 비교적 더 타당하다고 했으나, 이는 '支分'가 속어임을 몰라서 그런 것이다. 蔣禮鴻은 "'支分'은 바로 지불하다, 주다는 의미로 '千金於口合支分'의 의미는 季布와 같이 재능 있는 노예는 千金

遂給價錢而買得, 當時便遣涉風塵.[244]
주해는 이같이 재능을 떠벌리는 것을 보고,
마침내 매매 문서를 교환하고서 그 말이 사실인가를 시험해 보았다.
전창은 종이를 접고 입으로 붓끝을 빨아 글씨를 쓰는데,
그 드러나는 필세가 마치 구름이 흩어지는 것 같았다.
성명을 쓸 때에는 봉황이 춤추는 듯하였고,
연월을 기록할 때에는 까마귀가 모여 있는 듯하였다.
위아래 초서는 그 물결치는 필세가 서로 걸맞았고,
행간에 펼쳐진 것은 초서와 해서였다.
주해는 고개를 숙여 몸소 전창이 쓴 계약서를 보고는,
입이 벌어지고 눈이 휘둥그레지며 입을 다물 줄 몰랐다.
오랫동안 채찍을 쳐대며 감탄하였고,
그가 계약서에 공훈을 기록하는 것을 보았다.
백금은 결코 비싼 가격이 아니었고,
천금을 요구해도 지불이 당연했다.
마침내 가격을 지불하고 그 노예를 사서,
당시에 그로 하여금 세상일을 경험하게 했다.

季布得他相接引, 擎鞭執帽不辭辛.
朱解押良[245]何所似, 由如煙影[246]嶺頭雲.

을 지불하고 사도 당연하다는 것을 말하고 있다. 【校注】 P.2319 「大目乾連冥間救母變文」을 보면 "目連은 다른 나라에 가서 교역을 부흥시키고자 하여 마침내 재산과 보물을 지출하여 어머니로 하여금 이후에 여러 부처들과 자신을 찾아오는 거지들을 공양하도록 부탁하였다(目連)欲往他國興易, 遂卽支分財寶, 令母在後設齋供養諸佛法僧及諸乞來者"라는 구절이 있는데, 여기서의 '支分'도 의미가 동일하다.

244 丁卷과 庚卷에서는 이 구절이 '便將牽攏涉路'로 되어 있다.

245 押良 : 『煌煌零拾』에서는 '相貌'로 되어 있는데, 이는 억측에 의해 교정한 것이다. 이 부분은 原卷 및 戊・辛卷이 모두 동일하며, 丁・庚卷에서는 이 구절 및 그 이하의 세 구절이 모두 누락되어 있다. 朱雷는 "여기서의 '押良'은 곧 '壓良(양민을 강제로

不經旬日[247]歸朝闕, 具奏東齊[248]無此人.
皇帝旣聞無季布, 勞卿虛去涉風塵.
放卿歇息[249]歸私第, 是朕寬腸[250]未合分.
朱解殿前聞帝語, 懷憂拜舞出金門.[251]
계포는 그의 계획대로 주해를 얻어 그를 모시면서,
채찍을 잡고 두건을 들고 가는 고충도 마다하지 않았다.
주해가 양민을 노예로 만든 것은 무엇과 흡사한가.
마치 산봉우리에 걸쳐 있는 구름처럼 뭉쳤다 흩어져
버리는 순간적인 것이리라.
열흘이 지나지 않아 조정의 궁궐에 도착하여,
동제에는 그런 사람이 없다고 보고하였다.

노비로 만드는 것)'과 같으며, '壓'과 '押' 두 글자는 서로 통한다. 唐 律令의 規定에 의하면 "여러 부곡을 해방시켜 양민으로 만들어 주고, 이미 면천 문서를 지급해 놓고 다시 강제로 천민으로 만든 자는 2년을 징역살게 한다. 혹 강제로 부곡을 만들었거나 노비를 해방시켜 양민으로 만들었다가 다시 강제로 천한 사람으로 천민으로 만든 자는 각각 죄의 한 등급을 감면해 준다(諸放部曲爲良, 已給放書, 而壓爲賤者, 徒二年. 若壓爲部曲及放奴婢爲良而壓爲賤者, 各減一等)"고 하였다(『唐律疏議』 卷十二) 【校注】 '押良'은 곧 '양민을 강제로 노비로 만드는 것(押良爲賤)'을 말하며, 『敦煌資料』第一輯의 「立嗣文書」에 "이치에 맞지 않게 몽둥이질을 하고, 억지로 양민을 천민으로 강등시켰다(非理打棒, 壓良爲賤)"라는 말이 보인다. 또 S.4374 「放良書樣文」에도 "내가 듣기로 양민들을 석방시켜 주면, 그 복됨이 높은 산처럼 쌓이게 되지만 강제로 양민을 천민으로 강등시키게 되면, 지옥처럼 원성이 자자하게 된다고 하였다(吾聞從良放人, 福山峭峻; 壓良爲賤, 地獄深怨)"라는 말이 있다.

246 袁賓은 "'烟影嶺頭雲'의 의미는 곧 '연기가 산상의 구름을 가린다(烟隱嶺頭雲)'(朱解가 季布를 사서 노예로 삼아 계포의 참모습을 감출 수 있도록 해주는 것을 비유한다)"는 의미이다. 【校注】 '影'은 곧 '감추다 · 가리다'는 의미이다. 앞의 주 78을 참조하시오.

247 丁卷과 庚卷에서는 '不經旬日'이 '登塗數日'로 되어 있다.

248 東齊 : 丁卷과 庚卷에서는 '東西'로 되어 있는데, '西'는 아마도 음을 가차한 글자인 듯하다.

249 歇息 : 丁卷 및 庚卷에서는 '憩歇'로 되어 있다.

250 【原校】 丁 및 庚 兩 寫卷에서는 '寬腸'이 '寃鑵'로 되어 있다. 또 辛卷에서는 '寬'이 '冤'으로 되어 있다. 【校注】 寬腸의 의미는 '마음을 풀다, 마음을 너그러이 하다'는 뜻이다.

251 【原校】 丁卷과 庚卷 양 寫卷에서는 '金門'이 '朝門'으로 되어 있다.

황제는 계포가 없다는 말을 듣고,
“수고롭게 경을 헛걸음질하게 하여 세상일을 겪게 했소.
그대는 마음 놓고 사제로 돌아가 쉬시오.
짐의 원통한 마음은 아직 풀리지는 않았소”라고 했다.
주해는 궁전 앞에서 황제의 말을 듣고,
근심스럽게 무릎 끓어 절하고 금문을 나섰다.

歸宅親故[252]來軟脚,[253] 聞筵列饌廣鋪陳.
買得典倉緣利智,[254] 廳堂誇向往來賓.[255]
閑來每共論今古,[256] 悶卽堂前[257]話典墳.
從茲朱解心憐惜,[258] 時時誇說向夫人:
「雖然買得愚庸使,[259] 實是多知[260]而廣聞.
天罰帶鉗披短褐, 似山藏玉蛤[261]含珍,
是意存心解相向,[262] 僕[263]應擡擧別安存.」[264]

252 [原校] 丁卷과 庚卷 양 寫卷에서는 ‘親故’이 ‘親情’으로 되어 있다.

253 ‘軟’은 丁卷과 庚卷에서는 ‘耎’으로 되어 있다. 蔣禮鴻은 “軟脚은 손님을 환영하기 위해 베푸는 주연을 말한다. 『新唐書 · 外戚傳 · 楊國忠』을 보면 ‘국경 밖으로 나갈 때 하사품이 있는 것을 餞路라고 했으며, 돌아왔을 때 위로하는 것을 輭脚이라고 했다(出有賜勅, 曰餞路, 返有勞, 曰輭脚)’라는 말이 있는데, 여기서의 ‘軟’자는 바로 ‘輭’의 이체자이다. 이 ‘輭’자는 바로 ‘餪’으로부터 변화되어 나온 글자이다”라고 하였다. [校注] ‘軟脚’, ‘耎脚’는 動賓구조로 이루어진 단어이며 그 의미는 주연을 열어 접대하는 것을 말한다.

254 利智 : 영리하고 기지가 있다.

255 丁卷과 庚卷에서는 본 구절이 “當廳誇說往來人”으로 되어 있다.

256 [原校] 丁卷과 庚卷 양 寫卷에서는 ‘閑時每喚論稽古’로 되어 있다.

257 堂前 : 丁卷과 庚卷에서는 ‘常號’로 되어 있다.

258 憐惜 : 丁卷과 庚卷에서는 ‘憐獎’으로 되어 있다.

259 [原校] 丁卷과 庚卷에서는 이 구절이 ‘雖卽買來爲驅使’로 되어 있다.

260 知 : 丁卷과 庚卷에서는 ‘智’로 되어 있다.

261 [原校] 丁卷과 庚卷에서는 ‘蛤’이 ‘海’로 되어 있다. [校注] ‘蛤’은 곧 조개를 말한다. ‘海’는 ‘蛤’의 借音字이다.

262 [原校] 丁卷과 庚卷에서는 이 구절이 ‘是珍若也存心腹’으로 되어 있다. [校注] ‘意’는

집으로 돌아오니 노고를 위로하기 위해 벗들이 와 있어,
연회를 베풀어 많은 음식물을 차려 놓았다.
전창을 사온 것은 쓸모 있고 지혜롭기 때문이라고,
대청에서 왕래하는 빈객들에게 과시하였다.
한가할 때에는 매번 고금을 함께 논의하였고,
근심스러울 적에는 당 앞에서 고대 문헌을 얘기 했다.
이로부터 주해는 마음속에 안타까운 생각이 들어,
때로 부인에게 과시하여 말하곤 했다.
"비록 노예를 사왔지만,
사실은 지식이 풍부하고 견문이 넓다오.
천벌로 노예 사슬을 차고 거친 베옷을 입었지만,
산속에 감춰진 옥 같고 조개처럼 진주를 머금고 있소.
모든 일에 유의함이 서로 통하니,
내 당연히 그를 추천하여 특별히 편안하게 해주려 하오."

商量乞[265]與朱家姓, 脫鉗除褐換衣新.
今旣收他爲骨肉, 令交(教)內外報諸親.

辛卷에서는 '伊'으로 되어 있다. 相向은 '서로 가깝고 부합되다'는 뜻이다. 「王昭君變文」을 보게 되면 "명비는 책봉되어 이미 왕비가 되었으나, 원래는 본래의 마음에 맞는 것은 아니었다. 가한이 정을 나누고 화목해지고자, 매번 영합을 즐겨 말하곤 하였다(明妃旣策立, 元來不稱本情; 可汗將爲情和, 每有善言相向)"라는 기록이 있다.

263 僕 : 丁卷에서는 '必'으로 되어 있다.

264 別安存 : 특별하게 보살펴주다. '別'자에는 '특별히'라는 뜻이 있다. 예를 들면 『水經注』河水四의 "이곳의 백성 가운데 성은 劉씨에 이름은 墮라 불리는 사람이 있었는데, 술을 잘 빚어내는 기술이 뛰어났다. …… 그가 빚은 술은 특별한 맛에 독특한 분위기가 다른 술들과는 달랐다(民有姓劉名墮者, 宿擅工釀 …… 別調氛氳, 不與佗同)"가 그 예이다.

265 乞 : '주다'는 의미이다. 『漢書 · 朱買臣傳』을 보면 "아내가 자진하여 죽자, 주매신은 아낙의 남편에게 돈을 주어 장례를 치루게 해주었다(妻自經死, 買臣乞其夫錢, 令葬)"라는 기록이 있다. 『集韻』의 '未'韻部에서는 "乞은 주다는 뜻이다(乞, 與也)"라고 설명하고 있다.

莫喚典倉稱下賤, 總交(教)喚作大郎君.[266]

試交(教)騎馬捻毬杖,[267] 忽然擊拂便過人,[268]

馬上盤槍兼弄劍,[269] 彎弓倍射勝陵君.

勒轡邀[270]鞍雙走馬, 蹺身[271]獨立似生神.

揮鞭再騁[272]堂堂貌, 敲鐙重誇檀檀(儃儃)身.[273]

---

266 太郎君 : 大公子를 말한다. 蔣禮鴻은 "여기서는 朱解가 季布를 받아들여 아들로 삼고, 또한 가노들로 하여금 그를 大郎君이라 부르게 한 것을 말하다"라고 설명하고 있다. 이상의 네 구절은 丁卷과 庚卷에는 없다.

267 丁卷에서는 이 구절이 "交騎鞍馬捻毬杖"이라 되어 있다.

268 便過人 : 丁卷과 庚卷에서는 '過於人'으로 되어 있다. 擊拂 : 打毬의 전문용어로서, 채를 휘두르며 공을 치면서 들어 올리다는 뜻이다. 劉崇遠의 『金華子雜編』 卷上을 보면 "周侍中 寶와 高中令 駢은 打毬에 있어 신묘한 기술을 가지고 집안을 일으켰으며, 擊拂에 있어 뛰어난 기술로 천하에 이름을 드날렸다(周侍中寶與高中令駢, 起家神策打毬軍將, 而擊拂之妙, 天下知名)"라는 기록이 있다. 『通釋』에 상세한 설명이 나와 있다.

269 倍射 : 등을 지고 뒤쪽을 향해 쏘는 것을 말한다. 『說文』의 人部를 보면 "倍는 '등을 지다'는 뜻이다(倍, 反也)"라고 설명하고 있다. 여기서는 이 단어의 본뜻을 활용하고 있다. '陵'자는 原錄에서는 원래 고유 명사라는 명칭이 없으나, 都興宙는 "'陵君'은 당연히 李陵의 일을 지칭한다"고 교정했다.

270 '邀'과 '勒'는 서로 바꿔쓰는 글자이며, 邀 역시 勒이다. '邀'과 '勒'은 늘 같은 뜻을 지난 글자로 이어 쓰는 것이 가능하다.

271 蹺身 : '물구나무를 서다'는 뜻이다. 『魏書 · 傅永列傳』을 보게 되면 "기개가 있었으며, 권법과 용기가 남들보다 뛰어났으며 손으로 말안장을 잡고 거꾸로 선 채 말을 달릴 수 있었다(有氣幹, 拳勇過人, 能手執鞍橋, 倒立馳騁)"라는 기록이 있다. 『司民溫公詩話』에서는 丁謂의 「蹴鞠」을 인용하여 "살금살금 몇 걸음을 옮긴 후에, 물구나무를 선 채 오래 동안 서 있었다(躡來行數步, 蹺後立多時)"라고 하였는데, 모두 '蹺身'의 뜻이다. 이상의 네 구절은 丁卷과 庚卷에는 없다.

272 騁 : 庚卷에서는 '呈'으로 되어 있는데, '逞'의 약자이다. '騁'과 '逞'은 모두 '자랑하다 · 뽐내다'는 의미이다.

273 【原校】 '丁卷'에서는 '檀檀身'이 '弓弓身'으로 되어 있으며, 庚卷에서는 '了了身'으로 되어 있다. 【校注】 丁卷과 庚卷에서는 '檀'이 모두 '䂂'으로 되어 있다. 【蔣禮鴻】 '檀檀'은 바로 '儃儃'으로, 거동이 편안하고 대범하다는 의미이다. 그래서 '堂堂'과 대구를 이룬다. 丁卷에서는 '弓弓'으로 되어 있는데, '弓'은 '弓'의 오자이다. 庚卷에서는 '了了'로 되어 있는데, 이 역시 '弓弓'로 인해 생겨난 오류이다. 『集韻』의 換韻部를 보면 '弓'은 '彈'의 或體字이며 또한 '彈'과 '儃'은 同音으로서 徒와 案의 반절음이다. 그러므로 '弓'은 바로 '儃'의 同音 假借字임을 알 수 있다. '儃儃'의 讀音은 당연히 '但'자나 혹은 '坦'자로 읽어야 한다.

南北盤旋如掣電, 東西懷協(挾)[274]似風雲.
朱解當時心大怪, 愕然直得失精神.[275]
心麤買得庸愚使,[276] 看他意氣勝將軍.[277]
名曰典倉應是假,[278] 終知必是楚家臣.[279]
부인과 상의하여 그에게 주씨의 성을 내려 주었고,
항쇄를 풀고 베옷을 벗기고서 새 옷으로 갈아 입혔다.
지금 이후로 그를 받아들여 골육으로 삼으니,
내외에 명하고 여러 친척들에게 고하길.
"전창이라고 부르거나 아랫 것이라고 일컫지 말고,

---

274 協 : 原卷에서는 오른쪽에다 작은 글씨로 '俻'라 주하고 있다. 戊、辛卷에서는 '協'으로 되어 있다. 丁卷과 庚卷에서는 전 구절이 "東西走驟似飛雲"으로 되어 있다. 【蔣禮鴻】 '懷挾'은 '懷挾'과 같으며, 打毬의 기술이 매우 높아, 공을 다루는 데 뛰어나며 실수가 없어, 날아갔다가 되돌아오곤 하는 공이 마치 가슴 속에 품고 있는 듯한 모습을 형용한다. 劉崇遠의 『金華子雜篇』 卷上에 打毬에 대한 기록이 보이는데 變文과 서로 증거로 삼을 수 있다. 그 기록은 다음과 같다. "모두들 성루에 의지하여 아래를 바라보니, 그 가슴 속에 星彈을 끼고 채를 휘두르며 응수하는 것이 보였는데, 모두들 탄성을 지르면서 오랫동안 그것을 바라보았다(城樓下瞰, 見其懷挾星彈, 揮擊應手, 稱嘆者久之)." 여기서의 '懷協'이 바로 '懷挾'이며 이 말은 당시에 打毬를 찬미하던 유행어였다.

275 【原校】 丁卷과 庚卷 두 사권에서는 이 구절이 "愕然猜卜失聲頻"으로 되어 있다. 【蔣禮鴻校】 直得과 置得은 곧 "臻得"를 假借한 것으로 '~로 하여금 ~하게 하는 바가 있다'는 것을 표시하며, 곧 "~로 인해서 ~하게 하다"는 뜻이다. 이 말은 季布의 技藝를 보고 朱解로 하여금 아연 실색케 하다는 것을 말한다. 【校注】 '直得', '致得'은 비록 의미가 동일하지만 '直得'가 더욱 자주 보이므로, '直得'을 당연히 하나의 단어로 간주해야하며 '直'자를 반드시 '致'자의 借音字로 간주할 필요는 없다.

276 庸愚使 : 丁卷과 庚卷에서는 '爲庸使'로 되어 있는데, '爲'자는 응당 '愚'자로 읽어야 한다.

277 【原校】 丁卷과 庚卷 두 寫卷에서는 '將軍'이 '王孫'으로 되어 있다. 【校注】 丁卷과 庚卷에서는 '勝'이 '索'으로 되어 있다.

278 【原校】 '是假'는 原卷에서는 '是買'로 되어 있는데, 戊卷에 의해 교정하였다. 丁卷과 庚卷에서는 '假謁'로 되어 있다. 【校注】 '買'는 '賈(假)'자가 와전된 것이며, 丁卷과 庚卷에서는 실제로는 '假僞'로 되어 있다.

279 丁卷과 庚卷에서는 이 구절이 '衆情必是楚家人'으로 되어 있는데, '衆'은 '終'의 가차자이며, '情'은 '諸'자가 와전된 것이며 '諸'는 다시 '知'자의 가차자이다.

모두 그를 대랑군이라고 부르라"
시험 삼아 기마를 타고 공 채를 휘두르게 하였는데,
갑작스럽게 공을 치는 것이 남보다 월등하였다.
말 위에서 창과 칼을 자유자재로 놀렸고,
활을 당겨 몸 돌려 쏘는 것은 신릉군을 능가하였다.
고삐를 쥐고 안장을 얹고 서로 말을 달렸는데,
몸을 날려 앞서는 것이 마치 살아 있는 신과 같았다.
채찍을 휘두르며 달리는 모습은 당당했고,
鐙子를 두드리며 한가로운 몸짓을 거듭 과시했다.
이리저리 왔다 갔다 하는 것이 마치 번갯불 같았고,
여기저기로 튀는 공을 잡는 것은 풍운과 같았다.
주해는 당시 마음속으로 매우 괴이하게 여기며,
경악하여 줄곧 정신을 잃을 뻔 했다.
마음이 조급하여 이 노예를 사온 것이지만,
그의 의기가 장군을 능가하는 것을 간파했다.
전창이라는 이름은 당연히 거짓이며,
분명히 초나라 신하일 것이다.

喚向廳前[280]而問曰:「濮陽之日爲因循,
用卻百金[281]忙買得, 不曾子細問根因.[282]
看君去就[283]非庸賤, 何姓何名甚處人?

280 [原校] 丁卷과 庚卷에서는 '廳前'이 '靜房'으로 되어 있다. [校注] 丁卷과 庚卷에서는 '向'자가 '入'자로 되어 있다.

281 [原校] 丁卷과 庚卷에서는 '百金'이 '千金'으로 되어 있다.

282 根因 : 原錄에서는 '根由'로 되어 있다. [校注] 辛卷에서는 '根因'으로, 丁卷과 庚卷에서는 '于君'으로 되어 있다. 徐校에서는 "'由'는 아마도 '因'자로 하는 것이 옳은 것 같다. 왜냐하면 그래야 앞 뒤 구절과 협운을 이루기 때문이다"라고 말하고 있다. 여기서는 辛卷에 근거하여 교정하였다.

283 看君去就 : 丁卷과 庚卷에서는 '看公意去(氣)'로 되어 있다. [校注] '去就'와 '意氣'는

季布既蒙子細問, 心口思惟[284]要說眞.
擊分(激忿)聲悽[285]而對曰 :「說著來由[286]愁煞人!
不問且言爲賤士,[287] 旣問須知非下人.
楚王辯士英雄將, 漢帝怨[288]家季布身.」
대청 앞에 그를 불러들이고 다음과 같이 물었다.
"복양에 갔던 날 수색 작업이 소홀하던 차에,
백금을 내고 자네를 급히 샀는데,
일찍이 자네에 대해 자세하게 물은 적이 없었네.
자네의 행동거지를 보니 분명 빈천한 사람은 아닌데,
성명은 무엇이고 어느 곳 사람인가?"
계포는 이미 자세한 질문을 받은지라,
속으로 사실을 말해야겠다고 생각했다.
그는 격분하고 처연한 목소리로 대답했다.
"이유를 설명드리자니 근심이 앞서는군요!
묻기 전에는 비천한 사람이라고 여기시는 줄 알았는데,

그 의미가 유사하며, 행동거지나 風度를 뜻한다. P.2931「佛說阿弥陀經讀經文」에 "2벌의 가사를 몸에 걸치고 있었는데, 위엄있는 모습과 행동거지가 보통사람과는 달랐다(二件袈裟挂在身, 威議(儀)去就與(異)常人)"라는 기록이 있다. 『通釋』의 '去就' 조목을 참조하기 바란다.

284 都與宙는 "'心口'는 '心頭', '心里' 혹은 '心中'과 같으며, '口'자는 여기에서 단순히 조사로 사용되었지 마음과 입을 동시에 지칭하는 것은 아니다"라고 하였다. 【校注】『三國志 · 魏書 · 武帝紀』에 관한 裴注에서는 『魏略』의 "이리저리 혼자 곰곰이 생각해보아도, 죄를 기다리는 것 외에는 다른 방법이 없을 듯 하였다(口與心計, 幸且待罪)"라는 말을 인용하고 있는데, 여기서의 '口與心計'는 곧 '心口思維'과 같으며, 바로 옛 사람들이 자기 혼자 생각하는 모습을 형용할 때 자주 쓰던 관용어이다. 그러므로 都씨의 견해가 올바른 것은 아니다.

285 【劉凱鳴校】'激分'은 단어가 아니므로, 응당 '激忿'으로 해야 한다. 【校注】'激分聲悽'는 丁卷과 庚卷에서는 '徹憤況聲'으로 되어 있으며, 여기서의 '徹'자는 응당 '激'자로 읽어야 한다.

286 來由 : 丁卷과 庚卷에서는 '從來'로 되어 있다.

287 丁卷과 庚卷에서는 이 구절이 "不問僕能且驅使"로 되어 있다.

288 怨 : 丁卷과 庚卷에서는 '讎'로 되어 있다.

이미 질문을 받고 보니 하인이 아님을 알고 계셨군요.
저는 초왕의 변사요 빼어난 장군으로서,
한왕이 찾는 그 원수 계포입니다."

朱解忽聞稱季布, 戰灼[289]唯憂禍入門.
「昨見司天占奏狀, 三臺八坐[290]甚紛芸.
又奏逆臣星[291]晝現, 早疑恐在百寮門.
不期自己遭狼狽,[292] 將此情由何處申!
誅斬解身甘受死, 一門骨肉盡遭迍.」
季布得知心裏怕, 甛言美語卻安存:
「不用驚狂心草草, 大夫定意但安身.[293]
見今天下搜尋僕,[294] 捉得封官金百斤.
君但送僕[295]朝門下, 必得加官品位新.」
주해는 갑자기 계포라는 이름을 듣고,

---

289 戰灼: 두려워서 벌벌 떠는 모양을 형용한다. 丁卷과 庚卷에서는 '戰勺'으로 되어 있다.

290 戊卷과 辛卷에서는 '座'로 되어 있다. 三臺: 漢은 尙書를 中臺로, 御史를 憲臺로, 竭者를 外臺로 삼았었다. 東漢은 六曹와 尙書, 令, 僕射를 八坐로 삼았다. '坐'자는 '座'의 古字이다.

291 逆臣星: 逆臣을 상징하는 별자리를 말한다. 『史記·天官書』에 "북두칠성 첫째 별 아래의 여섯 별들이 둘씩 나란히 짝을 이루는 것을 三能이라고 부른다. 三能의 색이 가지런하면, 군신이 화합을 이루게 된다. 그러나 三能의 색이 가지런하지 못하면 군신간의 관계가 크게 어그러지게 된다. 북두칠성의 첫째 별을 보좌하는 별들의 밝기가 비슷하면, 황제를 보좌하는 신들이 서로 따르고 친화를 이룬다(魁下六星, 兩兩相比者, 名曰三能. 三能色齊, 君臣和; 不齊, 爲乖戾. 輔星明近, 輔臣親彊)"라는 기록이 있는데, 『正義』에서 "근신이 국가의 符印을 마음대로 사용함에 있어 사직을 도모하는 데 사용한다면 임금을 보좌하는데 날개를 다는 것이 될 것이다. 그러나 그렇지 않다면 곧 죽음을 맞게 된다(臣擅國符印, 將謀社稷, 則輔生翼; 不然, 則死也)"라고 설명하고 있다.

292 狼狽: 난처하다, 곤란하다는 의미이다.

293 [原校] 丁卷과 庚卷에서는 이 구절이 '大夫定魄且安魂'으로 되어 있다.

294 天下: 庚卷에서는 '天子'로 되어 있다. 僕자는 丁卷에서는 '次'로 되어 있다.

295 送: 丁卷과 庚卷에서는 '因'으로 되어 있는데, 이는 물론 '囚'자가 와전된 것이다.

두려워 근심하며 집안에 화를 들인 것을 걱정하였다.
"어제 사천대를 만나 점을 쳐서 점괘를 아뢰게 하니,
삼공과 팔좌가 매우 어지럽다고 하더군.
또 역신의 별이 대낮에 나타나서,
조만간 공포가 백관의 집에 든다고 하였네.
뜻하지 않게 내 이런 낭패를 만났으니,
장차 이 사실을 어디에 토로할꼬!
이 한몸 주벌 받는 것은 감수하겠지만,
가문의 혈육이 모두 화를 당하겠구나."
계포는 주해의 마음속에 두려움이 있는 것을 알고,
감미로운 말로 도리어 안심시켰다.
"놀라거나 초초하게 생각하지 마십시오.
대부께서 작정만 하시면 몸을 안전하게 할 수 있습니다.
지금 천하를 보면 저를 체포하려고 혈안이 되어 있는데,
체포하면 관직을 얻고 황금 백근을 받기 때문이지요.
만약 당신이 저를 조정문 아래에 보낸다면,
반드시 관직은 높아지고 지위는 새로워질 것입니다."

朱解心麤無遠見, 擬呼左右送他身.
季布出言而便嚇[296] :「大夫大似醉昏昏![297]
順命受恩[298]無酌度, 合見高皇嚴敕文.
捉僕之人官萬戶, 藏僕之家斬六親.
況在君家藏一月,[299] 送僕先憂自滅門!」

296 【原校】 丁卷과 庚卷에서는 '而便嚇'이 '重嚇問'으로 되어 있다.
297 昏昏 : 丁卷과 庚卷에서는 '勳勳'으로 되어 있다. '勳勳'은 '醺醺'과 통한다.
298 【原校】 丁卷과 庚卷의 두 寫卷에서는 '順命受恩'이 '順使受趂'로 되어 있다.
299 '藏一月'은 丁卷과 庚卷에서는 '一月藏'으로 되어 있다.

朱解被其如此說,[300] 驚狂轉轉喪神魂.[301]
「藏着君來憂性命,[302] 送君又道滅一門;[303]
世路盡言君足計,[304] 今且如何免禍迍?」
주해는 마음이 조급할 뿐 앞을 내다보는 안목이 없어서,
좌우의 하인을 불러 그를 압송하게 하였다.
계포는 얼른 말을 꺼내어 그를 위협했다.
"대부께서는 크게 취하신 것 같군요!
명령을 따르고 은혜를 받을 것만 고려하지 마시고,
황제의 엄격한 칙령을 자세히 보십시오.
저를 체포한 사람에게는 만호의 관직을 내려 주지만,
저를 숨겨준 사람은 육친을 참수한다고 하였습니다.
하물며 당신의 집에서 한 달이나 숨어 있었으니,
저를 압송하기 이전에 가문의 멸망을 근심해야지요!"
주해는 이와 같은 말을 듣고,
놀랍고 두려워서 정신을 잃을 지경이었다.
"자네를 숨겨주면 목숨이 위태롭고,
자네를 압송해도 일족이 몰살될 것이란 말이지.
살아날 방법은 자네의 풍부한 지략에 달려 있으니,
지금 어떻게 하면 화를 면할 수 있겠는가?"

季布乃言「今有計, 必應我在君亦存![305]

300 被其: 丁卷과 庚卷에서는 '見他'로 되어 있으며, '說'자는 '嚇'자로 되어 있다.

301 轉轉: 의미가 앞에 나오는 구절인 "不用驚狂心草草"의 '草草'와 같으며, 근심하고 걱정하는 모양을 나타낸다.

302 丁卷과 庚卷에서는 이 구절이 "買得君來憂帶類(累)"으로 되어 있다.

303 滅一門: 丁卷과 庚卷에서는 '損家門'으로 되어 있다.

304 【原校】 '足'은 原卷에서는 '是'로 되어 있으나, 丁卷과 庚卷에 근거하여 교정하였다. 【校注】 丁卷과 庚卷에서는 이 구절 전체가 "世上總傳君足計"로 되어 있다.

305 君亦存: 丁卷과 庚卷에서는 '與君存'으로 되어 있다.

明日廳堂排酒饌, 朝下總呼諸大臣.[306]
座中但說東齊[307]事, 道僕愆尤罪過頻;
僕卽出頭[308]親乞命, 脫禍除殃[309]必有門.」
계포는 즉시 대답했다. "제게 계책이 있습니다.
반드시 저도 살고 당신 또한 목숨을 보전할 수 있습니다!
내일 대청에 술과 안주를 마련하고,
조정 아래 여러 신하들을 모두 불러 주십시오.
술좌석에서 동제의 일을 말씀하실 적에,
저의 죄를 언급하며 지은 죄가 크다고 하십시오.
저는 즉시 나서서 몸소 목숨을 구걸하여,
화를 면하고 재앙을 제거해 꼭 출구를 만들어 보겠습니다."

屈得[310]夏侯蕭相至, 登筵赴會讓卑尊.
朱解自緣心裏怯,[311] 東齊季布便言論.
侯嬰當下[312]心驚怪, 遂與蕭何相顧頻.
二臣坐上而言說,[313] 「深勞破費味如[314]珍!

306 【原校】 丁卷과 庚卷에서는 이 구절이 "朝庭邀呼諸重臣"으로 되어 있다. 【校注】 뒤 부분의 세 글자는 庚卷에서는 '請重神'으로 되어 있으며, 丁卷에서는 '神'자의 옆에다 '臣'자로 교정해 놓고 있다. 寫本에서는 '臣'자와 '神'자의 음이 비슷하여 혼동하는 경우가 많았다.

307 齊 : 丁卷과 庚卷에서는 '西'자로 되어 있다.

308 出頭 : '모습을 나타내 보이다(出身)'는 의미이다. 「燕子賦」(一)에 "갑자기 돌이 흔들리더니 연자가 자신의 모습을 드러내었다(燕子忽硉出頭)"라는 구절이 있는데 여기서의 '出頭'도 그 의미가 동일하다.

309 脫過除殃 : 丁卷과 庚卷에서는 '除殃免過'로 되어 있다.

310 屈得 : 丁卷과 庚卷에서는 '遂屈'으로 되어 있다. '屈'은 邀請하다는 의미이다. 『通釋』에 자세하게 설명이 되어 있다.

311 【原校】 丁卷과 庚卷 두 寫卷에서는 '自'자가 '只'로, '怯' 이 '怕'로 되어 있다.

312 下 : 原錄에서는 '得'으로 되어 있다. 【原校】 丁卷과 庚卷의 두 寫卷에서는 '得'자가 '下'로 되어 있다. 【校注】 '下'字의 의미는 '길다'이며, 여기서는 이에 근거하여 교정하였다.

313 說 : 丁卷과 庚卷에서는 '曰'로 되어 있다.

皇帝交(敎)君捉季布, 公然[315]藏在宅中存;
謾[316]排酒饌應難喫, 久坐時[317]多恐損人.」[318]
하후영을 초대하였고 승상 소하도 이르렀는데,
연회 모임에 오를 때에 서로 자리를 양보하였다.
주해는 속으로는 겁이 났지만 태연한 듯이,
동제에서 계포를 체포한 경과를 얘기했다.
후영은 이때 속으로 놀랍고 괴이하여,
마침내 소하와 자주 돌아보곤 하였다.
두 대신이 좌상에서 말했다.
"심히 노고가 많았소. 음식 맛이 진미로군요.
황제께서 그대에게 계포를 체포하도록 하였는데,
공연히 집안에 그를 숨겨 주었다니.
입맛도 없고 쓸데없이 술과 안주를 마련한 것 같군요.
오랫동안 앉아 시간을 보낼수록 해를 입을까 두렵소."

二臣拂手擡身起, 朱解愁怕轉芬芸.[319]

---

314 [原校] '如'자는 原卷에서는 '而'로 되어 있으나, 丁卷과 庚卷 및 辛卷 이 세 寫卷에 근거하여 교정하였다.

315 公然 : 丁卷과 庚卷에서는 '綱然'으로 되어 있다.

316 謾 : 丁卷에서는 '慢'으로 되어 있다. [校注] '謾'과 '慢'자는 모두 '漫'과 통하는 글자들이다. 淸 張德瀛는 『詞徵』 卷三에서 "謾은 漫자와 통하며, 거짓되다 · 속이다는 뜻이다(謾, 通 漫, 虛也, 枉也)"라고 풀이하고 있다. 『詩詞曲語辭匯釋』 卷二를 보면 "漫은 '헛되이' 혹은 '부질없이'의 의미이다. 글자 역시 '慢'으로도 쓰기도 하며 '慢'자로 쓰기도 한다"라는 설명이 있다.

317 [原校] '時'자는 原卷에서는 '特'으로 되어 있으나, 丁卷과 庚卷 및 辛卷의 세 寫卷에 의거하여 교정하였다. [校注] 原卷에서는 사실은 '時'로 되어 있으며, 이 글자의 俗體가 '特'과 비슷하다.

318 [原校] '損'자가 原卷에서는 '捐'으로 되어 있으나, 辛卷에 근거하여 교정하였다. [校注] '恐損人'은 丁卷과 庚卷에서는 '帶類(累)人'으로 되어 있다.

319 芬芸 : 丁卷과 庚卷에서는 '分云'으로 되어 있는데, 모두 '紛紜'과 같으며 그 의미는 어수선하고 혼잡하다(紛亂)의 의미이다.

二相宅門纔上馬, 朱解親來邀屈頻.[320]
「解且宅中[321]無季布, 且願從容酒壹巡!」
侯嬰旣說無季布,[322] 察色聽聲驗取眞,[323]
離鞍下馬重登會, 旣無季布卻排論,[324]
두 대신이 손을 털고 몸을 일으키자,
주해는 근심스러워 몸 둘 바를 몰라 했다.
두 대신이 문 앞에서 막 말에 오르려는데,
주해는 몸소 나와서 계속 들어갈 것을 요청했다.
"저의 집안에는 계포가 없으니,
원컨대 이것 저것 담소나 나누면서 술잔을 돌립시다!"
후영은 계포가 없다는 말을 듣고,
안색과 목소리를 살핀 후 사실이라고 여겼다.
말 안장에서 내려와 다시 연회장에 올랐을 때,
이미 계포가 없다는 사실은 말할 필요도 없었다.

是時酒至[325]蕭何手, 動樂唯聞歌曲新.[326]
季布幕中而走出, 起居再拜叙寒溫.

---

320 【原校】 丁卷 및 庚卷 두 사권에서는 '邀屈頻'이 '自邀陳'으로 되어 있다. 【校注】 '邀屈'은 동일한 글자를 이어 놓은한 것이며, '屈' 역시 '邀(초청하다)'의 의미이다.

321 解且宅中 : 丁卷과 庚卷에서는 '幸自家中'으로 되어 있다.

322 【原校】 丁卷과 庚卷 두 寫卷에서는 이 구절이 "蕭何旣見如恩語"로 되어 있다. 馮씨는 "'旣說'과 '旣見'은 모두 '見說'의 오자이다"라고 했다. 【校注】 '恩'자는 丁·庚卷에서도 사실은 '思'로 되어 있으며, '斯'자와 통한다. '旣說'은 응당 '見說' 혹은 '旣聞'으로 해야 한다. '旣見'이라는 말은 丁卷과 庚卷에서 사용되고 있는데 잘못된 것은 아니다.

323 驗取 : 丁卷과 庚卷에서는 '驗得'으로 되어 있다.

324 倫 : 原錄에서는 '論'으로 기록되어 있다. 【校注】 현존하는 原卷에서는 '論'字 옆에다 '倫'자로 교정해 놓고 있으며, 丁卷과 庚卷에서는 '輪'으로 되어 있다. '排倫' 혹은 '排輪'은 순서를 정하고, 尊卑에 의거하여 자리에 들어가는 것을 말한다.

325 【原校】 丁卷과 庚卷의 두 寫卷에서는 '酒至'가 '盞到'로 되어 있다.

326 丁卷과 庚卷에서는 이 구절이 "動變呈歌宮羽均"으로 되어 있다.

上廳抱膝而鳴足,[327] 唵土叉灰[328]乞命頻.
「布[329]曾罵陣輕高祖, 合[330]對三光自殺身.

---

327 [原校] '膝'字는 原卷에서는 '脥'로 되어 있으며, 庚卷에서는 '臂'으로 되어 있다. 馮씨는 "脥자는 분명 '膝'字의 오기이다"라고 했는데, 이 말에 근거하여 교정하였다. [校注] 原卷 및 辛卷에서는 모두 '脥'로 되어 있는데, 이 글자는 '膝'의 俗字이며 『漢鄭固脾』에 이미 보인다. 鳴足은 原錄에서는 '呼足'으로 되어 있다. [校注] 丁卷과 庚卷에서는 '鳴足'으로 되어 있다. '呼'는 '鳴'자의 음을 가차한 글자이며 '鳴'는 '嗚'의 字形상의 와전이다. 馮沅君의 校에서는 '呼足'을 '吻足'으로 되어 있고 黃雲眉의 校에서는 '拊足'으로 되어 있으나, 모두 옳은 것은 아니다. 潘重規는 "鳴足은 불교에서 예를 올리는 의식을 말하므로, 鳴足으로 하는 것이 옳다"고 했다. [校注] 鳴足은 鳴噈脚을 말한다. 『說文』에서는 "歍는 歍欶라고도 하는데 입을 서로 가까이 다가가는 것을 말한다(歍, 一曰歍欶, 口相就也)"라고 설명하고 있으며, 또 "噈은 속자로는 欶라고 하는데, 口자와 就자를 따른 것이다(噈, 俗欶, 從口從就)"라고 설명하고 있다. '鳴'이 곧 '歍'이다. '口相就'는 입을 맞추는 것을 말한다. 吳康僧會가 번역한 『六度集經』 卷五 「睒菩薩章」에 "입을 맞추고 다리를 서로 핥아주다(鳴口吮足)"라는 말이 있다. 『文物』 一九六〇年 第七期에 실린 梁나라 때의 「職貢圖」에도 "무릎을 꿇고 예를 올리기 위해 멈추고, 멈춘 다음에 곧바로 왕의 손과 다리에다 입을 맞추었다(其跪拜而止, 止卽鳴其王手足)"라는 말이 있는데, 모두가 그 실례들이다.

328 唵土叉灰 : '唵'은 손으로 음식을 받치는 것을 말한다. 『廣雅・釋言』을 보면 "呤은 '머금다'는 뜻이다(呤, 唵也)"라고 설명하였다. 王念孫의 疏에서는 "『衆經音義』 卷十一에서 『埤蒼』을 인용하여 말하길 '唵은 喊의 뜻이다'라고 했다. 오늘날 속어에서는 손으로 음식을 받치는 것을 여전히 唵이라 말한다(『衆經音義』 卷十一引埤蒼云 : 唵, 啥也. 謂掌進食也. 今俗語猶謂掌進食曰唵)"라고 설명하고 있다. '叉'는 '찔러서 취하다'는 의미인데, 唐 李君玉의 「仙明洲口號」에 나오는 "포구가에선 한밤중에 노래 소리와 노 젓는 소리 들려오고, 한 줄기 그윽한 횃불 빛이 물고기를 찌르네(半浦夜歌聞蕩槳, 一星幽火照叉魚)"가 곧 그 예이다. '唵土叉灰'는 아마도 季布가 스스로 자신의 몸을 더럽힘으로써 자신이 (이전에 한 일을) 후회하고 괴로워하고 있음을 나타내는 것을 말한다. 번역자의 이름이 일실된 後漢의 『佛說安宅神咒經』를 보면 "이때 離車의 장자에게는 오십여 인의 자식들이 있는데, 모두들 몸에 먼지를 뒤집어 쓴 채 근심하고 걱정하는 모습을 보이고 있었는데, 마치 사람이 자신의 인생에 있어 부모와 사랑하는 아내를 잃은 듯 하였다. 이에 부처가 계신 곳을 찾아와 고개를 숙여 예를 취하니, 모든 근심걱정이 사라졌다(時有離車長者子五十人, 俱身坌塵土, 懷憂愁慼, 猶如有人生失父母, 所愛妻子, 來至佛所, 頭面作禮, 却住一面)"라는 말이 있는데, 여기에서 말하는 "먼지를 뒤집어 쓴 채 근심하고 걱정하는 모습을 보이다(身坌塵土, 懷憂愁慼)"는 말이 곧 '唵土叉灰'의 의미이다. 또 「雙恩記變文」의 "태자가 무리를 지어 밖으로 놀러 나갔다가, 도리어 고통과 번민만 초래하였다. 태자는 눈앞에서 땅을 가는 농사꾼과 길쌈을 하는 아낙네들의 모습을 보고는 눈에 눈물이 가득해지는 것을 참을 수 없었고, 온 몸에 먼지로 가득 했다(太子比意出游, 翻招苦惱. 爲睹前耕織等, 不免淚流盈目, 塵坌滿身)"라는 말이 있는데 역시 뜻이 유사하다.

藏隱至今延草命, 悔恨[331]空留血淚痕;
擔愆負罪來祇侯,[332] 死生今望[333]相公恩.」
막 술잔이 소하의 손에 이르자,
음악 소리가 들려오며 새로운 가곡이 흘러 나왔다.
이때 계포가 막 속에서 뛰쳐나와,
재배하고 문안 인사를 올렸다.
대청에 올라가 무릎을 꿇고 발에 입을 맞추고는,
땅에 엎드려서 여러 차례 목숨을 구걸하였다.
"저는 일찍이 진영에 욕해 고조를 경시한 적이 있는지라,
해와 달과 별에 대해 스스로를 죽인 몸입니다.
숨어 지내며 지금껏 보잘 것 없는 목숨을 연명하면서,
공연히 피눈물의 흔적을 남긴 것을 후회하곤 했습니다.
죄를 짓고 그대를 찾아와 문안 올리니,
저의 생사를 위해 상공께서 은혜를 베풀기를 바랍니다."

二相坐前相摻見[334]:「慚愧英雄楚下[335]臣!

---

329 【原校】 '布'자는 原卷에서는 '而'로 되어 있으나, 丁卷과 庚卷 두 사권에 근거하여 교정하였다.

330 【原校】 '合'자는 原卷에서는 '曾'으로 되어 있으나, 丁卷과 庚卷에 근거하여 교정하였다. 【校注】 '曾'자는 응당 '會'의 자형상의 와전이다.

331 悔恨 : 原錄에서는 '恨悔'로 되어 있다. 【原校】 辛卷에서는 '恨悔'가 '悔恨'으로 되어 있다. 【校注】 原卷 및 현존하는 丁卷, 庚卷, 辛卷에서도 실제로는 모두 '悔恨'으로 되어 있으며, 이에 근거하여 교정하였다.

332 祇候 : 원래의 의미는 '기다리다'는 뜻이며, 여기서는 '죄를 기다리다'는 의미를 지칭한다. '祇'자는 接辭이다.

333 望 : 丁卷과 庚卷에서는 '在'로 되어 있다.

334 摻 : 原錄에서는 '傪'으로 되어 있다. 【校注】 原卷에서는 '㮣'으로 되어 있으며, 辛卷에서는 '橾'으로 되어 있고, 丁卷과 庚卷에서는 '摻'으로 되어 있는데, 모두 응당 '摻'자와 같은 글자이며, 의미는 '부축하다'는 뜻이다. 徐震堮은 아마도 응당 '拜'로 해야 한다고 했으며, 蔣紹愚는 '摻'는 '參'와 통하는 글자라고 했으나 모두 정확한 것은 아니다.

憶昔揮鞭罵陣日,[336] 頭牟[337]鏁甲氣如雲.
奈何今日遭[338]摧伏, 貌改身移作賤人.[339]
鶴披鵶翼令心在, 虎帶猪皮威猶存
爭那高皇酬恨切,[340] 僕且如何救得君?」
두 대신은 좌석 앞에서 경의를 표하고는,
"그대가 영웅스런 초나라 신하였다는 사실이 부끄럽소.
옛날 채찍을 휘두르며 진영에 대고 욕하던 날,
투구를 쓰고 쇠갑옷을 두른 채 그 기세가 구름과 같았던 것을 기억하오.
두루미가 까마귀의 날개를 걸치고 있어도 그 고결한 마음은 여전히 존재하는 법이며,
호랑이가 돼지가죽을 두르고 있어도 위엄만은 여전히 갖추고 있는 법이오.
그런데 어찌하여 지금은 이처럼 굴욕적인 모습으로,
용모를 바꾸고 천한 사람이 되었소.
황제의 복수심이 얼마나 간절한지 아시오.

---

335 【原校】 丁卷과 庚卷 두 寫卷에서는 '楚下'가 '楚家'로 되어 있다.

336 罵陣日 : 丁卷과 庚卷에서는 '來罵陣'으로 되어 있다.

337 頭 : 原錄에서는 '低'자로 되어 있다. 【原校】 '低'자는 原卷에서는 '頭'로 되어 있으나, 丁卷, 庚卷, 辛卷에 근거하여 교정하였다. 【校注】 굳이 교정할 필요는 없다. '頭牟'가 곧 '兜鍪'이며, '低(鞮)牟(鍪)'와 같기 때문이다. 앞의 注 25를 참조. 그리고 壬卷은 이 구절로부터 시작하고 있다.

338 遭 : 丁卷과 庚卷에서는 '來'자로 되어 있다.

339 貌改身移 : 丁卷과 庚卷에서는 '自改移身'으로 되어 있다. 【原校】 丁卷에서는 이 구절 아래 '두루미가 까마귀의 날개를 걸치고 있어도 그 고결한 마음은 여전히 존재하며, 호랑이가 돼지가죽을 두르고 있어도 위엄만은 여전히 갖추고 있다(鶴披鵶翼令心在, 虎帶猪皮威猶存)'라는 구절이 더 있다. 庚卷에서도 이 두 구절이 있으나 두 번째 구절이 '歲帶狐皮威猛存'으로 되어 있다. 【校注】 丁卷 뒤의 세 글자가 실제로는 '威猛存'으로 되어 있으며, 庚卷에서는 앞부분의 첫 글자가 실제로는 '虎'로 되어 있다. 여기에 근거하여 보충하였다.

340 丁卷과 庚卷에서는 이 구절이 "爭那功高雠恨切"로 되어 있다. 爭那 : '얼마나(怎奈)'의 의미이며, '那'과 '奈'자는 서로 음이 근사하다.

내 어떻게 하면 그대를 도울 수 있겠소?"라고 말했다.

季布鞠躬[341]而啓曰 : 「相公試與奏明君!
但道曾過朱解宅, 聞說東齊戶口貧,
州官縣宰皆憂懼, 良田勝土並荒蓁(榛).[342]
爲立千金搜季布, 家家徒(圖)賞罷[343]耕耘.
陛下捨愆休尋足,[344] 免其金玉感黎民.[345]

341 【原校】 丁卷과 庚卷에서는 '鞠躬'이 '接聲'으로 되어 있다.

342 蓁 : 原錄에서는 '蓁'으로 기록하고는 그 옆에다 '榛'자로 교정해 놓고 있다. 【原校】 馮씨는 "蓁자는 '榛'자의 오기임이 분명하다"고 하였다. 【校注】 '蓁'자는 丁卷과 庚卷 및 辛卷에서는 '臻'으로 되어 있으며, 壬卷에서는 '荒蓁'이 '忙臻'으로 되어 있다. '蓁'은 音이 匠과 鄰의 반절음으로 '榛'과는 음이 다르며 '臻'자의 자형상의 와전이며 '榛'과 통한다. S 4625 「然燈文」을 보면 "상서로운 참새가 아침마다 찾아와, 모두들 무상의 예를 올렸다(瑞鵲朝蓁, 共叩無常之禮)"라는 말이 나오는 데, 여기서의 '蓁'자는 바로 '臻'자가 와전된 것으로, 이에 근거하여 교정하였다.

343 圖費 : 原錄에서는 '徒費'로 기록하고 그 옆에다 '圖賞'으로 교정해 놓고 있다. 【原校】 丁卷과 庚卷 두 寫卷에서는 '徒費'가 '圖賞'으로 되어 있다. 【校注】 '徒'자는 '圖'字의 가차자이며, 丁卷과 庚卷의 기록에 근거하여 교정하였다. '費'는 상으로 하사해주는 돈과 재물을 말하므로, 글자를 굳이 교정할 필요는 없다. 『顔氏家訓・歸心』에 "도를 구하는 것은 우리의 육신이 추구해야 하는 것이고, 재물을 아껴 쓰는 것은 국가가 신경 써야 할 일이다(求道者, 身計也; 惜費者, 國謀也)"라는 말이 있으며, 「伍子胥變文」에 "형산에서 나는 벽옥은 참으로 귀한 물건이니, 이것으로 필요한 재물을 충당하십시오(壁玉荊珍, 將充所貴(費))"라는 말이 있는데 여기에서 나오는 '費'자는 모두 돈과 사물을 말한다. 또한 '罷'字는 原錄에서는 '徒'자로 기록하고는 '罷'자로 교정해 놓고 있다. 【原校】 辛卷과 壬卷에서는 '徒耕耘'이 '罷耕耘'으로 되어 있다. 原卷에서도 실제로는 역시 '罷'자로 기록되어 있으므로, 여기서 교정하여 기록하였다.

344 休尋捉 : 原錄에서는 '休倍足'으로 되어 있다. 【原校】 丁卷과 庚卷에서는 '休倍足'이 '收敕後'로 되어 있다. 【校注】 '倍'字는 原卷에서는 '棓'으로 되어 있으며, 辛卷과 壬卷에서는 '倍'로 되어 있으며, 馮沅君校에서는 '尋'으로 되어 있는데 이것이 옳은 것 같아 이에 근거하여 교정하였다. '足'字는 辛卷과 壬卷에서는 모두 '捉'으로 되어 있는데, 이에 근거하여 교정하였다. 또 '收敕後'는 丁卷에서는 '收敕候'로 되어 있는데, '後'자는 '候'자의 음을 가차한 글자이며, '候'자는 '牒'자의 자형이 와전된 것이다(候자의 원래 자형은 '俟'인데, 이는 '牒'의 俗字인 '牓'자와 매우 유사하다.)

345 其 : 丁卷과 庚卷에서는 '令'으로 되어 있다. 感 : 마음을 움직이게 하다. 『說文』에서는 "感은 사람의 마음을 움직이게 하다는 뜻이다(感, 動人心也)"라고 설명하고 있다.

此言奏徹高皇耳, 必得諸州收敕文.」
侯瓔蕭何深蒙計,[346]「據君良計大尖新.[347]
要其捨罪收皇敕, 半由天子半由臣.
今日與[348]君應面奏, 後世徒知人爲人.」
계포는 몸을 굽혀 아뢰기를,
"상공께서는 시험 삼아 현명한 군주께 아뢰어 주소서!
일찍이 주해의 집을 지나가다가,
동제의 백성들이 빈곤에 시달린다는 얘기를 들었습니다.
주현의 관리들은 모두 두려워하며 체포에만 힘쓰고,
좋은 전답은 전부 황무지로 변해 버렸습니다.
계포를 체포해 천금을 받으려고,
집집마다 상금에 눈이 멀어 농사일을 팽개치고 있습니다.
폐하께서는 계포의 죄를 사면하여 체포령을 철회하고,
그 현상금을 폐지하여 백성들을 일깨워 주소서
이 말이 황제의 귀에 들어가면,
반드시 온 고을에서 칙령을 철회할 것입니다"라고 했다.
후영과 소하는 깊이 있게 그 계책을 검토하고서 말했다.
"매우 참신한 그대의 계책을 따르리다.
만약 그대의 죄를 사면하고 칙령을 거두어들인다면,
반은 황제의 은혜요 반은 내 은덕인 줄 아시오.
오늘 황제를 뵙고 면전에서 아뢸 것이니,
후세에 남을 도왔다는 평판이 전해지길 바랄 뿐이오."

---

346 【原校】 丁卷과 庚卷에서는 '深蒙計'가 '皆嗟嘆'으로 되어 있다. 馮씨는 "瓔자는 嬰의 오자이며, 그 아래도 마찬가지이다"라고 말하고 있다.

347 良 : 丁卷과 庚卷에서는 '謀'로 되어 있다. 尖新 : 기이함을 드러내다.

348 與 : 丁卷과 庚卷에서는 '救'로 되어 있으며, 壬卷에서는 '汝'로 되어 있다. 乙卷에서는 이 구절 아래 부분이 남아있다.

蕭何便囑侯嬰奏, 面對天階見至尊.
具奏「東齊人失業,[349] 望金徒(圖)費[350]罷耕耘.
陛下捨愆休尋捉, 免其金玉感黎民.」
皇帝旣聞人失業, 失聲[351]憶得尙書云 :
「民唯邦本[352]傾慈惠,[353] 本固寧在養人恩.[354]
朕爲[355]舊酬(讎)荒國土,[356] 荏苒交(敎)他四海貧.
依卿所奏休尋捉, 解冤釋結[357]罷言論!」
소하가 곧 후영에게 아뢰도록 요청하자,
후영은 천계를 대면하고 지존의 황제를 뵈었다.

---

349 失業 : 丁卷과 庚卷에서는 '發業'으로 되어 있다.

350 費 : 乙卷과 辛卷, 壬卷은 동일하며, 丁卷과 庚卷에서는 '玉'으로 되어 있다. 原錄에서는 '費'자를 '賞'자로 교정해 놓고 있으나, 그럴 필요는 없는 듯하다.

351 【原校】 丁卷과 庚卷에서는 '失聲'이 '愕然'으로 되어 있다.

352 惟 : 原錄에서는 '唯'자로 되어 있으나, 庚卷에 근거하여 교정하였다. 『尙書 · 夏書五子之歌』에 "백성이 오직 국가의 근본이며, 근본이 공고해야 국가가 평안해진다(民惟邦本, 本固邦寧)"라는 말이 있는데, 이 구절은 여기에 출처를 둔 것이다.

353 須慈惠 : 原錄에서는 '傾慈惠'로 되어 있다. 【原校】 '慈'자는 原卷에서는 '資'로 되어 있으나, 丁卷과 庚卷 두 寫卷에 근거하여 교정하였다. 또한 이 구절 중에 있는 '傾'字는 壬卷에서는 '須'로 되어 있다. 【校注】 '傾'字는 丁卷과 庚卷, 壬卷에서는 모두 '須'로 되어 있어, 이것에 근거하여 교정하였다.

354 이 구절은 原錄에서는 본래 "本固寧在養人恩"으로 되어 있다. 【原校】 '本固' 두 글자는 原卷에서는 '奔同'으로 되어 있으나, 乙 · 丁 · 庚 三卷을 참조하여 의미에 맞춰 고쳤다. 이 구절은 丁卷과 庚卷에서는 "本顧邦寧四海安"으로 되어 있다. 馮씨는 "원래의 구절은 아마도 '本固邦寧在養人'인 듯하다"고 하였다. 【校注】 馮씨의 말이 옳은 듯하며, 이에 근거하여 교정하였다. '人'은 '民'과 같다.

355 爲 : 原錄에서는 '聞'으로 되어 있다. 【原校】 庚卷에서는 '聞'자가 '爲'자로 되어 있다. 【校注】 丁卷에서도 역시 '爲'로 되어 있어, 이에 근거하여 교정하였다.

356 讎 : 原錄에서는 '酬'로 기록해놓고, 그 옆에 '讎'자로 교정했다. 【校注】 丁卷과 庚卷에서는 '雔'로 되어 있는데, 이에 근거하여 교정하였다. '雔'자와 '讎'자는 같은 글자이다. 淸 徐灝의 『說文解字注箋』을 보면 "雔자는 인신되어 서로 상대되는 것들을 두루 지칭한다. 讎敵, 讎答, 讎校도 모두 이러한 뜻을 지닌다(雔, 引申爲凡相當之稱. 讎敵, 讎答, 讎校皆此義也)"고 설명하고 있다. 「伍子胥變文」 等의 작품을 보면 '雔'자를 原錄에서도 통행되는 글자인 '讎'자로 고쳐 기록하고 있으므로, 이에 근거하여 고쳤다.

357 釋結 : 丁卷과 庚卷에서는 '設計'로 되어 있다.

아뢰기를, "동제의 백성들은 본업을 저버렸습니다.
상금만을 바라보며 농사일을 팽개쳤습니다.
폐하께서는 계포의 죄를 사면하여 체포령을 철회하고,
현상금을 폐지하여 백성들을 일깨워 주소서"라고 했다.
황제는 백성들이 본업을 저버렸다는 얘기를 듣고,
할 말을 잃고는 상서 구절을 기억해 냈다.
"백성은 나라의 근본이므로 은혜를 베풀어야 하니,
근본이 튼튼하고 나라가 편안하려면 백성을 은혜롭게
다스려야 하오.
짐은 묵은 원한 때문에 나라의 땅을 황폐하게 만들었고,
점차로 온 천하를 빈곤하게 만들었소.
경이 말한 대로 체포령을 거둘 것이니,
맺혔던 원한을 풀었노라고 알려 주시오!"라고 말했다.

侯瓔拜舞辭金殿, 來看季布助歡忻.
「皇帝捨愆收敕了, 君作無憂散憚[358]身!」

---

358 散憚: 丁卷과 庚卷에서는 '散但', 辛卷에서는 '散樿'으로 되어 있다. 【徐校】 '憚'은 '誕'자와 같다. 【校注】 '散憚'의 의미는 곧 '자유롭게 소요하다'는 뜻이다. 이 글자는 본래 '散誕'을 되어 있으며, 敦煌의 願文 中에 자주 보인다. 그 예로 P.3262 發願文의 "바야흐로 올해 처음으로 여름이 되었을 때, 인왕은 신선들이 사는 산봉우리를 흠모하게 되었다. 이에 수풀이 향기를 내뿜고 무성해졌을 때, 궁인들과 함께 신령스런 동굴을 소요하였다(厥今初臨夏節, 仁王欽慕於仙巖; 林樹芳榮, 宮人散誕於靈窟")라는 말과 P.3457 願文에서의 "궁인들과 함께 신령스런 동굴 속을 소요하였다(宮人散誕於靈窟)"라는 말, 그리고 陶鴻景의 「題所居壁詩」의 "즐겁게 마음대로 산보하고, 평서와 함께 앉아 공허한 담론을 나누네(夷甫任散彈, 平敍坐空談)"라는 말, 王績의 「答處士馮子華書」의 "형께선 두루 사방을 관찰하고 살필 수 있는 통찰력을 지니셨으니, 내가 구속받지 않고 자유롭게 소요하길 좋아하고, 예법에 구속받지 않는 사람임을 잘 알 것입니다(家兄鑒裁通照, 知吾縱恣散誕, 不閑拜揖)"이라는 말, 宋 羅大經의 『鶴林玉露』 卷十六의 "관가에 받쳐야 할 세금이야 일찌감치 다 내고, 지금은 한가롭게 소요하고 있네(官稅早輸, 逍遙散誕)"라는 말을 들 수 있다. 또한 이 글자는 '散袒', '散澹', '散量', '散彈', '散淡' 等으로 할 수 있으며 元曲이나 清平山堂話本, 金瓶梅 등에 보인다.

季布聞言心更大,[359] 「僕恨多時[360]受苦辛.
雖然奏徹休尋捉, 且應潛伏守灰塵;[361]
若非有敕千金詔,[362] 乍可遭誅不現身.[363]
侯瓔聞語懷嗔怒, 「爭肯將金詔逆臣!」
季布鞠躬重啓曰 : 「再奏應開堯舜恩.
但言季布心頑硬,[364] 不憏聖德背皇恩.[365]
自知罪濃[366]憂鼎鑊, 怕投戎狄越江津.
結集狂兵侵[367]漢土, 邊方未免動烟塵,[368]
一似再生東項羽, 二如[369]重起定西秦.

359 心更大 : 요구하는 것이 더욱 높아졌음을 말한다.

360 多時 : 丁卷과 庚卷에서는 '時多'로 되어 있다.

361 丁卷과 庚卷에서는 이 구절이 "且應潛隱休(伏)烟塵"으로 되어 있다.

362 詔 : 丁卷과 庚卷에서는 '招'자로 되어 있다.

363 不現身 : 原綠에서는 '徒現身'으로 되어 있다. 【校注】 丁卷과 庚卷에서는 '不見身'으로 되어 있으며, 그 의미는 숨고 나타나지 않다는 의미이다. 이에 근거하여 교정하였다.

364 【原校】 丁卷과 庚卷에서는 '言'이 '緣'자로 되어 있다. 또 '硬'자가 丁卷과 庚卷에서는 '逆'자로 되어 있다.

365 【原校】 乙卷에서는 '德背'이 '聽得'으로 되어 있다. 【校注】 '聽'자는 '德'자의 誤字이며, 그래서 곧바로 '得(德)'으로 교정하였다. 그리고 丁卷과 庚卷에서는 이 구절 전체가 "巧會機謀善用軍"으로 되어 있다.

366 自知罪濃 : 丁卷과 庚卷에서는 '自隱罪愆'으로 되어 있다. '知', '隱'은 서로 다른 글자이지만 의미는 동일하다. 이는 蔣禮鴻이 '隱'자에는 '知'의 의미가 있다고 주장한 것을 증명해 준다. 『三國志』 卷七 「呂布傳」에 관한 裴注에서는 『英雄記』의 "順이 '장군께서는 아는 것이 있습니까' 물으니, 여포는 "온 세상이 모두 어린이의 소리뿐이오"라고 대답했다(順問 : 將軍有所隱不?布言 : 河內兒聲)"라는 말을 인용하고 있는데, 여기서의 '隱' 역시 '知'의 의미이다.

367 侵 : 丁卷과 庚卷에서는 '來'으로 되어 있다. 그 다음에 나오는 구절에서도 역시 '來'자로 되어 있다.

368 【原校】 丁卷과 庚卷에서는 '動烟塵'이 '被侵呑'으로 되어 있다.

369 如 : 原錄에서는 '憂'자로 되어 있다. 【校注】 丁卷과 庚卷에서는 '如'로 되어 있는데, 이에 근거하여 교정하였다. 그 다음에 나오는 동일한 구절 역시 '憂'자로 되어 있다. 【原校】 乙卷, 丁卷, 庚卷, 辛卷의 네 寫卷에서는 '二憂'가 모두 '二如'로 되어 있다. 지금 壬卷을 살펴보면 역시 '如'로 되어 있다. 【徐校】 原卷의 '憂'字는 아마도 '猶'字의 오자인 듯하다. 지금은 모두 '如'자를 따라 교정하였다.

陛下千金詔[370]召取, 必能匡佐作忠臣.」
侯瓔聞說如斯語,[371]「擄君可以撥星辰.[372]
僕便爲君重奏去, 將表呈時潘[373]帝嗔.」
후영이 무릎 꿇어 재배하고는 궁전을 물러 나와서,
계포를 보자 환희를 불렀다.
"황제께서 그대 죄를 사면하고 체포령을 철회하셨으니,
그대는 아무런 근심 말고 자유롭게 다니시오!"
계포는 이 말을 듣고 마음 속으로 더욱 욕심이 생겼다.
"제가 여러 해 동안 고통을 겪은 것이 한스럽습니다.
비록 공께서 아뢰어 주시어 체포령을 철회하였지만,
저는 당연히 잠복하여 속세에 묻혀 지내야 할 것입니다.
만약 천금으로 저를 불러들이는 칙령이 없다면
차라리 주벌을 받아 부질없이 몸을 드러내는 것이 낫지요."
후영은 이 말을 듣고 성을 내며,
"어찌 천금을 주고 역신을 불러들인단 말인가!"고 했다.

---

370 【原校】 '詔'자는 原卷에서는 '招'로 되어 있으나, 壬卷에 근거하여 교정하였다. 또 '陛下' 두 글자는 丁卷과 庚卷에서는 '若也'로 되어 있다.

371 【原校】 庚卷에서는 '聞'자가 '見'으로, '語'자는 '計'로 되어 있다. 【校注】 丁卷에서도 '語'자가 역시 '計'로 되어 있다.

372 【原校】 丁卷과 庚卷에서는 '星辰'이 '皇恩'으로 되어 있다.

373 【原校】 馮씨는 '潘'자는 아마도 '拌'의 假借字일 것이라고 했다. 周씨는 "'潘字'는 오자는 아니라, 아마도 助詞인 듯하다. 그 의미는 '아마도'와 같다. 앞에 나오는 구절인 '九族潘遭連敕罪'에서도 역시 '아마도'의 뜻으로 해석해야 한다"라고 했다. 【校注】 周씨의 견해는 옳은 것이 아니다. '潘'자와 '拚', '拌', '判' 等의 글자는 모두 同詞異字로 平聲으로 읽어야 하며, 그 의미는 '내버리다 · 내던지다'는 뜻이다. 『太子成道經』(一)에 "네가 만약 나의 눈을 취하고자 한다면, 내 심장도 아낌없이 버릴 수 있다. 내 품속에 있는 소중한 아이를 빼앗고자 한다면, 天生萬劫이 흘러도 아이는 절대 내버릴 수 없다(若能取我眼精, 心裏也能潘得. 取我懷中憐愛子, 千生萬劫實難潘)"라는 말이 나오는 데 여기서 두 번 나오는 '潘'字는 甲卷과 庚卷에서는 '泮'과 '伴'으로 되어 있은데, 역시 의미가 같은 글자이다. 또한 '將表呈時'는 丁卷과 庚卷에서는 '出拔莫命'으로 되어 있다.

계포는 몸을 굽혀 거듭 아뢰기를,
"황제께서 요순의 은덕을 베푸시도록 다시 아뢰어 주소서.
계포의 마음은 완강하여,
성덕에 감격하지 않고 황제의 은혜를 저버렸습니다.
스스로 죄의 중함을 알고 솥에 삶아질까 두려워하여,
오랑캐에 투항하려고 국경을 넘어갈까 두렵습니다.
오랑캐와 힘을 모아 한나라의 영토를 침범한다면,
변방에는 전란이 그치지 않을 것입니다.
첫째는 동쪽의 항우를 재생시키는 격이며,
둘째는 정벌한 서진을 다시 일으킬까 걱정스럽습니다.
이와 같으니 폐하께서 천금으로 그를 불러들인다면,
반드시 충신이 되어 폐하를 보필할 것입니다."
후영은 이 같은 말을 듣고 다음과 같이 말했다.
"그대의 말대로라면 황제의 의지를 바꿀 수 있을 듯하오.
내 곧 그대를 위해 다시 아뢰어서,
표를 써서 올릴 적에 황제의 노여움을 풀도록 하겠소."

乞待早朝而入內, 具表前言奏帝聞:
「昨奉聖慈捨季布, 國泰人安喜氣新.[374]
臣憂季布多頑逆, 不漸聖澤背皇恩.[375]
陛下登朝休尋捉,[376] 怕投戎狄越江津.[377]

374 氣: 丁卷과 庚卷에서는 '廢'로 되어 있다.

375 背: 原錄에서는 '皆'자로 되어 있다. [原校] '澤'字는 原卷에서는 '宅'으로 되어 있으나, 乙卷과 丁卷 두 寫卷에 근거하여 교정하였다. 그리고 丁卷과 庚卷에서는 '皆皇恩'이 '語乾坤'으로 되어 있다. [校注] '澤'字는 壬卷에서는 '德'자로 되어 있다. '皆'字는 乙卷에서는 '毗'자로 되어 있으며, 壬卷에서는 '肶'자로 되어 있는데, 모두 '背'字이며 이에 근거하여 교정하였다.

376 休尋捉: 丁卷과 庚卷에서는 '尋捉切'로 되어 있다.

377 越: 原錄에서는 '樾'로 기록해 놓고는 그 옆에다 '越'로 교정하고 있다. [原校] 丁卷과

結集狂兵侵漢土, 邊方未免動灰塵,[378]

一似再生東項羽, 二憂重起定西秦.

臣聞季布能多計, 巧會[379]機謀善用軍,

摧鋒狀似[380]霜凋葉, 破陣由(猶)如風卷雲.

但立[381]千金招(詔)召取, 必有忠貞報[382]國恩.」

아침 조회를 기다렸다가 내전으로 들어가서는,

표를 갖추어 앞으로 나아가 황제에게 아뢰었다.

"어제 성은을 받들어 계포를 사면하니,

나라가 평안하고 백성이 안정되어 기쁜 빛이 완연합니다.

신은 계포가 워낙 완고한 역신인지라,

성은에 감격치 않고 황제 은혜를 저버릴까 두렵습니다.

폐하께서 조정에 오르시어 체포령을 거두셨는데,

오랑캐에 투항하려고 국경을 넘어갈까 두렵습니다.

庚卷 두 寫卷에서는 '樾江津'이 '扇邊鄰'으로 되어 있다. 그리고 辛卷과 壬卷에서는 '樾'이 '越'로 되어 있다. 여기서는 辛卷과 壬卷에 근거하여 교정하였다.

378 動灰塵 : 丁卷과 庚卷에는 '擧烟塵'으로, 壬卷에는 '動烟塵'으로 되어 있다.

379 會 : '깨닫다. 이해하다'의 의미이다. 『景德傳燈錄』 十 「二睦州龍興寺陣尊宿」에 보면 "선사께서 손가락을 튕기면서 일갈하며 '깨달았는가' 물으니, '아직 깨닫지 못했습니다'라고 대답했다(師彈指一聲云 : '會麽? 云 : '不會')"라는 말이 그 예이다. 『辭源』에서는 이 예를 인용하고는 '會'자를 '능하다'는 의미로 풀이하였는데, 이는 오류이다. 여기서는 손가락을 튕길 수 있는지 없는지를 의미하는 것이 아니라 손가락을 튕기는 의도를 이해할 수 있는가 없는가를 말하고 있는 것이다.

380 狀 : 丁卷에서는 '恰'으로 되어 있다. 【校注】 '狀似'와 그 아래 구절의 '猶如'는 대구를 이루면서 동일한 의미를 갖는다. '狀' 역시도 '似' · '猶' · '如'자의 의미가 있다. 『法苑珠林』 卷一〇三에서 인용하고 있는 『維摩詰經』의 "無始 이래로 여러 악업만 쌓게 되면, 마치 어두운 암실에 있는 듯이 어둡게 된다. 그러나 참회하고 올바른 깨달음을 얻게 되면, 밝은 등불 아래 있는 듯하게 된다(無始以來所造諸惡, 猶如闇室; 懺悔正解, 狀若明燈)"가 그 예이다. 蔣禮鴻은 '狀若'은 곧 '狀'이며, 곧 '像(마치 ~와 같다)'자와 동일하다고 했는데, 法苑珠林의 것과 비교하여 서로 교감하는 것이 가능하다.

381 【原校】 丁卷과 庚卷에서는 '但立'이 '伏原'으로 되어 있다.

382 【原校】 '報'자는 原卷에서는 '保'로 되어 있으나, 乙, 丁, 庚, 辛, 壬卷의 다섯 寫卷에 근거하여 교정하였다.

오랑캐와 힘을 모아 한나라 영토를 침범한다면,
변방은 전란이 그치지 않을 것입니다.
첫째는 동쪽의 항우를 재생시키는 격이며,
둘째는 정벌한 서진을 다시 일으킬까 걱정입니다.
신이 듣건대 계포는 지략이 풍부하며,
기회를 잘 이용해 군사를 부릴 줄 안다고 합니다.
군대의 선봉을 꺾는 것은 잎을 시들게 하는 서리 같고,
진영을 격파함은 구름을 말아 올리는 성난 바람 같습니다.
다만 천금으로 그를 불러들인다면,
반드시 충직한 신하로서 한의 은혜에 보답할 것입니다."

皇帝聞言情[383]大悅,「勞卿忠諫奏來頻!
朕緣爭位遭傷中,[384] 遍體油瘡是箭痕.[385]
夢見楚家猶戰酌,[386] 況憂季布動乾坤.[387]
依卿所奏千金召,[388] 山河爲誓典[389]功勳.」
황제는 이 말을 듣고 크게 기뻐하며 말했다.
"수고롭게 경은 충직한 간언을 하느라 자주 오시는구려!
짐은 왕위를 쟁탈하느라고 마음에 상처를 입었으며,
온몸은 화살에 맞은 상처투성이라오.

383 情: 丁卷과 庚卷에서는 '懷'로 되어 있다.

384 [原校] 丁卷과 庚卷 兩卷에서는 '遭傷中'이 '相持久'로 되어 있다. [校注] '中'자는 去聲으로 되어 있다.

385 遍: 原錄에서는 '變'으로 되어 있다. [原校] 丁卷과 庚卷에서는 이 구절이 "遍體猶存刀箭痕"으로 되어 있다. 여기서는 丁卷과 庚卷에 근거하여 '變'을 '遍'자로 교정하였다.

386 [原校] 馮씨는 "'酌'자는 응당 '灼'자의 오기이다. 앞에 나오는 '哉灼唯憂禍入門' 구절을 그 증거로 삼을 수 있다"고 했다. [校注] 丁卷과 庚卷에서는 '載酌'이 '載勺'으로 되어 있는데 모두 동일한 聯綿詞를 다르게 적은 것이다.

387 乾坤: 丁卷과 庚卷에서는 '烟塵'으로 되어 있다.

388 召: 丁卷과 庚卷에서는 '招'로 되어 있다.

389 典: 丁卷과 庚卷에서는 '與'로 되어 있다. '典'은 '하사하다'의 의미인 듯하다.

꿈에라도 초나라 사람을 보면 아직도 전율하는데,
다시 계포가 천지를 뒤흔드는 근심이 있게 된다니.
경이 말한 대로 천금으로 불러 들여서,
산하에 맹세하고 공훈을 책봉하리다."

季布旣蒙賞排[390]召, 頓改愁腸修表文.[391]
表曰[392]:「臣作[393]天尤合粉身!
臣住[394]東齊多朴眞.[395] 生居陋巷長蓬門.
不知陛下懷龍分, 輔佐江東狼虎君.[396]
狂謀罵陣[397]牽宗祖, 自致前熬鼎鑊迍.

---

390 緋: 原錄에서는 '排'로 되어 있다. 【原校】 '庚卷'은 '賞排'가 '排賞'으로 되어 있는데, 아마도 '排'자는 당연히 '牌'로 해야할 듯하다. 【校注】 丁卷에서도 '排賞'으로 되어 있다. 徐校에서는 "'排'는 응당 '緋'로 해야 한다"고 했다. '排'는 '緋'字의 草書가 와전된 것인데, 이와 비슷한 예로는 '綴'자를 '掇'로 쓴 것이 바로 그러한 예이다. 여기서는 '緋'자로 고쳤다.

391 丁卷과 庚卷에서는 "招項愁憂修表文"으로 되어 있다.

392 【原校】 丁卷과 庚卷에서는 '表曰'이라는 두 글자가 없으며, 또한 表文 앞의 세 구절도 없다. 그러나 "臣聞天作孽猶可, 自作愆尤合分身" 두 구절은 있다. 이 두 구절 안에 있는 '可'자는 庚卷, 丁卷에 근거하면 '何'로 되어 있으며 '分身'은 '粉身'으로 되어 있다. 【校注】: 庚卷에서는 '臣聞' 두 글자가 없다. '孳'字는 丁卷과 庚卷에서는 실제로는 '孽'으로 되어 있는데, 곧 '孽'이다. '하늘이 저를 서자로 삼는다 해도 좋습니다(天作孽猶可)'라는 말은 俗語에 해당하며, 『晋書・五行志上』의 "임금이 친히 법도에 어긋나는 제도를 다스리면서, '내 스스로 하늘의 서자가 된다면 하늘에 제사를 지낼 수 없다(人主親御非法之章, 所謂'自作孽, 不可禳'也)"고 하였다"는 말이 그 의미가 가깝다.

393 【原校】 '作'은 原卷에서는 '昨'으로 되어 있는데, 乙卷에 근거하여 고쳤다.

394 【原校】 '住'자는 原卷에서는 '位'로 되어 있는데, 乙卷에 근거하여 고쳤다. 【校注】 原卷은 모호하며, 辛卷과 壬卷에도 '住'로 되어 있다.

395 直: 原錄에서는 '眞'으로 되어 있다. 【原校】 '眞'자는 庚卷 및 辛卷에서는 '直'자로 되어 있으나, 乙卷에 근거하여 고쳤다. 【校注】 原卷의 경우 그 음영을 제대로 식별할 수 없으며, 庚卷의 경우는 이 구절이 없다. '直'자로 되어 있는 것은 辛卷과 壬卷이다. 徐校에서는 "原卷에서는 '眞'자가 '直'으로 되어 있는데, 오기는 아닌 듯하다"고 하였다. 여기서는 辛卷과 壬卷에 근거하여 고쳤다.

396 丁卷과 庚卷에서는 본 구절이 "負(輔)佐江東虎狼群(君)"으로 되어 있다.

397 狂謀寫陣: 丁卷과 庚卷에서는 '謀罵漢王'으로 되어 있다. 梁太祖의 「授錢鏐吳越國王

陛下登朝寬聖代, 大開舜日布堯雲.
罪臣不殺將金詔, 感恩激切卒難申.[398]
一似涸魚重逢水, 二如寒草再逢春
乞臣殘命歸農業, 生死榮[399]華九族忻.」
계포는 이미 내려 준 붉은 옷을 입고 불려 가서,
머리를 숙이고 참회하며 슬픈 심정을 표문에 담았다.
"신은 하늘의 책망을 받아 몸이 으스러지는 아픔을 겪었습니다!
신이 거주한 동제는 진실로 소박한 곳이지요!
신은 누추한 골목에서 지냈고 가난한 데서 생활했습니다.
폐하께서 천명을 받으신 분임을 알지 못하고,
강동의 포악한 군주를 보필하였습니다.
무모한 계책으로 폐하의 선조를 진영에서 욕 보였으니,
원수지간이 되어 솥에 삶아질 일을 자초한 것입니다.
폐하께서는 조정에 오르시어 태평성대를 넓히시니,
순의 시대를 크게 여시고 요의 기세를 펴실 것입니다.
죄 지은 신을 죽이지 않고 천금으로 불러 주시니,
성은에 감격하여 몸 둘 바를 모르겠습니다.
첫째는 물고기가 물을 다시 만난 듯 하고,
둘째는 겨울날의 풀이 다시 봄을 만난 듯 합니다.

冊文에 "자못 천명을 알게 되면 무모한 계획을 본받지는 않는다(頗知天命, 不效狂謀)"는 말이 보이는데 여기서의 '狂謀'의 의미가 이 구절의 의미와 동일하다.

398 丁卷과 庚卷에서는 이 구절이 "其於感賀卒難忠(恧)"로 되어 있는데, 여기서의 '恧'자는 곧 武則天 시대에 만들어진 새로운 '臣'字이며, '陣'과 통한다. 【原校】 丁卷과 庚卷에서는 이 구절 다음에 "첫째는 물고기가 물을 다시 만난 듯 하였고, 둘째는 겨울날의 풀이 다시 봄을 만난 듯 했다(一似涸魚重逢水, 二如寒草再逢春)"라는 두 구절이 있다. 【校注】 '重逢水'는 丁卷과 庚卷에서는 실제로는 '重遇水'로 되어 있다. 여기서는 이에 근거하여 보충하였다.

399 【原校】 '榮'자는 原卷에서는 '槳'으로 되어 있으나, 庚卷에 근거하여 고쳤다. 【校注】 乙卷과 丁卷에서도 역시 '榮'으로 되어 있으며, '榮'자 아래의 한 글자가 丁卷에서는 '光'으로 되어 있다.

신은 남은 여생 고향으로 돌아가서,
살아서나 죽어서나 영화를 누리며 구족이 기뻐하기를 바라옵니다."

當時隨表於朝闕,[400] 所司引對入金門.
皇帝捲簾看季布, 思量罵陣忽然嗔
遂令武士[401]齊擒捉, 與朕煎熬不用存.[402]
臨至捉到蕭牆外,[403] 季布高聲殿上聞:
「聖明天子堪匡佐, 謾語君王何足論![404]
分明出敕[405]千金詔, 賺到[406]朝門卻殺臣,
臣罪[407]受誅雖本分, 陛下爭堪後世[408]聞!」
당시 대궐에서 수행하러 온 관리가 그를 인도하여 금문으로 들어섰다.
황제는 발을 걷어 올리고 계포를 보자,
진영에 욕을 했던 생각이 떠올라 갑자기 진노하였다.
무사로 하여금 급히 계포를 체포하게 하고는,
"짐과 원수지간이니 목숨을 보존하지 못하리라."

---

400 表: 原錄에서는 '來'자로 기록되어 있다. 【原校】 丁卷과 庚卷에서는 이 구절이 "當時隨表朝門下"로 되어 있는데, 이로 볼 때 '來'자는 응당 '表'字의 자형상의 오기가 아닌가 한다. 【校注】 여기서는 原校에 근거하여 교정하였다.

401 乙卷은 '士'字에 이르러 끝나고 있는 반면 丙卷은 그 아래 글자인 '齊'자에서 시작되고 있다.

402 【原校】 丙卷에서는 '與'자가 '以'로 되어 있으며, '煎熬'는 丁卷 및 庚卷에서 '油煎'으로 되어 있다. 또 '熬'字가 壬卷에서는 '湯'으로 되어 있다. 【校注】 丁卷 및 庚卷에서는 '不用'이 모두 '不要'로 되어 있는데, 이 두 단어는 의미가 서로 같다.

403 丁、庚卷에서는 본 구절이 "臨臨抱至簫牆後"로 되어 있다.

404 足: 原錄에서는 '是'로 되어 있다. 【原校】 丙卷과 壬卷 兩 寫卷에서는 '何是論' 이 '何處論'으로, 丁卷과 庚卷에서는 '不可論'으로 되어 있다. 【校注】 原卷의 '是'字는 '足'자로 해야 한다고 고쳤다.

405 出敕: 丁卷과 庚卷에서는 '設誓'로 되어 있다.

406 到: 丁卷과 庚卷에서는 '入'로 되어 있다.

407 罪: 丁卷과 庚卷에서는 '耻'로 되어 있다.

408 後世: 丁卷과 庚卷에서는 '後聖'으로 되어 있다.

무사가 이르러 담장 밖에서 체포하자,
계포는 큰 소리로 대전에 아뢰었다.
"성스럽고 현명한 천자는 보좌할 수 있지만,
허튼 말하는 군왕을 어찌 논할 수 있겠습니까!
분명히 천금으로 불러들인다는 칙명을 내리고서,
속여서 조정에 이르게 하고는 신을 죽이려 하시는군요.
죄 지은 신이 주벌 받는 것은 저의 본분이지만,
폐하는 후세에 이 일이 전해짐을 어찌 감당하시렵니까!"

皇帝登時聞此語,[409] 迴嗔作喜卻交(教)存.
「憐卿計策多謀掠(略),[410] 舊惡些些總莫論,[411]
賜卿錦帛幷珍玉,[412] 兼拜齊州爲太君,[413]

---

409 丁卷과 庚卷에서는 본 구절이 "高皇聞語爲忠赤"으로 되어 있다.

410 掠: 原錄에서는 '掠'자로 되어 있다. 【原校】 壬卷에서는 '掠'자가 '略'자로 되어 있다. 【校注】 壬卷의 경우 이 부분이 흑색으로 그림자가 져있어 판독하기가 어려우나, 나머지 두루마리에서는 모두 '掠'으로 되어 있다. '掠'은 '略'자의 同音 假借字이다.

411 些些: 의미는 '조금', '약간'의 뜻이며, 지극한 말은 미묘하여 다 말할 수가 없다는 것을 의미한다. 【原校】 庚卷에서는 이 구절 다음에 "마침내 천금을 하사하여 주었으니 맹세한 대로 되었다(遂賜千金依誓願)"라는 구절이 더 있다. 【校注】 丁卷도 庚卷과 동일하다.

412 【原校】 庚卷에서는 이 구절이 "更兼贈帛及珠珍"으로 되어 있다. 【校注】 丁卷도 庚卷과 동일하며, '贈'자는 '繒(비단)'자와 통한다.

413 太君: 原錄에서는 '太守'로 되어 있다. 【原校】 '太守'는 原卷에서는 '太君'으로 되어 있으나, 丁卷과 庚卷에 근거하여 교정하였다. 【校注】 丁卷과 庚卷의 두 寫卷은 이 구절의 마지막 글자인 '守'字에 이르러 끝나고 있으며, 앞 구절에서 한 구절로 된 것들이 많이 등장하는 것에 근거할 때 이 구절은 대우를 이루는 것이 아니며, 마지막 글자는 入韻한 것이 아니다. 그러므로 여전히 原卷 및 丙卷과 辛卷에 근거하여 '太君'으로 하였다. 아마도 '太君'은 곧 '大君'을 지칭하는 듯하며, 그리고 '大君'은 통상적으로 君主나 다른 사람 아버지의 존칭이다. 後魏의 溫子昇의 「閶闔門上梁祝文」에 보면 "왕을 세우고 나라를 건국하는 일은, 지극히 미묘한 일에 비견될 수 있습니다. 대군께서 명을 받으셨으니, 높다란 문이 활짝 열려 졌읍니다(維王建國, 配彼太微. 大君有命, 高門啓扉)"라는 말이 보이는 데 여기서는 곧 임금에 봉해진 사람을 大君이라 칭하고 있다. 季布는 太守의 관직에 봉해져 왕과 동렬에 있게 되었으므로, 이렇

放卿衣錦[414]歸鄕井, 光榮祿重貴宗卿.」
황제는 즉시 이 말을 듣고,
진노를 거두고 기쁜 안색을 띠며 살려주도록 했다.
"지략이 풍부한 그대의 계책에 감탄했소.
약간의 묵은 나쁜 감정일랑 일체 논하지 맙시다.
그대에게 비단과 진귀한 옥을 하사하며,
아울러 제주의 태수로 임명하겠소.
그대를 석방하고 비단 옷을 입혀 고향으로 돌려보내니,
영화와 봉록으로 종친을 빛내기 바라오."

季布得官而謝敕, 拜舞天墀喜氣新.
密報先從朱解德,[415] 明明答謝濮陽恩.
敲鐙謳[416]歌歸本去, 搖鞭喜得脫風塵.
계포는 관직을 얻고 칙명에 감사드리며,
천계에 무릎 꿇어 재배하고 돌아갈 제 희색이 완연했다.
은밀하게 먼저 주해로부터 받은 은혜에 보답하고,
복양에 있는 주씨의 은혜에도 깊이 사례를 했다.
등자(鐙子)를 두드리고 노래 부르면서 고향으로 돌아가는데,
채찍을 휘둘러 말을 달리며 기꺼이 세속에서 벗어났다.

若論罵陣身登貴, 萬古千秋祗一人.

게 칭하고 있는 것이다.

414 衣 : 丙卷에서는 '意'자로, 壬卷에서는 '依'자로 되어 있다.

415 [原校] '報'자는 原卷에서는 '保'로 되어 있으나, 丙卷에 근거하여 교정하였다. 또 '徒'자는 辛卷에서는 '謝'자로 되어 있다. '德'자는 原卷에서는 '得'으로 되어 있으나 辛卷과 壬卷에 의거하여 고쳤다.

416 謳 : 原卷과 辛卷에서는 '漚'로 되어 있고 丙卷과 壬卷에서는 '謳'로 되어 있는데, 原錄에서도 '謳'로 교정한 흔적이 있다.

具說漢書修製了, 莫道詞人[417]唱不眞.
만약 진영에 욕을 하고도 귀한 몸이 된 사람을 논한다면,
영원히 단 한 사람 계포뿐일 것이다.
모두 한서를 수정하여 개작한 것이니,
사인이 진실이 아닌 것을 얘기했다고 말하지 말라.

大漢三年季布罵陣詞文一卷[418]
대한삼년계포매진사문일권

417 詞人 : 丙卷에서는 '辭人'으로 되어 있다.
418 【原校】 後題는 丙卷에 근거하여 보충한 것이다. 【校注】 辛卷과 壬卷에서도 모두 이 제목이 보존되어 있다.

이릉변문(李陵變文)[1]

(前缺)

□(戰)□□□□□□(圍)[2]

從來不信三軍勇, 是日方知九姓衰.[3]

兇(匈)奴得急於先走, 漢將如雲押背追.[4]

---

1 【原校】 原卷은 지금 북경도서관에 소장되어 있다. 제목이 없어 고사의 내용에 따라 임의로 제목을 부쳤다. 疑字, 脫字, 誤字, 衍字는 『史記』와 『漢書』를 참고해서 고치고 또 의미에 따라 교정을 봐서 단락을 나누었다. 【校注】 이 두루마리는 지금도 북경도서관에 소장되어 있으며 번호는 '新0866'이다. 모두 네 장의 종이로 되어 있고 각 종이마다 35행, 각 행마다 대략 30자가 쓰여 있다. 【譯注】 李陵은 漢나라 隴西 成紀(지금 甘肅省 秦安縣) 사람으로 字는 少卿이며 명장 李廣의 손자이다. 武帝 때 騎都尉의 관직에 올랐고 天漢 2년(기원전 99년)에 병사 5천을 거느리고 흉노를 치러 갔다가 패한 후 투항하였으며 흉노 땅에서 죽었다.

2 【原校】 이 구의 각 字는 모두 글자의 좌측 반쪽만 있다. '戰'과 '圍' 두 글자 외에는 알아볼 수 없다.

3 '九姓'은 곧 九姓回鶻로 흉노를 가리킨다. 이 외에도 '十姓', '十角'이 가리키는 바도 마찬가지이다.

4 '追'가 原錄에는 '槌'로 되어 있다. 徐震堮의 교기에서 "'槌'는 '追'가 되어야 한다"고 했는데 이는 타당한 지적이다. '押'의 의미는 '厭'과 같으며 '押背追'는 등뒤에서 바짝 뒤쫓는다는 의미가 된다. 『漢將王陵變』의 '踏後而趁'과 같은 의미이다.

丈夫百戰寧詞(辭)苦, 只恐明君不照知.

(앞부분은 빠져 있음)

( ) 싸움에서 ( )
지금까지 삼군의 용맹함을 믿지 않았는데,
이날이 되어서야 흉노가 쇠약해진 것을 알겠구나.
흉노가 급박하여 먼저 도주하니,
한의 장수들은 구름같이 뒤를 압박하며 쫓았다.
장부가 백 번 싸운들 어찌 그 괴로움을 마다할 것인가.
다만 현명하신 군주께서 알아주지 못할까 걱정할 뿐.

其時兇(匈)奴落節,[5] 輸漢便宜,[6] 直至黃昏, 收兵不了. 着刀者重重着刀, 着箭者重重着箭. 單于見陣輸失, 心懷不分(忿),[7] 直至明朝, 乃共老臣伊秩訾[8]平章[9]: "昨日見漢將卒[10]徒寡[11]鮮, 旗鼓[12]繿縷,[13] 擧動迂[14]

---

5 [項楚] '落絶'은 손해를 입는 것을 말한다. 그래서 아래에 '輸漢便宜'라는 구절이 이어지는 것이다.

6 輸漢便宜 : 漢軍에게 득이 되게 하다. '輸~便(宜)'는 '~에게 득을 주다'라는 의미의 숙어이다.

7 '不分'을 原錄에서는 '不忿'으로 고쳤다. '不分'은 '不甘', '不服'의 의미로 '不忿', '不憤'이라고도 쓴다.

8 '伊秩訾'를 原錄에서는 '伊秩(訾)'로 표시했다. '秩'이 原卷에는 속자인 '袟'로 쓰여 있다. '訾'는 原卷에 글자가 빠져 있으나, 여기서는 『漢書』「匈奴傳」에 근거하여 곧바로 집어넣었다. 「蘇武傳」의 '左伊秩訾' 아래에 臣瓚은 "오랑캐의 관직 이름이다"고 주석을 달았다. 그러나 위 글에서 이미 '老臣'이라고 썼으므로 '伊秩訾'는 인명으로 보는 것이 옳을 듯하다.

9 [譯注] '平章'에는 '백성을 공평하고 밝게 잘 다스림, 공평히 분별함, 공평하게 品評해서 등급을 따짐, 혼인을 중매함' 등의 뜻이 있다.

10 '卒'을 原錄에서는 '卒'로 쓴 다음 '卒'로 고쳤다. '卒'은 '卒'의 속자이다.

11 '寡'를 原錄에서는 '㝈'로 썼다. 이 글자는 '寡'의 속자로 돈황사본에서 흔히 볼 수 있다. 『干祿字書』에서는 '寡'의 속자를 '亰' 모양으로 썼다. 위 글자는 이 속자의 변체이다.

12 '鼓'를 原錄에서는 '皷'로 쓴 다음 '鼓'로 고쳤다. 『干祿字書』에 따르면 '皷'가 속자, '鼓'가 정자이다. 돈황사본에서는 대부분 속자로 쓰고 있다.

13 '繿縷'는 '襤褸'와 같다. 다 떨어진 모습을 의미한다.

迴, 狀貌隴鍾.[15] 朕本意發遣三五千[16]人, 把塔(搭)馬(索),[17] 從頭[18]縛取. 奈何十萬餘騎, 不敵[19]五千, 可得嗔他大語![20] 看[21]陵形勢, 言作[22]長盈,[23] □(足)[24]得縱橫. 戰由(猶)未息. 追取左賢王下兵馬數十萬人, 四面圍之, 一時搦取. 漢將得脫, 歸[25]報帝知, 言我單于, 一一不濟.[26] 仍差有指撥[27]者, 西南取紅撓山入, 東南取駱駝烽已來, 先令應接. 如有漢

---

14 본래는 '途'로 되어 있는 것을 '迂'로 교정하였다. 原校가 맞는 듯하여 이렇게 교정한다.

15 '貌'를 原錄에서는 '同'으로 쓴 다음 '貌'로 고쳤다. 潘重規는 '同'자를 고칠 필요가 없다고 했다. 여기서 '同'은 '皃'를 잘못 쓴 것으로 봐야 한다. 돈황사본에서는 '貌'가 대부분 '皃'로 쓰여 있다. '隴鍾'은 첩운 연면사로서 '躘踵' 등으로도 쓴다. 앞으로 나아가지 못하는 모습을 의미한다.

16 '千'을 原錄에서는 '十'으로 쓴 다음 '千'으로 고쳤다. 아래의 '五千' 역시 마찬가지다. 여기서는 바로 '千'으로 고쳤다.

17 '索'을 原錄에서는 '索'으로 쓰고 '索'으로 고쳤다. 『干祿字書』에 따르면, 이 글자는 '索'의 속자이다. 돈황사본에서 자주 볼 수 있다. '搭馬索'은 말에게 굴레를 씌운다는 의미이다.

18 **[李崇信]** 從頭 : 전부, 일일이, 모두. **[校注]** '從頭'의 의미가 '처음부터 계속해서 마지막까지'의 의미이므로 이에 따르면 '하나하나' 또 '전부'의 의미가 될 수 있을 것이다.

19 '敵'을 原錄에서는 '敵'로 쓴 다음 '敵'으로 고쳤다. 돈황 속자에서는 대부분 '敵'을 '敵'으로 쓴다.

20 '可得嗔他大語'는 '어찌 그가 큰소리 쳤다고 욕할 수 있겠는가!'의 의미이다. 여기서 '嗔'은 '분노하다'가 아닌 '큰 소리로 외치다'의 의미로 봐야 한다. 杜甫, 「彭衙行」 : "품속에서 그 입을 막아보지만, 도리어 우는 소리 더욱 커지네(懷中掩其口, 反側聲愈嗔)."

21 '看'을 原錄에서는 '看'로 쓴 다음 '看'으로 고쳤다. 이 글자는 '看'의 속자이다.

22 '言'은 '말하다', '간주하다'의 의미이다. '言作'은 동의의 연문이다. 「大目乾連冥間救母變文」 : "천당도 지옥도 없다고 간주하며, 함부로 돼지와 양을 죽여 귀신에게 제사지냈네(言作天堂沒地獄, 廣殺豬羊祭鬼神)"에서 '言作' 역시 '간주하다'의 의미이다.

23 '盈'은 '贏'으로 읽어야 한다. 「季布詩詠」 : "한 고조가 한신을 불러들여 팽성의 해하에서 한 바탕 전쟁을 치러 초는 멸하고 한은 이겼다(漢高皇帝詔得韓信, 於彭城垓下作一陣, 楚滅漢盈)." '盈'은 '贏'과 통한다.

24 '足'에 대해 原錄에서는 "잔획만 남아 있으나 자세히 보면 알 수 있다"고 썼다. 原卷은 '口'자 모양으로 쓰여 있으며, 이 글자는 좀 더 연구가 필요하다.

25 '歸'를 原錄에서는 '皈'로 쓴 다음 '歸'로 고쳤다. '皈'는 '歸'의 속자이다. '自'는 '歸'의 왼편을 간단히 쓴 것이고, '反'은 오른편을 간단히 쓴 것이다.

26 '濟'를 原錄에서는 '濟'로 쓴 다음 '濟'로 고쳤다. '濟'는 '濟'의 속자이다. '不濟'는 '무능하다'의 의미이다.

27 '指撥'을 原錄에서는 '旨撥'로 썼다. **[項楚]** 여기서 '旨'는 '叱'자를 잘못 쓴 것으로 봐

賊渡河來走, 一任諸軍隨時僕掃,[28] 自餘家口,[29] 向北遠行."

그때 흉노가 피해를 입어 한군(漢軍)에게 득이 되자 저물녘에도 병사들을 거둘 수 없었다. 칼을 잡았던 이는 거듭 칼을 잡고, 화살을 잡았던 이는 다시 화살을 잡았다. 선우(單于)는 진영이 해를 입는 모습이 못마땅했다. 다음날 아침이 밝자 노신(老臣) 이질자(伊秩訾)에게 지난밤의 전투를 평했다. "어제 보니 한나라 장졸들의 수는 적었소. 깃발과 북이 다 헤진 채 우회하며 움직이니 그 모습이 앞으로 나아가지 못하는 듯했소. [그래서] 짐은 본래 병사 수천을 보내 하나하나 말굴레를 씌워 잡아들이려 했었소. 어찌하여 십만 여 기병이 오천을 대적하지 못한단 말이오. 어찌 그가 큰소리만 쳤다고 할 수 있겠소! 이릉의 형세를 보건대, 승기를 잡아 거침없이 쳐낼 수 있으리라 생각되오. 싸움은 아직 끝나지 않았으니 좌현왕(左賢王)[30] 휘하의 병마 수십만으로 하여금 사방에서 그들을 포위하여 일시에 잡도록 할 것이오. 혹여 한의 장수가 달아나면 황제에게 돌아가 '우리 선우는 하나하나가 모두 무능하다'고 황제에게 아뢸 것이오. 그러니 좋은 말들을 가려 뽑아 서남쪽으로는 홍요산(紅撓山)으로 동남쪽으로는 낙타봉(駱駝烽)으로 들어가서 먼저 맞서도록 하시오. 만약 한군이 강을 건너가면 적당한 때를 골라 마음껏 공격하시오. 나머지 가족들은 북쪽으로 떠나게 하시오."

單于親領萬衆兵馬, 到[范]夫人城,[31] 趁上李陵. 韓延年報李陵曰:

야 한다. '叱撥'은 서역의 좋은 말이다. 李石『續博物志』卷四: "당 천보 중에 대완에서 한혈마를 바쳤다. 하나는 홍질발이라 하고, 다른 하나는 자질발이라 했다(唐天寶中, 大宛進汗血馬, 一曰紅叱撥, 二曰紫叱撥)." 【校注】 그러나 실제 原卷에는 '指撥'로 되어 있으므로, 항초의 설이 정확하다고 보긴 힘들다.

28 '僕'을 原錄에서는 '㒒'라 쓴 다음 '撲'으로 고쳤다. 실제 原卷에는 '僕'의 속자인 '㒒'으로 쓰여 있다. 僕掃는 '박멸하다, 제거하다'의 의미이다.

29 家口: 가족. S.778 王梵志 시: "가족들이 모두 죽어, 내가 죽어도 슬퍼해줄 이 없다네(家口總死盡, 吾死無親表[哀])."

30 左賢王: 흉노 귀족의 封號로서『史記』「匈奴傳」등에 보인다.

"大將軍蹔抽[32]兵馬, 取路而行." 李陵聞言, 向南卽走, 行經三日, 遂被單于趁來. 虜旣全强, 漢使半敗, 不覺在後, 約損五百餘人. 李陵喚左右曰 : "如何不戰?" 左右答曰 : "將軍□(兵)□□盡, 如何更戰?" 李陵報曰 : "體着三槍四槍者, 車上載行; 一槍兩槍者, 重重更戰."[33] 下營[34]未了,[35] 頓食中間,[36] 陵欲攢[37]軍, 方令擊鼓.[38] 一時打[39]其鼓不鳴. 李陵自歎 : "天喪[40]我等!"

---

31 原錄에서는 '范夫人城'을 '大夫人城'으로 쓰고 고유명사 표시를 하지 않았다. 아울러 "'到'아래에 원래 한 글자가 비어 있다. 이 글자는 '范'이었을 것이며, '大'자는 연문이다"라고 교기를 달았다. 『漢書』 「匈奴傳」에서 "한군이 승기를 잡아 북쪽으로 범부인성까지 좇아갔다(漢軍乘勝追北, 至范夫人城)"는 기록이 있다. 따라서 '大'자를 없애고 '范'자를 넣은 다음 고유명사 표시를 해야 할 것이다.

32 '抽'를 原錄에서는 '柚'로 쓴 다음 '抽'로 고쳤다. 그러나 실제 原卷이 '扌' 편방으로 되어 있으므로 '抽'를 쓰는 것이 옳다. '蹔抽'는 '급히 거두다'의 의미이다. '蹔'에 '급히'의 뜻이 있다.

33 이 부분이 『漢書』 「李陵傳」에는 "연달아 싸움을 벌여 병사들이 화살을 맞고 다쳤다. 세 번 다친 자는 수레에 싣고, 두 번 다친 자는 수레를 끌고, 한 번 다친 자는 무기를 들고 싸웠다(連戰, 士卒中矢傷, 三創者載輂, 兩創者將車, 一創者持兵戰)"으로 되어 있다. 변문에서는 '創'을 '槍'으로 바꿨다.

34 '營'을 原錄에서는 '蓥'으로 썼다. **[原校]** 이 사권에서는 營자를 대부분 '蓥'으로 썼다. **[潘重規]** 돈황사본에서는 '口'를 '田'으로 쓰곤 한다. 그래서 '香'을 '畓'으로, '昏'을 '畓'으로 쓴 경우가 흔하다. '營'을 '蓥'으로 쓴 것 역시 마찬가지다.

35 原錄에서는 '未了'를 '來了'라고 썼지만 실제 原卷에는 '未了'로 되어 있다. '未了'가 타당하므로 여기서는 고쳐 적는다.

36 頓食中間 : 잠시 멈춰 밥을 먹을 때. 『世說新語』 「任誕」 : "주인이 신을 맞이해 뵈었다. '때도 아닌데 무슨 일로 이곳에 계십니까?'하고 물으니, 답하기를 '경이 제사를 지낸다기에 밥 한 끼 얻어먹고 싶어서 그랬소'(主人迎神出見, 問以'非時何以在此', 答曰 '聞卿祠, 欲乞一頓食耳')라고 했다." 여기서 '頓'은 양사이다.

37 '攢'을 原錄에서는 '攅'으로 썼다. 이 글자는 '攢'의 속자이다. 돈황사본에서 '贊'자는 모두 '賛'으로 쓰여 있다. '攢軍'은 '군대를 모으다'의 의미이다.

38 '鼓'를 原錄에서는 '皷'로 썼다. 이 글자는 '鼓'의 속자이다. 본 두루마리에서는 '鼓'를 '皷'의 변형인 '皺'로도 썼다.

39 '打'를 原錄에서는 '朾'로 쓴 다음 '打'로 썼다. '朾'은 '打'의 古字이며, 지금은 '打'만 쓰고 '朾'은 쓰지 않는다. 『說文』 : "朾은 撞(치다)이다. '木' 편방을 따랐으며, 소리는 '丁'이다."

40 '喪'을 原錄에서는 '喪'으로 썼다. 이 글자는 '喪'의 속자이며, 돈황사본에서 흔히 볼 수 있다. 예를 들어 P.2999 「太子成道經」의 "상주가 답했다. '이 자가 죽은 사람입니

선우는 친히 1만 병마를 거느리고 범부인성(范夫人城)에 당도하여 이릉을 따라잡았다. 한연년(韓延年)이 이릉에게 보고하였다. "대장군께서는 급히 군사를 거두시고 길을 취해 피해야 할 것입니다." 이릉이 그 말을 듣고 남쪽으로 피해 갔다. 허나 쫓겨 간 지 사흘이 안 되어 결국 선우에게 따라잡히고 말았다. 오랑캐는 무척 막강해져서 한군은 반이나 패한 셈이 되었고 어느새 후미에는 오백여 기 정도가 타격을 입었다. 이릉이 좌우 측근들을 불러 말하였다. "어찌 싸우지 않는단 말인가?" 좌우 측근들이 답하였다. "장군! 병마가 이미 다했는데 어떻게 싸운단 말입니까?" 이릉이 말을 이었다. "몸에 창을 서너 번 찔린 병사는 수레에 실어 가고, 한두 번 찔린 자는 다시 싸우게 하라." 진영이 아직 다 만들어지지 않은 상태에서 잠시 틈을 내 식사를 하는 중에 이릉은 북을 쳐서 군사를 모으도록 했다. 일시에 북을 쳤지만 북이 울리지 않았다. 이릉이 탄식하였다. "하늘이 우리를 버리시는구나!"

歎之未了, 從弟[41]三車上, 有三條[42]黑氣, 向上衝天. 李陵處分左右搜[43]括, 得[兩]箇女子, 年登二八, 亦[44]在馬前. 處分左右斬之, 各爲兩段,[45] 其鼓不打, 自鳴吼喚.[46] 庾[47]信詩云: "軍中二女憶, 塞外夫人城."[48]

다'(喪主答曰, 此是死人)"에서 '喪'자 역시 이런 모양으로 쓰여 있다.

41 '弟'는 '次第'의 '第'의 古字이다. 『說文』: "弟는 가죽 묶음의 차례이다(弟, 韋束之次第也)." 가죽을 차례차례 묶은 모양에서 일반적인 '순서, 차례'로 의미가 확장되었다.

42 '條'를 原錄에서는 '絛'로 쓴 다음 '條'로 고쳤다.

43 '搜'를 原錄에서는 '捜'로 쓴 다음 '搜'로 고쳤다.

44 '亦'을 原錄에서는 '亽'으로 쓴 다음 '亦'으로 고쳤다. 이 글자는 '亦'의 속자이며 '亽'으로도 쓴다. 「廬山遠公話」: "사내가 색을 좋아함도 또한 이와 같다(凡夫愛色, 亦復如是)"에서 '亦'이 原卷 S.2073에는 '亽'으로 쓰여 있다.

45 '段'을 原錄에서는 '亽'으로 쓴 다음 '段'으로 고쳤다. 이 글자는 앞에 나온 '亽'을 보고 잘못 쓴 것이다.

46 吼喚은 큰 소리를 낸다는 의미이다. 「伍子胥變文」: "호각을 크게 세 번 불다(䟦羅迴吼喚三聲)."

47 '庾'를 原錄에서는 '庚'으로 쓰고 '庾'로 고쳤다. 이 글자는 바로 '庾'로 쓰는 것이 옳을 듯하다.

更無別文,[49] 正用此時(事). 胡還大走, 漢亦爭奔, 斬決兇(匈)奴, 三千餘騎. 旋割其耳, 馬上駝行.[50] 叙錄[51]之時, 擬凴爲驗. 夜望西北, 曉望東南, 取路而行, 故望得脫. 忽至平川之所, 川靜草深, 李陵報左右曰: "緣沒[52]不攢身[53]入草, 避難南皈(歸)?" 將士聞言, 一時入草.

탄식이 끝나기 전에 세 번째 수레 위로 세 가닥 검은 기운이 하나하나 치솟았다. 이릉이 좌우 측근들에게 찾아보도록 하니 나이가 열여섯 정도 되었을 법한 두 여인이 있었다. 이릉은 곧 말 앞으로 데리고 와 그들의 몸을 둘로 자르도록 했다. 그러자 북은 때리지도 않았는데 저절로 쿵쿵거리며 울어댔다. "군중에 있는 두 여인의 생각은 변방 밖 부인성(夫人城)에 있네"라는 유신(庾信)의 시는 다른 게 아니라 바로 이 일을 가져다 쓴 것이다. 오랑캐는 돌아서서 도망가고 한군 역시 다투어 쫓으니 흉노의 목을 벤 것이 삼천여 기(騎)나 되었다. 그들의 귀를 돌려 잘라 말과 낙타에 싣고 갔다. 공을 기록할 때 그 증거로 삼기 위한 것이었다. 밤에는 서북쪽을 바라보고 새벽엔 동남쪽을 바라보며 길을 찾아 가서

---

48 【張鴻勳】 庾信: 北周의 유명한 문학가로서 南陽 新野(지금 河南省 新野縣) 사람이다. 字는 子山이고 宮體詩에 능했다. 南朝 梁에서 관직생활을 시작하여 西魏의 사신으로 봉해졌다가 서위가 망하자 北周에서 관직생활을 하여 儀同三司의 관직에 올랐다. 만년에는 침울한 시풍을 취했다. 인용된 구는 清倪璠의 『庾子山集注』 제3권 「奉報趙王出師在道賜詩」에서 볼 수 있으나 다소 차이가 있다(軍中女子氣, 塞外夫人城). 徐復은 이에 대해 "이것은 잘못 인용한 것이 아니라 작자가 억지로 고사에 갖다 붙인 것이다"라고 하였다.

49 '文'은 典籍이다. 『國語』 「周語」 下: "어려서 책을 좇지 않았다(小不從文)"에 대한 韋昭의 주: "文은 詩書이다."

50 '駝'가 原卷에는 '駞'로 쓰여 있으며, 張鴻勳은 이를 '馳'로 고쳤다. '駞'는 곧 '駝'이다. 『龍龕手鏡』: "駝가 정자이고, 駞는 요즘 쓰는 글자이다." 돈황사본에서 '駞'를 '馳'로 쓴 경우도 있지만, 여기서는 '駝'로 봐야 한다. '駝行'은 말과 낙타에 자른 귀를 싣고 간다는 의미이다.

51 叙錄: 기록하다, 공로를 기록하다. 『三國志·吳書』 「薛綜傳」: "신이 듣건대, 오제와 삼왕은 모두 사관을 두어 공로의 아름다움을 기록하고 무궁히 교훈으로 남겼다고 합니다(臣聞五帝三王皆立史官, 叙錄功美, 垂之無窮)."

52 【徐震堮】 '沒'은 곧 '什沒'이고 '緣沒'은 '緣何'와 같다.

53 攢身은 '몸을 구부리다'의 의미이다.

그곳을 벗어날 수 있었다. 문득 개천이 있는 곳에 이르렀다. 개천은 조용하고 풀은 깊숙하여 이릉이 좌우 측근들에게 말하였다. "몸을 숙여 풀 속으로 들어가 난을 피해 남쪽으로 내려가도록 하라." 병사들은 그 말을 듣고 일시에 풀숲으로 들어갔다.

其時李陵忽遇北風大吼, 吹草南倒. 單于道 : "漢賊不杍(打)自死." 左右聞言 : "大王, 漢賊不杍(打), 如何自死?" 單于人[54]從後放火, 其煙蓬悖,[55] 熾焰蒸天. "大將軍後底[56]火來, 如何勉(免)死?" 李陵問 : "火去此間近遠?" 左右報言 : "火去此間一里." "軍中有火石否?" 急手[57]出火, 燒卻前頭草, 後底火來, 他自定. 前頭火着, 後底火滅. 看李陵共單于火中戰處 :

그때 이릉의 군대는 갑자기 세차게 불어오는 북풍을 만났다. 바람을 맞은 풀들은 남쪽으로 쓰러졌다. 선우가 말하였다. "한나라 적들이 따로 공격하지 않아도 스스로 자멸하겠구나." 좌우 측근들이 그 말을 듣고 물었다. "대왕! 한나라 적들을 치지 않고도 어찌 스스로 죽게 한단 말씀입니까?" 선우가 곧 뒤쪽부터 불을 놓으라고 명하였다. 연기는 활활 피어오르고 화염이 온 하늘을 뜨겁게 달구었다. "대장군! 뒤쪽에서 화염이

54 '人'은 '令'이 되어야 한다.

55 '蓬悖'이 原錄에는 '逄懔'로 쓰여 있다. '逄'은 '蓬'의 속자이다. '懔'의 오른 편방은 '索'의 상용 속자이며, 여기서는 '孛'를 잘못 쓴 것으로 봐야 한다. '悖'와 '勃'은 음이 같으며, '蓬悖'는 곧 '蓬勃'이다. 原錄에서는 '悖'를 '勃'로 고쳤으나 굳이 그럴 필요는 없다.

56 後底 : 뒤쪽. 바로 아래의 "燒卻前頭草, 後底火來"에서 '前頭'와 '後底'가 서로 짝을 이룬다. [蔣禮鴻] 底는 구조조사로서 '的'과 같다. 한정어와 중심어 사이에 쓰인다. [都興宙] 底는 접미사로서 지금의 '面'이나 '頭'와 같다. [校注] 두 가지 의견 모두 여기서는 설득력이 충분치 않다. 구조조사로 보면 '後底'가 '前頭'와 짝을 이루지 못하고, 접미사로 보면 '後底'는 있어도 '前底'는 없다. 따라서 '後底'는 '뒤쪽'을 의미하는 동의의 연문으로 보는 것이 옳다. '前頭'의 '頭'는 비록 접미사이지만, 이 역시 실사가 허사화되면서 생긴 의미이므로 실제로는 동의의 연문이라고 할 수 있다.

57 [蔣禮鴻] 急手는 곧 急速이다. 『洛陽伽藍記』 卷三 '菩提寺'條에 ……"급히 가면 재앙을 면할 수 있다(急手速去, 可得無殃)" 구가 있다. '急手'라는 단어가 後魏 때 이미 있었음을 증명한다.

치닫고 있습니다. 어떻게 해야 하겠습니까?" 이릉이 물었다. "화염과의 거리는 어느 정도인가?" 좌우에서 보고하였다. "화염과의 거리는 1리입니다." "군중에 부싯돌이 있는가? 급히 불을 내서 앞쪽 풀숲에 붙이도록 하라! 뒤쪽의 불은 스스로 꺼질 것이다." 앞쪽에 불을 놓으니 과연 뒤쪽의 불은 꺼졌다. 이릉과 선우의 화중전(火中戰) 장면은 이렇다.

陵軍𩪧[58]向前催, 虜騎芬芬(紛紛)[59]逐後來,
陣雲海內初交合, 朔氣[60]燕南望不開.
此時糧盡兵初餓, 早已戰他人力破,[61]
遂被單于放火燒, 欲走知從若邊過?
川中定是豺[62]狼毛, 風裏吹來夜以毛,[63]
紅燄炎炎傳□□[盛],[64] 一迴吹起一迴高.
白雪芬芬(紛紛)平紫塞,[65] 黑煙隊隊入愁冥,[66]

58 '𩪧'은 '𨒪'으로 읽어야 할 것이다. 『龍龕手鏡』: "𨒪은 음이 彦이며, 行의 의미이다."

59 【蔣禮鴻】 '芬芬'은 곧 '紛紛'이다. '芬芳', '分芳', '分方', '分非'는 모두 '芬芬'이라는 한 단어의 변형일 뿐이다.

60 原錄에서는 朔氣의 朔에 고유명사 표시를 했다. 그러나 '朔'은 '북쪽'의 뜻이고, '朔氣'는 북방의 차가운 기운을 말하므로 고유명사 표시를 해서는 안 된다.

61 '戰他人力破'는 싸우느라 힘이 다 소진되었다는 의미이다. 여기서 '破'는 '戰'의 결과보어로서 '다하다, 소진되다'의 의미이다.

62 '豺'를 原錄에서는 '犲'로 썼다. 실제 原卷에는 '犲'로 쓰여 있다. 이 글자는 '豺'의 속자인 '犲'이다.

63 '夜以毛'는 해석이 힘들다. 아무래도 '雪似毛'가 타당할 듯하다.

64 【原校】 '盛'자가 잔획만 남아 있으나, 자세히 살펴보면 알 수 있다.

65 【張鴻勳】 紫塞: 晋代 崔豹 「古今注」의 "秦에서 지은 長城으로 흙색이 모두 자줏빛이었다. 漢代의 변방 역시 마찬가지였으므로 紫塞라 칭한다"라는 기록에 근거하면, 이는 북방의 변성을 가리키는 것으로 볼 수 있다. 【譯注】 '紫塞'는 만리장성의 이칭으로 흙이 자줏빛이라 이렇게 부르기도 한다.

66 '入'을 原錄에서는 '人'으로 썼다. 【徐震堮】 '人'은 '入'이 되어야 한다. 【校注】 여기서는 徐震堮의 의견을 따랐다. '冥'을 原錄에서는 '寘'으로 쓴 다음 '冥'으로 고쳤다. 실제 原卷에는 '寘'로 쓰여 있으며, 이 글자는 '冥'의 속자이다. 여기서 '冥'은 아래의 '定'자와 압운이 되므로 거성으로 읽어야 한다.

前頭草盡不相連, 後底火來他自定.

"傳聞漢將昔蒙[67]陳(塵), 慣在長城多苦辛,[68]

[三]十萬軍由(猶)怕死,[69] 況當陵有[70]五千□(人)!

軍中有事須成援,[71] 數將同行不同戰,[72]

遙奔逐北我自知, 滅跡掃除□□□.[73]

平生願望小臣功, 出塞[74]方知大幕[75]空,

聖主徑[76]饒今日下,[77] 可得知陵□□[78]中,

---

67 '蒙'을 原錄에서는 '家'로 썼다. 【蔣禮鴻】'家陳'은 '蒙塵'을 잘못 쓴 것이다. 「維摩詰經講經文」의 "세속의 먼지를 멀리하고 더러움과 떨어져 윤회를 버리다(遠陳離垢捨輪廻)"에서 '陳'은 곧 '塵'이다. 「張淮深變文」에서는 "먼지를 뒤집어쓴 수령이 곡을 풀기를(蒙塵首領陳辭曲)"이라 했다. 이처럼 '蒙塵'을 꼭 임금에게만 쓴 것은 아니다.

68 여기서 '多'는 '受'를 잘못 쓴 것으로 보인다. '苦辛'은 '고생하다, 괴로워하다'의 의미이다. 『漢書』「匈奴傳」의 "마침 한겨울 강추위와 눈보라가 몰아쳐 병사들 중에 손가락이 떨어져나간 자가 열에 두셋이었다(會冬大寒雨雪, 卒之墮指者十二三)." 그리고 "평성 아래에서 얼마나 힘들었던가! 이레 동안 밥을 먹지 못해 활 당길 힘도 없었다네(平城之下亦誠苦! 七日不食, 不能彀弩)" 등이 위 상황에 대한 묘사이다.

69 이 구를 原錄에서는 '十萬軍由(猶)不怕死'로 썼다. 【蔣禮鴻】'不'는 어조사로서 실제적인 의미는 없다. '不怕死'는 곧 '怕死'이다. 위는 이릉이 평성에서의 싸움과 지금의 싸움을 비교하는 장면이다. '당시 군대가 그렇게 많아도 오히려 죽음을 두려워했는네, 지금은 5천 병사 밖에 없으니 어떻겠는가?'라는 의미이다. 【校注】'不'자는 연문으로 봐야 할 것이다. 초사자가 '卅'을 '十'으로 잘못 썼다가, 한 글자가 비어 '不'를 채워 넣은 것이다. 돈황사본에서 '卅'는 모두 '三十'을 합쳐 쓴 글자로서 두 음절로 읽어야 한다. 예를 들어 「伍子胥變文」의 "나이 서른에 남정네와 말 한 마디 한 적 없이(三十不與丈夫言)"에서 '三十'이 原卷에는 '卅'으로 쓰여 있다. 이 글자를 'sa'로 읽어버리면 7언의 글자수에 맞지 않게 된다. 아래에 나오는 "吾文(聞)高皇帝親御三十萬衆"에서 '三十'도 原卷은 '卅'으로 쓰여 있다. 이를 근거로 '三'을 집어넣고 '不'를 삭제했다.

70 '有'는 '唯有', '但有' 등의 의미로 봐야 한다.

71 '成援'은 救援을 의미한다. 여기서 '援'은 거성으로 '戰'과 압운된다.

72 『文選』「李陵答蘇武書」: "이전에 先帝께서 능에게 보졸 5천을 주며 출정에 나서 변경을 막으라 했으나 다섯 장수가 길을 잃어 능 혼자서 전투를 하게 되었다오(昔先帝授陵步卒五千, 出征絶域. 五將失道, 陵獨遇戰)."

73 原卷에 세 글자가 지워져 있다. 마지막 글자는 "援', '戰'과 압운되어야 한다.

74 '出塞'를 原錄에서는 '山塞'로 썼으나, '山'은 '出'을 잘못 쓴 것으로 봐야 한다.

75 '大幕'을 原錄에서는 '火幕'으로 썼으나, '火'는 '大'가 되어야 할 것이다. 두 글자는 돈황사본에서 흔히 혼용된다.

76 '徑'을 原錄에서는 俓으로 쓴 다음 '徑'으로 고쳤다. 변문에서 '直饒'라는 말을 흔히

其時將軍遭洛薄,[79] 在後遺兵我遺收.

臥氈若重從拋[80]卻, 鞍韉輕時任意留.[81]

逢水且須和麨[82]喫, 逢冰莫使咽[83]人喉,

隔是虜庭須決命,[84] 相殺無過死即休.[85]

國中聖主何年見? 堂上慈親拜未由!

今朝死在胡天雁,[86] 萬里飛來向霸[87]頭."

이릉의 군대 계속해서 앞길 재촉하고,

볼 수 있다. 이 단어는 조건이나 양보를 표시한다. 「解座文匯抄」: "설사 황금을 北斗와 나란히 쌓는다 해도 마음속으로는 여전히 만족하지 못한다네(直饒黃金北斗齊, 心中也是無厭足)"가 그 예이다. 『集韻』에서 "徑은 直이다"라고 했다. 그래서 여기서는 '徑'이 복합구의 접속사로 쓰였다.

77 아래의 '當今日下, 實是孤危' 구에 근거하면, '今日下'는 '지금, 현재'의 의미라고 할 수 있다.

78 빠진 글자는 '沒虜'가 아닐까 한다. 아래에 나오는 "何其(期)沒在虜庭中" 구가 그 근거가 된다.

79 '洛薄'을 原錄에서는 '落魄'으로 고쳐 썼지만 굳이 그럴 필요는 없다. '洛薄', '落拓', '落度', '潦倒', '蘭彈' 등은 모두 '落魄'과 동일한 聯綿詞를 서로 다르게 쓴 것뿐이다.

80 '拋'를 原錄에서는 '扰'로 쓴 다음 '拋'로 고쳤다. 原卷의 '扰'는 '拋'의 속자이다. 아래의 "拋下弓刀" 구에서 '拋'자는 '扰'로 쓰여 있다. 사실상 이는 '扰'와 같은 글자이다.

81 '留'를 原錄에서는 결문으로 처리했다. 그러나 문맥상 '拋'와 상반되는 의미로 봐서 앞 구는 '무거우면 임의대로 버리고' 다음 구는 '가벼우면 임의대로 남겨둔다'는 의미가 되어야 할 것이다. 따라서 '留'자를 집어넣어야 할 것이다.

82 '麨'이 原錄에는 '麨'으로 쓰여 있다. 『龍龕手鏡』: "麨은 통용자이고, 麵이 정자이다."

83 '咽'을 原錄에서는 속자인 '咽'으로 썼다.

84 '隔是'는 '格是'와 같으며 '이미'의 뜻으로 봐야 한다. 白居易, 「聽夜箏有感」: "지금은 이미 머리가 하얗게 세었으니, 그대 마음껏 날 밝을 때까지 거문고를 타게나(如今格是頭成雪, 彈到天明亦任君)." 元稹, 「日高睡」: "이미 몸이 꿈만 같아져, 이름 위하지 않는 일이 잦다네(隔是身如夢, 頻來不爲名)."

85 '相殺無過'는 전쟁터에서의 살인은 무죄라는 의미로서 전쟁의 잔혹함을 절실히 표현하고 있다.

86 여기서 '在'는 '作'이 되어야 할 것이다. '作'의 속자를 흔히 '作'로 쓰므로, 이 글자를 '在'와 혼동한 것 같다. 예를 들어 「伍子胥變文」의 "江豚作浪"에서 '作'이 原卷에는 '作'로 쓰여 있다. 아래에 '오늘 죽는다면 오랑캐 땅의 기러기가 되어 만 리 장안으로 날아가리라'는 내용이 있다.

87 '霸'를 原錄에서는 '覇'로 썼다. '覇'는 '霸'의 속자이다.

오랑캐의 기병들은 분분히 뒤를 쫓아오는구나.
구름 같은 군진이 천하에 첫 교합을 하니,
싸늘한 기운이 연(燕)땅 남쪽에 일어 바라볼 수 없구나.
이때 군량은 다 떨어져 병사들은 굶주리기 시작하고,
적들과의 싸움으로 병사들의 힘은 이미 다하였네.
마침내 선우의 화공을 받게 되니,
피하려 해도 어느 쪽으로 갈지 모르겠구나.
시내 안에 자리 잡은 것은 승냥이와 이리의 터럭이요,
바람 속에 불어오는 것은 터럭 같은 눈발이로다.
붉은 화염이 크게 타들어오니,
한 번 닥쳐올 때마다 한 번씩 높아지는구나.
백설은 어지러이 북방의 자줏빛 변새에 퍼지고,
검은 연기 줄을 이어 근심스런 어둠 속으로 들어오네.
앞쪽의 풀이 다 타버려 서로 이어지지 않으니,
뒤쪽의 화염이 닥쳐도 저절로 꺼지게 된다네.
"전해 들으니 한의 장수 몽진(蒙塵)을 입어,
장성에 있으면서 얼마나 고생했던가.
(삼)십만 대군도 죽음을 두려워했는데,
하물며 능의 군사는 다만 오천뿐이니!
군대에 일이 생기면 모름지기 구원해야 하는 법이라,
몇몇 장수 출정했지만 함께 싸우지 못하였네.
멀리 북으로 쫓아버려야 함을 나 역시 알고 있으니,
흔적도 남기지 않고 쓸어 없애버려야지.
평생토록 소신(小臣)의 공만을 바라다가,[88]
변방에 나서서야 큰 사막 비어있음을 알게 되었네.

---

88 【譯注】 소신의 공은 輔佐의 공을 의미한다.

성주(聖主)께서는 지금쯤이면
능이 오랑캐에 잡힌 것을 아시겠지.
그 때 장군들은 실의에 빠져,
남겨진 병사를 내가 거두어들였네.
잠잘 때 쓰는 천막이 무거우면 버려버리고,
신발이나 버선은 가벼워 남겨두었네.
물을 만나면 마른 식량과 함께 먹고,
얼음을 보아도 목구멍을 막지 않도록 했네.[89]
이미 오랑캐 땅에서 죽음을 결의했고,
죽여도 죄가 없는 것이고 죽으면 곧 끝나는 것.
나라 안에 계신 임금님은 어느 해에 뵐 수 있을까?
당상(堂上)에 계신 어머니께는 아직 절도 올리지 못했네.
오늘 죽는다면 오랑캐 하늘의 기러기 되어,
만 리에 날아올라 패두(霸頭)로 향하리라."[90]

單于報[91]左右曰:"入他漢界, 早行二千, 收兵卻迴, 各自穩便."[92] 語由(猶)未訖,[93] 陵下有一官決果管敢, 校尉[94]緣[95]檢校疏唯(遺), 李陵嗔打

89 [譯注] 얼음으로 갈증을 풀더라도 얼음덩어리가 목구멍을 막지 않도록 성급하게 굴어서는 안 된다는 의미이다.

90 [譯注] 霸頭나 霸橋 등은 漢代와 唐代에 송별을 하던 곳이다.

91 여기서 '報'는 '알려주다'의 의미이지, '보고하다, 대답하다' 등으로 해석해서는 안 된다. 『太平廣記』 권99 「劉公信妻」: "나중에 경문을 다 베끼자 어머니가 와서 딸에게 알려주었다(後寫經成, 母來報女)."

92 '穩便'은 스스로 편안하게 있는다는 의미, 즉 휴식을 가리킨다.

93 '訖'을 原錄에서는 '了'로 썼다. 실제 原卷은 '訖'로 되어 있으므로, 여기서는 原卷을 따른다.

94 原錄에서는 '校尉'를 앞 구에 붙여 읽고 '決果管敢' 네 글자에 고유명사 표시를 했다. 徐震堮은 '決果' 두 글자를 관명으로 보고 교위에 붙여서 읽어야 한다고 했다. 즉 '決果校尉管敢'이 되어야 한다는 말이다. 그러나 이 역시 정확하진 않은 듯하다. 『漢書』 「李陵傳」: "오랑캐가 불리하여 떠나려는데, 마침 이릉의 군후 감관이 교위에게 욕을 당했다. 그는 흉노에게 도망가 투항하고 낱낱이 일러바쳤다. '이릉의 군대는 후방의

(打)五下,[96] "更作熠沒[97]撿挍, 斬煞令軍!"[98] 管敢怕陵斬之, 背軍逃[99]走, 直至單于帳前. 勃籠宛轉, 舞道(蹈)颺聲,[100] 口稱死罪. 單于問 : "是甚沒[101]人?" "李陵官決果管敢." 單于言 : "作甚沒來?" 管敢啓陛下 : "李陵兵馬, 箭盡弓折, 糧用俱無, 去此絶近, 大王何不收取?"

선우가 좌우에 알리기를 "한의 경계를 넘어 이미 2천 리를 들어왔으니 병사를 거두고 돌아가 각자 쉬도록 하리라." 이 말이 채 끝나기 전이었다. 이릉 휘하의 군후(軍候) 관감(管敢)이 교위가 점검하는 중에 빠져 있었다. 이릉은 노하여 곤장 다섯 대의 형을 내리면서 "점검 중에 다시 이런 일이 발생한다면 목을 베어 병사들에게 보여 주리라" 하였다. 관감은 이릉이 자신을 참수할까 두려워 대오를 등지고 도망가 곧바로 선우의

지원이 없고 화살이 바닥났습니다. 오직 장군과 성안후 교위가 각각 군사 8백을 이끌고 황색과 백색 깃발로 표시를 한 채 행군을 하고 있으니, 날랜 기병을 시켜 그들을 화살로 쏘면 금방 무찌를 수 있습니다.' 성안후는 영천 사람으로, 아버지 한천추는 예전에 제남의 재상이었다가 남월과의 전투에서 죽었다. 무제는 그의 아들 한연년을 후로 삼고 교위로서 이릉을 따르도록 했다(虜不利, 欲去, 會陵軍候管敢爲校尉所辱, 亡降匈奴, 具言'陵軍無後救, 射矢且盡, 獨將軍麾下及成安侯校各八百人爲前行, 以黃與白爲幟, 當使精騎射之卽破矣.' 成安侯者, 潁川人, 父韓千秋, 故濟南相, 奮擊南越戰死, 武帝封其子延年爲侯, 以校尉隨陵)." 이에 근거하면, '決果'는 군후, 즉 虞侯, 순라병이고, '管敢'은 성이 管, 이름이 敢이며, 교위는 한연년을 가리키는 것으로 봐야 할 것이다. 관감이 한연년에게 모욕을 당해 도망간 것이다. 따라서 '校尉' 두 글자는 관감에 이어서 읽으면 안 된다.

95 '緣'은 '~때문에'의 의미이다. 이 부분은 관감이 점검 중에 빠져 있어 이릉이 상형을 내리는 장면이다.

96 '五下'는 몽둥이로 다섯 대를 때리는 아주 가벼운 형벌이다.

97 【蔣禮鴻】 '熠沒'은 '這麽', '如此'(이처럼)의 의미이다. 【陳治文】 '熠'의 음은 '羊入切' 또는 '爲入切'이기 때문에, 본편 아래쪽의 "拓(這)迴放後庭(定)還來"에서 '這' 대신 쓴 '拓'의 음과는 거리가 한참 멀다. 변문의 다른 작품에서도 '熠'와 동음 혹은 비슷한 음이면서 '這' 대신 쓴 글자를 본 적이 없다. 다라서 '熠'자는 잘못 쓴 글자로 봐야 할 것이다.

98 斬殺令軍 : 머리를 잘라 보임으로써 병사들에게 경각심을 일으키다.

99 '逃'를 原錄에서는 '𠔀'로 썼다. 이 글자는 '兆'의 속자이자, '逃'에서 편방을 생략한 글자이다.

100 原錄에서는 '舞'에 '亻' 편방을 더했다. '颺聲'은 '揚聲'과 같으며 높은 소리를 뜻한다.

101 【蔣禮鴻】 '甚沒'는 '甚麽', '什麽'이다. '甚'이 閉口韻이라서 '是沒', '甚沒', '什沒'로 갈라지게 되었다.

막사 앞에 이르렀다. 몸을 돌리며 인사의 예를 마치고 입으로는 "사죄하옵니다!"라고 크게 외쳤다. 선우가 묻기를 "뭐 하는 작자인가?" 하니 "이릉의 군후 관감이옵니다" 하였다. 선우가 "무슨 일로 왔는가?"고 물으니 관감이 답했다. "폐하! 이릉의 군사는 화살은 다 떨어지고 활은 부러졌으며 양식은 모두 바닥이 난 채 이곳에서 아주 가까운 곳에 있습니다. 대왕께서는 어찌 그들을 취하지 않으십니까?"

單于見管敢投來, 大笑呵呵. 喚言左右曰 : "更行三二百里, 李陵自伏作奴." 單于[左右]聞語, 便趁李陵, 李陵[102]卽張弩射之, 突騎尸(施)[103]蕃王左眼着[箭]. 單于怕急, 不敢登前, 馬上逡巡,[104] 報左右曰 : "急守[105]趁賊來. 大家疲乏, 雖行千里, 約損万人. 縱得漢兵, 知將何用!不如早迴卻." 左右對曰 : "大王自將十萬人來, 覆五千,[106] 不蓋[107]其榮, 返[108]昭(招)挫褥(辱), 拓迴[109]放後底[110]還來, 小弱(若)[111]不誅, 大必有患.

102 原卷을 보면 '李陵, 李陵'이 '李〃陵〃'으로 되어 있다. 이는 돈황사본에서 흔히 보이는 글자의 중첩 표시로, 여기서는 '李陵, 李陵'으로 봐야 한다.

103 [張鴻勳] 突騎尸 : 고대 소수민족의 이름. 본래는 西突厥에 속했다. 唐 武侯 때 처음으로 발홍하여 聖曆(698~700) 때에 碎葉川으로 이주했고 이후 葛邏祿에 편입되었다. 이곳은 강창자가 시대를 잘못 인식하고 있는 부분이라 할 수 있다.

104 변문에서 '逡巡'은 원래 뜻과는 반대로 '잠깐, 잠시'의 뜻인 경우가 많은데, 여기서는 '머뭇거리다'라는 원래 뜻으로 쓰였다.

105 [蔣禮鴻] '急守'는 '급히'의 의미이다. '守'는 '手'의 착오로 봐야 한다. [校注] '守'는 '手'의 동음가차자인 듯하다.

106 '覆'은 '蓋', '壓'의 의미이다. 『說文』 : "覆, 一曰蓋也". '將十萬人來覆五千'은 십만 대군을 이끌고 와서 이릉의 오천 군사를 섬멸한다는 의미이며, '覆'의 의미가 '蓋'에서 '壓'과 '殲'까지 확장된 것이다.

107 '蓋'는 '盇'으로 봐야 할 것이며, 의미는 '더하다, 증가시키다'이다. 돈황사본에서는 '蓋'자를 대부분 '盖'로 쓰므로, 이 글자를 모양이 비슷한 '盇'과 혼동한 것으로 보인다.

108 '返'은 '反'으로 읽어야 하며, 의미는 '오히려'이다.

109 [蔣禮鴻] '拓'과 '這'는 同音假借字로서 가까운 곳을 가리키는 지시대명사이다. '這', '拓', '遮'는 가까운 곳을 가리키는 지시대명사로, 先後의 차이는 있지만 본래는 하나의 단어였다. 다른 점이 있다면 聲調의 平仄 차이 뿐이다. [校注] 지시대명사는 定字가 없는 경우가 많았기 때문에 교정하지 않은 것이다.

110 '底'를 原錄에서는 '庭'으로 썼고 蔣禮鴻은 '定'으로 고쳤다. [江藍生] '庭'은 '底'자의

陛下更戰, 漢必敗降, 不至午時, 陵軍走敗." 單于聞語, 卽[趁]李陵. 李陵箭盡弓折, 糧用俱無, 亦[112]心求於寸刃. 李陵處分左右, 火急交人拆[113]車, 人執一根車輻棒, 打着從頭[114]面掩[115]沙. 李陵共單于鬬[116]戰第三陣處, 若爲陳說?

선우는 투항해 온 관감을 보고 껄껄 큰 소리로 웃었다. 좌우를 불러 말하기를 "다시 이삼백 리를 쫓게 된다면 [이미 양식도 떨어지고 무기도 못쓰게 되었으므로] 이릉은 스스로 엎드려 노비가 되려 할 것이다"고 하였다. 선우의 좌우 측근들이 그 말을 듣고 이릉을 쫓았다. 이릉이 활을 당겨 쏘자 화살은 돌기시(突騎尸) 족 번왕(蕃王)의 왼쪽 눈에 명중했다. 선우는 두려워 감히 앞으로 나서지 못하고 말 위에서 머뭇거리며 좌우에 일렀다. "급히 적을 쫓아와서 모두들 지쳐있다. 천 리를 오는 동안 잃은 병사가 만을 헤아린다. 그러니 설사 한나라 병사들이나 지혜로운 장수를 얻는다 하더라도 그것이 무슨 소용이 있겠느냐! 일찍 퇴각하느니만 못하다." 좌우에서 답하였다. "대왕께서 십만을 거느리고 와서 오천을 섬멸한다 해도 그것은 영광이라기보다는 오히려 치욕을 부르는 것입니다. 이렇게 두고 간다면 한의 병사들은 이후에 다시 올 것이니, 비록 작

착으로 보아야 하며 이는 唐五代 西方方音의 특징을 반영한 것이다. '後底'는 곧 '後頭'가 되는 것이다. [校注] 강람생의 의견이 옳은 듯하다. 하지만 '庭'은 '底'의 形訛로 보아야 할 것이다. 앞쪽의 '後底火來他自滅'에서 바로 '後底'라는 단어를 쓰고 있기 때문에 이에 근거하여 교정한 것이다.

111 [蔣禮鴻] '弱'은 '若'의 가차자이다.

112 '亦'을 原錄에서는 '赤'으로 썼으나, 原卷의 '赤'은 '亦'을 잘못 쓴 것으로 봐야 한다.

113 '拆'를 原錄에서는 '拚'로 쓴 다음 '拆'으로 고쳤다. '斤'과 '斥' 편방은 모두 '片'으로 쓸 수 있다. 여기서는 문맥에 근거해 原錄대로 '拆'로 쓴다.

114 從頭 : 하나하나.

115 '掩'를 原錄에서는 '奄'으로 썼다. 실제 原卷에는 '掩'으로 되어 있으므로, 여기서는 原卷을 따른다. '面掩沙'와 아래쪽 운문의 '面晻沙'는 모두 모래 위에 바짝 엎드린다는 의미이다.

116 '鬬'를 原錄에서는 '鬪'로 썼다. 이 글자는 속자로 『干祿字書』에 보인다. 돈황사본에서 흔히 볼 수 있는 글자이다.

은 규모라도 없애지 않으시면 반드시 큰 후환이 있을 것입니다. 폐하께서 다시 싸우시면 한군은 반드시 패할 것이고 오시(午時)가 되기 전에 이릉의 군은 패주할 것입니다." 선우는 이 말을 듣고 곧 이릉을 쫓았다. 이릉은 화살이 다 떨어지고 활은 부러지고 양식은 모두 바닥난 상태라 마음은 한 치의 칼날이라도 구하고 싶었다. 이릉은 좌우에 분부하여 급히 병사들로 하여금 수레를 잘라 수레바퀴의 봉을 잡고 하나하나 모래 위에 엎드리도록 하였다. 이릉이 선우와 벌인 세 번째 싸움을 풀어서 말해보자.

狂胡北上振天崖,[117] 大漢南行路上(尙)賒,
交兵欲[□]風頭便,[118] 對敵生曾(憎)[119]日影斜.
後軍事急雖然戰, 漢將懸知[120]力不加,
不那[121]弓刀渾用盡, 遂搦[122]空身左右遮.
臨時用快無過棒, 火急交人拆破車,
人執一根車輻棒, 着者從頭面唵沙,
登時草木遭霜箭,[123] 是日山川被血茶.[124]

117 '崖'는 '涯'와 통한다. 天涯는 대단히 먼 곳을 가리킨다.

118 빠진 글자는 '得'으로 채워야 할 것이다. '風頭'는 風向을 말하며 順風은 火攻에 적합하다.

119 生曾(憎) : 두려워하다, 걱정하다. 두보, 「送路六侍御入朝」 : "복사꽃이 비단보다 붉음은 분하지 않으나, 버들개지가 목화솜보다 하얄까 걱정이구나(不憤桃花紅勝錦, 生憎柳絮白於綿)."

120 懸知 : 생각하다, 짐작하다. 庾信, 「山齋」 : "멀리 산중의 객점이 생각나니, 춘주가 진하게 익었겠구나(遙想山中店, 懸知春酒濃)."

121 '不那'는 '無那'와 같으며, 뜻은 '無奈'(어찌할 도리가 없다)이다.

122 『廣韻』 「覺韻」 : "搦, 持也." 이처럼 '搦'은 원래 동사이나, 위에서는 허사화되어 개사의 용법으로 쓰였다.

123 '箭'은 '剪'으로 읽어야 한다. 다음 구의 '茶'와 동사로서 짝을 이룬다.

124 [徐震堮] '荼'는 '茶'가 되어야 할 것이며, '茶'는 '搽'를 간단히 쓴 글자이다. [徐復] 당대 사람들은 '搽飾(칠로 장식하다)'하는 것을 '塗'라 했으며, 음은 '茶'이다. '茶'는 '塗'의 가차자이다.

夜望胡星飛似電, 朝看煞氣狀如霞,
今日爲(謂)[125]將黃髭虜, 歲歲還同赤觜鴉.[126]
如何管敢行非里(理), 遣我將軍不見家,
今朝塞外渾輪失, 更將何面見京華!
광포한 오랑캐가 북쪽 하늘 끝에서 떨쳐 일어났으니,
대한(大漢)으로의 남행은 아직 길이 멀다네.
전투중인 병사들 바람이 도와주길 바라고,
적들 대하면서 해가 기울까 걱정하였네.
지원군이 급히 당도해 싸운다 해도,
한장(漢將)의 생각으로는 역부족일 뿐.
활과 칼까지 다 써버려 어찌하지 못하고,
결국 맨몸으로 좌우로 막아섰다네.
때가 되어도 급히 써야 할 몽둥이가 없어,
황급히 병사들에게 수레를 부수라 하였네.
병사들 수레의 바퀴살을 하나씩 잡았고,
잡은 병사들은 하나하나 모래 위로 엎드렸네.
바로 그 때, 초목이 서릿발 같은 화살을 받으니,
이날 산천은 피로 물들고 말았네.
밤에 보이는 오랑캐 땅의 별들은 번개가 나는 듯 하고,
아침에 보이는 살기는 노을처럼 붉게 번져 있구나.
오늘 누런 수염 오랑캐의 포로가 된다고 하면,
해마다 또 오랑캐와 함께 보내야 할 터인데.

125 '爲'는 '謂'로 읽어야 할 것이다. '謂將'은 동의의 연문으로, '생각하다, 여기다'의 의미이다.

126 '赤觜鴉'는 곧 '赤觜烏'이며, 앞의 '黃髭虜'를 비유한다. 『水經注』 十 「三濼水」 下에서 인용한 『神異傳』: "그 산에서는 雛烏가 나는데, 그 모양이 까마귀와 비슷하다…… 부리는 단사 같고, 성격이 온순하여 사람과 쉽게 친해진다(其山出雛烏, 形類鴉烏, …… 觜若丹砂, 性馴良而易附)."

어찌 관감은 나쁜 짓을 저질러,
우리 장군 고향집도 보지 못하게 한단 말인가?
오늘 아침 변방 밖에서 모두 패하고 말았으니,
또 무슨 면목으로 임금님을 뵌단 말인가?

戰已了首,[127] 須臾黃昏, 各自至營. 夜深以後, 陵自出來, 喚左右曰:"吾今不死者, 非壯士也!" 左右啓大將軍曰:"自從束髮, 遠劫單于, 一入虜庭, 二千餘里. 誓擬平於沙漠, 擬絶囂塵,[128] 持此微[129]功, 用將明主. 豈謂將軍失利, 將士徒然, 負特[130]壯心, 乖[131]爲(違)本願. 當今日下, 實是孤危. 魚[132]遊鼎[133]中, 燕[134]巢幕下, 鼎熕[135]魚爛, 幕動巢傾,[136] 勢旣不全, 理難存立. 大將軍本意, 莫枉勞人,[137] 幸請方圓,[138] 擬求生路."

싸움이 끝난 후 순식간에 황혼이 되어 각자 진영에 이르렀다. 밤이 깊어지자 이릉은 밖으로 나와 좌우를 불러 말하였다. "내 오늘 죽지 않

127 『通釋』:'了手, 了首'는 '끝마치다'의 의미이다. '首'는 '手'의 동음가차자이다.
128 '囂塵'는 '시끄럽고 더럽다'는 의미로 여기서는 '戰亂'을 가리킨다.
129 '微'를 原錄에서는 상용 속자인 '微'로 썼다. 이 글자는 『干祿字書』에 보인다.
130 **[項楚]** '負特'은 곧 '辜負'(저버리다, 어기다)의 의미이다. 張鷟, 「遊仙窟」:"어찌 백년의 몸을 저버릴 필요가 있겠는가(何須負持百年身)." 여기서 '負持'가 바로 변문의 '負特'이라고 할 수 있다. 당대 구어에서 '저버리다'의 의미로 쓰였다. **[校注]** 항초의 의견은 상당히 타당하나, 적당한 예를 찾기가 힘들다. 일본에서 전해진 「유선굴」을 보면, '負持'를 '負特'으로 쓴 경우가 전혀 없다.
131 '乖'를 原錄에서는 '乖'로 썼다. 이 글자는 '乖'의 속자이다.
132 '魚'가 原錄에는 '覩'로 쓰여 있다. 原卷 역시 이렇게 쓰여 있는데 두 글자는 모양이나 소리, 의미가 모두 가깝지 않다. 무슨 이유로 잘못 초사했는지 알 수 없다.
133 '鼎'을 原錄에서는 '鐤'으로 쓴 다음 '鼎'으로 고쳤다. 이 글자는 '鼎'에 편방을 더한 속자이다.
134 '燕'을 原錄에서는 '鷰'으로 썼다. 돈황사본에서는 '燕'을 보통 '鷰'으로 쓴다. 이 글자는 편방을 늘린 속자이다.
135 '熕'은 '烹'이 되어야 한다. 두 글자 모두 '火'를 부수로 한다. 聲符만 바뀌었을 뿐이다.
136 '傾'을 原錄에서는 '頃'으로 쓴 다음 '傾'으로 고쳤다. 초사자가 잘못 쓴 것으로 보인다.
137 '枉'을 原錄에서는 '狂'으로 쓴 다음 '枉'으로 고쳤다.
138 **[蔣禮鴻]** 方圓: 방략, 계획, 처분, 제도…… 위의 '方圓'은 '방략', '방법'의 의미이다.

았으니 장사(壯士)가 아니로다!" 하였다. 좌우 군신들이 대장군에게 아뢰기를 "머리 땋은 이래 멀리 선우를 치러 오랑캐 땅에 들어선 것이 2천여 리였습니다. 사막을 평정하고 전란을 끊어 임금을 위해 미천한 공이라도 세우고자 맹세했습니다. 장군께서 패하셨다고 해서 대장부가 사내다운 면모를 함부로 져버려 본래의 바람과 어긋나게 됐다고 말할 수 있겠습니까. 지금은 실로 외롭고도 위태로운 상황입니다. 물고기가 솥에서 놀고 제비가 움막 아래 둥지를 튼다고 할 때, 솥이 끓으면 물고기는 문드러지고 움막이 움직이면 둥지는 기울게 됩니다. 전세가 이미 온전하지 못해 사리를 지키기 어렵게 된 것입니다. 대장군의 본뜻은 고생을 무릅쓰고 몸을 굽히지 않는 것이겠지만, 바라건대 방법을 알아보아 살길을 찾으십시오."

陵曰 : "吾文(聞)高文皇帝[139]親御三十萬衆, 北征塞[140]上, 困[141]於平城.[142] 其時猛將如雲, 謀臣若雨, 一入單于之境, 三軍數萬, 大行一迴. 賴得陳平剋(刻)木女誑[143]他, 幸而獲勉(免). 況我今日五千步卒, 敵十萬之軍, 何得蚊蚋拒於長風, 螻蟻拧於大樹!" "大將軍, 蛇無頭不行, 烏無翼不飈, 軍無將不戰, 兵無糧不存. 徑饒將軍有黃石三略,[144] 陳平

139 '高皇帝'를 原錄에서는 '高文皇帝'로 썼다. '文'은 衍文이다.

140 '塞'를 原錄에서는 '意'로 쓴 다음 '塞'로 고쳤다. 여기서는 바로 '塞'로 쓴다.

141 '困'을 原錄에서는 '用'으로 쓴 다음 '困'으로 썼다. 여기서는 바로 '困'으로 고쳤다.

142 [譯注] 平城은 漢代의 현 이름으로 雁門郡에 속했으며 지금의 山西省 大同市 동쪽이다. 한 고조 7년(기원전 200년)에 韓信은 平城으로 출정하여 흉노에게 포위당했다.

143 '誑'을 原錄에서는 '誰'로 쓴 다음 '誑'으로 고쳤다. '誰'는 '誑'의 속자인 '誑'을 잘못 쓴 것이다. 「廬山遠公話」: "狂(枉)受師人誑赫(嚇)"에서 '誑'이 原卷에는 '誑'으로 쓰여 있다.

144 [張鴻勳] '黃石'은 黃石公을 말하며 圯上老人이라고도 한다. 전하는 바에 의하면, 張良은 진시황을 죽이려는 계획이 실패하여 下邳로 도망을 가다가 圯(다리) 위에서 한 노인을 만났다. 노인은 「太公兵法」을 주며 말했다. "13년 후, 나를 濟北의 谷城山 아래에서 만나게 될 것이오. 황색 바위가 바로 나라오." 이때부터 그를 黃石公이라 칭하게 된 것이다. 『史記』「留侯世家」에 보이며, 『隋書』「經籍誌」의 고대 병서를 기록한 부분에 『黃石公三略』 세 권이 있다.

六奇,[145] 滔(韜)神迹之法鬼設方[146]爲喪人亡, 兵無救援, 皇天所喪, 非有罪兵, 願大將軍不如降卻."

이릉이 말하였다. "나는 고조 황제께서 친히 삼십만 대군을 이끌고 북쪽 변방을 정벌하러 가셨다가 평성(平城)에서 곤경에 빠진 일을 들었소. 그 때 구름 같은 맹장과 비처럼 많은 참모들과 함께 선우의 지역으로 일단 들어가 삼군의 수만 병사들은 한바탕 크게 싸울 수 있었소. 그러나 진평(陳平)에게 목우(木女)를 깎아 선우를 속이고 나서야[147] 다행히 벗어날 수 있었소. 하물며 나는 오늘 오천의 보병으로 십만의 군사와 대적하고 있으니, 어찌 파리 모기가 큰 바람을 거역하고 땅강아지와 개미가 큰 나무를 감싸 안을 수 있겠소!" "대장군! 뱀은 머리가 없으면 나아갈 수 없고, 새는 날개가 없으면 바람을 탈 수 없으며, 군대는 장수가 없으면 싸울 수 없고, 병사는 군량이 없으면 존재할 수 없습니다. 설사 장군께서 황석공(黃石公)의 삼략(三略), 진평(陳平)의 여섯 가지 기책(奇策)과 귀신의 병법을 가지고 있다 하더라도 병사들은 구하지 못하고 많은 수가 죽게 될 것입니다. 하늘이 잃은 병사들은 죄지은 병사들이 아니니 장군께서는 투항을 선택하심이 나을 것입니다."

陵曰: "吾三軍節度, 六卿[148]旗鼓, 天子受(授)吾命, 將破虜歸朝. 奈

---

145 『漢書』「陳平傳」: "모두 여섯 번이나 기발한 계책을 내놓아 封邑이 더해졌다. 그 계책들은 상당히 비밀스러운 것이라 세상에 전해지진 않았다(凡六出奇計, 輒益邑封. 奇計或頗秘, 世莫傳聞也)."

146 '設'을 原錄에서는 '沒'로 썼다. [劉凱鳴] '滔'는 '韜'를 잘못 쓴 것이다. 『廣韻』: "韜, 藏也." '迹'은 '出'을 잘못 쓴 것이다. '沒' 뒤에 '之'자를 빠뜨리고 있다. 구절의 의미는 '(마음속에) 신출귀몰의 방법을 숨기고 있다'이다. [校注] '滔'는 '韜'의 동음가차자이며, '沒'은 '設'의 초서 '设'이 잘못 쓰인 것이기 때문에 '設'자 아래 '之'를 덧붙일 필요는 없을 것이다. '神迹之法鬼設方'은 귀신이 부리는 병법이다.

147 陳平: 漢初 陽武 사람이다. 陳勝이 기의하자 그는 魏王 咎에게 들어가 太僕이 되었다가 나중에 항우에게로 가서 都尉가 되었다. 유방에게 와서는 護軍中尉로 자주 빼어난 책략들을 마련하고 공을 세워서 曲逆侯로 봉해졌다. 惠帝, 呂侯 때 승상이 되었고 이후 周勃 등과 함께 呂氏 세력을 주살하고 文帝를 섬겼다.

何[漢]弱胡强, 旗鼓零洛(落), 節度悽[149]惶, 人雖命在, 軍見無糧, 眼看食盡, 道理須降. 君須去, 努力同歸, 莫相拋擲. 可不聞道 : 『千世時君, 萬世鄉里, 好卽同榮, 惡卽同恥.』夜裏勉臥,[150] 平旦早起, 若至漢朝, 好防胡蟻.[151] 吾今薄命, 天道若此.[152] 儻若至朝庭, 明申道理. 起居我北堂慈母, 再拜吾南面天子. 道陵生作異域之人, 死作失鄉之鬼. 永別親故, 長辭知己." 更欲云云, 不能已已.[153] 且[154]看李陵共兵士別處若爲陳說?

이릉이 말하였다. "나는 삼군절도사로서 육군(六軍)의 주장(主將)과 병사들을 이끌었고, 천자께서는 내게 오랑캐를 섬멸하고 조정으로 돌아올 것을 명하셨다. 어찌하여 한은 약하고 오랑캐는 강하여 군대는 싸움에서 패하고 절도사는 처량해지기만 하는가. 목숨은 비록 붙어있지만 군에 양식이 없어 먹을 것 다한 것이 눈에 보이니 결국 항복의 길 뿐이구나. 모름지기 임금이 가야 하면 애써 함께 돌아가려고 애쓰면서 버리지

148 【譯注】 六卿 : 天子에게는 六軍이 있으며, 그 主將을 '六卿'이라 칭한다.

149 原錄에서는 '悽'를 속자인 '悽'로 썼다.

150 原錄에서는 '裏'를 '果'로 썼다. 여기서 '果'는 '里'를 잘못 쓴 것으로 봐야 하며, '里'는 '裏'의 가차자이다. 張鴻勳은 '勉'을 '眠'으로 고쳤으나, 이는 확실치 않은 의견이다. P.2718 왕범지 시에 "밤에는 나중에 자야하고, 일어나는 것은 매번 먼저 하네(夜眠須在後, 起則每在先)"라는 구절이 있다. 따라서 '勉臥'는 '免臥'(눕지 않다) 혹은 '晩臥'(늦게 눕다)로 읽어야 할 것이다. 위 구절은 밤낮으로 한나라 땅으로 돌아가려 한다는 의미이다.

151 P.2498 「李陵與蘇武書」 : "이릉의 뜻은 큰 바다를 기울여 개미를 빠뜨리고 태산을 들어 알을 누르려는 것이다(爲陵意者, 擬傾巨海溺蟻, 擧泰山壓卵)"에서 '蟻'는 흉노를 비유한다. 개미가 흙을 무너뜨리듯 당시 흉노가 북쪽 변경을 노략했으므로 개미에 비유한 것이다.

152 P.2498 「李陵與蘇武書」 : "이릉을 이루어주는 것도 하늘이고, 이릉을 망하게 하는 것도 하늘이다. 하늘이 나를 버렸으니 다시 무슨 말을 하겠는가!(成陵者在天, 敗陵者在天, 天喪予也, 知復何言)." '天道若此'(하늘의 도가 이와 같음)는 이를 두고 한 말이다.

153 '已'는 '멈추다'의 의미이다. '已已'로 중첩함으로서 어기를 더해주고 있다.

154 '且'가 原錄에는 '具'로 되어 있다. 【潘重規】 돈황사본에서 '具'와 '且'는 종종 구분되지 않고 쓰이기 때문에 여기서는 마땅히 '且'로 보아야 할 것이다. 「降魔變文」의 '且看詰問事由若爲陳說', '且看指訴如來若爲陳說'과 같은 문장 형식이다.

말아야 할 것이다. 하지만 '천세의 군주, 만세의 고향은 좋으면 같이 영화롭게 되고 나쁘면 함께 치욕을 당한다'는 말은 가히 들리지 않는구나. 밤에는 늦게 눕고 새벽이 되면 금세 일어난다. 만약 한조(漢朝)에 이른다면 오랑캐를 잘 막으련만. 내 목숨 박하니 하늘의 도가 이와 같단 말인가! 만약 조정에 이르면 도리를 밝게 펼 터인데. 북당의 어머니께 문안 드리고 남면하신 천자께 재배 올린다. 능은 살아서는 이역의 사람이 되고 죽어서는 실향(失鄕)의 귀신이 될 것이니, 친지와의 영원한 이별이요 지기와의 긴 헤어짐이로다." 흘러나오는 말을 멈출 수가 없었다. 다시 이릉이 병사들과 이별하는 장면을 풀어보자.

"丈夫出塞[155]命能判,[156] 大衆胡狼[157]事實難,
辭[158]君擬前(剪)兇(匈)奴賊, 自坐[159]千金明月鞍.
丈夫失制[160]輸狂虜, 負特黃(皇)天孤傅(負)土,[161]
非但無面見天王,[162] 黃泉地下羞先[163]祖.
嗟呼歎息乃長吟, 只爲欺胡苦[164]入深,
上天使爾知何道, 陛下應知陵赤心."

155 '塞'를 原錄에서는 '寒'으로 쓰고 '塞'로 고쳤다.

156 '判'을 原錄에서는 '拌'으로 고쳤다. '判', '拌', '拚' 등은 모두 같은 말의 다른 글자이므로 굳이 교정하지 않아도 된다. 여기서 '判'은 평성으로 읽힌다.

157 여기서 '胡狼'은 흉노의 병사들을 가리키는 듯하다.

158 '辭'를 原錄에서는 '辝'로 썼다. 이 글자는 '辭'의 속자이다. 『龍龕手鏡』「辛部」: "辭는 음이 詞이다. 辝는 辭와 같다."

159 '坐'를 原錄에서는 상용 속자인 '㘸'로 썼다. 『干祿字書』에도 이 글자를 실었다.

160 '失制'는 '싸움에서 패하다'의 의미이다.

161 『文選』의 李陵 「答蘇武書」: "능이 비록 은혜를 저버렸으나, 한 또한 덕을 저버렸네(陵雖孤恩, 漢亦負德)." '孤'는 곧 '負'이다. 위에서 두 글자는 동의의 연문이다.

162 '天王'은 한의 천자를 가리킨다. 『漢書』「李陵傳」: "능은 '폐하께 보답할 면목이 없구나!'라고 말하고 결국 항복했다(陵曰, 無面目報陛下, 遂降)."

163 '先'을 原錄에서는 '見'으로 썼다. 실제 原卷이 '先'으로 되어 있으므로 여기서는 原卷을 따른다.

164 '苦'를 原錄에서는 '若'으로 쓴 다음 '苦'로 고쳤다. 그러나 실제 原卷은 '苦'로 되어 있다.

左右聞言皆落淚, 「將軍今日何千次,[165]
豈容獨領五千人, 戰敵兇(匈)奴十萬騎.
赤血滂沛[166]若水流, 胡兵遍也[167](野)橫尸死.
縱令無面見天王, 亦合留名在使(史)記.
大丈夫兒[168]金(今)何在, 乳哺之恩須愧耳,
將軍後莫輒行非, 相將皈國朝天子."
陵聞左右說尊堂, 大哭號咷淚萬行,
"更若人爲[169]十隻矢, 參差[170]重得見家鄉.
左右今須鳥獸分, 失路迷津望月奔,
償(儻)若南皈見天子, 爲報陵辜陛下恩.."
"장부가 변방으로 나와 목숨은 능히 버릴 수 있으나,
수많은 오랑캐 군들은 실로 당해내기 어렵구나.
임금께 하직 인사하고 흉노 도적들을 무찌르고자,
천금이나 되는 명월안(明月鞍)에 앉았다네.[171]
대장부가 광포한 오랑캐에 패하였으니,

165 【張鴻勳】 '千次'는 '遷次', '取次' 등으로도 쓴다. 여기서는 깊이 생각지 않는다는 의미이다.

166 '滂沛'는 많고 성한 모양으로 쌍성 연면사이다.

167 '也'를 原錄에서는 '地'로 썼다. 실제 原卷에는 '也'로 되어 있으며, 이는 '野'의 借音字이다.

168 原錄에서는 '兒'를 '而'로 고쳤다. 【徐震堮】 '兒'를 '而'로 고칠 필요는 없을 것 같다. '大丈夫兒'는 자주 보이는 단어이다. 【校注】 서진악의 주장이 옳다. '大丈夫兒'는 '대장부, 사나이'의 의미이다. '兒'는 명사 뒤의 접미사이다. 「伍子胥變文」의 "대장부는 천도가 통하여(大丈夫兒天道通)"과 「捉季布傳文」의 "대장부가 이런 어려움을 만나(大丈夫兒遭此難)" 등이 그 예이다.

169 爲 : 주다. 『左傳』 「襄公」 二十三年 : "제후가 장차 장흘에게 봉읍을 줄 것이다(齊侯將爲臧紇田)."

170 '參差'를 原錄에서는 '叅嵯'로 쓴 다음 '嵯'를 '差'로 고쳤다. '叅'은 '參'의 속자이다. '嵯'는 '差'에 편방을 더한 글자이다.

171 明月鞍 : 보석들로 장식된 말의 안장. '명월'은 야광구슬로서 구슬빛이 달빛처럼 빛나기 때문에 이런 이름을 붙였다.

하늘을 저버리고 땅도 저버린 것이네.
천자를 뵐 면목이 없을 뿐 아니라.
지하에 계신 선조들께도 부끄럽구나.
아, 괴로이 탄식하며 길게 읊조리니,
다만 오랑캐를 속이고자 힘들게 깊이 들어온 것일 뿐.
하늘은 어떤 길을 가야할 지 가르쳐주시고,
폐하께서는 능의 적심(赤心)을 아셔야 할 텐데."
좌우에서 그 말을 듣고 모두 눈물을 떨어뜨렸다.
"장군께서는 오늘 왜 이리도 신중하지 않으신지요!
어찌 홀로 병사 오천을 이끌고,
흉노의 십만 군사를 대적하겠습니까?
붉은 피 철철 넘치기는 흐르는 물과 같고,
오랑캐가 들에 깔려 병사들의 주검이 널려 있습니다.
설령 천자께 면목이 없더라도,
또한 사서(史書)에 함께 이름을 남겨야지요.
대장부는 지금 어디에 있는 것입니까,
젖먹이 때의 은혜는 한낱 부끄러운 것일 뿐입니다!
장군은 함부로 잘못된 행동을 하지 마시고,
함께 조정으로 돌아가 천자를 알현하셔야지요."
이릉은 좌우에서 어머니를 말하는 소리를 듣고,
대성통곡하며 만 줄기 눈물을 흘렸다.
"병사들에게 다시 화살 열 발씩을 주나니,
모두들 고향을 다시 볼 수 있을 것이다.
좌우는 지금 조수(鳥獸)처럼 갈라져야 할 것이니,
길을 잃고 나루를 찾지 못하면 달을 보고 달려가거라.
만약 남쪽으로 돌아가 천자를 뵌다면,
이릉이 폐하의 은혜를 저버렸다고 아뢰어라."

李陵言訖, 長吁數聲, 報左右曰:"吾聞鳥之在空, 由(猶)凴[172]六翮, 皮旣不存, 毛覆(復)何依! 須運不策[173](測)之謀, 非常之計, 先降後出, 斬虜朝天, 帝側(測)陵情, 當不信."[174] 於是獲收珍[175]寶, 脫下翻(旛)旗, 埋着地中, 莫令賊見. 左右李陵, 各自信緣,[176] 若至天明, 必當受縛. 左右聞語, 當卽星分,[177] 恰至天明, 胡兵卽至. 陵副使韓延[年]着箭洛(落)馬身亡. 李陵弓矢俱無, 勒轡便走, 搥凶(胸)望漢國, 號咷大哭. 赤目明心, 誓指山何(河), 不辜漢家明主. 拋下弓刀, 便投突厥.[178] 逡巡欲語恐畏嗔, 單于高聲呵責, 李陵降服處, 若爲?

이릉이 말을 마치고 몇 마디 장탄식을 하고는 좌우에 일렀다. "내 들으니 새가 하늘에 있을 때는 오로지 육핵(六翮)에 의지한다 하였다. 살가죽이 이미 사라졌으니 털은 또 어디에 의지할 것인가? 모름지기 예측하기 힘든 계략과 비상한 계책을 써서 먼저 항복하고 후에 탈출하며 오랑캐를 베어 천자를 뵈려하니, 천자께서 능의 마음을 헤아리신다면 어찌 믿지 않으시겠는가?" 이에 진귀한 것들을 거두고 깃발을 벗겨 냈다. "땅 속에 묻어 적들이 보지 못하도록 하라. 좌우 병사들과 나 이릉은 각자

172 '凴'을 原錄에서는 '凭'으로 쓴 다음 '憑'으로 고쳤다. '凭'은 '凴'의 속자이고 '凴'과 '憑'은 같다. 「燕子賦」(一): "憑伊覓曲"의 '憑'자가 原卷, 乙卷, 戊卷에는 모두 '凭'으로, 甲卷에는 '憑'으로 쓰여 있다. 『龍龕手鏡』: "凭, 托也."

173 '策'을 原錄에서는 '筞'으로 썼다. 이 글자는 '策'의 속자이다.

174 [蔣禮鴻] '不'는 어기조사로 실재의 의미는 없다. '當不信'은 결국 믿게 된다는 의미이다. [校注] 이 부분은 의문형 구가 되어야 할 것이다. 따라서 '不'는 어조사가 아니며, '當不信?'은 '어찌 믿지 않겠는가?'의 의미가 되어 이릉이 마음속으로 추측하는 어기를 표현하는 것으로 보인다.

175 '珍'을 原錄에서는 '珎'으로 썼다. 이 글자는 '珍'의 속자이며 '珎'로도 쓴다.

176 信緣: 인연을 따르고 업을 믿다, 하늘의 명을 따르다. 이 부분은 이릉이 하는 말로 봐야 할 것이다. 좌우 병사들과 나 이릉이 각자 흩어진다는 의미이다.

177 星分: 별이 하늘에서 흩어지는 모습과 같다는 의미로 사방으로 흩어지는 모습을 비유한다.

178 [張鴻勳] 突厥: 중국 고대의 소수민족 이름. 넓게는 突厥, 鐵勒의 각 부락을 포괄하고 좁게는 돌궐만을 가리킨다. 수당 때 막북 지역에서 차지한 땅이 사방 만 리에 이르렀으며 동서의 두 부로 나뉘었다. 후에 回紇에게 망하였다.

흩어지게 될 것이니, 만약 하늘이 밝게 되면 [나는] 분명 붙잡히게 될 것이다.” 좌우 병사들은 이 말을 듣고 곧바로 별처럼 사방으로 흩어졌다. 날이 밝자마자 역시 오랑캐의 군대가 닥쳤다. 이릉의 부사 한연년은 화살을 맞고 말에서 떨어져 죽었다. 이릉은 활도 화살도 없어 말고삐를 잡고 달리며 한나라 쪽을 향해 가슴을 치며 대성통곡했다. 붉은 눈과 밝은 마음으로 한의 명군을 져버리지 않으리라 산하에 대고 맹세했다. 활과 칼을 버리고 곧 돌궐에게 투항하였다. 머뭇머뭇하다가 분노의 말을 꺼내려 하자 선우가 큰 소리로 꾸짖었다. 이릉이 항복한 장면은 다음과 같다.

李陵言訖遂降蕃, 走至單于大帳前,
先守[179]昨來征戰事, 然當盡朕[180]本情元.[181]
“凱(鎧)甲[182]弓兵渾用盡, 情願長居玉塞[183]垣,
儻(黨)若蕃王垂一顧, 於是無心朝漢天.
自從按節爲君將, 一戰凡知幾百年,
所是[184]交兵由漢帝, 奉使何增(曾)敢自專.

179 ‘守’를 蔣禮鴻은 ‘首’로 교정하였다. ‘守’는 간혹 ‘宇’로도 쓰였으며 이는 ‘語’와 통한다.

180 【蔣禮鴻】 이릉은 제왕의 몸이 아니면서도 스스로를 ‘朕’이라 칭하고 있다. 【校注】 秦 이후에 보통 사람들이 스스로를 ‘짐’이라고 칭한 예는 거의 없다. 또 이릉은 선우 앞에서 자신을 ‘臣’이라 칭하고 있기 때문에 이곳에서만 스스로를 ‘짐’이라 불렀다고 볼 순 없다. 따라서 이 두 구는 선우가 이릉을 질책하는 말로 보아야 할 것이다. 그렇기 때문에 ‘짐’이라고 쓴 것이다.

181 ‘元’을 原錄에서는 ‘緣’으로 고쳤다. ‘本情元’은 굳이 교정할 필요가 없을 것이다. 의미는 ‘本情’ 즉 심사, 마음이다. ‘元’은 ‘原’의 고자이다. 『日知錄』 권33 : “元은 本이다. 당송대 사람들은 이 말을 많이 썼으며 후대인들은 ‘原’으로 이를 대신했다(元者, 本也. 唐宋人多此語, 後人以原代之).”

182 ‘甲’을 原錄에서는 ‘四’로 쓴 다음 ‘甲’으로 고쳤다.

183 【張鴻勳】 ‘玉塞’는 원래 玉門關을 말하지만 여기서는 실제로 그곳을 가리키는 건 아니다.

184 所是 : 전부. 돈황본 句道興 「搜神記」 段子京, 梁元皓 條 : “모든 장례 도구를 하나하나 엄격히 갖추다(所是送葬之具, 事事嚴備).”

虞(愚)[185]臣計有彌天罪, 今將草命獻王前,
直爲無公(功)謝蕃主, 幸願寬恩捨此愆."
單于旣見李陵降, 且責緣何入塞邦,
"每每將兵來討擊, 時時領衆踐沙場.
出隊上(尙)由(猶)無萬衆, 如何輒敢突邊方,
比日[186]上(尙)能稱漢將, 緣何今日自來降!
前頭有將名蘇武, 早向胡庭自索强,
直爲高心欺我國, 長交北海牧羝(羝)羊.
卿今必若來淨伏, 勉(免)[187]殺留卿鎭虜强(疆),
已後不煩爲漢將, 當卽封爲右效王."
이릉이 말을 마치고 마침내 오랑캐에 투항하여,
선우의 큰 막사 앞까지 걸어갔다.
"어제 싸움을 벌였던 일을 먼저 말하자면,
짐이 온 신경을 쓴 것이었다고 해야 할 것이오."
"갑옷과 활, 칼까지 모두 다 써버려,
옥문관의 담장에서 오랫동안 살고자 합니다.
만약 번왕께서 한 번 살펴주신다면,
한의 하늘을 향할 마음은 없습니다.
절차에 따라 장수가 된 이래,
한 번 싸움에 무릇 수백 년을 알게 되었습니다.
모든 싸움은 한의 황제에게서 비롯되었고,
받들어 모시는 일이 제 스스로의 생각이 아니었습니다.
어리석은 신의 계책이 천죄(天罪)를 없앨 수 있다면,

185 【徐震堮】 '虞'는 '愚'와 같다. 【校注】 두 글자는 동음 통가자이다.
186 比日 : 지난날, 종전.
187 '殺'을 原錄에서는 '强'으로 썼다. 실제 原卷에는 '殺'의 속자인 '煞'로 되어 있어 이에 근거하여 교정하였다.

지금 초개와 같은 목숨을 대왕 앞에 바치고자 합니다.
번주(蕃主)께 바칠 공이라곤 전혀 없었으니,
넓으신 은혜로 이 허물을 버릴 수 있기를 바라옵니다."
선우가 항복한 이릉을 보고 꾸짖기를,
"어떠한 연고로 변방에 들게 되었소?
매번 병사를 이끌고 토벌하러 오고,
늘 무리들을 이끌고 모래사장을 밟았소.
출동한 병사가 만 명도 아니었는데,
어찌 감히 변방으로 돌진했단 말이오?
이전에는 일찍이 한장(漢將)으로 칭하더니,
무슨 연고로 지금 스스로 항복하는 것이오!
지난 날 소무(蘇武)[188]라는 장수는
일찍부터 북쪽 땅을 향해 자신의 힘을 드러내다가,
오만하게 우리나라를 속이고,
북해에 유배되어 양들을 키웠소.
경이 지금 꼭 항복을 하겠다면,
죽음은 면해주고 포로로 남겨줄 것이오.
이후에도 한의 장수가 되지 않겠다면,
즉시 우교왕(右校王)으로 봉해 주겠소."

單于曰: "尋思是你漢家你將, 倒不解深謀, 料[189]一時之功, 行萬里之地. 昔者漢家興盛, 與我突厥和親, 單于殊常之義, 坐着[190]我衆蕃

188 蘇武: 西漢 杜陵 사람으로 자는 자경이다. 武帝 天漢 2년(기원전 100년) 흉노를 치러 갔다가 포로가 되었으며, 항복을 권유했지만 꿈쩍도 하지 않았다. 北海에서 양을 키우며 19년 동안이나 뜻을 굽히지 않다가 始元 6년(기원전 81년)에 한으로 돌아왔다.

189 '料'자가 原錄에는 없다. 여기서는 原卷에 근거해 보충했다. '料'는 '계획하다', '모의하다'의 의미이다.

190 着: 於. 이 구는 '내게 여러 번진의 상좌에 자리 잡도록 했다'는 의미이다.

之上, 我祖仍自不拜, 啓讚不名, 侍從臨階, 劍履上殿.[191] 由(猶)更賜其珂珮, 白玉、裝弓、勒鞅、束封、僕從, 浮乘□廐之龍騎, 餐百官之珍膳. 敕賜赤斗錢二萬貫, 紫磨黃金一萬廷(鋌). 更錦繡衣裳, 綾羅布絹, 合合雜雜, 答(達)五百餘車. 歲給極多, 用之不足. 漢家爲言過分, 墨(默)啜由(猶)自手(不)平. 從孝文皇帝亡來, 免得塞庭無事, 漢家將[192]你的的[193]專知抄略邊疆, 今日捉降, 若爲[194]生是?"

선우가 말하기를 "생각해보면, 당신네 한나라 장수들은 투철한 계획은 알지도 못한 채 일시의 공만 생각하며 만 리 먼 땅으로 떠나오. 옛적 한나라가 흥성할 때에도 우리 돌궐과 화친하였소. 선우의 범상한 뜻은 내가 여러 번진(藩鎭)의 상좌에 자리를 잡도록 했고, 우리 조상은 스스로 절을 하지도 않았으며 황제에게 말할 때도 이름을 부를 필요가 없었소. 시종들이 황제 앞에 와서도 검을 차고 신발을 신은 채 황제를 뵐 수 있었소. 또 가패(珂珮), 백옥(白玉), 활, 말굴레, 종복들을 바쳤으며, 좋은 말들을 바쳐오고 백관의 진귀한 음식들을 바치고 적측전(赤仄錢) 2만 관을 바쳤으며 가장 질이 좋은 황금 1만 돈을 바쳤소. 또 비단으로 만든 옷에 비단 옷감도 바쳤소. 모두 합해보면 오백여 수레에 달했소. 매 해 바치는 것이 무척 많아서 다 쓰기에도 부족하였소. 한에서는 과분하다고 말했지만 묵철(墨啜)은 스스로 불평하였소. 효문제가 죽고 변방이 무사하지 않게 된 이래로 한의 장수인 그대만이 변방을 살피는 일을 알고 있을 터인데, 이제 잡혀 와 항복한다고 하니 대체 어찌된 일이오?"

---

191 【張鴻勳】 劍履上殿 : 봉건제왕이 대신들에게 주는 일종의 특별대우. 이 대우를 받은 사람은 칼을 차고 신발을 신은 채 황제를 알현할 수 있다.

192 原卷에는 '將' 아래에 '作'자가 있다. '作'은 '你'를 잘못 초사한 것으로 보인다. 여기서 '你'는 앞에 나온 '尋思是你漢家將'의 경우와 마찬가지로 衍文이다. 여기서 '漢家將'은 李陵을 가리킨다.

193 的的 : 분명히, 확실히.

194 原錄에는 '爲'자가 없으나 原卷에는 '爲'자가 있다. 여기서는 原卷을 따랐다. '若爲生是'는 곧 '是若爲生'이다.

李陵對曰:“臣是小人, 虛霑大造, 行事不謹, 爲將不明, 輒驅一隊之夫, 衝萬乘之主.[195] 臣聞周秦已來, 此方興盛. 外有陰山, 東西千里, 草木慈(滋)茂, 禽獸成群. 本是我大王、上祖大王所居之處, 臣亦盡知. 臣見砂幕(沙漠)擁截, 如何絶□往來,[196] 西隅於中外聖制於常道者也.[197] 今日之陛下, 唯命具心, 生死囑在大王, 去住寧由小子! 鼎鑊在近, 斧越(鉞)不遙, 萬一急難, 請將驅使. 然敗軍之將, 不可禦(語)勇, 亡軀大丈夫, 不可徒(圖)存. 煞活二徒(途), 希申一決.” 單于聞語, 深美李陵, 一見雄才, 高山仰指(止).[198] 封官立號, 具着胡衣, 與(衛)律同行, 推挽.[199]

이릉이 답하였다. “신은 소인(小人)으로 헛되이 큰 공만 입고 일을 행하는 데 신중하지 못하였고, 장수이긴 하나 총명치 못해 문득 한 부대의 군사를 이끌었다가 만승(萬乘)의 황제 폐하와 맞닥뜨렸습니다. 신이 듣건대, 주진(周秦) 이래로 이곳은 크게 흥성해 왔습니다. 밖으로는 음산(陰山)[200]이 있고 동서 천리에 초목은 무성하며 금수는 무리를 이루고 있습니다. 본래 우리 대왕의 상조(上祖)께서 머물던 곳임을 신 또한 잘 알고 있습니다. 사막으로 막혀 길을 끊었다 해서 어찌 서로 왕래를 끊겠습니까? 서쪽은 중외(中外)의 교류에서 반드시 거치는 길입니다. 이제 폐하께서는 오로지 가지고 계신 심사로 명하십시오. 생사가 모두 대왕께 달려 있을 뿐 가고 머무는 것을 어찌 제 마음대로 하겠습니까! 정확(鼎鑊)이 가까이 있고 부월(斧鉞)이 멀지 않습니다. 만일 위급하다면 장수에게 출정토록 하십시오. 허나 패군의 장수는 용감하다 할 수 없을 것이

195 萬乘之主 : 황제. 周의 제도에 의하면, 王이 다스리는 지역은 사방 천리에 달하며 만승의 병마를 출정시킬 수 있다. 이후 이 말은 황제의 대칭으로 쓰이게 되었다.

196 ‘絶□往來’는 ‘隔勒往來’의 의미이다. ‘隔勒’, ‘隔絶’은 ‘絶□’와 같은 의미로 보아야 할 것이다.

197 이 구는 河西走廊이 중국과 서방이 왕래할 때 반드시 거치는 길임을 말하고 있다. 따라서 뒤의 ‘於’자는 ‘爲’로 읽어야 할 것이다.

198 高山仰指(止) : 덕성이 훌륭하여 추앙할 만한 사람.

199 推挽 : 여기서는 ‘輔佐’의 의미이다.

200 陰山 : 내몽고 중부에 있는 산이다.

며, 몸을 망친 대부는 구차히 살아남고자 할 수 없을 것입니다. 사활의 두 길을 결정해 주십시오." 선우가 이 말을 듣고 이릉을 대단히 아끼게 되었다. 일단 그 웅혼한 기상을 보니 높은 산처럼 우러를 만 하였다. 관리에 봉하여 오랑캐의 옷을 입히고는 위율(衛律)[201]과 동렬에 두고 선우를 보좌토록 하였다.

左右陵下散者, 可有千人, 有命得至漢朝者, 總有四百人. 漢帝聞之, 喟然歎曰:"我李將軍必是捉矣!" 帝喚太史司馬遷, 幷喚陵老母妻子. 帝喚司馬遷向前想(相)陵母妻子面上有死色無[202]:"陵在蕃中有死色無? 若無喪色, 陵在蕃中. 卿想(相)報朕." 司馬遷想(相)了報漢帝:"李陵蕃中在. 陵母妻子面上並無死色." 武帝聞之, 忽然大怒. "何其小人, 背我漢國, 降他胡虜! 李陵老母妻子付法."

이릉 휘하에서 흩어졌던 병사는 대략 천여 명이었는데, 그 중 목숨을 부지해 한나라에 이른 병사는 모두 사백이었다. 한의 황제는 이 말을 듣고 "이장군은 필시 사로잡힌 것임에 틀림없다"고 개탄하였다. 황제는 태사공 사마천을 부르고 또 이릉의 노모와 처를 불렀다. 황제는 사마천을 앞으로 불러 이릉의 노모와 처자의 얼굴에 사색(死色)이 도는지 살펴보도록 하였다. "이릉이 있는 번진에 사색이 보이시오? 만약 상색(喪色)이 없다면 이릉은 오랑캐 진영에 있는 것이오. 경이 보고 짐에게 알려주시오." 사마천이 보고는 한 황제에게 보고했다. "이릉은 번진 안에 있습니다. 노모와 처자의 얼굴에 사색이 없습니다." 무제는 그 말을 듣고 크게 노하였다. "고얀 놈 같으니! 우리 한을 배반하고 오랑캐 놈들에게 투항하다니! 이릉의 어미와 처자는 법에 따라 처리할 것이다."

---

201 衛律: 흉노에서 丁靈王으로 봉해진 인물이다.

202 『漢書』「李陵傳」: "임금은 이릉이 전투에서 죽었는지 알아보려고 이릉의 어머니와 부인을 불러다가 관상을 보는 자로 하여금 그들을 보게 했으나 죽음의 빛은 나타나지 않았다(上欲陵死戰, 召陵母及婦, 使相者視之, 無死喪色)." 여기서는 '死喪色'이라는 단어를 사용하고 있다. 하지만 점치는 자가 사마천인지는 밝히지 않았다.

司馬遷見是三代軍將，向帝殿前口奏："陛下！臣聞陵祖李廣，名聞海內，勇管(冠)三軍，二十餘年，積勳砂幕．若使邊庭苦戰，中國獲安，興功若此．臣聞陵又邂逅事急降胡，獲[203]計未成，不久應出．母旣非罪，伏乞寬刑，在後不來，臣卽甘心鼎鑊．" 武帝聞言，捨其母罪．

사마천은 3대를 이어 온 장수임을 감안하여 황제에게 아뢰었다. "폐하! 신이 듣건대 이릉의 조부 이광(李廣)[204]은 그 이름이 천하에 알려졌고, 그 용맹함으로 3군을 관할하며 20년 동안 사막에서 생을 보냈습니다. 만약 변경에서 힘든 전투 덕분으로 중국이 평온하게 되었다면, 그 공은 바로 이 분에게 있는 것입니다. 신이 듣건대, 이릉 또한 일이 긴박하여 오랑캐에게 항복하긴 하였으나, 이는 계책을 아직 성사시키지 못하고 있는 것일 뿐 머지않아 그곳을 빠져나올 것입니다. 이릉의 어머니는 죄가 없으니 엎드려 바라옵건대 형벌을 너그러이 해주십시오. 앞으로도 이릉이 오지 않으면 신이 곧 천자를 기만한 것입니다." 무제는 이 말을 듣고 어머니의 죄를 사해 주었다.

得至明年，差公孫遨(敖)領兵五萬騎，兵到龍勒水北，峻(浚)稽)山南，與單于兵戰，云索蘇武、李陵．其時有往年敗沒將李敘(緒)教單于兵馬法，打公孫遨(敖)兵馬失利，左穿右穴．公孫遨(敖)怕急，問："蕃中行兵將是阿誰?" 是李敘(緒)不能自道："蕃中行兵馬，不是餘人，是我李陵." 公孫遨(敖)卻走至漢朝，"臣兵馬不合失利，盡是李陵教單于兵馬，打臣兵馬，失利輸兵." 武帝聞之，忽然大怒，遂掩(閹)[205]司馬遷，并陵老母

203 '獲'은 '晝'가 되어야 할 것이다. '晝計'는 '계책을 내다'의 의미이다.

204 李廣 : 서한의 명장. 隴西 成紀－지금의 甘肅省 秦安縣－사람으로 말타기와 활쏘기에 능했다. 文帝, 景帝, 武帝의 3대에 걸쳐 변경을 지키면서 누차 전공을 세워 흉노는 감히 변경을 침범하지 못하였으며 '飛將軍'이라 불리기도 했다. 元狩 4년(기원전 119년), 대장군 衛青을 따라 흉노를 공격하러 갔다가 길을 잃고 책임을 입게 되자 자살하였다. 이릉은 그의 손자이다.

205 '掩(閹)'은 사람의 생식기나 고환을 잘라버리는 것으로 고대의 형벌 중 하나이다.

妻子於馬市頭付法. 血流滿市, 枉法陵母, 日月無光, 樹枝摧折. 誅陵老母妻子處若爲陳說?

다음 해, 공손오(公孫敖)에게 병사 5만을 거느리고 출정토록 했다. 군대는 용륵강(龍勒江) 북쪽의 준계산(峻稽山) 남쪽에 이르러 선우의 병사들과 싸우면서 소무와 이릉을 찾고자 하였다. 지난날 패장이었던 이서(李緖)는 선우의 병사들에게 말 다루는 법을 가르쳐 공손오의 병사들을 좌우에서 뚫고 들어가 달아나게 만들었다. 급박해진 공손오는 번진 안의 장수가 누구냐고 물었다. 이서는 자기라고 차마 말하지 못하고 "번진 안에서 병마를 이끄는 이는 다른 사람이 아닌 나 이릉이다"고 말했다. 공손오는 한의 조정에 이르러 "신의 병마가 패한 것은 모두 이릉이 선우의 병마를 이끌고 와 신의 병마를 쳤기 때문입니다"라고 보고했다. 무제가 이 말을 듣고 크게 노하여 드디어는 사마천을 거세하고 이릉의 노모와 처자는 말 시장에서 법에 따라 처형토록 했다. 피는 저잣거리에 가득했다. 이릉의 어머니가 억울하게 집행을 당하자 해와 달이 빛을 잃고 나뭇가지가 꺾였다. 이릉의 노모와 처자가 죽게 되는 장면을 말로 풀어보자.

> 我昔幽閨事君子, 擬望千載同終始,
> 何其(期)沒在虜庭中, 孤養少卿存[206]祭□(祀).
> 當本[207]初婚新婦時, 少卿深得君王意,
> 寵貴榮華不可當, 出入朝庭無禁止.
> 結親本擬防非禍, 養子承望奉甘碎(脆),
> 何其沒在虜庭中, 生死不知居那地.

206 '存'이 原錄에는 '在'로 쓰여 있다. 【徐震堮】 '祭' 아래는 '祀'이고 '在'는 '存'이 되어야 한다.

207 '當本'을 原錄에서는 '當年'으로 썼다. 실제 原卷에는 '當本'으로 되어 있으며 의미는 '당초에'이다.

老母妻子一時誅, 曠古已來無此事,
皆是先葉薄因緣, 新婦不須生怨□(悔)?"
新婦被法啓尊婆 : "枉法嚴刑知奈何?
君王受佞[208]無披訴, 生死今朝一任他.
嗚呼上天無可戀, 妾共老母同災變,
君在單于應不知, 與君地下同相見."
"저는 옛적 규방 깊은 곳에서 그대를 따르면서,
천년동안이라도 평생 함께 하려 했지요.
어찌 기약했겠어요. 오랑캐 땅에 떨어져버려
외로이 당신을 봉양하며 제사를 지낼 줄을.
그 해 갓 시집은 새색시가 되었을 때,
당신은 군왕의 뜻을 깊이 얻어
총애 받고 귀하고 영화로움이 감당하기 힘들 정도였고,
조정에 출입하는 것 역시 금하는 이 없었지요.
부부가 되어 슬픔과 난관 이겨내리라 생각하고,
당신을 받들며 달고 연한 음식 바치기를 바랐지요.
어찌 기약했겠어요! 오랑캐 땅에 떨어져,
생사도 불분명한 채 어느 땅에 살고 있는지도 모를 지를.
노모와 처자가 일시에 죽임을 당하니,
오랜 옛날부터 이런 일은 없었답니다.
모두 선업(先業)의 인연이 박해서 그런 것이니,
아녀자가 되어 원망하고 후회하진 말아야겠지요."
며느리가 법에 따라 처형되면서 시어머니께 말하였다.
"법을 어긴 엄형(嚴刑)을 당할 줄 어찌 알았겠어요!

---

208 '受'는 '愛'가 되어야 할 듯하다. '佞'을 原錄에서는 '倿'으로 쓴 다음 '佞'으로 고쳤다. 『干祿字書』를 보면 '倿'이 '佞'의 속자로 나와 있다. '愛佞'은 황제가 총애하는 사람을 말한다.

군왕(君王)이 총애하는 자 중에 어디 하소연할 사람 하나 없으니,
생사는 오늘 그에게 달려 있답니다.
오호라! 하늘은 무심하셔서
소첩과 어머님까지 함께 재앙을 받게 되는군요.
남편은 선우에게 있으니 당연히 이 사실 알 리 없고
지하에서나 함께 만날 수 있겠지요."

誅陵老母妻子了手, 所司奏表於王. 既[209]至明年, 差富平郡王進朝[210]往於蕃中, 看李陵在無?其王進朝行至黃河南岸, 作書附與李陵. 李陵蕃中聞母被誅, 未知虛實. 霸得王[進]朝書, 沙場悲哀大哭, 乃將侍從出迎處若爲?

이릉의 어머니와 처자를 모두 베고 임금에게 그 일을 아뢰었다. 다음 해에 부평군(富平郡) 왕진조(王進朝)를 번진에 파견하여 이릉이 있는지 없는지를 살피도록 했다. 왕진조는 황하의 남안에 이르러 편지를 써서 이릉에게 부쳤다. 이릉은 번중에서 어머니가 참형되었다는 소식을 듣고도 사실인지 아닌지 모르고 있었으나, 왕진조의 서찰을 받은 후 모래바닥에서 대성통곡하고 곧 시종을 데리고 마중을 나가니 그 모습은 아래와 같다.

陵聞漢使入胡庭, 乃將侍從出來迎,
下馬望鄕拜皇帝, 便卽號咷發哭聲.
"陵家曆大(歷代)爲軍將, 世世從軍爲國征,
失利天兵皃(而)自別,[211] 臨死之時怨爲情.

209 '旣'를 原錄에서는 '卽'으로 쓴 다음 '旣'로 고쳤다.

210 『漢書』「李陵傳」에서는 "소제가 즉위 후 이릉의 친구인 농서의 임립정 등 세 명을 흉노로 보내 이릉을 불러오도록 했다(昭帝立, 遣陵故人隴西任立政等三人俱至匈奴招陵)"라고만 하고 王進朝는 언급하지 않았다. 아래에 나오는 '王朝' 두 글자를 原錄에서는 모두 '王進朝'로 바꾸었으나 굳이 그럴 필요는 없다. 옛날 사람들은 '馬遷', '葛亮'처럼 이름을 생략해서 쓰곤 했다.

五千步卒逢狂虜，此苦從來阿那經?[212]
身雖屈節兇(匈)奴下，中心不望(忘)漢家城.
遙聞漢主誅陵母，痛切於身深是苦，
足下辛(新)從帝邑來，誅滅陵親實已否?”
王[進]朝答道兒(而)言曰，欲語尋思而氣咽，
“賴得脩書司馬千(遷)，殿前啓答披干(肝)說.
武帝聞之而息怒，尋思細察將軍苦，
後使公孫遨(敖)入虜庭，輸兵失利而迴去.
過失推向將軍上，漢家兵法任教虜，
總是公孫遨下佞言，然始煞卻將軍母.”
陵聞老母被君誅，叫苦號咷而氣咽，
雙淚交流若慾(欲)終，肝腸寸寸如刀切.
使人泣淚相扶得，沙塞遣出腸[213]中血，
良久提撕始得蘇，南望漢國悲號曰:
“憶往[214]初至峻稽北，虜騎芬芬(紛紛)漸相逼，
抽刀避(劈)面血成津，此是報王恩將得(德)，[215]
制不由己降胡虜，曉夜方圓[216]擬皈國，
今日黃(皇)天應得知，漢家天子辜陵得.[217]

211 ‘別’을 原錄에서는 ‘剄’으로 고쳤으나 이보다 모양이 더 흡사한 ‘刎’자일 수도 있다. P.3821 「定風波」의 “패왕과 우희는 모두 스스로 목을 베었네(覇王虞姬皆自別)”에서 ‘別’은 당연히 ‘刎’을 잘못 쓴 글자이다.

212 ‘阿那經’은 ‘어찌 겪어보았겠는가?’의 의미이다. 여기서 ‘阿’는 의미가 없는 접두사이다.

213 ‘腸’은 ‘腹’이 되어야 할 것이다. ‘腸’의 속자 ‘膓’은 ‘腹’자와 섞여 쓰이는 경우가 많다.

214 ‘往’을 原錄에서는 ‘性’으로 고친 다음 ‘昔’으로 고쳤다. [潘重規] ‘性’은 ‘往’일 것이다. 모양이 비슷해서 잘못 쓴 것이다. [校注] ‘性’은 위의 ‘憶’자 때문에 ‘忄’ 편방을 따른 것 같고 오른편은 ‘往’자와 유사해서 이렇게 쓴 듯하다.

215 [蔣禮鴻] 恩將得 : 즉 恩과 德. ‘將’은 ‘與’와 같은 접속사이다.

216 [徐震堮] ‘圓’은 ‘圖’가 되어야 한다. [校注] ‘方圓’이 ‘꾸미다, 계획하다’의 의미이므로 徐震堮의 의견은 정확하지 않다.

217 [徐震堮] ‘得’은 ‘德’이 되어야 한다. 李陵의 편지에서는 ‘陵雖孤恩，漢亦負德.’이라 하

이릉이 북쪽 오랑캐 땅으로 한의 사신이 들어왔다는 소식을 듣고,
시종을 데리고 맞이하러 나갔다.
말에서 내려 고국 쪽을 바라보며 황제에게 절하고,
이윽고 대성통곡하였다.
"나의 집안은 역대로 군장(軍將)이 되어,
나라를 위해 종군했었소.
천병(天兵)이 패하면 곧 스스로 목을 잘랐고,
죽음에 임해서도 그 원한을 잊지 않았소.
5천의 병졸이 광포한 오랑캐들을 만났으니,
이 괴로움 어찌 전에 겪어 보았겠소?
몸은 비록 절개를 굽혀 흉노 아래 있지만,
마음만은 한실(漢室)의 도성을 잊지 않았다오.
한의 황제께서 어머니를 참형에 처했다는 소식을 멀리서 듣고,
몸을 끊는 고통으로 심히 괴로웠다오.
족하(足下)께서는 황제 폐하가 계신 곳에서 오시는 길이니,
저의 모친께서 참형에 처해졌다는 말이 사실인지 아닌지요?"
왕진조가 답하려 했으나
깊이 생각하다가 말하려 하니 기가 막혔다.
"사마천에게 물어보자,
어전 앞에서 진심으로 말씀을 올렸지요.
무제께서는 그 말을 들은 후 노여움을 그치시고는,
장군의 고역을 사려하시고 잘 살펴주셨습니다.
후에 공손오를 오랑캐 땅에 보냈으나,
패전한 후 회군하였습니다.
이때 잘못이 장군에게 미루어졌으니,

였다.

그것은 바로 한의 병법을 오랑캐에게 가르친다는 것이었습니다.
모두 공손오가 아첨으로 아뢰어
결국 장군의 어머니께서는 참형을 당하게 된 것입니다."
이릉은 어머니께서 참형을 당하셨다는 말을 듣고,
기가 막히고 통곡만 나왔다.
두 눈에서 흐르는 눈물이 죽을 듯 아팠고,
간장은 마디마디 칼로 끊어내는 듯하였다.
사신 또한 눈물을 흘리며 부축해주니,
사막 변방에서 뱃속의 피가 뿜어져 나왔다.
오래도록 돌보고 나서야 깨어나서는
남쪽의 한 조정을 바라보며 구슬프게 외쳤다.
"옛적 처음으로 준계(浚稽)의 북쪽에 이르렀을 때가 생각난다.
오랑캐 병사들은 끝도 없이 핍박해 왔었지.
칼을 뽑아 얼굴을 갈라서 그 피가 나루를 이루었으니,
이것은 성은과 성덕에 보답하는 것이었네.
어쩔 수 없이 오랑캐에 투항하긴 했지만,
새벽으로 밤으로 조정으로 돌아갈 것만 도모했지.
이제 하늘은 깨달으시리라,
한의 천자께서 나 이릉의 덕을 저버리셨음을."

왕소군변문(王昭君變文)[1]

(前缺)

□□□□□□迷, 前□□□□□□□.

□□□□□此難, 路難荒徑[2]足風惛.[3]

□□□□□□□, □□景色似醞醞.[4]

緐銀北奏[5]黃蘆泊, 原夏南地持白□.[6]

---

1 【原校】 본권의 편호는 P.2552이며, 이 한 권만 남아 있어 다른 것과 비교할 수가 없다. 원래는 제목이 누락되어 있으나 고사의 내용에 근거하여 임의로 넣었다. 【項楚】 왕소군 고사는 『漢書』 「匈奴傳」 등의 사적에 보인다. 『西京雜記』 등에서는 이 고사를 늘려 썼으며 역대의 시인 묵객들도 이 소재를 자주 사용하곤 했다. 본문의 "上卷立鋪畢, 此入下卷"에 근거해 볼 때, 원래 이 작품은 상·하 두 권으로 나뉘어져 있었음을 알 수 있다. 현존하는 상권의 뒷부분과 하권은 전체의 절반이 넘는다.

2 '路難荒徑'은 '路難徑荒'으로 써야 할 것이다.

3 【項楚】 '惛'은 '昏'과 같다. '足風昏'은 모래바람이 심하여 하늘색이 어두워지는 것을 말한다.

4 【張鴻勳】 '醞醞'은 '氤氳' 혹은 '絪縕'으로 써야 할 것이며 구름과 안개가 가득 찬 모습을 형용한다.

5 『玉篇』: "緐, 扶袁切, 亂絲也." '緐'는 '緐'와 같다. 『玉篇』: "扶袁切, 馬髦飾也." '緐銀'은 원래 말갈기를 가리키는 말이며 여기서는 말을 대신 지칭한 것으로 보인다. '奏'는 '走'가 되어야 할 것이다.

□□□搜骨利幹,[7] 邊草非(飛)沙紇邏分.[8]

陰坡[9]愛長席箕掇,[10] □(陽)谷多生沒咄渾.[11]

---

6 '地'자는 연문이고 '地'는 '馳'와 통하며 '白' 아래에는 두 글자가 빠져 있다. 그래서 '原夏南持白□□'가 되면 위 구와 對句를 이루게 된다.

7 [項楚] 骨利幹 : 唐代 북방 鐵勒의 부락들 중 하나로 지금의 시베리아 경내에 있었다. 陳寅恪은 『元白詩箋證稿』 제5장 「新樂府 · 陰山道」에서 "변문의 이 구절은 애초에 잔결이 되어 있고 胡語도 많아 풀이하기가 상당히 어렵다. 그러나 골리간은 철륵의 하나로서 '명마가 나오고', '풀이 무성한 곳'이다. …… 변문에서 '□□□只搜骨利幹'은 말(馬)을 가리키는 말인 듯하다"고 했는데 이 주장은 대단히 타당하다. 『酉陽雜俎』 前集 권1 「忠志」 : "골리간국에서 말 1백 필을 바쳤는데 그 중 특히 좋은 준마 열 필에 주상(당태종)께서 이름을 지어주셨다(骨利幹國獻馬百匹, 十匹尤駿, 上[唐太宗]爲製名)." 따라서 이 구는 골리간으로부터 준마를 구한다는 의미로 보아야 할 것이다.

8 '非'가 原錄에는 '叱'로 되어 있다. 그러나 原卷에 근거하면 '非'의 초서가 '兆'와 비슷하고 이것이 '叱'과 모양이 비슷해진 것이지 실제로 '叱'자는 아니다. '非'는 '飛'로 읽어야 한다. 아래의 "萬里非書奏漢王"의 '非' 역시 '飛'로 읽힌다. '紇邏'가 原錄에는 '紇羅'로 되어 있으나 실제 原卷에는 '紇邏'로 되어 있다. 『白居易』의 新樂府 「陰山道」 : "음산도, 음산도, 푸른 풀밭과 기름진 물이 좋구나(陰山道, 陰山道, 紇邏敦肥水泉好)." 돌궐어에서는 청색을 '紇邏'라 하고 풀을 '敦'이라 부른다. '紇邏分'은 아무래도 '紇邏敦'인 것 같다. [項楚] 陳寅恪은 『元白詩箋證稿』 제5장 「新樂府 · 陰山道」에서 이렇게 말했다. "'紇邏敦'이라는 말은 풀이가 쉽지 않은데 아무래도 '紇邏'는 검푸른 혹은 푸른색을 의미하는 'kara'의 음역인 듯하다(Radloff의 『突厥方言字典』 제2책 132쪽 참고). '敦'은 '草地'의 의미인 'Tuna'를 음역한 것이다(같은 책 제3책 440쪽)."

9 '陰坡'를 原錄에서는 '陰圾'로 썼다. '圾'과 '坡'와 '坂'은 모두 모양이 비슷한데 여기서는 平仄의 격률에 따라 平聲字가 쓰여야 하므로 '坡'로 고치는 것이 마땅하다. 그리고 '陰'은 '陽'이 되어야 할 듯하다. '陽坡'는 한 단어로 당시 구어에 자주 보인다. P.3211 王梵志 시 "오가며 서로를 알아보지 못하고 양지바른 언덕에 다리를 펴고 눕네(不[來]去不相知, 展脚陽坡臥)." P.3418 王梵志 시 : "양지바른 언덕에 다리를 펴고 누워 세상일에 관여하지 않는다네(佯[陽]坡展脚臥, 不采世間事)." 더구나 '席箕掇'은 천산 아래에 두루 자라는 식물로서 뿌리와 줄기가 대단히 크다. 이런 식물이 음지에서 자랄 수는 없을 것이다. [項楚] 陰坡 : 산의 북쪽 언덕.

10 '愛'는 부사로서 '많이, 빈번하게'의 의미이다. 이는 '喜'가 '자주, 쉽게'의 의미로 쓰이는 것과 마찬가지다. 그러나 용례는 많지 않다. 「父母恩重經講經文」의 "걸핏하면 시부모님의 꾸지람을 듣고, 자주 백부와 숙부의 노여움을 받는다네(時時愛被翁婆怪, 往往頻遭伯叔嗔)"가 확실한 예이다. '席箕掇'은 곧 '席箕'(풀이름)를 말한다. 『酉陽雜俎』 續集 10 : "석기는 '색로'라고도 하며 북쪽 오랑캐 땅에서 자란다. 고시에 '천 리의 석기풀'이라는 시구가 있다(席箕, 一名塞蘆, 生北胡地, 古詩云 '千里席箕草.')"

11 '陽'은 일단 앞 구의 '陰'과 짝을 맞춰 채워 넣었다. 原錄에서는 결문으로 처리했으나, 앞 구의 '陰'은 '陽'이 되고 이곳의 결문은 '陰'이 되어야 옳다. 산골짜기는 그늘진 곳이 많으므로 '陰谷'이라 한다. '沒咄渾' 역시 풀이름일 것이다.

縱有衰蓬欲成就,[12] 旋被流沙剪斷根.

□(酒)泉路遠穿龍勒, 石堡雲山接鴈門.

驀水頻過及敕戍,[13] □□□(望)見可嵐[14]屯.

如今以(已)暮(沐)[15]單于德, 昔日還承[16]漢帝恩.

□□□(定)知難見也, 日月無明照覆盆.[17]

愁腸百結虛成着, □□□行沒處論.

賤妾儻期(其)[18]蕃裏死, 遠恨家人昭(招)取魂.[19]

(앞쪽은 빠져 있음)

( ) 어지럽고

앞쪽 ( )

이 어려움을 ( )

험하고 황량한 길에 바람 일어 하늘은 어둡네.

( )

---

12 成就 : '자라다'의 의미로서 동의연문이다.

13 驀水 : 물을 건넌다. '驀'에는 '건너다, 지나다'의 의미가 있다. 「漢將王陵變」: "두 장군은 영채를 지나 몇 리를 갔다(二將驀營行數里)." [項楚] '及敕戍'는 지명인 듯하나 좀 더 고찰이 필요하다.

14 [徐震堮] '可'는 '岢'가 되어야 한다. [校注] '岢嵐'은 본래 산이름이나 나중에 鎮 이름과 縣 이름으로도 쓰였다. '岢嵐屯'은 가람산에 세워진 군사 주둔지일 것이다.

15 [項楚] '以'는 '已'와 통용된다. '暮'를 原錄에서는 '慕'로 고쳤으나 이는 옳지 않다. 이곳의 '暮'자는 '沐'자의 音誤이다. 「張議潮變文附錄」(二)의 "멀리서 수천 리 모래바람 길을 지나 옥계단 앞에서 은혜를 입고 명을 전하네(遠涉風沙路幾千, 暮(沐)恩傳命玉皆(階)前)"에서 '暮'를 原錄에서는 '沐'으로 고쳤다. 위의 예도 마찬가지다.

16 '承'을 原錄에서는 '彔'으로 쓴 다음 '承'으로 고쳤다. 하지만 실제 原卷에는 '承'의 속자로 쓰여 있다.

17 [項楚] '覆盆'은 영원히 하늘을 볼 수 없는 엎어진 그릇 안쪽을 말하는 듯하다. 여기서는 고향으로 돌아갈 날을 영원히 기약할 수 없음을 비유한다. 『五燈會元』: "일월이 아무리 밝다 하나 엎어진 그릇 안은 비추지 못하지(日月雖明, 不鑒覆盆之下)."

18 [徐震堮] '期'는 '其'와 같으며 '儻期'는 '儻然'(만일, 혹시)과 같다.

19 [張鴻勳] '招取魂'은 招魂葬을 가리킨다. 고대에는 사람이 죽은 후 시체를 찾지 못할 경우 사자가 생전에 입던 衣冠을 가지고 방으로 들어가 北面하고 세 번을 외쳤다. 이렇게 해서 죽은 사람의 혼을 부르고 그 의관으로 장사를 지냈다.

( ) 경치는 안개구름 가득한 듯하구나.
말을 타고 북쪽 황노박(黃蘆泊)[20]으로 가고,
( ) 남쪽 ( )로 내달리네.
( ) 골리간(骨利幹)의 명마를 찾고,
변방에는 흘라초(紇邏草)가 어지러이 날리네.
양지바른 언덕에는 석기초(席箕草)가 무성하고,
그늘진 골짜기에는 몰돌혼(沒咄渾)풀이 많이 자라네.
여기저기 시든 쑥이 자라려 하다가,
흐르는 모래에 감겨 뿌리가 끊겼구나.
주천(酒泉)[21]의 길은 멀리 용륵(龍勒)을 관통하고,
석보성(石堡城)의 구름 같은 산들은 안문(雁門)을 접하고 있네.[22]
여러 번 물을 건너 변방 보루에 이르니,
( ) 가람산(可嵐山)의 주둔지가 보이는구나.
지금은 이미 선우의 은덕을 받고 있으나,
옛적에는 한 황제의 은혜를 입었었지.
( ) 보기 힘들겠고
해와 달이 비추지 못하니 영원히 어둡기만 하리라.
근심스런 마음 백 번 이어본 들 헛된 일이고,
( ) 천 번 행한 들 방법이 있겠나.
못난 내가 변방에서 죽기라도 하면,
멀리서 원통한 가족들 내 혼이라도 불러주겠지.

---

20 [項楚] 황노박(黃蘆泊) : 지명. 『舊唐書』「迴紇傳」: "회골족 760명이 낙타와 말과 수레를 끌고 황노천까지 가서 공주를 맞이했다(迴鶻七百六十人將駝馬及車, 相次至黃蘆泉迎候公主)"에서 '황노천'이 여기 나온 '황노박'일 것이다.

21 [項楚] 酒泉 : 郡 이름. 漢 元狩 2년(기원전 121년)에 설치되었다. 원대 이후에는 지역을 나누어 지금 甘肅省 疏勒河 동쪽 高臺縣 서쪽 지역에 해당하게 되었다.

22 [項楚] 石堡 : 석보성. 지금 青海省 西寧市 서남쪽에 있으며, 당나라와 吐蕃의 교통의 요충지이다. 鴈門 : 지금의 山西省 代縣 서북쪽으로서 예로부터 군사적 요충지였다.

漢女愁吟, 蕃王笑和, 寧知惆悵, 何別聲哀. 管弦馬上橫(恒)彈,[23] 節會[24]途間常奏. 侍從寂寞, 如同喪孝[25]之家; 遣妾[26]攢蚖, 伏(復)[27]似敗兵之將. 莊子云何者 : "所好成毛羽, 惡者城(成)瘡癬.[28] 愛之欲求生, 惡之欲求死."[29] 妾聞 : "居塞北者, 不知江海有萬斛之船; 居江南之人, 不知塞北有千日之雪."[30] 此處[31]苦復重苦, 怨復重怨. 行經數月, 途程向盡, 歸家啼遙.

---

23 [蔣冀騁] '橫彈'은 아래의 '常奏'와 짝을 이루므로 '橫'은 '恒'이 되어야 한다. 동음이라 잘못 쓴 것이다. [項楚] '管弦'은 管樂과 絃樂을 말한다. '橫彈'이 있으므로 여기서는 현악을 가리킨다고 보아야 할 것이다. 당시에서는 왕소군이 연주한 악기를 대부분 비파로 묘사한다.

24 '節'이 原錄에는 '卽'으로 되어 있다. [蔣禮鴻] '卽會'는 음악의 박자를 의미하는 '節會'가 되어야 한다. [項楚] 原文의 '卽'은 '節'이 되어야 한다. '節會'는 원래 음악의 박자를 말하나 여기서는 음악 자체를 가리킨다. [校注] 原卷을 보면 '節'자가 행의 맨 위에 있다. 따라서 原卷의 맨 윗부분이 약간 훼손되었음을 감안할 때 '卽'은 곧 '節'자의 일부인 것으로 봐야 한다.

25 '喪孝'는 '喪考'가 되어야 한다. 모양이 비슷해서 잘못 쓴 것이며 '喪考'는 아래의 '敗兵'과 짝을 이룬다.

26 [項楚] 遣妾 : 시집갈 때 딸려 보내는 계집종. 攢蚖 : '巑岏'과 같으며 실의한 모습을 나타낸다.

27 原錄에서는 '伏'을 '仗'으로 쓰고 '狀'으로 고쳤으나, 사실 原卷의 '伏'은 '復'으로 보는 것이 옳다. 「伍子胥變文」의 "슬픈 노래를 마치고 다시 앞길을 재촉하다(悲歌已了, 更復向前)"에서 '復'이 原卷에는 '伏'으로 쓰여 있으나 丁卷에는 '復'으로 쓰여 있다. 아래의 "知復何言"에서 '復'이 乙卷과 丙卷에서는 모두 '伏'으로 쓰여 있다.

28 [項楚] 이 두 구는 사실 『莊子』에 없다. 『文選』 권2 張衡의 「西京賦」에 "所好成毛羽, 所惡成瘡痏"라는 구절이 있긴 하다.

29 [項楚] 이 두 구 역시 『莊子』에 있는 말이 아니다. 『論語』 「顔淵」에 "사랑함은 그를 살게끔 하는 것이고, 미워함은 그를 죽게끔 하는 것이다(愛之欲其生, 惡之欲其死)"라는 말이 있다. [校注] 이 구절들은 『莊子』에 없다. "아름답게 여기는 것을 신기한 것으로 보고, 싫어하는 것을 냄새나고 썩은 것으로 보다(是其所美者爲神奇, 其所惡者爲臭腐)"라는 약간 비슷한 구절은 있다. 이는 결국 당시의 속담에 莊子의 이름을 빌린 것이다.

30 '船'을 原錄에서는 속자인 '舡'으로 썼다. 『顔氏家訓』 「歸心」의 "이전에 강남에 있을 때는 천 사람이 쓰는 막사가 있다는 게 믿겨지지 않더니, 하북에 와서는 2만 곡의 배가 있다는 것이 믿겨지지 않는구나(昔在江南, 不信有千人氈帳, 及來河北, 不信有二萬斛船)"라는 말이 본문과 흡사하다.

31 '處'를 原錄에서는 '及'이라 썼으나 原卷을 보면 '處'자가 흐릿하게 남아있다.

한(漢)의 여인이 근심에 싸여 읊조리나 번왕(蕃王)은 웃음으로 화답하고 있으니, 어찌 그 슬픔을 알겠으며 어찌 그 애달픈 소리를 이해하겠는가? 말 위에서 늘 악기를 타며 길 가는 도중에도 항상 음악을 연주하였지. 시종들은 적막하게 있으니 마치 초상집 같고, 함께 따라 온 계집종은 실의한 모습 마치 패장(敗將)과 같구나. 『장자(莊子)』에서는 무엇이라 일렀는가? "좋은 것은 깃털이 되고 싫은 것은 부스럼이 된다." "사랑하면 삶을 찾고 미워하면 죽음을 찾는다." 내가 듣기로 "북쪽 변방에 사는 이들은 바다에 만 곡(斛)이나 되는 배가 있다는 것을 알지 못하고, 강남에 사는 사람들은 북쪽 변방에 천 일 동안이나 계속 눈이 온다는 것을 알지 못한다"고 했으니, 이곳에서는 고난에 고난이 겹치고 원망에 또 원망이 겹치리라. 떠난 지 수개월이 지나 여정이 곧 끝나려 하니 집에 돌아가는 길이 아득해져 눈물이 흐른다.

迅昔(速)不停, 卽至牙帳.[32] 更無城郭, 空有山川. 地僻多風. 黃羊野馬, 日見千群萬群, □□羱羝,[33] 時逢十隊五隊. 似(以)語(契)丹爲東界, 吐蕃作西鄰; 北倚窮荒, 南臨大漢.[34] 當心而坐, 其富如雲. 氈裘之帳,

32 [項楚] 牙帳 : 장수의 군막. 고대 서북쪽 소수민족들이 이끌던 군대의 군막 역시 '牙帳'이라 했다. 『周書』 「突厥傳」 : "칸은 항상 도근산에 있으면서 군막을 동쪽으로 열어놓았다. 이는 해 뜨는 곳에 경의를 표하기 위함이었다(可汗恒處於都斤山, 牙帳東開, 蓋敬日之所出也)."

33 '羱'이 原錄에는 '羦'으로 쓰여 있다. 『龍龕手鏡』 : "羦은 속자이고, 羱이 정자이다." [項楚] 결문은 돈황본 「韓擒虎話本」 "좋은 말 1백 필과 천 리를 가는 낙타 1천 두, 골돌(骨咄), 야생 양, 고라니, 사슴, 사향 등을 챙겨 사신에게 여비로 주었다(遂揀細馬百疋, 明駝千頭, 骨咄羱羝、麋鹿、麝香, 盤纏天使)"에 근거하여 '骨咄'로 채우면 될 것이다. '골돌'은 위에서 말한 '野馬' 종류이고 '완저'는 야생 양의 일종이다.

34 『舊唐書』 「迴紇列傳」 : "史臣이 말하였다. '태종께서 돌궐을 평정하고 연타를 부순 이래로 회흘이 흥하게 되었습니다'(史臣曰, 自太宗平突厥, 破延陀, 而迴紇興焉)." "개원 연간에 회골이 점차 강성해져 양주도독 왕군착을 죽이고 안서의 여러 나라에서 장안으로 들어오는 길을 끊었다(開元中, 迴鶻漸盛, 殺涼州都督王君㚟, 斷安西諸國入長安路)." 거란을 동쪽 경계로 하고 토번을 서쪽 이웃으로 하면서 북쪽은 황무지에 남쪽으로 大漢을 마주할 조건을 갖춘 이들은 당 태종 이후의 회골 밖에 없었다.

每日調弓; 孤格[35]之軍, 終朝錯箭.[36] 將鬪戰爲業, 以獵射爲能. 不蠶而衣, 不田而食. 旣無麥, 噉肉充糧. 少有絲麻, 織毛爲服. 夫突厥法用,[37] 貴壯[38]賤老, 憎女憂[39]男. 懷鳥獸之心, 負犬戎之意. □(冬)天逐暖, 卽向山南; 夏月尋涼,[40] 便居山北. 河(何)慙尺壁(璧), 寧謝寸陰.[41] 直爲作處, 伽陀人多出來掘强.[42] 若道一時一餉,[43] 猶可安排; 歲久月深, 如何可度. 妾聞: "鄰國者大而小而强自强弱自弱自弱, 何用逞雷電之意氣, 爭鋒火之聲, 獨樂一身, 苦他萬姓."

그렇게 쉼 없이 가서 장수의 군막에까지 이르렀다. 성곽도 전혀 없고 산과 시내만 헛되이 있었다. 땅은 외지고 바람이 많았다. 황양(黃羊)과 야마(野馬)는 날마다 천 무리 만 무리가 보이고, [골돌(骨咄)과] 완저(豲羝)도 때때로 열 때 다섯 떼씩 맞닥뜨렸다. 거란을 동쪽 경계로 하고 토번을 서쪽으로 이웃하며, 북쪽으로는 황무지와 닿고 남쪽으로는 대한(大漢)에 임해 있었다. 그 한가운데 위치하고 있어 부유함이 구름과도 같았다. 모전(毛氈)과 가죽으로 만든 장막에서 매일 활을 당기고, 목책(木柵)을 지키는 군사들은 매일 아침 화살을 갈고 있었다. 싸움을 업으로 삼고 사냥을 재능으로 여겼으며, 누에를 치지 않아도 옷을 입고 밭을 갈지 않아도 밥을 먹을 수 있었다. 기왕에 곡식이 없으니 고기를 씹는 것으로

---

35 [項楚] '格'은 곧 戰格으로 군영에서 방어용으로 만들어 놓는 목책을 말한다. [校注] 原卷을 보면 '格'자가 아주 흐릿한데 아무래도 이 글자가 아닌 듯하나.

36 [項楚] 錯箭: 화살촉을 날카롭게 갈다. '錯'은 '銼'(갈다)와 같다. 『五王經』: "각자 칼을 갈고 화살을 뾰족이 하고 활을 끼고 몽둥이를 잡았다(各磨刀錯箭, 挾弓持杖)." [校注] 『廣雅』「釋詁三」: "錯, 磨也."

37 [項楚] '法用'은 규칙, 법도의 의미이다.

38 '壯'을 原錄에서는 '杜'로 쓰고 '壯'으로 고쳤으나 原卷의 글씨는 당연히 '壯'으로 보아야 한다.

39 '憂'를 原錄에서는 '愛'로 고쳤다. [項楚] 사람들의 情은 사랑이 깊어지면 근심이 절실하게 된다. 따라서 '憂'자체가 '愛'의 의미를 갖고 있는 것이다.

40 '涼'을 原錄에서는 '源'으로 쓰고 '涼'으로 고쳤다.

41 何慙尺璧, 寧謝寸陰: 흉노에서의 세월을 아까워하지 않는다는 의미이다.

42 '直'자 위에는 '是竟' 두 글자가 있다. [蔣禮鴻] 이는 衍文인 듯하다.

43 一時一餉: 시간이 길지 않다는 의미로 흔히 '時餉'으로 줄여 쓴다.

양식을 충당했다. 명주와 마는 거의 없어 털을 짜서 옷을 만들었다. 무릇 돌궐의 법식은 젊은 사람을 귀히 여기고 늙은 사람은 천히 여겼으며 여자를 미워하고 남자를 아꼈다. 조수(鳥獸)의 마음을 품고 견융(犬戎)[44]의 뜻을 가졌다. 가을에는 따뜻한 곳을 찾아 산의 남쪽으로 향하고, 여름에는 서늘한 곳을 찾아 산의 북쪽에 깃들었다. 어찌 한 척이나 되는 옥을 부끄러워할 것이며 어찌 한 치의 시간에 감사해 하겠는가. 바로 그곳은 가타인(伽陀人)이 많아 태어나면서부터 굽힐 줄 모르며 일시(一時)와 일향(一餉)을 말해야 오로지 그 시간을 안배할 수 있으니, 세월이 아무리 오래고 깊다 하더라도 어찌 가히 헤아릴 수 있겠는가. 내가 듣건대 "이웃나라에는 크고 강하며 작고 약한 나라들이 있으니, 강한 것은 스스로 강하게 된 것이고 약한 것은 스스로 약하게 된 것이다" 하였다. 어찌 천둥 번개의 의기(意氣)를 왕성하게 드러내고 봉화의 위엄을 다투어 일신만을 홀로 즐기면서 다른 만백성들을 괴롭힌단 말인가.

單于見明妃[45]不樂. 唯傳一箭, 號令□(攢)軍. 且有赤狄白狄,[46] 黃頭紫頭, 知策[47]明妃, 皆來慶賀. 須□(臾)騾駈柘(槖)駝, 叢叢作舞, 倉牛亂歌.[48] 百姓知單于意, 單于識百姓心. 良日可借(惜), 吉日難逢. 遂拜昭軍(君)爲煙脂[49]皇后. 故□(入)國隨國, 入鄉隨鄉, 到蕃稟(裏)還立蕃家之

44 [項楚] 犬戎: 殷周 시대 중국 서부의 씨족으로서 周 幽王을 공격해 죽였다.

45 [項楚] '明妃'는 왕소군을 가리킨다. 晉나라 사람들은 文帝 司馬昭의 諱를 피하기 위해 왕소군을 '王明妃'라고 했으며 후대 사람들이 이를 그대로 따르기도 했다.

46 赤狄, 白狄: 본래는 춘추시대 狄族의 두 갈래를 말하나 여기서는 당시의 여러 종족을 범칭하고 있다.

47 '策'은 '冊'과 통한다. 고대에 后妃 등을 세울 때는 반드시 冊書를 쓰게 되었기 때문에 이를 '冊立' 또는 간략하게 '冊'이라 하였다. 여시서 '策明妃'는 아래에 나오는 '拜昭君爲煙脂皇后'를 가리킨다.

48 '叢叢'은 많고 번잡한 모양이며 '倉牛'는 '倉倉'으로 보아야 할 것이다. 이는 '蹌蹌', '鏘鏘'과 같은 의미로 많고 성대한 모습을 형용한다.

49 [項楚] '煙脂'는 흉노의 正妻의 호칭이다. [校注] '煙脂'는 '閼氏', '閼支', '臙脂' 등으로 쓰기도 하며 흉노어의 음역이다.

名, 榮拜號作煙脂貴氏處有爲陳[□](說)[50] :

선우는 명비(明妃)가 즐거워하지 않자 화살을 전하면서 군대를 모으도록 명하였다. 적적(赤狄)과 백적(白狄), 황두(黃頭)와 자두(紫頭)들은 명비를 책립한다는 것을 알고 모두 와서 경하하였다. 노새와 낙타들을 이어 어지러이 춤을 추고 노래를 부르도록 했다. 백성들은 선우의 마음을 알고 선우는 백성들의 마음을 이해했다. 좋은 날은 아깝고 길일은 만나기 어려운 것이라 마침내 소군을 연지황후로 봉하였다. 이 나라와 고장으로 따라 들어와 번진 안에 이르러 오랑캐 집안의 이름을 세워 연지라는 귀한 성으로 불리는 장면을 노래로 풀어보자.

傳聞突厥本同威, 每喚昭軍(君)作貴妃,
呼名更號煙脂氏, 猶恐他嫌禮度微.
牙官少有三公子,[51] 首領多饒五品緋.
屯下旣稱張毳幕,[52] 臨時必請建門旗.[53]
搥鐘擊鼓千軍啾, 叩角吹螺九姓圍,
澣海上由(尙猶)嗚戛戛, 陰山的是搌(顫)危危.

---

50 [項楚] 원문의 '有'는 '若'이 되어야 하며 '陳'아래에는 '說'자가 빠져있다. [校注] '若爲陳說'은 산문에서 운문으로 들어가는 곳에 쓰이는 지시어로서, 의미는 '어떻게 진술하는가(如何陳述)'이다. 따라서 '說'자를 보충한다.

51 牙官 : 서북 유목민족 군주 수하의 속관. 『舊唐書』「職官志」二 : "태위, 사도, 사공 각 1명으로 이들을 삼공이라 한다. 정일품에 해당한다(太尉, 司徒, 司空各一員, 謂之三公, 並正一品)." 원문의 '子'는 '紫'의 동음가차자이다. 『資治通鑑』「唐太宗貞觀四年」에 "8월 병오 일의 조령. 평상복에 아직 차등이 없어 지금부터 3품 이상은 자색, 4품과 5품은 붉은 색, 6품과 7품은 녹색, 8품은 청색 복장을 하며, 부인은 남편의 색을 따른다(八月, 丙午, 詔以常服未有差等, 自今三品以上服紫, 四品・五品服緋, 六品・七品服綠, 八品服靑, 婦人從其夫色)"라는 기록이 있다. 이를 통해 삼공의 복색이 자색이었음을 알 수 있으며 '삼공자'라고 한 이유도 바로 이 때문이다. 오품의 복색은 緋(붉은색)이기 때문에 아래 구에서 '오품비'라고 한 것이다.

52 毳幕 : 즉 毳帳. 고대 유목민족의 우두머리가 머물던 큰 막사이다.

53 門旗 : 고대에 대장군의 營門에 설치했던 큰 깃발로 '牙旗'라고도 한다. 여기서 '門旗'는 돌궐 군주의 막사에 세우는 깃발을 가리킨다.

罇前校尉歌楊柳,[54] 坐上將軍無樂輝(舞落暉),
乍到未閑(嫻)胡地法, 初來且着漢家衣.
冬天野馬從他痩, 夏月犛牛任意肥,
邊雲忽然聞此曲, 令妾愁腸每意歸.
蒲桃未必勝春酒,[55] 氈帳如何及綵幃,
莫怪適來頻下淚, 都爲殘雲度嶺西.
上卷立鋪畢,[56] 此入下卷.
전해 듣건대, 돌궐은 본시 비등한 위세로,
늘 소군을 귀비로 삼고자 했네.
더욱이 연지씨라는 이름으로 부르니,
오로지 예(禮)가 빈약한 것을 그녀가 싫어할 까 걱정될 뿐이구나.
아관(牙官)에는 자색 복식을 입은 삼공(三公)이 거의 없고,
수령에게는 붉은 복식을 입은 오품(五品)들이 많구나.

---

54 [項楚] 校尉 : 唐代의 武官職. 楊柳 : '楊柳枝' 곡을 말하며 古題는 '折楊柳'이다. [張鴻勳] 校尉 : 무관의 명칭. 장군 다음이며 그 직무에 따라 이름을 부르게 되는데 예를 들면 서역의 둔병을 관리하는 자 중에는 戊己校尉가 있었고, 북군의 성루를 관리하는 자 중에는 中壘校尉가 있었다. 西漢 때는 특수한 군대를 이끄는 장수를 의미했다. 唐代 折衝府에서는 3백 명을 團으로 편성했고 團에는 校尉가 있었다.

55 蒲桃 : '葡萄'와 같으며 여기서는 포도주를 가리킨다. 春酒 : 여기서는 漢나라에서 나는 술을 말한다. [張鴻勳] 겨울에 담그면 봄에 익는 술. 일설에는 봄에 담그면 겨울에 익는 술이라고도 한다.

56 [項楚] '鋪'는 변문 공연에서 함께 쓰였던 그림을 가리키는 듯하다. '立鋪'는 그림을 펴서 걸어두고 보여준다는 의미이다. [校注] 이 부분은 설창인의 삽입어이다. 변문은 변상과 함께 설창되었으며 변상 한 폭을 '一鋪'라 하였다. '上卷立鋪畢'은 변문 상권과 짝이 되는 그림은 이미 보여주었고 그와 관련된 설창도 끝이 났다는 것을 말한다. [譯注] '鋪'는 하나의 내용이 들어간 그림일 수도 있고 여러 내용이 들어간 그림 한 폭일 수도 있다. 이 「왕소군변문」은 전반부의 심한 궐문으로 인해 빠진 내용이 전체 고사의 반 정도이다. 빠진 부분의 운문 전환 횟수가 현존 「왕소군변문」에 보이는 운문으로의 전환 횟수인 6회 또는 최소한 2회 이상이라고 가정한다면 이 '鋪'는 하나의 장면만이 아닌 여러 장면을 묘사한 일련의 그림 한 폭일 가능성이 높다. 자세한 사항은 鄭廣薰, 『敦煌 變文의 口演特徵 硏究』, 한국외대 석사논문, 2001, 32쪽 참고.

진(陣) 아래에서는 수령의 군막 펼칠 것을 말하며,
때에 맞춰 반드시 깃발을 세우도록 한다네.
종을 때리고 북을 치니 천군(千軍)이 함성을 지르고,
뿔을 두드리고 나팔을 부니 구성(九姓)이 에워싸는구나.
북해(北海) 위에는 아직도 울음소리 그치지 않고,
음산(陰山)은 위엄을 떨치고 있네.
술 단지 앞의 교위(校尉)는 양류(楊柳) 노래를 부르고,
상좌의 장군은 해가 지도록 춤을 추는구나.
갑자기 이르러 오랑캐 땅의 법식에 익숙하지 않았고,
처음에 올 때는 한나라의 옷을 입고 있었네.
겨울 되면 들판의 말은 땅을 따라 여위어 가고,
여름 되면 들소들은 마음대로 살이 찐다네.
변방의 구름이 홀연 이 노래를 들으니,
첩의 근심스런 마음은 늘 돌아갈 생각을 하는구나.
포도주가 꼭 춘주(春酒)보다 낫지는 않고,
털로 만든 장막이 어찌 색색의 상막에 비치겠는가.
걸핏하면 눈물 흘리는 것 괴이하게 생각지 마오.
모두 조각구름들이 산맥 서쪽으로 넘어가기 때문이니.

상권의 그림을 세운 것은 여기서 마치고 이제부터는 하권으로 들어갑니다.

明妃旣策立, 元來不稱本情, 可汗[57]將爲情和, 每有善言相向. "異方歌樂, 不解奴[58]愁; 別城(域)之歡, 不令人愛." 單于見他不樂, 又傳一

57 可汗 : 돌궐 등 고대 북방 소수민족의 최고 통치자를 이르는 말로 여기서는 '선우'를 가리킨다. 소군을 통해 번진과 강화하는 이야기는 漢代의 고사이지만, 변문에서는 작자가 당시의 역사적 배경을 가져다 쓰는 경우가 많다. 본편의 지리와 풍속 등이 대부분 唐代 西域의 상황과 일치하는 것도 이 때문이다.

58 奴 : '儂'과 同義異字로서 일인칭대명사이다.

箭, 告報諸蕃, 非時出臘(獵),[59] 圍遶烟脂山, 用昭軍(君)作中心, 萬里攢軍, 千兵逐獸. 昭軍(君)旣登高嶺, 愁思便生, 遂指天嘆帝鄉而曰處若爲陳說?[60]

명비가 책립되긴 했지만 이는 본래의 마음과 맞지 않는 것이었다. 하지만 칸은 마음에 흡족했을 것이라 간주하고 매번 좋은 말로 다가가곤 했다. "낯선 곳의 노래와 음악은 내 노여움을 풀지 못하고, 다른 지방의 즐거움은 좋아할 수가 없구나." 선우는 그녀가 즐거워하지 않는다는 것을 알고 또 화살을 전해 여러 번진에게 알려서 때가 아닌데도 사냥을 나가도록 하였다. 연지산을 둘러싸고 소군을 중심으로 만 리에서 군사가 모여 천 명의 병사들이 짐승들을 쫓았다. 소군은 높은 산 위에 올라도 근심스런 생각이 일었다. 마침내 하늘을 보며 황제가 계신 곳을 향해 탄식하며 말하니 그 장면은 어떻게 말로 풀어볼까?

單于傳告報諸蕃, 各自排兵向北山,
左邊盡着黃金甲, 右件(半)芬雲(紛紜)似錦團.[61]
黃羊野馬捻槍撥, 鹿鹿從頭喫箭川(穿),
遠指白雲呼且住, 聽奴一曲別鄉關 :
"妾家宮宛(苑)住奏(秦)川, 南望長安路幾千,
不應玉塞[62]朝雲斷, 直爲金河夜蒙連.
烟脂山上愁今日, 紅粉樓前念昔年,
八水三川[63]如掌內, 大道青樓[64]若服(眼)前.

59 【項楚】 非時出獵 : 고대에 왕후들은 겨울에 사냥을 나갔다. 따라서 다른 계절에 사냥을 나가게 되면 이것이 곧 '非時出獵'이 된다.

60 帝鄉 : 京城, 곧 長安을 말한다. 原錄에는 '陳說' 두 글자가 없다. 여기서는 原卷에 근거하여 채워 넣었다.

61 錦團 : 여러 가지 색깔들이 섞인 아름답고 화려한 모양을 형용한다.

62 【項楚】 玉塞 : 玉門關. 한대 옥문관의 유적은 지금 감숙성 돈황현 서쪽의 소규모 정방형 성으로 남아있다. 당대 옥문관의 옛 유적은 지금의 감숙성 安西현 雙塔堡 부근이다.

風光日色何處度, 春色何時度酒泉?[65]
可笑輪臺[66]寒食後, 光景微微上(尙)不傳.
衣香路遠風吹盡, 朱履途遙蹋鐙穿,
假使邊庭突厥寵, 終歸不及漢王怜(憐).
心驚恐怕牛羊吼, 頭痛生曾(憎)乳酪羶,
一朝願妾爲紅□(鶴), 萬里高飛入紫煙.[67]
初來不信胡關險, 久住方知虜塞□,
祁雍[68]更能何處在, 只應弩那[69]白雲邊."
선우가 여러 번진에 전해 알리니,
각자 병사들을 정비하여 북산으로 향하는구나.
왼편으로는 모두들 황금 갑옷을 입었고,
오른편의 분분한 모습은 흡사 비단으로 싼 듯하구나.
들판의 양과 말들은 줄에 묶여 창에 걸려 있고,
사슴과 고라니들은 하나하나가 화살에 뚫려 있구나.
멀리 백운을 가리키며 외치니 "멈추고
내 '별향관' 곡을 한 번 들어보시오.
'내가 있는 궁원(宮苑)은 진천(秦川)에 있으니,
남쪽으로 몇 천리 길을 두고 장안(長安)을 바라보고 있네.
옥문관의 아침 구름은 끊이지 않고,

---

63 八水三川 : 관중 지역의 세 줄기 강과 여덟 줄기 강을 각각 칭한 것이다. 여기서는 관중 지역을 범칭하는 의미로 쓰였다.

64 青樓 : 부귀한 집안의 화려한 집.

65 酒泉 : 唐代의 酒泉郡으로 소재지는 지금의 감숙성 주천시이다. 이 구는 王之渙의 시 「出塞」에 나오는 '春色不度玉門關'의 시경을 옮긴 것이다.

66 輪臺 : 唐의 輪臺縣. 소재지는 지금의 新疆省 米泉縣이다.

67 [張鴻勳] 紫煙 : 紫霄. '霄'와 '煙'은 모두 하늘을 가리키며 황제가 살고 있는 곳을 말하기도 한다.

68 '祁'는 '岐'와 통한다. 岐雍는 옛 지명으로 지금의 陝西 岐山과 鳳翔 일대이다.

69 弩那 : 무성한 모양으로, '怒那'라고도 한다.

바로 금하(金河)가 되어 밤의 꿈을 잇고 있네.
연지산 위에서 지금 신세를 걱정하며,
홍분루 앞에서 옛적을 생각한다.
팔수삼천(八水三川)이 손바닥 안에 있는 듯 하고,
큰 길의 푸른 누각이 눈앞에 선하구나.
바람과 햇빛은 어느 곳을 지나며,
봄빛은 어느 때에 주천(酒泉)을 지나는가?
우습구나! 윤대(輪臺)는 한식이 지나면,
경치가 미미해져 전해지지 않는다는 것이.
옷의 향은 길이 멀어도 바람이 다 불어주고,
붉은 신발은 길이 멀어도 등자(鐙子)를 신네.
설사 변방 돌궐의 총애를 받는다 하더라도,
결국 한왕(漢王)께서 사랑해준 것에는 미치지 못하지.
심장이 놀래는 것은 소와 양의 울음소리가 두려워서이고,
머리가 아픈 것은 굳은 우유의 비린내가 싫어서이지.
바라건대 어느 날 아침 내가 기러기와 고니가 되어,
만 리로 높이 날아 황제 계신 하늘로 들어갔으면.
처음 올 때는 북쪽 오랑캐의 관문이 험함을 믿지 않았는데,
오래 있다 보니 오랑캐 변방의 차가움을 알게 되었네.
기옹(岐雍)은 또 어디에 있을까?
무성하게 피어오르는 흰 구름 가라고 대답할 뿐.'"

昭軍(君)一度登千山, 千迴下淚, 慈母只今何在? 君王不見追[70]來. 當嫁單于, 誰望喜樂. 良由畫匠, 捉妾陵持,[71] 遂使望斷黃沙, 悲連紫塞, 長辭赤縣,[72] 永別神州. 虞舜妻賢, 渧能變竹, 玘良(杞梁)婦聖,[73] 哭烈(裂)

---

70 追 : 官府에서 임금님의 부름을 전하다. 여기서는 불러들인다는 의미이다.

71 陵持 : 괴롭히다, 못살게 굴다.

長城. 乃可[74]恨積如山, 愁盈若海. 單于不知他怨, 至夜方歸. 雖還至帳, 臥仍不去. 因此得病, 漸加羸瘦. 單于雖是番人, 不那夫妻義重. 頻多借問, 明妃遂作遺言, 略述平生, 留將死處若爲陳說?

소군은 한 번 산에 오르며 천 번이나 눈물을 흘렸다. 어머니는 지금 어디에 계실까? 군왕께서는 불러들이시지도 않는구나. 선우에게 시집을 가니 누구라고 즐거움을 바라겠는가. 사실은 그림쟁이 때문에 내가 학대를 받아 결국 붉은 모래 멀리 바라보고 그 슬픔 장성까지 이어지고 적현(赤縣)과 긴 이별하고 신주(神州)와 영원히 헤어지게 된 것이지. 순임금의 비는 어질어 그 눈물이 대나무의 색을 바꾸었고, 기량의 아내는 총명하여 그 울음이 장성을 갈라놓을 정도였다. 차라리 한(恨)은 산같이 쌓이고 근심은 바다처럼 가득 차버렸으면. 선우가 그녀의 원망도 몰라주니 결국 밤이 되어서야 돌아올 수 있었다. 비록 막사로 돌아오긴 했으나 누워만 있고 나가지는 않았다. 이렇게 병을 얻어 몸은 점점 야위어갔다. 선우는 비록 번진의 사람이었지만 아내의 뜻에 어찌할 방도가 없었다. 여러 번 물어 명비가 결국 유언을 하니, 지난 평생을 이야기하며 장차 세상을 뜨려는 장면을 말로 풀어보자.

"妾嫁來沙漠, 經冬向晚時,
和明(鳴)[75]以合調, 翼以當威儀.
紅檢(臉)偏承寵, 青蛾侍妾時,[76]
妾貌如紅線,[77] 每憐歲寒期.[78]

---

72 赤縣 : 아래 구의 '神州'와 마찬가지로 중국을 가리키는 말이다.

73 [項楚] '聖'은 신통력이 남다르다는 말이다. '杞梁妻'는 곧 孟姜女를 말한다. 그녀의 울음소리에 장성이 갈라진 이야기가 「孟姜女變文」에 보인다.

74 乃可 : 寧可(차라리).

75 和鳴 : 짝을 지어 울다. 화목한 부부사이를 비유한다.

76 [項楚] 원문의 '妾'은 '宴'자가 잘못 쓰인 것으로 보아야 한다. 이 구절의 '青蛾'와 위 구의 '紅臉'은 모두 昭君을 가리키기 때문에 다시 '侍妾'을 써서는 안 된다. [校注] 이 구는 한나라 궁전에서 시첩이 되어 총애 받았던 일을 말하는 것으로 보아야 한다.

今果連其病, 容華漸漸衰,
五神俱總散, 四代(大)[79]的危危.
月華來映塞, 風樹已驚枝.
錬藥須岐伯, 看方要巽離,[80]
此間無本草,[81] 何處覓良師.
孤鸞[82]視猶影(影猶)[□□], 龍劍非人常(尙)憶雌,[83]
妾死若留故地葬, 臨時□(請)報漢王知."
"첩이 사막으로 시집와서,
겨울을 지나 이제 저물 때가 되었군요.
함께 울며 박자를 맞춰주고,
그 위엄에 날개가 되었어야 했지요.
붉은 얼굴로 뜻밖에 총애를 받은 것은,
푸른 눈썹으로 시첩이 되었을 때지요.
첩의 용모는 점점 야위어가고,
늘 해가 차가워지는 것이 안타까웠지요.

77 이 구는 원래 아래의 '何處覓良師' 구 다음에 있었으나 문맥에 따라 앞으로 옮겼다. 필사자가 이 구를 실수로 빠뜨렸다가 나중에 발견하고 뒤쪽에 채워 넣은 듯하다. '紅線'은 점점 야위어가는 용모를 비유한다.

78 '歲寒期'는 원래 겨울철을 말하며 여기서는 나이가 들어감을 비유한다.

79 '四大'는 사람의 몸을 가리킨다. 불교에서는 地水火風 등의 四大가 만물을 형성하고 사람의 몸 역시 四大가 조화되어 이루어진다고 본다.

80 【項楚】 方 : 약이나 의술로 처방하는 것. '巽離'는 고찰이 필요하다. 【張鴻勳】 巽離 : 巽과 離는 八卦의 이름이다. 巽은 바람을 상징하고 離는 불을 상징한다. 고로 '巽離'는 相輔相成의 관계가 된다. 【校注】 팔괘 중 두 괘를 말한다. 고대에는 의술과 점복의 구분이 없어서 흔히 음양오행과 팔괘 설을 근거로 약을 처방했다.

81 【張鴻勳】 『本草』 : 정식이름은 『神農本草經』이며 총 세 권으로 고대의 藥書이다. 수정과 증보가 거듭되었으나 원본은 남아있지 않다. 淸代 孫星衍의 輯本이 있다.

82 孤鸞 : 짝 잃은 난새. 시문에서는 짝을 잃고 헤어진 부부를 비유할 때 자주 쓰인다.

83 '龍劍'句 : 전설에 의하면 초왕이 鏌邪에게 쌍검을 만들도록 했는데 검을 다 만든 후 막사가 웅검은 남겨두고 자검만을 초왕에게 주자 자검은 칼집 안에서 항상 슬프게 울었다고 한다. 『太平御覽』 제343권 「列士傳」에서 인용. 시문에서는 부부가 이별 후 서로를 간절히 그리워하는 모습을 비유할 때 이 이야기를 많이 쓴다.

지금은 또 병까지 계속 이어지니,
아름다운 얼굴 점점 더 쇠해지고 있어요.
오신(五神)이 모두 흩어지는 듯하니,
이내 몸 이제 다 할 때가 된 것이지요.
아름다운 달빛은 변방을 비추고,
나무에 부는 바람은 벌써 가지를 놀래고 있네요.
모름지기 기백(岐伯)이 약을 만들어,
처방을 함께 해야 하겠지요.
지금은 『본초(本草)』도 없고,
어느 곳에서 양의(良醫)를 찾는단 말인가요.
외로운 난새는 그림자를 보고 ( )
용검(龍劍)은 사람이 아닌데도 아직 자검(雌劍)을 그리워하지요.
첩이 죽으면 옛 땅에 묻어주시고,
때가 되면 한왕에게 알려주시기를."

單于答曰:

"憶昔辭鸞(鑾)殿, 相將出鴈門,
同行復同寢, 雙馬覆(復)雙奔.
度嶺看玄(懸)瓮,[84] 臨行望覆盆,
到家蕃裏重, 長媿漢家恩.
飮食盈帔桉, 蒲桃滿頡樽,[85]
元來不向口, 交命若何存.
奉(鳳)管[86]長休息, 龍城永絶聞,
畫眉無舊擇,[87] 涙眼有新恨(痕).

84 懸瓮: 거꾸로 걸린 단지. 아래의 '覆盆'과 마찬가지로 하늘을 형용하는 말이다.
85 頡罇: 짐승의 문양이 새겨진 술잔이다. '頡'은 전설상의 괴물이다.
86 鳳管: 笙簧의 미칭.

願爲寶馬連長帶, 莫學孤蓬剪斷根,
公主時亡僕亦死, 誰能在後哭孤魂."

선우가 답했다.

옛적 천자의 궁전을 떠나서,
함께 안문(雁門)을 나오던 때가 생각나오.
함께 다니고 또 함께 잠을 자며,
두 말이 또 함께 내달렸소.
산을 넘으면서도 하늘을 보고,
걸으면서도 하늘을 바라보았소.
번진 깊숙한 집에 도착하여,
한가(漢家)의 은혜에 깊이 감사해 했소.
음식은 그릇에 가득했고,
포도주는 잔에 가득했소.
처음부터 입으로 향하지 않았으니,
명(命)을 내린들 그 자리에 있겠소.
생황은 오래도록 쉬게 되고,
피리는 영원히 그 소리가 끊겨버렸소.
눈썹을 그려도 옛적 아름다움이 없었고,
눈물 흘린 눈에는 새로운 상처만 남았다오.
바라나니, 보배로운 말이 되어 길게 줄을 잇고,
외로운 쑥풀 되어 뿌리가 끊어지지 않기를.
공주가 죽을 때 나 또한 죽을 것이니,
누가 그 후에 외로운 혼에 곡을 해 줄까.

從昨夜已來, 明妃漸困, 應爲異物, 多不成人. 單于重祭山川, 再求

---

87 [項楚] 원문의 '若擇'은 '舊澤'이 잘못 쓰인 것이다. 이는 옛 시절의 香澤을 의미하며 아래 구의 '新痕'과 대비를 이룬다.

日月, 百計尋方, 千般求術, 縱令春盡, 命也何存. 可惜□□(明妃), □(奄)從風燭.[88] 故知生有地, 死有處.[89] 恰至三更, 大命方盡. 單于脫卻天子之服, 還着庶人之裳, 披髮臨喪,[90] 魁渠[91]並至. 驍(曉)夜不離喪側, 部落豈敢東西.[92] 日夜哀吟, 無由暫輟(輟), 慟悲切調, 乃哭明妃處若爲陳說?

전날 밤부터 명비는 점점 병이 심해져서 귀신이라고 해야지 거의 사람이라고 할 순 없게 되었다. 선우는 산천에 거듭 제를 올리고 일월에 다시 사정하고 백방으로 처방을 알아보고 천 가지로 병을 고칠 방도를 찾았으나 봄이 다 가면서 생명도 남아있지 않게 되었다. 불쌍한 명비, 문득 바람 맞은 촛불을 따르고 마는구나. 예부터 태어남에도 정해진 땅이 있고, 죽음에도 정해진 곳이 있다고 한 것은 알고 있었지. 막 삼경이 되자 목숨이 다하였네. 선우는 천자의 의복을 벗어 평민의 옷으로 갈아입고 머리를 헤쳐 죽은 이를 애도하니 수령들도 함께 그를 따랐네. 새벽이고 밤이고 죽은 이 곁을 떠나지 않으니 부락민들 어찌 감히 그 곁을 떠나겠는가. 밤낮으로 슬피 읊조리기를 잠시도 그치지 않았으니 슬프고 절실하게 명비에게 곡을 하는 장면을 말로 풀어보자.

昭軍(君)昨夜子時亡, 突厥今朝發使忙,
三邊[93]走馬傳胡命, 萬里非(飛)書奏漢王.
單于是日親臨哭, 莫捨須臾守看喪,

---

88 '奄從風燭'은 갑자기 명이 끊겼다는 의미이다.

89 【項楚】 生有地, 死有處 : 당시의 속담이다. 생사에는 정해진 운명이 있음을 의미한다. 돈황본 「韓朋賦」 : "생과 사는 각기 처한 바가 다르고 부귀와 빈천도 각기 차이가 있는 법이지요(生死有處, 貴賤有殊)."

90 臨喪 : 죽은 이를 애도하다.

91 魁渠 : 수령. 본래는 '渠魁'이다.

92 東西 : 唐代 사람들이 흔히 쓰던 말로 '벗어나다, 떨어지다'의 의미이다.

93 【項楚】 三邊 : 漢代에는 변경인 '幽', '并', '凉' 세 주를 '삼변'이라 불렀다. 이를 따라 후대에는 변경지구를 '삼변'이라 칭하게 되었다.

解劍脫除天子服, 披頭還着庶人裳.
衙官坐位刀離(剺)面,[94] 九姓行哀截耳璫,[95]
□□□□□□□, 枷(架)上羅衣不重香,
可惜未殃(央)宮裏女, 嫁來胡地碎紅粧.
首領盡如雲雨集, 異口皆言鬥戰場,
寒風入帳聲猶苦, 曉日臨行哭未殃(央).
昔日同眠夜卽短, 如今獨寢覺天長.
何期遠遠離京兆,[96] 不憶冥冥臥朔方,[97]
早知死若埋沙裏, 悔不教君還帝鄉.
소군이 지난 밤 자시에 숨을 거두니
돌궐은 오늘 아침 사신을 보내느라 바쁘구나.
삼변에서 말을 달려 오랑캐의 명을 전하니,
만 리 밖에서 날아온 서신 한왕에게 알려졌도다.
선우는 이 날 친히 망자에게 곡을 하고,
잠시라도 망자 곁을 떠나지 않았다네.
칼을 풀고 천자의 옷을 벗어,
머리를 헤치고 평민의 옷을 입었네.
관리들은 자리에 앉아 얼굴을 가르고,
구족(九姓)의 족속들은 슬퍼하며 귀를 잘랐네.
(   )

---

94 衙官 : '牙官'과 같다. 돌궐 등 고대의 서북 유목민족들은 喪을 당했을 때 얼굴을 칼로 가르는 풍속이 있었다고 한다.

95 截耳璫 : '耳璫'은 귀장식이다. 여기서 '截耳璫'은 돌궐을 비롯한 소수민족이 喪禮 때 행하던 귀를 자르는 풍습을 말한다.

96 京兆 : 漢代에는 수도부근을 京兆, 左馮翊, 右扶風으로 나누고 이를 '三輔'라 칭하였다. 이후에는 '京兆'가 수도를 칭하는 말로 쓰이게 되었다.

97 원문의 '憶'은 '意'가 되어야 할 것이다. '不意'는 위 구의 '何期'와 마찬가지로 의외임을 나타내며 '不料'와 같은 의미이다. 朔方 : 漢代의 朔方郡은 지금의 內蒙古와 寧夏 경내에 있었다. 위의 '朔方'은 유목민족이 거주하던 서북지방을 가리킨다.

선반 위의 비단 옷에서는 다시 향이 나지 않는구나.
불쌍하구나! 미앙궁(未央宮)의 여인,
오랑캐 땅에 시집와 아름다운 모습 더 볼 수 없게 되었으니.
수령들은 모두 비구름과 같이 모여들어,
서로 다른 입으로 모두들 싸움터를 말하는구나.
차가운 바람 장막으로 들어오니 그 소리 괴로움을 토로하는 듯,
새벽에 떠나려 할 때도 곡소리는 아직 끝나지 않았네.
옛적 같이 잠을 잘 때는 밤이 그렇게도 짧더니,
지금 홀로 잠자려 하니 하늘이 이리도 긴 줄을 알겠네.
어찌 기약했을까! 멀리 경성(京城)을 떠날 줄을,
생각지도 못했네! 멀리 삭방에서 눕게 될 줄을.
죽어 사막에 묻힐 것을 이미 알고 있었으니,
황제 있는 곳으로 돌아가지 못하게 한 것을 후회하는구나.

表奏龍庭.[98] 敕未至, 單于喚丁寧(靈)塞上衛律,[99] 令知葬事. 一依蕃法, 不取漢儀. 棺槨穹廬,[100] 更別方圓.[101] 千里之內, 以[102]伐醮(樵)薪, 周匝一川, 不案□馬. 且有奔駝勃律, 阿寶蕃人, 膳主犛牛, 兼能煞馬. 醞五百瓮酒, 煞十萬口羊, 退犢燖駝,[103] 飮食盈川, 人倫若海. 一百里舖氍毹毛毯, 踏上而行; 五百里舖金銀胡瓶,[104] 下脚無處. 單于親降,

98 【項楚】 龍奏龍庭 : '용정'은 본래 흉노의 수령이 하늘에 제사를 지내는 곳이다. 여기서 '용정'은 선우가 머무는 곳을 가리킨다.

99 丁靈塞上衛律 : '정령'은 흉노의 속국인 듯하다. 한 무제 때 위률은 흉노에게 항복한 후 정령왕에 봉해졌다.

100 穹廬 : 끝이 둥근 대형 천막.

101 方圓 : 준비하다, 계획하다. 여기서 '更別方圓'은 한나라의 법식을 따르지 않고 장사를 지낸다는 의미이다.

102 【蔣冀騁】 '以'는 '止'가 되어야 한다. 두 글자의 초서 모양이 비슷해서 착오가 생긴 것이다. 【校注】 '以'는 '已'와 통하기도 하며 의미는 '止'와 같다.

103 【項楚】 짐승이나 가축을 죽일 때 털을 제거하는 것을 '退'라고 한다. '燖'은 끓는 물로 털을 제거하는 것이다.

部落皆來. 傾國成儀, 乃葬昭軍(君)處若爲陳說?

용정(龍庭)에 표를 올려 아뢰었다. 칙령이 아직 이르지 않았지만 선우는 정령국(丁靈國)의 위률(衛律)을 불러 장사(葬事)를 알도록 했다. 하나하나 오랑캐의 법식을 따르고 한나라의 법식은 취하지 않았다. 관곽을 크고 둥근 천막으로 만들었으니 이 역시 따로 준비한 것이었다. 천 리 안에서 땔감 자르는 일을 멈추게 하고 주위의 모든 평원에서는 양과 말을 타지 않았다. 또 급히 달려 온 발률(勃律)과 아보(阿寶) 사람들은 소를 잘 삶고 말도 잘 잡았다. 술 오백 항아리를 담그고 양 십만 마리를 잡고 송아지 털을 뽑고 낙타의 털을 뽑아 음식이 평원에 가득하니 사람들은 바다와 같이 무리를 이루었다. 백 리에 모포가 깔려 그 위를 밟고 지나가고, 오백 리에 금은으로 된 술그릇이 펼쳐져 발 디딜 곳이 없었다. 선우가 친히 내려오니 부락들도 모두 왔다. 온 나라를 기울여 의식을 치른 후 소군을 땅에 묻는 장면을 풀어서 말해보자.

詩書旣許禮緣情, 今古相傳莫不情,
漢家雖道生離重, 蕃裏猶[嫌]死葬[105]輕.
單于是日親臨送, 部落皆來引仗行,
睹(賭)走熊罷(羆)千里馬, 爭來競逞五軍兵.
牛羊隊隊生埋壙, 仕女芬芬(紛紛)聳入坑,
地上築境(墳)猶未了, 泉下[106]惟聞叫哭聲.
蕃家法用將爲重, 漢國如何輒肯行,
若道可汗傾國葬, 焉知死者絶妨生!
黃金白玉蓮(連)車載, 寶物明珠盡庫傾,
昔日有秦王合國葬, 挍料昭軍(君)亦未平.

104 胡瓶 : 서역에서 생산되는 대형 술그릇.
105 死葬 : '殉葬'의 의미이다. 흉노에서는 순장이 흔했다.
106 泉下 : 黃泉 아래, 즉 무덤을 가리킨다.

墳高數尺號青塚,[107] 還道軍人爲立名,
只今葬在黃河北, 西南望見受降城.[108]
시서에서도 이미 예(禮)는 인정에 근거해 만들도록 했으니
자고이래로 전해 오는 것이 인정 아닌 것이 없었네.
한나라에서는 살아서 헤어지는 것도 중대한 일이라 이야기하지만,
번진 안에서는 순장을 가벼이 여기는 것을 싫어하네.
선우가 이날 친히 장사를 지내니,
부락 사람들이 모두 와서 병장기를 끌고 따랐네.
곰과 말로 달리기 경주를 하면서,
오군의 병사들 다투어 그 모습 뽐내는구나.
소와 양들은 줄을 지어 생매장되고,
남자, 여자들 어지러이 구덩이 속으로 밀려들어갔네.
땅위의 무덤 만드는 일이 아직 끝나지도 않았는데,
황천에서는 통곡 소리만 들리는구나.
번진에서의 법식이 중요하다고 해도,
한나라는 어찌 경망스럽게 그런 일을 허락한단 말인가.
가한(可汗)이 나라를 기울여 장사지낸다고 하나,
죽은 이가 순장을 꺼려한다는 것을 어떻게 알겠는가!
황금과 백옥을 줄 이은 수레에 싣고,
보물과 귀중한 구슬은 창고를 다 털었네.
옛날 진시황의 국장을 치를 때가 있었으니,
그것과 비교해 소군 또한 만만치 않구나.
높이가 여러 척이나 되는 무덤, 청총(青冢)이라 부르고,

107 青塚 : 왕소군의 묘. 지금 내몽고 호화호특 남쪽 20리 지점에 있다.
108 受降城 : 한 무제 때 公孫敖가 수항성을 지은 후, 唐 中宗 때 張仁愿도 中, 東, 西의 세 수항성을 지었다. 위에서 말하는 수항성은 황하 북쪽의 것으로 당연히 唐代의 수항성을 가리킨다.

또 군인들에게 말하여 그 이름을 세우도록 했네.
지금 황하 북쪽에 묻혀 있으니,
서남쪽으로는 수항성(受降城)을 바로보고 있다네.

故知生有地, 死有處, 可惜明妃, 奄從風燭, 八百餘年,[109] 墳今上(尙)在. 後至孝哀皇帝, 然發便(使)和蕃. 遂差漢使楊少徵杖節和來弔. 金重[110]錦疋韬(縚)繒, 入於虜廷, 慰問蕃王. 單于聞道漢使來弔, 倍加喜悅, 光依禮而受漢使弔. 宣哀帝問, 遂出祭詞處若爲陳說?

예부터 태어남에도 정해진 땅이 있고, 죽음에도 정해진 곳이 있다고 한 것은 알고 있었지만, 불쌍한 명비, 문득 바람 맞은 촛불을 따른 지 8백 년도 넘어 여전히 그 무덤이 남아있다. 훗날 애제(哀帝) 황제 때에 이르러서야 겨우 사신을 파견하여 번진과 화친하였다. 그래서 마침내 한의 사신인 양소징(楊少徵)이 부절을 가지고 와서 조문을 하였다. 금과 촘촘한 비단과 칼집 문양의 비단을 가지고 오랑캐 땅에 들어와 번왕을 위문하였다. 선우는 한의 사신이 와서 조문한다는 말을 듣고 기뻐서 먼저 예에 따라 한 사신의 조문을 받아들였다. 애제의 조문을 알리면서 제문을 보여주는 장면은 어떻게 이야기할까?

明明漢使達邊隅, 稟稟(凜凜)蕃王出帳趨,
大漢稱尊成命重, 高聲讀敕弔單于.
“昨咸來表知其向, 今嘆明妃奄逝殂,
故使敎臣來弔祭, 遠道兼問有所須.
此間雖則人行義, 彼處多應禮不殊,
附馬[111]賜其千匹綵, 公主子仍留十解(斛)珠.

---

109 八百餘年 : 소군이 변방으로 떠난 漢 元帝 竟寧 원년(기원전 33년)부터 8백년이면 대략 晩唐시기가 된다. 따라서 이 작품은 만당 때의 것으로 볼 수 있다.

110 【項楚】 '金'자 위에 한 글자가 빠진 듯하다. 【校注】 '重'자는 연문인 듯하다.

雖然與朕山河隔, 每每憐鄉(卿)歲月孤,
秋末旣能安葬了, 春間暫請赴京都."
單于受弔復含渧, 漢使聞言悉以悲.
"丘山義重恩離(難)捨, 江海雖深不可齊,
一從歸漢別連北,[112] 萬里長懷霸岸西.
閑時淨(靜)坐觀羊馬, 悶卽徐行悅鼓鼙,
嗟呼數月連非禍, 誰爲今冬急解奚?
乍可陣頭失卻馬, 那堪向老更亡妻!
靈儀好日須安曆, 葬事臨時不敢稽."
莫怪帳前無埽土, 直爲渧多旋作泥.
밝고 밝은 한의 사신 변방에 이르자,
늠름한 번왕이 막사를 나와 달린다.
대한(大漢)이 존귀하게 이름은 무거운 명(命)이 되어,
큰 소리로 칙령을 읽으며 선우에게 조문하네.
"지난번에는 그 상황을 알려주어 감사했고,
지금은 명비가 갑자기 세상을 떠나 한탄스럽소.
고로 사신을 보내 조문토록 하고,
먼 길에 필요한 바가 있는지 함께 물었소.
이곳에서는 사람들이 의를 행하지만,
저곳은 응당 예가 많이 다를 것이오.
그래서 부마(駙馬)는 천 필의 비단을 주고,
공주는 구슬 열 되를 줄 것이오.

111 '附'는 '駙'가 되어야 한다. '駙馬'는 駙馬都尉를 말하며 魏晉 이후로 대부분 황제의 사위가 이 직위를 맡았다. 이곳의 '駙馬'는 '公主'와 대를 이루며 임금의 사위를 가리킨다.

112 [蔣冀騁] '歸'와 '別'자는 위치가 바뀌어야 하고, '連'은 '朔'이 되어야 할 것이다. [項楚] 원문의 '連'은 '漠'을 잘못 쓴 것이다. 고대에는 蒙古高原 사막 북쪽 지역을 '漠北'이라 칭했다. 여기서는 흉노의 屬地를 말한다.

비록 짐과는 산하(山河)로 떨어져 있었지만,
늘 그대를 그리워하며 외로운 세월을 보냈소.
가을 끝 무렵이라 이미 편안히 묻혀있을 터이니,
봄이 되면 잠시 경도(京都)에 오기를 청하오."
선우는 조문을 받고 다시 흐느껴 울었고,
한의 사신은 그 말을 듣고 모두들 슬퍼하였다.
"구산(丘山)같이 무거운 뜻을 베푸시니 그 은혜는 버리기 힘들고,
정은 바다처럼 깊어 건널 수가 없습니다.
한나라와 떨어져 사막 북쪽으로 온 이래로,
만 리 밖에서 늘 장안을 그리워했습니다.
한가한 때는 조용히 앉아 양과 말들을 보고,
답답하면 천천히 걸으며 북 치는 모습을 보았습니다.
오호라! 몇 개월 동안 화(禍)가 이어지더니,
누구라고 올 겨울 갑자기 헤어질 것을 알았겠습니까.
차라리 진두(陣頭)에 있는 말은 잃을 수 있으나,
늙어가는 중 어찌 아내와 사별할 수 있단 말입니까!
장례에 따르면 좋은 날 안장해야 했기에,
땅에 묻을 때가 되어 감히 지체할 수가 없었습니다."
막사 앞 흙을 쓸지 않은 것도 당연한 일,
흘린 눈물이 둥글게 돌며 진흙을 만들었으니.

漢使弔訖, 當卽使迴. 行至蕃漢界頭, 遂見明妃之塚. 青塚寂遼(寥), 多經歲月. 使人下馬, 設樂沙場, 害非單布, 酒必[113]重傾. 望其青塚, 宣哀帝之命, 乃述祭詞[114]:

113 원문의 '心'은 '必'을 잘못 쓴 것이다. 고대의 제사에서는 술을 올리는 의식이 있었다. 이 구는 여러 번 술을 따라 제를 올렸음을 말한다.
114 [原校] 이 제문은 脫字와 誤字 및 衍文이 대단히 많아 뜻을 알기 힘들다.

한나라 사신은 조문을 마치고 곧바로 돌아갔다. 행차가 번진과 한의 경계에 이르니 명비의 무덤이 보였다. 푸른 무덤은 적막했다. 많은 세월이 흐른 것이다. 사신은 말에서 내려 모래사장에서 제를 오렸다. 고기는 하나 이상을 차리고 술도 반드시 여러 번을 기울였다. 그 푸른 무덤을 바라보며 애제의 명을 알린 다음 곧 제문을 썼다.

"維年月日, 謹以清酌之奠, 祭漢公主王昭軍(君)之靈. 惟靈天降之精, 地降之靈, 姝越世之無比, 婥妁傾國和陟娉,[115] 丹青寫刑(形),[116] 遠稼(嫁)使兇奴拜首, 方代伐信義號罷征. 賢感敢五百里年間, 出德邁應, 黃河號一淸.[117] 祚永長傳萬古, 圖書且載着往聲. 嗚呼嘻噫!在漢室者昭軍(君), 亡桀紂者妮妃、孋姿兩不圍矜誇興皆言爲美.[118] 捧荷和國[119]之殊功, 金骨[120]埋於萬里. 嗟呼!別翠之寶帳, 長居突厥之穹廬. 特也, 黑山杜(壯)氣, 擾攘兇奴, 猛將降喪, 計竭[121]窮謀. 漂遙(嫖姚)[122]有懼於獫狁, 衛霍[123]怯於强胡. 不稼(嫁)昭軍(君), 紫塞難爲運策定. 單于欲別, 攀戀拜路跪. 嗟呼!身歿於蕃裏, 魂兮豈忘京都. 空留一塚齊天地, 岸

115 [項楚] '婥妁'은 '綽約'과 같으며 아름다운 자태를 말한다. [校注] 陟娉 : 멀리서 신부를 구하다.

116 丹青寫形 : 소군이 畫工에게 뇌물을 주려고 하지 않은 일을 말한다.

117 [項楚] 一淸 : 황하가 푸르게 변하는 것을 말한다. 옛 사람들은 황하가 푸르게 변하는 것을 성인이 나타날 징조라고 여겼다.

118 [項楚] 원문의 '孋'는 '麗'가 되어야 한다. 원문의 '圍'는 '專'이 되어야 할 것이다. '專'자는 먼저 '團'자로 잘못 썼다가 다시 '圍'자로 잘못 쓴 것으로 보인다. 專矜 : 홀로 그 아름다움을 독차지하다. 아래 구에서 '皆言爲美'라고 했기 때문에 이 구는 '兩不專矜'을 말하는 것이며, 이는 소군의 아름다움이 달기에 비견됨을 말한다.

119 和國 : 소군의 혼인이 양국의 관계를 좋게 한 일을 말한다.

120 金骨 : 소군의 유골에 대한 미칭.

121 [項楚] '計竭'은 '竭計'가 되어야만 '窮謀'와 대구가 될 것이다.

122 嫖姚 : 한 무제 때의 명장 霍去病을 가리킨다. 곽거병은 嫖姚校尉를 지낸 적이 있다. '獫狁'은 흉노족의 선조로서 여기서는 흉노를 가리킨다.

123 衛霍 : 衛青과 霍去病. 한 무제 때의 장수들로 수차례 군사를 이끌고 흉노와 전투를 벌였다. 强胡 : 사나운 이민족. 여기서는 흉노를 말한다.

兀青山萬載孤."

유세차 모월 모일 삼가 맑은 술을 차려 한의 공주 왕소군의 영령에 제를 올립니다. 영령을 생각하면, 하늘이 내리신 정기요 땅이 내리신 영령입니다. 빼어남은 세상에서 비할 바가 없고 아름다운 미모 나라를 기울일 정도였습니다. 먼 곳에서 신부를 찾아 그림쟁이가 그 모습 그린 일로 멀리까지 시집을 가서 흉노로 하여금 머리를 굽혀 만대에 신의로 삼고 정벌을 그치도록 했습니다. 그 현명함은 오백년 만에 나온 것이고, 그 덕은 황하가 한 번 푸르게 된 것이나 마찬가지입니다. [한나라의] 복은 만고에 길게 전해지고, 행적은 하나하나 영원히 사적에 남을 것입니다. 오호라! 한의 왕실을 유지해 준 이는 소군이고, 걸주(桀紂)를 망하게 한 이는 달기입니다. 아름다운 자태는 (달기와) 견줄 정도라 모두 아름답다고 예찬했습니다. 나라를 화친시킨 빼어난 공을 세우고 그 금골(金骨)은 만 리 먼 땅에 묻혔습니다. 오호라! 비취색 아름다운 휘장과 영원히 이별하고 돌궐의 털 휘장에 오랫동안 살게 되었습니다. 지금 이 시간, 흑산(黑山)의 힘찬 기운이 흉노를 어지럽히고 있습니다. 맹장은 항복하거나 죽고 계략도 다 고갈되었습니다. 표요교위(嫖姚校尉) 곽거병은 오랑캐들을 두려워하고, 위청과 곽거병은 사나운 오랑캐들에게 겁을 먹었습니다. 소군을 혼인시키지 않았더라면 변새를 안정시키기 힘들었을 것입니다. 선우는 헤어지려 하면서 우러러 사모하며 무릎을 꿇고 인사를 올렸습니다. 오호라! 몸은 번진에 묻혔지만 혼은 어찌 수도를 잊겠습니까! 헛되이 남은 무덤 하나가 천지를 평정하니, 청산에 우뚝 솟은 모습 만년이 지나도록 비할 이 없을 것입니다.

동영변문(董永變文)[1]

人生在世審思量, 暫時吵鬧[2]有何方?
大衆志心須淨聽,[3] 先須孝順阿耶孃.

---

1 [原校] 제목은 고사의 내용에 따라 임의로 정한 것이다. 原卷의 번호는 S.2204이고 총 937자에 이야기 전체를 서술하고 있다. 그러나 문맥이 서로 이어지지 않는 곳이 있는 것을 보면, 원래는 有說有唱인 작품인데 여기서는 노래가사만 적은 것이 아닌가 생각된다. 「항마변문」 그림두루마리 역시 노래부분만 있는데, 그 초사본은 유설유창이다. [項楚] 동영은 고대 중국의 유명한 효자로서 그와 관련된 이야기는 널리 알려져 있다. 『法苑珠林』 권62에서 인용한 劉向의 「孝子傳」: "동영은 어려서 어머니를 여의고 아버지와 함께 살면서 부지런히 농사를 짓고 鹿車에 아버지를 태우고 자기는 뒤를 따라다녔다. 아버지가 돌아가시자 富公에게 자기를 팔아 아버지의 장사를 치렀다. 길에서 한 여인을 만났는데 그 여인이 부탁하기를 '그대의 처가 되고 싶습니다' 하여 함께 부공에게로 갔다. 부공이 말하였다. '여자는 누구인가?' 답하기를 '동영의 처입니다. 빚을 갚는데 도움이 되고자 합니다.' 공이 말하였다. '베를 3백 필 짜면 보내주마.' 열흘 만에 일을 마치고 여자가 문을 나서며 동영에게 말했다. '저는 하늘에서 왔습니다. 당신의 빚을 갚아주라고 하늘에서 보낸 사람이지요.' 말을 마치고 홀연 사라졌다(董永者, 少偏孤, 與父居, 乃肆力田畝, 鹿車載父自隨, 父終, 自賣於富公以供喪事. 道逢一女, 呼與語曰, 願爲君妻. 遂俱至富公. 富公曰, 女爲誰, 答曰, 永妻, 欲助償債. 公曰, 汝織三百疋, 遣汝. 一旬乃畢. 女出門謂永曰, 我天女也, 天令我助子償人債耳. 語畢, 忽然不見)."

2 暫時吵鬧 : 인생의 짧음을 비유한다.

好事惡事皆抄錄, 善惡童子每抄將.
사람이 세상에 태어남을 깊이 생각해보면,
잠시의 소란일 뿐이니 무슨 거리낄 것 있으리?
모두들 정성스런 뜻을 맑은 마음으로 들으며,
부모님께 효도하는 것이 가장 우선이라.
좋은 일 나쁜 일 빠짐없이 적히니
선악동자(善惡童子)[4]는 항상 이를 기록해 둔다네.

孝感先賢說董永, 年登十五二親亡.
自嘆福薄無兄弟, 眼中流淚數千行.
爲緣多生[5]無姊妹, 亦無知識[6]及親房.[7]
家裏貧窮無錢物, 所買(賣)當身殯耶孃.[8]
便有牙人來勾引,[9] 所發善願便商量.

---

3 志心 : 온 마음과 뜻을 기울여. 「葉淨能詩」 : "정능은 어려서부터 道門에 정성을 다하였고 …… 정능에게 뜻과 정성을 기울이고 부지런히 학문을 하도록 했다(淨能年幼, 專心道門 …… 令淨能志心勤而(而勤)學)." 앞에서는 '專心'이라 하고 뒤에서는 '志心'이라 한 걸 보면 '志心'이 곧 '專心'임을 알 수 있다. 張鴻勳은 '志'가 '誌'라고 했으나 정확하지 않은 의견이다.

4 善惡童子 : 이승에서의 선행과 악행 모두를 기록하는 두 동자. 한 명은 선행을 한 명은 악행을 기록한다.

5 多生 : 불교에서는 삶과 죽음이 윤회한다고 믿는다. '多生'은 '몇 번의 생애'를 말한다.

6 知識 : 친구. 『法苑珠林』 63에 인용된 「九色鹿經」 : "옛날에 보살의 몸은 9색의 사슴으로 …… 항상 까마귀와 함께 좋은 친구가 되었다. …… 까마귀는 나무 꼭대기에 있다가 병사들이 오면 즉시 사슴에게 외쳤다. '친구 빨리 일어나! 왕의 군사들이 오고 있어'(昔者菩薩身爲九色鹿, …… 常與烏爲善知識. …… 烏在樹頭, 見人兵來, 卽呼鹿言知識且起, 王兵來至)." '善知識'은 곧 좋은 친구를 말한다. 짝이 되는 말로 '惡知識'이 있다.

7 知識及親房 : 친구와 친척. 합해서 '親知'라고 약칭한다.

8 [項楚] '所賣'는 곧 '賣'이며 '所'는 타동사 앞에 쓰이는 어조사로서 아무 의미가 없다. 아래의 '所發善願便商量'에서 '所'도 마찬가지다. '當身'은 자기 자신.

9 牙人 : 장사할 때의 중계인. 「廬山遠公話」 : "중계인은 이윽고 원공을 데리고 최재상 댁으로 갔다(牙人遂領遠公來至崔相宅)." 勾引 : 끌어들여 다리를 놔 주다.

長者還錢八十貫, 董永只要百千强.[10]
효도로 선현을 감동시킨 동영(董永)이라는 분은
나이 겨우 열다섯에 두 부모님을 잃었지.
박복하고 형제 없음을 스스로 한탄하며
눈에서는 눈물이 수천 줄기로다.
돌아온 이생에는 누님도 누이도 없고
친구도 친척도 아무도 없네.
찢어지게 가난한 집 돈도 없으니
이 몸을 팔아서라도 부모님 장사 지내드려야지.
마침 중매인이 다리를 놔 준다 하여
무엇을 바라는지 말한 다음 거래를 하네.
어르신께서는 돈 80관(貫)을 주겠다고 하나
동영은 1백 관은 넘어야 한다네.

領得錢物將歸舍, 諫澤(揀擇)好日殯耶孃.
父母骨肉在堂內, 又領(令)擧發出於堂.[11]
見此骨肉聲[12]哽咽, 號咷大哭是尋常.
六親今日來相送, 隨車[13]直至墓邊傍.

---

10 「廬山遠公話」: "중계인이 말을 아직 않고 있는데 원공이 앞으로 나서 상공에게 아뢰었다. 만일 저를 싸게 팔려 하신다면 상공께서 5백관만 주시길 바랍니다(牙人未言, 遠公進步向前啓相公曰, '若要賤買奴身, 只要相公五百貫錢文(文錢).'" 따라서 80관은 노비를 사는 돈으로 대단히 적은 액수임을 짐작할 수 있다.

11 '領'은 '令'으로 봐야 한다. '擧'를 原錄에서는 '攀'으로 썼는데 글자가 비슷해서 잘못 본 듯하다. 【譯注】 項楚는 이 부분을 그대로 '攀發'로 보면서 그 뜻을 '상여를 끌어당기다'라 해석하고 있다. 項楚에 따르면, 상여가 출발할 때면 자식들은 반드시 상여를 붙잡고 통곡을 해야 하며 '攀發'의 의미가 바로 여기서 나온 것이라고 한다. 이 부분의 번역은 項楚의 의견을 따랐다.

12 '聲'이 原錄에는 '音'으로 되어 있다. 그러나 原卷에는 '聲'의 속자인 '音'으로 쓰여 있다.

13 '車'가 原錄에는 '東'으로 쓰여 있다. 『雲溪友議』에 실린 王梵志 시: "살아서 영화를 함께 하지 않다가 죽은 후에 상여를 따르며 억지로 울부짖네. 모두들 묘 앞까지 전

一切掩埋總以(已)畢, 董永哭泣阿耶孃.
直至三日復墓[14]了, 拜辭父母幾[15]田常(已塡償).[16]
父母見兒拜辭次, 願兒身健早歸鄕.
又辭東鄰及西舍, 便進前呈(程)數里强.
돈을 받고서 집으로 돌아와
길일을 잡고서 어머니 아버지 장사를 치렀네.
집안에 모셔두었던 부모님의 시신이
붙잡는 자식 뒤로 하고 집을 나서는구나.
시신을 보니 목이 메고 설움이 북받쳐
늘 그렇듯 울부짖으며 통곡을 하네.
육친들은 오늘 망자를 보내려고
장지까지 상여를 따라 가는구나.
땅에 묻는 일 다 끝나도록
동영은 부모님 앞에서 통곡을 하네.
3일 후 다시 복묘(覆墓)[17]를 하고

송했다가 돈을 나눠주니 뿔뿔이 흩어지누나(生時不共作榮華, 死後隨車强叫喚. 齊頭送到墓門廻, 分你錢財各頭散)"이나 P.3833 王梵志 시 : "천하의 나쁜 풍속이 상을 당해서 상여를 홀로 두는 것이다(天下惡風俗, 臨喪命獨車)"를 통해 '東'이 '車'를 잘못 쓴 것임을 알 수 있다. 여기서는 옳게 고쳤다.

14 復墓 : '覆墓'라고도 한다. 『釋氏要覽』下 : "시신을 안치하고 사흘 후 다시 묘소로 가는 것을 '복묘'라 한다(殯後三日, 再往墓所, 謂之覆墓)."

15 '幾'를 蔣禮鴻은 '去'로 고쳤다. '幾'는 '己'로 읽어야 한다.

16 【原校】 王慶菽과 周一良은 '田常'이 '塡償'이고 여기서는 동영이 몸 판 값을 갚는 것을 말하는 듯하다고 했다. 向達은 "塡償으로 보면 안 된다. '田常' 역시 신선 이름으로 『搜身記』에 보인다"라고 했다. 【徐震堮】 '田常'을 '塡償'으로 본 왕씨의 주장이 옳다. 【蔣禮鴻】 田常은 '塡償' 즉 '갚다, 돌려주다'이다. '塡償' 역시 당송대에 흔히 쓰던 말인 듯하다. 蘇軾, 「應詔論四事狀」 : "기한이 되어도 갚을 수 없으면 다시 더 큰 벌로 다스린다(及至限滿不能塡償, 又理一重息罰)." 【校注】 '幾(己)塡償'은 스스로 빚을 갚는다는 의미이다. 「廬山遠公話」의 '卽合自己常塡' 구를 보면 '塡'이 원래 '田'으로 쓰였다가 지우고 다시 쓰여 있다. '常田'과 '田常'은 같다.

17 覆墓 : 돌아가신 지 사흘 후에 다시 묘소를 살펴보는 것.

빚을 갚으려 부모님께 하직인사 올리네.
아들의 하직인사를 받은 부모는
몸 건강히 빨리 돌아오길 바랄 뿐.
옆집 이웃들에게도 작별인사를 하고
곧바로 몇 리의 여정에 나서네.

路逢女人來委問："此個郎君往何方?
何姓何名衣(依)實說，從頭表白說一場."
"娘子記言再三問，一一具說莫分張[18]：
家緣本住朗山[19]下，知姓稱名董永郎.
忽然慈母身得患，不經數日早身亡.
慈耶得患先身故，後乃便至阿孃亡.
殯葬之日無錢物，所賣當身殯耶孃."
길에서 만난 한 여인이 조심히 묻기를
"나리께서는 어디에 사시는지요?
성함은 어떻게 되시나요?
무슨 사정인지 솔직하게 말씀해 보세요."
"아가씨께서 여러 번 물으시니
숨김없이 하나하나 말씀드리지요.
집은 본래 낭산(朗山) 아래이고
이름은 동영이라 합니다.
갑자기 어머님이 앓아 누우셔
불과 며칠 만에 돌아가셨어요.
아버지께서 병이 생겨 먼저 돌아가시고
곧바로 어머니까지 돌아가셨지요.

18 分張：따로따로.
19 '郎'이 原錄에는 '朖'으로 되어 있다. 『說文』："朖，明也." 『集韻』："朖，亦書作朗."

장례 치르는 날에 돈이 한 푼도 없어
제 몸을 팔아 부모님 장사를 지내드렸답니다."

"世上莊田何不賣? 擎身[20]却入賤人[21]行.
所有莊田不將貨, 棄背[22]今辰事阿郎."[23]
"娘子問賄[24]是好事, 董永爲報阿耶孃."
"郎君如今行孝儀, 見君行孝感天堂.
數內一人歸下界, 暫到濁惡[25]至他鄉.
帝釋[26]宮中親處分, 便遣奴[27]等共田常(塡償).
不棄人微[28]同千載,[29] 便與相逐事阿郎."
"땅을 팔지 그러셨어요.

---

20 原錄에서는 '驚'으로 썼다가 다시 '擎'으고 고쳤으나 실제 原卷은 '擎'으로 되어 있다.

21 '賤'을 原錄에서는 '殘'으로 썼다가 다시 '賤'으로 교정하였다. '賤人'은 하인을 말한다.

22 '背'를 原錄에서는 '貨'로 썼으나 실제 原卷은 '背'로 쓰여 있다. '棄背'는 부모님이 계신 고향을 등진다는 의미이다.

23 阿郎 : 남자주인. 아래에 '便與相逐事阿郎', '阿郎把數都計算', '阿郎見此箱中物' 구가 있다. 【蔣禮鴻】 여기서 '阿郎'은 모두 동영이 팔려간 집의 주인을 말한다.

24 '問'을 原錄에서는 '狥'으로 썼으나 실제 原卷에는 '問'의 초서인 '泃'로 쓰여 있다. 앞에 나온 '路逢女人來委問' 구의 '問'자도 이 모양의 초서로 쓰여 있다. '問賄'(原卷을 보면 처음에 '賄問'으로 썼다가 다시 오른편에 '乙' 기호를 넣었다)는 '問委'로 읽어야 한다. '問委'는 '委問'과 같다.

25 【項楚】 濁惡 : 불교에서 인간 세상을 가리키는 말이다. 인간 세상에 다섯 가지 더러움과 다섯 가지 악함이 있어서 이렇게 부른다. 돈황본 「父母恩重經講經文」 : "죽어서는 탁하고 악한 세계와 영원히 이별하고 연꽃송이 안에서 사람의 몸으로 태어나리라(命辭了永辭濁惡世, 蓮花朶裏託身出)."

26 帝釋 : 불교에서 말하는 33천의 주인이다. 處分 : 분부하다.

27 '奴'를 原錄에서는 '汝'로 썼다. 이 부분은 천녀의 말이므로 '汝'를 '奴'로 봐서 천녀 자신을 가리키는 것으로 판단해야 한다. 아래의 董仲이 묻는 말인 '奴等因何沒阿孃'에서 '奴' 역시 原卷에는 '汝'로 쓰여 있다.

28 '人微'는 '卑微'여야 할 것이다.

29 【項楚】 '千載'는 '百年'과 마찬가지로 '평생'의 의미이다. 돈황본 「李陵變文」 : "저는 예전부터 깊은 방에서 그대를 섬기며 평생토록 함께 하길 바랐습니다(我昔幽閨事君子, 擬望千載同終始)." '同千載'는 '백년해로'의 의미이다.

몸을 마음대로 하는 건 종이나 하는 짓입니다.
갖고 있는 땅이 돈이 안 되어
이제 고향을 등지고 주인을 모시는군요."
"좋은 일인지 아가씨께서 물으셨지요?
제가 이러는 건 부모님께 보답하기 위해서랍니다."
"나리께서 효도를 다하시니
나리의 효성에 하늘이 감동하셨어요.
그 중에 한 사람이 하계로 내려와
잠시 먼 인간세상까지 오게 되었지요.
제석궁(帝釋宮)에서 친히 분부하시어
저를 보내 함께 빚을 갚으라 하셨어요.
저를 내치지 마세요. 평생을 함께 하며
더불어 주인을 섬겨야지요."

董永向前便跪拜："少失[30]父母大悽[31]惶!"
"所賣一身商量了，是何女人立門傍?"
董永對言衣(依)實說："女人住在陰山鄉."[32]
"女人身上解何藝?"[33] "明機妙解織文章!"[34]

30 '失'이 原錄에는 '先'으로 되어 있는데 여기서는 '失'로 고쳤다.

31 '悽'가 原錄에는 속자인 '悽'로 쓰여 있다.

32 【項楚】'陰山鄉'은 물론 실재 지명이 아니다. 앞에서 동영이 말한 '家緣本住朗山下'의 '朗山'과 호응한다. '朗'은 밝음이고 '陰'은 어둠이다. 이를 통해 두 사람에게 陰陽과 天人의 구별이 있음을 암시하고 있다. 민간에서는 저승을 흔히 '陰山'이라고 한다. 송나라 張師正의 『括異志』 권2의 「梁學士」에는 양학사가 죽자 시녀 玉兒에 의지해 혼령을 부르는 부분이 나온다. "가족들이 물었다. '학사께서는 어디에 계시느냐?', '저승에서 간의가 되었으니 가볍지 않은 자리에 몸을 맡기신 것입니다(家人問曰, 學士今居何所. 云, 見作陰山諫議, 寄任不輕)."

33 '解'는 '能'의 의미이며, '解何藝'는 '무슨 재주가 있느냐'는 뜻이다.

34 【項楚】機 : 베틀. '明機'는 베틀 다루는 솜씨가 좋다는 의미이다. 文章 : 무늬. 여기서는 그림을 화려하게 넣은 비단을 말한다.

便與將絲分付了, 都來[35]只要兩間房.
阿郎把數都計算, 計算錢物千疋强.
동영이 [주인에게 다가가] 무릎 꿇고 인사 올리네.
"어려서 부모님을 잃어 가슴이 찢어집니다."
"네 몸은 이미 거래가 끝났다.
문 옆에 서 있는 여자는 누구냐?"
동영이 사실대로 아뢰길
"음산향(陰山鄉)에 사는 여인입니다."
"여자는 무엇을 잘 하는고?"
"예쁜 무늬를 넣어 옷감을 잘 짭니다."
이윽고 실을 가져다 나눠 주니
방 두 칸만 있으면 된다고 하네.
주인이 셈을 해 보고
빌린 돈이 옷감으로 천 필이나 된다 하는구나.

經絲一切總尉[36]了, 明機妙解織文章.
從前且織一束錦, 梭聲[37]動地樂花香.
日日都來總不織, 夜夜調機告吉祥.
錦上金儀對對布(有),[38] 兩兩鴛鴦對鳳凰.

---

35 都來 : 전부 합쳐. 「佛說阿彌陀經講經文」 : "경을 설하는 비구의 수가 전부 해서 얼마나 되오?(經說比丘之衆, 其數都來多少?)"

36 [項楚] '尉'는 '付'가 되어야 한다. '尉'의 초서가 '付'와 비슷해서 잘못 쓴 것으로 보인다. 앞에 나온 '便與將絲分付了'의 '分付'가 바로 이 '付'이다.

37 '聲'을 原錄에서는 '齊'로 썼다. 그런데 原卷에는 '聲'의 속자인 '聋'으로 쓰여 있다. 앞에 나온 '見此骨肉聲哽咽'의 '聲'과 마찬가지다.

38 [譯注] 原錄에서 '有'로 쓴 것을 본 校注에서는 '布'로 보았다. 하지만 '布'로 보면 의미가 순조롭게 통하지 않는다. [項楚] 儀 : 짝. 『詩』 「鄘風」 '柏舟' : "양쪽으로 머리칼이 갈린 저 사람, 실은 나의 짝이라네(髧彼兩髦, 實爲我儀)." 毛傳 : "儀, 匹也." 이곳의 '儀'는 바로 아래의 원앙과 봉황을 가리킨다. 금실로 수를 놓으므로 '金儀'라 한 것이다.

織得錦成便截下, [摺]揲將來[39]便入箱.
阿郎見此箱中物, 念此女人織文章:
"女人不見凡間有, 生長多應住天堂.
但織綺羅數已畢, 却放二人歸本鄉."
"二人辭了須好去,[40] 不用將心怨阿郎."
실을 모두 가져다주니
무늬 넣어 옷감을 짜는 솜씨가 기막히네.
앞에서부터 비단 한 속(다섯 필)을 짜니
베틀 북 소리 땅을 움직이고 꽃향기 가득하구나.
매일 낮만 가지고는 다 짜지 못해
밤마다 베틀을 놀리며 좋은 날 오길 바라네.
비단 위에서 짝을 이룬 금실 무늬는
쌍쌍의 원앙과 봉황이로다.
비단을 짜는 대로 바로 잘라
곱게 접어 상자에 넣네.
주인은 상자의 물건을 보더니
여자가 짜놓은 무늬를 보고 생각하네.
"이 여인은 이 세상 사람이 아니라
하늘에서 태어나고 자랐음이 틀림없다.
비단 짜는 것을 이미 끝마쳤으니
두 사람을 고향으로 보내줘야지."
"이제 두 사람은 잘 가도록 하고
이 주인을 원망하진 말라."

39 原卷을 보면 '兩兩鴛鴦對鳳凰'부터 이 부분까지가 한 줄로 글자가 대단히 빽빽하게 쓰여 있다. 그래서 혹시 '揲' 위에 '摺'자가 빠진 게 아닌가 한다. 작품 전체가 7언인데 유독 이 구만 6언일 리는 없다.

40 好去: 송별할 때의 인사말이다. 반대 입장에서는 '好住'(안녕히 계십시오)라고 한다.

二人辭了便進路, 更行十里到永莊.
却到來時相逢處 : "辭君却至本天堂!"
娘子便即承(乘)[41]雲去, 臨別分付小兒郎.
但言"好看小孩子", 共[42]永相別淚千行.
두 사람은 하직인사를 올리고 길에 들어서
다시 10리를 걸어 동영의 집에 이르렀네.
올 때 만났던 곳에 이르러 말하길
"저는 이제 인사를 드리고 하늘로 가야겠습니다!"
여인이 구름을 타고 하늘로 올라갈 때
떠나면서 작은 아이를 한 명 주었지.
'아이를 잘 돌봐주세요'라는 말만 하며
동영과 함께 줄줄이 눈물을 흘리는구나.

董仲[43]長年到七歲, 街頭由喜(遊戱)道邊旁.
小兒行留[44]被毁罵, 盡道董仲沒阿孃.
遂走家中報慈父 : "奴等[45]因何沒阿孃?"[46]

---

41 '承'이 原錄에는 '乘'으로 쓰여 있다. '承'은 '乘'과 통한다.

42 '共'을 原錄에서는 '董'으로 썼으나 실제 原卷에는 '共'으로 되어 있다.

43 '董仲'을 『清平山堂話本』「董永遇仙記」에서는 '董仲舒'라 했다. "선녀가 말했다. '당신 아들이니 이제 당신께 드려야지요.' 동영이 감사를 드리며 말했다. '당신의 은혜 잊지 못할 것이오. 그런데 아이의 이름은 지었는지 모르겠소.' 선녀가 말하였다. '옥황상제께서 중서라고 이름을 지으셨습니다'(仙女道, 是你兒子, 今日特送還你. 董永拜謝, 道, 多感賢妻之恩, 不知曾取名否? 仙女道, 王帝取名了, 喚做仲舒)."

44 '行留'는 '行止', '動止', '行藏'과 같은 말로 평소의 생활을 가리킨다.

45 '奴'를 原錄에서는 '汝'로 썼으나 여기서는 문맥에 따라 고쳤다. 앞의 주석 25번 참고.

46 '孃'이 原卷에는 '娘'으로 되어 있다. 段玉裁『說文解字注』'孃'字 : "『廣韻』에 따르면 '孃'은 '女良切'로 어머니를 칭하며, '娘' 역시 '女良切'로서 젊은 여자를 부를 때 쓴다. 唐代 사람들은 두 글자를 확실히 구분해 썼다. 따라서 '耶孃'을 '娘'으로 쓴 경우는 전혀 없다. 요즘 사람들 중에는 이것을 아는 사람이 드물다(按廣韻, 孃良切, 母稱, 娘亦女良切, 少女之號. 唐人此二字分用畫然, 故耶孃字斷無有作娘者. 今人乃罕知之矣)." 돈황사본을 보면 당시 '孃'과 '娘'이 이미 혼용되고 있었음을 알 수 있다. 위 예

"當時賣身葬父母, 感得天女共田常(塡償)."
如今便卽思憶母, 眼中流淚數千行.
동중(董仲)이 일곱 살이 되어
길가에서 장난을 치며 노는데
걸핏하면 놀림을 받는 것이
동중은 엄마도 없다는 것이네.
결국 집으로 가 아버지께 따지기를
"저는 왜 어머니가 없어요?"
"당시 몸을 팔아 부모님 장사를 지낼 때
선녀가 감동하여 빚을 갚아주었단다."
지금 다시 어머님 생각을 하니
눈에서는 수천 줄기 눈물이 흐르네.

董永放兒覓母去, 往行直至孫賓(臏)傍.
大了將身來誓掛(筮卦)[47]: "此人多應覓阿孃."
阿耨池邊澡浴來, 先於樹下隱潛藏.
三個女人同作伴, 奔波直至水邊傍.
脫却天衣便入水, 中心抱取紫衣裳.
此者便是董仲母, 此時修(羞)見小兒郞.
동영은 아이의 어머니를 찾아주고자
손빈(孫賓)이 있는 곳으로 곧장 가는구나.
선생께서 자기 몸으로 점을 쳐보더니
"이 사람이 엄마를 찾고 있구나."[48]

문이 바로 그렇다.

47 [項楚] 蓍草로 점을 치는 것을 '筮'라 하고 八卦 모양으로 점을 치는 것을 '卦'라 한다. '筮卦'는 보통 점치는 일을 통칭할 때 쓰인다.

48 [項楚] 손빈이 점술에 능하다는 건 稗海 본『搜神記』권4에 나온다. "한 무제가 월왕과 친교를 맺고는 동방삭을 보내 배를 타고 바다를 건너 가 보물을 구하라 이르며

아누지(阿耨池) 옆으로 목욕을 하러 온다 하여
먼저 나무 아래로 가 몸을 숨겼네.
세 여인이 함께 짝을 이루어
서둘러 물가로 오는구나.
천의(天衣)를 벗고 물로 들어가는데
가운데에 자주색 옷을 감싼 이가 있으니
이 사람이 바로 동중의 어머니라,
문득 아들을 수줍게 바라보네.

"我兒幽(幼)小爭知處, 孫賓(臏)必有好陰陽.

1년 안에 돌아오도록 했다. 하지만 동방삭은 2년 만에 돌아왔다. 아직 돌아오지 않고 있을 때 무제가 좌우 신료들에게 물었다. '동방삭이 떠난 지 오래인데 오지 않고 있소. 지금 세상에서 점술에 능한 자가 누가 있소?' 대답하기를 '손빈이라는 사람이 '역' 점술에 아주 능합니다.' 황제는 곧 평상복으로 갈아입고 잠행을 나서 수행인들과 함께 명주 두 필을 가지고 점을 치러 갔다. 손빈의 집 문을 두드리자 손빈이 나와 안으로 들여앉혔으나 아직 누구인지는 몰랐다. 황제가 점을 알려주어 괘가 만들어지자 그제야 황제인 줄 알고 황공하고 두려워 일어나 절을 올렸다. 황제가 물었다. '짐이 뭘 좀 찾으러 온 것이니 그대는 달리 말을 말라.' 손빈이 말했다. '폐하께서는 다른 걸 점치려는 게 아니라 바로 동방삭을 점치시려는 겁니다. 동방삭은 앞으로 7일 후면 반드시 올 것입니다. 지금은 바다에서 서쪽을 보고 물에게 손짓을 하며 크게 탄식하고 있습니다. 그때가 되면 직접 물어보시지요.' 그날이 되자 동방삭이 왔다. 황제가 물었다. '1년을 말미로 갔는데 어찌하여 2년이 걸렸는가?' 삭이 답했다. '보물을 아직 찾지 못해 여정을 멈출 수가 없었습니다.' 황제가 말했다. '7일 전에 바다에서 서쪽으로 물을 보고 손짓하며 크게 탄식한 이유는 무엇인가?' 삭이 말했다. '신은 다른 걸 탄식한 것이 아니라 손빈이 천자를 알아보지 못하고 마주보고 앉아 있기에 그래서 탄식을 한 것입니다.' 황제는 이 일을 매우 기이하게 여겼다(漢武帝與越王爲親, 乃遣東方朔泛海求寶, 惟命一周迴, 朔經二載乃至. 未至間, 帝問左右, 朔久而不至, 今寰中何人善卜. 對曰, 有孫賓者, 極明易筮. 帝乃更庶服潛行, 與左右賫絹二疋往卜. 叩賓門, 賓出迎而延坐, 未之識也. 帝乃啓卜, 卦成, 知是帝, 惶懼起拜. 帝曰, 朕來覓物, 卿勿言. 賓曰, 陛下非卜他物, 乃卜東方朔也. 朔行七日必至, 今在海中, 面西招水大歎. 到日, 請詰之. 至日, 朔至. 帝曰, 約卿一年, 何故二載. 朔曰, 臣不敢稽程, 探寶未得也. 帝曰, 七日前, 卿在海中, 面西招水大歎, 何也. 朔曰, 臣非歎別事, 歎孫賓不識天子, 與帝對坐, 因此而歎. 帝深異之)." 『史記』「孫子吳起列傳」을 보면 孫臏은 귀신처럼 앞날을 잘 내다본다. 그래서 후세에 점을 치는 方士로 손빈을 가져다 썼던 것으로 보인다.

阿孃擬收孩兒養, 我兒不儀(宜)住此方.
將取金瓶歸下界, 捻取[49]金瓶孫賓(臏)傍."
天火忽然前頭現, 先生失却(脚)[50]走忙忙.
將爲當時總燒卻, 檢尋却得六十張.
因此不知天上事, 總爲董[仲]覓阿孃.
"내 아들이 어려서 엄마 있는 곳을 알려 했을 터인데
손빈의 점보는 솜씨가 보통이 아니구나."
어머니는 아이를 거두어 키우리라 생각하며
'내 아이를 이곳에 살게 하면 안 되겠구나'
금병(金瓶)을 가져다가 인간 세상으로 돌아와
금병을 손빈에게 갖다 주었네.
하늘의 재앙이 갑자기 닥치자
선생은 발을 헛디디며 급히 달아나네.
[선녀는] 그 자리에서 모두 태워버려야지 마음먹고,
[하늘의 일을 기록한 것이] 찾아보니 60장이나 되는구나.
이때부터 하늘의 일은 아무도 모르나
어쨌든 동중은 어머니를 찾게 되었네.

49 捻取 : 여기서는 금병을 손빈에게 가져다주는 것을 말한다.
50 '却'은 '脚'으로 읽어야 한다. [項楚] 여기서 '失却'은 점술서를 잃어버렸음을 의미한다.

장의조변문(張議潮變文)[1]

(前缺)

諸川吐蕃兵馬還來劫掠沙州，姦人[2]探得事宜，星夜來報僕射[3]：「吐

1 【原校】 제목은 고사의 내용에 맞게 임의로 정한 것이다. 原卷의 번호는 P.2962이고 처음과 끝부분은 殘缺되어 있으며, 大中 10~11년(856~857) 전후의 일을 기록하고 있다. 이야기의 주인공은 歸義軍節度使 장의조이다. 장의조는 처음에 尙書의 관직을 받았다가 이후에 僕射 그 다음에는 太僕의 관직이 더해진다. 변문에서 언급하고 있는 '복야'는 장의조가 대중 10년 즈음에 하사받은 관직이다. 孫楷第 선생은 「敦煌寫本張義潮變文跋」이라는 글을 『圖書副刊』 제145기에 실었다(『大公報』 1936년 8월 27일자 참고). 【校注】 張議潮 혹은 張義潮라고도 하는데, 돈황 석굴에 표시된 것이나 그의 형 이름이 '議譚'이라는 점에서 볼 때 '張議潮'가 맞을 것이다. 이 작품이 지어진 시기는 대중 12년 8월 이후이다. 北圖'柰'字 25호 뒷면에는 '大中十二年八月二日, 尙書大軍發, 討蕃開路. 四日上磧'이라는 제목이 쓰여 있다. 榮新江은 이와 관련하여 "여기서 상서는 장의조를 말한다. 이것은 확실한 연대를 나타내면서 장의조를 상서로 칭한 가장 후대의 문서이며, 이전까지 장의조는 상서가 가장 높은 관직이었음을 말해준다. 위에 언급한 '柰'자 25호 문서의 대중 12년 상서 직함을 통해 볼 때, 복야라 칭한 건 최소한 대중 12년 이후이다. 이 변문에 기록된 가장 늦은 시기가 대중 11년 8월이면서도 장의조를 복야라 칭한 걸 보면 이 작품을 완성한 시기가 대중 12년 8월 이후가 된다. 그러나 창작의 상한 시기가 대중 12년인지는 좀 더 고찰해보아야 한다(「沙州歸義軍歷任節度使的稱號硏究」, 1988년 中國敦煌吐魯番學術討論會 논문). 【項楚】 장의조에 대한 기록은 『新唐書』 「吐蕃傳」 下에 단편적으로 실려 있다.

渾王集諸川蕃賊欲來侵凌抄掠, 其吐蕃至今尚未齊集.」僕射聞吐渾王反亂, 卽乃點兵, 鑿凶門而出,[4] 取西南上把疾路[5]進軍. 纔經信宿, 卽至西同[6]側近, 便擬交鋒. 其賊不敢拒敵, 卽乃奔走. 僕射遂號令三軍, 便須追逐. 行經一千里已來, 直至退渾國[7]內, 方始趁趂.[8] 僕射卽令整理隊伍, 排比兵戈 : 展旗幟,[9] 動鳴鼉; 縱八陣, 騁英雄. 分兵兩道, 裹

이 작품은 대중 11년 이후의 일을 기록하고 있으며, 首尾가 잔결되었지만 사서의 기록에서 빠진 부분을 보충할 만하다.

2 '姦'이 原錄에는 속자인 '奸'으로 쓰여 있다. 『玉篇』: "姦, 姦邪也. 奸, 同上, 俗." '姦人'은 척후병이다. 蔣禮鴻이 『資治通鑑』을 인용하여 "師道素養刺客姦人數十人"의 용례를 들었다.

3 僕射 : 장의조의 벼슬은 좌복야이다. 이 글에서는 모두 관직명을 쓰고 이름은 칭하지 않았다. 原卷에서는 '僕射' 위에 두 칸을 비워두는데, 공경을 표시하기 위해서인 듯하다.

4 鑿凶門 : 徐震堮은 '鑿'이 '鑿'이 되어야 한다고 했다. [校注] '鑿'은 '鑿'과 같은 의미이다. 『淮南子』「兵略」: "장군은 이미 천자의 도끼를 받고 하직인사를 올리고 떠났다. …… 흉문을 뚫고 나갔다(將已受斧鉞, 辭而行 …… 鑿凶門而出)." 許愼 注 : "흉문은 북쪽의 나가는 문이다. 장군은 출정할 때 필사를 다짐하고자 이곳에서 喪禮를 했다(凶門, 北出門也. 將軍之出, 以喪禮處之, 以其必死也)."

5 疾路 : 아래쪽 운문에서는 '疾道'라 했는데, 모두 곧바로 통하는 지름길을 말한다. P.2292 「維摩詰經講經文」: "그대에게 수행의 지름길을 알려주노니, 만법은 마음속에 있음을 명심할 일이다(與汝個修行疾路, 須知萬法在心頭)." '疾路'는 곧 지름길이다.

6 西同 : 「張淮深變文」에서는 '西桐'이라 했다. 돈황 서쪽의 한 지명일 것이다.

7 [原校] 한 군데만 '退渾'으로 되어 있고 나머지는 모두 '吐渾' 즉 '吐谷渾'으로 되어 있다. 나중에 토번에게 멸망한 후 그 칸과 부속들은 중국에 속한 채 북방으로 옮겨 가 살았다. 옮겨 가지 않은 이들은 토번의 지배를 받다가 나중에 독립한다. 劉元鼎 『使吐蕃記』: "막하연 북쪽 사주의 서쪽에서부터 남쪽으로 토혼국으로 들어간다(莫賀延磧北自沙州之西, 乃南入吐渾國)"의 '토혼국'이 바로 위의 '토혼국'이다. [校注] 『舊唐書』「吐谷渾傳」: "지금 사람들은 흔히 '퇴혼'이라고 하는데, 이는 말을 급하게 해서 그렇다(今俗多謂之退渾, 其語急而然)."

8 趁趂 : 原錄에는 '趂趂'로 되어 있으며 '따라잡다'의 의미이다. [蔣禮鴻] 이제 막 따라잡았다는 의미이다. 「降魔變文」의 "讚唄之聲相趁迭"은 소리가 끊이지 않고 한 소리가 다른 한 소리에 이어진다는 의미이다. '趂趂'은 '趁迭'을 속자로 쓴 것이다. [校注] 『玉篇』 '走'部에서 "趃, 徒結切. 大走也. 又夷質切"이라고 했으므로 '趂'은 속자가 아니다.

9 '幟'가 原卷에는 '熾'로 되어 있다. 두 글자는 모양이나 음이 모두 비슷하다. 原錄에서는 '幟'로 써서 이를 따랐다.

合[10]四邊. 人持白刃, 突騎爭先. 須臾[11]陣合, 昏霧張[12]天. 漢軍勇猛而乘勢, 曳[13]戟衝山直進前. 蕃戎膽怯奔南北, 漢將雄豪百當千[14]處 :

(앞부분은 빠짐)

곳곳의 토번(吐蕃) 군사들이 사주(沙州)를 치러 왔다. 척후병이 동정을 살펴보고는 밤중에 복야에게 와서 보고하였다. "토혼왕(吐渾王)이 곳곳의 토번 도적들을 모아서 쳐들어오려 합니다. 토번군들이 아직까지 다 모이진 않은 상황입니다." 복야는 토혼왕이 반란을 일으켰다는 소식을 듣고는 즉시 병사를 소집한 후 흉문(凶門)을 뚫고 나가 남서쪽의 지름길로 군대를 몰고 갔다. 겨우 이틀 밤 지나 서동(西同) 근처까지 이르러 싸울 준비를 하였다. 도적들은 감히 대적하지 못하고 즉시 달아났다. 복야는 이윽고 3군을 호령하여 곧바로 쫓아가도록 했다. 천리 길을 달려 퇴혼국(退渾國) 경내에 도달해서야 따라잡게 되었다. 복야는 곧 대오를 정비하고 병기를 정돈할 것을 명했다. 깃발을 펴니 명타(鳴鼉)[15] 소리 요동치고, 팔진을 늘어세우니 영웅들이 내달렸다. 군사를 두 길로 나누어 사방을 포위하였다. 병사들은 시퍼런 칼을 들고 앞 다투어 말을 달렸다. 순식간에 진이 합해지고 짙은 안개는 하늘을 가렸다. 용맹스러운 한군(漢軍)은 그 기세를 타고 창을 잡아끌고 산을 향해 곧바로 전진하였다. 오랑캐들은 겁을 먹고 남북으로 달아나고 한나라 장수의 기개는 백당 천이었다. 이 부분을 보시면[16] :

---

10 '裹'가 原錄에는 속자인 '裹'로 쓰여 있다. 『龍龕手鏡』: "裹와 褁는 속자이고, 裹가 정자이다." '裹合'은 '포위하다'의 뜻이다.

11 '臾'가 原錄에는 '叟'로 되어 있다. 原卷에는 '臾'의 속자인 '臾'로 되어 있다.

12 '張'이 原錄에는 '漲'으로 되어 있다. 原卷에는 '張'으로 되어 있어 이에 근거하여 고쳤다. '張'에는 '가득하다, 가리다'의 의미가 있다. 『三國志』「周瑜傳」: "잠시 후 연기와 화염이 하늘에 가득해졌다(頃之, 烟炎張天)."

13 '曳'가 原錄에는 '拽'로 쓰여 있다. 原卷에서는 '拽'의 '手' 편방이 지워져 있다. '拽'는 곧 '拖'이다. 『莊子』「秋水」: "차라리 살아서 진흙 속에서 꼬리를 끌고 다니길 바랐겠는가?(寧其生而曳尾於塗中乎)"가 그 예이다.

14 '千'은 위의 '邊', '先', '天', '前'과 압운을 이룬다.

15 【譯注】 鳴鼉 : 鼉鼓를 말한다. '타고'는 악어가죽을 입힌 북이며, 악어 우는 소리를 낸다.

忽聞犬戎起狼心, 叛逆西同把險林.

星夜排兵奔疾道, 此時用命[17]總須擒.

雄雄上將謀如雨,[18] 蠢愚[19]蕃戎計豈深?

自十載[20]提戈驅醜虜, 三邊[21]獷猂不能侵.

何期今歲興殘害, 輒爾[22]依前起逆心.

今日總須摽賊首,[23] 斯須霧合已霃霃.[24]

將軍號令兒郎曰 : 「剋勵無辭百載勞.[25]

---

16 [譯注] 본 번역본에서는 '處'를 이렇게 해석했다. 설화자는 이처럼 한껏 고조된 분위기에서 그림의 형식을 보여줌으로써 관객들에게 깊은 인상을 주어 극적 효과를 더욱 높였을 것이다. 앞에서 전투의 분위기를 이끌어낸 설화자는 그림을 통해 결전의 분위기를 한층 고조시키면서 다음으로 실제 전투 장면을 운문으로 표현해내고 있다.

17 [譯注] 項楚는 '用命'을 '效命' 즉 목숨을 아끼지 않다는 의미로 보고, 빅터 메어는 이를 '명령을 받고'라고 해석했다. 여기서는 項楚의 해석을 따른다.

18 謀如雨 : 모신이 비와 같다, 즉 모신이 많다는 의미이다. 「李陵變文」: "그때 맹장은 구름 같고 모신은 비와 같았다(其時猛將如雲, 謀臣若雨)."

19 '蠢愚'가 原錄에는 '蠢耦'로 되어 있다. 原卷에는 '蠢' 아래에 원래 중첩 부호(〃)가 있었는데(즉 '蠢蠢') 다시 이 부호가 지워지고 '耦'로 고쳐졌다. '耦'는 '愚'가 되어야 하는데 '蠢' 때문에 이렇게 쓰인 것 같다.

20 十載 : 唐 宣宗 大中 10년, 즉 856년이다. 아래에 "大中十年六月六日, 親統甲兵, 詣彼擊逐伐除"라는 내용이 있다.

21 三邊 : 漢代에는 幽州, 幷州, 凉州의 세 주를 가리켰는데 나중에 변경 지역을 통칭하는 용어로 쓰였다. 하지만 여기서 '삼변'은 귀의군 정권의 소재지인 사주의 북쪽, 서쪽, 남쪽 세 곳에 대한 특정 지명이다. 당시 북쪽에는 迴鶻이 서쪽에는 西州迴鶻, 于闐, 도혼 등이, 남쪽에는 토번이 있었다. 동쪽은 大唐의 땅이었으므로 따로 방어할 필요가 없었다. 그러나 동쪽을 통해 당나라로 들어가는 길에 甘州回鶻이 가로막는 경우가 많아, 어떤 때는 '三邊'이 아닌 '四邊(혹은 四方)'으로 칭해지기도 했다.

22 輒 : 경솔하게. 原錄에는 속자인 '輙'으로 쓰여 있다. 『正字通』: "輙, 俗輒字." '輒爾'는 '경솔하게', '갑자기'의 의미이다.

23 摽賊首 : 적의 머리를 쳐서 떨어뜨리다. 뒤에 '銛鍔揞㩉墜賊頭'가 나오는데 '摽'와 '墜'는 같은 의미로 쓰였다. 『詩經』의 '摽有梅'에서 '摽'를 이전에는 '落'으로 해석했다. 潘重規는 '摽'를 '標'로 고쳤는데, 분명치 않다.

24 霃霃 : 지금은 '沈沈'이라 쓴다. 『說文』: "霃, 久陰也."

25 剋勵 : '克厲'와 같으며 '힘쓰고 노력하다'의 의미이다. 『魏書』 권78 「張普惠列傳」: "제 땅에서 수업을 받으며 옛 서적에 마음을 다하고 쉬지 않고 노력했다(受業齊土, 專心墳典, 克厲不息." '百載'를 原錄에서는 '百戰'으로 고쳤는데, '百載'는 곧 '百年'으로 목숨이나 몸을 가리키므로 굳이 고칠 필요가 없다.

丈夫名宦[26]向槍頭覓, 當敵何須避寶刀!」
漢家持刃[27]如霜雪, 虜騎天寬無處逃.
頭中鋒鋩陪壟土,[28] 血濺戎屍透戰襖.[29]
一陣吐渾輸欲盡, 上將威臨殺氣高.[30]
오랑캐가 짐승 같은 본성을 드러내어
모반을 일으켜 서동의 험한 숲에 자리 잡았다는 소식을 문득 들었네.
한밤중에 군대를 정비하여 지름길로 달려가니
이번 길에 목숨을 바쳐서라도 모조리 잡아들여야 하리라.
용맹한 상장군에 참모들은 비처럼 많으니
굼뜨고 어리석은 오랑캐가 어찌 깊은 계책이 있겠는가?
대중(大中) 10년부터 창 들고 추악한 오랑캐들을 쫓아
삼변(三邊) 지역은 함부로 침범하지 못하였네.
어찌 생각했겠는가? 올해 들어 잔당들이 흥기하여
예전처럼 함부로 역심(逆心)을 드러낼 줄을.
오늘 적의 머리를 모조리 쳐야 할지니
순식간에 안개가 몰려와[31] 어둡게 드리웠네.

26 '宦'이 原錄에는 속자인 '窟'으로 쓰여 있다. 『干祿字書』 참고. 돈황사본에서는 '牢'자처럼 '穴'에서 '宀'로 바꾼 글자들이 많다.

27 '持刃'은 '칼을 잡다'의 의미이다. '刃'은 칼이나 검 등을 대신 가리킬 때 쓰인다. 배송지는 『三國志』 권1 주석에서 『魏書』를 인용하여 "太祖手刃擊殺數人"이라 했고, 또 『世語』를 인용하여 "手劍夜殺八人而去"라고 했다. '手刃'은 곧 '手劍'의 의미이다.

28 陪壟土 : 언덕 흙 위에 처박히다. 『설문』 : 『陪, 重土也.』 徐灝 注 : "흙이 쌓인 것을 '陪'라 하는데, 여기서 '서로 중첩하다'의 의미로 확장되었다." 蔣冀騁은 '陪'를 '踣'로 고쳤다.

29 **[潘重規]** 운에 따르면 '襖'는 '袍'가 되어야 할 것이다.

30 原卷을 보면 '上將'은 먼저 '實是'로 쓰였다가 지운 후 다시 '上將'으로 쓰여 있다. '殺'은 原錄에 속자인 '煞'로 쓰여 있다.

31 **[譯注]** 빅터 메어는 위 부분을 '안개 같은 군대'가 모여든 것으로 해석했는데, 이렇게 볼 근거가 명확하지 않으므로 여기서는 원문 그대로를 따른다.

장군이 병사들에게 호령하기를,
“있는 힘을 다하고 목숨을 아끼지 말라.
대장부의 공명(功名)은 창끝에서 나오니
적 앞에서 어찌 보도(寶刀)를 피하리!”
한(漢)의 군사들 칼 든 모습 서리 눈발 같으니
오랑캐들 말 타고 내달려도 넓은 하늘 아래 도망갈 곳 없네.
머리는 예봉에 날아가 언덕에 쌓이고
피가 오랑캐의 시체로 튀어 갑옷에 스며드는구나.
한바탕 싸움에 토혼의 목숨 다하려 하니
상장군의 위엄으로 살기는 드높다네.

決戰一陣, 蕃軍大敗. 其吐渾王怕急, 突圍便走, 登涉高山, 把嶮而住. 其宰相三人, 當時於陣面[32]上生擒, 祗向馬前, 按軍令而寸斬.[33] 生口細小[34]等活捉三百餘人, 收奪得駝馬牛羊二千頭疋,[35] 然後唱大陣樂而歸軍幕.

한바탕 결전으로 오랑캐군은 내패했다. 토혼왕은 급한 나머지 포위를 뚫고 도망가서 높은 산으로 올라가 험준한 골짜기에 자리를 잡았다. 재

32 [項楚] 陣面 : 전장, 싸움터.

33 ‘寸斬’을 劉凱鳴은 ‘問斬’으로 고쳤으나, 확실치 않다. P.3856「兒郎偉」: “항복하는 자는 편안히 목숨을 보존해줄 것이나, 반역하는 자는 망혼까지 마디마디 자르겠다(降者安存放命, 逆者寸斯(斬)亡魂)”가 그 예이다.「伍子胥變文」의 “칼을 잡고 소왕을 잘라 백 조각을 내어 강에 던졌다(卽捉劍斬昭王, 作其百段, 擲着江中)”는 묘사 역시 소위 ‘寸斬’과 거의 흡사하다.

34 生口, 細小 : 포로와 가족들.『唐語林』六 : “오나라 사람이 월나라를 쳐서 포로를 얻었는데, 포로는 곧 죄인으로 지금의 소위 ‘생구’와 같다(吳人伐越獲俘, 俘卽罪人, 如今之所謂‘生口’也).”『搜神記』五 : “이곳은 요즘 잡초들로 무성합니다. 경께서는 권속들을 싣고 오느라 가볍게 움직이기가 결코 쉽지 않을 것입니다(此間頃來甚多草穢, 卿載細小, 作此輕行, 大爲不易).”

35 [項楚] 頭疋 : 소나 양은 ‘頭’라 칭하고 말이나 낙타는 ‘疋’이라 칭하는데, 여기서는 합칭해서 ‘頭疋’이라 했다.

상 셋은 당시 전장에서 사로잡혀 바로 말 앞에서 군령에 따라 몸이 마디마디로 잘려졌다. 포로와 그 권속들 삼백여 명을 사로잡고 낙타, 말, 소, 양 2천여 마리를 빼앗아서 대진악(大陣樂)[36]을 부르며 군막으로 돌아왔다.

敦煌[37]北一千里[38]鎭伊州城西有納職縣, 其時回鶻及吐渾居住在彼, 頻來抄劫伊州, 俘虜人物, 侵奪畜牧, 曾無暫安. 僕射乃於大中十年六月六日, 親統甲兵, 詣彼擊逐伐除. 不經旬日中間, 卽至納職城. 賊等不虞漢兵忽到, 都無准備之心. 我軍遂列烏雲之陣,[39] 四面急攻. 蕃賊麞狂,[40] 星分南北; 漢軍得勢, 押背[41]便追. 不過五十里之間, 殺戮橫屍遍野處:

돈황 북쪽 1천 리 이주성(伊州城)[42] 서쪽에 납직현(納職縣)이 있었다. 당시 회골과 토혼은 그 곳에 자리를 잡고서 걸핏하면 이주로 쳐들어와 사람들을 잡아가고 가축들을 약탈해 가 잠시도 편할 때가 없었다. 이에 복야는 대중 10년 6월 6일 친히 군사를 이끌고 적군 토벌을 위해 그곳으로 떠났다. 열흘도 되지 않아 납직성에 도착하였다. 적들은 한의 군대가 갑자기 오리라는 것을 예상치 못하여 전혀 대비할 생각을 안 하고

---

36 大陣樂: '破陣樂'을 말한다. 군대의 악곡으로 大小의 구별이 있다. 여기서는 '大破陣樂'을 가리키며 보통 군대가 개선할 때 연주된다.

37 '敦'이 原卷에는 '燉'으로 쓰여 있다. 『漢書』「地理志」: "돈황군은 무제 후원 원년에 주천을 나누어 설치하였으며 …… 왕망 때는 돈덕이라 했다(敦煌郡, 武帝後元年分酒泉置. …… 莽曰敦德)." 應邵 注: "敦, 大也; 煌, 盛也." 『方言』 卷1: "敦, 大也." 위 기록을 통해 '敦煌'은 '敦德'이라고도 칭했고, '敦'은 곧 '大'의 의미이고 본래 '火' 편방이 없었음을 알 수 있다. 그런데도 흔히 '火'를 넣어 '燉'으로 쓰는 것은 아래의 '煌'자를 쓰면서 같은 편방이 들어간 것으로 보인다.

38 原錄에는 '里' 아래에 '鎭'자가 있으나 原卷에 이미 지워져 있으므로 쓸 필요가 없다.

39 '烏'를 原錄에서는 '鳥'로 썼으나 실제 原卷에 '烏'로 되어 있으므로 여기서는 옳게 고쳤다.

40 麞狂: '獐狂'이라고도 한다. 놀라고 두려워하는 모습으로서 疊韻 聯綿詞이다.

41 '押背'는 곧 '壓輩'로서 바짝 뒤쫓는 모습이다.

42 伊州城: 唐代에 이주의 관할 구역은 지금의 新疆省 哈密縣 일대이다.

있었다. 아군은 즉시 새처럼 흩어졌다 구름처럼 모이며 사방으로 급습했다. 오랑캐들은 놀래 날뛰면서 남북으로 흩어졌고, 한군은 기세를 타고 뒤를 압박하며 좇았다. 불과 50리 사이에 가로놓인 시체가 들판에 즐비했다. 그 모습을 보면:

敦煌上將漢諸侯,[43] 棄却西戎朝鳳樓.
聖主委令權右地,[44] 但是兇(匈)奴盡總讎.[45]
昨聞獫狁侵伊鎮, 俘劫邊甿[46]旦夕憂.
元戎叱吒揚眉怒, 當即行兵出遠收.[47]
兩軍相見如龍鬬, 納職城西赤血流.
我將軍意氣懷文武, 威懾蕃渾[48]膽已浮.[49]
犬羊纔見唐軍勝, 星散迴兵所在抽.
遠來今日須誅剪, 押背擒羅[50]豈肯休.

---

43 장의조는 일찍이 右神武將軍과 河西萬戶侯로 봉해졌으며, '漢諸侯'에서 '漢'은 '唐'을 말한다. 돈황 막고굴 99굴의 題名: "塾前河西十一州節度管內觀察處置等使, 金紫光祿大夫、檢校吏部尙書、兼御史大夫、河西萬戶侯、賜紫金魚袋、右神武將軍、南陽郡開國公、食邑二千戶、實封二百戶、司徒, 諱議潮."

44 權右地: 하서 땅을 관리하다. '權'은 '잠시 다스리다'의 의미로서, 지방관이 황제를 대신해 관리한다는 말이다. 옛날에는 서쪽을 '右'라고 했으므로 여기서 '右地'는 하서 땅을 통칭한다. 앞의 주석에서 장의조가 하서 11주의 절도사를 맡았다는 것을 통해서도 알 수 있다(隴右와 河西는 같은 곳을 가리킨다). 張鴻勳은 '右地'가 중요한 지역을 말하는 것이라고 했으나 확실치 않다.

45 귀의군 前期(장의조, 張承奉, 張淮深이 절도사를 맡았던 시기, 즉 曹議金이 맡기 이전까지) 때는 주변 각 민족들과 정치·군사적으로 항상 대립관계에 있었다. 따라서 쌍방이 양립할 수 없음을 표명한 귀의군의 문헌은 대체로 전기의 문헌으로 추정할 수 있다. 예를 들어, P.3270「兒郎偉」: "但願尙書萬歲, 共賊世代無緣"과 "我尙書敬重三寶, 共賊世代無緣."

46 [項楚] 邊甿: 변방의 백성들. '甿'은 '氓'과 같다.

47 [徐震堮] '收'는 '搜'가 되어야 할 듯하다. [蔣冀騁] 서씨의 말은 옳지 않다. '收'는 '捕'이다. 이 뜻은 『說文』에서 볼 수 있다. 따라서 원문은 틀리지 않았다. [校注] 장씨의 주장이 옳다.

48 '蕃渾'은 토번과 토곡혼을 가리킨다.

49 浮: 虛. '膽已浮'는 마음속으로 매우 두려워하는 모습을 비유한다.

千人中矢沙場殪, 銛鍔掐膀[51]墜賊頭.

撊鑠紅旗晶耀日,[52] 不忝田丹(單)縱火牛.

漢主神資通造化, 殄却[53]殘兇總不留.

돈황 상장군(上將軍)이자 한의 제후가

서쪽 오랑캐를 버리고 봉루(鳳樓)를 향하였네.[54]

천자께서 우지(右地)[55]를 다스릴 것을 명하였으니

다만 흉노가 항상 원수였네.

어제 듣기를, 오랑캐가 이진(伊鎭)을 침범해

변방 백성들을 약탈하여 아침저녁으로 근심스럽다 하네.

장군은 큰소리로 꾸짖고 눈썹을 치켜세우며

즉시 군대를 동원하여 오랑캐를 잡으러 떠나네.

---

50 擒羅 : 잡다. 『三國志』「吳書」'孫破虜討逆傳' : "견이 칼을 잡고 언덕에 올라 손을 좌우로 휘젓는 모습이 군대를 나누어 적들을 모조리 잡아들이려는 듯 했다(堅行操刀上岸, 以手東西指麾, 若分部人兵以羅遮賊狀." '羅遮'와 '擒羅'의 '羅'는 같은 의미로 쓰였다.

51 '掐膀'가 原錄에는 '劄膀'로 쓰여 있다. 【原校】 原卷에는 '劄膀' 아래에 '土彫反' 세 글자가 있는데, 이는 '劄'자의 음을 표시한 것이다. 【校注】 原卷에는 '劄膀' 두 글자 우측에 이 세 글자가 있다. 【徐復】 '劄膀'는 '창으로 찌르다, 칼로 베다'의 의미이다. 字書와 韻書를 보면 '劄'자가 없는데, 유일하게 『字寶碎金』'劄揞' 조에서는 "乃彫反, 烏末反"이라고 했다. 위의 '劄揞'과 '乃彫反', '土彫反'에 근거했을 때 '劄'가 '掐'의 속자임을 알 수 있다. 慧琳 『一切經音義』 권70 : "掐, 他勞反, 中國言掐, 江南言挑. 音土彫反." 【校注】 여기서는 徐震堮의 교기에 근거하여 고쳤다. 또 '膀'는 '膀'의 속자일 것이다. 『說文』 : "膀, 剝也, 劃也."

52 撊鑠 : '閃鑠'과 같으며 빨리 움직이는 모습이다. 『集韻』 : "撊은 빨리 움직이는 모습이다(撊, 疾動貌)." 또 '晶'이 原卷에는 '皛'로 되어 있다. 【潘重規】 '皛'의 음은 '皎'이다. 【校注】 『說文』에서는 "皛, 顯也, 從三白, 讀若皎." 그리고 "晶, 晶光也, 從三日"이라고 했다. 두 글자는 모양이 비슷하다. 다만 '皛'는 형용사이고 '晶'은 명사이다. 「張淮深變文」의 '서리 같은 칼날은 하늘의 해처럼 빛나고(霜刀用苦光威日)'에서 '光威日'은 이 '晶耀日'과 같다. 따라서 여기서는 原錄을 따라 '晶'이라 쓴다.

53 '殄'이 原錄에는 속자인 '殄'으로 되어 있다. '殄却'은 '없애버리다'의 의미이다.

54 장의조가 唐 宣宗 大中 초에 沙州의 백성들을 거느리고 기의하여 토번의 통치를 벗어나 당으로 귀의한 일을 말한다. 鳳樓 : 천자의 궁전.

55 지방장관이 황제를 대신해 다스리므로 서쪽이 右가 되며 右地는 河西 땅을 통칭한다.

두 군대가 용이 싸우는 듯 서로 바라보더니
납직성 서쪽으로 붉은 피가 흐르는구나.
우리 장군의 의기는 문무(文武)를 품고 있어
토번과 토곡혼의 간담을 써늘케 하는구나.
오랑캐는 당군이 승리하자
사방으로 흩어져 병사를 거두어 달아나네.
멀리까지 와서 오늘 안에 적을 다 소탕할 것이니
어찌 뒤를 압박해 잡아들이지 않겠는가.
수많은 사람들 화살에 맞아 모래 위에서 죽고
날카로운 칼 뽑아 그으니 적의 머리 떨어지네.
요동치는 붉은 깃발이 태양처럼 번쩍이니
전단(田單)[56]의 화우(火牛)에 비하여도 손색이 없구나.
한나라 군주의 신통한 자질이 조화를 이루어
잔당들까지 모조리 없애 하나도 남겨두지 않았네.

僕射與犬羊決戰一陣, 迴鶻大敗, 各白蒼黃拋棄鞍馬, 走投入納職城, 把勞(牢)[57]而守. 於是中軍擧華(畫)角, 連擊錚錚, 四面族[58]兵, 收奪駝馬之類一萬頭疋. 我軍大勝, 疋騎不輸, 遂卽收兵, 却[59]望沙州而返. 旣至本軍, 遂乃朝朝秣馬, 日日練兵, 以備兇奴, 不曾暫暇.

56 【譯注】 田單: 전국시대 齊나라의 장수로서 소꼬리에 불을 붙여 적을 짓밟게 하는 '火牛'의 전법을 써서 연군을 격파하였다.

57 '把勞(牢)'는 성을 굳게 지킨다는 의미이다. 앞 쪽의 '把嶮而住', '把險林', 「장회심변문」의 '控險爲勢' 등이 모두 같은 용례이다. 『魏書』 권51 「皮豹子列傳」: "성을 굳게 지키고 있으면 걱정 없을 것이다(牢城自守, 可以無患)." '牢'는 명사로도 쓰이고 동사로도 쓰인다.

58 原錄에서는 '族'을 결문으로 처리했으나, 실제 原卷에는 '族'이 분명히 쓰여 있다. '族'은 '모이다'의 의미이다. 『廣雅』 「釋詁三」: "族, 聚也." 『莊子』 「在宥」: "구름이 모이지도 않았는데 비가 오고, 초목은 누렇게 되기 전에 떨어지다(雲氣不待族而雨, 草木不待黃而落)."

59 '却'을 原錄에서는 '卽'으로 썼으나, 실제 原卷에는 '却'으로 되어 있어 옳게 고쳐 썼다.

복야와 오랑캐들의 한바탕 결전으로 회골은 대패했다. 모두들 급해서 말 타는 것도 포기하고 납직성으로 뛰어 들어가 성을 지켰다. 이에 중군에서 화각(畵角)을 들어 연신 징을 치니 사방에서 병사들이 모여들었다. 낙타와 말 따위를 뺏은 숫자가 1만 필이나 되었다. 아군은 대승을 거두고 한 필의 말도 잃지 않은 채 군사를 거두어 사주로 돌아왔다. 본군에 이르러서도 매일 아침 말에게 먹이를 주고 병사들은 날마다 훈련을 거듭하면서 흉노에 대비하니 잠시도 쉴 겨를이 없었다.

先去大中十載, 大唐差冊立迴鶻使御史中丞王端章[60]持節而赴單于, 下有押衙[61]陳元弘走至沙州界內, 以(與)遊弈使佐承珍相見. 承珍忽于曠野之中迥然[62]逢着一人猖狂[63]奔走, 遂處分左右領至馬前, 登時盤詰. 陳元弘進步向前, 稱是「漢朝使命, 北入迴鶻充冊立使, 行至雪山南畔, 被背亂迴鶻劫奪國信,[64] 所以各自波逃,[65] 信脚而走, 得至此間, 不

60 '王端章'이 原錄에는 '王瑞章'으로 되어 있다. [原校] '王瑞章'은 '王端章'이 되어야 할 것이다. 『舊唐書』 18 「宣宗紀」, 『資治通鑑』 권249, 『大唐詔令集』 권129에서 모두 '王端章'이라 하였다. 『大唐詔令集』에서는 왕단장의 관명을 '朝議郎檢校秘書監兼衛尉少卿御使中丞上柱國賜紫金魚袋'라 하였다. 그래서 『資治通鑑』에서는 '衛尉少卿'이라 하고 변문에서는 '御史中丞'이라 한 것이다. [校注] 실제 原卷에서도 '王端章'으로 되어 있으며 아래도 마찬가지다.

61 押衙 : 즉 '押牙'로서 관직명이다. 당송 때 儀仗과 侍衛를 관장했다. '牙'는 곧 '牙旗, 牙門'의 '牙'이며, 牙兵을 총괄하는 사람이 押牙이다.

62 '迥然'은 문맥으로 볼 때 일반적인 뜻과 달리 '突然'의 의미로 쓰였다.

63 猖狂 : 당황스럽고 급한 모습.

64 [項楚] 國信 : 다른 나라로 사신을 떠날 때 가지고 가는 부절이나 문서 등의 증표.

65 '波逃'는 '도망가다'의 뜻으로 同義連文이다. [蔣禮鴻] '波逃'는 곧 '逃'이다. 周一良은 '波逃'가 '급히 도망가다'는 의미라고 했지만, 나는 '波逃'가 '逋逃'를 가차한 것으로 보인다. 『燕子賦』 : "阿你浦逃落籍." 『敦煌變文集』에서 '浦'를 '逋'로 고친 건 당연히 옳으며, 변문에서는 '波逃'를 '逋逃'로 쓴 예도 볼 수 있다. '奔波'도 사실은 '奔逋'를 가차한 것일 뿐이다. [項楚] '奔波'는 '奔逋'와 다르다. 변문에는 '波波'라는 말도 있는데 이것을 '逋逋'의 가차라고 보기는 더욱 어렵다. '波'는 당나라 사람들의 구어로서(당나라 사람들에 한정되지는 않는다) '跑'의 의미이지 '逋'의 가차는 아니다. [王貞珉] 『樂府詩集』 중 梁나라 「鼓角橫吹曲」의 무명씨 작 「企喻歌」에 "새매가 하늘을 지나 날아가고, 참새 떼가 두 줄로 달아나네(鷂子經天飛, 群雀兩相波)"라는 구절이 있

是惡人. 伏望將軍,[66] 希垂照察.」

이보다 앞선 대중 10년, 당은 회골을 책립하고자 어사중승 왕단장(王端章)으로 하여금 부절을 가지고 선우에게 가도록 하였다. 그의 수하에는 압아(押衙) 진원홍(陳元弘)이 있었다. 그는 사주의 경계 안으로 들어가다가 유혁사(遊弈使)[67] 좌승진(佐承珍)과 마주쳤다. 승진은 넓은 들판에서 어떤 사람이 급하게 걸어가는 모습을 보고는 좌우 부하들에게 말 앞으로 데려오도록 해서 곧바로 사정을 캐물었다. 진원홍이 앞으로 다가가 말했다. "한 조정의[68] 명을 받고 북쪽으로 회골에 들어가 책립의 임무를 맡은 사신이오. 설산(雪山) 남쪽까지 왔다가 회골에게 나라의 부절을 빼앗기고 모두들 도망갔소. 발만 믿고 걷다보니 여기까지 이르게 된 것이지 결코 나쁜 사람은 아니오. 부디 장군께서는 잘 살펴 주시오."

承珍知是漢朝使人, 與馬馱至沙州, 卽引入參見僕射. 陳元弘拜跪起居, 具[69]述根由, 立在帳前. 僕射問陳元弘 :「使人於何處遇賊? 本使伏(復)[70]是何人?」元弘進步向前, 啓僕射 :「元弘本使王端章, 奉敇持節北入單于, 充冊立使. 行至雪山南畔, 遇逢背逆迴鶻一千餘騎, 當[71]被

다. '波'를 '波逃'의 의미로 쓴 건 이 예문처럼 양나라 때 이미 시작되었다. '波'는 '播'의 가차자로서 본래 '播遷'의 의미로 보아야 한다. 『法苑珠林』 권18에 인용된 「冥祥記」에서는 "소준의 난으로 도읍의 인사들은 모두 동서로 달아났다(蘇峻之亂, 都邑人士, 皆東西波遷)"라 했고, 『太平廣記』 권113에서는 같은 인용문의 '波遷'을 '播遷'으로 썼다. [校注] '波逃'의 '波'는 곧 '奔波'의 '波'일 것이다.

66 原卷에서는 '將軍'위에 두 칸 정도가 비어 있는데, 이는 공경의 의미를 표하는 것이다.

67 [譯注] 遊弈使 : 순찰과 경계를 맡는 무관이다.

68 [譯注] 여기서는 唐 조정을 가리킨다.

69 '具'를 原錄에서는 '且'로 썼다가 '具'로 고쳤으나, 실제 原卷에 '具'로 쓰여 있으므로 전혀 틀린 것이 없다.

70 [原校] '伏'은 '復'이 되어야 할 것이다. [校注] 맞는 의견이다. 돈황사본에서 '伏'과 '復'의 통용 사례는 흔히 볼 수 있다.

71 '當'은 '當時'의 생략형으로 '바로, 즉시'란 말이다. 李公佐, 「謝小娥傳」 : "소아는 스스로 알지 못해 즉시 이 말을 써서 그 뜻을 풀어줄 지혜로운 자들을 널리 찾아나섰다(小娥不自解悟, 當書此語, 廣求智者辨之)."

劫奪國冊及諸敕信. 元弘等出自京華, 素未諳野戰, 彼衆我寡, 遂落姦虞.」[72] 僕射聞言, 心生大怒. 「這賊爭敢輒爾猖狂, 恣行凶害!」向陳元弘道:「使人且歸公館, 便與根尋.」[73] 由(猶)未出兵之間, 至十一年八月五日, 伊州刺史王和清差走馬使至, 云:「有背叛迴鶻五百餘帳, 首領翟都督等將迴鶻百姓已到伊州側.(下缺)」

좌승진은 이 사람이 한의 사신임을 알고 말짐을 실은 말을 주며 즉시 사주로 데려가 복야를 뵙도록 했다. 진원홍이 무릎인사를 하고 앉아 저간의 사정을 모두 말한 다음 막사 앞에 섰다. 복야가 진원홍에게 물었다. "사신께서는 어디에서 적을 만나셨소? 본사(本使)는 또 뉘시오? 원홍이 앞으로 다가가 복야에게 아뢰었다. "저의 본사는 왕단장으로, 부절을 가지고 북쪽으로 선우에게 들어가 책립사(冊立使)를 맡으라는 칙령을 받았습니다. 설산 남쪽에 이르러 반란을 일으킨 회골 군대 1천여 기를 만나 그 자리에서 책봉문서와 나라의 신표들을 빼앗겼습니다. 저를 비롯해 모두들 수도 출신이라 야전에는 전혀 익숙지 않았고, 적들은 많고 우리는 적어 결국 간계에 빠지고 말았습니다." 복야는 이 말을 듣고 크게 노하였다. "감히 이 도적놈들이 멋대로 날뛰어 흉악한 해를 입히다니!" 진원홍에게 일렀다. "우선 공관으로 가서 사정을 자세히 알아보도록 합시다." 아직 출병하지 않은 사이 11년 8월 5일에 이주자사 왕화청(王和清)이 주마사(走馬使)를 보내와 이렇게 일렀다. "배반한 회골족이 오백여 막사[74]인데, 수령 적도독(翟都督) 등이 이들 회골백성을 이끌고 벌써 이주 근처에 이르렀습니다."

(아래는 잘려 있음)

---

72 '姦'이 原錄에는 속자인 '奸'으로 쓰여 있다. '姦虞'는 '奸計'의 의미이다.

73 [譯注] '根尋'의 원래 뜻은 '끝까지 찾다, 파헤치다'이며, 項楚 역시 위의 '根尋'을 '원인을 끝까지 따지다, 꼬치꼬치 캐묻다'로 보고 있다. 하지만 빅터 메어는 이를 '식량(rations)'으로 해석하면서 이 부분을 "공관으로 가면 식사를 대접받을 수 있을 것이오"라고 해석하고 있다. 여기서는 원래의 뜻을 따랐다.

74 유목민이 생활하는 막사를 말한다.

附錄一[75]

二月仲春色光輝, 萬戶歌謠[76]總展眉.
太保應時納福祐,[77] 夫人百慶無不宜.
三光昨來轉精耀, 六郡盡道似堯時.
田地今年別[78]滋潤, 家園果樹似茶脂.[79]
河[80]中現有十碻水, 潺潺流溢滿百[81]渠.
必定豐熟是物賤, 休兵罷甲讀文書.
再看太保顏如佛, 恰同堯王有[82]重眉.
弓硬刀[83]强箭叉褐,[84] 頭邊蟲鳥不能飛.

---

75 【原校】 돈황 잔권 중 '太保'를 가송한 唱文은 두 편이 더 있는데 이들은 모두 장의조를 가리키고 있다. '부록 1'의 본래 편호는 P.3500이고 '부록 2'의 편호는 P.3645이다. 【校注】 두 편 모두 태보를 가송한 것인데 당연히 장의조를 묘사했을 확률이 가장 높다. 하지만 장의조가 歸闕 후 돌아오지 않자 장회심이 숙부의 직위를 모두 이어서 역시 '태보'라 불렸다. 따라서 묘사한 사람이 누구인지는 확실치 않다. 또 '부록 1'은 '兒郞偉' 성격의 기원문이다.

76 '歌'가 原錄에는 속자인 '謌'로 되어 있다. 아래도 마찬가지다.

77 潘重規는 原卷에 따라 '祐'를 '祐'로 고쳤다. 두 글자는 서로 섞이는 경우가 많으므로 '祐'도 무방하다. 『集韻』: "祐, 『說文』: '助也.' 謂福祐也." 여기서는 바로 '福祐'라는 단어를 쓰고 있다.

78 別 : 특별히, 유달리.

79 原錄에서는 '園'과 '果' 두 글자 모두에 '卄'를 더하여 속자로 썼다. '茶'를 原錄에서는 쓰지 않았다. 【潘重規】 原卷의 '桼'자를 『敦煌變文集』에서는 결문 처리하였다. 【校注】 '桼'는 '茶'의 속자이며, 「茶酒論」에서 '茶'자도 대부분 이렇게 쓰여 있다. '茶'에는 '搽'(바르다, 칠하다)의 의미가 있다. 자세한 것은 「李陵變文」의 주석을 참고. 이 구절은 동산의 과실이 윤기 있게 잘 자라 마치 기름을 칠해놓은 것 같다는 의미이다.

80 【潘重規】 原卷의 '河'가 『敦煌變文集』에는 빠져 있다.

81 【潘重規】 原卷의 '佰'이 『敦煌變文集』에는 빠져 있다.

82 '有'를 原錄에서는 '似'로 썼고, 潘重規는 '似有'로 썼다. 【潘重規】 原卷의 '有'자가 『敦煌變文集』에는 잘못해서 빠져 있다. 【校注】 '似'자를 衍文으로 보는 것이 옳다.

83 '刀'이 原錄에는 '力'으로 쓰여 있다. '力'은 '刀'를 잘못 쓴 것으로 봐야 한다. '弓硬刀强箭叉褐'은 활과 칼과 화살을 나누어 쓴 것이다. P.3552 「兒郞偉」: "弓刀左右趁"의 '刀'를 별권인 P.3468에서는 '力'으로 잘못 썼다.

84 '叉'를 原錄에서는 '叉'로 고쳤다. 【蔣禮鴻】 『敦煌變文集』에서 '叉'를 '叉'로 고친 근거를 모르겠다. '箭叉褐'의 '褐'은 형용사로서 '硬', '强'과 병렬이 되며, 그 의미는 '빠르다'일 것이다. …… 즉 '偈', '揭', '褐'의 본자는 '趨'이 되어야 한다.

四面蕃人來跪伏,[85] 獻駝納馬沒停時.
甘州[86]可汗親降使, 情願與(以)作阿耶兒.[87]
漢路當日無停滯, 這迴來往亦無虞.
莫怪小男女吺哆語,[88] 童謠歌出在小厮兒.
某乙[89]伏承[90]阿郎萬萬歲, 夫人等劫石不傾移.[91]
阿耶驅來作證見,[92] 阿孃也交(教)作保知.[93]
優償(賞)但知與壹疋錦,[94] 令某乙作個出入衣.[95]

부록 1

2월 중춘(仲春)은 찬란하게 빛나고
모든 집들이 노래 부르며 눈썹을 펴네.
태보께서는 때에 맞춰 복을 주시고
부인의 온갖 경사는 마땅하지 않음이 없네.
지난날의 삼광(三光)[96]이 차례로 비춰주니

---

85 跪伏 : 복종하다, 신하의 예를 따르다. P.3270「兒郎偉」: "팔방에서 모두 와서 복종하고, 험윤이 전 앞에서 예를 올리네(八方總來跪伏, 獫狁道[蹈]舞殿前)."

86 '甘州'는 감주 회골을 말한다.

87 '與'는 '以'로 봐야 한다. 이 구절은 아버지로 삼기를 바라는, 즉 '臣服'을 표하는 말이다.

88 吺哆 : 수다스러운 모습. 【徐復】 '吺哆'는 경솔하게 말한다는 뜻이다. 『廣韻』: "吺, 輕出言也, 當侯切." 그리고 "哆, 語聲, 丁可切."

89 '某乙'이 原錄에는 '𠃋'로 쓰여 있다. 【譯注】 여기서 '某乙'은 1인칭 대명사로 볼 수 있다.

90 '伏'이 原錄에는 '口'로 되어 있다. 【蔣禮鴻】 口承 : 허락하다, 승인하다. 【校注】 '口承'은 입으로 허락한다는 의미인데, 여기서는 문맥에 맞지 않는다. 따라서 '口'는 '伏'의 흘림체를 잘못 쓴 것으로 보인다.

91 앞 구의 '阿郎'은 張太保를 가리키고 이곳의 '夫人'은 태보의 아내를 말한다.

92 '證見'은 증인을 뜻한다. 계약서 따위에 흔히 쓰인다.

93 '保知'는 보증인이다.

94 '償'은 '賞'과 통한다. '但知'는 '但之', '但諸'라고도 하며 '但(다만)'의 뜻이다. '與壹疋錦'을 原錄에서는 '馬壹疋'로 쓰고 '錦'을 아래 구에 포함시켰다. 【徐震堮】 '錦'은 위구에 포함되며, '馬'는 '錦'을 잘못 쓴 것이므로 없애야 한다. '知'자는 '加'자의 잘못이 아닐까 한다. 【潘重規】 原卷의 '與'자를 『敦煌變文集』에서 '馬'로 잘못 썼다.

95 出入衣 : 예복. 외출 시 입는 격식을 차린 옷.

96 三光 : 해, 달, 별의 세 빛. '三精'이라고도 한다.

6군(六郡)의 모든 길이 요임금 때와 다름없구나.
논밭은 금년 들어 유달리 풍성하고 비옥하며
동산의 과실나무는 기름을 발라놓은 듯하네.
하천의 물이 열 길이나 깊더니
철철 흘러 넘쳐 온 도랑에 가득하구나.
풍성하게 익어 물산은 귀하지 않고
쉬는 병사들은 갑옷을 놓고 글을 읽겠지.
다시 보니 태보의 얼굴 부처와 같고
흡사 요임금처럼 겹눈썹이네.
활은 단단하고 칼은 강하고 화살 또한 빠르니
변방의 날짐승들 날 수가 없지.
사방의 오랑캐들 항복하러 찾아와
끊임없이 낙타와 말을 바치는구나.
감주(甘州) 회골의 칸은 친히 사신을 보내
아버지가 되어주길 진정으로 바라네.
이제 한(漢)의 길은 막힌 곳이 없으니
이번의 왕래 역시 걱정이 없구나.
어쩐지 젊은 남녀 수다스럽게 재잘거리고
동요의 노랫소리가 아이들에게서 나오더라.
바라옵건대 태보께서는 만만세를 누리시고
부인도 겁석(劫石)처럼 변함없기를.
아버지도 어서 와서 증인이 되고
어머니도 보증인이 되게 해야지.
두터운 상으로 다만 비단 한 필 내리시어
내가 입을 외출복 하나 지을 수 있기를.

附錄二

紅鱗[97]紫尾不須愁, 放汝隨波逐浪由(游).[98]
須好且尋江上月, 莫貪香餌更呑鉤.
孤[99]猿被禁歲年深, 放出城南百尺林.
淥水任君連臂飮, 青山休作斷長(腸)吟.[100]
遠涉風沙路幾千, 暮(沐)恩傳命玉皆(階)前.
牆陰藿[101]意初潮(朝)日,[102] 磵底松心近對天.

97 '鱗'이 原錄에는 '鮮'으로 되어 있다. 【潘重規】 原卷의 '鱗'이 『敦煌變文集』에서 '鮮'으로 잘못 쓰였다.

98 '由'가 原錄에는 빠져 있다. 【潘重規】 原卷의 '由'를 『敦煌變文集』에서는 결문 처리했다. '由'와 '游'는 통한다.

99 '孤'를 原錄에서는 '狐'로 고쳤다. 【徐震堮】 '孤'는 틀리지 않다. '狐'로 고치면 도리어 말이 통하지 않는다.

100 '斷'을 原錄에서는 '短'으로 고쳤다. 【張金泉】 '斷'자는 틀리지 않으며 '長'은 '腸'의 別字이다. 이 시의 작자는 당대 시인 曾幾麻이다. 원시의 제목은 「放猿」이고 『全唐詩』에 수록되어 있다. 전체 시는 다음과 같다. "孤猿鎖檻歲年深, 放出城南百丈林. 綠水任從聯臂飮, 青山不用斷腸吟." 【校注】 실제 『全唐詩』에는 작자가 曾麻幾로 되어 있으며, 몇 글자 달라도 의미에는 크게 지장이 없다. 【宇文卒】 曾麻幾의 생평에 대해 『全唐詩』에서는 '吉州 사람이며 시 한 수가 있다'고만 했다. 그런데 宋代 吳曾의 『能改齋漫錄』 권10을 보니 「曾庶幾'放猿'絶句」라는 항목에 다음과 같은 비교적 상세한 내용이 있었다. '吉水는 내가 사는 곳과 접경해 있는데 그곳에 증서기라는 은자가 있었다. 五代 때 조정에서 누차 그를 불러들였으나 응하지 않았다. 그래서 늙어 「放猿」이라는 절구를 지었다: "孤猿鎖檻歲年深, 放出城南百丈林. 綠水任君連臂飮, 青山不用斷腸吟." 이를 통해 曾麻幾가 曾庶幾의 잘못임을 알 수 있다. 曾庶幾는 오대 때의 은사이며, 그 시는 오대 혹은 송초에 돈황에서 초사되어 전해졌다. 【校注】 吳曾의 『能改齋漫錄』은 紹興 24년에서 27년 사이에 지어진 것으로 五代와 멀지 않다. 따라서 충분히 믿을 만하다. 이를 근거로 볼 때, 이 부록이 완성된 시대는 오대 이전이 될 수 없으며 張議潮를 노래했을 가능성은 대단히 적다(이런 부류의 작품들은 대개 당시의 時事를 적는다).

101 '藿'이 原錄에는 '舊'로 쓰여 있다. 【徐震堮】 '舊'는 무슨 글자를 잘못 쓴 것인지 모르겠다. 【項楚】 '舊'는 '雪'이 되어야 한다. 글자 모양이 비슷해서 잘못 쓴 것이다. 원문은 그늘에 눈이 쌓여 있다가 비로소 햇빛을 보게 된 것을 瓜沙 11주가 당조로 다시 귀의한 것에 비유하고 있다. 【校注】 '舊'는 '藿'의 잘못일 것이다. 『三國志』 「陳思王傳」: "해바라기가 이파리를 기울이는 것과 같으니, 태양이 그를 위해 빛을 비추는 것이 아닌데도 시종 그에게 향함이 참으로 진실하다[若葵藿之傾葉, 太陽雖不爲之光, 然終向之者, 誠也]." 위에서 황제를 향한다는 건 바로 이 전고를 쓴 것이다.

102 【徐震堮】 '潮'는 '朝'와 같다. 【潘重規】 '朝日'은 곧 해바라기가 해를 향하는 것이다.

流沙古賽(塞)改多時, 人物須(雖)[103]存改舊儀.
再遇明王恩化及, 遠將情懇赴丹墀.
敦煌昔日舊時人, 虜醜[104]隔絶不復親.
明王感化四夷靜, 不動干戈萬里辛(新).
靈[105]雲繚繞拱丹霄, 聖上臨軒問百寮.
"龍沙沒洛(落)何年歲? 牋疏猶言憶本朝."[106]
奉奏明王入紫微, 便交(敎)西使詔書追.
初霑聖澤愁腸散, 不對天顔誓不歸.
龍沙西裔[107]隔恩波, 太保奉詔出京花(華)[108]
英[109]才堂堂六尺貌, 口如江海決懸河.[110]

103 '須'는 '雖'와 통한다. 이 구는 사람들은 그대로 있는데 이미 그 모습이 전부 바뀌었음을 말하는 것이다.

104 [徐震堮] '虜醜' 두 글자는 서로 위치가 바뀌었다. [校注] '虜醜'는 틀리지 않다. 「장회심변문」: "주민들은 오랑캐와 어깨를 나란히 하고 옷차림도 좌임을 그대로 하고 있지 않은가[居人與蕃醜齊肩, 衣着豈忘於左袵." P.3633 「沙州百姓一萬人上回鶻天可汗書」: "오히려 한의 의관을 입고 영원히 오랑캐를 버리다[却着漢家衣冠, 永抛蕃醜." 여기서 '虜醜'와 '蕃醜'는 같은 의미이다.

105 [潘重規] 原卷에서는 해당 부분을 칠하고 '靈'으로 고쳤는데, 『敦煌變文集』에서는 이를 '聖'으로 썼다.

106 原錄에서는 '牋'을 '賤'으로 '朝'는 '天'으로 썼다. [徐震堮] '賤疏'는 '疏賤'으로, '天'은 '朝'가 되어야 할 것이다. [校注] '賤'은 '牋'이 되어야 한다. '牋疏'는 황제에게 올리는 표문을 말한다. 아래에 '奉奏明王入紫微'라는 말이 나온다. 「장회심변문」의 "이윽고 막부를 불러다가 편지에 승전보를 써서 봉함하고 도장을 찍어 (즉시 조정으로 보내도록 하니), 한 달이 지나지 않아 사자가 수도에 도착했다. 표문이 어전으로 들어오자 황제가 延英殿 조정에서 친히 열어보았다[遂請幕府修牋, 述之露布, 封函結款, ( )不逾旬月之間, 使達京華. 表入鳳墀, 帝親披覽, 延映天朝]"가 이 부분과 맞아떨어진다.

107 '龍沙西裔'는 귀의군 정권의 소재지인 沙州를 가리킨다.

108 '華'를 原錄에서는 '花'로 썼다가 '華'로 고쳤다. 돈황사본에서는 '花'와 '華'가 구분되지 않는 경우가 많으므로 그냥 '華'로 쓰는 것이 옳다. 이 부분이 장의조가 아닌 장회심의 이야기로 의심되는 부분이다. 장의조는 장안으로 간 후 죽을 때까지 다시는 장안을 떠나지 않았기 때문이다. 그러나 장회심은 이 내용과 들어맞는다.

109 '英'을 原錄에서는 '莫'으로 썼다가 '不'로 고쳤다. [袁賓] '莫'은 '英'의 잘못이다. [潘重規] 原卷의 '英'이 '莫'과 비슷해서 『敦煌變文集』에서는 '莫'으로 잘못 보고 다시 '不'로 고쳤다.

붉은 비늘 자주색 꼬리 근심할 필요 없어
파도 따라 놓아주니 물결 좇아 흘러가네.
모름지기 강 위의 달을 좋아하고 찾아야지
맛있는 미끼 탐하여 낚싯바늘 삼키진 말지라.
외로운 원숭이 갇힌 세월이 깊어
성 남쪽 백 척의 숲으로 놓아주네.
맑은 물에서 마음대로 팔을 이어 물을 마시고
푸른 산에서 쉬며 단장음(斷腸吟)을 짓네.
멀리 모래바람길 수천 리 길 건너
성은 입고 옥섬돌 앞에서 명을 전하네.
담장 그늘 해바라기의 뜻은 해를 향하고
시내 아래 소나무의 마음은 하늘과 가깝네.
사막의 옛 변방 바뀐 지 오래라
사람들은 그대로여도 옛 법도는 바뀌었지.
다시 현명한 군주를 만나 은혜가 미치니
간절한 정을 품고 멀리 궁전으로 가네.
돈황의 옛적 옛사람들은
오랑캐가 가로막아 다시 가까이하지 못했네.
현명한 군주의 감화로 사방 오랑캐가 조용하니
군사를 움직이지 않고도 만 리가 새로워졌네.
영험한 구름 서로 얽히며 붉은 하늘을 껴안자
천자께서 난간까지 오시어 백료들에게 묻기를
"용사(龍沙)의 몰락이 어느 해겠소?
표문에서는 우리 조정을 그리워한다 하였소."

110 [原校] 原卷은 여기까지다. [校注] 原錄에서는 '縣'을 '懸'으로 고쳤는데, '縣'은 '懸'의 古字이므로 고칠 필요가 없다.

명왕께 아뢰려 궁전으로 들어서자
곧 서쪽 사신에게 조서가 미치도록 하시네.
처음에 임금의 은혜 입어 근심이 사라졌으니
천자 뵐 면목 없으면 돌아가지 않으리라.
용사의 서쪽 오랑캐가 은혜의 물결과 떨어져 있어
태보는 조령을 받들어 도성을 나섰네.
육척 영웅의 당당한 모습,
말솜씨 바다와 같아 현하(顯河)에 넘쳐흐르네.[111]

111 [譯注] 顯河 : 본래는 경사가 급하여 쏜살같이 흐르는 강을 말하며 말을 유창하게 잘 한다는 의미로 흔히 쓰인다.

장회심변문(張淮深變文)[1]

(前缺)

尚書見賊□降伏,[2] □□□□□□□

1 【原校】 原卷의 번호는 P.3451이며, 제목은 고사의 내용을 보고 집어넣었다. 孫楷第 선생은 「敦煌寫本張淮深變文跋」(『歷史語言硏究所集刊』 第7本 第3分)에서, 장회심이 沙州의 회골을 치고 당 천자가 상하 아홉 사신을 사주로 보낸 연대가 “아무리 늦어도 中和 4년(884) 이후가 될 수 없고 혹은 乾符 연간(874~879)일 수도 있다”고 했는데, 이 주장은 타당한 듯하다. 張景球가 지은 「張淮深墓誌銘」의 “건부 연간에 깃발을 다시 세운 공으로 특별히 천자의 사신을 내려 친히 변방까지 가도록 했다. 그 중 中使는 송광정이라는 이였다[乾符之政, 以功再建節髦, 特降皇華, 親臨紫塞. 中使曰宋光庭]”라는 내용이 바로 이 일을 말한 것이고 송광정은 상하 아홉 사신 중 한 명이었던 것으로 보인다. 따라서 이 변문이 창작된 시기는 건부 연간일 것이다. 또 原卷을 보면 붉은 색으로 쓴 부분도 있고 검은 색으로 다시 고친 부분도 있다. 마지막 부분 ‘自從司徒歸闕後’ 구부터 끝까지는 새로 고친 글자와 필적이 같다. 따라서 이 부분은 고쳐 쓴 사람이 지어서 보충한 것으로 보인다. 【校注】 榮新江은 다음과 같은 말을 했는데 이는 아주 타당한 의견으로 보인다. “끝부분 절구의 ‘司徒’라는 단어에 근거하면 이 변문이 지어진 시기는 장의조가 조정에 있던 咸通 8년에서 13년 사이(867~872)이고, 묘사한 내용 역시 이 시기 혹은 바로 그 전이 된다. 唐長孺 선생은 본문에 나오는 ‘拜貂蟬’이 시중 혹은 중서령의 직위가 더해진 것을 가리킨다고 한 손해제 선생의 주장이 옳지 않다고 지적했다. 본문의 ‘詔命貂冠加九錫, 虎旗龍節曜雙旌’ 두 구는 각각 장회심에게 散騎常侍의 직이 더해지고 旌節이 수여된 두 가지

"莫遣波逃星散去, □□□□□□□."

蒙塵首領陳辭曲 : "□□□□□□□.

奉命差來非本意, □□□□□□□.

今朝死活由神斷, □□□□□□□."

鳥入網中難走脫, □□□□□□□.

(앞부분은 빠져 있음)

상서(尙書)가 적을 보고 항복을 [권유하며]

( )

"흩어져 달아나지 못하도록 하라

( )."

먼지를 뒤집어쓴 우두머리가 곡(曲)을 풀기를

"( )

명(命)을 받고 온 것일 뿐 본의가 아니고

( )

이제 죽고 사는 건 신에게 달려 있으니

( )."

그물로 들어간 새는 빠져나오기 힘들고

( ).

일을 가리킨다. 두 일이 서로 이어져 있으므로 시간차는 크지 않은 것으로 보인다. 장회심의 비문에 따르면 그에게 산기상시가 더해지고 河西의 정절이 하사된 건 함통 8년 전후이다. 이 작품이 함통 8년 이전이 될 수 없음을 말해주는 것이다. 또 본문을 보면 이 두 가지 일이 장의조가 사도로 칭해진 함통 8년에서 13년 사이에 발생했음을 알 수 있다. 따라서 이 작품은 함통 13년으로부터 얼마 거슬러 올라가지 않은 시기에 지어졌다고 봐야 한다."

2 【原校】 1행부터 27행까지는 아래 부분이 모두 잘려 있다. 【校注】 앞쪽 6행은 운문이라 궐문으로 채워 넣었다. 【張鴻勳】 尙書 : 官名. 唐에는 尙書省이 있었는데, 尙書가 그 장관이 되어 재상의 직위를 맡았다. 돈황본 「張氏勳德記」에는 장회심이 아버지 義潭을 이어 沙州刺史가 되어 일찍이 '戶部尙書로서 河西의 절도사로 충임되고', '兵部尙書가 되었다'는 등의 말이 있다. 따라서 '尙書'는 장회심을 가리킨다.

迴鶻旣敗, 當卽生降, [ ]歸. "某乙所來爲寇, 非[ ]實慮尙書徵兵來伐, [ ]爲遊軍, 何期天道助[ ]某乙首領而已." 尙書[ ]業, 累致逃亡, 使安西[ ]之窟, 乃何(可)[3]先陳降[ ]非一二, 據汝猖狂, 盡[ ]且留性命. 首領等[ ]離鼎上, 當則收賊戈[ ]首尾相連, 俘諸丁[ ]寫表聞天處, 若爲:

회골은 싸움에 패하여 그 자리에서 항복을 하고 돌아가게 해 달라고 [청했다]. "제가 도적이 된 건 ( )이 아니고 사실 상서가 병사를 모아 정벌하러 올 것이 걱정되었기 때문입니다. [이제 싸움에 패하여] 떠도는 군사가 되었으니 어찌 하늘의 도가 (우리를) 도우리라 기대하겠습니까? [오로지] 저의 수령을 [믿었을] 뿐입니다." 상서가 ( )하자 계속 도망을 가서 안서(安西)로 하여금 ( )의 굴을 [치도록 하니] 미리 항복[의 뜻을 표하는 이들이] 하나둘이 아니었다. 너희들의 사나움을 보면 모두 [죽이는 것이 마땅하나] 목숨만은 남겨둔다. 수령들이 [즉시] 산꼭대기를 떠나 바로 적들의 창을 거두니 [항복한 이들이] 줄줄이 이어졌다. 여러 적들을 사로잡아 ( ) 표(表)를 지어 하늘에게 알렸다. 그 모습을 보시면:

> 尙書神算運籌謀, 廓靖[4]龍□(沙)□□□.
> 破却吐蕃收舊國, 黃河□□□□□.
> 諸蕃納質[5]歸唐化, 盡欲輸□□□□.
> 敢死[6]破殘迴鶻賊, 星馳羽□□□□.
> 初言納款[7]投旌戟, 續變□□□□□.

---

3 '乃何'가 原錄에는 '奈何'로 쓰여 있다. 실제 原卷에는 '乃何'로 되어 있는데, 여기서는 '차라리 ~하려 하다'의 의미인 '乃可'가 되어야 할 것이다.

4 '靖'이 原錄에는 '淸'으로 되어 있으나, 실제 原卷에는 '靖'으로 되어 있기 때문에 이에 근거하여 고쳤다. '龍' 아래의 한 글자는 '沙'가 되어야 할 것이다.

5 **[譯注]** 納質 : 보증을 위해 사람이나 물건을 바치다.

6 敢死 : 기꺼이 몸을 던지는 병사들. 『三國志』 「吳書」 '董襲傳' : "습과 능통이 모두 선두에 나섰는데 각자 기꺼이 목숨을 바칠 병사 백 명을 거느렸다(襲與凌統俱爲前部, 各將敢死百人).

7 納款 : 귀순하다, 항복하다.

早向瓜州欺牧守, 今朝此處□□□.
黃天不許辜神德, 敗績橫□□□□.
生降不可全坑却, 且放嚴□□□□.
首領馬前稱萬歲, 言終泣下□□□.
尙書[8]見賊已歸降, 蹔假威容駐道傍.
念汝失鄕淪落衆, 那堪更遣負寒霜.
中軍處分收弓□,[9] 表進戈矛奉大唐.
然后(後)收軍遮逆虜, 陌刀[10]生擁入敦煌.
상서가 신묘한 계책을 써서
성곽은 조용해지고 용사(龍沙)[11]는 ( ).
토번을 쳐부수어 옛 강토를 수복하고
황하는 ( ).
여러 번진에서 공물을 바치고 당(唐)으로 귀속하며
모두들 ( )을 주며 ( ).
목숨 바쳐 회골의 도적들 깨부수는 모습
별이 내닫고 깃이 [날아가듯 재빠르네]
애초부터 항복한다 말하고는 깃발과 창을 내던지고
이어서 ( )을 바꾸어 ( )

---

8 [原校] 原卷을 보면 '尙書' 두 글자는 검은 색 글씨로 '元戎'으로 고쳐져 있다. [校注] P.2726 「張氏勛德記」를 보면 장회심이 "호부상서의 직이 더해져 하서절도사로 충임되었다(加授戶部尙書, 充河西節度使)"고 되어 있다. 여기서 '元戎'이라고 고친 것은 나중에 장회심의 관직이 올라가서 설창자가 관직명을 새로 고쳐야 했기 때문인 것으로 보인다.

9 이곳의 궐문은 '刀'자가 되어야 할 것이다.

10 '陌'을 原錄에서는 궐문 처리했으나, 사실 原卷에는 '陌'자가 분명히 쓰여 있다. 蔣禮鴻은 『大唐六典』을 인용하여 이렇게 풀이했다. "陌刀는 長刀이다. 보병이 가지고 다니던 칼로 말을 벨 때 쓰였던 것으로 보인다." 『舊唐書』 「闞稜傳」: "큰 칼을 잘 쓰는데, 길이가 1丈에 양날이며 '陌刀'라고 한다(善用大刀, 長一丈, 施兩刃, 名爲陌刀)." 郭在貽는 이 글자가 '銆刀'가 되어야 한다고 했다. 『集韻』: "銆, 銆刀, 兵器."

11 '龍沙'는 곧 '沙州'를 가리킨다.

일찍이 과주(瓜州)로 향해 가서 목수(牧守)를 속이더니
지금은 이곳에서 ( )
하늘이 신묘한 덕을 져버리지 않으셔서
싸움에 패하여 가로놓인 [적군의 시체가 즐비하구나].
항복하지 못하겠다면 모두 구덩이에 파묻고
엄한 호령을 내려 ( )
우두머리는 말 앞에서 만세를 부르더니
말을 끝내자 울면서 ( )
상서는 적이 이미 항복해 오자
문득 위용(威容)을 뽐내며 길옆에 멈추었네.
고향을 잃고 헤매는 너희를 생각하면
어찌 차마 찬 서리를 짊어지라 하겠는가.
중군(中軍)에 명하여 활과 [칼]을 거두어들이라 하자
길고 짧은 창을 바치며 대당(大唐)을 받들겠다고 하네.
이후 군사를 거두어 반역한 오랑캐들을 막고
긴 칼 들고 둘러싸 돈황으로 들어왔네.

尙書旣擒迴鶻, 卽處分左右馬步都虞候, 並令囚縶. 遂請幕府修牋, 述之露布,[12] 封函結款, 卽□□□, 不逾旬月之間, 使達京華. 表入鳳墀,[13] 帝親披覽, 延暎[14]天朝. 帝謂群臣曰: "□□□□□□表奏, 獲捷匈

12 露布: 승전보. 『封氏聞見記』: "露布는 승전보의 별칭이다. 군대에서 적을 무찌른 후 帛書를 막대기에 꽂아 병부에 보고하는 것을 '露布'라 한다. 한나라 이래로 이 이름이 있었던 것으로 보인다. '露布'라는 이름은 따로 봉하지 않고 드러내놓고 알려 사방에서 빨리 알 수 있도록 하는 것이기 때문에 붙여진 것이다. '露板'이라고도 한다[露布, 捷書之別名也. 諸軍破賊, 則以帛書建諸竿, 上兵部, 謂之露布. 蓋自漢以來有其名. 所以名露布者, 謂不封檢, 露而宣布, 欲四方速知. 亦謂之露板]."

13 [張鴻勳] 鳳墀: 조정을 가리킨다. '墀'는 어전의 계단 혹은 그 위 빈 공간을 말한다.

14 延暎: 原卷에는 글자가 훼손되어 있다. 白居易, 「寄隱者」: "어제는 연영전에서 마주하고 있다가, 오늘은 애주로 가네(昨日延英對, 今日崖州去)." '延暎'은 '延英'으로 읽

奴千餘人, 縶于囹圄. 朕念□□□□□舊懿, 曩[15]日曾效赤誠; 今以子孫流落□□河西, 不能堅守誠盟, 信任諸下, 輒此猖狂. 朕聞往古 '義不伐亂', 匈奴今豈(其)謂矣!" 因而厚遇之, 群臣皆呼萬歲. 乃命左散騎常侍李衆甫, 供奉官李全偉, 品官楊繼瑀等上下九使, 重賫國信, 遠赴流沙. 詔賜尙書, 兼加重錫, 金銀器皿, 錦繡瓊珍, 羅列毬場,[16] 萬人稱賀. 詔曰: "卿作鎭龍沙, 威臨戎狄, 橫戈大漠, 殄掃匈奴. 生降十角[17]於軍前, 對敵能施於七縱.[18] 朕聞[19]嘉嘆, 卿[20]更勉懷!" 尙書捧讀詔書, 東望帝鄕, 不覺流涕處, 若爲陳說:

상서는 회골을 사로잡고 곧바로 좌우의 기마보병 도우후(都虞侯)[21]를 시켜 잡아가두도록 명했다. 이윽고 막부를 불러다가 편지에 승전보를 써서 봉함하고 도장을 찍어 [즉시 조정으로 보내도록 하니], 한 달이 지

어야 한다. 【譯注】 '延英'은 당대의 궁전 이름인 '延英殿'의 약칭이다. 재상 苗晉卿이 연로하여 거동이 불편해지자 당시의 황제 肅宗이 특별히 연영전을 지어 묘진경을 부름으로써 예우를 표했다고 한다.

15 '曩'이 原錄에는 '衰'로 쓰여 있다. 하지만 原卷을 보면 '曩'자의 윗부분이 약간 떨어져나가 있긴 하지만 '衰'자는 아니다.

16 毬場: 고대 사람들은 말을 타고 공을 찼는데 당나라 사람들이 특히 좋아하였다. 이 놀이를 하는 毬場은 아주 넓어서 광장의 역할을 했다.

17 十角: 劉凱鳴은 이 말을 '十酋'로 고쳤으나 옳지 않다. 『後漢書』「南匈奴傳」: "其大臣貴者左賢王, 次左谷蠡王, 次右賢王, 次右谷蠡王 謂之四角; 次左右日逐王, 次左右溫禺鞮王, 次左右漸將王, 是爲六角; 皆單于子弟, 次第當爲單于者也." 『漢書』「匈奴傳」에 따르면, 左王들은 동쪽에 거주하고 右王들은 서쪽에 거주하며 각자의 땅을 갖는다. 그래서 '十角'은 곧 '十隅'로서 변진의 10개 부락을 의미한다. 당대에 '十角'은 돌궐과 회골을 가리키는 것이었다. 회골은 본래 아홉 부족이었다가 나중에 열 개로 늘어났다. 그래서 '九姓迴鶻', '十姓迴鶻'이라 하는 것이다. 여기서는 회골의 모든 우두머리들을 가리킨다.

18 【張鴻勳】 七縱: 『三國志』「蜀志」 '諸葛亮傳'에서는 「漢晋春秋」를 인용하여 제갈량이 남중을 평정할 때 그 우두머리인 맹획을 일곱 번 잡았다가 일곱 번 놓아줌으로써 맹획을 감복시켰다는 내용의 주석을 넣었다. 여기서 '七縱'은 뛰어난 계책을 의미한다.

19 原錄에서는 '聞'을 '深'으로 썼으나, 실제 原卷에는 '聞'으로 되어 있다.

20 原錄에서는 '卿'을 궐문 처리했다. 原卷을 보면 오른쪽 '卩'만 남고 지워졌는데 아마 '卿'자일 것이다. 劉凱鳴은 '其'라고 했으나 확실치 않다.

21 【張鴻勳】 都虞侯: 唐代 후기 번진에서는 믿을만한 武官을 도우후로 삼아 군법을 집행하도록 했다.

나지 않아 사자가 수도에 도착했다. 표문이 어전으로 들어오자 황제가 연영전(延英殿)의 조정에서 친히 열어보았다. 황제가 여러 신료들에게 말하였다. "[상서가 승전보를 보내와] 알리기를 흉노족 천여 명을 잡아서 가두어 두었다 하오. 짐이 생각건대 [지금 흉노가 옛 모습을 잃었긴 하나] 지난날 진실한 마음을 보여준 적도 있소.[22] 이제 그 자손들이 하서(河西)를 ( ) 떠돌다가[23] 참된 맹약[24]을 지키지 못하고 부하들을 신임했다가 갑자기 이렇게 포악해진 듯하오. '의(義)는 난(亂)을 치지 않는다'는 옛말을 짐은 들었소. 지금의 흉노가 바로 그러하오!" 이렇게 그들을 두텁게 대하자 백관이 모두 만세를 불렀다. 이윽고 좌산기상시(左散騎常侍) 이중보(李衆甫), 공봉관(供奉官) 이전위(李全偉), 품관(品官) 양계우(楊繼瑀)[25] 등 상하 아홉 사신들에게 명하여 나라의 신표를 가지고 멀리 사막 지방으로 가도록 하였다. 상서에게 조령을 내리고 두터운 상을 더해주고 금은

---

22 『舊唐書』「迴鶻列傳」에 의하면 회골은 당나라가 고구려와 안사의 난을 평정할 때 공을 세운 것으로 되어 있다. '진실한 마음을 보여주었다'는 건 이를 두고 한 말이다.

23 회골은 唐 開成 말에 黠戛斯―중앙아시아와 신강 일대 소수민족―의 공격을 받아 한 무리는 감주 즉 감주회골로 이동하고 또 한 무리는 서주 즉 서주회골로 이동하였다. 이 외에 凉州嗢末도 있었는데 S.6342「張議潮進表」에 이에 대한 기록이 있다. "양주는 나라의 경계이고, 온말의 백성은 본래 하서와 농서에서 적들에게 점령을 당한 子將들인데 국가에서 이들을 버리고 거두어들이지 않음으로써 부락으로 변하였습니다(伏以凉州是國家邊界, 嗢末百姓, 本是河西, 隴右陷沒子將, 國家棄擲不收, 變成部落)." 온말 부족들은 성분이 복잡했으며 그 안에는 회골도 섞여 있었을 것으로 보인다.

24 『舊唐書』「迴鶻列傳」: "[至德 2년 9월에] 회흘이 태자 葉護를 보내 장군 帝德 외 병마 4천을 이끌고 국가를 도와 역적을 토벌토록 하자 肅宗은 대단히 후한 잔치를 마련해주었다. 또 원수 廣平王에게 명하여 섭호와 만나 형제를 맺으라 하고 계속해서 두터운 은혜를 베풀었다. 섭호는 크게 기뻐하며 광평왕을 형으로 대접했다(迴紇遣其太子葉護領其將帝德等兵馬四千餘衆, 助國討逆, 肅宗宴賜甚厚. 又命元帥廣平王見葉護, 約爲兄弟, 接之頗有恩義. 葉護大喜, 謂王爲兄)." 이것이 바로 이전에 했던 맹약 중 하나이다.

25 **[張鴻勳]** 左散騎常侍: 관직명. 秦漢 때는 散騎도 두고 中常侍도 두었는데 魏代에는 합해서 散騎常侍라고 하였으며, 唐에 이르러서는 門下省 아래의 관리는 좌산기상시, 中書省에 있는 관리는 우산기상시라고 했다. 실제적인 권력은 없었지만 존귀한 관리로 여겨졌으며 대부분 將相大臣을 겸직했다. 供奉官: 황제 좌우의 관리. 品官: 환관.

의 기명(器皿)과 아름다운 비단에 옥과 진주를 광장에 늘어놓고 만인의 축하를 받도록 했다. 조령은 이랬다. "경은 사주를 다스리며 그 위엄이 오랑캐들에게 미치도록 했고 거대한 사막에 창을 가로질러 놓고 흉노를 소탕하였다. 군대 앞에서 회골의 우두머리들을 항복시키고 적을 맞이해 뛰어난 계략을 능히 폈다. 짐은 이 소식을 듣고 크게 감탄을 했으니, 앞으로도 경은 더욱 힘써 주기 바란다." 상서는 조서를 받들어 읽고 동쪽으로 황제가 계신 곳을 바라보며 자기도 모르게 눈물을 흘렸다. 그 모습을 보면:

皇華西上赴龍庭,[26] 馹騎駢闐出鳳城.[27]
詔命貂冠加九錫,[28] 虎旗龍節[29]曜雙旌.
初離魏闕煙霞靜, 漸過蕭關磧路平.
蓋爲[30]遠銜天子命, 星馳猶戀隴山青.
行歌聖日臨荒壘, 玉勒[31]相催倍去程.
遙望敦煌增喜氣, 三峗峰翠目前明.

---

26 皇華: 천자의 사신을 가리킨다. 杜甫의 시, 「寄韋有夏郎中」: "萬里皇華使." 【張鴻勳】 龍庭: 흉노의 조정을 가리킨다. 흉노는 龍神을 섬기며 선우가 하늘에 제사지내는 곳을 용정이라 하는데, 나중에는 이 용정이 흉노의 조정을 대신하는 말이 되었다.

27 馹騎: 역마. 【張鴻勳】 '馹騎'는 사신을 떠날 때 열을 지은 수레들을 말한다. '馹'은 고대의 역참 전용 수레이다. 駢闐: 나열하다. 鳳城: 서울. 전하는 바에 따르면, 秦 穆公의 딸 弄玉이 퉁소를 워낙 잘 불어 봉황이 그 소리를 듣고 성으로 내려왔다고 한다. 그때부터 이 성을 '丹鳳城'이라 부르게 되었고, 나중에는 수도를 대신하는 말로 쓰였다고 한다.

28 【張鴻勳】 貂冠: 侍中, 中常侍를 가리킨다. 漢代에 이 관직에 있는 사람들이 모두 冠을 썼기 때문에 이렇게 부르게 되었다. 두 관직 모두 황제를 侍從하는 일을 한다. 九錫: 고대의 황제들이 대신에게 예를 표할 때 주던 아홉 가지 기물.

29 【張鴻勳】 虎旗龍節: 고대에 사신들이 행차를 나갈 때 가지고 다니던 용과 호랑이가 장식된 깃발과 깃대.

30 原卷에는 '蓋爲' 두 글자가 훼손되어 있어 이 글자인지 확신할 수 없다.

31 '玉'을 原錄에서는 '土'라 했다. 【徐震堮】 '土'는 '玉'이 되어야 한다. 【校注】 실제 原卷에는 이 글자가 잔결되어 있다. 여기서는 徐震堮의 교기에 따라 고쳤다. 【張鴻勳】 '玉勒'은 옥으로 장식된 말의 재갈로서 말을 대신 칭한다.

到日毬場宣詔喩(諭), 敕書褒奬更丁寧.
尙書旣睹絲綸誥, 蹈舞懷慙[32]感聖德 :
"微臣幸遇陶唐化, 得復燕山獻御容.
報國願淸戎落靜, 煙消萬里更崇墉.[33]
今生豈料親臨問, 特降天官出九重?
錫賚縑緗難捧授(受), 百生[34]銘骨誓輸忠!"
천자의 사신이 서쪽의 조정으로 가려고
역마들이 나란히 무리지어 수도를 나오네.
황제의 명을 받은 시중에게 9석(九錫)이 더해지고
호랑이 깃발과 용 깃대가 짝을 이루어 빛나는구나.
처음에 황궁을 떠날 때는 안개와 노을로 고요했으나
소관(蕭關)[35]을 지나면서 점점 사막길이 펼쳐지네.
멀리서 천자의 명을 받들고,
별처럼 내달리다가 농산(隴山)[36]의 푸르름을 사랑하네.
황폐한 성루까지 비추는 성은을 노래하고
옥 재갈이 서로를 재촉하며 여정은 빨라지네.
멀리 돈황을 바라보니 즐거운 기운이 더하고
삼위산(三峗山) 봉우리가 눈앞에서 푸르게 빛나는구나.
넓은 광장에 이르러 조령을 알리니
칙서로 내리는 포상은 더욱 간절하네.

---

32 懷慙 : 마음속으로 감격하다.

33 '墉'을 原錄에서는 '庸'으로 고쳤다. 『詩』「大雅」'皇矣' : "높은 성을 치다(以伐崇墉)." 【徐震堮】 '墉'은 '庸'으로 고칠 필요가 없다. 【張鴻勳】 '崇墉'은 본래는 높은 성을 말하는데 여기서는 공로가 큼을 의미한다.

34 劉凱鳴은 '百生'을 '百年'으로 고쳤으나 확실치 않다. '百生'은 영원하다는 의미이다.

35 【張鴻勳】 蕭關 : 관문 이름. 옛 터는 지금 寧夏 固原의 동남쪽에 있으며 關中에서 북쪽 변방으로 통하는 교통의 요충지였다.

36 【張鴻勳】 隴山 : 六盤山 남단의 별칭. 陝西省 隴縣 서쪽에 있으며 섬서성과 감숙성 경계에까지 이어지고 있다.

상서가 황제의 조서를 보고
존경의 예를 표하며 천자의 덕에 감사하네.
"미천한 신하가 다행히 빼어나신 황제를 만나
연산(燕山)[37]을 다시 천자께 바칠 수 있게 되었습니다.
나라의 은혜에 보답코자 오랑캐를 소탕하길 바랐는데
만 리의 연기가 사라져 다시 큰 공을 세우게 되었습니다.
어찌 생각했겠습니까! 친히 그 상황을 묻고자
특별히 아홉 사신을 궁문 밖으로 보내실 줄을.
상으로 하사하신 능라와 비단은 선뜻 받기 어려워
영원히 충성할 것을 뼛속 깊이 맹세합니다."

尙書授(受)敇已訖, 卽引天使入開元寺, 親拜我玄宗聖容. 天使睹往年御座, 儼若生前. 嘆念敦煌雖百年阻漢, 沒落西戎, 尙敬本朝, 餘留帝像. 其於(餘)四郡, 悉莫能存. 又見甘涼瓜肅, 雉堞彫(凋)殘, 居人與蕃醜齊肩, 衣着豈忘於左衽; 獨有沙洲一郡, 人物風華, 一同內地. 天使兩兩相看, 一時垂淚, 左右驂從, 無不慘愴. 安下旣畢, 日置歌筵, 毬樂宴賞, 無日不有. 是時也, 白藏之首, 境媚靑蒼; 紅桃初熟, 九醞如江. 天使以王程有限, 不可稽留. 修表謝恩, 當卽進發. 尙書遠送郊外, 拜表離筵, 碧空秋思, 去住愴然, 躊躇塞草, 信宿留連. 握手途中, 如何分袂處, 若爲陳說:

상서는 칙령을 받은 후 사신을 개원사(開元寺)로 인도하여 우리 현종(玄宗)의 성용(聖容)에 친히 참배토록 했다. 사신들은 왕년의 어좌를 보고 생전인 것처럼 정중하게 모셨다. 탄식하며 생각하기를, 돈황은 비록 백 년 동안 한(漢)과 가로막혀 있었으나 몰락한 서융(西戎)이 우리 조정을 숭상하면서 황제의 상(像)이 남겨진 것이었다. 허나 나머지 네 군은 존속할

37 【張鴻勳】 燕山 : 燕然山. 현재 몽고 경내에 있는 杭愛山이다.

수 없었다. 감주(甘州), 양주(凉州), 과주(瓜州), 숙주(肅州)를 보니 성가퀴는 부서지고 주민들은 추악한 번진과 마찬가지로 좌임의 옷차림을 그대로 따르고 있었다.[38] 오직 사주(沙州) 한 군만이 인물과 풍속이 중원 땅과 같았다. 사신이 서로를 바라보며 갑자기 눈물을 흘리니 좌우의 수행인들도 슬퍼하지 않는 이가 없었다. 이곳은 이미 평안해져 매일 노래를 부르고 공놀이와 잔치로 즐겁지 않은 날이 없었다. 이때는, 해가 숨는 첫머리라 국경이 아름답고 푸르며, 홍도가 이제 막 익고 맛있는 술이 강과 같이 넘쳤다. 천자의 사신은 여정에 기한이 있어 더 머무를 수 없었다. 표(表)를 써서 은덕에 감사하고 즉시 출발하였다. 상서는 멀리 교외까지 배웅하며 이별의 뜻을 표했다. 푸른 하늘 아래에서 슬퍼하고 가다 멈추고 가다 멈추며 가슴 아파했다. 변새의 풀숲에서 주저하다 이틀 밤을 묵은 후 길에서 손을 부여잡고 이별을 하였으니, 그 모습을 보시면:

□從收復已多年, 萬里西門絶戍[39]煙.
去歲官崇驄馬政,[40] 今秋寵遇拜貂蟬.[41]

---

38 左衽 : 고대 소수민족의 복장으로 앞 옷깃을 왼쪽으로 향하게 하는 것이다. 중원 사람들은 반대로 옷깃을 오른쪽으로 연다.

39 '戍'을 原錄에서는 '戎'으로 썼으나, 原卷은 '戍'로 되어 있다. '戍烟'은 변방의 봉화 연기를 가리키며 변방의 긴급한 소식을 말하기도 한다.

40 驄馬政 : 鄧文寬은 『後漢書』 권37 「桓榮附桓典傳」의 내용을 인용하여 "항상 총이말을 타고 다녔으며, 도성에서는 그를 두려워하고 꺼리며 이렇게 말했다. '걸을 때나 멈출 때나 驄馬御史를 피하라'"고 했다. 또 "후세에는 어사 혹은 엄격한 법 집행을 말할 때 쓰이게 되었다"라고도 했는데, 이는 대단히 타당한 의견이다. 【項楚】 '驄'자는 '總'을 잘못 쓴 것이다. '總馬政'은 아래의 '拜貂蟬'과 짝을 이루는 말로서, 천하의 馬政을 총괄한다는, 즉 태복의 관직에 올랐다는 의미이다. 『舊唐書』 「職官志」 3 '太僕寺' : "태복은 나라의 말 사육과 수레와 관련된 명령을 관장하는 관직으로서 乘黃, 典廐, 典牧, 車府의 네 부서 및 말을 감독하는 관리들을 총괄한다(卿之職, 掌邦國廐牧, 車輿之政令, 總乘黃, 典廐, 典牧, 車府四署及諸監牧之官屬)"가 바로 소위 말하는 '總馬政'을 가리킨다. 이 변문 작품에서 '總馬政'은 태복의 관직을 하사받았다는 의미일 뿐 실제로 말과 관련된 업무를 총관하는 일을 했다는 건 아니다. 【譯注】 '校注'에서는 項楚의 주장이 확실치 않다고 했다. 그러나 바로 아래 구절과 확실한 대를 이룬다면 '驄'과 '拜'는 모두 동사로 보는 것이 타당하리라 생각되어 여기서는 項楚

無何[42]獫狁侵唐境, 引旆奔衝過九(酒)泉.[43]

聖主遠憂懷軫慮, 皇情頒詔虜庭宣.

丹霄內使人難見, 土嶺風沙塞草寒.

跋涉金河勞俊(駿)[44]騎, 深塹常侍降樓闌(蘭).

歸程保重加餐飯,[45] 張掖姑臧在目前,

到後金鑾朝奏日, 沖融[46]敷對爲周旋.

感戴鴻恩終不忘,[47] 永清河隴獻天顏.[48]

( ) 수복한 지 이미 여러 해가 흘러

만 리 밖 서문(西門)에서는 변방의 봉화 연기가 끊겼네

지난해에는 관직이 높아져 마정(馬政)을 총괄하더니

올 가을 또 총애를 얻어 초선(貂蟬)을 하사받았네.

오래지 않아 험윤(獫狁)[49]이 당(唐)의 경계를 침범하자

군대를 이끌고 급히 내달려 주천(酒泉)을 지났지.

성군께서는 멀리서 근심 걱정하시며

황제의 뜻으로 오랑캐 땅까지 조령을 베푸시네.

의 의견을 따른다. [張鴻勳] 太僕의 관직을 하사했다는 의미이다. 太僕은 황제의 수레와 말에 관한 일을 담당하는 관리이다.

41 [張鴻勳] 拜貂蟬은 侍中 혹은 中書令의 직위를 준 것을 말한다. [校注] 장회심은 咸通 8년 즈음에 散騎常侍의 관직이 더해졌다.

42 [張鴻勳] '無何'는 '無幾何時'의 준말로서 '不久'의 의미이다.

43 '九泉'을 原錄에서는 '大泉'으로 썼는데, '大'는 '九'를 잘못 본 것인 듯하다. '九'는 '酒'와 통한다. 아래에 "天使纔過酒泉, 迴鶻王子, 領兵西來"라는 구절이 나온다.

44 '俊'이 原卷에는 '後'로 되어 있는데, 이는 모양이 비슷해서 잘못 쓴 것이다.

45 '保重'과 '加餐飯'은 병렬관계이며 이별할 때의 인사말이다.

46 [原校] 向達은 "沖融은 곧 從容이다"라고 했다.

47 '終不忘'이 原錄에는 '何日報'로 되어 있으나, 실제 原卷에서는 이미 '終不忘'으로 고쳐 두었다.

48 이 구가 原錄에는 '權兵靜塞□龍顏'으로 되어 있다. [原校] 原卷을 보면 이 두 구가 '感戴鴻恩終不忘, 永淸河隴獻天顏'으로 고쳐져 있다. [校注] 原卷에서 '淸' 위의 글자는 '永'이다. 原卷의 원래 구는 이미 지워졌으므로 여기서는 고쳐진 구를 썼다.

49 [譯注] 고대 북방의 소수 민족 중 하나로서 '玁狁'이라고도 한다.

하늘 아래서 사람은 찾아보기 힘들고
흙봉우리 모래바람에 변방 초원은 차갑구나.
금하(金河) 건너 어렵게 말을 몰아
상시(常侍)는 누란(樓蘭)[50]까지 내려와 주었네.
몸 조심히 안녕히 가시라는 인사를 할 때
장액(張掖)과 고장(姑臧)이 어느새 목전에 있네.
금란전(金鑾殿)에 도착한 후 조정에 아뢰는 날
침착하고 상세하게 천자의 물음에 답했지.
결코 잊지 못할 성은에 감격하며
영원히 맑은 하롱(河隴) 땅을 천자께 바치네.

天使既發, 分袂東西. 尙書感皇帝之深恩, 喜朝廷之天遇. 應是[51]生降迴鶻, 盡放歸迴. 首領蒼遑, 咸稱萬歲. 豈料蜂蠆有毒, 豺性難馴, 天使纔過酒泉, 迴鶻王子, 領兵西來, 犯我壃埸. 潛於西桐海畔, 蟻聚雲屯, 遠偵烽烟, 卽擬爲寇. 先鋒遊弈[52]使白通吉, 探知有賊, 當卽申上. 尙書既聞迴鶻□□, □[53]諸將點精[54]兵, 將討匈奴. 參謀張大慶越班啓曰: "金□□□,[55] 兵不可妄動. 季秋西行, 兵家所忌." 尙書謂諸將□: "□□[56]失信, 來此窺鬪. 軍志有言 : 兵有事不獲[57]而行之, □□□事不獲

50 '樓蘭'은 옛날 나라 이름이다. 여기서는 凉州나 甘州 등 沙州로 가는 길에 있는 嗢末과 迴鶻의 통치 구역을 가리킨다. 【張鴻勳】 樓蘭 : 漢代 서역의 나라 중 하나. 지금의 新彊 羅布泊 서쪽에 있었으며 서역과의 교통로 위쪽 땅이다. 나중에 鄯善으로 이름을 바꾸었다. 여기서는 실제의 지명을 가리키는 건 아니고 서북 소수민족 지방정권들(예를 들면 회골 등)을 대신 가리키는 말이다.

51 應是 : 모두, 전부.

52 '弈'을 原錄에서는 '奕'으로 썼으나, 실제 原卷에는 '弈'으로 되어 있어 옳게 고쳤다.

53 궐문은 '西來, 命'으로 채울 수 있을 것이다.

54 原錄에서는 '精' 위에 '銳'자가 있다. 原卷을 보면 '精'자가 '銳'자의 오른쪽 아래에 고쳐 쓰여 있으므로, 여기서는 '銳'자를 지웠다.

55 五行說에 따르면 '金'은 가을을 대표할 수 있다. 따라서 궐문(原卷의 잔결은 두 글자나 세 글자이다)은 '爲秋' 정도가 될 것이다. 『春秋繁露』「五行對」: "金爲秋."

矣! 但持金以壓王相,[58] 此時必須剪除." 言訖, □□□軍, 誓其衆曰: "迴鶻新受詔命, 今又背恩, 此所謂□□, 理合撲滅, 以雪朝廷之憤. 將士勉懷盡節, 共掃攙搶!"[59]

사신이 출발하면서 서로 이별하게 되었다. 상서는 황제의 깊은 은혜에 감사하고 조정의 보살핌에 기뻐하였다. 항복해 온 회골족들 전부를 돌아가도록 놓아주었다. 수령들은 허둥대며 저마다 만세를 불렀다. 허나 벌과 전갈에 독이 있고 승냥이의 성질이 길들이기 어려움을 미처 생각지 못했다. 사신이 이제 막 주천을 지나자 회골의 왕자가 군대를 끌고 서쪽으로 와서 우리 경계를 침범하였다. 서동의 물가에 숨어 있다가 개미처럼 모여들어 구름처럼 주둔하였다. 멀리 봉화의 연기를 보니 적이 쳐들어온 듯 했다. 선봉 유혁사(游奕使) 백통길(白通吉)은 적이 있음을 알고 즉시 상부에 알렸다. 상서는 회골이 [서쪽으로 왔다는 소식을] 듣고 장수들에게 정예병을 모아 흉노를 토벌[토록 명하였다]. 참모 장대경(張大慶)[60]이 절차를 무시하고 급히 아뢰었다. "[가을이라] 군대를 함부로

56 궐문은 '曰, 迴鶻'이 되어야 할 것이다.

57 不獲: 不獲已, 不得已.

58 '厭'이 原錄에는 '壓'의 속자인 '壓'으로 쓰여 있다. '壓'의 음과 뜻은 '厭勝'에서의 '厭'과 같다 '王相'은 곧 '旺相'으로서 왕성한 모습이다. S.610『啓顔錄』「昏忘」: "마을 사람들은 다같이 함께 본 다음 와서 거울을 보고 모두들 말하였다. '이 집은 형편이 아주 좋아서 좋은 종을 살 수 있었던 것이다'(村人皆共觀之, 來窺鏡者, 皆云 '此家王相, 買得好奴也'")가 그 예이다. 『漢書』「王莽傳」: "위두는 다섯 석의 구리로 만든다. 북두처럼 길이가 2척 5촌이며 이것으로 많은 군대에 압승을 거두고자 한다(威斗者, 以五石銅爲之, 若北斗, 長二尺五村, 欲以厭勝衆兵." 이것이 바로 '持金以壓王相'의 의미이다.

59 '攙'을 原錄에서는 궐문 처리했으나 原卷에는 왼편의 '扌' 편방이 남아있다. [項楚] 빠진 글자는 '攙'이 되어야 할 것이다. '攙搶'은 곧 혜성으로서 고대에는 적을 비유할 때 사용되었다. [校注] 여기서 '攙搶'은 반란을 가리킨다. 『全唐詩外編』9, 張祜, 「投河陽右僕射」: "간악한 오랑캐들이 반란을 꾀하자 장군이 가장 먼저 출정하네(黠虜構攙搶, 將軍首出征)." 바로 앞의 '今又背恩, 此所謂□□'에서 빠진 글자 역시 '攙搶'이 아닐까 한다. '攙搶'은 '欃槍', '攙槍'으로도 쓰인다.

60 S367권「沙州地志」題記: "光啓元年十二月卄五日, 張大慶因靈州安慰使□大夫等來至州, 於□邊寫得此文書." 劉銘恕는 이 張大慶이 바로 위의 張大慶이라고 했다.

움직일 수 없습니다. 늦가을의 서행(西行)은 군대에서 금기시하는 바입니다." 상서는 장수들에게 일렀다. "[회골이] 신의를 저버리고 이곳으로 와서 호시탐탐 기회만 노리고 있소. 『군지(軍志)』에 이런 말이 있소. '군대에서 어쩔 수 없이 일을 해야 한다면 [어떤 일도] 할 수가 없다. 그러나 금(金)을 가지고 왕성한 기운을 누르는 법이니 이때가 모름지기 쳐 없애야 할 때이다." 말을 마치고 ( ) 병사들에게 고하였다. "회골이 조령을 새로 받고도 또 다시 은혜를 저버리고 있다. 이것은 소위 [역란이니] 그들을 박멸하여 조정의 분을 씻는 것이 합당하리라. 장병들은 온 힘을 다 바쳐 적을 쓸어 없애겠다는 각오를 하라."

傳令既訖, 當卽胤(引)[61]兵, 鑿凶門而出. 風馳霧卷, 不逾信宿, 已近西桐. 賊且依海而住, 控險爲勢, 已(以)拒官軍. 尙書乃處分諸將, 盡令臥鼓倒戈, 人馬銜枚; 東風獵獵,[62] 微動塵埃; 六龍纔過, 誓不空迴; 先鋒遠探, 後騎相催; 鐵□[63]千隊, 戰馬雲飛; 分兵十道, 齊突穹廬; 鼙[64]鼓大振, 白刃交麾; 匈奴喪膽, 鼠竄周諸;[65] 頭隨劍落, 滿路僵屍; 迴鶻大敗, 天假雄威處, 若爲陳說 :

명령을 모두 전한 다음 즉시 병사들을 이끌고 흉문(凶門)을 뚫고 나갔다. 바람이 세차고 안개가 휘감았으나 이틀 밤을 지나지 않아 벌써 서동(西桐) 가까이에 이르렀다. 적은 강물에 의지해 머물며 험한 곳을 차지

61 [徐震堮] '胤'은 '引'이어야 할 것이다. [校注] 『文選』 「長笛賦」 注 : "胤, 亦曲也. 字或作'引'." 이 기록을 통해 두 글자가 서로 통함을 알 수 있다.

62 [徐震堮] 빈 글자는 '獵'이어야 할 것이다. [校注] '獵獵'에서 뒤의 글자를 原錄에서는 궐문 처리했으나, 여기서는 문장부호가 빠진 것으로 보고 보충해 넣었다. [譯注] '獵獵'는 바람소리를 형용하는 의성어이다.

63 궐문은 '騎'자일 것이다.

64 '鼙'를 原錄에서는 속자인 '鞞'로 썼다.

65 [項楚] 이곳의 '周諸'는 '周章'이 되어야 한다. '章'과 '諸'는 같은 소리가 전환된 것이다. '周章'은 두려워하는 모습이다. [校注] '周章'과 '周諸'가 같은 聯綿詞에 속하는 이상 굳이 글자를 고칠 필요가 없다.

하고서 관군에 대항하고 있었다. 상서는 장수들에게 명을 내려 북을 눕히고 창을 기울이고 병사와 말들에게는 재갈을 물리도록 했다. 동풍이 쏴쏴 불어 가볍게 먼지가 일고, 육룡(六龍)[66]을 막 지나면서는 헛되이 돌아오지 않으리라 맹세했다. 선봉이 멀리까지 정탐을 나서고 그 뒤를 기마병이 바짝 따랐다. 철기(鐵騎) 천 대에 전마(戰馬)는 구름처럼 날았다. 군사를 열 길로 나누어 흉노의 장막으로 일제히 돌진해 들어갔다. 북소리가 진동을 하고 시퍼런 칼날이 휙휙 오가자 의욕을 상실한 흉노는 벌벌 떨며 숨느라 바빴다. 머리는 칼날을 따라 떨어지고 길에는 시체가 가득했다. 회골은 대패하고 하늘이 웅대한 위용을 뽐내니, 그 모습을 보시면 :

尙書聞賊犯西桐, 便點偏師[67]過六龍.
總是敦煌豪俠士, □[68]曾征戰破羌戎.
霜刀用苦[69]光威日, 虎豹爭奔煞氣濃.
鉦鼙鬧裏紛紛擊, 戛戛聲齊電不容.
恰到平明兵褰合,[70] 始排精銳拒先衝.
弓開偃月雙交羽, 斧斫□□立透胸.
血染平原秋草上, 滿川流水變長紅.[71]
南風助我軍威急, 西海橫屍幾十重.
兒郎氣勇[72]心膽壯, 天恩從□□□公.[73]

66 六龍은 지명으로 봐야 한다. [張鴻勳] '六龍'은 황제의 수레. 8척의 말을 '龍'이라 한다. 여기서는 황제의 군대를 말한다.

67 [譯注] 偏師 : 군대에서 주력 부대와 구별되는 한 부대.

68 궐문은 '慣'자일 것이다.

69 '用苦'는 잘못인 듯하다. '明若'이 아닐까 한다.

70 '褰合'을 原錄에서는 '裹合'으로 썼다. [袁賓] '裹合'은 '褰合'이 되어야 한다. '裹'와 '褰'가 모양이 비슷해서 잘못 쓴 것이다. '褰合'은 '포위하다'의 의미이다.

71 '長紅'은 흐르는 피가 많은 모습이다.

72 '兒郎氣勇'이 原錄에는 '是日尙書'로 쓰여 있다. [潘重規] 原卷을 보면 옆에 '兒郎氣勇'

상서가 적들이 서동을 침범했다는 소식을 듣고
곧 군대를 모아 육룡(六龍)을 지나네.
모두들 돈황의 빼어난 병사들로
오랑캐를 쳐부수는 전투에는 이골이 나 있지.
서리 같은 칼날은 하늘의 해처럼 빛나고
호랑이와 표범이 다투어 내닫는 듯 살기가 가득하구나.
징과 북을 어지럽게 쳐대니
그 소리는 번개도 따르지 못하는구나.
마침 하늘이 밝아 오자 병사들은 포위를 하고
바로 정예부대를 배치하여 선봉과 맞서도록 하네.
활이 반달처럼 열리면서 화살이 쌍으로 걸리고
도끼가 ( ) 가슴을 뚫네.
피가 평원의 가을 풀을 물들이자
온 시내와 온 강이 붉게 변하네.
남풍은 우리 군의 위용을 더해주고
서해에 가로놓인 시체는 수십 겹이로다.
병사들은 하늘을 찌르는 사기에 큰 담력을 가지고 있어
하늘의 은혜가 ( ) 공에게 미치네.

兒郎氣勇, 膽顫肉飛. 陌刀亂揺,[74] 虎鬭□□.[75] □□□□,[76] □□棒鎚.

이 덧붙여 있다. [校注] '兒郎氣勇'으로 原卷에 원래부터 초록되어 있으며 옆에 따로 더해져 있지 않다. 原卷에는 '是日尚書'의 네 글자가 없는데 原錄에서는 무엇에 근거해서 이렇게 썼는지 모르겠다.

73 '從' 아래의 궐문은 '此'나 '玆' 류의 글자일 것이다. '公' 바로 위의 글자는 '令'이 되어야 한다. '令公'은 장회심을 가리킨다.

74 揺 : 擊. 『廣雅』「釋詁三」: "揺, 擊也." 『廣韻』에서의 음은 芳逼切이다.

75 이 부분은 각운이 되어야 한다.

76 原錄에서는 이 궐문을 아예 표시하지 않았다. 이 부분은 原卷이 훼손되어 글자가 얼마나 빠졌는지 알기 힘들다. 다음 구에서 '鎚'가 각운으로 쓰이므로 이 부분은 궐

骨撾揤,[77] 寶劍揮. □□[78]陣敗, 賊透重圍. 俘諸生口, 疋騎無遺.

하늘을 찌르는 사기에 병사들은 떨리는 가슴으로 몸서리를 쳤다. 긴 칼로 어지러이 치니 호랑이가 싸우는 듯 했다. ( ) 몽둥이로 내리치고, 뼈로 때리고 보검을 휘둘렀다. 대패한 [회골은] 몇 겹으로 포위되어 한 필의 말도 남김없이 모두 사로잡혔다.

> 獫狁從玆分散盡, □□歌樂却東□.[79]
> 自從司徒歸闕後, 有我尙書獨進奏.[80]
> □[81]節河西理五州, 德化恩沾及飛走.[82]
> 天生神將□英謀, 南破西戎北掃胡.
> 萬里能令烽火滅, 百城黔首賀來蘇.
> 幾迴獻捷入皇州, 天子臨軒許上籌.
> "卿能保我山河靜, 卽見推輪拜列侯.

문이 되어야 할 것이다.

77 '揤' 打. 『玉篇』: "揤, 打也." 『廣韻』의 음은 阻力切이다. 이 글자는 '側'으로도 쓴다.

78 궐문은 '迴鶻'이 되어야 할 것이다.

79 앞쪽 빠진 글자는 '蹈舞' 정도가 되어야 하고, 다음 빠진 글자는 '歸'로 脚韻을 시켜야 할 것이다. [原校] 이 변문은 여기서 끝나는 듯하다. 이후 '自從司徒歸闕後'부터는 함통 8년(867) 장의조가 입조하여 장안에 머문 이후를 말하고 있으며, 장회심이 돈황을 다스리며 세운 전공과 정치는 위의 글과 서로 이어지지 않는다. 아마도 후인이 아래 부분을 더해서 변문을 강창한 이후 마무리 글로 삼은 듯하다. [譯注] 변문 강창을 시작하고 마칠 때는 본래의 내용과 직접적인 관계가 없는 이야기를 짧게 노래하곤 했다. 이런 형식을 흔히 '押座文'이라고 하며, 이는 한국의 판소리에서 본격적인 내용을 시작하기 전에 짧은 단가로 목을 풀거나 관중들의 관심을 끌어내는 것과 흡사하다. 하지만 위의 내용은 본문의 장회심 이야기가 그대로 이어지고 있는 것으로 보아야 할 듯하다. 原校에서는 '司徒(장의조)가 궁궐로 돌아간 후'라는 구부터는 장회심과 관련이 없다고 하나 실제로는 장회심의 이야기로 보는 것이 더 자연스럽다.

80 [張鴻勳] 進奏: 唐代에는 上都進奏院이 있었다. 이 기관은 수도에 설치한 번진의 사무기구로서 奏書, 詔令, 각종 문서들을 전달하는 일을 맡았다. 위에서는 황제에게 아뢰는 글이나 문서를 보낸다는 의미로 쓰였다.

81 궐문은 '持'나 '杖'일 것이다.

82 [張鴻勳] 飛走: 들짐승과 날짐승, 금수.

河西淪落百年餘,[83] 路阻蕭關雁信稀.
賴得將軍開舊路, 一振雄名天下知."
年初弱冠卽登庸, 疋馬單槍突九重.
曾向祁連□□□, 幾迴大漠虜元兇.
西取伊□□□□, □□□□復舊疆.
鄰國四時□□□, □□□□□□□唐.
退渾小醜□□□, (下缺)
험윤이 이로부터 뿔뿔이 흩어져
[춤추고] 노래 부르며 동쪽으로 [돌아왔네].
사도(司徒)[84]께서 궁궐로 돌아가신 후부터
우리 상서께서 홀로 천자께 아뢰셨지.
부절을 [들고] 하서 땅 다섯 주를 다스리니
천자의 은덕이 금수에까지 미치는구나.
하늘이 낳은 신묘한 장수가 빼어난 계책을 [세워]
남으로 서융을 부수고 북쪽 오랑캐까지 쓸어버렸네.
만 리 밖 봉화까지 능히 꺼뜨리도록 하니
온 성의 백성들이 축하하며 마음을 놓네 .
도성으로 몇 번이나 승전보를 바치니
천자께서 궐에 올라 황상의 뜻을 전하네.
"경이 나를 보좌하면서 산하가 조용해졌으니
제후의 반열에 드는 건 당연하오.
하서는 백여 년 동안이나 낙후되고
길은 소관(蕭關)에서 막혀 소식도 알 수 없었소.
이제 장군이 옛 길을 다시 열었으니

83 '百年餘'가 原錄에는 '百餘年'으로 잘못 쓰여 있다. 여기서는 原卷에 따라 고쳤다.

84 【張鴻勳】 司徒 : 관직명, 즉 大司徒이다. 장의조가 咸通 연간에 입조한 후 사도의 벼슬을 하사받았으므로 여기서는 장의조를 가리킨다.

그 빼어난 이름 온 천하에 퍼질 것이오."
약관의 어린 나이에 등용되어
필마단기로 궁문으로 들어섰지.
일찍이 기련(祁連)을 향해 [군사를 움직여]
광활한 사막에서 몇 번이나 원흉들을 사로잡았네.
서쪽으로는 ( ) 취하고
( ) 옛 땅을 회복했지.
이웃나라에서는 사시사철 [공물을 바치며]
[앞 다투어] 당으로 [귀의하려 했네].
퇴혼국의 추악한 무리들은 ( )

(이하는 빠져 있음)

오자서변문 伍子胥變文

오자서는 전국시대 오(吳)나라의 대부(大夫)이다. 아버지와 형이 모두 초(楚)나라에서 벼슬을 하다가 비무기(費無忌)의 모함을 받고 초 평왕(平王)에게 살해된다. 이때 오자서는 오나라로 도망을 가서 오왕 합려(闔閭)의 중신이 되고, 훗날 초나라로 쳐들어가 원수를 갚는다. 오자서 고사는 『좌전(左傳)』과 『사기(史記)』「오자서열전(伍子胥列傳)」 등에 보인다. 「오자서변문」은 오자서 고사의 가장 핵심적이고 드라마틱한 부분들이 포함되어 있다. 아버지와 형이 억울하게 처형당한 후 초나라 전역에 오자서를 잡아들이라는 명이 떨어진다. 이때부터 길고 험난한 오자서의 도피 생활이 시작된다. 오자서는 우연히 가족을 만날 때도 신분을 속이고, 특히 아내가 자신을 알아보자 돌로 자기 이를 쳐서 뽑아버리기까지 한다. 아무도 자기를 알아보지 못하게 하려는 것이었다. 우여곡절 끝에 초나라를 벗어나 오나라로 들어온 오자서는 미친 행세를 하며 오왕의 눈에 든다. 오자서가 정사를 맡으면서 오나라는 더없이 부유해지고 국력도 막강해진다. 오왕은 오자서의 억울함을 진작부터 알고 있던 터라 그에게 초나라로의 출정을 명한다. 오자서는 초나라를 대파하고 이미 죽은 초 평왕의 시체를 채찍으로 내리치면서 억울함을 달랜다. 그러나 훗날 월나라가 쳐들어올 준비를 할 때 오왕은 간신 재피(宰彼)의 말을 듣고서 오자서에게 자결을 명하고, 오자서는 월나라 군대가 공격해오는 광경이 잘 보이도록 자기 목을 성 위에 걸어달라는 부탁을 남기고 자결한다. 현존 「오자서변문」은 오왕이 뒤늦게 자신의 잘못을 깨닫고 꿈속에서 오자서를 찾는 부분까지만 남아있다. 「오자서변문」은 운문과 산문을 적절히 반복하며 때로는 급하게 때로는 천천히 이야기를 풀어나간다. 특히 오자서가 도피 중에 겪는 여러 사건과 사연들이 대단히 극적으로 묘사되어 있다.

맹강녀변문 孟姜女變文

맹강녀 고사는 진(秦)나라 때 변방으로 장성을 쌓으러 간 기량(杞梁)과 아내 맹강녀의 애절한 사랑이야기로서 시, 사, 소설, 희곡 등 다양한 문학 장르의 소재로 쓰였다. 그중 「맹강녀변문」은 앞뒤가 모두 잔결된 채 일부 내용만 남아있다. 그러나 남편의 혼이 억울함을 호소하는 장면, 그리고 맹강녀가 그 말을 듣고 대성통곡하며 손가락의 피를 뽑아 남편의 뼈를 찾는 장면은 충분히 슬프고 감동적이다. 프랑스국립도서관 소장 P.5019는 그림과 문자가 앞뒤로 들어간 독특한 형식의 사본 조각이다. 이 사본의 문자 부분은, 비록 주인공의 이름이 등장하진 않지만 확실히 맹강녀 고사의 일부로 보이며, 그림 부분에는 성벽 옆으로 등짐을 진 장정들이 모습이 묘사되어 있다.

한장왕릉변 漢將王陵變

한(漢)나라 유방의 장수 왕릉이 초군(楚軍)과 전투를 벌이고 그의 모친이 항우에게 고초를 받는 장면들이 긴박하게 묘사된 작품이다. 연속된 패전으로 절망과 근심에 싸인 유방을 위해 왕릉은 출정을 자원하여 야밤에 초의 군영을 습격한다. 많은 피해를 입고 대노한 항우는 종리말(鍾離末)을 시켜 왕릉의 모친을 잡아오도록 한 후 아들에게 편지를 써서 초의 군영으로 유인하도록 한다. 왕릉의 모친은 자기 머리카락을 잘라 보내면 아들이 믿을 것이라며 항우의 보검을 빌려달라고 한다. 보검을 내

주자 왕릉의 모친은 그 자리에서 목을 베어 자결한다. 훗날 이 사실을 알게 된 한의 황제는 왕릉의 모친을 후하게 장사지내고 국태부인(國太夫人)의 작위를 하사한다. 「한장왕릉변」은 변문이라 이름을 붙인 현존 작품들 중에서도 가장 전형적인 변문 형식으로 간주된다. 원래 제목에 '변(變)'이 들어간 점, 적절한 산문과 운문의 조합, 그림을 사용한 흔적, 정형화된 운문 앞 상투어 등이 이를 뒷받침해준다.

착계포전문 捉季布傳文

이 사본은 맨 앞부분에 「계초를 체포하는 이야기(捉季布傳文一卷)」이라는 제목 외에 '대한(大漢) 3년 초나라 장수 계포(季布)가 한나라 진영(陣營)에 욕을 하니 한왕(漢王)은 여러 신하에게 수치스러워 군마(軍馬)를 거둔다는 이야기(大漢三年楚將季布罵陣漢王羞恥群臣拔馬收軍詞文)'라는 상황 설명어가 달려 있으며, 끝에는 '대한삼년계포매진사문1권(大漢三年季布罵陣詞文一卷)'이라는 미제(尾題)가 붙어 있다. 줄거리는 다음과 같다. 초나라와 한나라 사이에 전쟁이 벌어져 초나라 장수 계포(季布)가 유방(劉邦)에게 욕을 하는 계책을 써서 유방의 군대를 물리치나, 진영을 다시 정비한 유방에 의해 초는 멸망하고 항우(項羽)는 도망하다 자결한다. 유방은 자신에게 욕을 한 계포를 체포하라는 체포령을 내리고 계포는 옛 친구 주씨(周氏)의 도움을 받아 숨어 지낸다. 한왕(漢王)은 계포를 숨겨주는 자는 육친을 멸한다는 포고문을 내린다. 계포는 꾀를 내어 유방(劉邦)의 특사 주해(朱解)에게 팔려 간다. 주해(朱解)에게 자신이 계포임을 고하고 주연을 베풀게 한다. 주연(酒宴)에 온 조정(朝庭)의 중신(重臣) 하후영(夏侯嬰)과 소하(蕭何)에게 한왕(漢王)에게 상소해 줄 것을 부탁한다. 상소를 받은 유방은 계포 체포령의 폐해를 듣고 계포의 체포를 중단시키고 천금까지 하사(下賜)한다. 계포(季布)와 대면한 한왕(漢王)은 옛날 생각에 계포를 체포하려하자 후대의 비난거리가 될 것이라는 계포의 말을 듣고 사면하고 태수라는 관직을 제수한다. 계포는 주해를 찾아가 보답하고 득의양양하게 귀

향한다. 이 작품은 전편이 7언구이며, 640구 전체가 일운도저(一韻到底)로 되어 있다. 강창 작품 가운데 매우 드문 장편 서사시이다.

이릉변문 李陵變文

한나라 때 명장 이릉의 사적을 묘사한 작품이다. 사마천은 한 무제에게 이릉을 변호하다가 궁형에 처해진다. 앞부분이 남아 있지 않은 현존 「이릉변문」은 이릉과 흉노의 전투 장면부터 바로 시작한다. 이릉은 병사 오천으로 십만의 흉노 군에 대적하면서 연이어 승리를 거두나 결국은 중과부적의 상황에 이르고 만다. 군량과 화살까지 바닥나자 이릉은 고심 끝에 훗날을 기약하며 항복을 결정하고 군대를 해산한다. 살아남은 병사들이 한 조정으로 돌아가 상황을 보고하자 한 무제는 이릉이 나라를 배신했다고 분노하여 이릉의 어머니와 처자식을 처형토록 한다. 이때 사마천이 나서서 변호해주어 이릉의 가족은 죽음을 면한다. 그러나 이듬해 한의 장수 공손오(公孫敖)가 흉노에게 대패한 원인을 이릉에게 뒤집어씌우자 분노한 한 무제는 끝내 이릉의 노모와 처자식을 사형에 처하고 만다. 이 소식을 들은 이릉이 하늘에 대고 대성통곡하면서 작품은 끝난다. 「이릉변문」은 흉노와의 전투 장면, 항전과 투항 사이에서 고민하는 이릉의 모습, 배신과 억울한 가족의 죽음 등을 대단히 극적으로 묘사한다. 아울러 이 작품은 「한장왕릉변」과 마찬가지로 전형적인 변문 형식을 띠고 있다.

왕소군변문 王昭君變文

왕소군이 자신의 의지와는 무관하게 변방 흉노 땅으로 가는 과정 그리고 선우(單于)의 왕비가 되어서도 한나라를 잊지 못하고 결국 그곳에서 병들어 죽고 마는 내용으로 구성되어 있다. 멀리 고국을 떠나 온 왕소군이 슬픔에 잠겨 있자 흉노의 선우는 갖은 방법으로 그녀의 마음을 달래주려 한다. 그러나 변방의 풍습이 왕소군의 마음을 움직일 순 없었고, 결국 그녀는 한없이 야위어가다가 차가운 변방에서 생을 마감한다. 선우는 평민의 옷으로 갈아입고 왕소군의 장례를 치러주며, 흉노의 모든 장수와 백성들도 그녀의 죽음을 함께 애도한다. 훗날 한 애제(哀帝)가 흉노에 보낸 사신이 왕소군 무덤을 지나다가 제문을 올리는 것으로 작품은 마무리된다. 「왕소군변문」 초반부에는 "상권의 그림이 끝났으니 하권으로 들어간다"는 지시어가 나온다. 이는 「왕소군변문」 역시 원래는 그림을 동원한 '변(變)' 공연의 텍스트였음을 증명해주며, 실제로 현존 작품은 대단히 전형적인 변문의 형식을 띠고 있다. 「왕소군변문」의 내용을 고려하면, 잔결된 상권은 왕소군이 흉노와의 화친을 위한 선물로 억울하게 결정되어 한나라를 떠나는 장면이 주된 내용이었을 것이다.

동영변문 董永變文

전체가 7언으로 된 사문(詞文)이다. 중국의 대표적인 효자 이야기인 동영 고사는 지금까지 여러 형식으로 전해져 왔으며 「동영변문」 역시 그 중 하나이다. 몸을 팔아서라도 부모님의 장례를 치르려는 동영의 효성에 감복하여 하늘에서 천녀(天女)를 그의 아내로 보낸다. 천녀는 옷감을 기막히게 짜서 동영을 도와주고 아이까지 낳은 후 하늘로 돌아간다. 훗날 동영의 아들 동중(董重)은 점을 잘 치는 손빈(孫賓)의 도움으로 천상의 엄마를 만나게 된다. 「동영변문」에는 원래 이야기에는 없는 선악동자, 아누지(阿耨池) 등의 불교적 요소들이 포함되어 있다. 이는 흥미를 끌기 위해 불교적 요소를 더해 이야기를 각색했기 때문이다.

장의조변문 張議潮變文

당나라 때 귀의군절도사 장의조가 돈황 인근지역에서 토번(吐蕃) 군을 대파하는 이야기를 영웅적으로 그린 작품이다. 서북의 오랑캐들은 대패 후에도 사라지지 않고 계속 당나라의 경계를 침범한다. 장의조가 이끄는 한군(漢軍)은 이주성 납직현에서 회골과 토혼 군을 대파한다. 그보다 앞서서는 회골이 한나라 사신의 부절을 빼앗은 일이 있었다. 현존 「장의조변문」은 장의조가 이 사실에 분노하는 장면에서 끝나며, 『돈황변문교주』에서는 여기에 장의조의 업적을 묘사한 두 편의 창사(唱詞)를 부록으로 더했다.

장회심변문 張淮深變文

장의조 이후 당나라 서북 변경을 지킨 장회심의 행적에 대한 작품이다. 회골을 대파한 장회심은 사신을 보내 황제에게 승전보를 알린다. 황제가 무거운 상을 하사하자 장회심은 황제의 조령을 보며 감격의 눈물을 흘린다. 이후에도 장회심은 황제의 아량을 배신한 회골 무리를 대파하고, 연이은 승전보에 황제는 멀리서 그의 노고를 치하한다. 이 작품은 「장의조변문」과 함께 당시의 시사(時事)를 다루고 있어서, 서북의 이민족과 당 조정의 관계 등을 알려주는 사료로서 가치가 매우 크다.

참고자료 QR코드

동영변문(董永變文)

맹강녀변문(孟姜女變文) 권1

오자서변문(伍子胥變文) 권1

왕소군변문(王昭君變文)

이릉변문(李陵變文)

장의조변문(張議潮變文)

장회심변문(張淮深變文)

착계포전문(捉季布傳文)

한장왕릉변(漢將王陵變) 권1